APPLIED STATISTICS
應用統計學

鄭惟厚 美國愛荷華大學統計博士
胡學穎 美國密西根大學統計博士

東華書局

國家圖書館出版品預行編目資料

應用統計學 / 鄭惟厚, 胡學穎著. -- 初版. -- 臺北市 : 臺灣東華, 民 102.05

592 面 ; 19x26 公分

ISBN 978-957-483-743-4 (平裝)

1. 應用統計學

518　　　　　　　　　　　　　102007793

應用統計學

著　　者	鄭惟厚　胡學穎
發行人	謝振環
出 版 者	臺灣東華書局股份有限公司
地　　址	臺北市重慶南路一段一四七號三樓
電　　話	(02) 2311-4027
傳　　真	(02) 2311-6615
劃撥帳號	00064813
網　　址	www.tunghua.com.tw
讀者服務	service@tunghua.com.tw
門　　市	臺北市重慶南路一段一四七號一樓
電　　話	(02) 2371-9320

2027 26 25 24 23　HJ　14 13 12 11 10 9

ISBN　978-957-483-743-4

版權所有 ‧ 翻印必究

序

本書特點

本書特點如下：

一、每章開頭都從提出問題開始，有的問題很實際 (比如關於大賣場的福利卡)、馬上可以應用，有的則很新鮮有趣 (比如特製骰子的問題)；所有的問題都可以幫助我們了解該章內容有些什麼用處。

二、文字盡量簡潔易懂。因為統計不僅可應用在各種專業領域，也可以應用在日常生活。因此例子除了專業領域的應用 (包含觀光、經濟、交通、傳播、財金等等) 之外，也有許多貼近學生的生活經驗，以期能幫學生體會到統計的實用面。

三、在教方法的同時，適度加入概念的說明，常用直觀的解釋幫助讀者了解各種方法背後的意義，增加能正確應用統計方法的能力。有些觀念許多教科書並未清楚說明，比如樣本比例其實也可視為樣本平均，以及連續型修正到底要怎樣執行等，本書都有非常清楚易懂的說明。

四、注重相關內容的連結，希望幫助讀者瞭解統計的「面」，而不是許多零星的片段。

五、鼓勵讀者思考而非強記。對於某些有關聯的公式，會仔細說明它們之間的異同、以及記憶的重點，使得背公式不再只是枯燥無味的過程。更大的目標是希望讀者能經由這樣的自我訓練，漸漸提昇自己的思考能力。

適用對象

　　本書適合當作大專院校統計課的教科書。寫書目標是希望讓學生能懂、會用，對象是一般學生，寫作時會盡量避開數學語言 (有時可能必須對嚴謹程度做一些犧牲)，希望文組的同學讀起來也不困難。對於使用英文教科書的統計課，如果同學覺得教科書的內容難懂的話，這本書也適合當做參考書。先弄懂了意思之後，再去讀內容更豐富嚴謹的教科書，感覺會比較容易。

　　所有需要處理或解讀數據的人，也適合讀這本書，因為必須有基本的統計素養，才能正確的處理或解讀數據，而大部份統計教科書對於一般人來說，可能有點難以消化。這本書盡量用淺白的語言和許多貼近生活的例子來說明統計觀念和方法，希望讀者能夠不用花很大力氣就能了解大部分內容，進而可以實際應用。

　　本書寫作方式並非針對任何大型考試，而是想替讀者打下基礎，希望讀者能夠了解統計究竟在做什麼。對統計有了基本了解之後，再去準備任何考試，都應該可以收事半功倍之效。

寫給教師們

　　統計似乎是很多同學覺得枯燥又困難的課，學習重點常放在背公式和做計算，卻不了解也不在乎背後的意義。考完試後真的會統統忘記，非常可惜。作者很想扭轉這種狀況，所以在寫作時會盡量說明概念並鼓勵思考。

打上＊的小節，可以省略，不會影響後續閱讀的連貫性。然而像 2.5 節的解讀數據注意事項，可說是現代人應該有的常識，如果跳過不講，建議可請學生自己閱讀。還有 4.7 節的隨機號碼表，誠懇建議授課老師將此節納入授課內容。學生學會如何使用隨機號碼表之後，就很容易可以執行 7.8 節的模擬抽樣。我在課堂實驗過很多次了，這樣的實作演練不僅可以增加師生互動，對於幫助學生了解母體比例和樣本比例之間的關係，也會有很大的幫助。

每一節尾都有習題，另外在一章結束時還有該章的綜合習題。第一章主要是一些基本概念的簡單介紹，所以只有在整章結束時有少數習題。第二章第一節的內容，幾乎都在國高中的數學課本中出現過，所以這一節可以很快帶過，也沒有出習題。

致謝

因為對經濟了解有限，對於書中提到的經濟相關例子，特地情商了台大經濟系吳聰敏教授幫忙提供修正意見。吳教授極為熱心，提供了很有用的建議，在此致上最誠摯之感謝。

為了讓這本書更符合需求，誠懇邀請大家提供回饋意見。另外，無論怎樣小心校對、更正錯誤，總是會有漏網之魚，所以讀者若發現錯誤，請 email 通知作者 (whcheng6@mail.tku.edu.tw) 或編輯，我們會非常感謝。

目錄

第一章　認識統計

1.1　統計有什麼用？　　2
1.2　母體和樣本　　4
1.3　資料的蒐集方式　　7
第一章　習題　　11

第二章　敘述統計

2.1　資料的整理及呈現　　14
2.2　怎樣度量資料的「中心位置」　　28
2.3　怎樣度量資料的「分散狀況」　　35
2.4　選擇合適的描述方式　　47
*2.5　解讀數據注意事項　　54
*2.6　莖葉圖　　59
*2.7　使用 Excel 計算平均數和標準差　　67
重點摘要　　72
第二章　習題　　75

第三章　機　率

3.1　機率和統計的關係　　80
3.2　樣本空間及事件　　80
3.3　機率基本概念及性質　　87
3.4　計數技巧　　94
3.5　條件機率、獨立事件及貝氏定理　　101
重點摘要　　112
第三章　習題　　114

第四章　隨機變數及機率分布

4.1	隨機變數	118
4.2	離散型隨機變數的機率分布	120
4.3	期望值	125
4.4	契比雪夫不等式	135
4.5	聯合機率分布	138
4.6	期望值與變異數的常用性質	154
*4.7	隨機號碼表	159
	重點摘要	168
	第四章　習題	170

第五章　常用之機率分布

5.1	二項分布和幾何分布	176
5.2	超幾何分布	187
5.3	卜瓦松分布	195
5.4	機率密度函數及期望值	199
5.5	常態分布	206
5.6	其他連續分布	219
	重點摘要	233
	第五章　習題	237

第六章　抽樣分布

6.1	什麼是抽樣分布	242
6.2	取出放回和取出不放回	247
6.3	隨機樣本的性質	251

6.4	樣本平均數之抽樣分布	255
6.5	中央極限定理	262
6.6	連續型之修正	269
6.7	樣本比例之抽樣分布	278
6.8	t 分布	281
	重點摘要	284
	第六章　習題	287

第七章　點估計及區間估計

7.1	不偏估計及均方誤	292
7.2	區間估計概念	298
7.3	常態分布母體平均數的區間估計	299
7.4	母體平均數的大樣本區間估計	306
7.5	母體比例的區間估計	310
7.6	樣本大小如何決定	314
7.7	信賴區間的意義及應用：民調結果解讀	319
7.8	母體變異數的區間估計	321
*7.9	模擬抽樣調查	325
	重點摘要	327
	第七章　習題	330

第八章　單一母體之假設檢定

8.1	原始假設及對立假設	334
8.2	有關母體平均數的檢定	338
8.3	有關母體比例的檢定	356
8.4	檢定證據之評估－p 值	361
8.5	有關母體變異數的檢定	368
	重點摘要	372
	第八章　習題	376

第九章　兩個母體之假設檢定

- 9.1　兩樣本 z 檢定及信賴區間 … 380
- 9.2　兩樣本 t 檢定及信賴區間 … 393
- 9.3　成對樣本之檢定 … 398
- 9.4　如何選擇正確之公式 … 406
- 9.5　有關兩母體比例的檢定及信賴區間 … 411
- 9.6　有關兩母體變異數的檢定及信賴區間 … 420
- 重點摘要 … 426
- 第九章　習題 … 432

第十章　變異數分析

- 10.1　平方和的計算 … 436
- 10.2　ANOVA 表及 F 檢定 … 439
- *10.3　使用 Excel 做變異數分析 … 445
- 重點摘要 … 449
- 第十章　習題 … 450

第十一章　簡單線性迴歸分析

- 11.1　散佈圖與相關係數 … 454
- 11.2　最小平方迴歸直線 … 463
- 11.3　相關係數和迴歸直線的關係 … 473
- 11.4　迴歸直線應用須知 … 475
- 11.5　複迴歸線性模型簡介 … 478
- 11.6　用 Excel 畫散佈圖和迴歸直線 … 479
- 重點摘要 … 482
- 第十一章　習題 … 484

第十二章　卡方檢定

12.1　列聯表　488
12.2　卡方檢定　491
12.3　適合度檢定　500
重點摘要　510
第十二章　習題　511

第十三章　無母數統計

13.1　符號檢定　516
13.2　威爾考克森秩和檢定　528
重點摘要　540
第十三章　習題　542

參考書目　545
附表　546
索引　565
簡答　569

第一章　認識統計

媒體報導某網路民調結果，標題是：

3 成女性　願年花 10 萬美容

這樣的數字，可信度有多高呢？這個問題牽涉到網路民調的代表性，我們將在 1.2 節討論。

1.1	統計有什麼用？
1.2	母體和樣本
1.3	資料的蒐集方式

1.1 統計有什麼用？

假設某大學一門通識課的 56 位同學學期成績如下：

82 60 77 73 75 80 63 77 44 97 52 85 60 94
88 74 93 86 24 67 75 80 81 94 50 38 51 60
85 65 76 50 78 85 66 78 48 49 71 60 47 60
80 81 71 84 76 62 60 77 71 84 52 76 60 90

同一門課另外一班 62 位同學的學期成績如下：

43 70 20 70 43 74 61 81 32 90 80 70 60 60
80 71 70 82 80 80 80 70 80 70 81 77 77 77
70 76 86 74 70 66 96 80 87 70 80 70 60 43
50 76 90 72 63 70 70 60 74 83 84 75 60 70
76 46 61 60 85 83

兩班同學的成績表現是否差不多，要怎樣判斷呢？

像這樣沒有經過整理的數據，裡面所含的訊息躲在雜亂的數據背後、很難看得清楚，因此很難做比較；我們需要某種整理數據的方式，能夠把訊息清楚的呈現出來。比如我們可以把分數分成若干區間：90 以上、80~89、70~79、等等，把兩班的分數分別歸類在各區間、並且算出落在每一個區間的分數個數，再把兩班的結果用表列出來、或者利用直方圖表示出來。也可以分別計算出兩班分數的平均數和標準差之後、再來做比較。經過以上兩種方式整理之後，原始數據都看不到了；如果數據個數不太多，還可以用一般比較少用的「莖葉圖」來做比較，這種方式會保留原始數據。像上述這些用圖、或者表、或者代表性數字來有效整理和呈現數據的方式，就是統計的第一種功能。

如果教育部想要知道大學生的打工情況，比如說：在學期當中打工的

大學生,在全體大學生中佔怎樣的比例,怎樣可以知道呢?當然教育部能夠拿得到各校學生名單,可以一一詢問;但是人數太多了,很難確實執行。另外一個可能的做法就是抽出一部份學生 (樣本) 來訪問,再根據從這個樣本得到的結果,推估全體學生 (母體) 的狀況。像這樣由小推大、從樣本推母體,是統計的另一種主要功能。

有人把統計分為兩大類:**敘述統計** (descriptive statistics) 和**推論統計** (inferential statistics)。上述兩種統計功能當中,「整理和呈現數據」的部份叫做敘述統計;而只要牽涉到任何的「推論」,不管是從小推大、或是從現在推將來,就屬於推論統計的範圍了,「從樣本推母體」當然屬於這一類。雖然說是兩大類,然而這兩類並不是「對等」的,以內容的份量來說,敘述統計只佔了非常小的一部份,而這部份只包括整理和呈現數據,用到的數學也很簡單。

推論統計則需要依賴得自小小樣本的訊息,去推論出很大母體的狀況,背後就有許多學問了。以大學生打工情況為例,因為大學生人數太多,所以只能訪問一部份大學生,問他們的意見,然而想要知道的卻是全體大學生的狀況。而全台灣大學生有多少呢?根據教育部網站的資料,100 學年度的大學生 (不含專科生),人數約 116 萬。這麼大的一個母體,要抽多大的樣本才夠,又是怎樣才能知道,所抽出的樣本具有代表性呢?還有,如果用樣本的訊息來估計母體狀況,是否有辦法可以評估誤差大小呢?畢竟如果對誤差根本無法掌握的話,和瞎猜比起來,似乎也沒多大差別了。以上所問的問題都有答案,而且都屬於推論統計的範圍。

現在把以上討論綜合一下:敘述統計的內容是「整理和呈現數據」,而推論統計要做「推論」,從樣本推母體,內容包括如何蒐集數據(用什麼方式從母體抽樣本),並從數據當中找出有用的訊息。我們可以這樣說:只要牽涉到數據,就需要用到統計;舉凡行銷研究、景氣預估、品質管制、河川流量分析、新藥療效評估、電腦輔助教學成效評估、失業率調查、農作物改良評估、意見調查等等,全都要依賴數據、因此全部都要用

到統計。以上例子涵蓋了多個不同領域，事實上，幾乎任何領域的研究都會用到數據，如果想要找到一個完全用不著統計的領域，應該還相當的困難。

1.2 母體和樣本

統計裡面所說的母體 (population)，指的是我們想要尋求資訊的「標的」，它的組成份子各種可能性都有：人、事、物 (生物或非生物)，我們將用「個體」作為統稱，而樣本 (sample) 是母體的一部份；抽取樣本的目的，是想取得有關母體的資訊。

> **母體和樣本**
> 母體是我們想要尋求資訊的「標的」。
> 樣本是母體的一部份；抽取樣本的目的，是想要取得有關母體的資訊。

例 1.2-1

政府想要知道，台灣成年民眾當中，會用電腦的人所佔百分比，因此做了抽樣調查，訪問到 1083 位成年人。這裡所考慮的母體和樣本分別為：

母體：所有台灣的成年民眾

樣本：訪問到的 1083 位成年人

例 1.2-2

生產某零件的工廠想要知道，一條新生產線所出產零件的瑕疵品比例是否符合標準，因此由品管工程師從整批零件中抽出一部份來檢查。對品管工程師來說：

母體：整批零件

樣本：被抽出檢查的那些零件

例 1.2-3

所有新藥在獲准上市之前，都必須經過嚴謹的測試程序，一旦安全性和有效性都有合理的保障之後，就會進行臨床試驗，也就是在部份病人身上所做的測試。測試成功之後，新藥獲准上市，就可以給廣大的有同樣疾病的病人使用。對於這樣的測試來說：

母體：所有有同樣疾病的病人

樣本：參與臨床試驗試吃新藥的那些病人

通常要定義母體並不困難，只要釐清想要找的是怎樣的資訊，則我們所求取資訊的標的對象就構成母體。比如政府若想要知道，青少年的父母對電視遊戲的分級意見如何，則母體自然就是「所有青少年的父母」。一般的狀況應該都是先有了明確的母體之後，才去找樣本。但有的時候我們會直接看到「樣本結果」，而母體並不明確，這時對於樣本結果的解釋就要很小心了。以目前常看到的網路民調為例，2008 年 12 月底，中時電子報因為貓熊來台，提出以下問題：「貓熊高規格來台，你怎麼看？」，共有 2591 人 (次) 投票，結果如下：

稀世珍寶，理當如此。	37.5%
統戰工具，不要也罷。	23.4%
就是貓熊，別想太多。	38.3%
沒意見。	0.9%

基本上，對貓熊來台表示歡迎或持平態度的，共有 37.5% ＋ 38.3% ＝ 75.8%，這是樣本結果。如果要把這個從樣本得到的百分比看成是某個母體比例的估計，則這個母體應該是指什麼呢？首先應該很容易判斷，母體不應該是全台灣民眾，因為這是網路民調，所以樣本裡面自動排除了所有不上網的人。

如果把調查結果解釋為：「全台灣網友中，歡迎或不反對貓熊來台的，佔 75.8%」，這樣合不合適？似乎也有很多問題。首先要弄清楚，是否只有台灣的網友才能投票；其次，台灣網友不見得都看中時電子報。那是否可以說：「中時電子報的讀者當中，約有 75.8% 歡迎或不反對貓熊來台」？這樣說比較接近事實，如果樣本有足夠代表性，就可以把樣本結果擴大到「中時電子報的所有讀者」這個母體上去解釋。但是樣本是由網友自動填答構成的 (有人還可能不只填答一次)，並非經由客觀程序抽樣得來，因此代表性也有問題。

再來討論本章開始的案例。該項關於美容的報導內容說：根據一項針對國內最大美容網站 FashionGuide 的網路民調，受訪者約一千零三十二人次，其中約有三分之一女性每年願意編列十萬元以上的預算在醫學美容，有三分之一的女性只願意花三萬元以下。根據這項民調結果，我們是否有信心可以說：「國內女性約有三分之一，願意每年花十萬元以上在醫學美容上面。」也就是說，該項網路民調的結果，可以推廣到「國內女性」這個母體嗎？

隨便想想就知道答案應該是否定的，因為這是美容網站所做的網路民調，而國內許多女性應該從未造訪過這個網站。那麼退而求其次，民調結果可以推廣到「國內所有曾造訪該美容網站的女性網友」嗎？這也多半不行，除非受訪的人是抽自該網站所有女性網友的隨機樣本；但是這應該很難執行。而且報導中所說的「受訪者約一千零三十二人次」就洩底了，隨機抽訪不應該同一個人問兩次，所以會出現「人次」，就不像是隨機抽訪的結果。經過以上兩個例子的討論，似乎就只能做出類似下面的結論：網路民調的結果，通常就只能看成是樣本結果，很難推廣到任何合適的母體。

我們通常會對母體的某個數字感興趣，比如在例 1.2-1 裡面，我們想要知道全台灣成年民眾當中，會用電腦的人所佔之百分比，這種用來描述母體的數字，叫做**參數** (parameter)。參數是一個固定的數，但是因為母體

多半很大、很難掌握，因此參數的值通常沒辦法知道。常有的做法是退而求其次，從母體當中抽出一個樣本，然後計算出對應樣本的這個值，當作母體參數的估計。這個根據樣本算出來的值，叫做**統計量** (statistic)。

以例 1.2-1 來說，全台灣成年民眾會用電腦的人所佔百分比 (參數) 沒辦法知道，因為全台灣成年民眾有一千多萬人，不可能問得到每一個人。但是樣本當中只有 1083 位成年人，只要訪問完這些人，就可以得到樣本當中會用電腦的比例 (統計量)，而這個樣本比例可以當作母體比例的一個估計值。統計量的值是會跟著樣本變動的，如果我們重新抽一次樣本，因為樣本的組成份子會改變，所以這個樣本比例的值也會跟著改變。

例 1.2-2 裡的參數，是新生產線所出產零件的瑕疵品比例；統計量就是從整批零件中抽出來檢查的那部份零件當中之瑕疵品比例。

參數和統計量

參數是用來描述母體的數字。它是一個固定的數，然而因為母體通常很大，所以它的值通常沒辦法知道。

統計量是用來描述樣本的一個量。它是樣本的函數，一旦樣本抽出之後就可以計算出統計量的值。我們通常用統計量的值來估計未知參數的值。

1.3 資料的蒐集方式

通常我們說「資料」時，包括的範圍比「數據」要廣，因為有些資料並不是以數據表示的。比如說，有些媒體喜歡「分析」樂透彩中大獎者有些什麼特質，包括他的星座、血型等等，而星座和血型資料就不是用數字表示的。像星座、血型這類只是分類的資料，叫做**類別資料** (categorical data，也稱分類資料或名目資料)，其他的例子包括性別、宗教信仰、以及

購買樂透彩時是否用電腦選號(只分「是」或「否」兩類)等等。有的資料由於表達方式的不同,可能本身是類別資料、但是也可以改用一般的數據資料表示出來,例如教育程度。如果把教育程度分成國中畢業、高中職畢業、⋯等等一般的分類等級,這樣是類別資料;但是如果把表示方法改為進入小學之後的總共受教育時間(以年為單位),則每個人的資料就可以用一個數字表示,也就變成數據資料了。

> **類別資料**
>
> 本身不是用數字表示,只根據某種性質分類的資料,例如星座。

即便類別資料本身不是數據,但是在整理和分析類別資料時,通常我們最關心的訊息,就是每一類所佔的百分比,而百分比本身是數據。比如 2007 年 5 月媒體就曾報導有關樂透彩中獎者的訊息:「⋯,這些中獎者中,若以血型分析,O 型佔 43% 最多,以星座來看,射手座佔 18% 居冠,⋯」,所以處理類別資料時一定也會用到數據,當然仍屬於統計的範圍。當我們說:「統計是從數據當中尋找訊息的科學」時,這裡的「數據」是做廣義的解釋,類別資料也包括在內。

統計既然是從數據當中尋找訊息的科學,在分析數據、找出有用的訊息之後,還可能根據這些訊息做出重要的判斷,則數據的「品質」就非常重要,必須給予特別的關注。如同使用品質差的食材不可能做出好菜一樣,如果數據的品質不佳,則根據它所做出的判斷就大有問題了。數據的品質好壞要如何判斷呢?主要的判斷依據在於:數據是如何取得的。

假設我們想要知道,自己所讀學校的所有大學部同學當中,可以接受學校退學政策的人佔多少百分比。比如以淡江大學來說,是累計兩次二分之一學分不及格之後才退學,假設我想知道認同這個政策的同學有多少,於是我把它當作統計學的報告題目,請同學想辦法找答案。

假設小秋決定對他手機通訊錄裡面的所有同校同學發出簡訊，請他們表示意見，然後根據大家的答案，得到一個認同的百分比，這樣所得到的樣本比例，適合當作母體比例的估計嗎？換一個方式來問，就是：用這種方式抽樣本，是否能代表全校同學的意見。答案應該很明顯：手機通訊錄裡面全是小秋認識、會互通訊息的人，包括朋友在內；會變成朋友就是有共同點，而常聯絡的人之間、意見也可能互相影響。這樣的一群人，很可能同質性太高，很難視為全校同學的「縮影」，若用這個樣本結果來估計母體比例，誤差多半很大，所以這種樣本屬於「品質不佳」的一類。

　　小胖則考慮到不應該只找認識的人問，於是就決定在校園內找個定點訪問同學，這樣子得到的樣本，品質又如何呢？和通訊錄名單比起來，這種方式當然要客觀許多，但是它的代表性仍然有許多探討的空間。例如：如果站在文學院門口訪問同學，則樣本裡面文學院同學的比例會過高，而如果在非考試期間站在圖書館門口訪問同學，則樣本當中又會包括較多用功的同學了；文學院的退學比例通常遠低於理、工學院，而用功的同學多半不用擔心被退學的問題，當然兩者都缺乏全校一般同學的代表性了。

　　想要取得適當的樣本，就必須用正確的抽樣方式。前述小秋和小胖的抽樣方式都「偏袒」了一部份人，減少甚至排除了其他人被選進樣本的機會。怎樣可以避免人為因素、選出客觀的樣本呢？答案是：用隨機方式。常用的隨機抽樣方式有許多種，其中最基本也最容易了解的一種，叫做簡單隨機抽樣，所抽出的樣本叫做簡單隨機樣本。大樂透開獎時，是從49個號碼球當中隨機抽出6個(不計入特別號)；49個號碼球的材質、重量、形狀等都盡量做得一模一樣，使得每個球被抽出的機會均等，也因此使得任意6個號碼的組合開出來的機會都一樣。所以每一期開出的6個號碼，都可以視為從1到49的49個號碼之母體當中抽出的簡單隨機樣本。

> **簡單隨機樣本**
>
> 從一個母體當中抽出包含 n 個個體的樣本，如果抽樣方式使得母體中任一含 n 個個體的組合被抽中的機會都相同，則此抽樣方式稱為簡單隨機抽樣，所抽出的樣本叫做簡單隨機樣本 (simple random sample)。

當一個樣本當中共包含 n 個個體時，我們稱樣本大小為 n。例如一項民調若成功訪問了 1083 個人，則這項民調的樣本大小就等於 1083。

> **樣本大小**
>
> 樣本大小 (sample size) 是指樣本當中所含個體的數目。

簡單隨機樣本的概念很簡單，但是實際上要抽取樣本時，執行起來其實沒那麼容易。大樂透只有 49 個號碼球，要從這樣小的「母體」抽出簡單隨機樣本，當然沒什麼問題；然而大部份我們感興趣的母體都比這要大非常多，事情可就沒這麼好辦了。我們回到之前提到的例子來考慮這個問題：假設我們要求小秋和小胖各做一份報告，客觀評估淡江大學的大學部同學當中，對於學校的退學政策可以接受的人佔多少百分比；並且規定他們要抽取樣本大小為 500 的簡單隨機樣本。

要抽取簡單隨機樣本之前，首先要有明確的母體。假設我們只將日間部的學生列入考慮，則母體就是淡江大學所有的日間部大學生，人數大約在 20,000 人左右。為簡化問題，假設教務處願意把學生名單提供給小秋和小胖，則他們可以將 20,000 位同學編號，然後利用電腦，從所有編號當中隨機抽出 500 個來，這樣就得到所需要的簡單隨機樣本了。樣本雖然抽出來了，問題才剛開始。如何想辦法聯絡上這 500 位同學、問他們對退學政策的意見，將會是件非常艱苦的任務；有些同學連任課老師都找不到他，更別說是小秋和小胖了。

由 20,000 名大學生構成的母體，而且還有名單可以利用，這和一般的抽樣調查相比，已是極為簡單的情況了。真實人生中的抽樣調查，母體往往非常大，若要抽取簡單隨機樣本，幾乎不可能執行。以全台灣成年民眾來說，人數在一千六百萬附近，即便有辦法抽出兩千人的簡單隨機樣本，要連絡上這兩千人，就不知需要花費多少人力和時間了。美國約有兩億成年人，要想抽取簡單隨機樣本，更幾乎是不可能的任務。因此，專業的民調機構會發展出較易執行的抽樣方式，可能分階段抽樣，並且混合使用好幾種不同的隨機抽樣方式。以台灣的媒體民調來看，最常用的就是隨機抽電話號碼，因為這是最容易執行的方式了。

簡單隨機抽樣只是常用的隨機抽樣方式之一，不同的方法分別適用於不同的狀況；然而抽樣是非常專業的問題，本身就是一門科目，無法在很少的篇幅中介紹清楚，因此本書不多做著墨。

第一章　習題

1. 某生產商想要知道，他們生產的某 30 公克小包裝零嘴當中，有多少百分比的重量達到所標示的標準，於是從生產線上隨機抽出 100 包來檢查重量，並記錄該 100 包當中、重量達到 30 公克的佔多少百分比。寫出此問題當中的 (a) 母體 (b) 樣本 (c) 參數 (d) 用來估計參數的統計量。

2. 除了星座、血型、性別、宗教信仰之外，再舉出兩個類別資料的例子。

3. 若學校想要知道全校學生當中支持校方某新政策的佔多少百分比，於是製作了問卷供學生填答，以下哪種抽樣方式最能得到具代表性的結論？理由是什麼？
   (a) 在學校各定點放置問卷讓學生自由填寫。

(b) 由全校每班的班代填寫問卷。

(c) 從全校學生名單中抽出隨機樣本,再找抽中的學生填寫問卷。

第二章　敘述統計

　　每年有許多各國旅客來台，其中人數最多的是來自大陸和來自日本的旅客。當然其中大部分人是來觀光，但也有不少人是因其他目的來台，例如開會或者業務需要等等。各種不同目的來台人數佔整體比例如何、大陸和日本之間是否有明顯的差別呢？我們只需要利用合適的圖或表呈現資料，想要的訊息就會清楚的呈現了。

　　我國近年來的平均每人國民生產毛額，增長情況如何，也可以用圖清楚表示。上述兩個問題的答案，在本章都可以找到。

- 2.1　資料的整理及呈現
- 2.2　怎樣度量資料的「中心位置」
- 2.3　怎樣度量資料的「分散狀況」
- 2.4　選擇合適的描述方式
- *2.5　解讀數據注意事項
- *2.6　莖葉圖
- *2.7　使用 Excel 計算平均數和標準差

2.1　資料的整理及呈現

　　國內影片市場長期下來都是外片的天下，國片的票房往往遠遠落後。這個狀況在 2008 年被狠狠打破，由魏德聖導演的「海角七號」打動了無數人，創造了驚人的票房。本書作者之一也和女兒一起觀賞了這部片子，結果女兒在片尾哭得稀里嘩啦，散場燈亮了還無法立刻離場，必須先沉澱情緒、擦乾眼淚。環顧四周也還有別的觀眾坐著不動。看電影不知看過多少場了，這幾乎是第一次碰到散場卻有觀眾「走不了」的情況；工作人員也沒催，顯然很了解情況。

　　「海角七號」的票房和當年其他國片比起來如何，和外片比起來又如何呢？以下是從「中華民國 99 年電影年鑑」中找到的「2008 年中／外影片賣座前十名一覽」(用關鍵詞「中華民國電影年鑑」就可以搜尋到它的網頁)：

排序	外片片名	發行值	華語片片名	發行值
1	神鬼傳奇 3	113,047,998	海角七號	232,326,877
2	黑暗騎士	110,183,786	長江 7 號	87,302,112
3	鋼鐵人	83,480,694	赤壁	80,069,305
4	全民超人	73,905,302	囧男孩	17,429,372
5	印地安那瓊斯：水晶骷髏王國	71,211,531	三國之見龍卸甲	16,734,447
6	刺客聯盟	58,022,204	功夫灌籃	15,872,277
7	007 量子危機	57,535,512	一八九五	13,331,127
8	功夫熊貓	55,835,103	梅蘭芳	8,860,904
9	曼哈頓奇緣	41,291,127	黃石任務	4,989,039
10	特務行不行	36,783,893	江山・美人	4,739,086

　　這已是經過整理的資料了。沒有經過整理的原始數據應是 2008 年全年所

有外片和華語片的發行值，如果要從那樣一大堆數據當中看出我們想要的訊息，應可以想像有多困難吧。雖然經過整理，但是如果想要比較數據的大小，畫個合適的圖會比從上表當中直接看數字更有效；這裡適合畫的圖是長條圖，長方形的高度代表發行值，因此各影片的票房差距一目了然，如下：

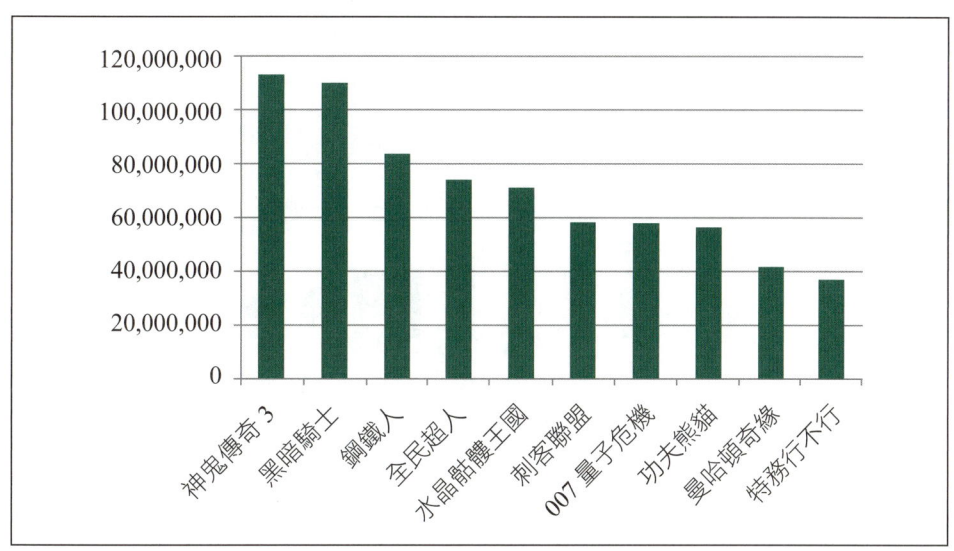

圖 2.1-1　2008 年外片賣座前十名發行值

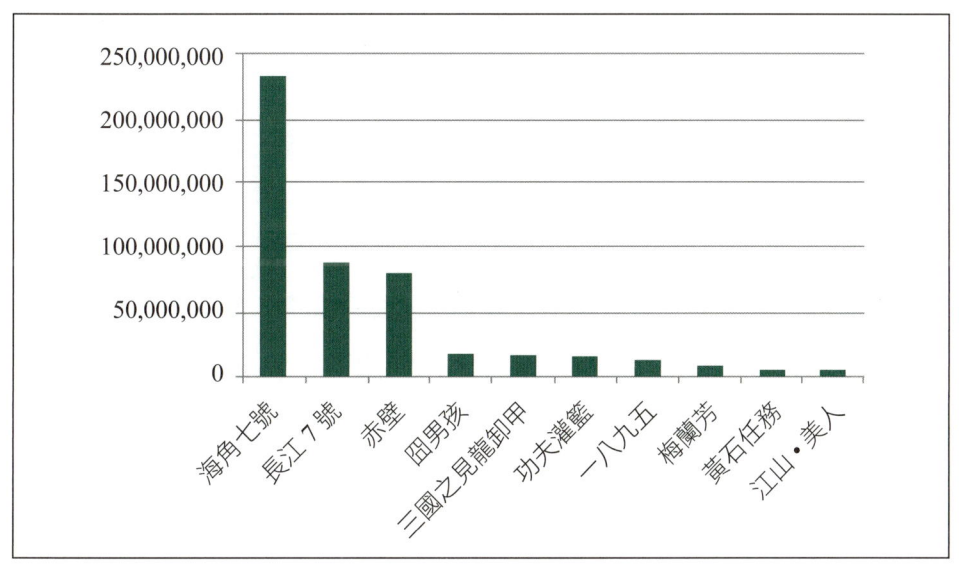

圖 2.1-2　2008 年華語片賣座前十名發行值

從華語片的長條圖可清楚看出,「海角七號」可說是一枝獨秀,第二名的「長江7號」票房就不到它的一半了,第四名之後更是差很大。外片前十名的票房差距,相對來說則小很多。想要更清楚的比較外片和華語片前十名的票房的話,也可以把外片和華語片的長條圖並列如下:

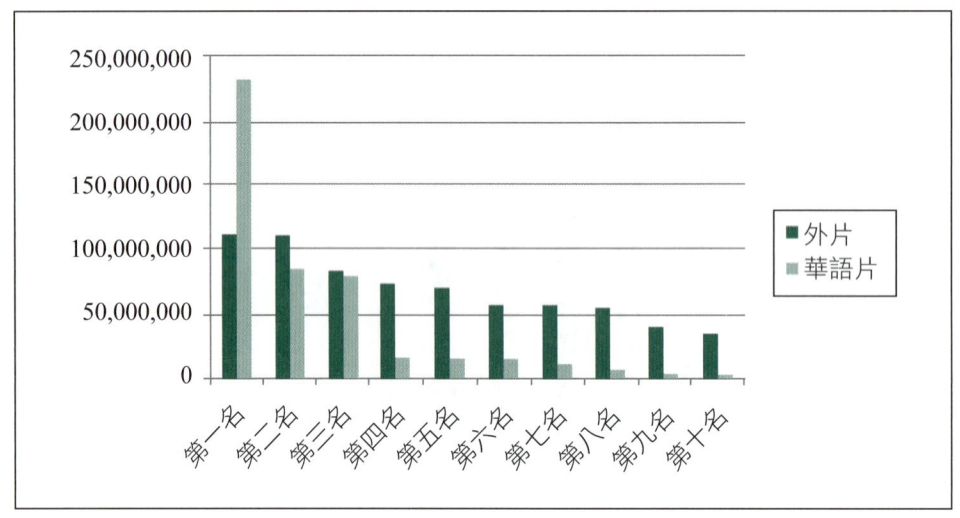

圖 2.1-3　2008 年華語片及外片賣座前十名發行值

這樣就可清楚看出「海角七號」怎樣讓國片揚眉吐氣了,二、三名的「長江7號」和「赤壁」也都不錯,而第四名之後的票房就遠遠不敵外片了。

從上述例子可以看出畫圖的重要性,接下來我們將常用的一些圖形做較詳細的介紹。通常剛蒐集到的資料都是雜亂無章的,很難看出所以然。假設台北市一所大學經濟系某個班級的導師,為了對導生增加了解,對全班 59 位學生發出了問卷,問的問題當中包括他們平日的上學方式,收回的答案如下:騎機車、搭捷運或公車、搭捷運或公車、騎機車、搭別人的車、騎機車、⋯、開車、搭捷運或公車、騎機車。59 個人的答案,乍看之下亂糟糟的,必須經過整理才能呈現出有用的訊息。

以上這種資料是屬於類別資料。對於這類資料通常我們關心的是：每個類別出現的次數 (或者所佔的百分比)。經過觀察，我們發現學生上學方式總共可以歸納為六類：騎機車、搭捷運或公車、走路、開車、搭別人的車、騎腳踏車。呈現這種資料很適合用次數分配表，它能夠整理出各個類別出現的次數，讓數據一目瞭然。要做次數分配表第一步就是將所有的類別一一列出，接著就是將每個類別出現的次數一一記錄下來 (比如可以畫「正」字) 之後，將每一類的總次數列在表裡面。除了次數，也可以同時列入每一類別的次數除以總次數所得到的百分比，如此可以更清楚的看出各個類別相對於全部資料所佔的比例。以下就是將這 59 位學生平日的上學方式歸納出來的次數分配表：

表 2.1-1　學生上學方式之次數分配表

上學方式	騎機車	搭捷運或公車	走路	開車	搭別人的車	騎腳踏車	總和
人數	19	22	9	4	3	2	59
百分比	32%	38%	15%	7%	5%	3%	100%

除了做次數分配表，我們也可以用兩種不同的圖形將這筆資料呈現出來，首先介紹的是**圓餅圖** (pie chart，也可稱圓形圖或圓瓣圖)。它的做法是將一個圓從圓心的部分向外畫直線 (好像在切比薩餅一樣)，將這個圓分成數個楔形 (也可稱為扇形)，楔形的數目就等於整筆資料的類別數。每個楔形的大小取決於該類別出現的次數所佔總次數的百分比，比如對應「騎機車」這一類的楔形之圓心角即為 360° × 32% = 115.2°。

以下就是用這 59 位學生平日上學方式的數據所繪出之圓餅圖：

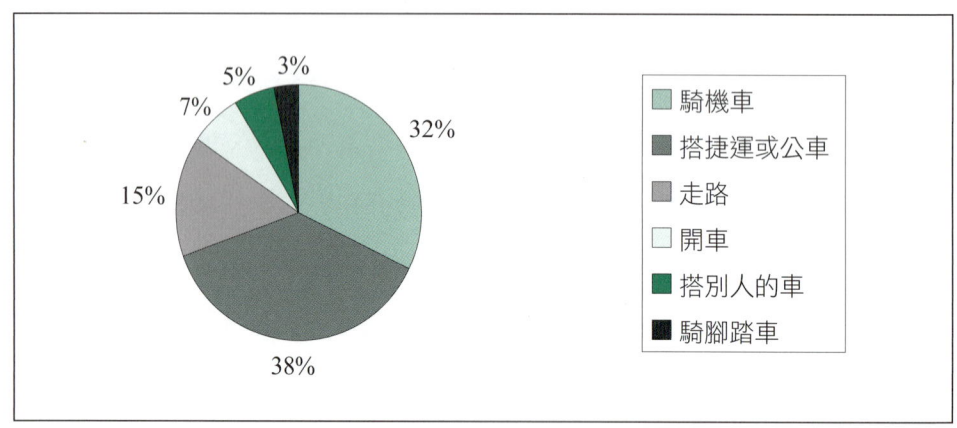

圖 2.1-4　學生上學方式之圓餅圖

還有一種常見的圓餅圖為立體圓餅圖，用同一組數據所繪之立體圓餅圖如圖 2.1-5 所示。

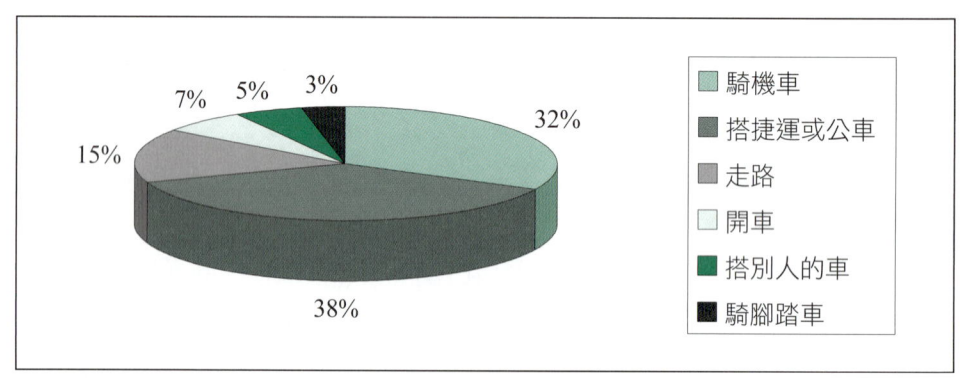

圖 2.1-5　學生上學方式之立體圓餅圖

就視覺上的效果而言，立體圓餅圖應該比一般的圓餅圖吸引人，所以它出現的頻率相當高。但如果想要將數據真實的呈現出來，一般的圓餅圖才是正確的選擇，因為立體圓餅圖的「厚度」只能看到一部份，會引導我們的視覺，造成錯誤的印象。比如將以上兩個圖做個比較就會發現，雖然實際上「搭捷運或公車」的比例 38%，比起「騎機車」的 32% 並沒有大很多，然而由於在立體圓餅圖裡面，「搭捷運或公車」這個類別的厚度完全

看得到，所以看起來會覺得 38% 的這一塊比 32% 的大很多，若沒注意到旁邊的百分比的話，很容易就會被誤導；而在圖 2.1-4 裡面，就不會發生這種問題。

另外一種常用來呈現類別資料的方法是**長條圖** (bar-graph)，本節開頭比較「海角七號」和其他影片票房時，已簡單介紹過這種圖。長條圖的做法是先畫出橫軸跟縱軸，接著在橫軸上畫數個並排且等寬的長方形，長方形的個數就等於類別的個數，而長方形的高度由該類別的次數決定。我們會在長條圖的橫軸上標示出各個類別，而縱軸則是代表各類別所出現的次數或者百分比。用長條圖來呈現類別資料時可以清楚的看到各個類別出現的次數或百分比，更可以看出每個類別與其他類別的相對大小關係。以下就是用這 59 位學生平日上學方式的數據所繪出之長條圖，縱軸代表次數：

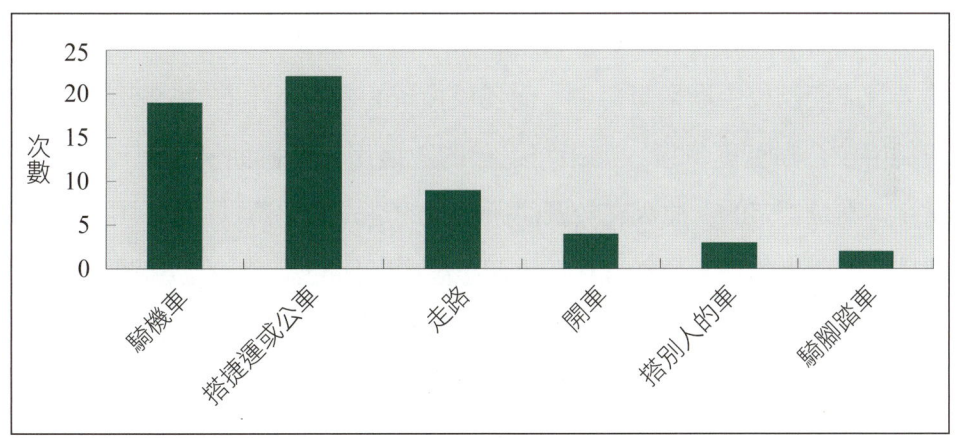

圖 2.1-6 學生上學方式之長條圖

上述有關學生平日上學方式的數據既可以用圓餅圖也可以用長條圖來呈現，二者的重點不同，可視情況做選擇。圓餅圖強調的是各部份佔整體的百分比，比如從圖 2.1-4 很容易就可以看出：騎機車上學的同學，大約佔全班同學的三分之一，這點從圖 2.1-6 就不容易看出來。而長條圖則

容易突顯各類別之間次數 (或百分比) 的差異，因為長方形高度的差異很容易看出來，而楔形的大小差別則不是那麼明顯；讀者可將圖 2.1-4 和圖 2.1-6 裡面的「騎機車」和「搭捷運或公車」兩類做個比較，就可以了解了。

圓餅圖強調的是一個整體當中各部份所佔的百分比，如果各部份合起來不是一個整體，就不適用圓餅圖。長條圖的用途較廣，不論各類別合起來是否一個整體，都可以用它來呈現。當各類別合起來構成一個整體時，除了有時因為四捨五入而產生少許誤差之外，各類別所佔百分比的總和，一定會等於 100%。以下是適合用長條圖來呈現、卻不應該用圓餅圖表示的例子。

假設台中有兩所大專院校的學生會正在考慮是否要合辦聖誕舞會，於是兩校的學生分別在各自學校舉辦了公開投票。結果甲校有 2835 位學生參與投票，其中 1892 位贊成，其餘的反對。而乙校有 3129 位學生投票，其中 2407 位贊成，其餘的反對。也就是說甲校投票的學生當中有 66.74% 的人贊成與乙校合辦聖誕舞會，而乙校投票的學生當中有 76.93% 的人贊成與甲校合辦聖誕舞會。如果將這樣的數據用一個圓餅圖來呈現是否恰當？答案是否定的。原因在於圓餅所代表的是一個整體，而圓餅中的每一塊楔形所代表的是某類別資料在這個整體中所佔的比例。但這個例子裡的兩所大專院校分別代表兩個整體，我們有興趣的則是比較兩校學生贊成合

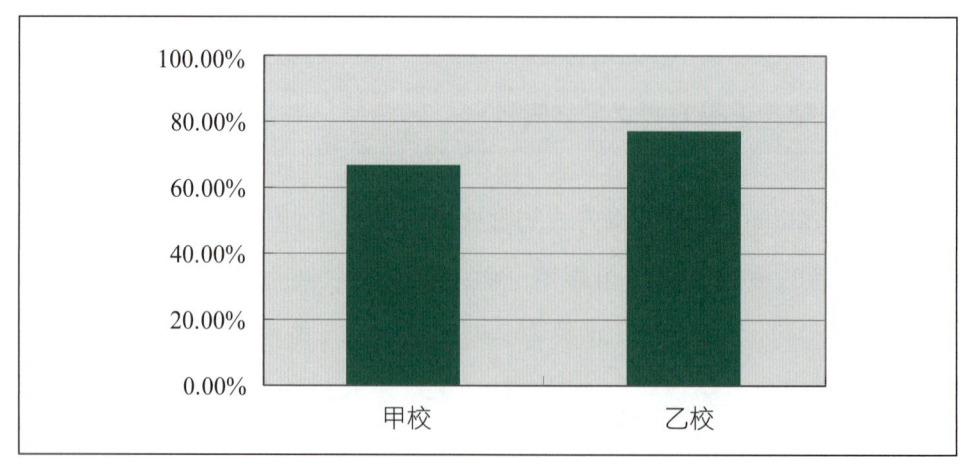

圖 2.1-7　甲乙兩校學生贊成合辦聖誕舞會的比例之長條圖

辦聖誕舞會的比例,所以合適的作法是用長條圖來呈現出這樣的數據。這組數據所作出之長條圖,如圖 2.1-7 所示。

現在可以來考慮本章開頭提出的問題了。從觀光局行政資訊系統可以找到下列數據 (網址:http://admin.taiwan.net.tw/upload/statistic/20120403/f4e5734b-f425-4bbc-bc7d-106bcc0f09d8.xls):

表 2.1-2　100 年旅客來台目的

居住地	業務	觀光	探親	會議	求學	其他	未列明	合計
大陸	125,481	1,290,933	119,074	22,564	9,060	118,986	98,087	1,784,185
日本	297,945	902,733	42,830	10,449	5,049	30,630	5,122	1,294,758

因為我們想要知道各種不同目的來台人數佔整體比例如何,現在把未列明來台目的的人數去掉之後、算出百分比,得到以下數據:

居住地	業務	觀光	探親	會議	求學	其他	合計
大陸	7.4%	76.6%	7.1%	1.3%	0.5%	7.1%	100%
日本	23.1%	70.0%	3.3%	0.8%	0.4%	2.4%	100%

從表中可以清楚看出,觀光的比例相差不大;大陸來探親的比例是日本的兩倍還多些,而日本人因業務來台的比例則是大陸的約三倍。因為上表中各類別 (目的) 合起來構成一個整體,各類別所佔百分比的總和等於 100%,所以也可以用圓餅圖來表達,以下是大陸和日本的圓餅圖:

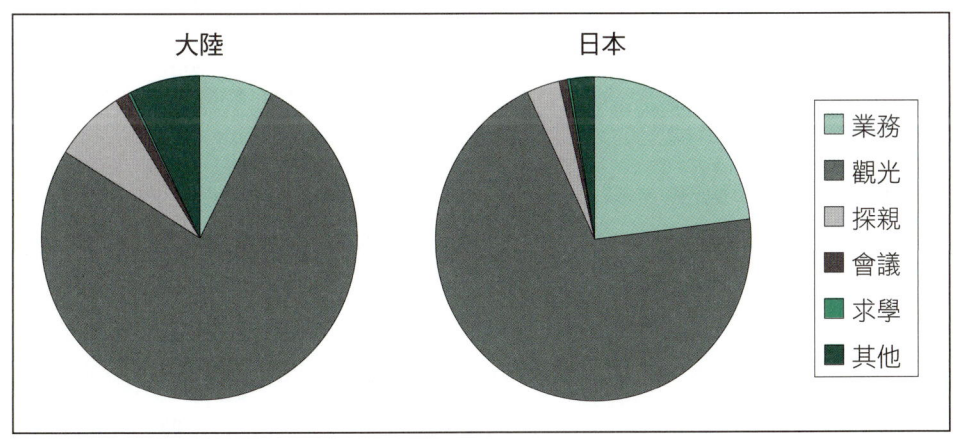

圖 2.1-8　旅客來台目的之圓餅圖

從大陸的圓餅圖可以看出,來觀光的大約佔了四分之三;剩下的約四分之一當中,業務、探親和其他三類佔的比例差不多。日本的圓餅圖中,觀光的比例略低於四分之三,佔目的第二名的業務,看起來比例略低於四分之一。

如果要在大陸人和日本人之間做比較的話,二者來台觀光的比例都佔四分之三左右。另外從圖中可以看出,大陸人來台探親的比例高於日本,而日本人因業務來台的比例則遠高於大陸。至於「兩倍」、「三倍」等的訊息,從表中數字看得很清楚,從圓餅圖則較不明顯,因為用目視方式比較圓心角或楔形面積的大小時,較不容易看得準確。如果想要清楚看出各目的百分比的差異,則可以畫並列的長條圖,如下:

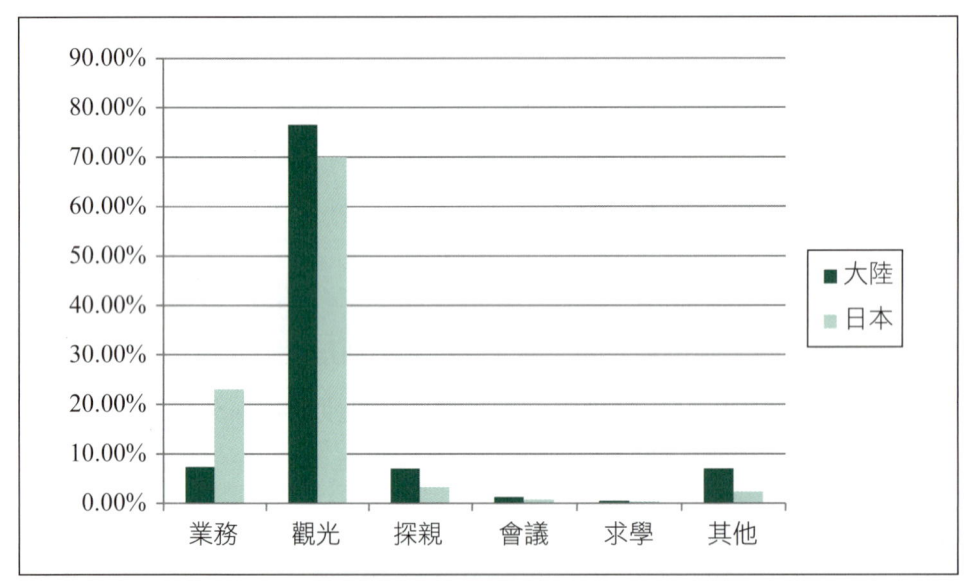

圖 2.1-9 旅客來台目的之長條圖

假如蒐集到的數據是數值資料的話,又應該如何將它加以呈現呢?一般而言,最常用的是直方圖,它的優點是可以清楚的看出數據的分布情況。直方圖的作法是先將數據依其數值大小分組,每一組的組距,也就是每一組所涵蓋的範圍,應該要一樣大。接著再將落在各組範圍內的資料個數計數,直方圖的橫軸代表的是資料的值,而縱軸則代表次數。

直方圖乍看很像長條圖，但其實是非常不同的。首先直方圖裡相鄰的長方形都是連在一起的，中間沒有間隔 (除非剛好沒有數據落在某組的範圍內，則該組長方形的高度為 0，看起來會像是在前一組和後一組之間形成間隔)。再者直方圖的橫軸代表的是資料的數值，而非資料的類別。另外直方圖中每一個長方形的寬度所代表的是該組的組距，也就是該區間的長度，而不是任意決定的。

畫直方圖的步驟如下：

1. 先找出整組數據的範圍，決定要分成幾組 (區間)，再找出每組的界限。分幾組沒有標準答案，可視數據多寡來決定，但每組的寬度 (區間長度) 要相同。
2. 把數據歸類到各組，找出落入每一組的數字各有多少個。
3. 在橫軸上標示出各組的界限，再以每組範圍為底邊、畫出長方形，長方形的高度對應落在該組的數字個數 (或者百分比)。

現在用例子來說明：

從交通部統計查詢網可以查到從 98 年 1 月到 101 年 7 月的台鐵每月行車事故件數如下：

71　65　54　66　58　64　68　58　59　89　79　69　65　62　55
71　67　64　87　76　78　88　64　76　71　51　63　53　71　74
83　59　59　76　73　79　46　45　57　55　70　62　78

總共有 43 個數字，不容易看清楚每月事故件數的分布狀況，現在依照下列步驟來畫直方圖：

1. 43 個數字的範圍，是從最小的 45 到最大的 89。因為這組數據全是整數，可以考慮把範圍左右延伸出去各 0.5、從 44.5 到 89.5。89.5 − 44.5 = 45，可以被 5 整除、得到 9，因此可以把第一組的範圍

定為 44.5~53.5、第二組定為 53.5~62.5、依此類推。這樣做的好處是：不會有任何數字落在相鄰兩組的邊界上。

2. 檢視每個數字落在哪一組之後，得到以下結果：

組界	次數
44.5~53.5	4
53.5~62.5	11
62.5~71.5	15
71.5~80.5	9
80.5~89.5	4

3. 畫出直方圖如下：

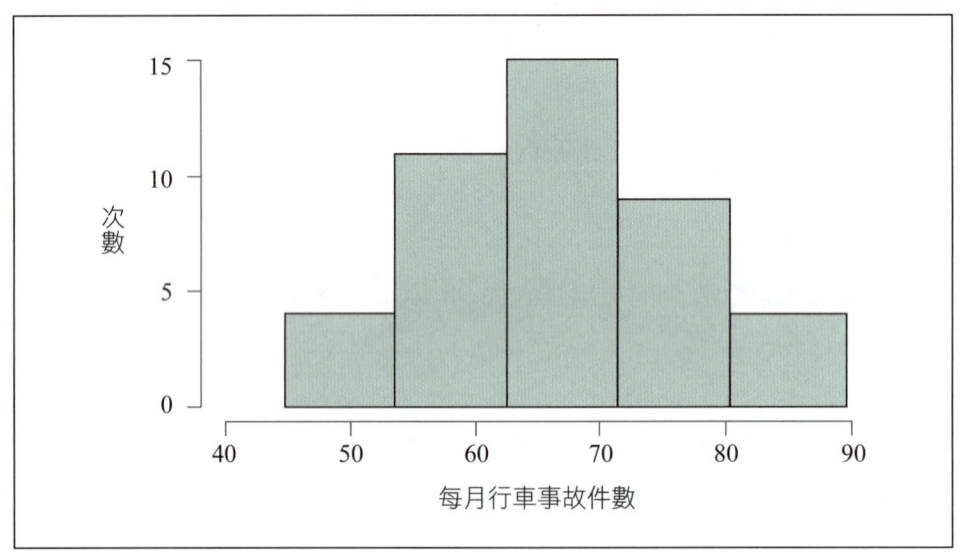

圖 2.1-10　98 年 1 月到 101 年 7 月、台鐵每月行車事故件數之直方圖

由此圖我們可以看出，分布相當對稱、中心位置大約是在 67 附近，並且大致可以這樣說：一個月的事故數，多半是在 50 幾到 80 件之間。台鐵還提供了一項資訊，就是每月事故當中，有幾件可歸因為台鐵的責任、幾件不是。根據資料，在 98 年 1 月到 101 年 7 月這段期間，總共 2878 件事故當中、台鐵有責任的是 132 件，佔了 4.6%。

如果直方圖的左右並不對稱，有一條長尾巴向右延伸，如圖 2.1-11 所示，我們稱這樣的分布為右偏；如果有長尾巴向左延伸，如圖 2.1-12 所示，則稱這樣的分布為左偏。

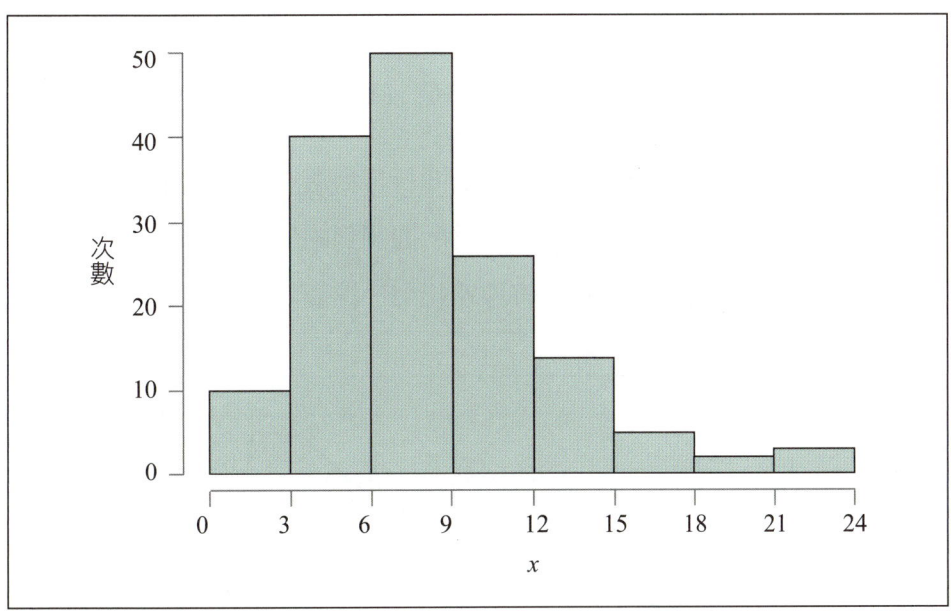

圖 2.1-11　右偏分布之直方圖

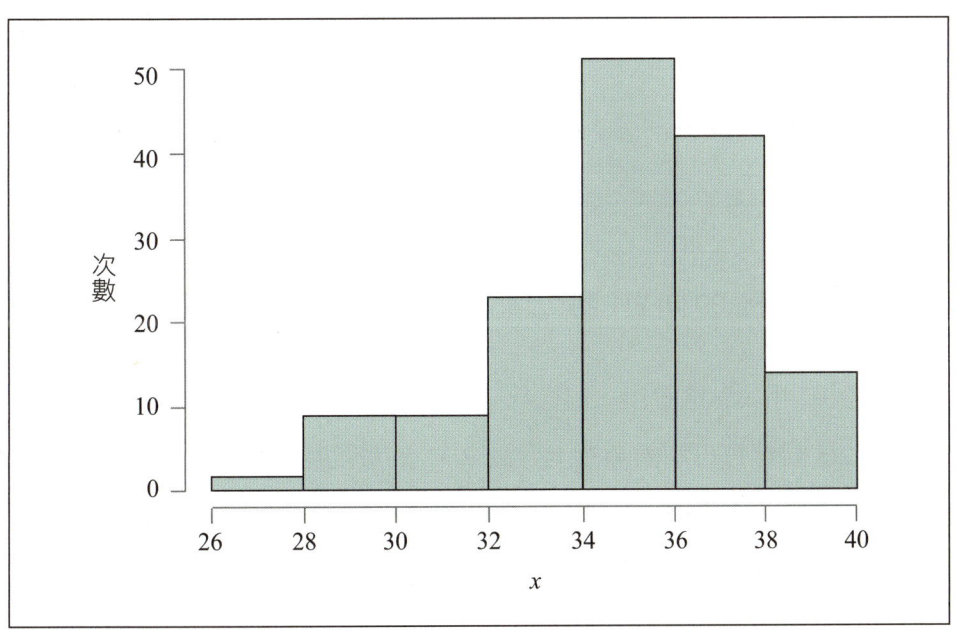

圖 2.1-12　左偏分布之直方圖

如果數值資料是依時間的先後順序蒐集，而我們又想要探討數據隨著時間的變化情形，則可以將資料作成線圖。例如根據中央氣象局的資料，台北氣象站在民國 99 年的 2/1 到 2/14 之間，每日的均溫 (℃) 如下：

  18.7 17.9 17.1 17.8 18 18.2 17.1
  20.5 21.2 22.8 23 12.6 13 17

我們可以畫一個線圖來呈現這段期間每日均溫的變化。線圖的橫軸代表的是時間，縱軸代表的是不同時間點所觀測到的值。將所有的觀測值在圖上標出來後，再將相鄰的點用直線連起來，線圖就完成了。

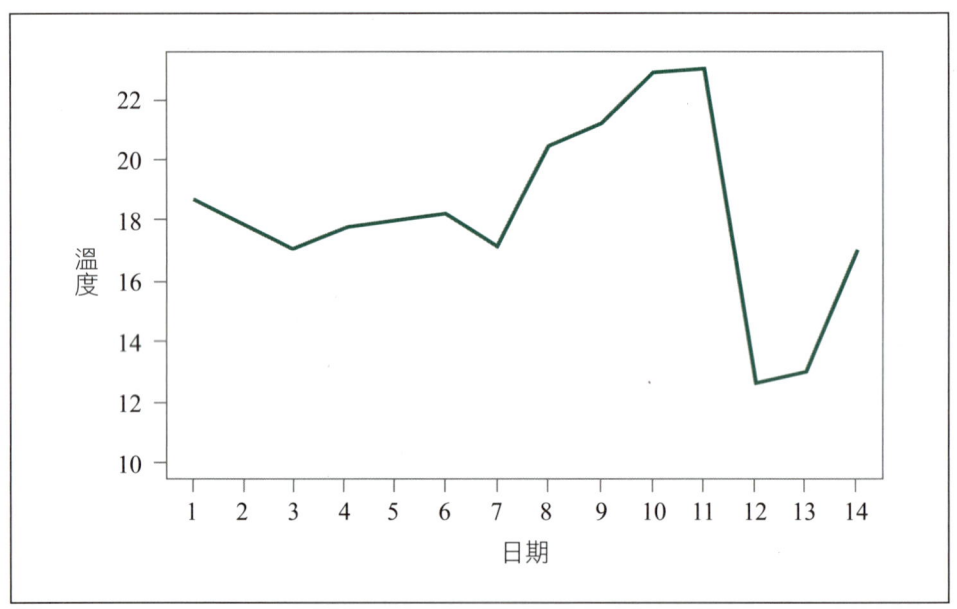

圖 2.1-13 民國 99 年 2/1 到 2/14 之間，台北氣象站的每日均溫紀錄

從這個圖中可以清楚看出，2/1 至 2/7 之間的每日均溫都在 17、18℃ 上下，從 2/8 日起每日均溫漸漸上升到 2/11 的最高均溫 23℃，而 2/12 那天的均溫較前一日驟降了約 10℃。線圖常用在呈現股票價錢的起伏、以及小孩子身高的成長曲線等等。

我國近年來的平均每人國民生產毛額增長情況如何,也適合用線圖表示。從經濟部統計處網頁可得以下數據資料:

單位:美元

	2005 年	2006 年	2007 年	2008 年	2009 年	2010 年	2011 年
中華民國	16,449	16,911	17,596	17,833	16,901	19,175	20,690

對應這組數據的線圖如下:

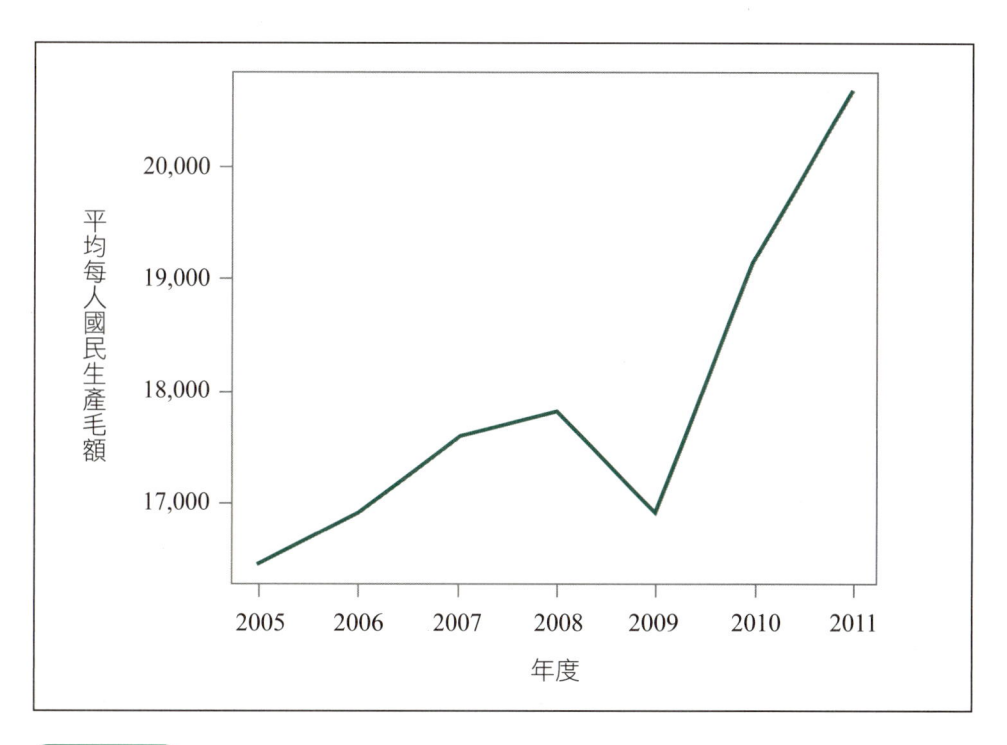

圖 2.1-14 我國在 2005 年到 2011 年的平均每人國民生產毛額之線圖

從圖中可看出,除了 2009 年下降到和 2006 年差不多之外,這段期間我國的平均每人國民生產毛額呈現不斷增長的趨勢,2009 年到 2011 年之間增長尤其快速。2009 年景氣衰退是國民生產毛額下降的原因。一般而言,當經濟穩定成長時,平均每人國民生產毛額就不會下降。

2.2 怎樣度量資料的「中心位置」

老師改完一班的考試卷並將成績登記完畢之後，常會計算全班的平均分數，這是一個代表數字，可以看成是全班分數的一個「中心位置」。這裡把中心位置加上引號，是因為它其實是一個概念，並沒有嚴格的定義；用平均分數當做「中心位置」，只是幾個常用方法其中之一，這種算法叫做平均數，也可簡稱平均。

> **定義** 一組數字 $x_1, x_2, \cdots, x_n$ 的平均數 (mean) 用符號 $\bar{x}$ (讀為 x-bar) 表示，定義為所有數字加總之後再除以 n。
>
> $x_1, x_2, \cdots, x_n$ 的平均數公式
>
> $$\bar{x} = \frac{x_1 + x_2 + \cdots + x_n}{n}$$

「平均數」這個觀念我們從小就學到了，此後也經常聽到用到，早就習以為常；然而它究竟給了我們什麼樣的訊息，還有許多討論的空間，先用一個例子說明：某一家開張滿一個月的減重中心大打廣告，「全體學員平均一個月減重 3 公斤」。這樣聽起來非常吸引人，會讓一些想減重的人躍躍欲試。事實可能是何種狀況呢？因為才開張不久，減重中心的學員其實總共只有五人。一個月之內，其中一位「超級大戶」學員從 219 公斤降到 200 公斤、減了 19 公斤，另四位不僅沒減、還各重了 1 公斤，5 人總共「減」了 15 公斤，所以平均一人減 3 公斤。減重中心說的完全是事實，卻很容易造成誤導的結果；主要的原因是：平均數很容易受少數極端值的影響。像上述這樣只有極少的五人之情況，影響當然更為明顯。當聽到「平均是多少」的訊息時，我們至少應該先問：是用多少個數字計算出來的平均？另外還要考慮極端值的可能影響，才能對平均數做合適的解讀。

如果數字分布比較「正常」，沒有很誇張的極端值，則用平均數代表「中心位置」時，大致不會造成誤導。但是假如只知道一個平均數，對於整組數字的了解，其實很有限。假設有一個迷你班級，共有 10 位同學，某次考試丸子考得比全班平均分數高 10 分，是否代表他考得不錯？事實上只知道比平均高 10 分，其實訊息不夠、無從判斷。考慮下列兩組分數，分別都符合例子當中所描述的狀況：

第一組：80　80　80　**40**　10　10　0　0　0　0
第二組：**40**　30　30　30　30　30　30　30　30　20

兩組各自的平均都是 30 分，而丸子的分數是 **40** 分；如果屬於第一組的情況，丸子的分數在班上的排名並不高，可是在第二組的情況下，他卻是全班最高分。這個例子告訴我們：*若只知道平均數，可能提供的資訊相當有限*。除了平均數之外，我們還需要其他訊息，才能對整組數據有較多的了解，下一節就會討論到這個主題。

我們知道平均數很容易受少數極端值的影響，如果想要消除極端值的影響，則「中位數」是可能的選擇之一。

定義　一組數字 $x_1, x_2, \ldots, x_n$ 的**中位數** (median) 用符號 m 代表，它是將數字從小到大排序之後，位置在最「中間」的一個數；若 n 是奇數，中位數是最中間的數，若 n 是偶數，則中位數是最中間兩個數的平均，可用符號表示如下：

中位數公式

假設將 $x_1, x_2, \ldots, x_n$ 自小到大排序後得到 $x_{(1)}, x_{(2)}, \ldots, x_{(n)}$，則中位數為

$$m = \begin{cases} x_{\left(\frac{n+1}{2}\right)}, & n \text{ 是奇數} \\ \dfrac{x_{\left(\frac{n}{2}\right)} + x_{\left(\frac{n}{2}+1\right)}}{2}, & n \text{ 是偶數} \end{cases} \quad (2.2\text{-}1)$$

公式 (2.2-1) 看起來好像有點複雜，其實只是「虛有其表」，觀念其實非常簡單。數學公式常常看來嚇人，主要原因應該是符號讓人覺得抽象，要克服這點，常常只要代些簡單的數字到公式裡面看看就行了。比如若令 $n=5$ 是奇數，則中位數 $m=x_{(3)}$，就是 $x_1, x_2, \cdots, x_5$ 自小到大排序之後的第 3 個 (最中間的一個)，若 $n=6$ 是偶數，則中位數 $m=\dfrac{x_{(3)}+x_{(4)}}{2}$，即 $x_1, x_2, \cdots, x_6$ 自小到大排序之後，最中間兩個的平均。

有一個方式可以幫助記憶，就是記住中位數的「位置」是 $\dfrac{n+1}{2}$。例如當 $n=9$ 時，$\dfrac{n+1}{2}=5$，代表中位數是自小到大排序之後的第五個。若 $n=10$ 時，$\dfrac{n+1}{2}=5.5$，介於 5 和 6 之間，所以中位數的位置介於第 5 和第 6 之間，也就是排序後第 5 個和第 6 個數字的平均。

例 2.2-1

到 2008 年為止的美國職棒單季全壘打紀錄 73 支，是由邦茲於 2001 年所創。邦茲在創下紀錄之前的全壘打表現如何呢？我們可以參考他在十年內的表現。以下是從 1992 年開始到 2001 年結束這段期間，邦茲的全壘打紀錄：

1992	1993	1994	1995	1996	1997	1998	1999	2000	2001
34	46	37	33	42	40	37	34	49	73

試求邦茲在該十年當中全壘打的平均數和中位數。

解

十年當中全壘打的平均數

$$\bar{x}=\frac{34+46+\cdots+73}{10}=42.5$$

要找中位數,必須先把數字從小到大排序,以下是排序的結果:

$$33 \quad 34 \quad 34 \quad 37 \quad 37 \quad 40 \quad 42 \quad 46 \quad 49 \quad 73$$

因為共有 10 個數字,所以中位數

$$m_x = \frac{x_{(5)} + x_{(6)}}{2} = \frac{37 + 40}{2} = 38.5$$

觀察一下會發現,2001 年的 73 支全壘打,是邦茲的超優表現,他的次高單季紀錄是 49,比起 73 低了不少,73 已可視為極端值了;這個極端值把平均數拉高了,使得平均數高於中位數。

邦茲於 2001 年所創的單季 73 支全壘打,打破了 1998 年由麥奎爾的 70 支及索沙 66 支所創的單季全壘打紀錄 (兩人於當年打破馬利斯於 1961 年所創的 61 支紀錄),邦茲的全壘打紀錄和麥奎爾比起來如何呢?我們可以利用平均數和中位數來做比較。

例 2.2-2

麥奎爾在創下紀錄那年及倒數回去的連續十年間,即 1989 到 1998 年的球季,單季全壘打紀錄如下:

1989	1990	1991	1992	1993	1994	1995	1996	1997	1998
33	39	22	42	9	9	39	52	58	70

求麥奎爾在該十年當中全壘打的平均數和中位數。

解

十年當中全壘打的平均數

$$\bar{y} = \frac{33 + 39 + \cdots + 70}{10} = 37.3$$

數字從小到大排序之後可得

$$9 \quad 9 \quad 22 \quad 33 \quad 39 \quad 39 \quad 42 \quad 52 \quad 58 \quad 70$$

中位數 $$m_y = \frac{y_{(5)} + y_{(6)}}{2} = \frac{39 + 39}{2} = 39$$

同樣以創下全壘打紀錄那年為止的十年間全壘打表現做比較的話,麥奎爾的中位數和邦茲差不多,平均數則比邦茲低 5.2,看來邦茲的表現比較好。然而觀察數字會發現,麥奎爾在 1993 和 1994 年的表現似乎反常,兩個球季各只有 9 支全壘打;事實是麥奎爾在 1993 年受傷,而 1994 年發生過球員罷工事件。如果只把正常球季列入考慮的話,麥奎爾的平均數提高到

$$\frac{33+39+22+42+39+52+58+70}{8} = 44.375$$

由此可見極端值對平均數的影響。以正常球季的狀況來評估,可以說麥奎爾的一般表現不輸邦茲。而排除 1993 和 1994 年的資料之後麥奎爾的中位數為

$$\frac{39+42}{2} = 40.5$$

可明顯看出,去掉極端值對中位數的影響並不大。

　　現在有不少大專院校會對老師做教學評鑑,由學生對老師授課的相關項目打分數,以早在多年之前就開始做教學評鑑的淡江大學來說,評分項目包括:教學態度是否認真負責、對課程講解是否清楚及授課內容是否組織完善等等,每一項的評分分成六個等級,從非常同意到非常不同意。像這類評分方式,應該如何整合全班同學打的分數,才比較合適呢?計算全班平均當然是一種可能,然而因為這種評分非常主觀,如果有些選修課的修課人數很少,而其中一、二位同學因為某種原因對老師不滿,因此對這位老師的評分全都打最低等級分數的話,平均出來的分數就會失真,對這

位老師相當不公平了。

類似上述情況的還有：某些競賽是由若干位裁判評分來判定勝負的，例如花式滑冰或者跳水。如果評分方式是計算各裁判評分的平均數，會不會有某位裁判為了護航某選手而把他的分數打特別高、同時把他的主要對手分數打特別低，因此造成不公平的結果呢？這種事的確在 2002 年冬季奧運的花式滑冰項目中發生過。為了防止這類事情發生，可以把最大和最小的數字排除之後才計算平均數。算出的結果叫做裁剪平均數 (trimmed mean)，因為是把最大和最小的數都給「裁剪」掉了之後才計算平均；也可以在兩端各裁剪掉不只一個數，但通常兩頭裁剪的數目相同。

> **定義** 一組數字 $x_1, x_2, \cdots, x_n$ 的 α-裁剪平均數用符號 $\bar{x}_\alpha$ 表示，$0 < \alpha < 1$，其定義為
>
> $$\bar{x}_\alpha = \frac{x_{(k+1)} + x_{(k+2)} + \cdots + x_{(n-k)}}{n - 2k}$$
>
> 其中 $k = \left[n \cdot \dfrac{\alpha}{2} \right]$，[ ] 代表高斯函數，而 $x_{(1)}, x_{(2)}, \cdots, x_{(n)}$ 是將 $x_1, x_2, \cdots, x_n$ 自小到大排序後的結果。

如此做會排除掉特別高或特別低的分數對平均數的影響，如果有某裁判在評分時想要護航某選手，因此把這位選手的分數打特別高、同時把他的主要對手分數打特別低時，這位裁判打的分數會被裁剪掉，根本不會被計入平均。例如若 $n = 11$，$\alpha = 0.2$ (可對照裁判有 11 人，兩端加起來的裁剪比例共為 20% 的狀況)，此時 $n \cdot \dfrac{\alpha}{2} = 11 \cdot 0.1 = 1.1$，取高斯函數後得到 $k = 1$，因此最低的一項分數和最高的一項分數都會被排除，剩下九項分數才來計算平均。當裁判人數較多時，也可以裁剪掉最高和最低各兩個分數。

雖然中位數也可以去除極端值的影響，然而在裁判評分的場合若使用

中位數，等於只看一個裁判 (假設是奇數位裁判) 或兩個裁判 (假設是偶數位裁判) 的分數來決定，當然不是恰當的做法。

我們在例 2.2-1 和例 2.2-2 當中，考慮了麥奎爾和邦茲在各自創下紀錄那年為止十年間的全壘打表現，並且利用平均數和中位數做了比較；麥奎爾的中位數和邦茲差不多，平均數則比邦茲低 5.2，似乎邦茲的表現比較好。現在若改用裁剪平均數來比較的話，結果會如何，我們在以下例子討論：

例 2.2-3

根據麥奎爾和邦茲的十年全壘打表現，分別計算他們的 0.2-裁剪平均數。

解

首先計算要裁掉幾個，因為 $k = \left[10 \cdot \dfrac{0.2}{2}\right] = 1$，所以從小到大排序之後，要去掉最小的值和最大的值之後再求平均。

麥奎爾排序後的數字是：

$$9 \quad 9 \quad 22 \quad 33 \quad 39 \quad 39 \quad 42 \quad 52 \quad 58 \quad 70$$

因此 0.2-裁剪平均數為

$$\frac{9+22+33+39+39+42+52+58}{8} = \frac{294}{8} = 36.75$$

邦茲排序後的數字是：

$$33 \quad 34 \quad 34 \quad 37 \quad 37 \quad 40 \quad 42 \quad 46 \quad 49 \quad 73$$

因此 0.2-裁剪平均數為

$$\frac{34+34+37+37+40+42+46+49}{8} = \frac{319}{8} = 39.875$$

仍然是邦茲贏，但是差距是 3.125，比平均數的差距 5.2 要小些。

習題

1. 假設某數學補習班宣稱，只要在該補習班上課滿三個月，考試成績就可以進步 15 分以上。今天隨機抽樣 10 位該補習班的學員，並得知他們到補習班上課滿三個月後，進步分數如下：

    7　12　8　–5　20　–2　0　8　1　15

   求這組數據的平均數、中位數、以及 0.2-裁剪平均數。

2. 假設我們隨機抽樣某科技大學電機系的學生 8 位，並得知每位學生前一個月份的手機通訊費 (單位：元) 如下：

    238　125　403　317　89　178　524　396

   求此組數據的平均數、中位數、以及 0.2-裁剪平均數。

3. 洛杉磯湖人籃球隊 14 位隊員 2000 年的年薪大約是以下數字 (單位：百萬美元)：

    17.1　11.8　5.0　4.5　4.3　4.2　3.1
    2.1　2.0　1.0　1.0　0.8　0.7　0.3

   其中最高薪的兩位分別是歐尼爾和布萊恩。計算這 14 位隊員薪水的平均數和中位數，其中，何者比較適合當做全隊薪水的一個代表數字？請說明原因。

2.3　怎樣度量資料的「分散狀況」

在 2.2 節，我們考慮了兩組分數，每一組各有 10 個分數，平均都等於 30 分：

第一組：80　80　80　40　10　10　0　0　0
第二組：40　30　30　30　30　30　30　30　30　20

但是觀察一下會發現，兩組數字的分散情況很不一樣；第一組很分散而第二組相當集中。如果這些真的是某次考試的分數的話，我們會說第二組同學的表現相當平均、而第一組同學的差別卻很大。平均再加上有關分散狀況的描述，才能替整組數據提供較完整的訊息。

「全距」應是對分散狀況最簡單而直觀的描述，它代表了整組數據散佈範圍的大小，定義是該組數據當中的最大值減去最小值，可用符號定義如下：

> **定義**　一組數字 $x_1, x_2, \cdots, x_n$ 的**全距** (range) 用符號 R 表示，定義為 $R = x_{(n)} - x_{(1)}$，此處 $x_{(1)}, x_{(2)}, \cdots, x_{(n)}$ 是將 $x_1, x_2, \cdots, x_n$ 自小到大排序後的結果。
>
> **全距公式**
>
> $$R = x_{(n)} - x_{(1)} \tag{2.3-1}$$

全距只由最極端的兩個數決定，因此所含的訊息很粗略，一般來說用處不太大。例如若想知道大學生的收入狀況，以畢業滿五年以上當做考慮對象來說的話，如果計算全距，因為收入最高和最低的都可能是特例，因此全距所提供的訊息參考價值不大；收入位於中間那一半的高低差距，反而更有參考意義，這個數字叫做四分位距，因為是兩個四分位數之間的距離。四分位數的意義，其實就是把排序後的數據四等分時，分割點的位置。第一四分位數以下和第三四分位數以上，都大約有四分之一的數據，而第二四分位數就是中位數。

四分位數可說是百分位數的特例，四分位數把排序後的數據四等

分,而百分位數是分成一百份。四分位數的定義包括在百分位數的定義之中,而百分位數定義如下:

> **定義** 令 $0 < p < 1$,一組數據 $x_1, x_2, \cdots, x_n$ 的第 $100p$ 百分位數 ($100p$ th percentile) 為
>
> $$\text{第 } 100p \text{ 百分位數} = \begin{cases} x_{([np]+1)}, & np \text{ 不是整數} \\ \dfrac{x_{(np)} + x_{(np+1)}}{2}, & np \text{ 是整數} \end{cases}$$
>
> 此處的 $x_{(1)}, x_{(2)}, \cdots, x_{(n)}$ 是將 $x_1, x_2, \cdots, x_n$ 自小到大排序後得到的結果,[ ] 代表高斯函數。
>
> **百分位數公式**
>
> $$\text{第 } 100p \text{ 百分位數} = \begin{cases} x_{([np]+1)}, & np \text{ 不是整數} \\ \dfrac{x_{(np)} + x_{(np+1)}}{2}, & np \text{ 是整數} \end{cases} \tag{2.3-2}$$

例 2.3-1

有人為了研究人體的組成,蒐集了十一位中年婦女的資料,她們的體脂肪所佔百分比如下

 31.4　25.9　25.2　31.3　34.7　38.0　26.1　29.5　27.3　30.0　30.8

求這組數據的

(a) 全距。

(b) 第 90 百分位數。

解

先把數據從小到大排序

25.2　25.9　26.1　27.3　29.5　30.1　30.8　31.3　31.4　34.7　38.0

(a) 全距 = 38.0 − 25.2 = 12.8。

(b) 因為 $p = 0.9$，$n = 11$，$np = 9.9$ 不是整數，取高斯再加 1 之後等於 10，所以第 90 百分位數就是排序後的第 10 個，即 34.7。

當 np 不是整數時，取高斯再加上 1 和直接把 np 的小數部份進位，結果是完全一樣的；所以只要記得：當 np 不是整數時，直接把小數部份進位就可以了。

定義 第 25 百分位數也稱**第一四分位數** (first quartile)，用 Q_1 代表；第 75 百分位數也稱**第三四分位數** (third quartile)，用 Q_3 代表。**四分位距** (interquartile range) 是第三四分位數和第一四分位數的差，用 IQR 表示，即 $IQR = Q_3 - Q_1$。

四分位距公式

$$IQR = Q_3 - Q_1 \qquad (2.3\text{-}3)$$

例 2.3-2

用例 2.3-1 的數據求四分位距。

解

數據從小到大排序之後得到

25.2　25.9　26.1　27.3　29.5　30.1　30.8　31.3　31.4　34.7　38.0

$Q_1 =$ 第 25 百分位數，而 $11 \cdot (.25) = 2.75$，進位成 3，所以

$$Q_1 = x_{(3)} = 26.1$$

$Q_3 =$ 第 75 百分位數，而 $11 \cdot (.75) = 8.25$，進位成 9，所以

$$Q_3 = x_{(9)} = 31.4$$

所以四分位距 $IQR = Q_3 - Q_1 = 31.4 - 26.1 = 5.3$。

例 2.3-3

根據麥奎爾和邦茲的十年全壘打表現：(a) 分別計算他們的四分位距；(b) 用百分位數公式計算二人的中位數。

解

排序後的數字如下 (參考例 2.2-3)

麥奎爾： 9　9　22　33　39　39　42　52　58　70

邦　茲： 33　34　34　37　37　40　42　46　49　73

(a) 因為 $n = 10$，$p = .25$，$np = 2.5$，所以 $Q_1 = x_{(3)}$，同理 $Q_3 = x_{(8)}$，因此麥奎爾的四分位距

$$IQR = Q_3 - Q_1 = x_{(8)} - x_{(3)} = 52 - 22 = 30$$

而邦茲的等於 $46 - 34 = 12$，比麥奎爾的小很多。四分位距大致代表位於中間的一半數據的範圍大小，數字大代表散佈廣，所以兩人的明顯差距代表的意義是：邦茲的一般表現要比麥奎爾穩定，觀察一下數據就可以印證這一點。

(b) 因為中位數就是第 50 百分位數，而 $np = 10 \cdot (.5) = 5$ 是整數，根據百分位數公式，中位數是排序後第 5 個和第 6 個數字的平均，和之前對中位數的定義完全相同，所以根據公式 (2.3-2)，

$$麥奎爾的中位數 = \frac{39+39}{2} = 39$$

$$邦茲的中位數 = \frac{37+40}{2} = 38.5$$

把排序後的數據做等分時，無論是分成四份還是一百份，樣本大小都未必剛好能被整除，所以「等分」沒辦法嚴格執行，只是一個近似的概念；因此對於百分位數和四分位數的定義，並非只有唯一選擇，不同的教科書，定義可能會不太一樣。基本上來說，當 n 夠大時，不論用哪個定義，所得到的結果差距都相當小。

最常見到用來描述分散狀況的數，應該是變異數和標準差，我們先從直觀的角度來介紹這個概念。假設我們想要以平均數 $\bar{x}$ 為中心，計算整組數據 $x_1, x_2, \cdots, x_n$ 的散佈情況，最自然的方式，似乎是先計算每個數和平均數的差距，即 $x_i - \bar{x}$，再把這些差距平均起來。然而這些差距的和必定等於 0，因為 $\sum_{i=1}^{n}(x_i - \bar{x}) = \sum_{i=1}^{n} x_i - n\bar{x} = 0$，所以不適用。為了避免這些正、負差距互相抵消的情況，當然可以加上絕對值之後才計算平均。觀念上這樣計算很合理，但是絕對值在數學運算方面不太方便，如果改成用平方取代，同樣也不會發生正、負差距互相抵消的情況，如此所得的結果就叫做變異數。而經過平方之後得到的變異數，單位和原數據不同，是原單位的平方，開根號之後叫做標準差，單位就和原來的數據一樣了。

> **定義** 假設一組樣本數據 $x_1, x_2, \cdots, x_n$ 的平均數等於 $\bar{x}$，則**變異數** s^2 的定義為 $s^2 = \frac{1}{n-1}\sum_{i=1}^{n}(x_i - \bar{x})^2$，**標準差**為 $s = \sqrt{\frac{1}{n-1}\sum_{i=1}^{n}(x_i - \bar{x})^2}$。

通常我們求平均時都是加總之後除以 n，但是變異數和標準差的公式卻是除以 $n-1$，這背後當然有原因，將在第七章當中討論。

$x_1, x_2, \cdots, x_n$ 的變異數及標準差公式

$$變異數 \quad s^2 = \frac{1}{n-1}\sum_{i=1}^{n}(x_i - \overline{x})^2 \qquad (2.3\text{-}4)$$

$$標準差 \quad s = \sqrt{\frac{1}{n-1}\sum_{i=1}^{n}(x_i - \overline{x})^2} \qquad (2.3\text{-}5)$$

其中 $\overline{x}$ 為 $x_1, x_2, \cdots, x_n$ 的平均數。

變異數的公式也可以寫成另外一個形式：

$$s^2 = \frac{1}{n-1}\sum_{i=1}^{n}(x_i - \overline{x})^2 = \frac{1}{n-1}\left(\sum_{i=1}^{n}x_i^2 - 2\overline{x}\sum_{i=1}^{n}x_i + n\overline{x}^2\right)$$
$$= \frac{1}{n-1}\left(\sum_{i=1}^{n}x_i^2 - 2\overline{x}\cdot n\overline{x} + n\overline{x}^2\right) = \frac{1}{n-1}\left(\sum_{i=1}^{n}x_i^2 - n\overline{x}^2\right)$$

最後一個式子可稱為變異數的計算公式。徒手算或按計算機的話，通常用此公式計算比較省事，因為減法只要做一次；利用定義計算的話，反而每一項 x_i 都要減 $\overline{x}$，減法總共要做 n 次。但是也有例外情形，將用例子說明。

變異數的計算公式

$$s^2 = \frac{1}{n-1}\left(\sum_{i=1}^{n}x_i^2 - n\overline{x}^2\right) \qquad (2.3\text{-}6)$$

例 2.3-4

某公司有兩個小單位各只有五位員工，A 單位的五位員工年齡分別為 26、28、30、32、34，平均年齡是 30 歲，B 單位的五位員工年齡分別是 18、19、30、41、42 歲，平均年齡也是 30 歲；分別計算兩

組數據的變異數和標準差。

解

A 單位年齡變異數

$$s_1^2 = \frac{(26-30)^2 + (28-30)^2 + (30-30)^2 + (32-30)^2 + (34-30)^2}{4} = 10$$

也可用計算公式算：

$$s_1^2 = \frac{1}{4}(26^2 + 28^2 + 30^2 + 32^2 + 34^2 - 5 \cdot 30^2) = \frac{4540 - 4500}{4} = 10$$

標準差 $= s_1 = \sqrt{10} = 3.16$

B 單位年齡變異數

$$s_2^2 = \frac{(18-30)^2 + (19-30)^2 + (30-30)^2 + (41-30)^2 + (42-30)^2}{4}$$

$$= 132.5$$

標準差 $= s_2 = \sqrt{132.5} = 11.51$

B 單位的標準差比 A 單位大很多，代表該單位人員的年齡差異，遠比 A 單位要大。

把上例當中計算 s_1^2 時的兩個不同方式比較一下會發現，在用定義 (公式 (2.3-4)) 計算年齡變異數時，雖然總共要做五次減法，但是減完之後得到的差很小，平方很好算，不用按計算機就可以算出來了；所以到底哪個公式比較好用，要自己視情況判斷。

例 2.3-5

根據農委會農糧署網頁上的資料，高雄港在 100 年和 101 年的一至四月上、中、下旬進口大豆之大盤價格 (單位：元 / 公斤) 如下：

$$
\begin{aligned}
100 \text{ 年}: \quad & 18.05 \quad 18.14 \quad 18.17 \quad 18.26 \quad 18.32 \quad 18.29 \\
& 18.38 \quad 18.21 \quad 18.12 \quad 18.17 \quad 18.08 \quad 18.03 \\
101 \text{ 年}: \quad & 16.41 \quad 16.61 \quad 16.67 \quad 16.79 \quad 16.80 \quad 16.81 \\
& 17.16 \quad 17.50 \quad 17.60 \quad 17.89 \quad 18.31 \quad 18.58
\end{aligned}
$$

分別找出 100 年數據和 101 年數據的平均數和標準差。

解

$$100 \text{ 年平均數} = \frac{18.05 + 18.14 + \cdots + 18.03}{12} = 18.185$$

$$100 \text{ 年變異數} = \frac{1}{11}(18.05^2 + 18.14^2 + \cdots + 18.03^2 - 12 \cdot 18.185^2) = 0.0121$$

$$\text{標準差} = 0.1100$$

$$101 \text{ 年平均數} = \frac{16.41 + 16.61 + \cdots + 18.58}{12} = 17.261$$

$$101 \text{ 年變異數} = \frac{1}{11}(16.41^2 + 16.61^2 + \cdots + 18.58^2 - 12 \cdot 17.261^2) = 0.5048$$

$$\text{標準差} = 0.7105$$

和 100 年比較起來，101 年的一至四月平均價格較低，但標準差較大、代表價格較不穩定。

假如某次數學考試之後，因為題目偏難，平均分數相當低，於是老師決定調整分數，每位同學都加 10 分；則加分之後全班分數的變異數，和加分之前的變異數比起來，會有什麼差別呢？假設全班同學的體重，原來用公斤表示、現在改成用磅表示 (一公斤約等於 2.2 磅)，則變異數又會有怎樣的變化呢？如果用 $x_1, x_2, \cdots, x_n$ 代表全班同學的原始分數，$y_1, y_2, \cdots, y_n$ 代表全班同學的體重 (以公斤為單位)，則第一個問題問的是：$x_1 + 10, x_2 + 10, \cdots, x_n + 10$ 的變異數和 $x_1, x_2, \cdots, x_n$ 的變異數之間有什麼關係，而第二個問題問的是：$2.2y_1, 2.2y_2, \cdots, 2.2y_n$ 和 $y_1, y_2, \cdots, y_n$ 的變異數

之間有什麼關係；這兩個問題可以一併考慮如下：

假設樣本數據 $x_1, x_2, \cdots, x_n$ 的平均數為 $\bar{x}$，變異數為 s_x^2，標準差為 s_x；令 $y_i = ax_i + b$，$i = 1, 2, \cdots, n$，則 $y_1, y_2, \cdots, y_n$ 的平均數 $\bar{y} = a\bar{x} + b$，變異數 $s_y^2 = a^2 s_x^2$，標準差 $s_y = |a| s_x$。

證明：

$$\bar{y} = \frac{\sum_{i=1}^{n}(ax_i + b)}{n} = \frac{\sum_{i=1}^{n} ax_i + \sum_{i=1}^{n} b}{n} = \frac{a \sum_{i=1}^{n} x_i + nb}{n} = a\bar{x} + b$$

$$s_y^2 = \frac{1}{n-1} \sum_{i=1}^{n}(y_i - \bar{y})^2 = \frac{1}{n-1} \sum_{i=1}^{n}[(ax_i + b) - (a\bar{x} + b)]^2 = \frac{a^2}{n-1} \sum_{i=1}^{n}(x_i - \bar{x})^2$$
$$= a^2 s_x^2$$

$$s_y = \sqrt{s_y^2} = \sqrt{a^2 s_x^2} = |a| s_x$$

現在可以回答剛才問的問題了。

例 2.3-6

(a) 假如某次考試之後，老師決定每位同學都加 10 分，加分之後全班分數的變異數，和加分之前的變異數比起來，有什麼差別呢？

(b) 假設全班同學的體重，從用公斤表示、改成用磅表示 (一公斤約等於 2.2 磅)，變異數會有怎樣的變化呢？

解

(a) 如果用 $x_1, x_2, \cdots, x_n$ 代表全班同學的考試分數，則調整之後的全班分數是 $y_1, y_2, \cdots, y_n$，$y_i = x_i + 10$，$i = 1, 2, \cdots, n$。

在公式中用 $a = 1, b = 10$ 代入，可得結論：加分之後全班分數的變異數和加分之前的變異數相同。

這個結果有一個很直觀的意義：如果把全班分數在數線上表示出

來的話，每人加 10 分，代表整組數據在數線上平移 10 個單位，散佈情況完全沒有改變，所以變異數相同。

(b) 如果用 $x_1, x_2, \cdots, x_n$ 代表全班同學的體重 (公斤)，改成用磅表示之後的體重是 $y_1, y_2, \cdots, y_n$，則 $y_i = 2.2 x_i$，$i = 1, 2, \cdots, n$，因此 $y_1, y_2, \cdots, y_n$ 的變異數 $s_y^2 = 2.2^2 s_x^2 = 4.84 s_x^2$，也就是變異數變成原來的 4.84 倍。如果把等號兩邊都開根號的話，就可得到標準差是原來的 2.2 倍。

公式要能夠活用，現在我們知道所有數字同加 (或者減) 一個數，變異數不會改變，所以有時可以利用這個性質來簡化計算。

例 2.3-7

假設某樣本數據為：2636、2440、2391、2557、2526，計算其變異數。

解

直接計算當然可以，但如果嫌數字太大有點討厭，也可以把它們「變小」，方法是減同一個數，因為這樣做並不會改變變異數。觀察一下發現，減掉 2300 應該是不錯的選擇，因為可以把四位數變成三位數或者兩位數，而且不會出現負值。

假設原本的數字叫做 $x_1, x_2, \cdots, x_5$，現在令 $y_i = x_i - 2300$，$i = 1, 2, \cdots, 5$，則會得到

$$y_1 = 2636 - 2300 = 336$$
$$y_2 = 2440 - 2300 = 140$$
$$y_3 = 2391 - 2300 = 91$$
$$y_4 = 2557 - 2300 = 257$$
$$y_5 = 2526 - 2300 = 226$$

$$\bar{y} = \frac{336+140+91+257+226}{5} = 210$$

因此

$$y_1, y_2, \cdots, y_5 \text{ 的變異數} = \frac{(336-210)^2 + (140-210)^2 + \cdots + (226-210)^2}{4}$$

$$= \frac{37402}{4} = 9350.5$$

這也就是 $x_1, x_2, \cdots, x_5$ 的變異數。

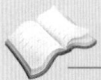

習題

1. 假設我們在某家樂透投注站隨機抽樣 12 位民眾，並記錄每個人所投注的金額 (單位：元) 如下：250、100、800、50、350、150、200、500、1000、200、300、400。求出這個樣本的 (a) 全距；(b) 四分位距；(c) 標準差；(d) 第 80 百分位數。

2. 假設我們從某所大學隨機抽樣 9 位學生，並詢問他們每個月所能支配的零用錢金額 (單位：元)，得數據如下：8000、5500、3000、6800、2600、4500、1800、3800、15000。求出這個樣本的 (a) 全距；(b) 四分位距；(c) 標準差；(d) 如果此數據中有 60% 的學生每個月的零用金在 x 元以下，求 x 的值；(e) 如果此數據中有 70% 的學生每個月的零用金至少有 y 元，求 y 的值。

3. 某一家四口的體重 (單位：公斤) 如下：70、54、48、41，身高 (單位：公分) 如下：171、160、155、146。

   (a) 分別用公式 (2.3-4) 及 (2.3-6) 計算全家四人體重之變異數。
   (b) 分別用公式 (2.3-4) 及 (2.3-6) 計算全家四人身高之變異數。

4. 假設某段期間內某地區的 6 月份平均氣溫是攝氏 26 度，標準差是攝氏 5 度。如果改用華氏溫度 (y) 來表示冷熱 (當攝氏溫度為 x 度時，華氏溫度等於 $y = \frac{9}{5}x + 32$)，求 6 月份該地區的平均氣溫和標準差。

2.4　選擇合適的描述方式

　　上一節介紹了描述數據的各種方式：描述「中心位置」可以用平均數、中位數或裁剪平均數，描述「分散狀況」可以用全距、四分位距和標準差；如何在這些描述方式當中做選擇，首先要考慮的是適用性的問題。

　　平均數和標準差是大家最熟悉、最常使用的，然而使用得是否合適，其實有很大的討論空間。平均數很容易受少數極端值的影響，所以適合用在大致對稱、沒有非常大或非常小的極端值的數據上。而計算標準差的時候，要把數據減去平均數之後再平方，因此極端值對標準差的影響會更大。當平均數不適用時，標準差同樣也不適用。

　　平均數和標準差應用得很廣泛的原因還有一個，就是可以利用這兩個數來把**數據標準化**，也就是說，把數據減去平均數之後再除以標準差。當數據大致符合某種型態時 (叫做常態分配，將在第五章討論)，標準化之後的數字有非常明確的意義；但是很多數據並不符合這種型態，若還是把數據標準化，當作常態分配的情況來處理，就可能做出誤導的結論。

　　當平均數不適用時，可考慮用中位數或裁剪平均數來描述「中心位置」，因為二者都可以減少或者去除極端值的影響。什麼狀況下用裁剪平均數最合適呢？在依賴主觀認定評分的狀況下。例如現在不少大學都有教學評鑑的機制，由學生替任課老師打分數。學生未必都成熟、會就事論事，所以有可能發生極少數學生或許因為不滿意老師打的分數，就把老師

的評鑑分數亂打一通、每一項都打最低分的狀況。在修課人數少的班級，這種極端值分數對平均數的影響就非常大，評鑑結果會失真。用中位數取代會浪費太多資訊，所以最恰當的方式就是用裁剪平均數，在最低分和最高分的兩端分別裁減掉同樣數目之後再計算平均。

若要描述整組數據的分散狀況，可以考慮用**五數綜合**：最小數、第一四分位數、中位數、第三四分位數、最大數。這個方法很直觀、意義也很明確，不容易產生錯誤的解讀。

例 2.4-1

某上班族每天開車從淡水到台北上班，他知道通常需要約一小時多些可到辦公室。為了更確實了解開車所需時間，他在某一段期間內做了紀錄，得到以下數據：(單位：分鐘)

63　67　55　61　70　63　108　68　62

計算這組數據的五數綜合，並說明其所提供之資訊。

解

數據共 $n = 9$ 個，所以中位數是排序後第 5 個。$9 \cdot (.25) = 2.25$，$9 \cdot (.75) = 6.75$，直接把小數進位，可得：第一四分位數是排序後第 3 個，第三四分位數是排序後第 7 個。

把數據從小到大排列可得

55　61　62　63　63　67　68　70　108

因此五數綜合是：55　62　63　68　108。

因為 108 明顯可見是極端值 (那天路上有狀況，在平時不堵車的地方堵了很久)，所以全距 53 分鐘這項資訊，不能說明一般狀況。中位數 63 分鐘，代表大約一半時候比這快到辦公室、一半時候比這

慢。而從第一和第三四分位數可以得知，大約有一半時候，到辦公室所需的時間在 62 和 68 分鐘之間。

如果計算這組數據的平均數和標準差，會得到平均數 = 68.556 和標準差 = 15.436。平均數被 108 這個極端值給拉高了，標準差同樣受到影響。這兩個代表數字並不能提供像上述的五數綜合那樣實際且有用的資訊。其實 108 是特殊狀況下得到的數值，可以考慮把它排除之後才來計算平均數和標準差，這樣就比較適合用來描述正常日子的交通情況。

如何選擇合適的綜合數值描述

很不對稱或者有很大或很小極端值的數據，用五數綜合描述通常比用平均數和標準差更合適。只有在整組數據大致左右對稱、沒有很大或很小極端值的時候，才適合用平均數和標準差來描述。

五數綜合也可以用圖顯示，叫做**盒圖** (boxplot)、也稱**盒鬚圖** (box-and-whisker plot)，因為圖中有「盒子」，兩端還有直線往外延伸、像是貓鬚。它的畫法如下：

如何畫盒圖

1. 畫一個長方形盒子，從第一四分位數延伸到第三四分位數。
2. 盒子裡畫一條直線、標示出中位數的位置。
3. 盒子兩頭各畫一條直線，往外延伸到最小數和最大數。

例 2.4-2

某大學導師擔心，有些成績較不理想的同學是因為打工時數太長，因而減少了讀書做功課的時間、影響了學習成效。因此他把九位

有在打工而成績有二一危險的學生找來，問他們每週打工時數，得到以下數據：

$$12 \quad 16 \quad 10 \quad 8 \quad 16 \quad 9 \quad 24 \quad 12 \quad 12$$

(a) 找出以上數據的五數綜合。

(b) 畫一個對應以上數據的盒圖。

解

(a) 五數綜合是　8　10　12　16　24

(b)

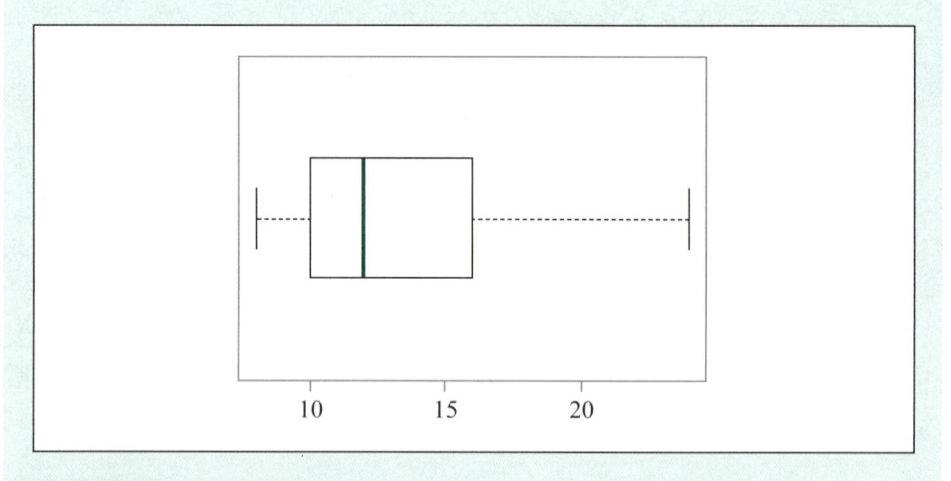

圖 2.4-1　打工時數盒圖

　　盒圖可以直著畫也可以橫著畫，但要記得在圖中標示出數字刻度。檢視盒圖的時候，要先找出中位數的位置，這就是分布的中心所在。而兩個四分位數的距離，顯示出中間一半數據的分散狀況，盒圖的兩端（最小數和最大數）則顯示出整組數據的分散情況。像圖 2.4-1 這樣，中位數右半邊的盒子明顯比左半邊要寬，右邊的鬚也比較長，就代表分布右偏。

　　因為盒圖包含的細節比直方圖少，所以它的最佳用途是用來同時比較至少二個分布。

例 2.4-3

從網路蒐集到兩家知名速食店的早餐熱量資料 (單位：10 卡) 如下：

A 店：28 33 40 31 36 31 26 33 43

B 店：32 32 41 51 41 45 50 66 48 53 58 69 24

(a) 分別找出兩組數據的五數綜合。(b) 畫出並列的盒圖、並做比較。

解

(a) A 店的五數綜合：26 31 33 36 43

　　B 店的五數綜合：24 41 48 53 69

(b)

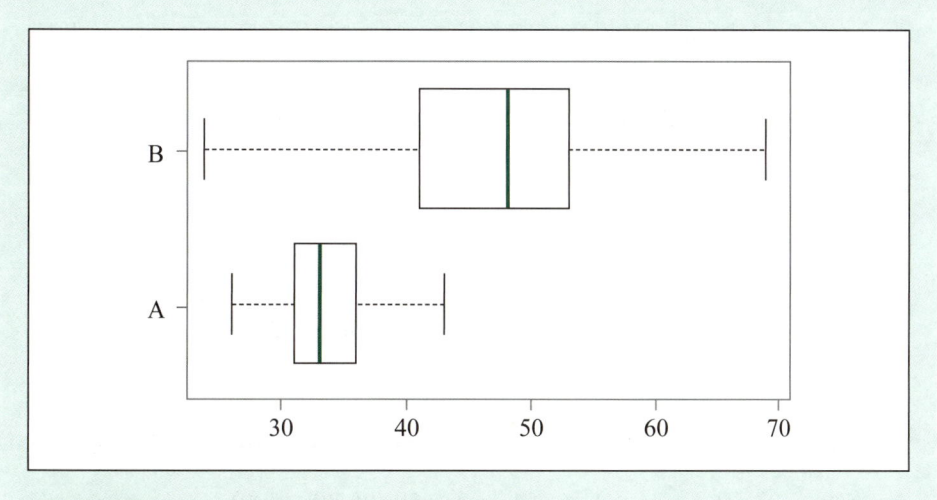

圖 2.4-2 兩家速食店之早餐熱量盒圖

從圖中可明顯看出，A 店的盒子很窄、鬚較短，B 店的盒子很寬、鬚也較長，所以 B 店各種早餐所含熱量的多寡差很多、A 店的則相當集中。另外，B 店的盒子完全在 A 店的右邊，代表 B 店大部份早餐的熱量都高於 A 店。這裡的數據來自網路 (為了方便呈現做了些許調整、不影響整體訊息)，看到這個結果，作者決

定以後不再去 B 店吃早餐了。店名不便在此公告，關心健康的讀者，可自行上網搜尋這類資訊，我用的關鍵詞是「早餐熱量」。

例 2.4-4

以下是民國 86 年到 100 年、專科和大學男性畢業生的年平均失業率，

專科：2.49　2.75　2.88　2.76　4.08　4.78　4.39　4.11
　　　3.86　3.47　3.41　3.64　5.60　4.80　3.85
大學：2.32　2.33　2.42　2.44　3.08　3.54　3.36　3.68
　　　3.79　4.14　4.16　4.45　5.89　5.69　5.79

(a) 分別找出兩組數據的五數綜合，(b) 畫出並列的盒圖、並做比較。

解

(a) 先將專科和大學的數據分別排序，得到

專科：2.49　2.75　2.76　2.88　3.41　3.47　3.64　3.85
　　　3.86　4.08　4.11　4.39　4.78　4.80　5.60
大學：2.32　2.33　2.42　2.44　3.08　3.36　3.54　3.68
　　　3.79　4.14　4.16　4.45　5.69　5.79　5.89

15(.25) = 3.75，15(.75) = 11.25，所以第一四分位數、中位數、第三四分位數分別是排序後第 4、第 8、第 12 個，二組的五數綜合分別如下：

專科：2.49　2.88　3.85　4.39　5.60
大學：2.32　2.44　3.68　4.45　5.89

(b) 盒圖如下：

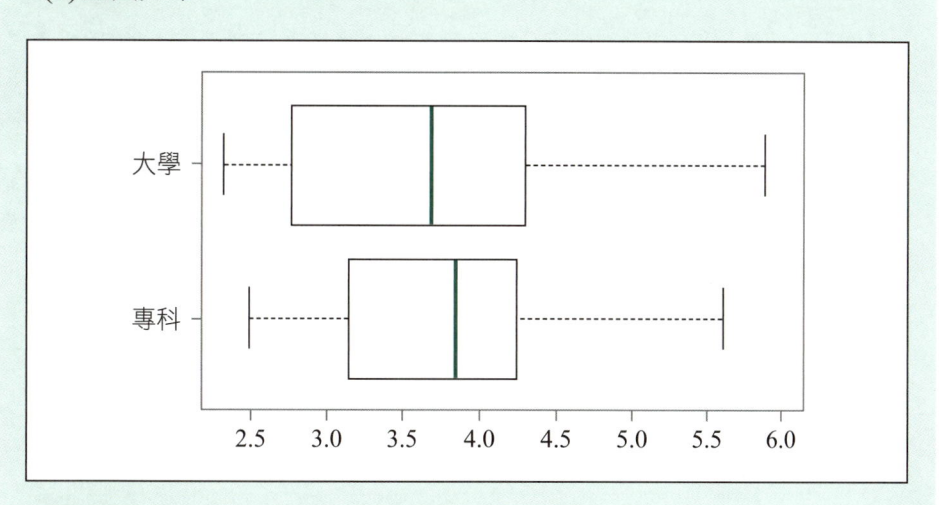

圖 2.4-3　專科及大學畢業生失業率之盒圖

兩組中位數差不多、盒子的位置也大致相同，所以兩組失業率的差別不算大。比較明顯的差別是：大學失業率的變化範圍比專科大些。

習題

1. (a) 根據第 2.3 節習題 1 的數據 (單位：元)：250、100、800、50、350、150、200、500、1000、200、300、400，求出五數綜合。
   (b) 如果要描述這組數據的中心位置，應該要用中位數或平均數較為合適？請說明。

2. (a) 根據第 2.3 節習題 2 的數據 (單位：元)：8000、5500、3000、6800、2600、4500、1800、3800、15000，求出五數綜合。
   (b) 如果要描述這組數據的分散狀況的話，應該要用五數綜合或者平均數和標準差較為合適？請說明。

3. 根據農委會農糧署網頁上的資料，高雄港在 100 年和 101 年的一至四月上、中、下旬進口大豆之大盤價格 (單位：元 / 公斤) 如下：

100 年： 18.05 18.14 18.17 18.26 18.32 18.29
         18.38 18.21 18.12 18.17 18.08 18.03
101 年： 16.41 16.61 16.67 16.79 16.80 16.81
         17.16 17.50 17.60 17.89 18.31 18.58

(a) 分別找出 100 年數據和 101 年數據的五數綜合。
(b) 畫出並列的盒圖並做比較。

*2.5　解讀數據注意事項

媒體提供我們各式各樣的訊息，而其中許多訊息會藉由數據呈現。如何從數據當中得到正確訊息，需要一些基本知識，本節將舉例說明。

次數或百分比？

101 年 6 月媒體有關延畢生的報導，標題為：大專生延畢人數創 10 年來新高，內容包括：

> 教育部公布大專校院學生延畢統計，100 學年度達 5 萬 4 千多人，較 99 年再增近 1 千人，人數創下民國 90 年來最高紀錄。⋯台大應屆畢業生中，每 4 人即有 1 人延畢，且有逐年增加的趨勢。台大、清大、成大均表示，延畢的原因多數還是應屆生有科目被當，成績不理想；有些是為了準備考研究所，或輔系與雙主修學分未修完，「技術性」被當申請延畢。

相信很多人會對上述報導感興趣，可能會想要多些了解，比如十年來的實際數據如何，公私立學校比較起來又如何。該則報導列出了 98、99、100 三個學年度的公私立大學延畢人數及比率，等於提供了部份答案。媒體限於篇幅，很少會呈現完整數據，若想知道詳情，不妨自己上網去找。因為是關於大專延修生的資訊，所以教育部網頁就很可能是數據的來源，以下就是從教育部網頁找到的數據：(網址：http://www.edu.tw/files/bulletin/B0013/近年大專校院延修生人數.xls)

表 2.5-1 大專院校延修生人數

年度	90	91	92	93	94	95	96	97	98	99	100
公立	6,998	8,101	8,576	9,306	9,620	10,777	10,645	11,472	13,309	15,572	15,180
私立	23,171	27,378	29,451	31,543	35,160	36,120	36,449	35,655	36,910	37,790	38,902

從表 2.5-1 可以看出，延修生人數從 90 學年度到 100 學年度的十一年之間的確增加相當快。尤其以公立學校來說，100 學年度的延修人數，是 90 學年度的兩倍還不止。而私立學校 100 學年度的延修人數，並不到 90 學年度的兩倍；這樣代表公立學校「成長」比較快嗎？

凡是做比較都必須注意一件事，用白話來說就是：是否公平。公私立大學的畢業班學生人數並不相同，所以不應該用人數來做比較、而應該用比率，這是本節的第一個重點。

> 用「比率」(或「百分比」) 來做比較，通常比用次數 (或人數) 更為恰當。

例 2.5-1

從教育部網頁可得以下數據：

表 2.5-2 公立大專院校延修生人數及比率

年度	90	91	92	93	94	95	96	97	98	99	100
延修生人數	6,998	8,101	8,576	9,306	9,620	10,777	10,645	11,472	13,309	15,572	15,180
學生總人數	318,314	337,682	356,383	369,889	384,935	400,029	412,035	422,736	430,308	436,216	436,861
延修生比率	2.20%	2.40%	2.41%	2.52%	2.50%	2.69%	2.58%	2.71%	3.09%	3.57%	3.47%

表 2.5-3 私立大專院校延修生人數及比率

年度	90	91	92	93	94	95	96	97	98	99	100
延修生人數	23,171	27,378	29,451	31,543	35,160	36,120	36,449	35,655	36,910	37,790	38,902
學生總人數	868,911	902,610	913,811	915,978	911,623	913,964	913,994	914,719	906,351	907,387	915,223
延修生比率	2.67%	3.03%	3.22%	3.44%	3.86%	3.95%	3.99%	3.90%	4.07%	4.16%	4.25%

把公立大專院校和私立大專院校同年度的比率拿來做比較可以看出，十一年當中、私校的延修比率每一年都比公立大專的要高。至於成長幅度的比較，我們將在下個主題當中討論。

增加或減少的量應該怎樣算？

記者在電視新聞中報導：蔥價從一公斤 50 元漲到一公斤 150 元，「漲了三倍」。50 乘以 3 等於 150，所以「150 是 50 的三倍」是正確的說法，但是這和說「漲了三倍」是不是一樣呢？即使不知道計算公式，其實只需要用一點點簡單的邏輯就可以判斷對錯了。如果蔥價從 50 元漲到 150 元是「漲了三倍」，那麼從 50 元變成 100 元就是「漲了兩倍」、因

為 50 乘以 2 等於 100。依此類推，從 50 元到 50 元就是「漲了一倍」？這當然說不通，因為一毛都沒漲卻被說成是「漲了一倍」，這就是矛盾之處。

所以答案很清楚：從 50 元漲到 100 元叫做「漲了一倍」，因為漲的部分是 100－50 = 50 元，和原來的價錢一樣，所以說「漲了一倍」的意思就是說：漲的部分是原價的一倍。漲到 150 元時、漲的部分等於 100 元，所以只能說「漲了兩倍」而不是三倍。但是如果說 150 元的蔥價「是」原來 50 元的三倍，這個說法就完全正確了。也就是說：「是三倍」等於「漲了兩倍」。

再來看看減少的情形。100 年 6 月有報紙報導，某金融股的股價從 1975 元跌到 43 元，22 年之間暴跌了「50 倍」。我們來討論這樣說是否合理。假設原價 400 元的牛仔褲減價成 200 元，減價的幅度是多少？因為減了 200 元，而 200 元是原價 400 元的 50%，所以是減了 50%。若 400 元的牛仔褲減價成 40 元，則減了 90%。如果有天老板喝酒喝茫了，說 400 元的牛仔褲 0 元贈送，則價錢減了 100%、也就是一倍。既然減一倍就變成 0 了，怎麼還有可能減三倍、五倍或者像上述新聞說的「跌 50 倍」呢？問題出在分母弄錯了。

不管是增加還是減少，要知道增加或減少的百分比或倍數，分母都應該要用「基準量」。什麼是基準量呢？我們想知道牛仔褲價錢減了多少百分比，當然應該是要和原價作比較才合理，所以原價就是基準量，就是我們的分母。想要知道某支股價在一段時間之內跌了多少百分比，基準量就是開始時的股價。分子就是改變的量，也就是把現在的數字減掉原來的數字。所以正確的公式如下：

增加或減少百分比之計算公式

改變百分比 = 改變的量 ÷ 基準量 (2.5-1)

例 2.5-2

100 年 6 月時某金融股的股價在 22 年之間從 1975 元跌到了 43 元,改變的百分比是多少?

解

改變的量 = 43 − 1975 = −1932

根據 (2.5-1) 式,改變百分比 = −1932 / 1975 = −97.8%
因為得到負的值,代表股價下跌,答案是:股價跌掉 97.8%。

如果把分母弄錯,用 1932 除以 43,應該得到 44.93,若直接將 1975 除以 43 則應得到 45.93,「50 倍」實在不知是怎樣算出來的,猜想是將 45.93「四捨五入」。媒體類似的錯層出不窮,接收訊息時要謹慎。

例 2.5-3

根據例 2.5-1 的數據,判斷從 90 學年到 100 學年,公私立大專院校的延修比率何者成長較多。

解

公立大專院校延修比率

改變的量 = 3.47% − 2.20% = 1.27%

改變百分比 = 1.27% / 2.20% = 0.577 = 57.7%

私立大專院校延修比率改變的量 = 4.25% − 2.67% = 1.58%

改變百分比 = 1.58% / 2.67% = 0.592 = 59.2%

所以私立大專院校延修比率的成長百分比略高於公立大專院校。

習題

1. 假設某網頁於某一天的點擊人次為 625，而隔天的點擊人次為 700，問該網頁點擊人次改變的百分比是多少？

2. 我國的平均每人國民生產毛額在 2010 年是 19175，2011 年是 20690 (單位：美元)，從 2010 年到 2011 年的改變百分比是多少？

3. 假設小偉努力減肥了一個月以後體重從 82 公斤降為 79 公斤，他的女朋友小琳則從 52 公斤減到 50 公斤，問他們二人誰減少的百分比較高？

*2.6 莖葉圖

有一種圖在許多教科書裡並沒有做介紹，大家對它也比較不熟悉。然而在數據不多的時候，這個圖是非常好用的工具，就是**莖葉圖** (stemplot)。它的畫法如下：

1. 把每個數字分成莖和葉兩個部份，莖包括除了最後一位數字之外的所有數字，葉就是最後的那一位數字。莖視實際需要可以是任何位數，但葉子只能是一位數。
2. 把莖由小到大，從上往下寫成一直行，並在這一直行的右邊畫一條直線。
3. 把每片葉子寫在它所屬的莖的右邊，由小到大排成一列。

例 2.6-1

以下是某一門課程的學期成績，試將這組數據用莖葉圖表示出來：

70	70	48	90	40	70	65	65	95	91	87	85	80	70
66	91	60	60	65	66	78	72	55	70	53	52	38	86
84	84	80	82	88	45	45	77	84	76	83	67	60	78
50	48	80	80	63	91	66	65	65	48	47	37		

解

　　因為整組數據都是兩位數，而葉子必定是最後一位數，莖就是十分位的那個數字了。觀察後發現，最低分數是 31 分、最高分數是 91 分，所以莖的數字是從 3 到 9，應從小到大寫成一直行，在右邊畫一條直線，即如下所示：

```
3 |
4 |
5 |
6 |
7 |
8 |
9 |
```

接下來，依序把分數一一填進表裡。比如，第一個分數是 70，就在直線右邊，和 7 同一列的位置寫一個 0；第二個分數又是 70，就在剛才寫的 0 的右邊再寫一個 0；第三個分數是 48，則在 4 的右邊寫一個 8，如下所示：

```
3 |
4 | 8
5 |
6 |
7 | 0 0
8 |
9 |
```

等到填完全部的數據，就會得到以下結果：

```
3 | 8 7
4 | 8 0 5 5 8 8 7
5 | 5 3 2 0
6 | 5 5 6 0 0 5 6 7 0 3 6 5 5
7 | 0 0 0 0 8 2 0 7 6 8
8 | 7 5 0 6 4 4 0 2 8 4 3 0 0
9 | 0 5 1 1 1
```

現在，只要把每一列的葉子從小到大排序，就完成莖葉圖：

```
3 | 7 8
4 | 0 5 5 7 8 8 8
5 | 0 2 3 5
6 | 0 0 0 3 5 5 5 5 6 6 6 7
7 | 0 0 0 0 2 6 7 8 8
8 | 0 0 0 0 2 3 4 4 4 5 6 7 8
9 | 0 1 1 1 5
```

現在來觀察從莖葉圖裡面可以看出什麼。首先，莖葉圖其實很像是側躺著的直方圖，所以我們可以從它的形狀得到一些訊息：比如，數據的分布是否左右對稱、有沒有在右邊拖一條長尾巴 (右偏分布) 等。以我們的莖葉圖來說，左右不太對稱，且右邊也沒有長尾巴。莖葉圖和直方圖最主要的差別在於：莖葉圖裡呈現了實際的數據值，而從直方圖裡我們只知道有多少數據落在每個區間裡，但是並不知道這些數據實際是多少。當我們要從直方圖找出整組數據的平均數，或者中位數等代表數字時，只能找出近似的結果，莖葉圖卻能找出確實的結果。另外，在建構莖葉圖的過程當中，我們已經用相當有效的方式把整組數據從小到大，排好順序了，所以若要找五數綜合會非常方便。

例 2.6-2

根據例 2.6-1 所得到的莖葉圖，找出五數綜合。

解

莖葉圖如下：

```
3 | 7 8
4 | 0 5 5 7 8 8 8
5 | 0 2 3 5
6 | 0 0 0 3 5 5 5 5 6 6 6 7
7 | 0 0 0 0 0 2 6 7 8 8
8 | 0 0 0 0 2 3 4 4 4 5 6 7 8
9 | 0 1 1 1 5
```

五數綜合為：最小數、第一四分位數、中位數、第三四分位數、最大數。其中，最小數和最大數可以直接從莖葉圖讀出來，分別是 37 和 95。第一四分位數就是第 25 百分位數，因為 $np = 54 \cdot 025 = 13.5$ 不是整數，取高斯函數再加上 1 之後得到 14，所以第一四分位數就是排序後的第 14 個數，即 60。同理，可得第三四分位數就是排序後的第 41 個數，即 82。總共有 54 個數，因此中位數是第 27 和第 28 個數的平均，即 70 和 70 的平均，即 70。所以，五數綜合為

$$37 \quad 60 \quad 70 \quad 82 \quad 95$$

因為葉子只佔一位數，其他都屬於莖的部份，當數字有很多位數時就很麻煩了。比如，有位大學老師在學生畢業數年後，想辦法蒐集了 15 位同學的月薪 (單位：元)：

25,500	21,800	31,250	28,700	32,050
22,580	23,400	25,680	33,600	23,730
25,900	38,420	23,980	26,220	24,560

如果把最末一位留做葉子，則莖會是四位數，其中最小的是 2,180、最大的是 3,842；在列出莖的部份時，不能跳過任何數，所以會出現以下情況：

```
2180 |
2181 |
2182 |
2183 |
  .  |
  .  |
  .  |
3842 |
```

可以想像這個表有多麼長嗎？在這種情況下，可以把數據四捨五入到適當的位數之後，再畫莖葉圖。只要數據的位數比較多的時候，都可以考慮用這種方式處理。

例 2.6-3

有 15 位同學在大學畢業若干年之後的月薪如下：

$$
\begin{array}{ccccc}
25,500 & 21,800 & 31,250 & 28,700 & 32,050 \\
22,580 & 23,400 & 25,680 & 33,600 & 23,730 \\
25,900 & 38,420 & 23,980 & 26,220 & 24,560
\end{array}
$$

把數據四捨五入到適當的位數之後，試畫出莖葉圖。

解

整組數據都是五位數，如果四捨五入到百元、就會變成三位數，留一位數當葉子的話，莖的部份剩下二位數，這樣應該可以畫出合理的莖葉圖了。四捨五入到百元之後，數據變成：

| 255 | 218 | 313 | 287 | 321 | 226 | 234 | 257 |
| 336 | 237 | 259 | 384 | 240 | 262 | 246 |

莖葉圖如下：

```
21 | 8
22 | 6
23 | 4 7
24 | 0 6
25 | 5 7 9
26 | 2
27 |
28 | 7
29 |
30 |
31 | 3
32 | 1
33 | 6
34 |
35 |
36 |
37 |
38 | 4
```

　　這裡需要強調的重點，就是即使有的莖右邊沒有掛任何葉子，例如例 2.6-3 莖葉圖中的 27、29、30、34、35、36、37，也不能把這些莖給省略掉，因為這樣做可能會隱藏掉數據所包含的某些訊息。

　　在例 2.6-3 的莖葉圖裡，因為 34、35、36、37 右邊都沒有數字，然後才出現 384，所以 384 在整組數據裡可以被視為**離群值** (outlier)。簡單的說就是：在整組數據裡面，這個月薪特別高。如果我們省略了 34、35、36、37，把 38 直接寫在 33 下面，就不會注意到 384 是離群值了。要注意的是：並不是說一組數據的最大值或最小值就叫做離群值，必須這個最大或最小的數，距離其最接近的數還有些差距，使它顯得較突出，我們

才把它叫做離群值。另外，27、29、30 右邊也都沒有葉子，雖然省略掉並不會影響離群值的認定，卻會造成其他問題。莖葉圖的莖相當於直方圖的各個分組區間，把沒有葉子的莖省略掉，相當於在直方圖中把沒有數據落在其中的區間取消，再把它兩邊的長方形併攏起來，這樣會混亂了數據分布的訊息，當然不合理。

莖葉圖還有一個很棒的功能，就是可以用來比較兩組數據。方法是把兩組數據畫在同一個莖葉圖上：兩組共用相同的莖，葉子部份則其中一組依照原本方式「掛」在莖的右邊，另一組往反方向「掛」在莖的左邊。我們可以把這叫做一個背對背的莖葉圖 (back-to-back stemplot)。

例 2.6-4

某大學老師教授的某一門課開了 A、B 兩班，兩班學期末的分數如下：

A 班

70 90 40 70 65 65 95 87 85 80 70 66 91 60 60
65 66 78 72 55 70 53 52 38 86 84 82 88 45 45
77 84 76 83 67 60 78 50 48 63 91 66 65 48 37

B 班

65 41 48 85 50 50 30 40 62 56 52 51 80 62 82
82 60 68 60 60 77 95 35 46 28 47 78 53 88 75
66 72 50 36 63 65 60 92 52 77 84 67

使用兩組數據畫一個背對背的莖葉圖，並觀察比較兩班同學的成績表現。

解

兩班成績的最低分是 28、最高分是 95，莖的部份是分數的十位數，所以要從 2 開始，一直寫到 9。葉子部份是分數的個位數，其中一班依照一般莖葉圖的做法，把分數的個位數「掛」在莖的右邊，另一班的分數個位數就「掛」在莖的左邊，但每一列的大小順序都要反過來；如此則有某種對稱性，最靠近莖的數字都是最小的。

把 A 班分數放在右邊，B 班分數放在左邊，可得背對背莖葉圖：

```
              8 | 2 |
            650 | 3 | 7 8
          87610 | 4 | 0 5 5 8 8
         6322100 | 5 | 0 2 3 5 
  876553220000 | 6 | 0 0 0 3 5 5 5 5 6 6 6 7
          87752 | 7 | 0 0 0 0 2 6 7 8 8
         854220 | 8 | 0 2 3 4 4 5 6 7 8
             52 | 9 | 0 1 1 5

            B 班       A 班
```

觀察此莖葉圖，應該很容易看出右邊的分數比較集中在 60 幾到 80 幾，左邊的分數 30 幾分到 50 幾分的比右邊多，70 幾、80 幾分的則比右邊少；整體看來，A 班表現比較好。

莖葉圖和直方圖都可以用來呈現數據的分布情況，則何時應該用莖葉圖？何時又應該用直方圖？一般來說，在數據個數不很多的時候，莖葉圖應該是較好的選擇，數據資料的量比較大時，才用直方圖。

習題

1. 以下是某機關員工體檢測得的膽固醇含量，將此組數據用莖葉圖表示。

195	237	174	205	158	201	171	190	180
193	210	170	90	150	167	200	154	228
119	169	166	251	211	266	178	289	265

2. 某公司兩個部門的人員年齡分別如下：

   A 部門：27 40 35 38 46 31 35 42 45 51 46 31 48 55 43 44

   B 部門：28 25 31 38 24 31 35 42 45 50 43 28 36 37

   將上列數據用背對背莖葉圖表示，並觀察比較。可以說兩個部門人員的年齡分布大致相同嗎？

*2.7 使用 Excel 計算平均數和標準差

處理數據時經常要做繁瑣的計算，因此需要有效的工具。有些軟體雖然很好，但要花錢才能使用，因此並不普遍。我們選擇介紹的是大家很容易取得的 Excel。以下示範如何用 Excel 計算平均數、變異數和標準差 (根據 2007 版本)。因為母體變異數和樣本變異數的公式不同，前者的分母是 n，後者的分母是 $n-1$，Excel 則兩種公式都有，選擇時要注意選項的差別。

例 2.7-1

假設以下是某大學某通識課程 A 班學生的學期成績：

70 70 48 90 40 70 65 65 95 91 87 85 80 70 66 91 60 60
65 66 78 72 55 70 53 52 38 86 84 84 80 82 88 45 45 77
84 76 83 67 60 78 50 48 80 80 63 91 66 65 65 48 47 37

若想知道該班成績的平均數、變異數和標準差 (將全班分數視為

母體)，利用 Excel 計算的步驟如下：

1. 輸入 A 班成績資料 A2-A55。
2. 取「公式」、「其他函數」、「統計」、AVERAGE，按確定，如圖：

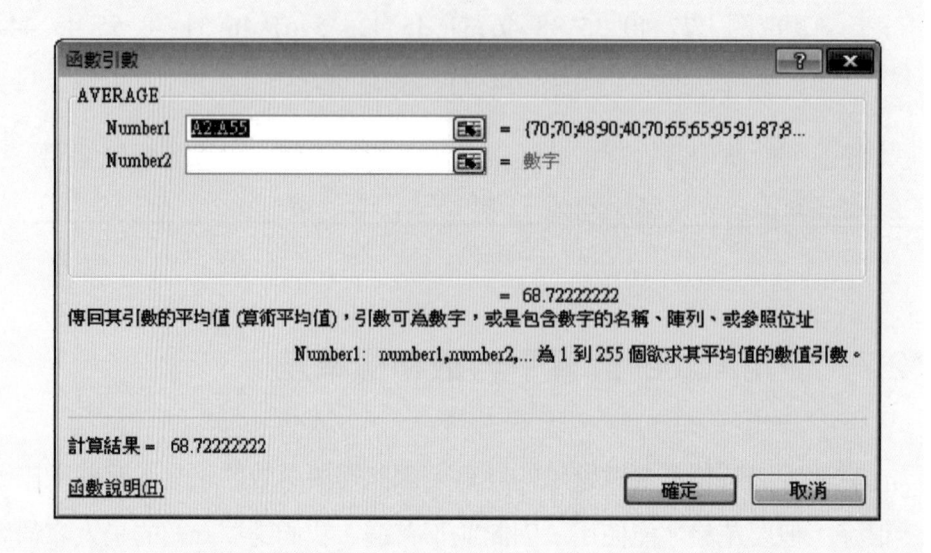

得到平均數 68.72222222。

3. 選取「公式」、「其他函數」、「統計」、VARP (此為母體公式)，按確定，如圖：

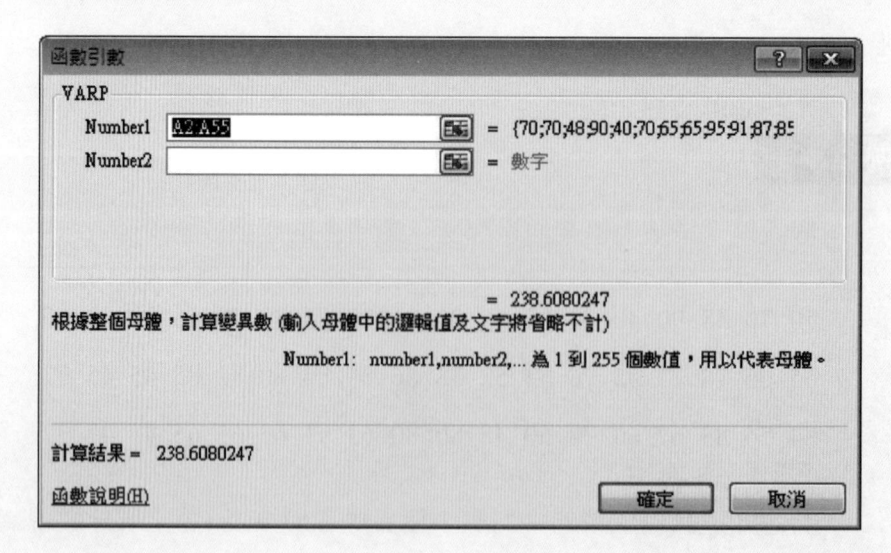

得到變異數 238.6080247。

4. 選取「公式」、「其他函數」、「統計」、STDEVP (此為母體公式)，按確定，如圖：

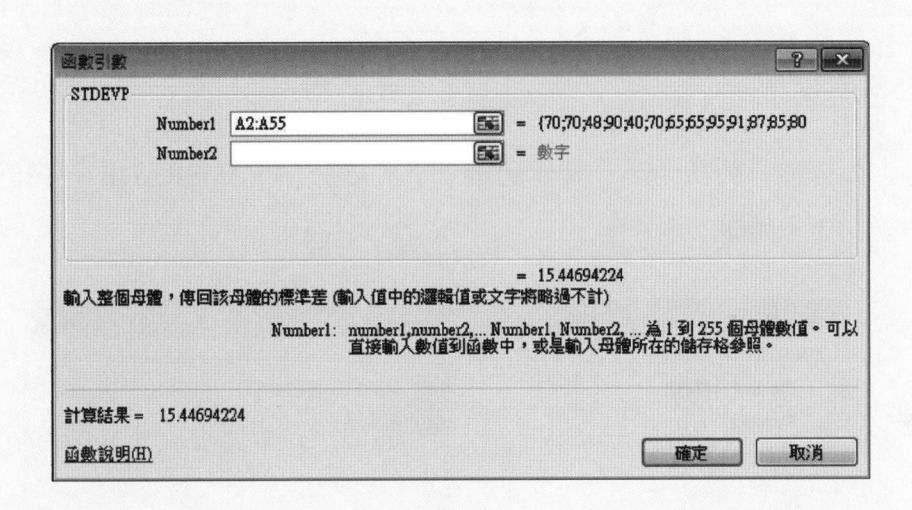

得到標準差 15.44694224，這和把變異數開根號的結果相同。

例 2.7-2

從例 2.7-1 中 A 班學生的學期成績當中隨機抽出 5 人，試計算樣本平均數、變異數和標準差，總共做 5 組。其步驟如下：

1. 選取「資料」、「資料分析」、「抽樣」，按確定，如圖：

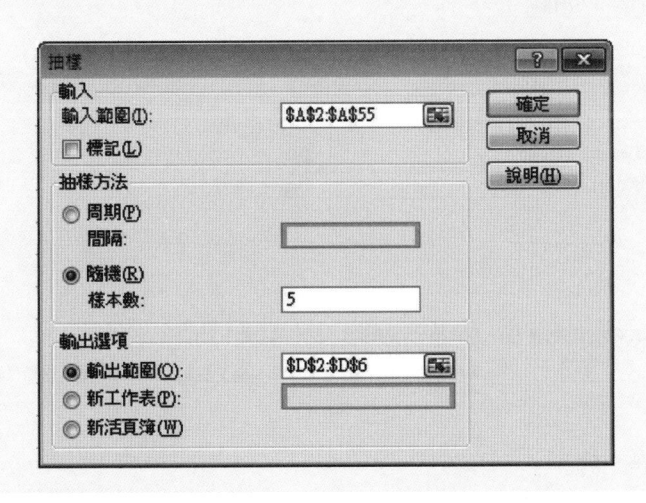

得到第一組樣本：

76
65
48
91
37

2. 選取「公式」、「其他函數」、「統計」、AVERAGE，按確定，如圖：

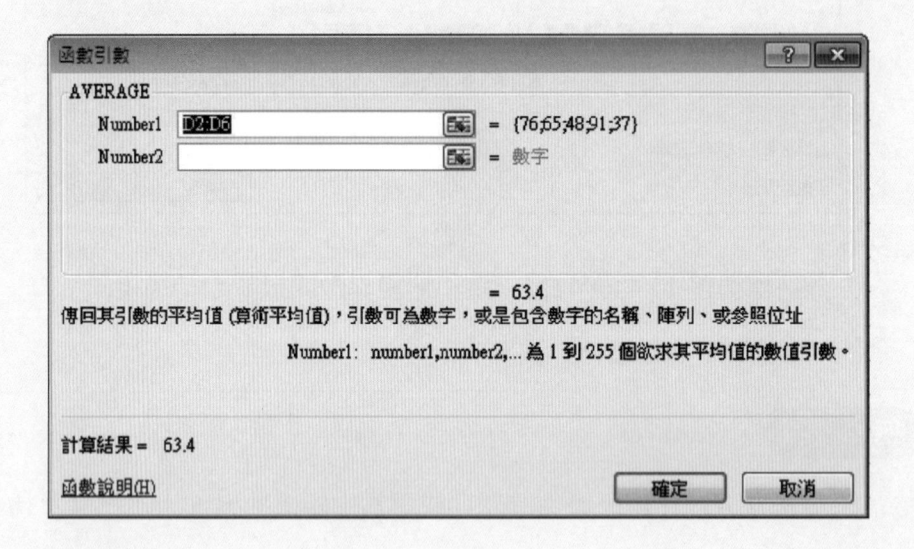

得到平均數 63.4。

3. 取「公式」、「其他函數」、「統計」、VAR (此為樣本公式)，按確定，如圖：

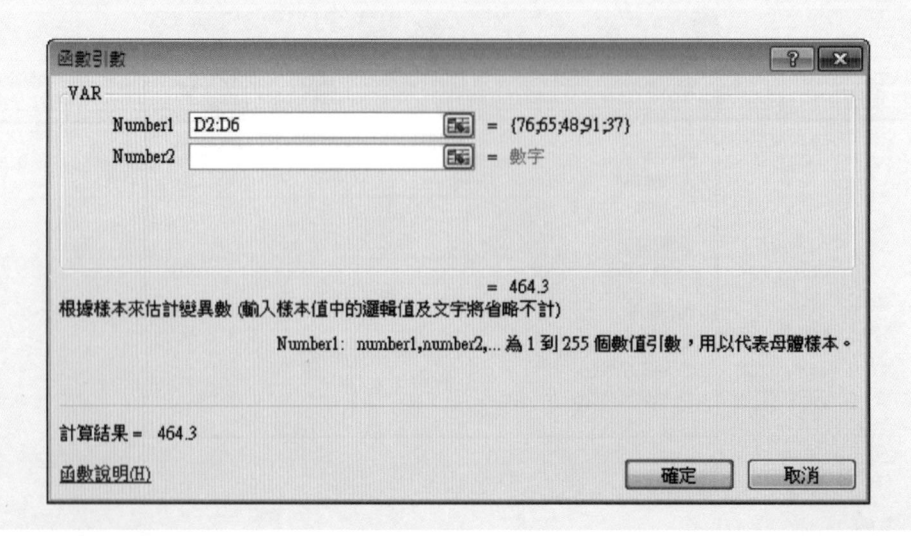

得到變異數 464.3。

4. 選取「公式」、「其他函數」、「統計」、STDEV (此為樣本公式)，按確定，如圖：

得到標準差 21.54762168。

使用同樣方式可得以下幾組結果：

第二組樣本：

91
80
48
84
63

平均數 73.2、變異數 304.7、標準差 17.45566。

第三組樣本：

85
66
80
84
70

平均數 77、變異數 73、標準差 8.544004。

第四組樣本：

78
91
70
65
60

平均數 72.8、變異數 147.7、標準差 12.15319。

第五組樣本：

50
82
66
70
52

平均數 64、變異數 176、標準差 13.2665。

計算 5 組樣本的目的，是希望讀者藉此觀察到一項重要訊息，就是樣本結果會變來變去。雖然樣本平均數可以當作母體平均數的估計、樣本變異數可以當作母體變異數的估計，但是不同樣本的估計結果可能差很多。如何克服這個問題，**讓估計結果比較準確**，在本書的相關章節中會有答案。

重點摘要

1. 立體圓餅圖的「厚度」只能看到一部份，會引導我們的視覺，造成錯誤的印象，一般的「平面」圓餅圖才是正確的選擇。

2. 類別資料既可以用圓餅圖也可以用長條圖來呈現，兩者的重點不同，

可視情況做選擇。圓餅圖強調的是各部份佔整體的百分比,而長條圖則容易突顯各類別之間次數(或百分比)的差異。如果各部份合起來不是一個整體,就不適用圓餅圖。長條圖的用途較廣,不論各類別合起來是否為一個整體,都可以用它來呈現。

3. 數值資料最常用直方圖呈現。直方圖乍看很像長條圖,其實非常不同。首先,直方圖裡相鄰的長方形都是連在一起的,中間沒有間隔。再者,直方圖的橫軸代表的是資料的數值,而非資料的類別。另外,直方圖中每一個長方形的寬度所代表的是該組的組距,也就是該區間的長度,並不是任意決定的。

4. 若想要探討數據隨著時間的變化情形,可以將資料作成線圖。

5. 一組數字 $x_1, x_2, \cdots, x_n$ 的平均數公式為

$$\bar{x} = \frac{x_1 + x_2 + \cdots + x_n}{n}$$

6. 一組數字 $x_1, x_2, \cdots, x_n$ 的中位數是將數字從小到大排序之後,位置在最「中間」的一個數;若 n 是奇數,中位數是最中間的數,若 n 是偶數,則中位數是最中間兩個數的平均。

7. 一組數字 $x_1, x_2, \cdots, x_n$ 的 α-裁減平均數用符號 $\bar{x}_\alpha$ 表示,$0 < \alpha < 1$,其定義為 $\bar{x}_\alpha = \frac{x_{(k+1)} + x_{(k+2)} + \cdots + x_{(n-k)}}{n - 2k}$,其中 $k = \left[n \cdot \frac{\alpha}{2} \right]$,[ ] 代表高斯函數,而 $x_{(1)}, x_{(2)}, \cdots, x_{(n)}$ 是將 $x_1, x_2, \cdots, x_n$ 自小到大排序後的結果。

8. 一組數字 $x_1, x_2, \cdots, x_n$ 的全距 (range) 用符號 R 表示,定義為 $R = x_{(n)} - x_{(1)}$,此處 $x_{(1)}, x_{(2)}, \cdots, x_{(n)}$ 是將 $x_1, x_2, \cdots, x_n$ 自小到大排序後的結果。

9. 令 $0 < p < 1$,一組數據 $x_1, x_2, \cdots, x_n$ 的第 $100p$ 百分位數定義如下:

$$\text{第 } 100p \text{ 百分位數} = \begin{cases} x_{([np]+1)}, & np \text{ 不是整數} \\ \dfrac{x_{(np)} + x_{(np+1)}}{2}, & np \text{ 是整數} \end{cases}$$

此處的 $x_{(1)}, x_{(2)}, \cdots, x_{(n)}$ 是將 $x_1, x_2, \cdots, x_n$ 自小到大排序後得到的結果，[ ] 代表高斯函數。

10. 第 25 百分位數也稱第一四分位數，用 Q_1 代表；第 75 百分位數也稱第三四分位數，用 Q_3 代表。四分位距是第三四分位數和第一四分位數的差，用 IQR 表示，即 $IQR = Q_3 - Q_1$。

11. 假設一組樣本數據 $x_1, x_2, \cdots, x_n$ 的平均數等於 $\bar{x}$，則變異數 s^2 的定義為

$$s^2 = \frac{1}{n-1} \sum_{i=1}^{n} (x_i - \bar{x})^2 \text{，標準差為 } s = \sqrt{\frac{1}{n-1} \sum_{i=1}^{n} (x_i - \bar{x})^2}$$。

12. 變異數也可如此計算：

$$s^2 = \frac{1}{n-1} \left(\sum_{i=1}^{n} x_i^2 - n\bar{x}^2 \right)$$

13. 假設樣本數據 $x_1, x_2, \cdots, x_n$ 的平均數為 $\bar{x}$，變異數為 s^2，標準差為 s；令 $y_i = ax_i + b$，$i = 1, 2, \cdots, n$，則 $y_1, y_2, \cdots, y_n$ 的平均數 $\bar{y} = a\bar{x} + b$，變異數 $s_y^2 = a^2 s_x^2$，標準差 $s_y = |a| s_x$。

14. 平均數很容易受少數極端值的影響，所以適合用在大致對稱、沒有非常大或非常小的極端值的數據上。計算標準差的時候，要把數據減去平均數之後再平方，因此極端值對標準差的影響會更大。當平均數不適用時，標準差同樣也不適用。

15. 若要描述整組數據的分散狀況，可以考慮用五數綜合：最小數、第一四分位數、中位數、第三四分位數、最大數。這個方法很直觀，且意義很明確，不容易產生錯誤的解讀。很不對稱，或有很大或很小極

端值的數據，使用五數綜合描述通常比用平均數和標準差更合適。

16. 用「比率」(或「百分比」) 來做比較，通常比用次數 (或人數) 比較更恰當。

17. 增加或減少百分比之計算公式為：
改變百分比 = 改變的量 ÷ 基準量

第二章 習題

1. 假設科技公司甲有 10 位新進工程師，起薪分別為每月 22,000 元、24,000 元、20,000 元、22,000 元、23,000 元、50,000 元、24,000 元、21,000 元、20,000 元、21,000 元。另一家科技公司乙有 9 位新進工程師，起薪分別為每月 24,000 元、25,000 元、24,000 元、23,000 元、24,000 元、25,000 元、23,000 元、22,000 元、22,000 元。

   (a) 分別求出這兩家公司新進工程師起薪的平均數、中位數，以及 0.3-裁剪平均數。

   (b) 如果希望月薪至少有 24,000 元，則去那一家公司做事有較大的機會達成這個目標？請說明理由。

2. 某一家四口人都有每天喝果汁的習慣。每個週末，爸媽都會到大賣場採買一週所需的食物和飲料。如果媽媽要估計果汁要買多少才足夠全家飲用，以下資訊何者對媽媽比較有用：一家四口一週當中平均每天的果汁消耗量、一家四口一週七天果汁消耗量的中位數？請說明理由。

3. 假設公司甲和公司乙都生產巧克力夾心餅乾，隨機抽樣這兩家公司標示 250 公克重的巧克力夾心餅乾各 10 包，得到以下數據 (單位：公克)：

公司甲：257　247　246　255　234　266　243　241　258　247
公司乙：225　257　241　242　253　243　240　231　259　256

(a) 試求這兩組數據的平均數、全距、四分位距，以及標準差。根據這些數據，那一家公司對於餅乾重量的品管做得較好？請解釋。
(b) 公司甲之餅乾重量的第 60 百分位數是多少？
(c) 若公司乙有 60% 的餅乾重量在 x 克以上，試求 x 的值。
(d) 分別找出二個公司數據的五數綜合，並且畫一個並列的盒圖。

4. 假設我們有兩組樣本數據，每一組各有 8 個觀測值。
　　第一組：2　10　5　13　9　8　6　11
　　第二組：2　10　5　13　9　8　6　100
分別求出這兩組數據的平均數和標準差，並做比較。

5. 假設我們從某一家連鎖潛艇堡專賣店的菜單上任意選出 7 種不同口味的 6 吋三明治，其熱量如下：
　　火腿：230 大卡　　雞胸肉：240 大卡　　照燒雞肉：280 大卡
　　總匯：260 大卡　　烤牛肉：250 大卡　　火雞胸肉：220 大卡
　　蔬菜：170 大卡

(a) 試求這 7 種三明治熱量的全距、四分位距，以及標準差。
(b) 如果小美點的三明治之熱量是這 7 種三明治裡的中位數，請問她點的是那種口味？

6. 10 個數值由小到大順序排列如下：1、3、3、4、5、5、6、7、7、9。若從這 10 個數當中任取 1 個捨棄，試問和 10 個數的平均數及中位數相比，則：
(a) 剩下 9 個數值的平均數是必定改變、可能改變還是必定不改變？
(b) 剩下 9 個數值的中位數是必定改變、可能改變還是必定不改變？

7. 不要實際做計算，試比較以下三組數據標準差的大小：

   A：1　4　6　8　9

   B：10　40　60　80　90

   C：1001　1004　1006　1008　1009

8. 假設一個迷你班級的 8 位同學，某次考試的平均成績是 50 分，則此 8 位同學分數的變異數，最小可能是多少？最大可能是多少？分別對應怎樣的分數分布？

9. 假設捷運公司為了減少乘客候車時間，因此將班次由原本的 7 分鐘一班改為 4 分鐘一班，問乘客候車時間改變的百分比是多少？

10. 王小姐最近體檢得知自己總膽固醇為 224 mg/dL，假設某麥片公司聲稱只要連續吃麥片一個月總膽固醇便可以降低 5% 以上，於是王小姐決定試試看。一個月以後她再去抽血，發現總膽固醇降為 210 mg/dL，問王小姐總膽固醇降低了多少百分比，是否達到麥片公司聲稱的效果？

11. 我國的平均每人國民生產毛額在 2010 年是 19175，2011 年是 20690 (單位：美元)，日本在 2010 年是 44252，2011 年是 47251 (單位：美元)，兩國都有增長。比較看看，從 2010 年到 2011 年哪一國的增長百分比較高？

12. 美國黃石公園內有一個有名且會不定時往半空中噴發水柱的間歇泉，是有名的景點之一。有人曾經記錄了兩次噴發的間隔時間，以下是一部份的紀錄：

    60　92　43　89　60　84　69　74　71　108　50　77　57　80　61　82　48
    81　73　62　79　54　80　73　81　62　81　71　79　81　74　59　81　66
    87　53　80　50　87　51　82　58　81　49　92　50　88　62　93　56　89

根據這組數據畫出莖葉圖。

13. 2010 年 8 月及 2010 年 11 月台灣地區各地均溫部份資料如下 (攝氏溫度)：

   8 月：28.8 29.3 29.6 28.9 27.4 29.3

     28.9 29.6 30.0 29.4 25.2 22.9

   11 月：20.9 20.4 20.9 21.9 23.7 20.9

     21.8 22.1 21.1 22.9 16.4 17.7

將以上數據用背對背莖葉圖呈現。

第三章　機　率

機率有很多有趣的應用例子，以下是其中兩個：

生日問題：假設一門通識課程有 50 位同學選修，這 50 個人裡面有人生日在同一天的機率有多大呢？從很直觀的角度來思考的話，一年有 365 天 (以非閏年來考慮)，所以 50 個人的生日應該不容易重複才對，然而實際上如何呢？雖然大家多少知道機率代表什麼意思，但有時我們對機率的直觀判斷，會和事實差很大。上述問題在機率裡面叫做「生日問題」，將在 3.4 節討論，結果應該會出乎很多人的意料。

特製骰子：假設我訂做了四顆特製的均勻骰子 (每一面朝上的機率相等)，四顆都不一樣，各面標示的點數從 0 到 6 都有，我讓你先選一顆，然後我從剩下的當中再選一顆，兩人各自擲自己的骰子一次之後，由點數高的獲勝。如果四顆骰子各面點數如同下面所描述的，你會選那顆骰子？

A：四面 2 點，兩面 6 點
B：三面 1 點，三面 5 點
C：兩面 0 點，四面 4 點
D：六面全部都是 3 點

這題的數學部分並不難，只需要用到一些基本概念和耐性，應該在許多人的能力範圍內 (提示：將骰子兩兩做比較)。答案很有趣，可以在本章找到。

3.1　機率和統計的關係
3.2　樣本空間及事件
3.3　機率基本概念及性質
3.4　計數技巧
3.5　條件機率、獨立事件及貝氏定理

3.1　機率和統計的關係

絕大部份的統計教科書裡面，都有幾章會討論機率相關內容，而且一定會出現在推論統計的章節之前。這樣的安排有其必要性，因為機率是推論統計的理論基礎。我們用推論統計中最為人熟知的主題——民意調查，簡單做個說明。

做民調的目的都是要獲取訊息。比如很多人應該有興趣知道，全台灣成年民眾對承認大陸學歷的看法。這樣的訊息如何可以取得呢？只能靠抽樣做民意調查，因為母體太大了，不可能問得到每一個人的意見。一般民調通常訪問多少人呢？常常都只有一千多人。全台灣成年人總數大約是一千六百萬左右，為什麼可以把一千多個人的意見，當作一千多萬人意見的估計，又怎知估計得好不好呢？關鍵在於抽樣方式。用正確的方式抽樣，不僅能得到相當可靠的結果，還能評估誤差大小。而所謂正確的抽樣方式，就是指隨機抽樣。

隨機抽樣的結果背後會有一個架構。這個意思是說，如果用相同的隨機抽樣方式重複不斷的抽樣的話 (樣本大小固定)，雖然每次抽樣的結果會變來變去、而且事前無法預測，但若把所有可能的結果放在一起考慮，必定會符合某種機率模型 (將在第六章討論)；這個模型描述了樣本結果和母體之間的關係，我們就可以據以評估樣本結果的好壞，而且還可以利用機率式子把誤差大小表示出來。所以我們可以說，推論統計的根本就是隨機抽樣，而其理論基礎就是機率。如果胡亂抽樣的話，因為不可能找得出樣本和母體之間的關聯，也就無法評估誤差，所做出的結果則和瞎猜沒兩樣。

3.2　樣本空間及事件

我們在日常生活中常會遇到不確定的狀況，比如：買東西拿到一張發

票不確定是否會中獎,或者過年和家人玩擲骰子時不知道會出現什麼點數。這些不確定現象都可以用機率來描述:發票雖然不知道是否會中獎、但是可以算出中獎的機率;擲一顆骰子不知道哪一面會朝上,但只要是均勻的骰子(也可稱平衡骰子或公正骰子)、就知道每一面朝上的機率都是六分之一。而一旦有了背後的機率架構,就可以對不確定狀況做各種考量。我們先用簡單的例子,介紹相關的基本概念和名詞。

任何一個不能事先確定結果的過程,我們把它統稱為「試驗」,比如擲一顆骰子、觀察朝上那面的點數,就叫做一項試驗,因為擲的時候並不能確定結果會出現幾點。但是可以確定的是:骰子擲了之後出現的點數,必定是 1、2、3、4、5、6 其中之一,這些可能點數所構成的集合 $S = \{1, 2, 3, 4, 5, 6\}$,稱為這個試驗的**樣本空間** (sample space)。

> **樣本空間**
> 一項試驗所有可能發生的結果所構成的集合,叫做該試驗的樣本空間,常用符號 S 表示,而該集合中的元素稱為樣本點。

例 3.2-1

連續擲一個硬幣三次,觀察哪一面朝上,寫出樣本空間。

解

每一次的結果都可能是**正面** (head) 或**反面** (tail),如果用 H 代表正面,T 代表反面,則樣本空間為

$$S_1 = \{HHH, HHT, HTH, THH, HTT, THT, TTH, TTT\}$$

樣本空間的重點在於:必須包括「所有可能發生的結果」,但是由於觀察的重點不同,可能發生的結果或許有不同的表達方式,這時樣本空間

也會呈現不同的面貌,說明如下:

例 3.2-2

連續擲一個硬幣三次,觀察正面出現的次數,寫出樣本空間。

解

從例 3.2-1 的樣本空間可看出,將一個硬幣連擲三次的正面總數,可能是 0、1、2 或 3,所以樣本空間為 $S_2 = \{0, 1, 2, 3\}$。

例 3.2-1 和例 3.2-2 的試驗完全相同,都是「連續擲一個硬幣三次」,但因為觀察的重點不同,所以兩個例子當中樣本空間的表達不一樣。這類問題如果沒有特別規定,我們多半都用例 3.2-1 的樣本空間表達方式,因為細節最多、訊息最完整。它還有一個優點是:如果所擲的是平衡的銅板,即正、反面機率完全一樣,例 3.2-1 樣本空間中八個樣本點的發生機率都會相同,而例 3.2-2 的樣本空間則沒有這樣的性質;比如 0 個正面代表擲硬幣結果是 TTT,只有一種可能,而 1 個正面卻有 HTT, THT, TTH 三種可能性。考慮機率問題時,當然是用例 3.2-1 的樣本空間比較方便。

例 3.2-3

假設在本章開頭的特製骰子例子裡,我們拿骰子 B (三面 1 點,三面 5 點) 和 C (兩面 0 點,四面 4 點) 來各擲一次,考慮兩種不同情形,寫出樣本空間:

(a) 假設 2 顆骰子六面的顏色不同,分別是黃、綠、紅、藍、白和紫色。骰子 B 的黃、綠、紅三面是 1 點,藍、白、紫三面是 5 點,骰子 C 的黃、綠兩面是 0 點,紅、藍、白、紫四面是 4 點。

(b) 假設兩顆骰子六面顏色相同，只看得出點數的差別。

解

(a) 骰子 B 和骰子 C 各有 6 種可能，搭配起來有 36 種可能，所以樣本空間如下，小括弧中第一個位置代表骰子 B 的結果、第二個位置代表骰子 C 的結果：

S_1 = {(黃 1, 黃 0), (黃 1, 綠 0), (黃 1, 紅 4), (黃 1, 藍 4), (黃 1, 白 4), (黃 1, 紫 4), (綠 1, 黃 0), … , (紫 5, 紫 4)}

(b) 骰子各面顏色相同，只看得出點數的差別，總共只有 4 種結果，所以樣本空間為：

$$S_2 = \{(1,0), (1,4), (5,0), (5,4)\}$$

例 3.2-3 中兩種表達方式的主要差別為：S_1 中每個樣本點的發生機率都相同，而 S_2 中樣本點的發生機率則不盡相同。

執行一項試驗之後，我們會關心結果如何，比如連續擲一個硬幣三次之後，我們可能想知道，正面是否至少出現兩次。從例 3.2-1 中的樣本空間可看出，符合條件的結果有以下四項：

HHH, HHT, HTH, THH

這四項中任一項都符合「正面至少出現兩次」的條件。當我們用這四項構成一個集合 A 時，即

A = { HHH, HHT, HTH, THH }

則明顯可見 A 是例 3.2-1 樣本空間 S_1 的子集 (也稱部份集合)，這叫做一個**事件** (event)。

事件

樣本空間的任一子集均稱為事件，當試驗結果為該事件當中任一樣本點時，我們稱該事件發生了。

事件可以用集合表達，也可以用描述方式表達。假設我們連續擲一個硬幣三次，並且關心正面是否至少出現兩次這事件，可以用兩種方式表達：

1. 描述方式

   令 A 代表「正面至少出現兩次的事件」

2. 用集合表示

   令 A = { HHH, HHT, HTH, THH }

只要試驗結果是 HHH, HHT, HTH, THH 當中的任意一個，我們就說「事件 A 發生了」。從描述角度來看的話，無論結果是 HHH, HHT, HTH, THH 其中的哪一個，都符合「正面至少出現兩次」的描述，所以說「事件 A 發生了」很合理。

上述例子中，若試驗結果落在 A 集合外面時 (例如擲出 TTH 的結果)，我們則說 A 沒有發生；但是結果若落在 A 的外面，就必定落在 A 的補集 (或稱餘集合) 裡面，所以我們可以做出結論：若 A 沒發生、則 A 的補集 A^c 必定有發生。

A 的補集 A^c 代表「A 沒發生」的事件。

例 3.2-4

擲一顆骰子，觀察朝上那面的點數，則樣本空間 S = {1, 2, 3, 4, 5, 6}；令 A = {1, 2}、即擲出點數小於 3 的事件。如果 A 沒有發生，表示擲出的點數大於或等於 3，也就是 A^c = {3, 4, 5, 6} 發生了。

若 A 和 B 都是 S 的子集 (即：都是事件)，當我們說「A 和 B 都發生了」的時候，代表試驗結果既落在 A 集合裡面、也落在 B 集合裡面，所以必定落在 A 和 B 的交集裡面。而如果說「A 和 B 事件中

至少有一件發生」，則代表試驗結果不是在 A 裡面就是在 B 裡面，所以必在 A 和 B 的聯集裡面。當 A 和 B 事件中沒有共同元素、即 $A \cap B = \phi$ 時，我們稱 A 和 B 為互斥事件，此時 A 和 B 不可能同時發生。

$A \cap B$ 代表「A 和 B 都發生」的事件。
$A \cup B$ 代表「A 和 B 至少有一件發生」的事件。
$A \cap B = \phi$ 時，稱 A 和 B 為互斥事件。

例 3.2-5

連續擲一個硬幣三次，令 A 代表「正面至少出現兩次」的事件，B 代表「三次結果都相同」的事件，寫出「A 和 B 都發生」的事件和「A 發生或 B 發生」的事件。

解

令 H 代表正面、T 代表反面，則
$$A = \{HHH, HHT, HTH, THH\}$$
$$B = \{HHH, TTT\}$$
而 A 和 B 都發生的事件即 $A \cap B = \{HHH\}$
A 發生或 B 發生的事件即 $A \cup B = \{HHH, HHT, HTH, THH, TTT\}$

例 3.2-6

連續擲一個硬幣三次，令 A 代表「正面至少出現兩次」的事件，B 代表「反面至少出現兩次」的事件，則 A 和 B 是否為互斥事件？

解

$$A = \{HHH, HHT, HTH, THH\}$$
$$B = \{TTT, TTH, THT, HTT\}$$

因為 $A \cap B = \phi$，所以 A 和 B 為互斥事件。

其實從題目對 A 和 B 事件的描述就知道答案了，因為擲一個硬幣三次的時候，「正面至少出現兩次」和「反面至少出現兩次」這兩件事，不可能同時發生。

習題

1. 某大學要求學生總共要修六個學期的體育課才可以畢業，學校並提供了各種球類興趣班供學生選擇。假設阿群和阿銘對多種球類都有興趣，某學期選課時無法取捨，於是用抽籤方式決定。阿群要在羽球、網球和籃球當中隨機抽一班，阿銘則在羽球、桌球和排球當中隨機抽一班，寫出二人所修體育課的樣本空間。

2. 假設有一個罐子裡裝了 1 元、5 元、以及 10 元的硬幣各一枚。伸手從罐中任意取出一枚硬幣後放回，再任意取出一枚硬幣，寫出這個試驗的樣本空間。

3. 假設某對新婚夫妻總共想要生三個小孩，寫出這三個小孩性別的樣本空間(用「M」表示男生、「F」表示女生)。

4. 假設在本章開頭的特製骰子例子裡，我們拿骰子 C (兩面 0 點，四面 4 點) 和骰子 D (六面全部都是 3 點) 來各擲一次，考慮兩種不同情形，寫出樣本空間：

   (a) 假設 2 顆骰子六面的顏色不同，分別是黃、綠、紅、藍、白和紫色。骰子 C 的黃、綠兩面是 0 點，紅、藍、白、紫四面是 4

點，骰子 D 每一面都是 3 點。

(b) 假設兩顆骰子六面顏色相同，只看得出點數的差別。

5. 擲兩顆骰子，令 A 代表兩個點數相同的事件，B 代表點數和小於 5 的事件，寫出：

(a) A 和 B 都發生的事件。

(b) A 發生或 B 發生的事件。

6. 擲兩顆骰子，令 A 代表兩個點數相同的事件，B 代表點數和為奇數的事件，C 代表點數和小於 4 的事件，判斷以下事件是否互斥：

(a) A 和 B。(b) B 和 C。(c) A 和 C。

3.3 機率基本概念及性質

在面對不確定狀況時，我們常會利用機率來幫助我們做決定。例如：氣象預報如果說降雨機率有八成時，我們可能就決定帶傘出門；修課若有不同班別可選擇時，有些同學就會打聽哪位老師當人比例較低，通過的機率比較大。玩擲骰子或撲克牌等遊戲時，機率的角色尤其重要；玩某些撲克牌遊戲比如 21 點時，比較厲害的人都會「記牌」，記住哪些牌已出現過，以便對接下來可能發出的各種牌之機率，做出比較準確的評估。不過這裡提到的各種機率，意義並不完全相同，我們分成以下三種情形討論。

機率的定義方式：

一、古典機率 (classical probability，也稱傳統機率)

假設某一試驗的可能結果有 n 種，其中每一種發生的機率都相同，若事件 A 中包含了 n 種結果中的 k 個，則事件 A 的機率等於 k 除以 n，記為 $P(A) = \dfrac{n(A)}{n(S)} = \dfrac{k}{n}$，其中 $n(\cdot)$ 符號中的 n 代表總數 (number)，$n(A)$ 就代

表事件 A 中的結果總數。

各種撲克牌和擲骰子遊戲都適用這種機率，例如擲一顆骰子時，通常都可假設骰子很均勻，因此出現每種點數的機率都相同，都等於六分之一。

例 3.3-1

便利商店因週年慶而提供折扣優惠，只要消費滿 88 元就可參加抽獎，從紙盒中抽號碼球，決定折扣比例。假設號碼球共有 12 顆，其中寫著 6 折和 7 折的各有 1 顆、8 折 2 顆、9 折 3 顆、95 折 5 顆，小胖買了 100 元的東西，求他頂多只需要付 80 元的機率。

解

小胖抽中 12 顆球當中任一顆的機率都相同，而頂多需要付 80 元代表必須抽中 6 折、7 折或 8 折的球，總共有 4 顆，所以機率等於 $\frac{4}{12} = \frac{1}{3}$。

如果有一顆骰子製造得不夠均勻平衡，我們卻還假設它的六個點數出現機會均等，可就偏離事實了。這樣的骰子當然存在，比如有些骰子是把六面體的各面挖去表示點數的部份，再著色而成的；可是每個點數挖去部份的體積未必相等。嚴格說來，這樣的骰子並不完全平衡。對這樣一顆骰子，機率要如何定義呢？我們可以把它投擲許多次，再計算各面出現的比例，這是機率的第二種定義方式。

二、相對次數機率 (relative frequency probability)

假設在 n 次試驗當中，事件 A 發生了 k 次，則事件 A 的相對次數機率為 $P(A) = \frac{k}{n}$。

用這種方式定義機率時，應該要試驗很多次才恰當。例如上述不夠平衡的骰子，若想要知道各點數出現的機率的話，應該要擲它非常非常多次。

如果阿佑同學在學期快結束的時候說：「我的統計學有一半機率會過」，他說的機率既不屬於第一種，也不屬於第二種，這叫做主觀機率。

三、主觀機率 (subjective probability，也稱個人機率)

個人主觀認定的機率，就叫做主觀機率。

以阿佑同學為例，他根據考試成績、上課出席率和統計學老師以往的當人比例判斷：經過老師調整分數之後，自己應有一半機率會通過；這完全是主觀認定。如果去問他的統計學老師，說不定老師認為他八成會當，也就是說，依據老師的主觀機率判斷，他會通過的機率只有兩成。

根據主觀機率的定義，明顯可知這種機率很不可靠；但有時我們需要做判斷，面對的狀況又不適合用第一種或第二種機率描述時，還是會用到主觀機率，這時應盡量多蒐集資訊之後才來決定機率。以上述阿佑同學的例子來說，如果多問些學長就會發現，系上很多老師包括統計學老師在內，期末調整分數時會把同學的上課態度列入考慮。統計學上課秩序通常很差，阿佑常遲到又考得很爛，結果竟然以為老師調整分數後自己有一半機會可以通過，這種主觀機率就很不切實際。

不論用哪種方式定義，機率必定符合以下性質：
設 S 為一試驗之樣本空間，則以下性質必成立

1. $P(S) = 1$。
2. 對任一事件 A，必有 $0 \leq P(A) \leq 1$。
3. 若事件 $A_1, A_2, \cdots, A_k$ 兩兩之間都互斥，則
$$P(A_1 \cup A_2 \cup \cdots \cup A_k) = P(A_1) + P(A_2) + \cdots + P(A_k)$$

有了上述的三項基礎性質，很容易可以導出其他常用性質。例如若 A^c 代

表 A 的補集,則可知 A 和 A^c 互斥,且 $A \cup A^c = S$。根據性質 1 和 3 可得 $1 = P(S) = P(A \cup A^c) = P(A) + P(A^c)$,由此可得以下性質:

4. $P(A) = 1 - P(A^c)$

例 3.3-2

同時擲二顆均勻骰子,求出現點數的和 ≤ 10 之機率。

解

擲二顆均勻骰子,每一顆都可能出現 1 到 6 點,所以樣本空間包括 36 個可能結果,機率都相同。點數和 ≤ 10 的情況太多了,這種狀況之下,應該考慮事件的補集。

令 A 代表點數和 ≤ 10 的事件,則 A^c 代表點數和 > 10 的事件,因此 $A^c = \{(5, 6), (6, 5), (6, 6)\}$,可得

$$P(A) = 1 - P(A^c) = 1 - \frac{3}{36} = \frac{33}{36} = \frac{11}{12}$$

例 3.3-3

同時擲二顆均勻骰子,求出現點數的和 ≤ 3 或者 > 10 之機率。

解

點數和 ≤ 3 和點數和 > 10 這兩件事不可能同時發生,是互斥事件,所以

P (點數和 ≤ 3 或 > 10) = P (點數和 ≤ 3) + P (點數和 > 10)

點數和 ≤ 3 包括 (1, 1), (1, 2), (2, 1) 這幾個結果,機率等於 $\frac{3}{36}$,而在上一個例子中已算出 P (點數和 > 10) = $\frac{3}{36}$,因此

$$P(\text{點數和} \le 3 \text{ 或} > 10) = \frac{3}{36} + \frac{3}{36} = \frac{1}{6}$$

性質 3 若應用在二個事件上，可以表示為：

若 A 和 B 為互斥事件，即 $A \cap B = \phi$，則有 $P(A \cup B) = P(A) + P(B)$。

但一般情形下，兩事件未必符合互斥條件，則有以下性質：

5. 對任二事件 A 及 B，$P(A \cup B) = P(A) + P(B) - P(A \cap B)$。

例 3.3-4

若箱子中有七個材質及大小相同的球，分別標以 1、2、3、4、5、6、7 等號碼。今自箱子中取出一球，求其號碼為偶數或大於 4 的機率。

解

令 A 代表號碼為偶數之事件，B 代表號碼大於 4 之事件，則所求為

$$P(A \cup B) = P(A) + P(B) - P(A \cap B) = \frac{3}{7} + \frac{3}{7} - \frac{1}{7} = \frac{5}{7}$$

因為事件 $A \cap B$ 代表號碼既為偶數、又大於 4，符合條件的數只有 6 一個。

性質 5 推廣到三個事件，則有：

6. 對任三事件 A、B 及 C

$$P(A \cup B \cup C) = P(A) + P(B) + P(C) - P(A \cap B) - P(B \cap C) - P(A \cap C) + P(A \cap B \cap C)$$

例 3.3-5

假設某一運動網站討論區的會員當中,喜歡看職棒的有 65%,喜歡看職籃的有 60%,喜歡看網球的有 40%,喜歡看職棒及職籃的有 45%,喜歡看職棒及網球的有 25%,喜歡看職籃及網球的有 15%,職棒、職籃和網球都愛看的有 5%。如果從這些會員當中隨意抽出一人,則在職棒、職籃和網球三種比賽當中,他至少喜歡看其中一種的機率是多少?

解

令 $A \cdot B \cdot C$ 分別代表喜歡看職棒、喜歡看職籃、喜歡看網球的事件,則題目所求即

$$P(A \cup B \cup C) = P(A) + P(B) + P(C) - P(A \cap B) - P(B \cap C)$$
$$- P(A \cap C) + P(A \cap B \cap C)$$
$$= 0.65 + 0.6 + 0.4 - 0.45 - 0.25 - 0.15 + 0.05$$
$$= 0.85$$

機率的性質

S 為一試驗之樣本空間,A, B, C 為事件,則有以下性質:

1. $P(S) = 1$
2. $0 \leq P(A) \leq 1$
3. 若事件 $A_1, A_2, \cdots, A_k$ 兩兩之間互斥,則
   $$P(A_1 \cup A_2 \cup \cdots \cup A_k) = P(A_1) + P(A_2) + \cdots + P(A_k)$$
4. $P(A) = 1 - P(A^c)$
5. $P(A \cup B) = P(A) + P(B) - P(A \cap B)$
6. $P(A \cup B \cup C) = P(A) + P(B) + P(C) - P(A \cap B) - P(B \cap C) - P(A \cap C)$
   $$+ P(A \cap B \cap C)$$

習題

1. 從一副撲克牌中任意抽出一張，求以下事件的機率：
   (a) 此張牌是方塊或紅心。
   (b) 此張牌是 J、Q 或 K。

2. 連續擲一枚平衡硬幣四次，求以下事件的機率：
   (a) 至少出現一次正面。
   (b) 正反面各出現兩次。

3. 將一顆平衡骰子連擲兩次，求以下事件的機率：
   (a) 兩次所出現的點數和是 3 的倍數。
   (b) 至少出現一個「5」。
   (c) 點數和是 3 的倍數或者點數和 ≥ 10。

4. 假設小明就讀台北某所小學，如果我們知道這所學校的學生有 20% 家中有養狗，11% 家中有養貓，24% 家中有養植物，8% 家中同時有養狗以及植物，5% 家中同時有養貓以及植物，並知家中有養狗的家庭都沒養貓。若從這所學校隨意選出一個學生，求以下事件的機率：
   (a) 這個學生家中沒有養狗。
   (b) 這個學生家中有養貓或者植物。
   (c) 這個學生家中有養狗或貓或植物。

5. 從一副撲克牌中任意抽出一張，令 A 代表抽出黑桃的事件、B 代表抽出老K的事件，A、B 二事件是否互斥？

6. 若事件 A 和 B 的機率分別是 $P(A) = 0.55$ 和 $P(B) = 0.6$，則 A 和 B 二事件是否互斥？

3.4 計數技巧

當某一試驗的可能結果有 n 種,而其中每一種發生的機率都相同時,若要計算事件 A 的機率,只要數一下 A 裡面包含幾種結果就可以得到答案。然而當 n 的值較大時,如果用列清單的方式來計數,就會非常沒有效率,所以我們需要有效的計數技巧。常用的計數公式包括乘法原理、排列和組合。

> **乘法原理 (multiplication principle)**
> 假設一件事要分 k 個階段完成,第一階段有 n_1 種做法,第二階段有 n_2 種做法,⋯,第 k 階段有 n_k 種做法,則整件事共有 $n_1 \cdot n_2 \cdots n_k$ 種方法可以完成。
>
> **直線排列 (permutation)**
> 從 n 件不同的物品中抽出 k 件 ($k \leq n$) 排成一列,其排列數等於 $P_k^n = \dfrac{n!}{(n-k)!}$,當 $k = n$ 時,$P_n^n = \dfrac{n!}{(n-n)!} = \dfrac{n!}{0!} = \dfrac{n!}{1} = n!$。
>
> **組合 (combination)**
> 從 n 件不同物品抽出 k 件 ($0 \leq k \leq n$) 的組合數是 $C_k^n = \dbinom{n}{k} = \dfrac{n!}{k!(n-k)!}$。

組合數符號用 C_k^n 或 $\dbinom{n}{k}$ 都可以。

以上公式本身都不難,然而實際要計算題目的時候,主要的困難常在於弄不清楚問題屬於哪一類,因此不知道該用哪個公式;而且有的題目還需要混合使用不只一種公式,以下就用幾個例子來說明怎樣分辨題目的種類。

例 3.4-1

老師有兩張別人送她的偶像團體演唱門票想轉送給同學，一張在最貴的 A 區，一張在最便宜的 C 區。為公平起見，決定用抽籤方式決定。若全班共有 45 位同學，則總共有多少種可能結果？

解

要分辨題目屬於排列還是組合，就必須問：抽出的兩人，掉換順序有差別嗎？假設老師先抽出一人給 A 區的票，再抽一人給 C 區的票 (或者順序顛倒)，當然調換順序會使得結果不同，所以是排列問題。可能結果有

$$P_2^{45} = \frac{45!}{(45-2)!} = 45 \cdot 44 = 1980 \text{ 種}$$

如果題目改成兩張票都在同一區，且位置差別不大，這時只要從 45 人中抽出 2 人，不需再排列，就變成組合問題了。

其實排列公式若忘記了，直接用乘法原理也一樣。以例 3.4-1 來說，抽兩位同學等於分兩階段做事，抽第一位同學有 45 種方法、第二位同學有 44 種方法，所以根據乘法原理，總共有 $45 \cdot 44 = 1980$ 種結果。

例 3.4-2

有天阿鈞回到家，媽媽說今天新買了水果，叫阿鈞和兩個弟弟把冰箱裡前兩天買的水果先解決掉。如果水果共有五顆不同種類的，而且媽媽規定每人至少要吃一顆，這樣共有多少種可能的分配方式？

解

每顆水果都可能分配給三個兄弟中的任一個，因此五顆水果共有 $3 \cdot 3 \cdot 3 \cdot 3 \cdot 3 = 3^5$ 種分配方式，但是這些分配方式當中，包括了五顆

水果全給了同一人,或者四顆水果給同一人、一顆給另一人等等各種的可能性,不符合每人必得一顆的限制,所以必須換個角度考慮。

因為每人至少要得一顆,所以五顆水果分成三份的話,只有 3、1、1 和 2、2、1 這兩種可能。

(3、1、1) 的情況:

如果是指定阿鈞得三顆、大弟和小弟各得一顆,共有 $C_3^5 \cdot C_1^2 \cdot C_1^1 = \dfrac{5!}{3!1!1!} = 20$ 種可能;但是 (3、1、1) 中的 3,不一定要給阿鈞、也可以把三顆水果分給大弟或者小弟,也就是可以在 3 人中選 1 人,所以 3、1、1 的分配方式共有 $C_1^3 \cdot 20 = 60$ 種可能。

(2、2、1) 的情況:

同理可得 2、2、1 的分配方式共有 $C_2^3 \cdot \dfrac{5!}{2!2!1!} = 3 \cdot 30 = 90$ 種。因為 (3、1、1) 的情況和 (2、2、1) 不可能同時發生,所以本題的答案是 60 + 90 = 150。

這題例題用到了不只一種計數方式:先用討論方式把可能性分成 (3、1、1) 和 (2、2、1) 二種、二者之間沒交集,然後用到組合數和乘法原理 ($C_3^5 \cdot C_1^2 \cdot C_1^1$ 這部份) 分別算出 (3、1、1) 和 (2、2、1) 的分配方式共有幾種,再把兩個數字相加 (因為沒交集、不會重複計算) 來得到答案。

例 3.4-3

從一副 52 張的撲克牌中隨意發出 13 張,求 13 張恰屬於兩種花色的機率。

解

從 52 張撲克牌中隨意發出 13 張,共有 C_{13}^{52} 種可能結果。兩種

花色可以從四種當中選、有 C_2^4 種方法；固定兩種花色、比如黑桃和方塊之後，選出 13 張牌有 C_{13}^{26} 種方法，但是其中包括 13 張全是黑桃或 13 張全是方塊的情況，不符題目要求、必須扣掉，所以可得

$$P(13\text{ 張牌恰屬於兩種花色}) = \frac{C_2^4(C_{13}^{26} - 2)}{C_{13}^{52}}$$

經過繁複的計算，可得此機率略低於萬分之一。

現在來討論本章開頭的兩個例子：

例 3.4-4

(生日問題) 假設某一通識課程共有 50 位同學選修，問同學中至少有兩人同一天生日的機率是多少 (閏年生日不列入考慮)？

解

因為不考慮閏年生日的情況，所以假設一年有 365 天，而任一位學生的生日都可能是 365 天當中的任一天，所以 50 位同學的生日，共有 $365 \cdot 365 \cdots 365 = 365^{50}$ 種不同的可能。

再來必須計算，在以上各種可能的生日安排中，有多少種是符合「至少有兩人同一天生日」條件的。考慮一下會發現，可能情況太多了，幾乎不可能算出這個數字。例如有可能恰好有兩人同一天生日、其他人都不同，或者有兩人同一天、另外有三人同一天 (但和這兩人不同)、其他人都不同，或者共有三組人是同一天生日的等等，這些都符合「至少有兩人同一天生日」的條件，狀況列都列不完。

當發生這種情況的時候，就應該考慮：如果改為計算補集的機率，是否會比較容易。「至少有兩人同一天生日」這個事件的補集，就是「沒有任何人同一天生日」，而它的機率的確好算多了。沒有人同一天生日的話，第一個人的生日有 365 種可能，第二個人的生日不

能和第一個人一樣,所以有 364 種可能,依此類推,第 50 人的生日就有 316 種可能,所以

$$P(50 \text{ 人中至少有兩人同一天生日})$$
$$= 1 - P(50 \text{ 人中沒有任何人同一天生日})$$
$$= 1 - \frac{365 \cdot 364 \cdot \cdots \cdot 316}{365^{50}}$$

經過繁複的計算,得到的答案大約是 0.97。機率這麼高,比我們直覺會猜的數字高太多了,應該跌破了一大堆眼鏡吧。事實上,只要有 23 個人,這項機率就將近 51% 了,40 個人的話,機率約九成。我們對機率的直覺,有時會和事實差很多。

例 3.4-5

(特製骰子) 假設我訂做了四顆特製的均勻骰子 (每一面朝上的機率相等),四顆都不一樣,各面標示的點數從 0 到 6 都有,我讓你先選一顆,然後我從剩下的當中再選一顆,兩人各自擲自己的骰子一次之後,由點數高的獲勝。如果四顆骰子各面點數如同下面所描述的,你會選哪顆骰子?

A:四面 2 點,兩面 6 點

B:三面 1 點,三面 5 點

C:兩面 0 點,四面 4 點

D:六面全部都是 3 點

解

這題必須把骰子兩兩做比較,才能得出答案。

在例 3.2-3 的 (a) 小題當中,我們假設 2 顆骰子六面的顏色不同,列出了骰子 B 和 C 各擲一次所得的樣本空間。樣本空間中的 36

個可能結果,發生機率都應該相同、都是 1/36。現在考慮的骰子,實際上各面顏色並無不同,但是計算機率所根據的基本概念並無不同,即:骰子 B 和 C 搭配起來的 36 種可能結果之機率相同,而可能結果如下 (第一個位置是骰子 B 的點數、第二個位置是骰子 C 的點數):

$(1,0), (1,0), (1,0), (1,0), (1,0), (1,0), (1,4), (1,4), \cdots, (1,4),$
$(5,0), (5,0), \cdots, (5,0), (5,4), (5,4), \cdots, (5,4)$

現在只要數一數就知道,36 個可能結果當中、骰子 B 點數高於骰子 C 的佔了 24 個,所以 B 贏 C 的機率是 $\frac{24}{36} = \frac{2}{3}$。

用同樣方式可以完成其他的比較 (兩兩做比較、總共要做 6 組),但是有點麻煩。如果應用本節的計數技巧來計算,就省事很多。

我們以骰子 A 和 B 為例,計算如下:骰子 A 是四面 2 點、兩面 6 點,骰子 B 是三面 1 點、三面 5 點,所以:

$$P(A \text{ 贏 } B) = \frac{6 \cdot 3 + 2 \cdot 3}{6 \cdot 6} = \frac{24}{36} = \frac{2}{3}$$

算式分子當中第一項裡面的 3,代表 B 的 1 點可能出現在 3 個面,當 B 出現 1 點時,A 不論出現 2 點還是 6 點都會贏 B,也就說 A 的六個面都會贏 B,搭配起來共有 18 種可能;第二項裡的 3 代表 B 出現 5 點的三種可能 (三個面),此時 A 必須擲出 6 點才能贏,而 6 點有兩個面,所以搭配起來共有 6 種可能。

同理可得以下機率:

$$P(B \text{ 贏 } C) = \frac{3 \cdot 6 + 3 \cdot 2}{6 \cdot 6} = \frac{24}{36} = \frac{2}{3}$$

$$P(C \text{ 贏 } D) = \frac{4 \cdot 6}{6 \cdot 6} = \frac{2}{3}$$

$$P(D \text{ 贏 } A) = \frac{6 \cdot 4}{6 \cdot 6} = \frac{2}{3}$$

所以 A 贏 B、B 贏 C、C 贏 D、D 贏 A 的機率都是三分之二、四個骰子形成一種「循環」，不論對方先挑哪顆骰子，後挑的人必定可以在剩下的骰子當中，挑一個贏面較大的。所以這題的答案是：挑哪顆骰子都沒用，先挑一定吃虧。這個例子對於許多人的認知：「兩人遊戲幾乎都是先開始的人佔一些優勢」，提供了一個有趣的例外。A 贏 C 的機率和 B 贏 D 的機率就放在習題裡面、讓讀者自己練習了。

習題

1. 假設某家西餐廳的套餐包含一份沙拉、一碗湯、一份主餐、一份甜點跟一杯飲料。如果沙拉是三選一、湯是四選一、主餐是六選一、甜點是四選一、飲料是五選一。問總共有幾種可能的套餐組合？

2. 假設小明、小志、小強跟小偉四個人約好一起去看電影，而且事先上網劃好了四個相鄰的座位。
   (a) 問他們總共有幾種可能的座位安排方式？
   (b) 如果小強跟小偉一定要坐在隔壁，那有幾種可能的座位安排方式？
   (c) 如果小明跟小強不願意坐在隔壁，那有幾種可能的座位安排方式？

3. 假設某種樂透彩的投注方式為從數字 1~48 中任選五個相異的號碼，若是與開出的五個號碼都相同就可以贏得頭獎，如果其中有四個數字與開出的五個號碼相同就贏得貳獎，如果只有三個數字與開出的五個號碼相同就贏得叄獎。假設小強買了一注樂透，問有幾種可能的數字組合可以得到下列結果？
   (a) 小強中頭獎。
   (b) 小強中貳獎。

(c) 小強有中獎。

4. 由六對夫婦中任選 4 人，求 4 人中恰有一對夫婦的機率。

5. 考慮例 3.4-5 的特製均勻骰子 (每一面朝上的機率相等)，各面標示的點數如下，計算 (a) $P(A 贏 C)$ (b) $P(B 贏 D)$。

   A：四面 2 點，兩面 6 點
   B：三面 1 點，三面 5 點
   C：兩面 0 點，四面 4 點
   D：六面全部都是 3 點

3.5 條件機率、獨立事件及貝氏定理

在考慮機率的時候，有時會有相關資訊可供參考，這時如果把已知訊息納入考慮，機率可能會改變。例如從一副 52 張的撲克牌中任抽一張，我們知道抽中梅花的機率是四分之一，因為黑桃、紅桃、方塊和梅花四種花色各有 13 張，所以抽中任一花色的機率相同。現在假設我們已知抽出的牌是黑色的 (黑桃和梅花是黑色的，紅桃和方塊是紅色)，這時再來考慮抽中梅花的機率，就不再是四分之一了，因為所有的可能性，已從原來的四種花色，縮減成兩種花色，而兩種花色機率相同，因此機率變成二分之一。像這樣把已知資訊納入考慮後計算的機率，就叫做條件機率。

再看一個例子，假設我們連續擲一枚平衡硬幣三次，令 A 代表「反面至少出現一次」的事件，則樣本空間 S = { HHH, HHT, HTH, THH, HTT, THT, TTH, TTT }，且八個可能結果機率相同，而 A = { HHT, HTH, THH, HTT, THT, TTH, TTT }，所以

$$P(A) = \frac{n(A)}{n(S)} = \frac{7}{8}$$

假設現在我們多了一項訊息,即已經知道擲出的結果是至少有兩個正面,也就是說事件 B = { HHH, HHT, HTH, THH } 已發生,在這樣的條件下考慮 A 發生的機率,應該是多少呢?

既然 B 已發生,代表所有的可能性已從 S 中的 8 個可能結果,縮減為 B 中的 4 個可能結果,而這 4 個可能結果當中,符合 A 的條件「反面至少出現一次」的,有 HHT, HTH, THH 三項,所以在已知 B 發生條件下、A 發生的機率是

$$\frac{3}{4} = \frac{n(A \cap B)}{n(B)} = \frac{n(A \cap B)/n(S)}{n(B)/n(S)} = \frac{P(A \cap B)}{P(B)}$$

因此若令 $P(A|B)$ 的符號代表「已知 B 發生條件下、A 發生」的機率,則可得到條件機率公式如下 (注意要把已知發生的事件,放在直槓的右邊):

條件機率

假設 A、B 為二事件,$P(B) > 0$,已知事件 B 發生條件下、事件 A 發生的機率等於

$$P(A|B) = \frac{P(A \cap B)}{P(B)}$$

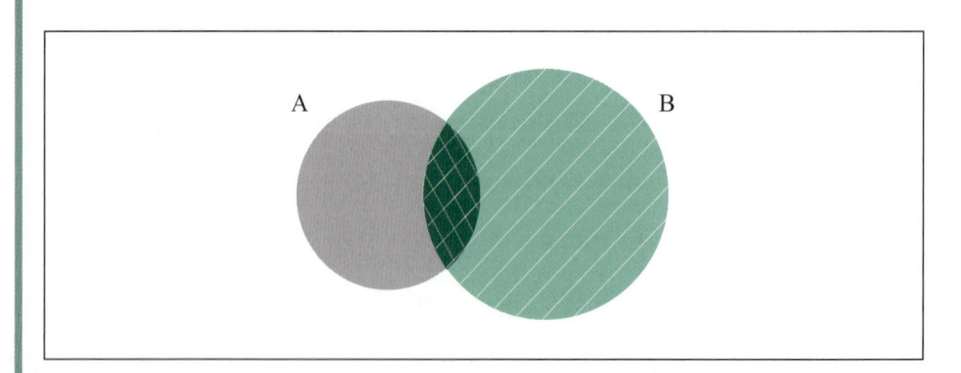

圖 3.5-1 $P(A|B) = \dfrac{P(A \cap B)}{P(B)}$ = 格子部份機率 ÷ 格子及斜線部份機率

例 3.5-1

同時擲兩顆平衡骰子,觀察所出現的點數。試求以下條件機率:
(a) 已知兩顆骰子點數相同,求點數和小於 4 的機率。
(b) 已知點數和小於 4,求兩顆骰子點數相同的機率。

解

令 A 代表點數和小於 4 的事件、B 代表兩顆骰子點數相同的事件,則 $A = \{(1, 1), (1, 2), (2, 1)\}$,$B = \{(1, 1), (2, 2), (3, 3), (4, 4), (5, 5), (6, 6)\}$,$A \cap B = \{(1, 1)\}$。

(a) 所求機率為 $P(A|B) = \dfrac{P(A \cap B)}{P(B)} = \dfrac{1/36}{6/36} = \dfrac{1}{6}$

(b) 所求機率為 $P(B|A) = \dfrac{P(A \cap B)}{P(A)} = \dfrac{1/36}{3/36} = \dfrac{1}{3}$

從此題答案可看出,一般來說,$P(A|B)$ 和 $P(B|A)$ 是不相等的。

例 3.5-2

假設大學某系一年級同學共有 100 位,其中女生 60 人、男生 40 人。大一英文依能力分 A、B 兩班,A 班程度較高。假設男生有 10 人被分到 A 班、30 人被分到 B 班,女生有 20 人被分到 A 班、40 人被分到 B 班。從全班同學中隨意抽出一人,
(a) 該生為男生的機率是多少?
(b) 若已知該生屬於 A 班,則該生為男生的機率是多少?

解

令 M 代表抽到男生的事件,A 代表屬於 A 班的事件,則有

(a) $P(M) = \dfrac{40}{100} = \dfrac{2}{5}$

(b) $P(M|A) = \dfrac{P(M \cap A)}{P(A)} = \dfrac{10/100}{10+20/100} = \dfrac{1}{3}$

從上例可以看出，從 100 個學生中任抽一位時，抽中男生的機率是 $\dfrac{2}{5}$；但是若知道該生屬於 A 班時，則他是男生的機率改變了、變成 $\dfrac{1}{3}$，也就是說 $p(M) \neq P(M|A)$。但並非每次都像這樣，在將已知訊息納入考慮之後，把事件的機率改變了，下個例子就可說明。

例 3.5-3

從一副 52 張的撲克牌中任抽一張，若已知抽出梅花，求抽中的牌是 K 的機率。

解

設 A 為抽中梅花的事件、B 為抽中 K 的事件，則 $A \cap B$ 為抽中梅花 K 的事件，而所求機率為

$$P(B|A) = \dfrac{P(A \cap B)}{P(A)} = \dfrac{1/52}{13/52} = \dfrac{1}{13}$$

如果並不知道抽出梅花，直接計算抽中 K 的機率，則會得到 $P(B) = \dfrac{4}{52} = \dfrac{1}{13}$，和條件機率 $P(B|A)$ 相同。

已知 A 發生之後、計算 B 發生的條件機率，卻和沒有關於 A 的資訊時 B 發生的機率一樣，這代表的意義是：已知 A 是否發生、對於 B 的機率沒有任何影響，這種狀況下，我們稱事件 A 和 B 為獨立事件。

定義 當事件 A 和 B 符合以下機率條件時，稱 A 和 B 為獨立事件：
$P(A \cap B) = P(A) \cdot P(B)$

如果把上面的等式改寫，可得 $\frac{P(A \cap B)}{P(A)} = P(B)$，即 $P(B|A) = P(B)$，把這當作 A 和 B 為獨立事件的定義也可以，有些教科書就是如此定義的。兩種方式的差別在於：若要用 $P(B|A) = P(B)$ 的定義，因為 $P(A)$ 出現在 $P(B|A)$ 的分母，所以必須限制 $P(A) > 0$，而用 $P(A \cap B) = P(A) \cdot P(B)$ 當做定義則不必加任何限制。

把 $P(A \cap B) = P(A) \cdot P(B)$ 等式的左右各除以 $P(B)$（假設 $P(B) > 0$）則得到 $P(A|B) = P(A)$，所以獨立事件的定義可用三種方式表達。

A 和 B 為獨立事件

以下任一條件成立時，事件 A 和 B 為互相獨立：

1. $P(A \cap B) = P(A) \cdot P(B)$
2. $P(B|A) = P(B)$，$[P(A) > 0]$
3. $P(A|B) = P(A)$，$[P(B) > 0]$

例 3.5-4

擲一顆均勻骰子兩次，令 A 代表點數和為偶數的事件、B 代表二個點數相等的事件，判斷事件 A 和 B 是否獨立。

解

方法一

先計算各事件的機率：

點數和為偶數，代表兩個點數同為奇數或同為偶數。若同為奇數，表示第一次擲出 1、3 或 5 點，第二次也是，共有 $3 \cdot 3 = 9$ 種可能；同為偶數也是有 9 種可能，因此

$$P(A) = \frac{9+9}{36} = \frac{1}{2}$$

二個點數相等共有 6 種可能，所以 $P(B) = \frac{6}{36} = \frac{1}{6}$。

$A \cap B$ 代表點數和為偶數且二個點數相等的事件，所以

$A \cap B = \{(1, 1), (2, 2), (3, 3), (4, 4), (5, 5), (6, 6)\}$

$P(A \cap B) = \frac{6}{36} = \frac{1}{6} \neq P(A) \cdot P(B)$

事件 A 和 B 並不獨立。

其實這題有更簡便的方法可以求解。

方法二

如果已知二個點數相等，此時點數和必為偶數，因此可知 $P(A|B) = 1$，然而 A 當然不等於樣本空間 (例如 (1, 2) 就不在 A 裡面)，$P(A) \neq 1$，所以 $P(A|B) \neq P(A)$，事件 A 和 B 並不獨立。

條件機率的公式也可以換個方式表示，從 $P(B|A) = \frac{P(A \cap B)}{P(A)}$ 改寫為 $P(A \cap B) = P(A)P(B|A)$，叫做 $P(A \cap B)$ 的乘法規則，可以應用在某些類型的機率問題。

$P(A \cap B)$ 的乘法規則 (multiplication rule)

$$P(A \cap B) = P(A)P(B|A), \; P(A) > 0$$
$$P(A \cap B) = P(B)P(A|B), \; P(B) > 0$$

例 3.5-5

假設一容器中裝著 3 白球、2 紅球，現在從該容器當中依序取出 2 球 (第一球取出後不放回)，求取出的第一球為白球、第二球為紅球的機率。

解

像這樣的題目，要考慮第一球的機率很容易，但是因為取出不放回，所以第二球的機率和第一次的結果有關。然而一旦知道第一球的結果，第二球的機率就很容易算，所以會考慮到用條件機率。

令 A 代表第一次取出白球的事件，B 代表第二次取出紅球的事件，則所求機率為 $P(A \cap B)$，根據乘法規則可得

$$P(A \cap B) = P(A)P(B|A) = \frac{3}{5} \cdot \frac{2}{4} = \frac{3}{10}$$

這個乘法規則也可以推廣到三個事件上面：

$P(A \cap B \cap C)$ 的乘法規則

$$P(A \cap B \cap C) = P(A)P(B|A)P(C|A \cap B) \text{，} P(A \cap B) > 0$$

例 3.5-6

考慮例 3.5-5 同樣的問題，容器中裝著 3 白球、2 紅球，只是現在要依序取出 3 球，每一階段取出的球都不放回，求取出的第一球為白球、第二球及第三球均為紅球的機率。

解

令 A 代表第一次取出白球的事件，B 代表第二次取出紅球的事件，C 表第三次取出紅球的事件，則所求機率為 $P(A \cap B \cap C)$，根據乘法規則可得

$$P(A \cap B \cap C) = P(A)P(B|A)P(C|A \cap B) = \frac{3}{5} \cdot \frac{2}{4} \cdot \frac{1}{3} = \frac{1}{10}$$

例 3.5-7

假設現在有三個盒子，甲盒中有 2 紅球 3 白球，乙盒中有 3 紅球 2 白球，丙盒中有 3 紅球 1 白球；先隨機選一盒，再從該盒中任取一球，求取得紅球的機率。

解

取得紅球有三種可能：抽中甲盒且取得紅球、抽中乙盒且取得紅球、抽中丙盒且取得紅球，而這三種情況不可能同時發生，也就是說這三個事件互斥，所以取得紅球的機率等於這三個事件的機率相加。

令 A_1、A_2、A_3 分別代表選中甲盒、乙盒、丙盒的事件，B 代表取得紅球的事件，則所求機率為

$$\begin{aligned}P(B) &= P(A_1 \cap B) + P(A_2 \cap B) + P(A_3 \cap B)\\ &= P(A_1)P(B|A_1) + P(A_2)P(B|A_2) + P(A_3)P(B|A_3)\\ &= \frac{1}{3}\cdot\frac{2}{5} + \frac{1}{3}\cdot\frac{3}{5} + \frac{1}{3}\cdot\frac{3}{4} = \frac{1}{3}\left(\frac{2}{5} + \frac{3}{5} + \frac{3}{4}\right)\\ &= \frac{7}{12}\end{aligned}$$

例 3.5-7 中的 A_1、A_2、A_3 為兩兩互斥，因為不可能同時選中兩個盒子，而且三個盒子中必有一個被選中，所以 $A_1 \cup A_2 \cup A_3 = S$，$S$ 代表樣本空間，這樣的情況下，我們稱 $\{A_1、A_2、A_3\}$ 為樣本空間 S 的一個分割，因為是把 S 分割成若干塊，一般定義如下 (參考圖 3.5-2)：

樣本空間 S 的分割

如果事件 A_1、A_2、$\cdots$、A_k 兩兩均互斥，且 $A_1 \cup A_2 \cup \cdots \cup A_k = S$，則稱 $\{A_1, A_2, \cdots, A_k\}$ 為樣本空間 S 的一組分割。

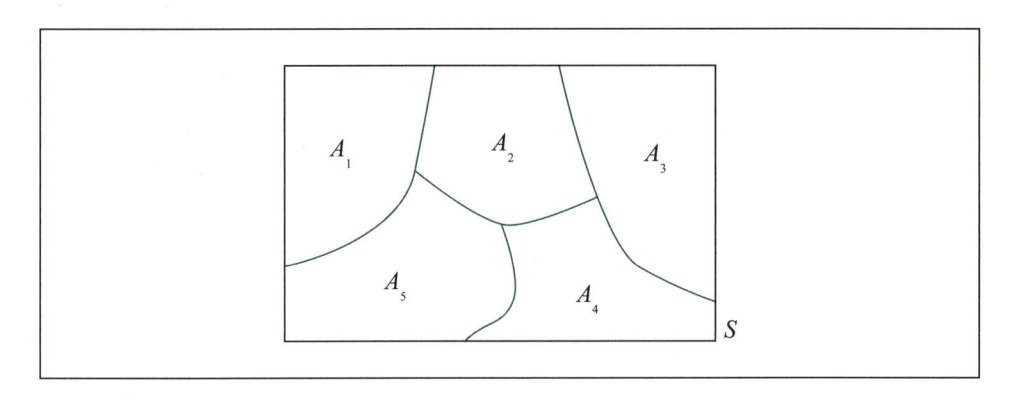

图 3.5-2 樣本空間 S 的一組分割，以 $k = 5$ 為例

假設我們把例 3.5-7 要計算的機率改為：已知取得的是紅球，求該球取自甲盒的機率，也就是要計算 $P(A_1|B)$，這樣的問題，需要用到以下定理：

貝氏定理 (Bayes' Theorem)

假設 $\{A_1, A_2, \cdots, A_k\}$ 為樣本空間 S 的一組分割，$P(A_i) > 0$，$i = 1, 2, \cdots, k$，且 B 為任一事件，$P(B) > 0$，則在已知事件 B 發生的條件下，事件 A_i 發生的機率為

$$P(A_i | B) = \frac{P(A_i)P(B|A_i)}{\sum_{j=1}^{k} P(A_j)P(B|A_j)} , \quad i = 1, 2, \cdots, k$$

例 3.5-8

假設現在有三個盒子，甲盒中有 2 紅球 3 白球，乙盒中有 3 紅球 2 白球，丙盒中有 3 紅球 1 白球；先隨機選一盒，再從該盒中任取一球，若已知取出的是紅球，求其抽自甲盒之機率。

解

令 A_1、A_2、A_3 分別代表選中甲盒、乙盒、丙盒的事件，B 代表取

得紅球的事件，則所求機率為

$$P(A_1|B) = \frac{P(A_1)P(B|A_1)}{P(A_1)P(B|A_1)+P(A_2)P(B|A_2)+P(A_3)P(B|A_3)}$$

$$= \frac{\frac{1}{3}\cdot\frac{2}{5}}{\frac{1}{3}\cdot\frac{2}{5}+\frac{1}{3}\cdot\frac{3}{5}+\frac{1}{3}\cdot\frac{3}{4}} = \frac{8}{35}$$

什麼樣的題目適合用貝氏定理來做呢？架構類似例 3.5-8 這樣的題目就適合。首先全部情況會被分割成若干類，比如例 3.5-8 的三個盒子；然後題目會提供各類的資訊，例如每個盒子當中有些什麼球，因此如果知道是從哪個盒子取球，要計算得到某種球的機率都很容易。然而題目要求的卻是反過來的條件機率，也就是已知球的顏色後，計算該球取自某一盒的機率。像這類的問題，就可以用貝氏定理處理。

例 3.5-9

某科目的修課學生中包括二、三、四年級同學，各佔班上 30%、40%、30%，假設二年級學生中有 10% 常遲到、三年級學生中有 20% 常遲到、四年級學生中有 30% 常遲到。老師從班上名單中任意抽出一人，若知道該生常遲到、求他是四年級生的機率。

解

班上學生被分割成二、三、四年級三類，若知學生是幾年級、就知他常遲到的機率，然而題目要求反過來的條件機率，也就是已知學生常遲到後，計算他是四年級生的機率，這個題目符合適用貝氏定理的架構。

令 A_1、A_2、A_3 分別代表二年級、三年級、四年級的事件，B 代表常遲到的事件，則所求機率為

$$P(A_3 \mid B) = \frac{P(A_3)P(B \mid A_3)}{P(A_1)P(B \mid A_1) + P(A_2)P(B \mid A_2) + P(A_3)P(B \mid A_3)}$$

$$= \frac{0.3 \cdot 0.3}{0.3 \cdot 0.1 + 0.4 \cdot 0.2 + 0.3 \cdot 0.3}$$

$$= \frac{0.09}{0.20} = \frac{9}{20}$$

習題

1. 將一顆均勻骰子連續擲兩次,
   (a) 已知兩次的點數之和為偶數,求兩次點數相同的機率。
   (b) 已知其中一次得到 5 點,求兩次點數之和大於 8 的機率。

2. 連續擲一個硬幣四次,
   (a) 已知正面出現至少兩次,求正反面各出現兩次的機率。
   (b) 已知正反面都有出現,求反面出現恰好三次的機率。

3. 假設某大學資訊系有 68% 的應屆畢業生可以順利找到工作,若是從這個系任意抽出四位應屆畢業生,假設四人間互相獨立,
   (a) 求這四位畢業生都順利找到工作的機率。
   (b) 求至少有一位順利找到工作的機率。

4. 假設某大專院校的會計系一年級共有 72 位女生,以及 68 位男生。已知該系一年級的學生有 40% 的學生必須重修微積分,其中女生佔了 26 位。從該系任意抽出一人,
   (a) 已知該生必須重修微積分,求該生是女生的機率。
   (b) 已知該生為男生,求他必須重修微積分的機率。
   (c)「該生是女生」與「該生必須重修微積分」兩個事件是否互相獨立?

5. 已知 A、B 兩獨立事件的機率分別為 $P(A)=0.6$，$P(B)=0.7$。求 $P(A\cup B)$。

6. 假設在某私立大學就讀的學生當中有 26% 是一年級，30% 是二年級，24% 是三年級，20% 是四年級。又知一年級的學生當中有 15% 在打工，二年級的學生當中有 30% 在打工，三年級的學生當中有 35% 在打工，而四年級的學生當中有 25% 在打工。若是從這所大學任意抽出一個學生，
(a) 求該名學生有在打工的機率。
(b) 若已知該名學生有在打工，求這位學生是二年級生的機率。

重點摘要

1. 一項試驗所有可能發生的結果所構成的集合，叫做該試驗的樣本空間，常用符號 S 表示，而該集合中的元素稱為樣本點。

2. 樣本空間的任一子集均稱為事件，當試驗結果為該事件當中任一樣本點時，我們稱該事件發生了。

3. A 的補集 A^c 代表「A 沒發生」的事件。

4. $A\cap B$ 代表「A 和 B 都發生」的事件，$A\cup B$ 代表「A 和 B 至少有一件發生」的事件。

5. $A\cap B=\phi$ 時，稱 A 和 B 為互斥事件。

6. **古典機率**(也稱傳統機率)的定義：
假設某一試驗的可能結果有 n 種，其中每一種發生的機率都相同，若事件 A 中包含了 n 種結果中的 k 個，則事件 A 的機率等於 k 除以 n，

記為 $P(A) = \dfrac{n(A)}{n(S)} = \dfrac{k}{n}$，其中 $n(\cdot)$ 符號中的 n 代表總數 (number)，$n(A)$ 就代表事件 A 中的結果總數。

7. S 為一試驗之樣本空間，A, B, C 為事件，則有以下性質：

    (a) $P(S) = 1$

    (b) $0 \leq P(A) \leq 1$

    (c) 若事件 $A_1, A_2, \cdots, A_k$ 兩兩之間互斥，則
    $$P(A_1 \cup A_2 \cup \cdots \cup A_k) = P(A_1) + P(A_2) + \cdots + P(A_k)$$

    (d) $P(A) = 1 - P(A^c)$

    (e) $P(A \cup B) = P(A) + P(B) - P(A \cap B)$

    (f) $P(A \cup B \cup C) = P(A) + P(B) + P(C) - P(A \cap B) - P(B \cap C) - P(A \cap C) + P(A \cap B \cap C)$

8. **乘法原理**：

    假設一件事要分 k 個階段完成，第一階段有 n_1 種做法，第二階段有 n_2 種做法，$\cdots$，第 k 階段有 n_k 種做法，則整件事共有 $n_1 \cdot n_2 \cdot \cdots \cdot n_k$ 種方法可以完成。

9. 從 n 件不同的物品中抽出 k 件 $(k \leq n)$ 排成一列，其排列數等於 $P_k^n = \dfrac{n!}{(n-k)!}$，當 $k = n$ 時，$P_n^n = \dfrac{n!}{(n-n)!} = \dfrac{n!}{0!} = \dfrac{n!}{1} = n!$

10. 從 n 件不同物品抽出 k 件 $(0 \leq k \leq n)$ 的組合數是
    $$C_k^n = \binom{n}{k} = \dfrac{n!}{k!(n-k)!}$$

11. 假設 A、B 為二事件，$P(B) > 0$，已知事件 B 發生條件下、事件 A 發生的機率等於 $P(A|B) = \dfrac{P(A \cap B)}{P(B)}$。

12. 以下任一條件成立時，事件 A 和 B 為互相獨立

(a) $P(A \cap B) = P(A) \cdot P(B)$

(b) $P(B|A) = P(B)$，$P(A) > 0$

(c) $P(A|B) = P(A)$，$P(B) > 0$

13. $P(A \cap B)$ 的乘法規則為
$$P(A \cap B) = P(A)P(B|A)，P(A) > 0$$
$$P(A \cap B) = P(B)P(A|B)，P(B) > 0$$

14. $P(A \cap B \cap C)$ 的乘法規則為
$$P(A \cap B \cap C) = P(A)P(B|A)P(C|A \cap B)，P(A \cap B) > 0$$

15. 如果事件 A_1、A_2、$\cdots$、A_k 兩兩均互斥，且 $A_1 \cup A_2 \cup \cdots \cup A_k = S$，則稱 $\{A_1、A_2、\cdots、A_k\}$ 為樣本空間 S 的一組分割。

16. 貝氏定理：

    假設 $\{A_1、A_2、\cdots、A_k\}$ 為樣本空間 S 的一組分割，$P(A_i) > 0, i = 1, 2, \cdots, k$，且 B 為任一事件，$P(B) > 0$，則在已知事件 B 發生的條件下，事件 A_i 發生的機率為

$$P(A_i | B) = \frac{P(A_i)P(B | A_i)}{\sum_{j=1}^{k} P(A_j)P(B | A_j)}，i = 1, 2, \cdots, k$$

第三章　習題

1. 先擲一個硬幣、接著擲一顆骰子，寫出此試驗的樣本空間。

2. 一家三兄弟只要在家時，都要負責拿垃圾出去丟到垃圾車。某周日三人都在家，但只需要兩人拿垃圾出去，於是協議用手心手背的「划拳」方式做決定，只要出的「拳」和另兩人不同，就可以不用倒垃圾。

   (a) 寫出此試驗的樣本空間。

(b) 寫出老么不用倒垃圾的事件 A。

3. 假設有 9 張卡片，上面分別寫上 1、2、3、4、…、8、9 等數字，若從中任意抽出一張，問抽出數字為 3 的倍數或號碼大於 4 的機率。

4. 從一副撲克牌中任意抽出一張，求以下事件的機率：此張牌是方塊或黑色牌 (包括黑桃、梅花) 或人頭 (J、Q、K)。

5. 阿璋有五雙同款運動襪，三雙白色、兩雙黑色。有天要出門時，在剛洗好烘乾、還沒整理的 10 隻襪子裡隨意抓了兩隻，求這兩隻襪子可配成一雙的機率。

6. 假設電腦教室有八台電腦一字排開，現在有五男三女共八位同學要去用電腦；假設三位女生為了避免聊天，決定兩兩都不要相鄰，這樣有多少種不同坐法？

7. 一副 52 張的撲克牌包括四種花色：黑桃、紅桃、方塊和梅花，其中每種花色都有 2, 3, …, 10, J, Q, K, A 共 13 張牌，常有人拿它來玩各種遊戲。有些發五張牌的遊戲，會比較牌的「大」、「小」來決定勝負，愈不容易拿到的牌就愈「大」，也就是說，「大」或「小」是由機率決定的。

   假設現在從一副洗好的牌中依序發出五張，求

   (a) 發出三條 (三張同點數、另兩張不同點數) 的機率。

   (b) 發出兩對 (兩張同點數、另有兩張也同點數但和第一對不同、第五張和這兩對的點數都不同) 的機率。

8. 假設我們知道 $P(A|B) = 0.8$，$P(B|A) = 1$，且 $P(A \cap B) = 0.4$，問 A、B 兩事件是否獨立？需說明理由。

9. 從一副 52 張的撲克牌中任意抽出一張，令 A 代表抽出紅桃的事件、

B 代表抽出人頭 (代表 J、Q、K) 的事件，

(a) A、B 二事件是否互斥？

(b) A、B 二事件是否獨立？

10. 同時擲兩顆平衡骰子，觀察所出現的點數。試求以下條件機率：

(a) 已知兩顆骰子點數相同，求點數積為奇數的機率。

(b) 已知點數積為奇數，求兩顆骰子點數相同的機率。

11. 假設某大學的工學院有 20% 的學生屬於電機系，15% 的學生屬於土木系。電機系的學生當中有 85% 的人平日有在玩線上遊戲，土木系的學生當中有 75% 的人平日有在玩線上遊戲，而工學院其他科系的學生當中有 80% 的人平日有在玩線上遊戲。若從這所大學的工學院任意抽出一個學生，

(a) 求該生平日有在玩線上遊戲的機率。

(b) 已知這個學生平日有在玩線上遊戲，求該名學生屬於電機系的機率。

第四章　隨機變數及機率分布

　　許多大賣場都可以辦福利卡或會員卡，除了某些會員優惠之外還可以集點，累積到一定的點數則可以抵消費金額。某大賣場的規定如下：消費當日單筆發票金額消費每滿 100 元，即贈送紅利點數 3 點，未滿 100 元部份則不贈送紅利點數。紅利點數累積滿 10 點，即可折抵消費金額 1 元，未滿 10 點則不可抵用。

　　我們來簡單算算看，單筆消費若是 1000 元可得紅利點數 30 點、下次消費可抵 3 元，因為 (1000－3)/1000＝99.7%，所以這樣相當於打 9.97 折。9.97 折已經和沒打折差不了多少了，怪不得要說得很複雜，免得一下被看穿。而實際上打的折其實比 9.97 折還不如，因為消費金額的最後兩位數若在 01(1 元) 到 99 之間，會「浪費」掉、根本沒有換到點數。長期下來、平均每次消費會「浪費」掉幾元沒有換到點數，應該怎樣算呢？

　　這個問題和期望值有關，在這一章裡面找得到答案。

4.1	隨機變數
4.2	離散型隨機變數的機率分布
4.3	期望值
4.4	契比雪夫不等式
4.5	聯合機率分布
4.6	期望值與變異數的常用性質
*4.7	隨機號碼表

4.1 隨機變數

在 3.2 節我們介紹過，任何一個不能事先確定結果的過程，統稱為「試驗」，而該試驗所有可能發生的結果所構成的集合，叫做該試驗的樣本空間。例如連續擲一個硬幣三次，令 H 代表正面、T 代表反面，則樣本空間為

$$S = \{HHH, HHT, HTH, THH, HTT, THT, TTH, TTT\}$$

如果我們關心的是擲三次所得到的正面總數，則樣本空間中每一個樣本點都會對應一個數字，例如 HHH → 3，HHT → 2，⋯，TTH → 1，TTT → 0，像這樣的一種函數對應，就叫作隨機變數。

> **定義** 隨機變數 (random variable) 是一種函數對應，把樣本空間中每一個樣本點對應到一個數。

我們可以把「隨機變數」拆成兩部份來看，叫做「變數」是因為值會變來變去，加上「隨機」兩個字，則表示變數的個別值事先無法預測。例如擲一個均勻硬幣三次時，事先不可能確知，正面總數會是 0、1、2 或 3 其中哪一個。如果從班上隨意抽一位同學出來，然後量他的體重，這也是隨機變數，因為同學體重都不一樣，事先無法預測會得到什麼數字。但是單獨結果雖無法預知，全部可能結果的狀況卻可以描述。比如擲一個均勻硬幣三次時，在擲之前我們就已知道，出現 0、1、2 或 3 次正面的機率各是多少。

我們常會遇到的一類隨機變數是計數的。比如快開學時，很多老師會想知道自己所要教的選修課程修課人數有多少；在便利商店打工的同學，會關心值班時段內總共需要服務多少位顧客。這類隨機變數的可能值，都是非負整數，非負整數 0、1、2、⋯當中的任兩個數之間都有「間隔」，

這類隨機變數叫做離散型隨機變數 (也有人稱間斷隨機變數)。另一種隨機變數的可能值會連起來、沒有間隔，因此不能用一個個單獨的值代表、而必須用區間表示，這叫做連續型隨機變數。比如河川或水庫的可能水位，就不可能用一些間隔開的數字來表示，當石門水庫的水位從 230 公尺上升到 240 公尺時，一定必須經過 230 公尺和 240 公尺之間的所有水位，不可能從 230 公尺忽然跳到 231 公尺、再跳到 232 公尺、⋯、等等。所以水庫水位的可能值，必須表示成閉區間 $[a, b]$，其中 a 是最低可能水位、b 是最高可能水位。

> **定義** 若隨機變數的可能值是分散開的，叫做離散型隨機變數 (discrete random variable)；若可能值是連起來的，必須用區間表示，叫做連續型隨機變數 (continuous random variable)。

有些隨機變數在本質上是連續型，但是表面看起來卻像離散型，例如身高。小孩成長時，許多父母會記錄他在各階段的身高。理論上來說表達高度的數字之間應該是沒有間隔的，比如當孩子從 100 公分長到 120 公分時，中間是漸進且連續的，而不是從一個高度跳到下一個。但是在我們度量身高時，受限於工具的精確程度，使得可能值之間有了間隔。比如用來量身高的尺，刻度可能頂多只到公分的小數第一位，則量出來的身高會是 100.1 公分、103.5 公分、⋯、等，數字之間都有間隔，符合離散型隨機變數的定義。

即便如此，這類隨機變數還是應依其本質，歸類為連續型隨機變數。連續型隨機變數和離散型隨機變數的性質和機率運算方式都有很大的不同，不應把二者混淆。例如連續型隨機變數有一個特別的性質，就是任何一個單獨點的機率必定是 0。用體重來當例子的話，就是說：如果從班上隨意抽一位同學出來量他的體重的話，則他恰好重整整 60 公斤的機率等於 0，因為 60 公斤只是單獨一個點。隨機變數通常都用大寫英文字母表

示，若令 X 代表隨意抽出的同學之體重，則上述性質可寫為 $P[X = 60] = 0$，P 代表機率。

上面這句話必定有同學不同意，因為「班上明明就有人是 60 公斤啊」。但其實「班上有人恰好是 60 公斤」的這項「事實」，是因為通常量體重都沒辦法量到非常精準的程度。即便是以理當比傳統體重計準確的電子體重計來說，假設顯示數字是到公斤的小數第一位，則「某同學 60 公斤」代表體重計出現 60.0 這個數字，但他實際上可能是 59.96 公斤、或 59.975 公斤、或 60.023 公斤、或 60.031 公斤、或 60.04125837 公斤，這個「或」還可以一直延續下去，沒有止境。也就是說，是在經過四捨五入到小數第一位之後，體重計才顯示 60.0 公斤，實際上他恰恰好是 60 公斤的機率非常非常的小，小到只能用 0 表示。體重計顯示 60 公斤，其實表示體重在某個範圍，假設是 59.950 到 60.049 公斤之間好了，如果計算體重落在這個範圍的機率，就不會是 0 了。離散型隨機變數會考慮單獨一點的機率，連續型隨機變數則只考慮落在區間的機率，因為任何單獨一點的機率都是 0。

4.2　離散型隨機變數的機率分布

對任何隨機變數，我們最關心的應該就是它的機率分布了。分布的意思是指變化的情況，隨機變數的機率分布包括可能值有哪些，以及這些可能值發生的機率各是多少；表達的方式不只一種，只要涵蓋以上兩種訊息即可。有一種最常用的表達方式叫做機率函數，也可稱機率密度函數。

> **定義**　設 X 為離散型隨機變數，它的機率函數 (probability function, 簡寫 p.f.) 定義為
> $$p(x) = P[X = x]$$

機率函數也可稱作機率密度函數 (probability density function, 簡寫 p.d.f.)。有些教科書把這兩個專有名詞分得很清楚:「機率函數」用在離散型隨機變數,而把「機率密度函數」用在連續型隨機變數;有些教科書卻一律統稱「機率密度函數」。嚴格來說,「密度」兩個字用在離散型隨機變數並不算合適,然而相近的概念卻用不同的名詞,當然比較不方便;所以教科書會有不同的選擇。沒人有辦法規定教科書作者們把這些用語統一,好在我們只要了解不同的書用語可能有差別,還不至於造成混淆。從機率函數的定義,很容易看出它有下述性質。

> 離散型隨機變數的機率函數 $p(x)$ 必滿足下列條件:
> 1. $p(x) \geq 0$ 對所有 x 成立。
> 2. $\sum_x p(x) = 1$。

符號 $\sum_x p(x)$ 的意義,是把 $p(x)$ 對所有的 x 加總,但是對於 $p(x) = 0$ 的那些 x,加不加沒有差別。所以在計算 $\sum_x p(x)$ 時,只要考慮使 $p(x) > 0$ 的那些 x 即可。

例 4.2-1

連續擲一個均勻硬幣三次,令 X 代表擲出之正面總數,求 X 之機率分布。

解

題目是求「機率分布」,所以只要寫出可能值及發生機率即可。

連續擲一個均勻硬幣三次,令 H 代表正面、T 代表反面,則所有可能結果為:HHH, HHT, HTH, THH, HTT, THT, TTH, TTT,且每個結果的發生機率相同,都是 $\frac{1}{8}$。所以 X 的可能值有 0, 1, 2, 3,X 之

機率分布為

$$P(X=0)=\frac{1}{8},\ P(X=1)=\frac{3}{8},\ P(X=2)=\frac{3}{8},\ P(X=3)=\frac{1}{8}$$

如果題目要求的是「X 的機率函數」，則可以這樣表示：

$$p(x)=\begin{cases}\dfrac{1}{8},& x=0,3\\[4pt]\dfrac{3}{8},& x=1,2\\[4pt]0,& \text{其他}\end{cases}$$

或者列表也可以：

x	0	1	2	3
$p(x)$	$\dfrac{1}{8}$	$\dfrac{3}{8}$	$\dfrac{3}{8}$	$\dfrac{1}{8}$

還可以用圖形表示，表示方法是先畫出數線，把 X 的可能值 0、1、2、3 標示出來，再在 0、1、2、3 上方畫垂直線，垂直線的高度代表機率值，如下圖所示：

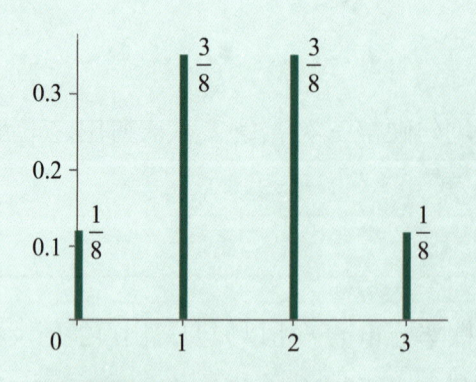

圖 4.2-1 機率函數圖

例 4.2-2

袋中有材質相同、大小相同的球 6 顆，其中 4 顆紅色、2 顆白色。若隨意取出 3 顆、取出不放回，令 X 代表 3 顆中的紅球個數，(a) 求 X 的機率函數，(b) 驗證機率函數必須滿足的兩個條件。

解

(a) $p(x) = P[X = x] = \dfrac{\binom{4}{x}\binom{2}{3-x}}{\binom{6}{3}}$, $x = 1, 2, 3$

這樣寫的時候，隱含在內的意思是：對於 1, 2, 3 以外的 x 值，$p(x)$ 都等於 0。

請注意 x 值從 1 開始而不是從 0 開始，因為白球總共只有 2 顆，所以抽出的 3 顆球當中，紅球至少會有 1 顆。

(b) $p(x) \geq 0$ 明顯對所有 x 成立，因為 $p(x)$ 是機率。其次，

$$p(1) = \dfrac{\binom{4}{1}\binom{2}{2}}{\binom{6}{3}} = \dfrac{4 \cdot 1}{20} = \dfrac{1}{5}, \quad p(2) = \dfrac{\binom{4}{2}\binom{2}{1}}{\binom{6}{3}} = \dfrac{12}{20} = \dfrac{3}{5},$$

$$p(3) = \dfrac{\binom{4}{3}\binom{2}{0}}{\binom{6}{3}} = \dfrac{4}{20} = \dfrac{1}{5}$$

因此 $\displaystyle\sum_y p(x) = \sum_{x=1}^{3} p(x) = \dfrac{1}{5} + \dfrac{3}{5} + \dfrac{1}{5} = 1$

例 4.2-3

便利商店因週年慶而提供折扣優惠，只要消費滿 88 元就可參加抽獎，從紙盒中抽號碼球來決定折扣比例。假設號碼球共有 12 顆，其中寫著 6 折和 7 折的各有 1 顆、8 折 2 顆、9 折 3 顆、95 折 5 顆，小胖買了 100 元的東西，令 X 代表他實際需要付的金額 (元)，求 X 的機率函數。

解

X 的可能值有 $100(0.6) = 60, 100(0.7) = 70, 100(0.8) = 80, 100(0.9) = 90$ 和 $100(0.95) = 95$ 五種，而

$$p(60) = P[X = 60] = \frac{1}{12} = p(70) \text{，} p(80) = \frac{2}{12} = \frac{1}{6}$$

依此類推可得

x	60	70	80	90	95
$p(x)$	$\frac{1}{12}$	$\frac{1}{12}$	$\frac{1}{6}$	$\frac{1}{4}$	$\frac{5}{12}$

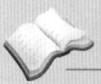

習題

1. 連續擲一枚均勻硬幣 4 次，若令 X 為擲出的反面總數，求 X 之機率分布。

2. 某婦產科某日共接生三個小孩，假設小孩的性別為互相獨立的事件、且男孩女孩的機率相同。令 X 為男孩的個數，求 X 之機率分布。

3. 假設小明和爸爸在玩遊戲，這個遊戲規則如下：小明連續擲一顆均勻骰子兩次，若兩次點數之和為 6 點或 7 點就可以贏得 10 元，

> 8 點或 9 點就可以贏得 20 元，10 點以上可以贏得 50 元，擲出其他結果則得 0 元。若令 X 為小明所贏得之獎金，求 X 之機率分布。
>
> 4. 假設有一個玻璃罐裡總共裝了 7 顆巧克力球，其中 4 顆有包杏仁，2 顆有包花生，1 顆沒有包東西。若從此罐中任意取出 4 顆、取出不放回，令 X 代表取出的 4 顆巧克力球中有包杏仁的個數。求 X 之機率分布並驗證機率函數的兩個條件是否符合。

4.3 期望值

考試時如果遇到單選題卻完全不會做，應不應該瞎猜呢？這時需要考量的問題，當然是瞎猜是否划算。通常這種題目都有倒扣，而倒扣分數的計算方式，會使得完全瞎猜的人平均來說佔不到便宜，這就是期望值的觀念。

> **定義** 若離散型隨機變數 X 的機率函數為 $p(x)$，則 X 的**期望值** (expected value, expectation 或 mean) 為 $\mu = E(X) = \sum_{x} xp(x)$。
>
> 符號 $\sum_{x} xp(x)$ 的意義，是把 $xp(x)$ 對所有的 x 加總，實際計算 $\sum_{x} xp(x)$ 時，只要考慮使 $p(x) > 0$ 的那些 x 即可。

例 4.3-1 (續例 4.2-3)

求小胖實際需要付的金額 X(元) 之期望值。

解

根據例 4.2-3，X 的機率函數 $p(x)$ 如下：

x	60	70	80	90	95
$p(x)$	$\frac{1}{12}$	$\frac{1}{12}$	$\frac{1}{6}$	$\frac{1}{4}$	$\frac{5}{12}$

因此可得 X 的期望值為

$$E(X) = \sum_x xp(x) = 60 \cdot \frac{1}{12} + 70 \cdot \frac{1}{12} + 80 \cdot \frac{1}{6} + 90 \cdot \frac{1}{4} + 95 \cdot \frac{5}{12}$$

$$= \frac{1035}{12} = \frac{345}{4} = 86.25$$

期望值為 86.25 元的直觀意義大約是這樣：如果小胖重複消費許多許多次，每次都花了 100 元，抽獎之後或許有時要付 70 元，有時要付 95 元，但許多許多次的平均，會接近 86.25 元。

例 4.3-2

如果某次小考老師全部都出單選題，總共 20 題、每題有 5 個選項，答對一題可得 5 分。若要使完全瞎猜的同學得分期望值為 0，答錯一題應該倒扣幾分？

解

假設答錯一題倒扣 x 分。因為完全瞎猜時，每題猜對的機率是 $\frac{1}{5}$，猜錯的機率是 $\frac{4}{5}$，因此一題得分之期望值等於 $5 \cdot \frac{1}{5} - x \cdot \frac{4}{5} = 0$，由此可解得 $x = 1.25$，答錯一題應倒扣 1.25 分。

一題得分之期望值等於 0，固然讓完全瞎猜的同學「賺」不到分數，但是也不會吃虧，是很公平的倒扣方式；長期下來，完全瞎猜的結果就是「做白工」罷了。短期來說，則運氣好的同學在瞎猜部份會得正的分數，運氣不好的同學就會得負的分數。如果在某一單選題可以確定排除某些選項，則狀況就不同了。例如若可確定 5 個選項中有

2 個是錯誤的，此時猜測答案時，猜對的機率會從 $\frac{1}{5}$ 提升到 $\frac{1}{3}$，該題得分之期望值就會大於 0 了。

接下來討論本章開頭的問題：

例 4.3-3

假設某大賣場對福利卡集點的規定如下：消費當日單筆發票金額消費每滿 100 元，即贈送紅利點數 3 點，未滿 100 元部份則不贈送紅利點數。紅利點數累積滿 10 點，即可折抵消費金額 1 元，未滿 10 點則不可抵用。如此則消費金額的最後兩位數若在 01 (1 元) 到 99 之間，會「浪費」掉、根本沒有換到點數。長期下來、平均每次消費會「浪費」掉幾元沒換到點數？

解

要計算期望值，必須做一些假設。

除非消費時會不斷計算累計金額，刻意想要減少「浪費」沒換到點數的金額，否則一般來說，單筆消費總金額的兩位數尾數，從 00 到 99 都有可能。因為沒充分理由可假設哪個兩位數比其他兩位數更容易發生，所以可以合理假設 00 到 99 的 100 個兩位數尾數，發生機率都是 1/100。因為 00 代表浪費 0 元、01 代表浪費 1 元、依此類推，「浪費」金額的期望值就等於

$$0 \cdot \frac{1}{100} + 1 \cdot \frac{1}{100} + \cdots + 99 \cdot \frac{1}{100} = \frac{1}{100}(1 + 2 + \cdots + 99)$$

$$= \frac{1}{100} \cdot \frac{99 \cdot 100}{2} = 49.5$$

答案是：長期下來、平均每次消費會「浪費」49.5 元沒換到點數。

從上面的例子看來，是否在該賣場購物時，應該盡量把總金額湊成 100 元的倍數，減少「浪費」呢？我們來想想看。如果買到總金額最後兩位數是八十幾或九十幾，刻意再買個小東西來湊足 100 元的話，這樣「賺」到了什麼呢？點數多了 3 點。然而 10 點才抵 1 元，換算下來、3 點才值 3 毛錢，花這種精神實在超級不划算。

有時我們會需要計算某個隨機變數 X 的函數之期望值。例如若有個遊戲的規則是：參加者可擲一均勻硬幣三次，然後根據得到的正面總數，可獲得不同金額的獎金，獎金等於正面數的平方再加上 1 (以「元」為單位)。如果每玩一次要先繳 4 元，想知道此遊戲是否「公平」，就必須計算玩此遊戲一次所得金額之期望值，也就是 X^2+1 的期望值，以下定義隨機變數函數的期望值。

定義 若離散型隨機變數 X 的機率函數為 $p(x)$，而 g 為一函數，則 $g(X)$ 仍是離散型隨機變數，其期望值為

$$E[g(X)] = \sum_x g(x)p(x)$$

當 $g(x) = x$ 時，代入上式可得 $E(X)$ 之公式。

離散型隨機變數的函數之期望值公式

若離散型隨機變數 X 的機率函數為 $p(x)$，則 $g(X)$ 之期望值為

$$E[g(X)] = \sum_x g(x)p(x)$$

例 4.3-4

設有一遊戲規則如下：參加者可擲一均勻硬幣三次，然後可獲得不同金額的獎金，獎金等於正面數的平方再加上 1 (以「元」為單位)，然而每玩一次要先繳 4 元。計算玩此遊戲一次所得金額之期望

值,以判斷此遊戲是否公平。

解

令 X 代表擲硬幣三次後得到之正面總數,則玩此遊戲一次所得金額為 $g(X) = X^2 + 1$。若 $g(X)$ 之期望值等於 4 (元),則此遊戲為公平的。

X 之機率分布為

x	0	1	2	3
$p(x)$	$\frac{1}{8}$	$\frac{3}{8}$	$\frac{3}{8}$	$\frac{1}{8}$

因此根據公式

$$E[g(X)] = E(X^2+1) = \sum_x (x^2+1)p(x)$$
$$= (0+1)\cdot\frac{1}{8} + (1+1)\cdot\frac{3}{8} + (4+1)\cdot\frac{3}{8} + (9+1)\cdot\frac{1}{8} = \frac{32}{8} = 4$$

如果玩此遊戲很多很多次,長期平均起來玩一次可得 4 元,所以玩一次先繳 4 元是公平的。

觀察上例中的計算過程可以看出,把 $\sum_x (x^2+1)p(x)$ 拆成兩項來計算應該也可以,此時可得 $\sum_x (x^2+1)p(x) = \sum_x x^2 p(x) + \sum_x p(x) = E(X^2)+1$。事實上,若要計算若干項相加或相減的期望值,都可以拆開來算;如果要計算常數乘上隨機變數的期望值,也可把常數直接搬到期望值符號外面。以下先列出 X 的線性函數之期望值公式,更一般的公式將在 4.6 節介紹。

X 的線性函數之期望值

$E(aX+b) = aE(X)+b$,a, b 為常數

假設 X 為離散型隨機變數，$\mu = E(X)$，則 $E\left[(X-\mu)^2\right]$ 提供了 X 散佈情況的訊息，X 的可能值散佈得離 μ 愈遠、這個值就愈大，這叫做 X 的變異數。

> **定義** 隨機變數 X 的變異數 (variance) 為 $\sigma^2 = V(X) = E\left[(X-\mu)^2\right]$，標準差 (standard deviation) 為 $\sigma = \sqrt{\sigma^2}$。$V(X)$ 也可以寫成 $Var(X)$，兩種表示法都有很多教科書使用。

以上定義對離散型隨機變數和連續型隨機變數都適用。要計算變異數時，亦可利用以下等式：

$$\sigma^2 = E\left[(X-\mu)^2\right] = E(X^2) - \mu^2$$

推導過程很簡單，我們以離散型隨機變數為例，推導如下：

$$\begin{aligned}\sigma^2 &= E\left[(X-\mu)^2\right] = \sum (x-\mu)^2 p(x) = \sum (x^2 - 2\mu x + \mu^2) p(x) \\ &= \sum x^2 p(x) - 2\mu \sum x p(x) + \mu^2 \sum p(x) = \sum x^2 p(x) - 2\mu \cdot \mu + \mu^2 \\ &= E(X^2) - \mu^2\end{aligned}$$

例 4.3-5

設 X 為離散型隨機變數，機率函數如下，求 X 之變異數及標準差：

x	0	1	2	3
$p(x)$	$\dfrac{1}{8}$	$\dfrac{3}{8}$	$\dfrac{3}{8}$	$\dfrac{1}{8}$

解

變異數可以用兩種方式計算，我們先算出 X 之期望值：

$$\mu = E(X) = 0 \cdot \frac{1}{8} + 1 \cdot \frac{3}{8} + 2 \cdot \frac{3}{8} + 3 \cdot \frac{1}{8} = \frac{3}{2}$$

方法一：

$$\sigma^2 = E\left[(X-\mu)^2\right] = \sum_{x=0}^{3}\left(x - \frac{3}{2}\right)^2 p(x)$$

$$= \frac{9}{4} \cdot \frac{1}{8} + \frac{1}{4} \cdot \frac{3}{8} + \frac{1}{4} \cdot \frac{3}{8} + \frac{9}{4} \cdot \frac{1}{8} = \frac{3}{4}$$

方法二：

$$\sigma^2 = E(X^2) - \mu^2 = \sum_{x=0}^{3} x^2 p(x) - \mu^2$$

$$= 0 \cdot \frac{1}{8} + 1 \cdot \frac{3}{8} + 4 \cdot \frac{3}{8} + 9 \cdot \frac{1}{8} - \left(\frac{3}{2}\right)^2 = \frac{24}{8} - \frac{9}{4} = \frac{3}{4}$$

標準差 $\sigma = \sqrt{\dfrac{3}{4}} = \dfrac{\sqrt{3}}{2}$

例 4.3-6 (參考例 4.2-2)

假設隨機變數 X 的機率函數如下，求 X 的變異數。

$$p(x) = P[X = x] = \frac{\binom{4}{x}\binom{2}{3-x}}{\binom{6}{3}}, \quad x = 1, 2, 3$$

解

在例 4.2-2 中做過計算，得到 $p(1) = \dfrac{1}{5}$、$p(2) = \dfrac{3}{5}$、$p(3) = \dfrac{1}{5}$，因此

$$\mu = 1 \cdot \frac{1}{5} + 2 \cdot \frac{3}{5} + 3 \cdot \frac{1}{5} = 2$$

而變異數 $\sigma^2 = 1 \cdot \dfrac{1}{5} + 4 \cdot \dfrac{3}{5} + 9 \cdot \dfrac{1}{5} - 2^2 = \dfrac{22}{5} - 4 = \dfrac{2}{5}$。

我們已知 X 的線性函數 $aX+b$ 之期望值為 $E(aX+b) = aE(X)+b$，它的變異數則是：

X 的線性函數之變異數

$$V(aX+b) = a^2 V(X)$$

例 4.3-7 (續例 4.3-5)

設 X 為離散型隨機變數，機率函數如下，求 $2X-3$ 之變異數及標準差：

x	0	1	2	3
$p(x)$	$\frac{1}{8}$	$\frac{3}{8}$	$\frac{3}{8}$	$\frac{1}{8}$

解

在例 4.3-5 中已得到 $\mu = \frac{3}{2}$，$\sigma^2 = \frac{3}{4}$，因此

$$E(2X-3) = 2 \cdot \frac{3}{2} - 3 = 0，V(2X-3) = 4 \cdot \frac{3}{4} = 3$$

例 4.3-7 當中 $2X-3$ 中的「-3」部份對變異數完全沒影響，直觀意義如下：當把一個隨機變數加或減一項常數時，相當於把隨機變數的值在數線上做「平移」，分布的位置改變了、但是分散狀況並沒有改變。參考下例當中圖 4.3-1 (a) X 的分布和圖 4.3-1 (b) $X-2$ 的分布就可了解。

例 4.3-8

設 X 為離散型隨機變數，機率函數如下，用圖分別呈現 X 的分布和 $X-2$ 的分布：

x	0	1	2	3
$p_X(x)$	$\frac{1}{8}$	$\frac{3}{8}$	$\frac{3}{8}$	$\frac{1}{8}$

解

$W = X - 2$ 的可能值為 -2、-1、0、1，分布如下：

$$P(W = -2) = P(X - 2 = -2) = P(X = 0) = \frac{1}{8},$$

$$P(W = -1) = P(X - 2 = -1) = P(X = 1) = \frac{3}{8},$$

$$P(W = 0) = P(X - 2 = 0) = P(X = 2) = \frac{3}{8},$$

$$P(W = 1) = P(X - 2 = 1) = P(X = 3) = \frac{1}{8}$$

可整合為

x	-2	-1	0	1
$p_W(x)$	$\frac{1}{8}$	$\frac{3}{8}$	$\frac{3}{8}$	$\frac{1}{8}$

X 的分布圖形和 $W = X - 2$ 的分布圖形如下：

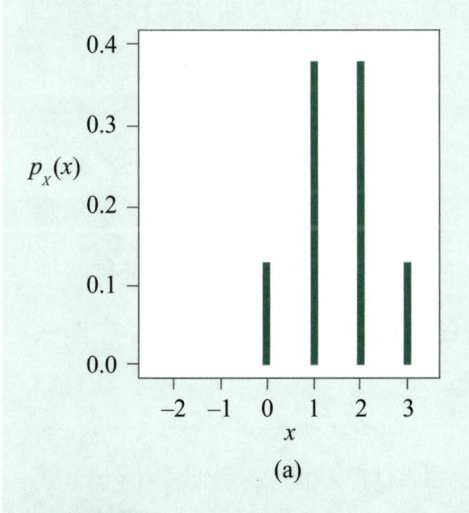

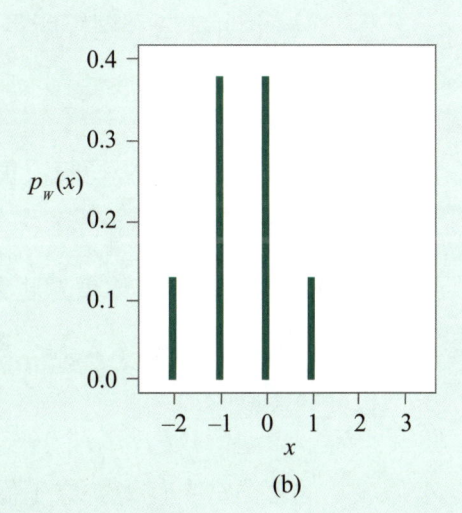

圖 4.3-1 (a) X 的分布；(b) $W = X - 2$ 的分布

變異數有以下性質：

1. 因為 $(X-\mu)^2 \geq 0$，所以變異數 $\sigma^2 = E\left[(X-\mu)^2\right]$ 的值必定是非負的。

2. 若 $\sigma^2 = E\left[(X-\mu)^2\right] = 0$，則代表 X 的值沒有任何分散的情況，也就是說，X 等於常數，有人稱這種隨機變數叫做**退化的隨機變數** (degenerate random variable)。嚴格說來，這樣的 X 已不大夠資格叫做隨機變數了，因為它的值永遠都一樣、毫無變化。

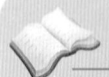

習題

1. 已知 X 的機率分布如下，(a) 求 X 的期望值以及變異數。(b) 求 $5X+3$ 的期望值以及變異數。

x	−2	−1	0	1	2
$p(x)$	0.1	0.1	0.3	0.3	0.2

2. 假設小明和班上同學在玩擲銅板的遊戲，遊戲規則如下：每個人可以擲三次銅板，每擲出一個正面得 3 分，每擲出一個反面減 1 分。若令 X 為小明擲三次銅板所得之總分，求 X 之期望值以及變異數。

3. 假設小惠去某家百貨公司購買售價兩百元的福袋，已知 10% 的福袋裡有價值一千兩百元的商品，20% 的福袋裡有價值一千元的商品，30% 的福袋裡有價值八百元的商品，而其餘的福袋裡有價值五百元的商品。如果令 X 為小惠所「賺到」的金額，求 X 之期望值以及變異數。

4. 假設一個容器當中有 1 號球 1 個、2 號球 2 個、3 號球 3 個、4 號球 4 個，球的材質大小都一樣。今從中隨機抽出一球，令 X 代表

抽出球的號碼。

(a) 寫出 X 的機率函數。

(b) 若取得 k 號球可得獎金 $(10-k)$ 元，求隨機抽一球所贏得獎金的期望值。

(c) 若取得 k 號球可得獎金 $(30-k^2)$ 元，求隨機抽一球所贏得獎金的期望值。

4.4 契比雪夫不等式

隨機變數的期望值可視為該隨機變數的一個「代表值」，所有的值會在它的左右散布，而變異數 (或標準差) 則可反映出散布情況，變異數小、代表隨機變數的值比較集中。有時我們會想知道，某個隨機變數的散布情況如何，例如大約有多少百分比，落在期望值加或減兩個標準差範圍內，這樣的問題可以利用該隨機變數的機率分布直接計算，或者利用下列之 (4.4-2) 式找出機率的下限。

契比雪夫不等式 (Chebyshev's Inequality)

若隨機變數的期望值是 μ，變異數 σ^2 滿足 $0<\sigma^2<\infty$，則對任意 $k>0$，

$$P(|X-\mu| \geq k\sigma) \leq \frac{1}{k^2} \tag{4.4-1}$$

因為 $P(|X-\mu| \geq k\sigma) \leq \dfrac{1}{k^2} \Rightarrow 1-P(|X-\mu| \geq k\sigma) \geq 1-\dfrac{1}{k^2}$

所以契比雪夫不等式也可表示成

$$P(|X-\mu| < k\sigma) \geq 1-\frac{1}{k^2} \tag{4.4-2}$$

契比雪夫不等式提供的機率上界或下界，通常是偏保守的結果。因為它對隨機變數的分布並無限制條件，唯一限制是變異數必須是有限數，而這條件對於絕大部分我們常用到的分布都符合，所以契比雪夫不等式的應用範圍非常廣。既然對各式各樣的分布都要符合，則 (4.4-1) 式中的機率上限或者 (4.4-2) 式的機率下限就常是相當粗略的上限或下限，意思是說，實際機率有可能和它有相當差距。

例 4.4-1

已知 X 的機率分布如下，(a) 求 X 的期望值 μ 以及變異數 σ^2。
(b) 求 $P(|X-\mu| \geq 1.5\sigma)$，並和契比雪夫不等式的機率上限做比較。

x	–2	–1	0	1	2
$p(x)$	0.1	0.1	0.3	0.3	0.2

解

(a) $\mu = -2 \cdot 0.1 - 1 \cdot 0.1 + 0 \cdot 0.3 + 1 \cdot 0.3 + 2 \cdot 0.2 = 0.4$

$\sigma^2 = 4 \cdot 0.1 + 1 \cdot 0.1 + 0 \cdot 0.3 + 1 \cdot 0.3 + 4 \cdot 0.2 - 0.4^2 = 1.44$

(b) $P(|X-\mu| \geq 1.5\sigma) = P(|X-0.4| \geq 1.8)$
$= P(X - 0.4 \geq 1.8 \text{ 或 } X - 0.4 \leq -1.8)$
$= P(X \geq 2.2) + P(X \leq -1.4)$
$= 0 + 0.1 = 0.1$

根據契比雪夫不等式，$P(|X-\mu| \geq 1.5\sigma) \leq \dfrac{1}{1.5^2} = \dfrac{4}{9}$，我們得到的確實機率是 0.1，而 $0.1 \leq \dfrac{4}{9}$，的確符合不等式的結論，但兩個數字有相當差距。

例 4.4-2

已知 X 的機率分布如下，(a) 求 X 的期望值 μ 以及變異數 σ^2。(b) 求 $P(|X-\mu| \geq 2\sigma)$，並和契比雪夫不等式的機率上限做比較。

x	-2	0	2
$p(x)$	$\dfrac{1}{8}$	$\dfrac{3}{4}$	$\dfrac{1}{8}$

解

(a) $\mu = -2 \cdot \dfrac{1}{8} + 0 + 2 \cdot \dfrac{1}{8} = 0$

$\sigma^2 = 4 \cdot \dfrac{1}{8} + 0 + 4 \cdot \dfrac{1}{8} - 0^2 = 1$

(b) $\sigma = 1$

$P(|X-\mu| \geq 2\sigma) = P(|X-0| \geq 2) = P(X=-2) + P(X=2) = \dfrac{1}{4}$

根據契比雪夫不等式，$P(|X-\mu| \geq 2\sigma) \leq \dfrac{1}{4}$，所以我們求得的機率，剛好等於契比雪夫的機率上限。

關於契比雪夫不等式的綜合重點如下：

1. 因為契比雪夫不等式的應用範圍非常廣，對於各式各樣的分布都適用，(4.4-1) 式中的機率上限或者 (4.4-2) 式的機率下限常是相當保守的上限或下限，對某些特定分布來說，和實際機率可能頗有差距。
2. 因為存在如例 4.4-2 的隨機變數，使得 $P(|X-\mu| \geq 2\sigma)$ 已達到契比雪夫的機率上限，所以無法再將契比雪夫不等式當中的機率上下限「改進」到更接近實際機率。
3. 除了提供有關隨機變數的散布訊息之外，契比雪夫不等式亦可用在某些重要機率結果之證明。

習題

1. 已知 X 的機率分布如下：

x	-1	0	2
$p(x)$	0.5	0.2	0.3

   (a) 求 X 的期望值 μ 以及變異數 σ^2。

   (b) 求 $P(|X-\mu| \geq 1.2\sigma)$，並和契比雪夫不等式的機率上限做比較。

2. 已知隨機變數 X 的期望值和變異數為 $\mu = 5, \sigma^2 = 9$。利用契比雪夫不等式求：

   (a) $P(X \geq 11$ 或 $X \leq -1)$ 的上限。

   (b) $P(-7 < X < 17)$ 的下限。

4.5 聯合機率分布

假設小懶襪子都買同一款的不同顏色，洗完烘乾後不配對、隨便丟在抽屜，要穿時隨手抓一把，只要同色的兩隻就可配對了，非常省事。某日抽屜裡有灰色襪 6 隻、白色襪 3 隻、黑色襪 4 隻，小懶一把抓出 5 隻，我們可能會想要知道 5 隻中恰好有 2 隻灰色和 2 隻白色的機率 (此時必有 1 隻黑色襪子)；若令 X 代表 5 隻襪子中的灰色襪子數、Y 代表白色襪子數，上述機率可以表示成 $P(X=2, Y=2)$。如果要考慮 5 隻當中所有顏色組合的機率各是多少，也就是考慮 $P(X=x, Y=y), x, y$ 均為非負整數且 $0 \leq x+y \leq 5$，這就是在描述二個隨機變數 X 和 Y 的聯合機率分布，屬於本節的主題，而 $P(X=x, Y=y)$ 叫做聯合機率函數，我們以兩個隨機變數為例，定義如下：

定義 設 X 和 Y 為離散型隨機變數，其聯合機率分布 (joint probability distribution) 可以用聯合機率函數 (joint probability function) 表達，其定義為 $p(x, y) = P(X = x, Y = y)$。

三個或更多個隨機變數的聯合機率函數都可以用類似方法定義。

例 4.5-1

抽屜中有灰色襪 6 隻、白色襪 3 隻、黑色襪 4 隻，若從其中隨意抓出 5 隻、取出不放回，令 X 代表 5 隻襪子中的灰色襪子數、Y 代表白色襪子數，求 X 和 Y 的聯合機率函數。

解

x 隻灰色襪子可以從 6 隻當中選、y 隻白色襪子可以從 3 隻當中選、還有 $5-x-y$ 隻黑色襪子可以從 3 隻當中選，所以 X 和 Y 的聯合機率函數為：

$$p(x, y) = P(X = x, Y = y) = \frac{\binom{6}{x}\binom{3}{y}\binom{4}{5-x-y}}{\binom{13}{5}}$$

x, y 均為非負整數且 $0 \leq x + y \leq 5$。

在上例的聯合機率函數中，x 和 y 需要符合的條件是：x 和 y 均為非負整數且 $0 \leq x + y \leq 5$，但實際上以這個例子來看，有些符合上述條件的 x 和 y，事實上不可能發生。例如 $x = 1, y = 4$ 雖滿足均為非負整數且 $0 \leq x + y \leq 5$ 的條件，但是 $P(X = 1, Y = 4) = 0$、因為白色襪子總共只有 3 隻、不可能抽出 4 隻。不過只要補充定義：若 m、n 為非負整數，且 $m > n$，則 $\binom{n}{m} = 0$，如此則

$$p(1,4) = P(X=1, Y=4) = \frac{\binom{6}{1}\binom{3}{4}\binom{4}{5-1-4}}{\binom{13}{5}} = 0$$

因為 $\binom{3}{4} = 0$，符合事實。

當 $m > n$ 時，定義 $\binom{n}{m} = 0$ 很合理，因為 $\binom{n}{m}$ 是組合數，而我們不可能從 n 個物件中抽出 m 個。

若 m, n 為非負整數，且 $m > n$，則 $\binom{n}{m} = 0$。

例 4.5-2

擲一平衡銅板和一均勻骰子各一次，令 X 為正面數、Y 為骰子出現的點數，求 X 和 Y 的聯合機率函數。

解

擲銅板的結果只有正 $(X=1)$ 和反 $(X=0)$ 兩種可能，擲骰子有六種可能，搭配起來有 12 種可能結果、發生的機率都相同，所以 X 和 Y 的聯合機率函數如下：

$$p(x,y) = P(X=x, Y=y) = \frac{1}{12},\ x=0,1,\ y=1,2,\cdots,6$$

當 X 和 Y 的可能值組合並不多、像例 4.5-2 這樣的情形時，聯合機率函數也可以如此表示：

	$p(x,y)$	1	2	3	4	5	6
x	0	$\frac{1}{12}$	$\frac{1}{12}$	$\frac{1}{12}$	$\frac{1}{12}$	$\frac{1}{12}$	$\frac{1}{12}$
	1	$\frac{1}{12}$	$\frac{1}{12}$	$\frac{1}{12}$	$\frac{1}{12}$	$\frac{1}{12}$	$\frac{1}{12}$

(表頭上方為 y)

二個離散型隨機變數的聯合機率函數 $p(x,y)$ 必滿足以下條件：

1. $p(x,y) \geq 0$ 對所有 x, y 成立。
2. $\sum_x \sum_y p(x,y) = 1$

以上的意義應很清楚：機率必定是非負的，而且總機率必定是 1。當我們想要計算某事件發生之機率時，只要把符合該事件條件的各點機率相加即可。

例 4.5-3

擲一平衡銅板和一均勻骰子各一次，令 X 為正面數、Y 為骰子出現的點數，(a) 檢驗 $p(x,y)$ 是否符合聯合機率函數應符合之兩個條件。(b) 求 $P(X=0, Y \geq 5)$。

解

(a) 從例 4.5-2 的聯合機率函數可明顯看出 $p(x,y) \geq 0$ 對所有 x, y 成立。而

$$\sum_x \sum_y p(x,y) = \frac{1}{12} \cdot 12 = 1$$

(b) 根據例 4.5-2 的聯合機率函數，可得

$$P(X=0, Y \geq 5) = P(X=0, Y=5) + P(X=0, Y=6) = p(0,5) + p(0,6)$$
$$= \frac{1}{12} + \frac{1}{12} = \frac{1}{6}$$

例 4.5-4

抽屜中有灰色襪 6 隻、白色襪 3 隻、黑色襪 4 隻，若從其中隨意抓出 5 隻、取出不放回，令 X 代表 5 隻襪子中的灰色襪子數、Y 代表白色襪子數，求 $P(X+Y \leq 2)$。

解

在例 4.5-1 當中已求出 X 和 Y 的聯合機率函數為：

$$p(x,y) = P(X=x, Y=y) = \frac{\binom{6}{x}\binom{3}{y}\binom{4}{5-x-y}}{\binom{13}{5}}$$

x, y 均為非負整數且 $0 \leq x+y \leq 5$，因此可得

$$\begin{aligned}P(X+Y \leq 2) &= P(X=0,Y=0) + P(X=0,Y=1) + P(X=1,Y=0) \\ &\quad + P(X=0,Y=2) + P(X=1,Y=1) + P(X=2,Y=0) \\ &= 0 + \frac{3+6+12+72+60}{1287} = \frac{153}{1287} = \frac{17}{143}\end{aligned}$$

假設我們已知 X 和 Y 的聯合機率函數 $p(x,y)$，現在想要知道單獨 X 的機率分布、或者單獨 Y 的機率分布，這些叫做**邊際機率分布** (marginal probability distribution)，可以用**邊際機率函數** (marginal probability function) 表達，而聯合機率函數和邊際機率函數的關係如下：

假設 X 和 Y 的聯合機率函數為 $p(x,y)$，則 X、Y 的邊際機率函數分別為

$$p_1(x) = \sum_y p(x,y)$$
$$p_2(y) = \sum_x p(x,y)$$

例 4.5-5

假設 X 和 Y 的聯合機率函數如下，求 X、Y 分別的邊際機率函數：

				y			
$p(x,y)$		1	2	3	4	5	6
x	0	$\frac{1}{12}$	$\frac{1}{12}$	$\frac{1}{12}$	$\frac{1}{12}$	$\frac{1}{12}$	$\frac{1}{12}$
	1	$\frac{1}{12}$	$\frac{1}{12}$	$\frac{1}{12}$	$\frac{1}{12}$	$\frac{1}{12}$	$\frac{1}{12}$

解

X 的可能值為 0 和 1，而

$$p_1(0) = \sum_y p(0,y) = p(0,1) + p(0,2) + \cdots + p(0,6)$$

$$= \frac{1}{12} + \frac{1}{12} + \cdots + \frac{1}{12} = \frac{1}{2}$$

同理，

$$p_1(1) = \sum_y p(1,y) = p(1,1) + p(1,2) + \cdots + p(1,6)$$

$$= \frac{1}{12} + \frac{1}{12} + \cdots + \frac{1}{12} = \frac{1}{2}$$

所以 X 的邊際機率函數為

$$p_1(x) = \frac{1}{2}, \, x = 0, 1$$

Y 的可能值為 $1, 2, \cdots, 6$，而

$$p_2(1) = \sum_x p(x,1) = p(0,1) + p(1,1) = \frac{1}{12} + \frac{1}{12} = \frac{1}{6}$$

同理可得，

$$p_2(2) = p_2(3) = \cdots = p_2(6) = \frac{1}{6}$$

所以 Y 的邊際機率函數為

$$p_2(y) = \frac{1}{6}, \, y = 1, 2, \cdots, 6$$

當 X 和 Y 的聯合機率函數是用例 4.5-5 這樣列表的方式表達時，邊際機率函數的值，其實就分別等於表列值的列總和及行總和，如下所示：

	$p(x,y)$	1	2	3	4	5	6	列總和
x	0	$\frac{1}{12}$	$\frac{1}{12}$	$\frac{1}{12}$	$\frac{1}{12}$	$\frac{1}{12}$	$\frac{1}{12}$	$\frac{1}{2}$
	1	$\frac{1}{12}$	$\frac{1}{12}$	$\frac{1}{12}$	$\frac{1}{12}$	$\frac{1}{12}$	$\frac{1}{12}$	$\frac{1}{2}$
	行總和	$\frac{1}{6}$	$\frac{1}{6}$	$\frac{1}{6}$	$\frac{1}{6}$	$\frac{1}{6}$	$\frac{1}{6}$	1 (總機率)

（y 為行標題）

因為列總和及行總和的位置在表的**邊際** (margin)，所以稱為邊際機率函數。

例 4.5-6

X 和 Y 的聯合機率函數如下表所列，求 X、Y 分別的邊際機率函數：

	$p(x,y)$	1	2	5
	-1	$\frac{1}{8}$	$\frac{1}{4}$	$\frac{1}{8}$
x	0	0	$\frac{3}{16}$	$\frac{1}{16}$
	1	$\frac{1}{8}$	0	$\frac{1}{8}$

解

只要把列總和及行總和分別求出，就是我們要的答案了。

$p(x,y)$		y		列總和
	1	2	5	
x = −1	$\frac{1}{8}$	$\frac{1}{4}$	$\frac{1}{8}$	$\frac{1}{2}$
0	0	$\frac{3}{16}$	$\frac{1}{16}$	$\frac{1}{4}$
1	$\frac{1}{8}$	0	$\frac{1}{8}$	$\frac{1}{4}$
行總和	$\frac{1}{4}$	$\frac{7}{16}$	$\frac{5}{16}$	1

因此 X 的邊際機率函數為

$$p_1(x) = \begin{cases} 1/2, & x = -1 \\ 1/4, & x = 0, 1 \end{cases}$$

Y 的邊際機率函數為

$$p_2(y) = \begin{cases} 1/4, & y = 1 \\ 7/16, & y = 2 \\ 5/16, & y = 5 \end{cases}$$

　　從以上討論可看出，如果知道兩個隨機變數 X 和 Y 的聯合機率分布，就可以求出 X、Y 分別的邊際機率分布；現在反過來考慮，如果知道 X、Y 分別的邊際機率分布，是否可求出 X 和 Y 的聯合機率分布呢？答案則是不一定。從直觀的角度來看，當我們知道 X 和 Y 的聯合機率分布時，所有有關 X 和 Y 的分布訊息就都包括在內了；然而當我們只知道 X、Y 分別的機率分布時，並無法知道 X 和 Y 之間的關係，所以沒辦法求出 X 和 Y 的聯合機率分布，除非加上叫做「互相獨立」的條件，定義如下：

> **定義** 獨立隨機變數
>
> 假設離散型隨機變數 X 和 Y 的聯合機率函數為 $p(x,y)$，X、Y 的邊際機率函數分別為 $p_1(x)$ 和 $p_2(y)$，當 $p(x,y) = p_1(x)p_2(y)$ 對所有 x, y 成立時，我們稱 X 和 Y 為**互相獨立** (independent)。當上述條件不滿足時，則稱 X 和 Y 不獨立 (not independent)。

其實 $p(x,y) = P(X=x, Y=y)$, $p_1(x) = P(X=x)$, $p_2(y) = P(Y=y)$，而事件 $(X=x, Y=y)$ 就是事件 $(X=x)$ 和事件 $(Y=y)$ 的交集，所以上述公式類似於我們所知、事件 A、B 獨立的定義，即：$P(A \cap B) = P(A)P(B)$。

例 4.5-7

假設 X 和 Y 的聯合機率函數為

$$p(x,y) = \frac{3-x-y}{8}, \ x=0,1, \ y=0,1$$

(a) 驗證 $p(x,y)$ 是否符合聯合機率函數應符合之條件。
(b) 判斷 X 和 Y 是否互相獨立。

解

(a) 因為 $p(0,0) = \frac{3}{8}$, $p(0,1) = \frac{1}{4}$, $p(1,0) = \frac{1}{4}$, $p(1,1) = \frac{1}{8}$

所以 $p(x,y) \geq 0$ 對所有 x, y 成立。

而 $\sum_x \sum_y p(x,y) = p(0,0) + p(0,1) + p(1,0) + p(1,1)$

$$= \frac{3}{8} + \frac{1}{4} + \frac{1}{4} + \frac{1}{8} = 1$$

兩個條件都符合。

(b) 首先要求出 X、Y 分別的邊際機率函數：

X 的邊際機率函數為

$$p_1(x) = \sum_y p(x,y) = p(x,0) + p(x,1) = \frac{3-x-0}{8} + \frac{3-x-1}{8}$$

$$= \frac{5-2x}{8} , x = 0, 1$$

Y 的邊際機率函數為

$$p_2(y) = \sum_x p(x,y) = p(0,y) + p(1,y) = \frac{3-0-y}{8} + \frac{3-1-y}{8}$$

$$= \frac{5-2y}{8} , y = 0, 1$$

$$p_1(x)p_2(y) = \frac{(5-2x)(5-2y)}{64} , x = 0, 1 , y = 0, 1$$

明顯可見 $p(x,y) \neq p_1(x)p_2(y)$ (比如 $p(0,0) = \frac{3}{8}$，但是 $p_1(0)p_2(0) = \frac{5}{8} \cdot \frac{5}{8} = \frac{25}{64} \neq \frac{3}{8}$)，所以 X 和 Y 不獨立。

例 4.5-8

X 和 Y 的聯合機率函數如下表所列，判斷 X 和 Y 是否互相獨立。

$p(x,y)$		1	2	3	4	5	6
x	0	$\frac{1}{12}$	$\frac{1}{12}$	$\frac{1}{12}$	$\frac{1}{12}$	$\frac{1}{12}$	$\frac{1}{12}$
	1	$\frac{1}{12}$	$\frac{1}{12}$	$\frac{1}{12}$	$\frac{1}{12}$	$\frac{1}{12}$	$\frac{1}{12}$

解

要判斷 X 和 Y 是否互相獨立，首先要求出 X、Y 分別的邊際機率

函數,我們在例 4.5-5 已求出答案如下:

	$p(x,y)$	$y=1$	2	3	4	5	6	列總和
x	0	$\frac{1}{12}$	$\frac{1}{12}$	$\frac{1}{12}$	$\frac{1}{12}$	$\frac{1}{12}$	$\frac{1}{12}$	$\frac{1}{2}$
	1	$\frac{1}{12}$	$\frac{1}{12}$	$\frac{1}{12}$	$\frac{1}{12}$	$\frac{1}{12}$	$\frac{1}{12}$	$\frac{1}{2}$
	行總和	$\frac{1}{6}$	$\frac{1}{6}$	$\frac{1}{6}$	$\frac{1}{6}$	$\frac{1}{6}$	$\frac{1}{6}$	1 (總機率)

因為 $p(x,y)=1/12$,$x=0,1$,$y=1,2,\cdots,6$,而 $p_1(x)=1/2$,$x=0,1$,$p_2(y)=1/6$,$y=1,2,\cdots,6$,檢查一下很容易看出,$p(x,y)=p_1(x)p_2(y)$ 對所有 x,y 成立,所以 X 和 Y 為互相獨立。

例 4.5-9

X 和 Y 的聯合機率函數如下表所列,判斷 X 和 Y 是否互相獨立。

	$p(x,y)$	$y=1$	2	5
	-1	$\frac{1}{8}$	$\frac{1}{4}$	$\frac{1}{8}$
x	0	0	$\frac{3}{16}$	$\frac{1}{16}$
	1	$\frac{1}{8}$	0	$\frac{1}{8}$

解

在例 4.5-6 中已求出 X、Y 分別的邊際機率函數如下表的列總和及行總和:

	y			
$p(x,y)$	1	2	5	列總和
-1	$\frac{1}{8}$	$\frac{1}{4}$	$\frac{1}{8}$	$\frac{1}{2}$
x　　0	0	$\frac{3}{16}$	$\frac{1}{16}$	$\frac{1}{4}$
1	$\frac{1}{8}$	0	$\frac{1}{8}$	$\frac{1}{4}$
行總和	$\frac{1}{4}$	$\frac{7}{16}$	$\frac{5}{16}$	1

因為 $p(x, y)$ 並非用一般式表示，所以我們就逐項檢查，總共有 9 個式子要驗證，我們從表中的左上角開始：

$$p(-1, 1) = 1/8，p_1(-1) = 1/2，p_2(1) = 1/4，$$

所以　　　　$p(-1, 1) = p_1(-1)p_2(1)$

符合條件，但這樣還不能做結論，還必須繼續驗證：

$$p(-1, 2) = 1/4，p_1(-1) = 1/2，p_2(2) = 7/16，$$

可知　　　　$p(-1, 2) \neq p_1(-1)p_2(2)$

因為互相獨立的條件是 $p(x, y) = p_1(x)p_2(y)$ 對所有 x, y 成立，而對於 $x = -1, y = 2$ 等式並不成立，所以可以做結論：X 和 Y 不獨立。

現在對於驗證方式有些了解之後，有的題目其實可以用很有效的方法得到答案。以例 4.5-9 為例，表中的聯合機率若出現 0 這樣的數字 (考慮表中對應 $p(0, 1)$ 的機率)，我們就從 0 開始往右讀、得到邊際機率 1/4，再往下讀、得到邊際機率 1/4，兩個邊際機率都不等於 0，相乘當然不可能等於 0，所以馬上可以判斷 X 和 Y 不獨立。當然這招只能用在不獨立的情況，如果 X 和 Y 互相獨立的話，就只能等驗完所有的等式，才能做結論。

之前我們曾討論到：當我們只知道 X、Y 分別的機率分布時，無法求出 X 和 Y 的聯合機率分布，因為不知道 X 和 Y 之間的關係；現在知道如果 X 和 Y 互相獨立的話，就可以求出聯合機率分布了：

假設離散型隨機變數 X、Y 的邊際機率函數分別為 $p_1(x)$ 和 $p_2(y)$，若 X 和 Y 互相獨立，則 X、Y 的聯合機率函數為 $p(x,y) = p_1(x)p_2(y)$。

這個結果也可用在連續型隨機變數，並且可以推廣應用到三個或更多隨機變數的聯合分布。如果從同一母體抽出隨機樣本 $X_1, X_2, \cdots, X_n$ (通常指簡單隨機樣本)，則 $X_1, X_2, \cdots, X_n$ 的聯合機率函數就可藉由把每個 $X_i, i = 1, 2, \cdots, n$ 個別的機率函數相乘而得到；這在推論統計當中是基礎概念，經常會用到，但未列入本書討論範圍。

如果知道隨機變數 X、Y 的聯合機率函數，就可以求出和 X、Y 相關的期望值，公式如下：

兩個離散型隨機變數的函數之期望值公式

假設離散型隨機變數 X 和 Y 的聯合機率函數為 $p(x,y)$，則隨機變數 $g(X,Y)$ 的期望值為

$$E[g(X,Y)] = \sum_x \sum_y g(x,y) p(x,y)$$

例 4.5-10

X 和 Y 的聯合機率函數如下表所列，求 (a) $E(XY)$，(b) $E(X)$。

	$p(x,y)$	1	2	5
	−1	$\frac{1}{8}$	$\frac{1}{4}$	$\frac{1}{8}$
x	0	0	$\frac{3}{16}$	$\frac{1}{16}$
	1	$\frac{1}{8}$	0	$\frac{1}{8}$

解

(a) $E(XY) = \sum_x \sum_y xy\, p(x,y)$

$= -1 \cdot 1 \cdot \dfrac{1}{8} + (-1) \cdot 2 \cdot \dfrac{1}{4} + (-1) \cdot 5 \cdot \dfrac{1}{8} + 0 \cdot 1 \cdot 0 + \cdots + 1 \cdot 5 \cdot \dfrac{1}{8}$

$= -\dfrac{1}{2}$

(b) $E(X) = \sum_x \sum_y x\, p(x,y) = -1 \cdot \dfrac{1}{8} + (-1) \cdot \dfrac{1}{4} + (-1) \cdot \dfrac{1}{8} + 0 + \cdots + 1 \cdot \dfrac{1}{8}$

$= -\dfrac{1}{4}$

在例 4.5-6 中我們已求出 X 的邊際機率函數為

$$p_1(x) = \begin{cases} 1/2 , & x = -1 \\ 1/4 , & x = 0, 1 \end{cases}$$

$E(X)$ 也可以直接利用 X 的邊際機率函數來求：

$$E(X) = \sum_x x p_1(x) = -1 \cdot \dfrac{1}{2} + 0 + 1 \cdot \dfrac{1}{4} = -\dfrac{1}{4}$$

和例 4.5-10(b) 的結果一樣，這當然不是巧合，因為

$$E(X) = \sum_x \sum_y x\, p(x,y) = \sum_x x \sum_y p(x,y) = \sum_x x\, p_1(x)$$

例 4.5-11

設 X 和 Y 的聯合機率函數為 $p(x,y) = \dfrac{3-x-y}{8}$，$x = 0, 1$，$y = 0, 1$，求 $E(X)$。

解

方法一：

$E(X) = \sum_x \sum_y x\, p(x,y) = 0 \cdot p(0,0) + 0 \cdot p(0,1) + 1 \cdot p(1,0) + 1 \cdot p(1,1)$

$= 0 + 1 \cdot \dfrac{3-1-0}{8} + 1 \cdot \dfrac{3-1-1}{8} = \dfrac{3}{8}$

方法二：

在例 4.5-7 已求出 X 的邊際機率函數為 $p_1(x) = \dfrac{5-2x}{8}$，$x = 0, 1$ 所以

$$E(X) = \sum_x x\, p_1(x) = 0 \cdot \dfrac{5-0}{8} + 1 \cdot \dfrac{5-2}{8} = \dfrac{3}{8}$$

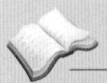

習題

1. 小琳上課記筆記喜歡用不同顏色的筆，比如定義用一種顏色、例子用另一種顏色等等。有天上課快遲到，匆匆忙忙從筆筒中隨意抓出 4 支筆就出門了。假設筆筒中有藍色筆 4 支、綠色筆 2 支、黑色筆 5 支，令 X 代表小琳所抓 4 支筆當中的藍色筆支數、Y 代表綠色筆支數，求

   (a) X 和 Y 的聯合機率函數。

   (b) $P(X + Y \leq 2)$。

   (c) 4 支筆當中至少有 1 支藍色的機率。

2. X 和 Y 的聯合機率函數如下表所列：

	$p(x, y)$	y = 1	y = 2
x	1	$\dfrac{1}{6}$	$\dfrac{1}{12}$
	2	$\dfrac{1}{12}$	$\dfrac{1}{4}$
	3	$\dfrac{1}{6}$	$\dfrac{1}{12}$
	4	0	$\dfrac{1}{6}$

(a) 求 $P(XY < 4)$。(b) 求 $P(X-Y > 1)$。(c) 判斷 X 和 Y 是否互相獨立。

3. X 和 Y 的聯合機率函數如下表所列，求 (a) $P(X+Y \geq 4)$，(b) $E(XY)$，(c) $E(Y)$。

			y	
$p(x,y)$		0	2	3
	-1	$\frac{1}{8}$	$\frac{1}{4}$	$\frac{1}{8}$
x	0	$\frac{1}{8}$	$\frac{1}{8}$	0
	2	$\frac{1}{8}$	0	$\frac{1}{8}$

4. X 和 Y 的聯合機率函數如下表所列，(a) 利用 X 和 Y 的聯合機率函數求 $E(X)$。(b) 求 X 的邊際機率函數。(c) 利用 X 的邊際機率函數求 $E(X)$。(d) 判斷 X 和 Y 是否互相獨立。

			y	
$p(x,y)$		1	2	5
	2	0.1	0.1	0.2
x	3	0.15	0.15	0.3

5. X 和 Y 的聯合機率函數如下：

$$p(x,y) = \frac{x^2 y}{25}, \ x = 1, 2, \ y = 0, 1, 4$$

(a) 檢驗 $p(x,y)$ 是否符合聯合機率函數應符合之兩個條件。
(b) 判斷 X 和 Y 是否互相獨立。

4.6 期望值與變異數的常用性質

隨機變數的期望值和變異數提供了很重要的訊息。在統計推論裡面，我們常會考慮到由多個隨機變數構成的隨機變數 (例如數個隨機變數的和)，並且需要用到它的期望值和變異數，以下是關於兩個隨機變數的和、差和積的期望值計算公式：

假設 X 和 Y 是隨機變數，則

$$E(X+Y) = E(X) + E(Y) \tag{4.6-1}$$

$$E(X-Y) = E(X) - E(Y) \tag{4.6-2}$$

如果 X 和 Y 互相獨立，則

$$E(XY) = E(X)E(Y) \tag{4.6-3}$$

例 4.6-1

X 和 Y 的聯合機率函數如下表所列，求 $E(X+Y)$，$E(X-Y)$，$E(XY)$ 並和上述計算公式做對照比較。

	$p(x, y)$	$y=0$	$y=2$	$y=3$
	-1	$\frac{1}{8}$	$\frac{1}{4}$	$\frac{1}{8}$
x	0	0	$\frac{3}{16}$	$\frac{1}{16}$
	2	$\frac{1}{8}$	0	$\frac{1}{8}$

解

$$E(X+Y) = \sum_x \sum_y (x+y) p(x,y)$$

$$= (-1+1) \cdot \frac{1}{8} + (-1+2) \cdot \frac{1}{4} + (-1+5) \cdot \frac{1}{8} + \cdots + (1+5) \cdot \frac{1}{8} = \frac{39}{16}$$

$$E(X-Y) = \sum_x \sum_y (x-y) p(x,y)$$

$$= (-1-1) \cdot \frac{1}{8} + (-1-2) \cdot \frac{1}{4} + (-1-5) \cdot \frac{1}{8} + \cdots + (1-5) \cdot \frac{1}{8} = -\frac{47}{16}$$

而在例 4.5-10 已計算過 $E(XY) = -\frac{1}{2}$。

另外在例 4.5-6 中已求出 X、Y 分別的邊際機率函數如下：

X 的邊際機率函數為

$$p_1(x) = \begin{cases} 1/2 \text{，} x = -1 \\ 1/4 \text{，} x = 0, 1 \end{cases}$$

Y 的邊際機率函數為

$$p_2(y) = \begin{cases} 1/4 \text{，} y = 1 \\ 7/16 \text{，} y = 2 \\ 5/16 \text{，} y = 5 \end{cases}$$

所以可得

$$E(X) = \sum_x x\, p_1(x) = -1 \cdot \frac{1}{2} + 0 + 1 \cdot \frac{1}{4} = -\frac{1}{4}$$

$$E(Y) = \sum_y y\, p_2(y) = 1 \cdot \frac{1}{4} + 2 \cdot \frac{7}{16} + 5 \cdot \frac{5}{16} = \frac{43}{16}$$

$$E(X) + E(Y) = -\frac{1}{4} + \frac{43}{16} = \frac{39}{16} = E(X+Y)$$

$$E(X) - E(Y) = -\frac{1}{4} - \frac{43}{16} = -\frac{47}{16} = E(X-Y)$$

但是 $E(X)E(Y) = -\frac{1}{4} \cdot \frac{43}{16} = -\frac{43}{64} \neq -\frac{1}{2}$，因為在例 4.5-9 已證明 X 和 Y 不獨立，所以這個結果並不意外。

需要補充的重要概念是：「若 X 和 Y 互相獨立，則 $E(XY) = E(X)E(Y)$」不能倒過來解讀成「若 $E(XY) = E(X)E(Y)$，則 X 和 Y 互相獨立」，這樣做會違背邏輯原則、得到錯誤的結論，因為事實上存在隨機變數 X 和 Y 滿足 $E(XY) = E(X)E(Y)$，而 X 和 Y 卻不獨立。

關於變異數有以下結果：

假設 X 和 Y 是互相獨立的隨機變數，則

$$V(X+Y) = V(X) + V(Y) \tag{4.6-4}$$

$$V(X-Y) = V(X) + V(Y) \tag{4.6-5}$$

例 4.6-2

假設 X 和 Y 的聯合機率函數如下，求 $V(X)$、$V(Y)$，並用所得結果求 $V(X+Y)$ 及 $V(X-Y)$：

	$p(x,y)$	1	2	3	4	5	6
x	0	$\frac{1}{12}$	$\frac{1}{12}$	$\frac{1}{12}$	$\frac{1}{12}$	$\frac{1}{12}$	$\frac{1}{12}$
	1	$\frac{1}{12}$	$\frac{1}{12}$	$\frac{1}{12}$	$\frac{1}{12}$	$\frac{1}{12}$	$\frac{1}{12}$

解

在例 4.5-8 已證明 X 和 Y 為互相獨立，所以可以利用 (4.6-4) 及 (4.6-5) 來求解。

而在例 4.5-5 當中，我們已求得

X 的邊際機率函數為

$$p_1(x) = \frac{1}{2}，x = 0, 1$$

Y 的邊際機率函數為

$$p_2(y) = \frac{1}{6}, y = 1, 2, \cdots, 6$$

所以

$$E(X) = 0 \cdot \frac{1}{2} + 1 \cdot \frac{1}{2} = \frac{1}{2}$$

$$V(X) = 0^2 \cdot \frac{1}{2} + 1^2 \cdot \frac{1}{2} - \left(\frac{1}{2}\right)^2 = \frac{1}{4}$$

$$E(Y) = 1 \cdot \frac{1}{6} + 2 \cdot \frac{1}{6} + \cdots + 6 \cdot \frac{1}{6} = \frac{21}{6} = \frac{7}{2}$$

$$V(Y) = 1^2 \cdot \frac{1}{6} + 2^2 \cdot \frac{1}{6} + \cdots + 6^2 \cdot \frac{1}{6} - \left(\frac{7}{2}\right)^2 = \frac{35}{12}$$

因此可得

$$V(X+Y) = V(X) + V(Y) = \frac{1}{4} + \frac{35}{12} = \frac{19}{6}$$

$$V(X-Y) = V(X) + V(Y) = \frac{1}{4} + \frac{35}{12} = \frac{19}{6}$$

有時候同學會把公式記錯、記成 $V(X-Y) = V(X) - V(Y)$，因為看起來很像是對的。建議可以這樣考慮：變異數必定是非負的，所以 $V(X-Y) \geq 0$，然而 $V(X) - V(Y)$ 卻有可能小於 0 (請參考上例)，所以兩者當然不相等。

關於隨機變數的和或差之期望值及變異數，有更一般的結果如下：

$X_1, X_2, ..., X_n$ 線性組合之期望值和變異數

假設 $X_1, X_2, \cdots, X_n$ 是隨機變數，$a_1, a_2, \cdots, a_n$ 是常數，則

$$E(a_1X_1 + a_2X_2 + \cdots + a_nX_n) = a_1E(X_1) + a_2E(X_2) + \cdots + a_nE(X_n) \quad (4.6\text{-}6)$$

若 $X_1, X_2, \cdots, X_n$ 互相獨立，則

$$V(a_1X_1 + a_2X_2 + \cdots + a_nX_n) = a_1^2V(X_1) + a_2^2V(X_2) + \cdots + a_n^2V(X_n) \quad (4.6\text{-}7)$$

(4.6-1) 和 (4.6-2) 式都是 (4.6-6) 的特例，令 $n=2$，若 $a_1=a_2=1$、可得 (4.6-1) 式，若 $a_1=1$、$a_2=-1$，可得 (4.6-2) 式。而 (4.6-4) 和 (4.6-5) 式則是 (4.6-7) 式的特例，令 $n=2$，若 $a_1=a_2=1$，可得 (4.6-4)；若 $a_1=1$、$a_2=-1$，則可得 (4.6-5)。

公式 (4.6-6) 和 (4.6-7) 的應用，在第 6 章就會出現，在此只用一個簡單的例子做練習：

例 4.6-3

假設 $X_1, X_2, \cdots, X_5$ 是互相獨立的隨機變數
$E(X_i)=i, i=1,2,\cdots,4$，$E(X_5)=-3$
$V(X_1)=V(X_2)=2$，$V(X_3)=1, V(X_4)=5$，$V(X_5)=2$，
求 (a) $E(X_1-2X_3)$，(b) $V(X_1-2X_3)$，
(c) $E(X_1+3X_2-2X_3-X_4+2X_5)$，(d) $V(X_1+3X_2-2X_3-X_4+2X_5)$。

解

(a) $E(X_1-2X_3)=1-2\cdot 3=-5$
(b) $V(X_1-2X_3)=1^2\cdot 2+2^2\cdot 1=6$
(c) $E(X_1+3X_2-2X_3-X_4+2X_5)=1+3\cdot 2-2\cdot 3-4+2(-3)=-9$
(d) $V(X_1+3X_2-2X_3-X_4+2X_5)=1\cdot 2+9\cdot 2+4\cdot 1+1\cdot 5+4\cdot 2=37$

習題

1. X 和 Y 的聯合機率函數如下表所列，求 (a) $E(X+Y)$，(b) $E(X-Y)$，(c) $E(XY)$，(d) 檢驗 $E(XY)=E(X)E(Y)$ 是否成立。

	y			
$p(x,y)$		1	2	5
x	2	0.1	0.1	0.3
	3	0.15	0.15	0.2

2. X 和 Y 的聯合機率函數如下，已知 X 和 Y 互相獨立 (參考 4.5 習題 3)，求 $V(X)$、$V(Y)$，並利用所得結果求 $V(X+Y)$ 及 $V(X-Y)$。

	y			
$p(x,y)$		1	2	5
x	2	0.1	0.1	0.2
	3	0.15	0.15	0.3

3. 假設 X_1, X_2, X_3, X_4 是互相獨立的隨機變數，

$$E(X_1) = -1 \text{，} E(X_2) = 3 \text{，} E(X_3) = 5 \text{，} E(X_4) = 2 \text{，}$$
$$V(X_1) = 3 \text{，} V(X_2) = 1 \text{，} V(X_3) = 2 \text{，} V(X_4) = 3 \text{，}$$

求 (a) $E(2X_1 - 3X_3)$，(b) $V(2X_1 - 3X_3)$，(c) $E(X_1 + 4X_2 - 2X_3 - 2X_4)$，(d) $V(X_1 + 4X_2 - 2X_3 - 2X_4)$。

*4.7　隨機號碼表

書末的附表 1 當中，有許多 0、1、2 到 9 的數字，叫做隨機號碼表 (table of random digits)，以下是其中一部份：

	01	02	03	04	05	06	07	08	09	10	11	12	13	14	15	16	17	18	19	20	21	22	23	24	25	26	27	28	29	30	31	32	33	34	35	36	37	38	39	40	41	42	43	44	45	46	47	48	49	50
00	1	2	3	3	0	0	4	5	2	9	1	7	8	1	1	4	7	4	6	0	1	2	8	0	5	4	8	1	3	2	7	4	8	0	5	4	2	1	9	3	5	4	9	0	3	7	0	8	4	5
01	3	6	9	7	8	1	1	2	2	7	9	3	6	4	1	7	8	7	5	1	7	2	1	3	1	2	4	8	5	4	2	7	1	1	7	2	1	6	7	9	1	7	8	7	7	9	8	9	2	2
02	4	3	1	6	0	5	1	9	7	3	5	8	1	4	1	8	2	8	1	0	6	7	6	0	6	9	7	2	0	8	8	3	0	1	7	4	7	3	5	0	7	3	8	6	8	9	3	1	7	1
03	5	6	8	5	9	9	4	6	2	6	5	6	4	5	8	2	0	1	2	7	5	3	9	8	6	6	4	6	9	5	1	4	6	8	2	2	6	4	0	1	6	0	6	8	5	8	6	3	6	2
04	8	0	7	8	2	1	6	8	3	1	8	6	7	1	9	0	1	2	5	3	8	1	1	1	4	4	1	8	7	7	6	3	2	1	6	0	3	0	8	0	0	9	8	1	1	5	4	3	9	0
05	3	0	3	1	4	9	3	1	9	9	7	3	8	6	9	9	9	8	6	2	0	0	7	8	7	4	3	7	2	2	5	7	9	7	0	0	5	4	7	7	9	2	3	6	2	5	6	2	9	3
06	6	7	0	9	0	2	0	3	9	1	9	6	2	9	4	3	8	0	5	0	3	3	0	2	1	1	4	6	5	3	8	2	5	7	3	5	0	2	9	9	2	7	4	0	8	3	1	5	8	
07	2	5	5	8	8	7	3	8	9	7	1	5	9	0	4	6	2	1	5	8	8	9	5	4	9	9	4	5	0	2	2	8	2	3	6	5	8	1	4	5	7	0	3	2	8	4	1	1	8	2
08	4	2	0	4	4	6	5	1	4	2	2	3	1	9	8	0	2	4	9	6	9	1	3	8	6	6	9	6	3	7	8	2	6	2	0	0	1	1	8	1	2	0	0	1	0	2	0	6	9	8
09	6	9	9	4	9	5	4	9	6	3	5	9	3	1	2	0	5	8	6	2	3	8	2	0	5	4	5	6	8	9	1	9	9	2	8	3	3	0	2	6	7	3	5	1	9	7	4	1	

這個號碼表很有用，除了可以用來模擬事件的發生情況，求近似機率或期望值，還可以模擬抽樣結果，幫助我們對統計概念的了解。在學習應用之前，應先了解它的性質。隨機號碼表的主要性質有兩項：

1. 表裡面任何一個位置，數字是 0 到 9 當中任何一個的機率都等於十分之一。

2. 不同位置的數字之間互相獨立，這個意思是說：如果看到某一列某一行的數字是幾，它不會提供關於任何其他位置的數字的任何訊息。

若對以上說明不太了解，可以換個方式考慮。想像隨機號碼表是從容器當中抽號碼球產生的，號碼球共有 10 個，上面分別有 0 到 9 的號碼。混合均勻之後，隨機抽一顆球出來，記錄號碼之後放回，混合均勻以後再抽，一直不斷重複，直到抽出所有的號碼為止。因為執行取出放回，所以各次抽的結果之間會互相獨立，相當於不同位置的號碼之間會互相獨立。而且每次都是從 0 到 9 的十個號碼中隨機抽一顆，所以每個號碼被抽中的機率都會相等，所以任何一個位置的數字是 0 到 9 當中任何一個的機率都相等，即等於十分之一。

事實上隨機號碼表幾乎都是用電腦程式產生的，而電腦程式已決定了什麼數字會以何種順序出現，所以嚴格來說，程式跑出來的並非隨機數字；然而因為程式寫得很高明，得到的結果非常接近隨機數字的性質，

所以我們就把它當作隨機數字來用了。有人會把它叫做「擬」隨機號碼 (pseudorandom digits)，強調它並非真正的隨機數字這項事實。

如果令 X 代表從隨機號碼表中任意抽出的一個數字，則 X 有以下機率函數：

$$p(x) = \frac{1}{10}, \quad x = 0, 1, \cdots, 9$$

這是離散型均勻分布的特例，「均勻」是指每一個可能值發生的機率都相同。可能值並沒有限定必須是怎樣的數，只要是有限多個數、而每個數的機率都一樣，就符合離散型均勻分布，它的定義如下：

假設隨機變數 X 有 n 個可能值 $x_1, x_2, \cdots, x_n$，其中每一個值的發生機率都是 $\frac{1}{n}$，則 X 的分布為**離散型均勻分布** (discrete uniform distribution)。

離散型均勻分布機率函數

設 X 的可能值為 $x_1, x_2, \cdots, x_n$，若 X 為均勻分布，則

$$p(x_i) = P(X = x_i) = \frac{1}{n}, \quad i = 1, 2, \cdots, n$$

例 4.7-1

便利商店因週年慶而提供折扣優惠，只要消費滿 88 元就可參加抽獎；消費者從一個紙盒當中抽號碼球，決定折扣比例。假設號碼球共有 5 顆，其中寫著 6 折、7 折、8 折、9 折和 95 折的各有 1 顆；小胖買了 100 元，若令 X 代表他實際需付的金額，則 X 的分布是什麼？

解

小胖需付出的可能金額為 60、70、80、90 或 95 (單位：元)，這些就是 X 的可能值。而因為每顆號碼球被抽中的機率相同，所以這

五個可能值的機率都相同，X 的分布是均勻分布，機率函數如下：

$$p(x) = P(X = x) = \frac{1}{5}, \ x = 60, 70, 80, 90, 95$$

由於隨機號碼表有均勻分布的特性，很容易可以利用它來模擬事件的發生情況，然後根據多次模擬結果來求出近似機率或期望值。從隨機號碼表讀取數字時，應隨機選一個位置開始，橫著讀或直著讀都無妨 (橫著讀應會比較自然、方便)，但應該事先決定，不要眼睛看著表上數字才臨時決定讀的位置和方向，以免在不自覺間，因個人對數字的好惡，改變了隨機號碼的特性。模擬的第一步驟是分配數字，而分配數字的原則是要能正確呈現機率架構，我們用例子說明。

例 4.7-2

若用隨機號碼表模擬擲一枚均勻銅板一次的結果，數字應如何分配？

解

擲銅板的可能結果只有正面和反面兩種，而均勻銅板兩種結果發生機會相同，都是 $\frac{1}{2}$。如果要分配數字來分別代表正面和反面的話，因為每個數字出現的機率都是 $\frac{1}{10}$，所以只要分配 5 個數字代表正面、另外 5 個數字代表反面即可，數字選擇則沒有限制，因此以下三種都是正確答案：

答案一：1 3 5 7 9 代表正面，0 2 4 6 8 代表反面
答案二：0 1 2 3 4 代表正面，5 6 7 8 9 代表反面
答案三：0 1 4 6 9 代表正面，2 3 5 7 8 代表反面

不過如果要人工執行模擬的話，用答案三的分配方式就不大方便，因為很容易忘記。

例 4.7-3

根據某一國長期下來的新生嬰兒出生資料，男嬰和女嬰的比例是 51 比 49。如果要用隨機號碼表模擬該國下一個新生嬰兒的性別，數字應如何分配？

解

新生嬰兒的性別只有男嬰和女嬰兩種，而男嬰發生的機率是 51%、女嬰是 49%。如果只用一個隨機號碼代表嬰兒性別的話，無法分配出 51% 對應 49% 的機率架構，必須用「兩位數」，也就是兩個數字當作一組。這樣的「兩位數」總共有 00、01、02、⋯、99 共 100 組，只要把其中 51 組分配給男嬰、其餘分給女嬰即可。

答案一：00　01　⋯　49　50 代表男嬰
　　　　51　52　⋯　98　99 代表女嬰
答案二：01　02　⋯　50　51 代表男嬰
　　　　52　53　⋯　99　00 代表女嬰

例 4.7-4

假設某校學生對於早餐的喜好是：40% 最愛蛋餅，42% 最愛三明治類(包括漢堡等)，18% 選擇其他。若要模擬隨機抽出的一位同學對早餐的喜好，數字應怎樣分配？

解

要反映出 40%、42%、18% 的機率架構，必須用兩位數，以下是

一種可能的分配方式：
   00 01 … 39 代表最愛蛋餅
   40 41 … 81 代表最愛三明治類
   82 83 … 99 代表最愛其他類

會分配數字之後，只要從隨機號碼表重複抽取數字，就可以模擬一些事件的發生情況；以下用例子來說明如何模擬。

例 4.7-5

用隨機號碼表模擬擲一枚均勻銅板 5 次的情況，並記錄正面次數。總共模擬 20 回合 (一回合 5 次)，估計正面出現至多 2 次的機率。

解

步驟一：分配數字。

因為是均勻銅板，正反面機率相同，所以令 0、1、2、3、4 代表正面，5、6、7、8、9 代表反面。

步驟二：從隨機號碼表的任意位置開始抽取數字，模擬擲 5 次的結果，並記錄「正面出現至多 2 次」的事件有沒有發生，並重複 20 回合。假設我們選擇從編號 15 的列之第 4 行開始，就會得到以下數字。15 列數字用完，就接到 16 列繼續。在數字下方，我們用 H 代表正面、T 代表反面 (英文的正面是 head，反面是 tail)，再下一列的 yes 代表「正面出現至多 2 次」有發生，no 則代表沒有發生：

```
87072  14797  67968  04307  71541  69341  60275  30069
TTHTH  HHTTT  TTTTT  HHHHT  THTHH  TTHHH  THHTT  HHHTT
 yes    yes    yes    no     no     no     yes    no
```

以上是 8 個回合的結果，其中有 4 個回合符合「正面出現至多 2

次」。依照這個方式繼續下去，總共模擬 20 回合，會發現 20 回合當中，「正面出現至多 2 次」共發生 12 次，所以正面出現至多 2 次的估計機率是 $\frac{12}{20} = 0.6$。

估計的機率通常不會等於真正的機率，除非碰巧發生。以例 4.7-5 來說，若令 X 代表擲銅板 5 次所得的正面總數，則 X 的分布是參數為 $n = 5$，$p = \frac{1}{2}$ 的二項分布，而我們所要算的「正面出現至多 2 次」的機率，就是 $P(X \leq 2)$，查表可得 $P(X \leq 2) = 0.5$，我們估計的誤差是 0.1。

當我們能夠算出或查表得出正確機率時，當然不需要去模擬。但是在機率不好計算的時候，模擬就可以提供我們一個得到近似答案的方法。想要比較準確的答案時，應該增加模擬的回合數。

比如例 4.7-5 當中的模擬，如果繼續做下去、總共做 40 回合，就會得到估計機率 $\frac{19}{40} = 0.475$，和正確機率的誤差是 0.025。不過這樣的結果並不代表：模擬回合數愈多、誤差必定愈小。比如在上述 40 回合的模擬當中，模擬到 22 回合時，估計機率會是 $\frac{14}{22} = 0.636$，誤差 0.136，比模擬 20 回合的誤差還要大，這是正常的。但模擬非常多次以後，整體趨勢來說，估計機率就會愈來愈接近真正機率。比如模擬 200 回合的結果，就應該比 20 回合的要準，當然 200 回合太多了，人工執行太費時，應該利用電腦來做。

隨機號碼表除了模擬機率，也可以用來模擬期望值，用以下例子說明。

例 4.7-6

假設有次統計學小考，老師出了 10 題單選題，每題有 5 個選項。小翰完全沒讀書，每一題都完全瞎猜，用隨機號碼表模擬他答對

的題數，總共模擬 10 個回合、並算出 10 個回合答對題數的平均，當作答對題數期望值的估計。

解

5 個選項的單選題，完全瞎猜時，猜對的機率是 $\frac{1}{5}$、猜錯的機率是 $\frac{4}{5}$，所以數字可以這樣分配：

0　1　代表猜對

2　3　4　5　6　7　8　9　代表猜錯

一個數字代表一題的結果，10 個數字代表 10 題的結果、也就是一個回合，總共要模擬 10 個回合。

假設決定從 26 列的第 11 行開始，則會得到以下數字及對應之答對題數

```
6529981437    8129875015    4591381042    4554765179
    1題            3題            3題            1題
3975949504    3030161942    2442426063    3044475419
    1題            4題            1題            2題
2411026757    3880233182
    3題            2題
```

答對題數期望值的估計等於 $\frac{1+3+3+\cdots+2}{10} = \frac{21}{10} = 2.1$。

答對的題數符合參數 $n=10, p=\frac{1}{5}$ 的二項分布，所以期望值應為 $np = 10\left(\frac{1}{5}\right) = 2$，我們這次模擬的結果很不錯，誤差不大。

上述例子所模擬的事件，機率都可以表示成十分之幾 (例 4.7-2 和例 4.7-5 的 $\frac{1}{2} = \frac{5}{10}$) 或百分之幾 (例 4.7-3 和例 4.7-4 的 $\frac{51}{100}, \frac{42}{100}$ 等)，分別可以用一位隨機數字或兩位隨機數字來分配對應的機率。但是有的機率例

如 $\frac{1}{6}$，既不能表示成十分之幾也不能表示成百分之幾，事實上它寫成小數是無窮循環小數。如果把小數某一位之後四捨五入，機率會失真，合適的處理方式是遷就機率結構，但不需要用到所有數字，如下個例子的說明。

例 4.7-7

模擬擲一顆均勻骰子 20 次，計算擲出 6 點的估計機率。

解

均勻骰子每一面的機率都相等、等於 $\frac{1}{6}$。因為 $\frac{1}{6}$ 是循環小數，用一位數或二位數都不好分，變通的方式是只用 1、2、3、4、5、6 分別代表 1 點、2 點、3 點、4 點、5 點、6 點，而另外四個數字 7、8、9、0 捨棄不用，如此 6 個點數的機率都相同，符合原來的機率結構。

假設決定從編號 10 列第 26 行開始，則得到以下數字，其中遇到 7、8、9 或 0 時，就用橫線刪除，直到有 20 個「有效數字」時停止。

~~7~~ ~~7~~ 3 1 ~~7~~ ~~0~~ ~~7~~ 3 3 4 ~~8~~ 3 5 ~~8~~ 5 4 3 1 2 4 5 ~~9~~ ~~8~~ 1 6 ~~0~~ 6 6 ~~7~~ 3 4

20 個「有效數字」代表 20 次擲骰結果，其中 6 點出現 3 次，所以估計機率是 $\frac{3}{20} = 0.15$。

習題

1. 假設某校管理學院一年級上學期的微積分有 30% 的學生沒有及格，如果用隨機號碼表來模擬從該校管理學院一年級任意選出的同

學通過微積分與否，數字應該如何分配？

2. 假設台灣有 4% 的人血型是 AB 型，25% 的人血型是 B 型，28% 的人血型是 A 型，43% 的人血型是 O 型。如果用隨機號碼表來模擬在台灣隨機選出一人的血型，數字應該如何分配？

3. 用隨機號碼表模擬擲一枚均勻銅板 6 次的情況，並記錄正面次數。總共模擬 20 回合 (一回合 6 次)，估計正面出現至多 2 次的機率。

4. 假設有次小考，老師出了 15 題單選題，每題有 5 個選項。用隨機號碼表模擬每一題都完全瞎猜的狀況，總共模擬 10 個回合。
   (a) 估計至少答對 4 題的機率。
   (b) 算出 10 個回合答對題數的平均，當作答對題數期望值的估計。

重點摘要

1. **隨機變數**是一種函數對應，把樣本空間中每一個樣本點對應到一個數。

2. 若隨機變數的可能值是分散開的，叫做**離散型隨機變數**；若可能值是連起來的，必須用區間表示，叫做**連續型隨機變數**。

3. 離散型隨機變數 X 的**機率函數**定義為 $p(x) = P[X = x]$。

4. 離散型隨機變數的機率函數 $p(x)$ 必滿足下列條件：
   (a) $p(x) \geq 0$ 對所有 x 成立。
   (b) $\sum_{x} p(x) = 1$。

5. 若離散型隨機變數 X 的機率函數為 $p(x)$，則
   (a) X 的期望值為 $\mu = E(X) = \sum_{x} x p(x)$。
   (b) 若 g 為一函數，則 $g(X)$ 仍是離散型隨機變數，其期望值為

$$E[g(X)] = \sum_x g(x)p(x)$$

6. 隨機變數 X 的**變異數**為 $\sigma^2 = V(X) = E\left[(X-\mu)^2\right]$，標準差為 $\sigma = \sqrt{\sigma^2}$。此定義對離散型隨機變數和連續型隨機變數都適用。

7. $E(aX+b) = aE(X)+b, V(aX+b) = a^2V(X)$，$a, b$ 為常數。此二公式對離散型隨機變數和連續型隨機變數都適用。

8. 契比雪夫不等式如下：

   若隨機變數的期望值是 μ，變異數 σ^2 滿足 $0 < \sigma^2 < \infty$，則對任意 $k > 0$，$P(|X-\mu| \geq k\sigma) \leq \dfrac{1}{k^2}$。

9. 設 X 和 Y 為離散型隨機變數，其聯合機率函數為
$$p(x,y) = P(X=x, Y=y)$$

10. 二個離散型隨機變數的聯合機率函數 $p(x,y)$ 必滿足以下條件：

    (a) $p(x,y) \geq 0$ 對所有 x、y 成立。

    (b) $\sum_x \sum_y p(x,y) = 1$

11. 假設離散型隨機變數 X 和 Y 的聯合機率函數為 $p(x,y)$，則 X、Y 的邊際機率函數分別為
$$p_1(x) = \sum_y p(x,y)$$
$$p_2(y) = \sum_x p(x,y)$$

12. 假設離散型隨機變數 X 和 Y 的聯合機率函數為 $p(x,y)$，X、Y 的邊際機率函數分別為 $p_1(x)$ 和 $p_2(y)$，當 $p(x,y) = p_1(x)p_2(y)$ 對所有 x, y 成立時，我們稱 X 和 Y 為互相獨立。當上述條件不滿足時，則稱 X 和 Y 不獨立。

13. 假設離散型隨機變數 X、Y 的邊際機率函數分別為 $p_1(x)$ 和 $p_2(y)$，若 X 和 Y 互相獨立，則 X、Y 的聯合機率函數為 $p(x,y) = p_1(x)p_2(y)$。

14. 假設離散型隨機變數 X 和 Y 的聯合機率函數為 $p(x,y)$，則隨機變數 $g(X,Y)$ 的期望值為 $E[g(X,Y)] = \sum_x \sum_y g(x,y)p(x,y)$。

15. 假設 X 和 Y 是隨機變數，則

$$E(X+Y) = E(X) + E(Y)$$
$$E(X-Y) = E(X) - E(Y)$$

如果 X 和 Y 互相獨立，則 $E(XY) = E(X)E(Y)$。

16. 假設 X 和 Y 是互相獨立的隨機變數，則

$$V(X+Y) = V(X) + V(Y)$$
$$V(X-Y) = V(X) + V(Y)$$

(4.6-4)

17. 假設 $X_1, X_2, \cdots, X_n$ 是隨機變數，$a_1, a_2, \cdots a_n$ 是常數，則

$$E(a_1 X_1 + a_2 X_2 + \cdots + a_n X_n) = a_1 E(X_1) + a_2 E(X_2) + \cdots + a_n E(X_n)$$

若 $X_1, X_2, \cdots, X_n$ 互相獨立，則有

$$V(a_1 X_1 + a_2 X_2 + \cdots + a_n X_n) = a_1^2 V(X_1) + a_2^2 V(X_2) + \cdots + a_n^2 V(X_n)$$

第四章　習題

1. 筆筒裡有黑色原子筆 3 枝、藍色原子筆 6 枝，若從中隨意抓出 4 枝，令 X 代表其中黑色筆的數目，求

(a) X 之機率分布函數。
(b) 驗證機率函數應符合的兩個條件。
(c) X 之期望值。

2. 連續擲一個均勻硬幣三次，令 X 代表擲出之正面總數減反面總數，求 X 之機率分布。

3. 已知 X 的機率分布如下，(a) 求 X 的期望值 μ 以及變異數 σ^2。(b) 求 $3X-1$ 的期望值及變異數。

x	−2	−1	0	1	3
$p(x)$	0.1	0.2	0.3	0.2	0.2

4. 已知 X 的機率分布如下，(a) 求 X 的期望值 μ 以及變異數 σ^2。(b) 求 $P(|X-\mu| \geq 2.5\sigma)$，並和契比雪夫不等式的機率上限做比較。

x	0	1	2	3
$p(x)$	0.4	0.3	0.2	0.1

5. 已知 X 是一隨機變數，假設由契比雪夫不等式得 $P(|X-\mu| < 7.5)$ 的下限為 $\frac{8}{9}$，且知 $P(X > 8.2$ 或 $X < -1.8)$ 的上限為 $\frac{1}{4}$，求 μ 及 σ 之值。

6. 隨機變數 X 和 Y 的聯合機率函數如下：

$p(x,y)$	$y=-1$	3	5	6
$x=0$	$\frac{1}{6}$	$\frac{1}{12}$	$\frac{1}{12}$	$\frac{1}{4}$
$x=2$	$\frac{1}{12}$	0	$\frac{1}{4}$	$\frac{1}{12}$

求 (a) $P(X \leq 1)$，(b) $P(X > Y)$，(c) $E(XY)$。

7. 假設 X 和 Y 的聯合機率函數為：

$$p(x,y) = \frac{x+2y}{27}, \quad x=0,1,2, \quad y=0,1,2$$

(a) 檢驗 $p(x,y)$ 是否符合聯合機率函數應符合之兩個條件。(b) 求

X、Y 分別的邊際機率函數。(c) 判斷 X 和 Y 是否互相獨立。

8. X 和 Y 的聯合機率函數如下表所列：

	$p(x,y)$	y=0	y=2	y=3
x	-1	$\frac{1}{8}$	$\frac{1}{4}$	$\frac{1}{8}$
	0	$\frac{1}{8}$	$\frac{1}{8}$	0
	2	$\frac{1}{8}$	0	$\frac{1}{8}$

求

(a) X、Y 分別的邊際機率函數。

(b) 判斷 X 和 Y 是否互相獨立。

(c) 利用 $p(x,y)$ 求 $E(X)$。

(d) 利用 X 的邊際機率函數求 $E(X)$。

9. X 和 Y 的聯合機率函數如下：

$$p(x,y)=\frac{xy-x}{9},\ x=1,2,\ y=2,3$$

(a) 求 $P(2X<Y)$。(b) 利用 $p(x,y)$ 求 $E(Y)$。(c) 判斷 X 和 Y 是否互相獨立。

10. 隨機變數 X 和 Y 的聯合機率函數如下：

$$p(x,y)=\frac{x+y}{k},\ x=0,1,3,\ y=1,2$$

求 (a) k 的值，(b) $P(Y=1)$，(c) $E(X)$，(d) 判斷 X 和 Y 是否互相獨立。

11. 假設 X 和 Y 的聯合機率函數為 $p(x,y)$，$x = 2, 4$，$y = 1, 3, 5$，並知 X 和 Y 互相獨立且 $p(2,5) = \dfrac{1}{5}$，$p(2,1) = \dfrac{3}{20}$，$P(Y = 1 \text{ 或 } Y = 5) = \dfrac{7}{10}$，求 $p(2,3)$。

    (提示：$p(2,3) = P(X = 2) \cdot P(Y = 3)$，而 $P(X = 2) = p(2,1) + p(2,3) + p(2,5)$。)

12. 假設一個箱子裡有 5 顆綠球、3 顆紅球和 2 顆黃球。若從箱子裡抽出 4 顆球 (取出不放回)，且令 X 為紅球的個數、Y 為黃球的個數。(a) 求 X 和 Y 的聯合機率函數。(b) 求 $P(X - Y = 1)$。

13. 擲一平衡銅板 4 次，令 X 代表頭三次當中的正面數、Y 代表後兩次當中的正面數，(a) 求 X 和 Y 的聯合機率函數。(b) X 和 Y 是否互相獨立？

14. 若隨機變數 X 和 Y 的期望值滿足 $E(3X + 2Y) = 9$、$E(X - 3Y) = 14$，求 (a) $E(4 - 2X)$，(b) $E(2X + 3Y)$。

15. 已知 X 和 Y 是互相獨立的隨機變數，並知 $V(X + 2Y) = 16.5$、$V(2X - Y) = 28.5$、$E(XY) = 6$、$E(2Y) = E(3X)$，求 $V(X)$、$V(Y)$ 及 $E(Y)$ (假設 $E(Y) > 0$)。

16. X 和 Y 的聯合機率函數如下：

    $$p(x,y) = \dfrac{x^2 y}{25}，x = 1, 2，y = 0, 1, 4$$

    已知 X 和 Y 互相獨立 (參考 4.5 習題 4)，求 $V(X + Y)$ 及 $V(X - Y)$。

17. 假設 X_1, X_2, X_3, X_4 是互相獨立的隨機變數

    $E(X_1) = 1$，$E(X_2) = -3$，$E(X_3) = 0$，$E(X_4) = 4$，
    $V(X_1) = 5$，$V(X_2) = 2$，$V(X_3) = 1$，$V(X_4) = 3$

求 (a) $E(2X_1 - 3X_3 + X_4)$，(b) $V(2X_1 - 3X_3 + X_4)$，(c) $E(X_1 - 2X_2 + 5X_3 - 2X_4)$，(d) $V(X_1 - 2X_2 + 5X_3 - 2X_4)$。

*18. 若用隨機號碼表來模擬從一副撲克牌中任意選出一張的花色，應如何分配數字？

*19. 用隨機號碼表模擬擲一顆均勻骰子的結果，共模擬 25 回合，求擲出 3 點或 5 點的估計機率。

*20. 假設某旅館提供從車站到旅館的接駁車服務，採預約制。根據長期經驗，預約的旅客中有 20% 不會出現，所以可載 8 人的廂型車、旅館卻接受 9 位預約。假設乘客之間互相獨立，模擬 9 位預約乘客的出現情況共 20 回合，估計廂型車去車站接乘客時，會發生座位不夠情況的機率。

第五章　常用之機率分布

　　工廠裡面負責品管的工程師會關心產品當中瑕疵品的比例是否過高。許多量很大而單價不高的產品,不可能一一檢驗,只能抽驗:從生產線上隨機抽出若干件產品 (樣本) 來檢驗,檢視樣本當中瑕疵品的比例是否符合標準。然而樣本裡面的瑕疵品比例 (樣本比例) 當然和全部產品的瑕疵品比例 (母體比例) 並不相等,如何可以從樣本比例得到關於母體比例的訊息呢?接下來的第六、七、八章裡面都有相關內容,但是所有的討論,都要從樣本當中瑕疵品件數的分布開始;這個分布和其他許多常用的分布,就是本章討論的主題。

5.1　二項分布和幾何分布
5.2　超幾何分布
5.3　卜瓦松分布
5.4　機率密度函數及期望值
5.5　常態分布
5.6　其他連續分布

5.1 二項分布和幾何分布

離散型隨機變數的種類非常多，其中的某些類型，由於它的結構符合生活中許多實際狀況，應用到的機會就很多。這些常用到的類型我們會給它名稱，並討論它的重要性質，這樣應用起來會很方便。首先要討論的是二項分布 (也叫二項分配)。

假設有次統計學小考，老師出了 10 題單選題，每題有 4 個選項。小翰這次完全沒讀書，每一題都完全瞎猜，他想要知道他會及格 (答對至少 6 題) 的機率會是多少。如果令 X 代表 10 題中小翰答對的題數，則 X 就是一個離散型隨機變數，它的可能值是 0、1、2、⋯、10，而小翰關心的問題是 $X \geq 6$ 的機率。隨機變數 X 符合以下特質：

1. 同樣的事情 (猜測答案) 重複做了 10 次。
2. 每次猜測的結果都只有兩種可能：對或錯。
3. 每題猜對的機率都相同，即 $\frac{1}{4}$。
4. 各題的猜測結果之間互相獨立，比如第二題無論猜對或猜錯，不會影響第六題的猜測結果。
5. 若猜對計次 1、猜錯計次 0，則 X 等於 10 題結果的加總。

任何隨機變數若符合以上架構，它的分布就叫做二項分布。比如擲一個銅板 5 次，考慮 5 次中正面出現的總次數，就會是二項分布。因為可應用二項分布的狀況各式各樣，重複的次數也不同，我們用以下方式表達一般情形。

隨機變數 X 若符合以下描述，即稱為**二項隨機變數** (binomial random variable)，其分布稱為**二項分布** (binomial distribution)，參數為 n 及 p，用符號 $X \sim B(n, p)$ 表示：

1. 同一隨機試驗重複做 n 次。

2. 每一次試驗的結果只有兩種可能：成功 (*S*) 或失敗 (*F*)。

3. 每一次試驗的成功機率相同，用 *p* 代表。

4. 各次試驗之間相互獨立。

5. *X* 等於 *n* 次試驗的成功總次數。

符合以上第 1 項到第 4 項描述的試驗，則叫做二項隨機試驗 (binomial random experiment)。

以上試驗若只做一次，叫做伯努利試驗 (Bernoulli trial)。此時若令 X 等於試驗的成功次數，則 X 的可能值只有 0 或 1 (結果得到「成功」，則 $X=1$，否則 $X=0$)，我們稱 X 為伯努利隨機變數 (Bernoulli random variable)，參數為 $p = P(X=1)$。二項隨機變數可視為 n 項互相獨立、參數相同的伯努利隨機變數的和。例如擲一次銅板的正面數是伯努利隨機變數，把一顆銅板擲 n 次得到的正面總數，就是二項隨機變數。具體的關係式如下：

設 $X_1, X_2, \cdots, X_n$ 為互相獨立的伯努利隨機變數，$p = P(X_i = 1)$，則 $\sum_{i=1}^{n} X_i$ 的分布是參數為 n, p 之二項分布。

用二項隨機變數來考慮問題，必須知道它的機率分布，先用一個簡單的例子來說明。

例 5.1-1

盒子裡裝著 1 顆白球和 2 顆紅球，若從盒子中隨意取出一球、記錄顏色後放回，重複執行 5 次，則 5 次當中紅球剛好出現 3 次的機率是多少？

解

每一次取球，結果只有紅球或白球兩種可能。因為是取出放回，

所以前後各次結果之間不會彼此影響、所以互相獨立，而且每次取得紅球的機率都是 $\frac{2}{3}$。若令 X 代表 5 次當中紅球出現的次數，則 X 為二項隨機變數，而我們想要計算 $P(X = 3)$。

先考慮紅球以特定次序出現的情況。若紅球出現在前三次，即「紅紅紅白白」的狀況，機率是

$$\frac{2}{3} \cdot \frac{2}{3} \cdot \frac{2}{3} \cdot \frac{1}{3} \cdot \frac{1}{3} = \left(\frac{2}{3}\right)^3 \left(\frac{1}{3}\right)^2$$

若是「紅紅白紅白」的狀況，機率是

$$\frac{2}{3} \cdot \frac{2}{3} \cdot \frac{1}{3} \cdot \frac{2}{3} \cdot \frac{1}{3} = \left(\frac{2}{3}\right)^3 \left(\frac{1}{3}\right)^2$$

觀察一下就會發現，無論出現的次序如何，只要是「3 紅 2 白」，機率都是 $\left(\frac{2}{3}\right)^3 \left(\frac{1}{3}\right)^2$，所以只要知道「3 紅 2 白」的出現次序有多少種，就有答案了。選擇「3 紅 2 白」的出現次序，等於在 5 個位置中選出 3 個位置放紅球、剩下的放白球，所以共有 $\binom{5}{3} = \frac{5!}{3!\,2!} = 10$ 種方法。

總結以上討論，可得 $P(X = 3) = \binom{5}{3}\left(\frac{2}{3}\right)^3\left(\frac{1}{3}\right)^2 = \frac{80}{243}$

對照以上例子的討論過程，可得到以下的一般結果：

二項分布的機率函數

若 $X \sim B(n, p)$，則 X 的機率函數為

$$p(x) = \begin{cases} \binom{n}{x} p^x (1-p)^{n-x} & , x = 0, 1, \cdots, n \\ 0 & , \text{其他} \end{cases}$$

因為參數不同時，分布的形狀會有差別，因此二項分布可看成一「族」分布而不只是一種分布。當 $p=0.5$ 時，分布會左右對稱；p 愈靠近 0 或 1 時，分布的形狀就會愈不對稱，如以下分布圖所示。

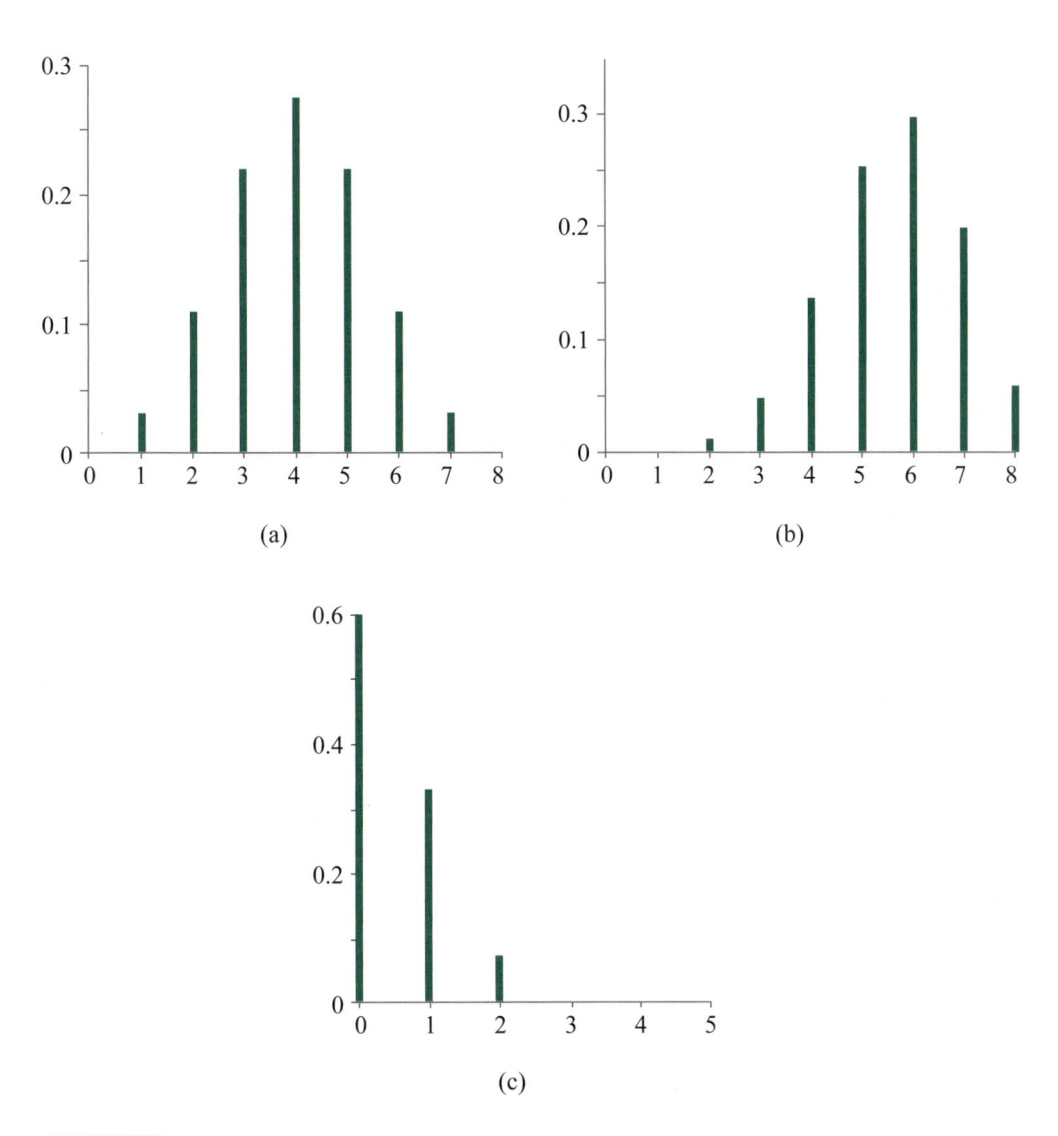

圖 5.1-1　(a) B(8, 0.5)；(b) B(8, 0.7)；(c) B(5, 0.1)

二項分布的應用非常廣。例如品管工程師會關心瑕疵品的比例是否過高，若從生產線上隨機抽出若干件產品來檢驗，則瑕疵品的總件數可視為二項分布。精品店關心的是來店的顧客是否有消費，若經過長時間的記

錄，發現進店後有消費的顧客比例是 p，則 n 位顧客中的消費人數，亦大致可視為參數為 n 及 p 的二項隨機變數。

例 5.1-2

某次統計學小考，老師出了 10 題單選題，每題有 4 個選項。小翰完全沒讀書，每一題都完全瞎猜，求他 (a) 恰好答對 5 題的機率及 (b) 至少答對 6 題的機率。答案用式子表示即可，不須計算。

解

每題不是猜對就是猜錯，而完全瞎猜時、每題猜對的機率是 $\frac{1}{4}$；而且各題之間也不會互相影響，所以若令 X 等於猜對的題數，則 $X \sim B\left(10, \frac{1}{4}\right)$。

(a) 小翰恰好答對 5 題的機率 $= P(X=5) = \binom{10}{5}\left(\frac{1}{4}\right)^5\left(\frac{3}{4}\right)^5$

(b) 小翰至少答對 6 題的機率 $= P(X \geq 6) = \sum_{x=6}^{10}\binom{10}{x}\left(\frac{1}{4}\right)^x\left(\frac{3}{4}\right)^{10-x}$

這兩小題的答案，徒手算都不是很好算，通常教科書裡會把已計算好的各種機率列表，需要用的時候查表即可。二項機率分布的常見呈現方式有兩種，一種是列出 $P(X=x)$，$x=0,1,\cdots,n$，此時 (a) 小題的答案可以直接查到；(b) 小題的答案則必須查表之後再做加法，因為 $P(X \geq 6) = P(X=6) + P(X=7) + \cdots + P(X=10)$，而 $P(X=6)$，$P(X=7)$，$\cdots$，$P(X=10)$ 可以在表裡面查到。

本書採用另一種方式，就是列出累積的機率 $P(X \leq x)$，$x=0,1,\cdots,n$。此時例5.1-2 的 (a) 小題答案不能直接查到，但是用簡單算術即可求出，(b) 小題的答案也很容易求出。

例 5.1-3 (續例 5.1-2)

利用二項機率分布表,算出例 5.1-2 的答案。

解

(a) 因為表中列出的都是 $X \leq x$ 形式的機率,所以我們必須把 $P(X = 5)$ 表示成可以查表的形式,即

$$P(X = 5) = P(X \leq 5) - P(X \leq 4)$$

從附表 2 中可查到 $P(X \leq 5) = 0.9803$ 及 $P(X \leq 4) = 0.9219$,所以

$$P(X = 5) = P(X \leq 5) - P(X \leq 4) = 0.9803 - 0.9219 = 0.0584$$

(b) $P(X \geq 6) = 1 - P(X \leq 5) = 1 - 0.9803 = 0.0197$

如果沒有倒扣,則答對六題以上會及格;但是全部瞎猜的話,及格的機率還不到 2%。

例 5.1-4

擲一顆均勻的骰子 5 次,求 6 點恰好出現 2 次的機率。

解

雖然擲骰子的結果有 6 種可能的點數,但是現在我們關心的是 6 點出現的次數,所以可以把所有可能結果歸為兩類:6 點 (成功) 或非 6 點 (失敗)。每一次擲的時候,成功的機率都是 $\frac{1}{6}$,而各次投擲之間互相獨立。若令 X 等於擲骰 5 次當中 6 點出現的次數,則 X 符合二項分布,$X \sim B\left(5, \frac{1}{6}\right)$,所以

$$6 \text{ 點恰好出現 2 次的機率} = \binom{5}{2}\left(\frac{1}{6}\right)^2\left(\frac{5}{6}\right)^3 = 10 \cdot \frac{5^3}{6^5} = \frac{625}{3888}$$

例 5.1-5

根據經濟部工廠校正暨營運調查所得資料 (用 google 搜尋「工廠負責人性別」就可找到)，台灣在民國 98 年的時候，食品製造業的營運中工廠共有 4818 家，其中有 1209 家的負責人是女性，佔 25.09%。為方便計算、我們假設女性負責人佔 25%。現在若從所有食品製造工廠中隨機抽出 25 家，求以下事件的機率：25 家當中，(a) 負責人是女性的少於 6 家，(b) 至少有 10 家的負責人是女性。

解

令 X 代表隨機抽出的 25 家工廠中、負責人是女性的家數，則 X 的分布可視為二項分布、參數為 $n=25, p=0.25$，利用二項分布表可得

(a) $P(X<6) = P(X \leq 5) = 0.3783$
(b) $P(X \geq 10) = 1 - P(X \leq 9) = 1 - 0.9287 = 0.0713$

二項分布的期望值和變異數都有簡單的公式可以計算：

若 $X \sim B(n,p)$，則 X 之期望值和變異數公式為
$$E(X) = np$$
$$V(X) = np(1-p)$$

二項分布的期望值有這樣的直觀解釋：同一個二項試驗執行許許多多次之後，成功次數的平均會接近期望值。假設我們擲一顆均勻骰子 12 次當作一次試驗，並觀察 12 次中 5 點出現的次數 X，則 X 符合二項分布，$X \sim B\left(12, \dfrac{1}{6}\right)$。為了不混淆「次」的意義，我們把擲 12 次稱為試驗的一個「回合」，則許多回合下來，有的回合 5 點出現 1 次、有的回合出現 2 次，也可能有的回合 5 點一次也沒出現；把許多回合的 5 點出現次數平均

起來，就會接近 X 的期望值 $12 \cdot \frac{1}{6} = 2$。

例 5.1-6

每期統一發票收執聯末三位數號碼與頭獎中獎號碼末三位相同者，可得 6 獎、獎金二百元。如果某一期統一發票共開出三組頭獎號碼 (三組的末三位號碼不相同)，阿邦和家人共蒐集了該期發票 200 張，則他們會中該期發票 6 獎的發票張數之期望值會是多少？

解

一張發票的最後 3 個號碼有 $10 \cdot 10 \cdot 10 = 1000$ 種可能，而中獎號碼有 3 組，所以一張發票中 6 獎的機率是 $\frac{3}{1000}$。若令 X 代表 200 張發票當中、中 6 獎的張數，則 $X \sim B\left(200, \frac{3}{1000}\right)$，因此 X 的期望值等於 $200 \cdot \frac{3}{1000} = 0.6$。

這個意思是說，如果經常有 200 張發票可對獎，而且每次的 6 獎號碼都有 3 組的話，長期平均下來，一期的 200 張發票還沒辦法中到一個 6 獎。想要平均每期中一個 6 獎的話，每期至少得要有 334 張發票才行，因為 $334 \cdot \frac{3}{1000} = 1.002$。

例 5.1-7

小林和小李常在空閒時間相約去練投籃，經過長時間的觀察，發現小林在罰球線的命中率是 70%、小李只有 50%。用二項分布公式計算罰球 60 次時，二人分別進球數的期望值和標準差；兩人的進球數、何者變化範圍比較大？

解

小林進球數的期望值 $= 60 \cdot 0.7 = 42$，變異數 $= 60 \cdot 0.7 \cdot 0.3 = 12.6$，

標準差 $= \sqrt{12.6} = 3.56$

小李進球數的期望值 $= 60 \cdot 0.5 = 30$，變異數 $= 60 \cdot 0.5 \cdot 0.5 = 15$，標準差 $= \sqrt{15} = 3.87$

小李的標準差比較大，所以他進球數的變化範圍要比小林大些。

考慮二項分布同樣的架構，即：同一伯努利試驗一直重複做，每一次試驗的成功機率為 p，各次之間互相獨立。如果現在我們關心的不是 n 次試驗的成功總次數，而是要等到第一次成功出現、所需試驗的次數，則這個次數是一隨機變數 Y，它的分布叫做幾何分布 (geometric distribution)。因為試驗了 y 次才出現第一個成功，代表前 $y-1$ 次都是失敗，而第 y 次是成功，所以機率函數如下：

幾何分布的機率函數

重複同一伯努利試驗 (每一次試驗的成功機率為 $p, 0 < p < 1$)，各次之間互相獨立，直到出現第一次成功，令所需試驗的次數為 Y，則 Y 的分布叫做參數為 p 的幾何分布，其機率函數如下：

$$g(y) = P(Y = y) = (1-p)^{y-1} p，y = 1, 2, 3, \cdots$$

幾何分布的期望值和變異數如下：

若 Y 的分布是參數為 p 的幾何分布，則

$$E(Y) = \frac{1}{p}$$
$$Var(Y) = \frac{1-p}{p^2}$$

例 5.1-8

根據經濟部工廠校正暨營運調查所得資料，台灣在民國 98 年的時候，食品製造業的營運中工廠共有 4818 家，其中有 1209 家的負責人是女性，佔 25.09%。為方便計算、我們假設女性負責人佔 25%。假設現在要從所有食品製造工廠中隨機抽樣本，一家一家抽、直到抽出由女性擔任負責人的就停止抽樣。假設將各次抽取視為取出放回，令 Y 等於抽出的工廠家數，求：

(a) Y 的機率函數。

(b) $P(Y \geq 4)$。

(c) Y 的期望值和變異數。

解

(a) Y 的分布是參數為 $0.25 = \dfrac{1}{4}$ 的幾何分布，其機率函數為

$$g(y) = P(Y = y) = (3/4)^{y-1}(1/4)，y = 1, 2, 3, \cdots$$

(b) $P(Y \geq 4) = \sum_{y=4}^{\infty} \left(\dfrac{3}{4}\right)^{y-1} \dfrac{1}{4} = \dfrac{1}{4} \cdot \dfrac{(3/4)^3}{1-(3/4)} = \dfrac{27}{64}$

(c) $E(Y) = \dfrac{1}{p} = 4$

$$Var(Y) = \dfrac{1-p}{p^2} = \dfrac{1-(1/4)}{1/16} = 12$$

我們把等到第一次成功出現、所需試驗的次數 Y 之分布叫做幾何分布。但是有些教科書會考慮等到第一次成功出現時、總共失敗的次數 (假設用 W 代表)，而把 W 的分布叫做幾何分布。因為定義不同，所以

機率函數、期望值和變異數都會不同，但是差異並不大。事實上，因為 $Y = W + 1$，很容易可以找出 W 的機率函數、期望值和變異數，比如 $E(W) = E(Y-1) = \dfrac{1}{p} - 1 = \dfrac{1-p}{p}$。讀其他教科書時，必須先注意是採用哪種定義，以免造成混淆。

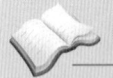

習題

1. 設 X 為二項分布隨機變數，$X \sim B(15, 0.4)$，求以下事件的機率。先寫出式子，再查表求得答案。

    (a) $P(X = 8)$。

    (b) $P(2 \leq X \leq 5)$。

    (c) $P(X > 13)$。

2. 連續擲一枚均勻硬幣六次，求以下機率：

    (a) 正反面出現的次數相同。

    (b) 正面出現次數多於反面出現次數。

3. 在一項卡車輪胎測試中，有 20% 會爆胎。若測試 10 個輪胎，假設 10 個輪胎之間互相獨立，若令 X 為這些輪胎中爆胎的個數，求：

    (a) 恰好有 2 個輪胎爆胎的機率。

    (b) 至少有 3 個輪胎爆胎的機率。

    (c) X 的期望值以及變異數。

4. 假設台灣有 80% 的民眾接過詐騙電話。今天隨機選出 25 位台灣民眾，求這 25 位台灣民眾中，

    (a) 至多有 20 人接過詐騙電話的機率。

    (b) 有超過 22 人接過詐騙電話的機率。

5. 某次統計學小考，老師出了 10 題單選題，每題有 4 個選項。小翰有讀書、但不夠認真，每一題都可以排除兩個答案、然後在剩下兩個答案中瞎猜，求他：

   (a) 恰好答對 5 題的機率。

   (b) 至少答對 6 題的機率。

   查表求得答案之後和例 5.1-3 做比較。

6. 假設小周很喜歡打籃球，但是技術很菜，罰球命中率只有 10%。某次練球到最後，決定要投罰球到進球才回家，若假設各次罰球之間互相獨立，求以下事件的機率：

   (a) 小周罰球投 3 次就可回家。

   (b) 小周必須投 4 次以上 (含 4 次) 才能回家。

   (c) 若令 Y 等於小周必須投球的次數，求 Y 的期望值和變異數。

5.2 超幾何分布

　　某選修課有 15 位同學修習，其中 4 位四年級、11 位三年級。老師還不認識同學，若上課時隨意指定 3 位同學問問題，剛好 3 位都是四年級同學的機率是多少呢？像這樣的問題，符合以下的一般型態：總共有 N 個物件 (15 位同學)、分成兩類 (四年級和三年級)，其中第一類有 M 件 (4 位四年級同學)、第二類有 $N - M$ 件 (11 位三年級同學)，從 N 件 (15 位同學) 中任意抽出 n 件 (3 位同學)、取出不放回，我們關心的是所抽出 n 件當中、第一類恰有 x 件 (3 位四年級同學) 的機率。若令 X 代表在以上架構下，所抽出 n 件當中第一類的件數，X 就叫做超幾何隨機變數，參數為 N、M、n，其機率函數如下：

若 X 為參數 N、M、n 的超幾何隨機變數，則其機率函數為

$$p(x) = P(X = x) = \frac{\binom{M}{x}\binom{N-M}{n-x}}{\binom{N}{n}}$$

$\max(0, n-(N-M)) \leq x \leq \min(n, M)$，$x$ 為非負整數

$\max(a, b)$ 的符號，代表 a, b 當中較大的數，$\min(a, b)$ 的符號，則代表 a, b 當中較小的數。x 的範圍看起來很複雜，實際上觀念很簡單，我們用例子說明。

例 5.2-1

容器中有 3 顆紅球、5 顆白球，從中任取 4 顆、取出不放回，令 X 代表 4 顆中紅球的顆數，寫出 X 的機率函數。

解

4 顆中紅球的顆數，可能值包括 0、1、2、3、4，但是紅球總共只有 3 顆，所以抽出的 4 顆中，頂多只可能有 3 顆紅球，所以

$$p(x) = P(X = x) = \frac{\binom{3}{x}\binom{5}{4-x}}{\binom{8}{4}}, x = 0, 1, 2, 3$$

這題中 $n = 4$，$M = 3$，$\min(4, 3) = 3$，所以 x 的最大可能值是 3。

例 5.2-2

容器中有 6 顆紅球、3 顆白球,從中任取 4 顆、取出不放回,令 X 代表 4 顆中紅球的顆數,寫出 X 的機率函數。

解

和上一個例子對照起來,現在紅球數夠多,所以抽出的 4 顆中,有可能全是紅球,也就是說,紅球數可能是 0、1、2、3、4;但是現在白球卻不夠多。如果抽出的 4 顆中只有 0 顆紅球的話,白球必須有 4 顆,然而白球總共只有 3 顆,所以紅球至少必須有 1 顆。對照公式中的範圍來看,

$$\max(0, n-(N-M)) = \max(0, 4-(9-6)) = \max(0,1) = 1$$

所以

$$p(x) = P(X=x) = \frac{\binom{6}{x}\binom{3}{4-x}}{\binom{9}{4}}, \quad x = 1, 2, 3, 4$$

範圍問題還有一種考量方式。假設在解例 5.2-2 的時候,沒有考慮到對範圍應該有的限制 (紅球至少必須有 1 顆、所以 x 至少是 1),因此把 X 的機率函數寫成以下形式:

$$p(x) = P(X=x) = \frac{\binom{6}{x}\binom{3}{4-x}}{\binom{9}{4}}, \quad x = 0, 1, 2, 3, 4$$

和正確答案比較起來,這個答案把不可能發生的紅球數為 0 的情況也包括進去了。但是如果我們試圖用機率函數去計算紅球數等於 0 的機率,即 $P(X=0)$,則會得到

$$p(0) = P(X=0) = \frac{\binom{6}{0}\binom{3}{4-0}}{\binom{9}{4}} = \frac{\binom{6}{0}\binom{3}{4}}{\binom{9}{4}}$$

而在 4.5 已定義，當 m, n 為非負整數且 $m > n$ 時，$\binom{n}{m} = 0$，所以 $\binom{3}{4}$ 應該要等於 0，因此使得 $P(X=0) = 0$。既然機率是 0，對機率函數的正確性就沒有影響。讀者可自行驗證，如果計算例 5.2-1 中的 $P(X=4)$，也同樣是會等於 0。

在此認知下，超幾何隨機變數的機率函數也可這樣表示：

若 X 為參數 N、M、n 的超幾何隨機變數，則其機率函數為

$$p(x) = P(X=x) = \frac{\binom{M}{x}\binom{N-M}{n-x}}{\binom{N}{n}}, \quad x = 0, 1, \cdots, n$$

x 為非負整數

超幾何隨機變數的期望值和變異數公式如下：

若 X 為參數 N、M、n 的超幾何隨機變數，則其期望值和變異數為

$$E(X) = \frac{nM}{N} = n\left(\frac{M}{N}\right)$$
$$V(X) = n\left(\frac{M}{N}\right)\left(1 - \frac{M}{N}\right)\left(\frac{N-n}{N-1}\right)$$

例 5.2-3

某選修課有 15 位同學修習,其中 4 位四年級、11 位三年級。某次上課老師用隨機抽座號的方式任意選出 5 位同學上台做報告。令 X 代表 5 位同學中、四年級同學的人數,求:

(a) X 的機率函數。

(b) X 的期望值和變異數。

解

(a) $p(x) = P(X = x) = \dfrac{\binom{4}{x}\binom{11}{5-x}}{\binom{15}{5}}$,$x = 0,1,2,3,4,5$

因為四年級同學總共只有 4 位,所以 $X = 5$ 其實是不可能發生的情況。

如果用 $x = 5$ 代入機率函數,會得到

$$P(X = 5) = \dfrac{\binom{4}{5}\binom{11}{0}}{\binom{15}{5}} = 0$$

因為 $\binom{4}{5} = 0$,正確顯示了 $X = 5$ 不可能發生。

(b) 因為 $N = 15, M = 4, n = 5$,所以 X 的期望值和變異數分別是

$$E(X) = 5\left(\dfrac{4}{15}\right) = \dfrac{4}{3}$$

$$V(X) = 5\left(\dfrac{4}{15}\right)\left(1 - \dfrac{4}{15}\right)\left(\dfrac{15-5}{15-1}\right) = \dfrac{44}{63}$$

超幾何隨機變數期望值和變異數公式的表達方式，讓我們很容易就可以和二項分布的期望值和變異數做比較。若 X 為參數 N、M、n 的超幾何隨機變數，我們可以將 X 視為從 N 顆球中任意抽出 n 顆時 (取出不放回)，其中紅球的顆數；而 N 顆球的組成包括 M 顆紅球和 $N-M$ 顆白球。抽 n 顆球可以看成是一顆接一顆抽，等於執行 n 次試驗，而紅球佔全體比例 $\dfrac{M}{N}$，期望值的公式 $E(X) = n\left(\dfrac{M}{N}\right)$ 可以對照二項隨機變數的期望值 np。

假如我們一顆接一顆抽球時，是用取出放回的方式，則前後次的抽取結果都不會互相影響，所以各次之間互相獨立，而每次抽中紅球的機率都是 $\dfrac{M}{N}$。此時考慮抽完 n 次後紅球的顆數，就會符合二項分布，變異數應該是 $np(1-p) = n\left(\dfrac{M}{N}\right)\left(1 - \dfrac{M}{N}\right)$。和超幾何分布的變異數 $n\left(\dfrac{M}{N}\right)\left(1 - \dfrac{M}{N}\right)\left(\dfrac{N-n}{N-1}\right)$ 比較起來，後者多乘了一項 $\dfrac{N-n}{N-1}$，而這一項在 $n > 1$ 的條件下必定小於 1。所以只要 $n > 1$，超幾何分布的變異數 $n\left(\dfrac{M}{N}\right)\left(1 - \dfrac{M}{N}\right)\left(\dfrac{N-n}{N-1}\right)$ 就會小於二項分布的變異數 $n\left(\dfrac{M}{N}\right)\left(1 - \dfrac{M}{N}\right)$。

當 N 很大、n 卻很小時，$\dfrac{N-n}{N-1}$ 會接近 1，例如若 $N = 2000$、$n = 10$ 時，$\dfrac{N-n}{N-1} = \dfrac{1990}{1999} = 0.995$，此時超幾何分布的變異數和二項分布的變異數會非常接近，兩個機率分布也相當接近，如果要計算超幾何分布的機率，可以利用二項分布來逼近。

> 當 N 很大、n 卻很小時，參數 N、M、n 的超幾何隨機分布，可以用參數為 n 和 $p = \dfrac{M}{N}$ 的二項分布來逼近。

例 5.2-4

某百貨公司週年慶時把 2000 件過季 T 恤放在花車超低價促銷，其中有 600 件略有瑕疵。阿花擠進人群隨手搶了 10 件，求 10 件當中、瑕疵品不超過 2 件的機率。

解

2000 件 T 恤中 600 件略有瑕疵、1400 件正常，從中隨意抓出 10 件，若令 X 代表 10 件中有瑕疵的件數，則 X 是超幾何隨機變數，參數 $N = 2000$、$M = 600$、$n = 10$。

$$\text{瑕疵品不超過 2 件的機率} = P(X \leq 2)$$

$$= \frac{\binom{600}{0}\binom{1400}{10}}{\binom{2000}{10}} + \frac{\binom{600}{1}\binom{1400}{9}}{\binom{2000}{10}} + \frac{\binom{600}{2}\binom{1400}{8}}{\binom{2000}{10}}$$

因為數字太大了，組合數很不好算。然而 $N = 2000$ 很大而 $n = 10$ 卻很小，所以可以利用二項分布來求近似機率，參數 $n = 10$、$p = \dfrac{M}{N} = \dfrac{600}{2000} = 0.3$。

瑕疵品不超過 2 件的機率，大約等於

$$\binom{10}{0}(0.3)^0(0.7)^{10} + \binom{10}{1}(0.3)^1(0.7)^9 + \binom{10}{2}(0.3)^2(0.7)^8$$

用計算機很容易可以算出答案。或者直接查二項分布的表，可得機率為 0.3828。

習題

1. 已知水果籃中有 7 顆橘子，其中有 4 顆是甜的、另 3 顆則不甜，從籃子中任取 3 顆，取出不放回。令 X 為 3 顆橘子中會甜的個數，寫出 X 的機率函數。

2. 有一個玻璃罐裡總共裝了 10 顆巧克力球，其中 7 顆有包杏仁，2 顆有包花生，1 顆沒有包東西。若從此罐中任意取出 5 顆、取出不放回，令 X 代表取出的 5 顆巧克力球中有包杏仁的個數。
   (a) 寫出 X 的機率函數。
   (b) 求所有取出的巧克力球都有包杏仁的機率。

3. 假設一個桶子中有 8 顆扭蛋，其中 3 顆扭蛋裡有小熊公仔。若從桶子中任選 4 顆扭蛋、取出不放回，令 X 為 4 顆扭蛋中有小熊公仔的扭蛋個數。
   (a) 寫出 X 的機率函數。
   (b) 求 X 的期望值以及變異數。
   (c) 求選出的扭蛋中至多 1 顆有小熊公仔的機率。

4. 已知某校某系總共有 480 位學生，其中有 96 人要去參加學校的聖誕舞會。從該班隨意選出 6 位同學，令 X 代表這 6 位同學當中要去參加學校聖誕舞會的人數，
   (a) 寫出 X 的機率函數。
   (b) 利用二項分布，求選出的同學當中有至少 5 位要參加學校聖誕舞會的機率。

5.3 卜瓦松分布

一大張壁紙上的瑕疵數,某一網站在某時段十分鐘之內的上網瀏覽人數,或者某路段一個月之內的車禍數,這些都屬於「計次」型的離散變數。雖然計次的對象不同,然而這類變數常符合某些共同性質,而根據這些性質可以導出一族特定的分布,叫做**卜瓦松分布** (Poisson distribution),它有一個參數 λ,為特定「範圍」內的平均發生次數;此處「範圍」做廣義解釋,有可能是一段時間、或一個區域……等等。

> 參數為 λ 的卜瓦松隨機變數 X,其機率函數為
> $$p(x) = P(X = x) = \frac{e^{-\lambda}\lambda^x}{x!}, \quad x = 0, 1, 2, \cdots$$
> 上式中的 e 為實數,$e = 2.71828\cdots$。

對於一些常用的 λ 值,書尾的附表中列出了卜瓦松分布的累積機率,即 $P(X \leq x)$ 形式的機率值。

例 5.3-1

假設某秘書張小姐打的文件,平均每一頁有 0.5 個錯。某天她替上司打了一份 16 頁的報告,假設錯誤數符合卜瓦松分布,求該份報告當中
(a) 恰好有 2 個錯的機率。
(b) 至少有 4 個錯的機率。
(c) 完全沒有錯誤的機率。

解

若令 X 代表 16 頁當中的錯誤數目,因為每一頁平均有 0.5 個

錯，16 頁平均就有 16(0.5) = 8 個錯，所以 λ = 8。

(a) $P(X = 2) = \dfrac{e^{-8}8^2}{2!} = 32e^{-8} = 0.011$

(b) 直接計算 $P(X \geq 4)$ 的話，要計算的項數太多，所以應該改為考慮補集：

$$P(X \geq 4) = 1 - P(X \leq 3) = 1 - \sum_{x=0}^{3} \dfrac{e^{-8}8^x}{x!}$$

查附表 3 可得當 λ = 8 時，$P(X \leq 3) = 0.042$，所以 $P(X \geq 4) = 1 - 0.042 = 0.958$。

(c) $P(X = 0) = \dfrac{e^{-8}8^0}{0!} = e^{8} = 0.0003$

查表的話，因為只列出小數三位，就會得到 0.000 的答案，和將 0.0003 四捨五入到小數三位是相同的結果。

卜瓦松分布有個特別的性質，它的期望值和變異數是相同的：

> 若 X 為參數 λ 的卜瓦松隨機變數，則其期望值和變異數為
>
> $$E(X) = \lambda \text{，} V(X) = \lambda$$

當 n 較大、p 卻很小時，可以證明二項分布的機率函數很接近參數為 $\lambda = np$ 的卜瓦松分布，即 $\binom{n}{x}p^x(1-p)^{n-x} \approx \dfrac{e^{-np}(np)^x}{x!}$，因此可以利用卜瓦松分布來逼近二項分布的機率。什麼叫做「n 較大、p 很小」並沒有一定的標準，不同的教科書有不同的建議。不過一般來說，n 至少應該要滿足 $n \geq 20$，而 p 的大小和 n 的大小也有關係；n 若不夠大，p 應該要小些，n 若較大，則 p 不需太小即可。有教科書就如此建議：若 $n \geq 20$ 且 $p \leq 0.05$ 時，或者若 $n \geq 100$ 且 $p \leq 0.10$ 時，適合用卜瓦松分布來逼近二

項分布。但這只是建議,並不是經過嚴格證明的定理。事實上在用卜瓦松分布來逼近二項分布的機率時,只是在求近似機率,當然會有誤差,以上規範,不過是限制誤差不要太大罷了,從下面的表可看出誤差的大概情形。表中的 $b(x)$ 和 $p(x)$ 分別代表二項分布和卜瓦松分布的機率函數,即

$$b(x) = \binom{n}{x} p^x (1-p)^{n-x}, \ p(x) = \frac{e^{-np}(np)^x}{x!}$$

表 5.3-1 二項分布與卜瓦松分布機率值之比較

	$n=20$,$p=0.05$		$\lambda=np=1$		$n=10$,$p=0.1$		$\lambda=np=1$
x	$b(x)$	$p(x)$	$\lvert b(x)-p(x)\rvert$	x	$b(x)$	$p(x)$	$\lvert b(x)-p(x)\rvert$
0	0.3585	0.3679	0.0094	0	0.3487	0.3679	0.0192
1	0.3774	0.3679	0.0095	1	0.3874	0.3679	0.0195
2	0.1887	0.1839	0.0048	2	0.1937	0.1839	0.0098
3	0.0596	0.0613	0.0017	3	0.0574	0.0613	0.0039
4	0.0133	0.0153	0.0020	4	0.0112	0.0153	0.0041

$n=20, p=0.05$ 的二項分布和 $n=10, p=0.1$ 的二項分布同樣都可以用 $\lambda=1$ 的卜瓦松分布來求近似機率,但是前者的 n 較大、p 較小,剛好符合「$n \geq 20$ 且 $p \leq 0.05$」的建議,而 $n=10, p=0.1$ 就不符合該建議,比較誤差 $\lvert b(x)-p(x)\rvert$ 就明顯可以看出,用 $\lambda=1$ 的卜瓦松分布求 $B(20,0.05)$ 分布的近似機率誤差較小、求 $B(10,0.1)$ 分布的近似機率誤差就較大。所以當 n 較大,$\binom{n}{x}p^x(1-p)^{n-x}$ 不好計算時,只要 p 很小,我們就可以用 $\lambda=np$ 之卜瓦松機率函數、即 $\frac{e^{-np}(np)^x}{x!}$ 來代替,算出近似機率,對 $x=0,1,\cdots,n$ 均適用。

當 n 較大、p 卻很小時,$\binom{n}{x}p^x(1-p)^{n-x} \approx \frac{e^{-np}(np)^x}{x!}$,$x=0,1,2,\cdots,n$

例 5.3-2

某製造商生產的聖誕樹裝飾用彩色小燈泡中，有 3% 屬於瑕疵品。現從商店買一盒該廠生產的 100 個小燈泡，則其中所包含的瑕疵品個數符合參數 $n = 100$、$p = 0.03$ 的二項分布。利用卜瓦松分布來求 100 個小燈泡中，瑕疵品不超過 4 個的機率。

解

令 X 代表 100 個小燈泡中，瑕疵品的個數，則題目所求為 $P(X \leq 4)$。若直接用二項分布求機率，必須計算下式：

$$P(X \leq 4) = \sum_{x=0}^{4} \binom{100}{x}(0.03)^x(0.97)^{100-x}$$

過程相當繁瑣，而 $n = 100$ 又常沒有二項分布表可查。

現在改用卜瓦松分布來逼近，參數為 $\lambda = np = 100(0.03) = 3$，則可得近似機率 $P(X \leq 4) = \sum_{x=0}^{4} \dfrac{e^{-3} 3^x}{x!} = 0.815$ (附表 3)，比用二項分布計算要簡單得多。

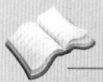

習題

1. 假設某速食店的得來速窗口在非正常用餐時間平均每 10 分鐘會有 3 位客人點餐，若令 X 為該時段半個小時內至得來速窗口點餐的人數。
   (a) 求 X 的期望值。
   (b) 求半個小時內恰有 5 位客人點餐的機率。

2. 假設某便利商店內的提款機平均每 5 分鐘會有 3 個人使用，若令 X 為 10 分鐘內使用該提款機的人數。

(a) 求 X 的期望值。

(b) 10 分鐘內至多有 2 個人使用該提款機的機率。

3. 假設台灣有 4% 的人血型是 AB 型,若從台灣任意選出 200 個人,求至多有 4 個人是 AB 型的機率。(用卜瓦松分布逼近)

5.4 機率密度函數及期望值

我們在 4.2 節介紹過離散型隨機變數的機率分布,本節介紹的是連續型隨機變數的機率分布,通常用「機率密度函數」(probability density function, 簡寫 p.d.f.) $f(x)$ 來表示,必須滿足兩個條件。

連續型隨機變數的機率密度函數 $f(x)$ 必須滿足下列條件:

1. $f(x) \geq 0$ 對所有 x 成立
2. $\int_{-\infty}^{\infty} f(x)dx = 1$

簡單來說,如果 $f(x)$ 是某一個連續型隨機變數的機率密度函數,則它必須滿足以下兩點:第一點是任何一個 x 值對應的 $f(x)$ 值都必定要大於或者等於零,第二點是在 $f(x)$ 函數圖形之下 (x 軸之上) 的總面積要等於 1,因為總面積對應的是總機率,而總機率必定等於 1。

假設有一個隨機變數 X 的機率密度函數為

$$f(x) = \begin{cases} 2x-2 & , 1 \leq x \leq 2 \\ 0 & , x < 1 \text{ 或 } x > 2 \end{cases}$$

另一種表達方式是省略等於 0 的部份、只寫出不等於 0 的部份:

$$f(x) = 2x - 2, \ 1 \leq x \leq 2$$

當我們這樣寫的時候,隱含的意思是:在 $1 \leq x \leq 2$ 以外的範圍,$f(x)$ 都等於 0。

$f(x)$ 的圖形如下。我們從圖 5.4-1 中可以看出，$f(x)$ 滿足作為一個連續型隨機變數的機率密度函數之條件；因為對於任何一個 x，$f(x)$ 的值都是大於或等於零，同時在 $f(x)$ 之下所圍出的三角形區域面積等於 1。

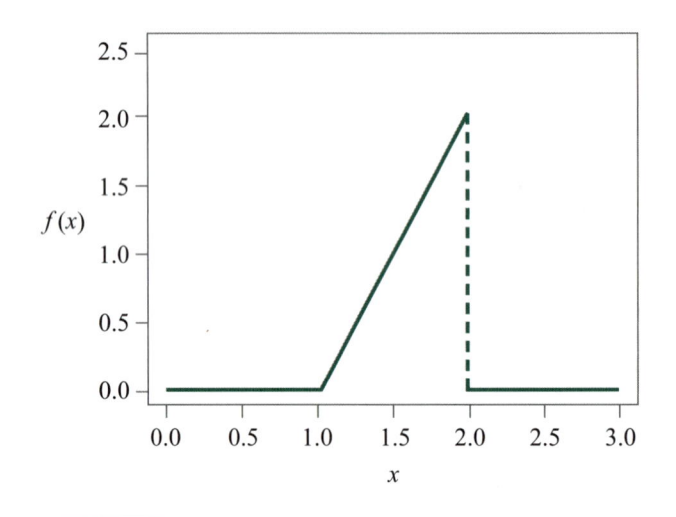

圖 5.4-1

例 5.4-1

判斷 $f(x) = \begin{cases} \dfrac{1}{2} & , 2 \leq x < 3 \\ -\dfrac{x}{4} + \dfrac{5}{4} & , 3 \leq x \leq 5 \end{cases}$ 是否符合機率密度函數的條件，其圖形如下。

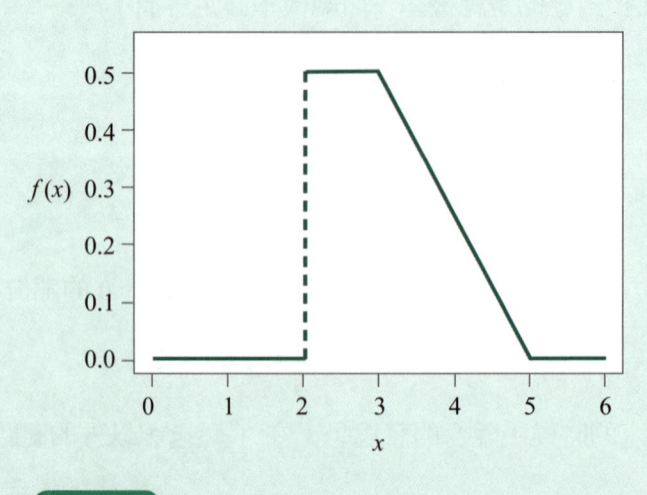

圖 5.4-2

> **解**
>
> 從圖 5.4-2 中我們可以看出
> 1. $f(x) \geq 0$ 對於所有的 x 都成立,
> 2. $f(x)$ 之下所圍出的梯形區域面積為 1。
>
> 所以 $f(x)$ 滿足作為一個機率密度函數圖形的條件。

連續型隨機變數在任何一個單獨點的機率都等於 0,所以我們在探討某個連續型隨機變數 X 的機率時,只會考慮 X 的值落在某一區間 (a,b) 內的機率,即 $P(a < X < b)$;這裡的「區間」做廣義解釋,a 有可能用 $-\infty$ 取代、b 也有可能用 ∞ 取代。當我們用 $-\infty$ 取代 a 的時候,$P(-\infty < X < b) = P(X < b)$,用 ∞ 取代 b 的時候,$P(a < X < \infty) = P(X > a)$,兩端同時用 $-\infty$ 和 ∞ 取代時,$P(a < X < b)$ 就是 $P(-\infty < X < \infty)$。假設連續型隨機變數 X 的機率密度函數是 $f(x)$,那麼 X 的值會介於 a 與 b 之間的機率,等於 $P(a < X < b) = \int_a^b f(x)dx$。因為 X 在任一單獨點的機率都等於 0,可知 $P(X = a) = P(X = b) = 0$,所以在考慮 X 落在某一區間 (a,b) 內的機率時,$P(X \geq a) = P(X > a)$ 而且 $P(X \leq b) = P(X < b)$,所以,有沒有等號、對於求連續型隨機變數的機率來說沒有差別,這個事實可以表示如下:

> 設 X 為連續型隨機變數,a, b 為實數,則
> $$P(a < X < b) = P(a \leq X < b) = P(a < X \leq b) = P(a \leq X \leq b)$$

以幾何意義來說,$P(a < X < b)$ 指的是在 $f(x)$ 圖形之下、x 軸之上,並且在 $x = a$ 和 $x = b$ 兩條垂直 x 軸的直線之間所圍出的區域之面積。一般來說,求面積必須用到積分,但若我們所要求的機率對應之區域,恰好是我們已知面積公式的幾何圖形,則不需要用到積分也可以利用面積公式將答案求出。以下有幾個例子。

例 5.4-2

假設某個隨機變數 X 的機率分布如圖 5.4-1 所示,求下列機率:

(a) $P(1 < X < 1.5)$。

(b) $P(1.3 < X < 2)$。

解

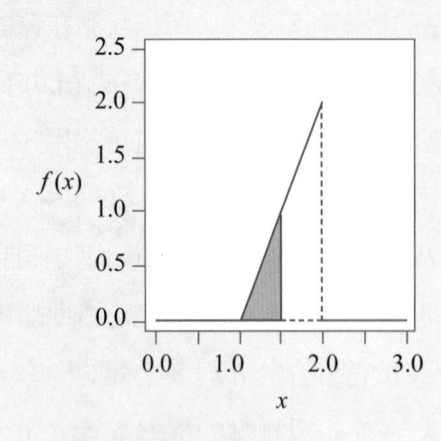

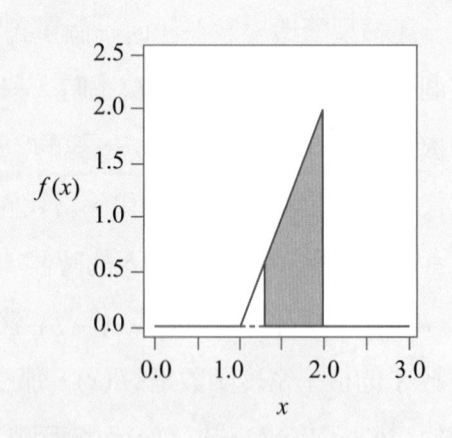

(a) 從上圖的左側圖形可看出,$P(1 < X < 1.5)$ 對應的是在 $f(x)$ 之下、x 軸之上且 x 介於 1 跟 1.5 之間所圍出的三角形區域面積,此三角形區域的底為 0.5,而高為 $f(1.5) = 2 \cdot 1.5 - 2 = 1$,所以其面積為 $(0.5 \cdot 1)/2 = \dfrac{1}{4}$。

(b) 從上圖的右側圖形可看出,$P(1.3 < X < 2)$ 對應的是在 $f(x)$ 之下、x 軸之上且 x 介於 1.3 跟 2 之間所圍出的梯形區域面積,這個梯形的上底為 $f(1.3) = 2 \cdot 1.3 - 2 = 0.6$、下底為 2,而高為 $2 - 1.3 = 0.7$,所以其面積為 $(0.6 + 2) \cdot 0.7 / 2 = 0.91$。

例 5.4-3

假設某隨機變數 X 的機率分布如圖 5.4-2 所示,求以下機率:

(a) $P(2 \leq X < 3)$。

(b) $P(4 < X \leq 5)$。

解

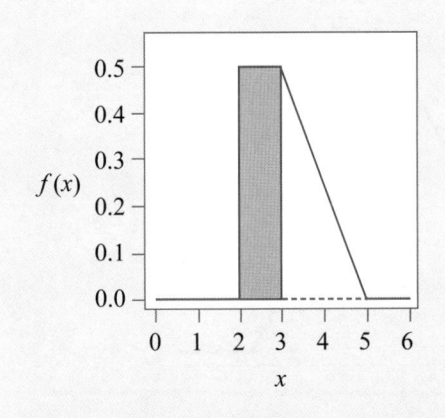

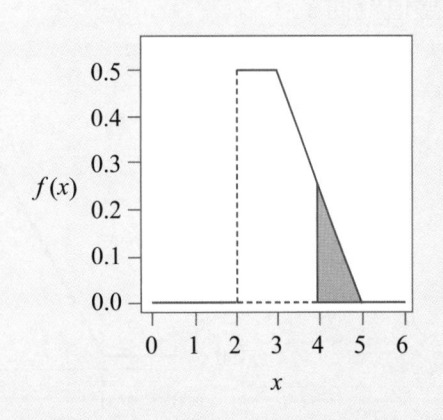

(a) 從上圖的左側圖形可看出，$P(2 \leq X < 3)$ 所對應的區域面積是在 $f(x)$ 之下、x 軸之上且 x 介於 2 跟 3 之間所圍出的長方形區域面積，其面積等於 $1 \cdot 0.5 = 0.5$。

(b) 從上圖的右側圖形可看出，$P(4 < X \leq 5)$ 所對應的區域面積是在 $f(x)$ 之下、x 軸之上且 x 介於 4 跟 5 之間所圍出的三角形區域面積，此三角形的底為 1，而高為 $f(4) = -\frac{4}{4} + \frac{5}{4} = \frac{1}{4}$，所以其面積為 $(1 \cdot \frac{1}{4})/2 = \frac{1}{8}$。

連續型隨機變數的期望值定義為 $E(X) = \mu = \int_{-\infty}^{\infty} x f(x) dx$，假設某連續分布是左右對稱的，它的期望值就會在這個分布的中心位置、也就是對稱中心，不用積分也可以找到它的值。變異數定義為

$$V(X) = \sigma^2 = E[(X - \mu)^2] = \int_{-\infty}^{\infty} (x - \mu)^2 f(x) dx$$

例 5.4-4

假設有一個隨機變數的機率分布如下圖所示，問此隨機變數的期望值為何？

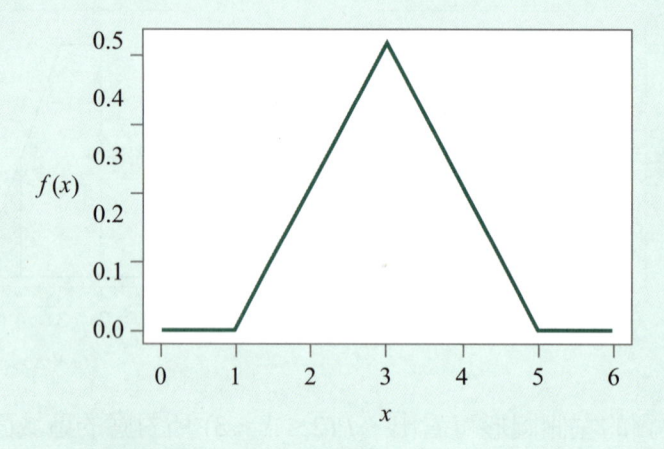

圖 5.4-3

解

因為圖 5.4-3 所顯示的機率分布是對稱的，所以它的期望值就會是在這個分布的中心位置，也就是 $E(X) = \mu = 3$。

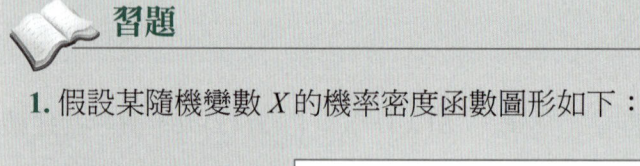

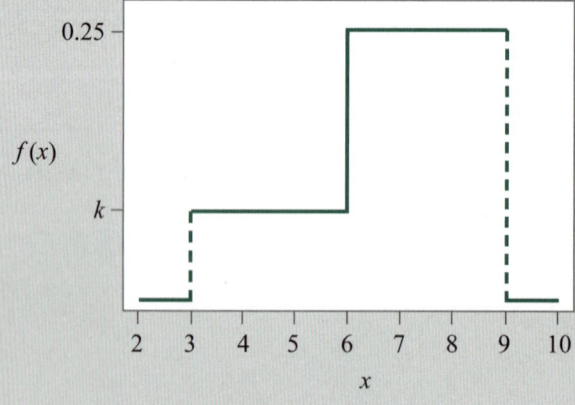

習題

1. 假設某隨機變數 X 的機率密度函數圖形如下：

求：

(a) k 的值。

(b) $P(X > 8)$。

(c) $P(4 < X < 7)$

2. 以下圖形是否滿足作為一個機率密度函數圖形之條件？請解釋。

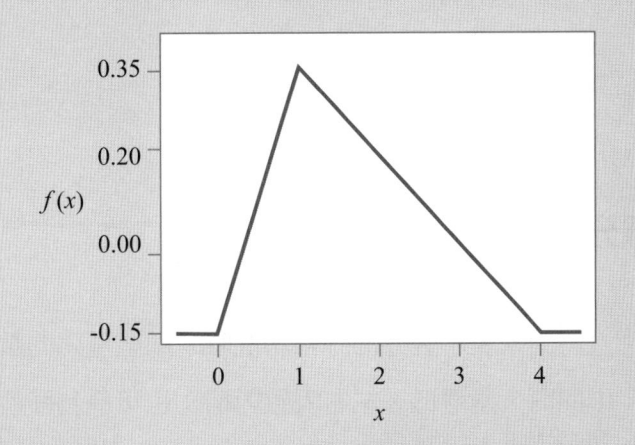

3. 假設某隨機變數 X 的機率密度函數圖形如下：

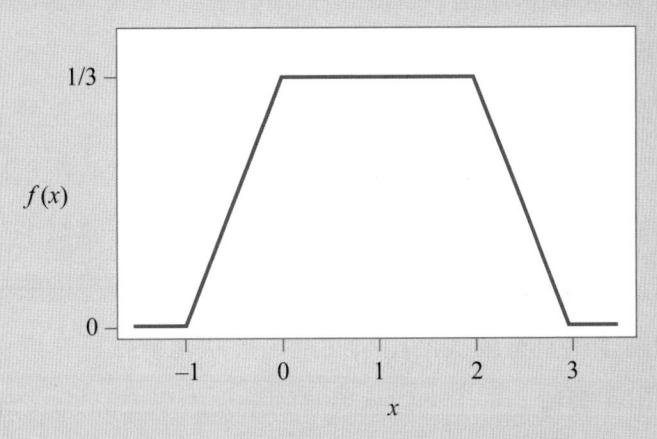

(a) 求 $P(X < 2)$。

(b) 已知 $P(X > a) = \dfrac{2}{3}$，求 a 之值。

4. 假設下圖代表某隨機變數 X 的機率密度函數，問這個隨機變數的期望值為何？

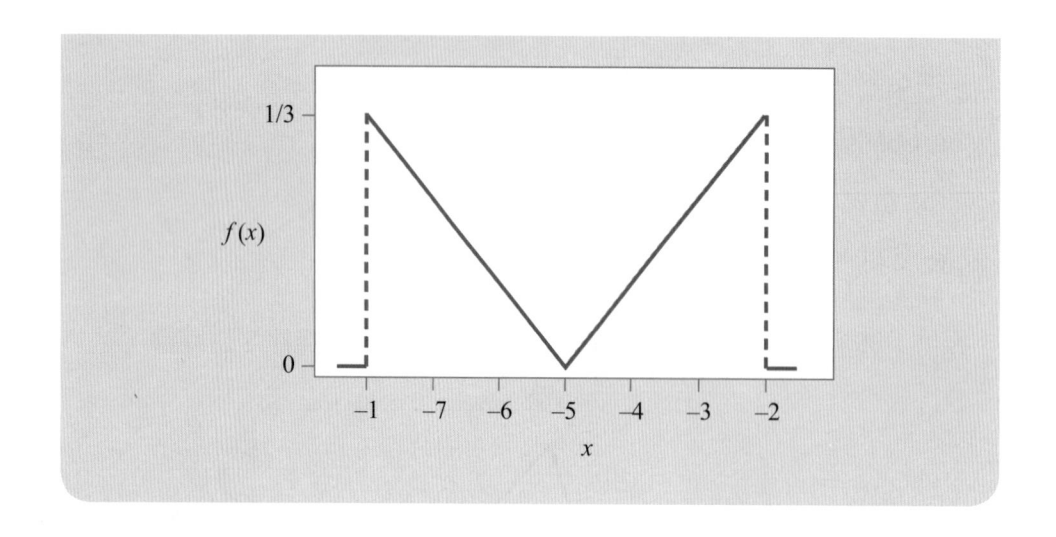

5.5 常態分布

當我們用直方圖來表示數據的分布狀況時，某些型態的數據常會出現山丘的形狀，中間高、兩邊低，左右大致對稱；也可稱為鐘型。例如某種昆蟲的身長分布就可能接近這種形狀。符合鐘型的數據可以用**常態分布** (normal distribution) 來描述，而這個分布可說是在統計學裏面最重要的分布之一、應用非常廣。

為什麼說常態分布在統計裡面非常重要呢？首先，對於某些真實數據的分布，用常態曲線可以做很好的描述。比如說當我們重複度量同一個量時，可能每次的結果都有些微差距，也就是和正確數字有誤差；通常誤差會有正有負，而且小的誤差會較多、大些的誤差則較少。如果將許許多多的誤差用直方圖表示出來的話，形狀常會接近常態曲線。最早將常態曲線用在數據上、用來描述誤差的是大數學家高斯 (Carl Friedrich Gauss, 1777~1855)，所以也有人把常態分布叫做**高斯分布** (Gaussian distribution)。另外在下一章會討論到，當我們從同一母體抽取許多樣本時，諸如樣本比例及樣本平均數這類統計量的分布，也可以用常態曲線來描述。

常態分布的機率密度函數如下：

$$f(x) = \frac{1}{\sqrt{2\pi}\,\sigma}\, e^{-\frac{1}{2}\frac{(x-\mu)^2}{\sigma^2}},\ -\infty < x < \infty$$

其中的 μ 是實數、$\sigma > 0$、$\pi = 3.14159\cdots$、$e = 2.71828\cdots$。

μ 事實上是常態分布的平均數、σ^2 是變異數。當隨機變數 X 的分布是平均數為 μ、變異數為 σ^2 的常態分布時，我們用符號 $X \sim N(\mu,\sigma^2)$ 表示。

常態分布的機率密度函數大於 0 的範圍包含了所有實數，它的圖形是對稱、單峰及**鐘形** (bell-shaped) 的，尾部下降得相當快，很快就貼近 x 軸，代表它出現極端值的機率很小。因為常態分布是對稱的，所以平均數和中位數都落在曲線的中間位置，這也是它的高峰所在。機率密度函數的形狀是由兩個參數所決定的：μ 以及 σ，它的中心位置就在 μ，而它的分散程度則是由標準差 σ 的大小所決定。圖 5.5-1 裡的三條曲線代表的是 μ 皆為 0，但 σ 不同的常態分布之機率密度函數，σ 分別等於 1、2、3。由以下的圖中我們可以看出當 μ 相同時，這些機率密度函數的中心位置是一樣的，而當 σ 愈大時其機率密度函數的分布範圍就愈廣、曲線也從「陡」而慢慢變「平」。圖 5.5-2 裡的兩條曲線代表的是 σ 同樣為 1，但 μ 不同的常態分布之機率密度函數，μ 分別等於 0 和 2。由圖中我們可以

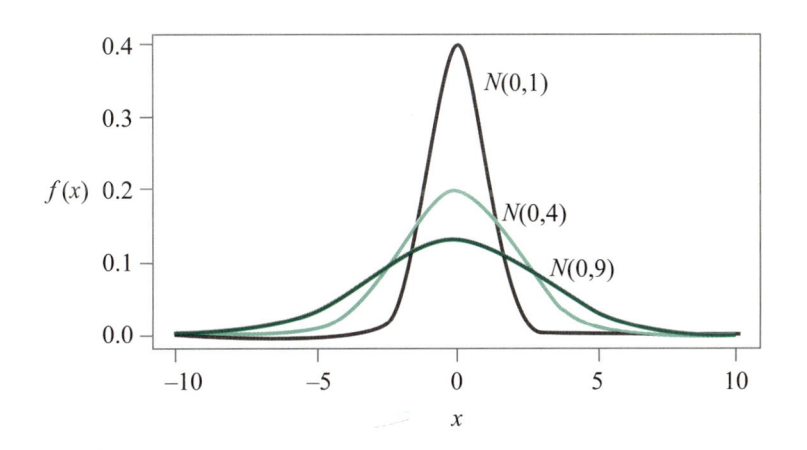

圖 5.5-1

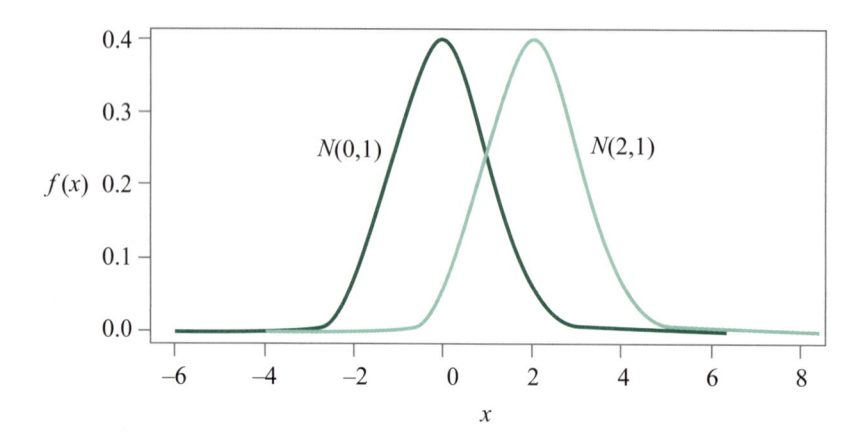

圖 5.5-2

看出，當 μ 改變而 σ 不變時，只會影響到機率密度函數的中心位置而不會影響形狀。

除了機率密度函數 $f(x)$、還有另外一個函數也常用到，就是**累積分布函數** (cumulative distribution function, 簡寫 c.d.f.)，以符號表示為 $F(x)$，定義為 $F(x) = P(X \leq x)$。$F(x)$ 所對應的是在機率密度函數 $f(x)$ 之下、x 軸之上，並且在 x 值左方的區域之面積。因為不同的 μ 和 σ 對應不同的常態分布，所以常態分布並不是一個分布、而是一「族」分布；其中平均數為 0、變異數為 1 的常態分布叫做標準常態分布，我們用符號 Z 表示，即 $Z \sim N(0,1)$，而 $F(z) = P(Z \leq z)$ 代表的就是圖 5.5-3 裡所示灰色區域之面積。

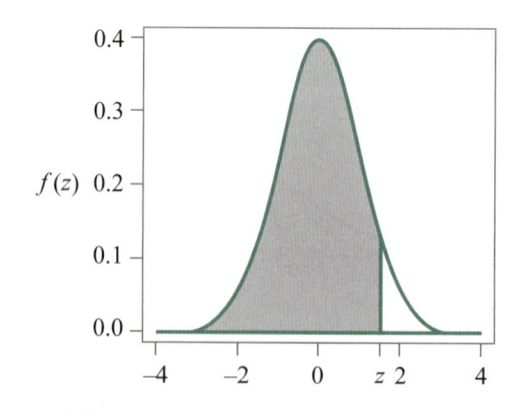

圖 5.5-3

常態分布的應用很廣，所以相關機率我們常常需要用到。教科書裏面都會提供常態分布表、列出各種機率，我們只要學習如何查表，就可以得到我們想要計算的機率。教科書列出的都是有關標準常態分布的機率，至於其他的常態分布，經過簡單處理就可以把它「變」成標準常態分布，將在稍後討論。

不同教科書的列表方式不一定相同，本書表 4 裡面所提供的數字，代表的是標準常態隨機變數 Z 的累積分布函數 $\Phi(z)$ 之值，也就是 $\Phi(z) = P(Z \leq z)$ 之值。比如我們若想要知道 Z 會小於或等於 2.15 的機率，就可以直接查表 4，過程一共有三個步驟：

1. 先從表的最左邊那一行，也就是標明 z 的那一行由上往下看，直到找出 2.1 為止。
2. 接著再從表的最上面那一列，也就是標明 z 的那一列由左向右看，直到找出 0.05 為止。
3. 找出步驟 1 裡的那一列與步驟 2 裡的那一行相交的位置，所得到的數字就是我們所要求的機率。

所以 $P(Z \leq 2.15) = 0.9842$。

例 5.5-1

假設 Z 的分布為標準常態，求：

(a) $P(Z \leq 1.73)$。

(b) $P(Z \leq 0.2)$。

(c) $P(Z < -1.58)$。

解

(a) $P(Z \leq 1.73) = \Phi(1.73) = 0.9582$。

(b) $P(Z \leq 0.2) = \Phi(0.2) = 0.5793$。

(c) $P(Z < -1.58) = \Phi(-1.58) = 0.0571$。

如果我們想要知道 Z 會介於 a 跟 b 兩個數字之間的機率，也就是圖 5.5-4 裡所示灰色區域之面積，則我們可以先求出 $P(Z<b)$，也就是圖 5.5-4 裡所示黑色區域與灰色區域的面積之和，再減掉 $P(Z \leq a)$，也就是圖 5.5-4 裡所示黑色區域的面積，就可以得到灰色區域之面積。由此可知，$P(a<Z<b) = P(Z<b) - P(Z \leq a) = P(Z<b) - P(Z<a)$。舉例來說，$P(1<Z<2) = P(Z<2) - P(Z \leq 1) = 0.9772 - 0.8413 = 0.1359$。

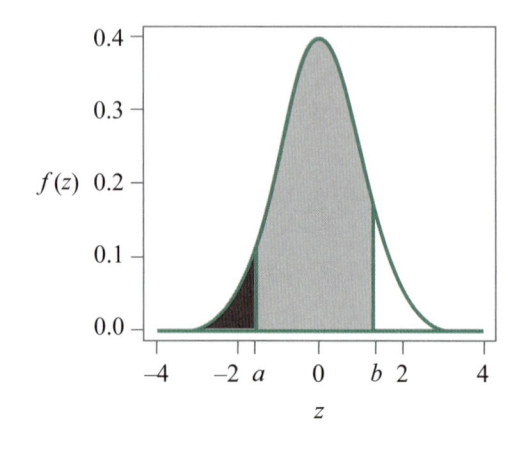

圖 5.5-4

假設我們需要知道 Z 大於某個數字 a 的機率，即 $P(Z>a)$，但是表 4 裡面卻只有提供 Z 小於某個數字的機率，則我們可以利用機率密度函數下的總面積為 1 的條件，先從表裡面查出 $P(Z \leq a)$，再用 1 減掉它，便得到我們要的機率了，也就是說，$P(Z>a) = 1 - P(Z \leq a)$。

例 5.5-2

假設 Z 的分布為標準常態，求：

(a) $P(0.81<Z<1.23)$。

(b) $P(-2.9 \leq Z \leq 1.35)$。

(c) $P(Z>-1.72)$。

解

(a) $P(0.81 < Z < 1.23) = P(Z < 1.23) - P(Z \leq 0.81) = \Phi(1.23) - \Phi(0.81)$
$= 0.8907 - 0.791 = 0.0997$

(b) $P(-2.9 \leq Z \leq 1.35) = P(Z \leq 1.35) - P(Z < -2.9) = \Phi(1.35) - \Phi(-2.9)$
$= 0.9115 - 0.0019 = 0.9096$

(c) $P(Z > -1.72) = 1 - P(Z \leq -1.72) = 1 - \Phi(-1.72) = 1 - 0.0427 = 0.9573$

如果我們現在要考慮隨機變數 X 的相關機率問題，X 的分布屬於常態一族、卻不是標準常態，則我們就沒有表可以查。此時只要先將 X 標準化之後，就可以查表了。標準化的意思，是減去平均數之後、再除以標準差，而 X 在標準化之後，它的分布會變成標準常態分布：

設 $X \sim N(\mu, \sigma^2)$，將 X 標準化之後所得的 $\dfrac{X-\mu}{\sigma}$，其分布是標準常態分布。

例 5.5-3

(a) 已知 $X \sim N(2, 9)$，將隨機變數 X 標準化成為標準常態隨機變數。

(b) 已知 $X \sim N(-3, 16)$，將隨機變數 X 標準化成為標準常態隨機變數。

解

(a) 因為 $\mu = 2$，$\sigma = 3$，所以 $Z = \dfrac{X-2}{3}$ 是標準常態隨機變數。

(b) 因為 $\mu = -3$，$\sigma = 4$，所以 $Z = \dfrac{X+3}{4}$ 是標準常態隨機變數。

假設 $X \sim N(-2,9)$，而我們需要計算 X 會介於 0 跟 1 之間的機率，即 $P(0<X<1)$。首先我們必須將 X 標準化，也就是要將 X 減去 –2 之後再除以 3，但是為了不要改變 $0<X<1$ 的機率，在不等式的每一項都必須同時減去 –2 之後再除以 3，因此不等式 $0<X<1$ 就變成

$$\frac{0-(-2)}{3} < \frac{X-(-2)}{3} < \frac{1-(-2)}{3}$$

整理之後得到 $0.67 < \frac{X+2}{3} < 1$，而 $\frac{X+2}{3}$ 是標準常態隨機變數，所以

$$P(0<X<1) = P(0.67<Z<1) = P(Z<1) - P(Z \leq 0.67)$$
$$= 0.8413 - 0.7486 = 0.0927$$

由於表裡面的 z 值只到小數點後兩位，所以將 X 標準化時要先將所求出的數字四捨五入至小數點後兩位，再進行查表。但如果求出的數字正好是 x.xx5 時，也可以用最接近的兩個數字的平均。舉例來說，假設 $X \sim N(3,16^2)$，則 $P(X<9) = P(\frac{X-3}{16} < \frac{9-3}{16}) = P(Z<0.375)$。因為 0.375 剛好在 0.37 和 0.38 的正中間，我們可以取 $P(Z<0.37)$ 以及 $P(Z<0.38)$ 的平均，也就是說

$$P(Z<0.375) = \frac{P(Z<0.37) + P(Z<0.38)}{2} = \frac{0.6443 + 0.648}{2} = 0.6462$$

比起將 0.375 四捨五入到 0.38 後查表所得的答案，這樣平均之後得到的答案，通常比較準確些。

例 5.5-4

已知 $X \sim N(1,4)$，求下列機率：

(a) $P(2.4<X<3.2)$。

(b) $P(0.5<X<1.8)$。

(c) $P(X>2)$。

解

因為 X 並非標準常態，所以必須先將 X 標準化後再查表。此題的 $\mu=1, \sigma=2$。

(a) $P(2.4 < X < 3.2) = P(\dfrac{2.4-1}{2} < \dfrac{X-1}{2} < \dfrac{3.2-1}{2}) = P(0.7 < Z < 1.1)$
$= P(Z < 1.1) - P(Z \leq 0.7) = 0.8643 - 0.758$
$= 0.1063$

(b) $P(0.5 < X < 1.8) = P(\dfrac{0.5-1}{2} < \dfrac{X-1}{2} < \dfrac{1.8-1}{2}) = P(-0.25 < Z < 0.4)$
$= P(Z < 0.4) - P(Z \leq -0.25) = 0.6554 - 0.4013$
$= 0.2541$

(c) $P(X \leq 2) = P(\dfrac{X-1}{2} \leq \dfrac{2-1}{2}) = P(Z \leq 0.5)$
$P(X > 2) = 1 - P(X \leq 2) = 1 - P(Z \leq 0.5) = 1 - 0.6915$
$= 0.3085$

例 5.5-5

假設某大學工學院的大一學生某共同科目期中考成績呈常態分布，並知其母體平均數為 62 分，母體標準差為 15 分。若隨機從這所大學的工學院裡選出 1 位大一學生，求以下事件發生的機率：

(a) 該生該科目期中考成績介於 70 分和 80 分之間。
(b) 該生該科目期中考成績及格。
(c) 若某生考得比 91.92% 的學生好，則他考了幾分？

解

令 X 代表隨機選出的學生之成績，則 $X \sim N(62, 15^2)$。

(a) $P(70 < X < 80) = P(\dfrac{70-62}{15} < \dfrac{X-62}{15} < \dfrac{80-62}{15}) = P(0.53 < Z < 1.2)$
$= P(Z < 1.2) - P(Z \leq 0.53) = 0.8849 - 0.7019$
$= 0.183$

(b) $P(X \geq 60) = P(\frac{X-62}{15} \geq \frac{60-62}{15}) = P(Z \geq -0.13) = 1 - P(Z < -0.13)$
$= 1 - 0.4483 = 0.5517$

(c) 設該生的分數是 a，則

$$0.9192 = (X \leq a) = P(\frac{X-62}{15} \leq \frac{a-62}{15}) = P(Z \leq \frac{a-62}{15})$$

查表得 $\frac{a-62}{15} = 1.4$，得 $a = 83$，該生考了 83 分。

這一小題的查表方式是和 (a), (b) 小題反過來的：先在表的內部找到 0.9192 這個數字，再回頭去找怎樣的 Z 值會對應這個機率，接下來會有詳細說明。

接著我們介紹 z_α 這個符號，它在後面的章節中經常出現。假設 Z 為標準常態隨機變數，則 z_α 滿足機率式：$P(Z > z_\alpha) = \alpha$，也就是說，隨機變數 Z 會大於 這個數字的機率是 α。用圖來表示的話，當 $z = z_\alpha$ 時，在標準常態的機率密度函數 $f(z)$ 之下、x 軸之上，並且在 z_α 右方所圍出的區域 (如圖 5.5-5 裡所示灰色區域) 之面積就等於 α。

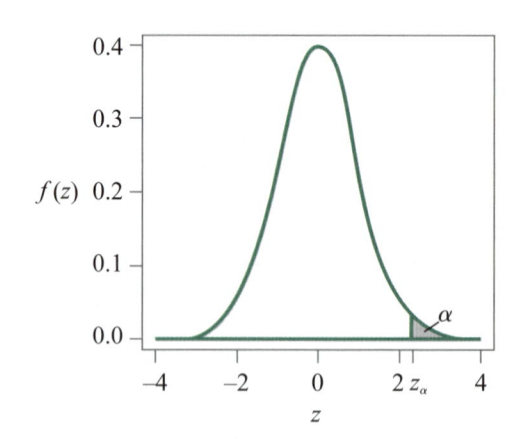

圖 5.5-5

根據定義 $P(Z > z_\alpha) = \alpha$，並知 $P(Z \leq z_\alpha) + P(Z > z_\alpha) = 1$，所以 $P(Z \leq z_\alpha) = 1 - \alpha$，由此我們就可以查表找出對應特定 α 的 z_α 值。舉例來說，

如果給定 $\alpha = 0.025$，則能夠推得 $P(Z \le z_{0.025}) = 1 - 0.025 = 0.975$。接著從表 4 裡面去找出 0.975 這個數字，然後找出 0.975 所對應的 z 值。方法如下：因為 0.975 所在的那一列最左邊的數字是 1.9，又 0.975 所在的那一行最上方之數字為 0.06，所以 $z_{0.025}$ 就等於 1.96。如果 $\alpha = 0.1$，則 $P(Z \le z_{0.1}) = 1 - 0.1 = 0.9$，但是表裡面並沒有 0.9 這個數字，我們可以用最接近 0.9 的數字代替、也就是 0.8997，而 0.8997 所對應的 z 值為 1.28，所以我們就用 1.28 當作是 $z_{0.1}$ 的值 (它實際上是近似值，但是和正確值的差別不大)。

假設 $\alpha = 0.05$，則 $P(Z \le z_{0.05}) = 1 - 0.05 = 0.95$，表裡面並沒有 0.95 這個數字，表裡面最接近 0.95 的數字共有兩個：分別是 0.9495 以及 0.9505，兩個數字和 0.95 之間的距離相同，都是 0.0005；0.9495 所對應的 z 值為 1.64，而 0.9505 所對應的 z 值為 1.65，因為 0.95 正好介於 0.9495 跟 0.9505 的正中間，所以我們就用 1.64 和 1.65 的平均值 1.645 作為 $z_{0.05}$ 之值。

例 5.5-6

查表找出 (a) $z_{0.08}$ 和 (b) $z_{0.2}$ 的值。

解

(a) $P(Z \le z_{0.08}) = 1 - 0.08 = 0.92$，經由查表可得 $z_{0.08} = 1.41$。

(b) $P(Z \le z_{0.2}) = 1 - 0.2 = 0.8$，經由查表可得 $z_{0.2} = 0.84$。

例 5.5-7

若 $X \sim N(\mu, \sigma^2)$，求：

(a) $P(\mu - \sigma < X < \mu + \sigma)$。

(b) $P(\mu - 2\sigma < X < \mu + 2\sigma)$。

(c) $P(\mu - 3\sigma < X < \mu + 3\sigma)$。

解

(a) $P(\mu - \sigma < X < \mu + \sigma) = P(-\sigma < X - \mu < \sigma) = P(-1 < \dfrac{X-\mu}{\sigma} < 1)$
$= P(Z < 1) - P(Z \leq -1) = 0.8413 - 0.1587$
$= 0.6826$

同理可得

(b) $P(\mu - 2\sigma < X < \mu + 2\sigma) = P(Z < 2) - P(Z \leq -2) = 0.9772 - 0.0228$
$= 0.9544$

(c) $P(\mu - 3\sigma < X < \mu + 3\sigma) = P(Z < 3) - P(Z \leq -3) = 0.9987 - 0.0013$
$= 0.9974$

為了好記，有人把以上結果整理成下述規則：

68-95-99.7 規則

在任何常態分布當中，大約有

68% 的觀測值，落在距平均數一個標準差的範圍內。

95% 的觀測值，落在距平均數兩個標準差的範圍內。

99.7% 的觀測值，落在距平均數三個標準差的範圍內。

例 5.5-8

假設台灣某大學女學生的身高接近常態分布，身高平均數為 160 公分，標準差為 4 公分，利用 68-95-99.7 規則，則我們不用查表就可以知道：該校約有 68% 的女學生身高介於 156 公分與 164 公分之間，約有 95% 的女學生身高介於 152 公分與 168 公分之間，且有 99.7% 的女學生身高介於 148 公分與 172 公分之間。

68-95-99.7 規則應用起來相當方便，但是犧牲了一些準確性 (比如 95%實際上應該是 95.44%)，我們若有表可查時還是應該查表，才能得到更準確的答案。

例 5.5-9

若 $X \sim N(\mu, \sigma^2)$,利用契比雪夫不等式,計算 $P(\mu - 2\sigma < X < \mu + 2\sigma)$ 的下限並和實際機率做比較。

解

$$P(\mu - 2\sigma < X < \mu + 2\sigma) = P(-2\sigma < X - \mu < 2\sigma)$$
$$= P(|X - \mu| < 2\sigma) \geq 1 - \frac{1}{2^2} = 0.75$$

實際機率 .9544 比此下限高了不少。

以下常態分布的性質,常會應用到:

常態隨機變數線性函數之分布
若 $X \sim N(\mu, \sigma^2)$,a, b 為常數,則 $aX + b \sim N(a\mu + b, a^2\sigma^2)$

例 5.5-10

用上述性質驗證,若 $X \sim N(\mu, \sigma^2)$,則 $\dfrac{X - \mu}{\sigma} \sim N(0, 1)$。

解

$\dfrac{X - \mu}{\sigma} = \dfrac{1}{\sigma} X - \dfrac{\mu}{\sigma}$,根據上述性質、它的分布是常態分布,平均數為 $\dfrac{1}{\sigma} \cdot \mu + (-\dfrac{\mu}{\sigma}) = 0$、變異數為 $\left(\dfrac{1}{\sigma}\right)^2 \sigma^2 = 1$。

例 5.5-11

若隨機變數 $X \sim N(-2, 5)$,則 $2X + 3$ 的分布是什麼?

解

$2X+3$ 的分布是常態，平均數為 $2 \cdot (-2)+3 = -1$，變異數為 $4 \cdot 5 = 20$。

雖然常態分布應用很廣，但在使用時一定要注意是否適用。以前許多考試的成績都相當符合常態分布，還有老師會利用常態曲線來調分數；現在以大學數學科目的分數為例，各式各樣的奇怪分布都可能出現，其中大部份可能已不適合用常態分布來描述了。另外，大部份的收入分布是右偏的，因此不是常態分布。如果硬要用常態分布來描述，也可能會和實際情況差很多。

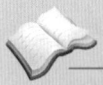

習題

1. 已知 $X \sim N(5, 10^2)$，求下列機率：
   (a) $P(2.1 < X < 6.8)$。
   (b) $P(X > -13.7)$。
   (c) $P(X < 15.6)$。

2. 已知 $Z \sim N(0,1)$，並知 $P(Z > a) = 0.121$、$P(Z < b) = 0.9975$。求 a 與 b 之值。

3. (a) 找出 $z_{0.025}$ 之值。(b) 找出 $z_{0.01}$ 之值。

4. 假設就讀某大學的學生每星期花在唸書上的時間平均是 8 個小時，標準差是 2.5 個小時，並知該大學的學生每個星期花在唸書上的時間呈常態分布。如果隨機從該校選取一名學生，求以下機率：
   (a) 這個學生每星期花超過 15 個小時在唸書。
   (b) 這個學生每星期花 5 到 10 個小時在唸書。

(c) 這個學生每星期花少於 3 個小時在唸書。

5. 假設台灣成年男性的身高分布為常態，且知其平均為 170.2 公分，而標準差為 3.5 公分。如果林先生的身高比 67% 的台灣成年男性高，問其身高為何？

6. 假設隨機變數 $X \sim N(-3, 2)$，求 (a) $3X - 5$ 的分布，(b) $-X + 3$ 的分布。

5.6 其他連續分布

在這一節裡面我們要介紹另外幾個常用的連續型機率分布，首先要介紹的是均勻分布 (uniform distribution)。假設隨機變數 X 在區間 $[a,b]$ 上呈現均勻分布，我們用符號表示為 $X \sim U(a,b)$；叫做均勻分布是因為對於任何一個在 $[a,b]$ 區間內的 x，其 $f(x)$ 的值都一樣。如果 $X \sim U(a,b)$，則 X 的機率密度函數可用以下式子表示：

$$f(x) = \begin{cases} \dfrac{1}{b-a} & , a \leq x \leq b \\ 0 & , 其他 \end{cases}$$

X 的期望值為 $\mu = \dfrac{a+b}{2}$，而標準差為 $\sigma = \dfrac{b-a}{\sqrt{12}}$。

任何一個均勻分布的隨機變數 X 之機率密度函數都是水平直線，如圖 5.3-1 所示：

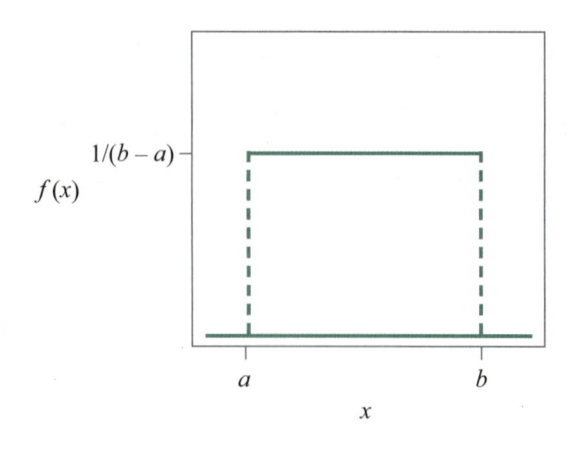

圖 5.6-1

假設某隨機變數 X 在區間 $[a,b]$ 上呈均勻分布,而我們想知道此隨機變數 X 介於 c 和 d 兩個數字之間的機率 $(a \leq c < d \leq b)$;因為這個機率所對應的是圖 5.6-2 裡所示灰色長方形的面積,因此明顯可知 $P(c < X < d) = \dfrac{d-c}{b-a}$。詳細來看的話,因為 X 在整個區間 $[a,b]$ 上的分布是均勻的,所以 $f(x)$ 在區間 $[a,b]$ 上的值是常數 (是固定的,不會隨著 x 值變化)。如果用 k 表示這個常數,則因為 $f(x)$ 圖形之下總面積會等於 1,而長方形面積等於底乘以高,$(b-a) \cdot k = 1$,所以可得 $k = \dfrac{1}{b-a}$。$a \leq c < d \leq b$ 時,$P(c < X < d)$ 就是底邊從 c 到 d 的長方形面積,所以 $P(c < X < d) = (d-c) \cdot \dfrac{1}{b-a} = \dfrac{d-c}{b-a}$。

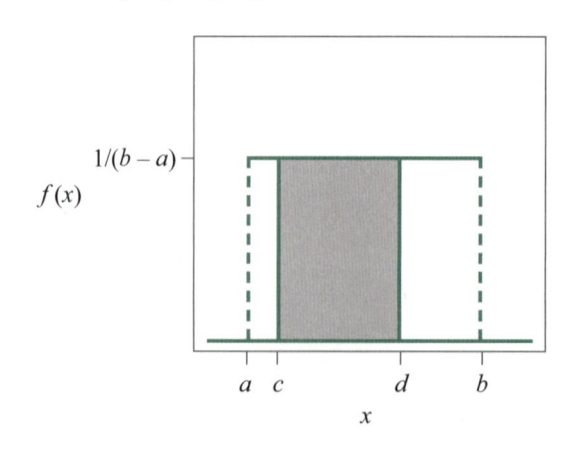

圖 5.6-2

在所有連續型分布裡面，均勻分布的機率是最好計算的了。然而計算時需要留意一件事：如果需要計算機率的範圍超出區間 $[a,b]$ 之外的話，首先要把它調整到 $[a,b]$ 範圍之內、然後才來計算，因為在 $[a,b]$ 以外 $f(x)$ 的值是 0，所以在計算 $P(c<X<d)$ 時，我們只考慮區間 (c,d) 和區間 $[a,b]$ 的交集部份。

例 5.6-1

假設 $X \sim U(2,6)$，求以下機率：

(a) $P(3<X<5)$。

(b) $P(X>4)$。

(c) $P(X<2.5)$。

解

(a) $P(3<X<5) = \dfrac{5-3}{6-2} = \dfrac{1}{2}$。

(b) $P(X>4) = P(4<X<6) = \dfrac{6-4}{6-2} = \dfrac{1}{2}$。

(c) $P(X<2.5) = P(2<X<2.5) = \dfrac{2.5-2}{6-2} = \dfrac{1}{8}$。

例 5.6-2

假設 $X \sim U(-2,3)$，求以下機率：

(a) $P(1 \leq X \leq 4)$。

(b) $P(X<0$ 或 $X>2)$。

(c) $P(X>-1)$。

解

(a) $P(1 \leq X \leq 4) = P(1 \leq X \leq 3) = \dfrac{3-1}{3-(-2)} = \dfrac{2}{5}$。

(b) $P(X<0$ 或 $X>2) = P(-2<X<0$ 或 $2<X<3)$
$$= \frac{0-(-2)+3-2}{3-(-2)} = \frac{3}{5}。$$

(c) $P(X>-1) = P(-1<X<3) = \frac{3-(-1)}{3-(-2)} = \frac{4}{5}。$

例 5.6-3

王小美平日都在信義新生站搭乘 642 路公車去上學,假設 642 路公車的等候時間呈均勻分布 ($a=0, b=12$)。某天早上王小美要去上學,求她等候 642 路公車的時間

(a) 超過 10 分鐘的機率。

(b) 不到 5 分鐘的機率。

(c) 介於 8 到 15 分鐘之間的機率。

解

假設 X 為王小美在任何一天等候 642 路公車所花的時間,

(a) $P(X>10) = \frac{12-10}{12-0} = \frac{1}{6}。$

(b) $P(X<5) = \frac{5-0}{12-0} = \frac{5}{12}。$

(c) $P(8<X<15) = P(8<X<12) = \frac{12-8}{12} = \frac{1}{3}。$

本節要介紹的第二種連續型機率分布叫做指數分布 (exponential distribution),其機率密度函數大於 0 的範圍,也就是可能值的範圍是所有的正實數。假設隨機變數 X 呈現指數分布,參數為 λ (唸做「lambda」,b 不發音,是一個大於 0 的常數),我們用符號表示為 $X \sim \exp(\lambda)$,而它的機率密度函數如下:

$f(x) = \lambda e^{-\lambda x}, x>0$,其期望值和變異數分別為 $E(X) = \mu = \frac{1}{\lambda}$ 以及

$\sigma^2 = \dfrac{1}{\lambda^2}$。

指數分布的形狀取決於參數 λ 的值，圖 5.6-3 裡所顯示的三條曲線分別是對應不同的 λ 值所畫出之機率密度函數：

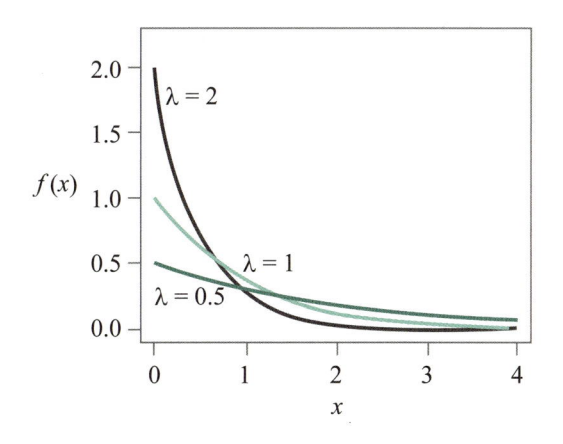

圖 5.6-3

如果隨機變數 $X \sim \exp(\lambda)$，則 $P(X \geq a) = \int_a^\infty \lambda e^{-\lambda x} dx = e^{-\lambda a}$，也就是說圖 5.6-4 裡的灰色區域之面積 $A = P(X \geq a) = e^{-\lambda a}$，由於機率密度函數之下的總面積等於 1，因此可知 $P(X < a) = 1 - A = 1 - e^{-\lambda a}$。若要計算 X 介於 a 跟 b 兩個數字之間的機率，則我們可以由 $P(X < a) = 1 - e^{-\lambda a}$ 推得

$$P(a < X < b) = P(X < b) - P(X \leq a) = 1 - e^{-\lambda b} - (1 - e^{-\lambda a}) = e^{-\lambda a} - e^{-\lambda b}$$

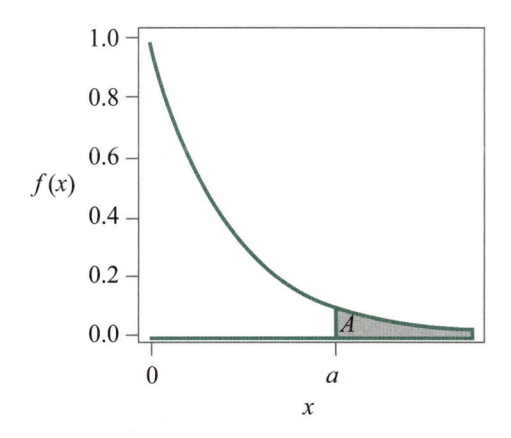

圖 5.6-4

例 5.6-4

假設隨機變數 $X \sim \exp(0.2)$，求：

(a) X 的期望值以及標準差。

(b) $P(X < 0.5)$。

(c) $P(0.2 < X < 0.4)$。

解

(a) $E(X) = \dfrac{1}{0.2} = 5, \sigma = \dfrac{1}{0.2} = 5$

(b) $P(X < 0.5) = 1 - e^{-5 \cdot 0.5} = 1 - e^{-2.5} = 0.9179$

(c) $P(0.2 < X < 0.4) = P(X < 0.4) - P(X < 0.2) = e^{-5 \cdot 0.2} - e^{-5 \cdot 0.4} = e^{-1} - e^{-2}$
$= 0.5032$

例 5.6-5

假設某速食店的外帶窗口前後兩位顧客抵達的間隔時間是呈指數分布 ($\lambda = 0.5$)，如果有一位顧客剛剛離開外帶窗口，求以下事件發生的機率：

(a) 下一位顧客在 5 分鐘以後抵達。

(b) 下一位顧客在 3 分鐘之內抵達。

(c) 下一位顧客在 2 到 4 分鐘之間抵達。

解

令 X 為下一位顧客抵達時距離前一位顧客離開所經過的時間，

(a) $P(X > 5) = e^{-0.5 \cdot 5} = e^{-2.5} = 0.082$。

(b) $P(X < 3) = 1 - e^{-0.5 \cdot 3} = 1 - e^{-1.5} = 0.7769$。

(c) $P(2 < X < 4) = e^{-0.5 \cdot 2} - e^{-0.5 \cdot 4} = 0.2325$。

例 5.6-6

假設新竹市某計程車行前後兩位客人叫車的電話之間隔時間是呈指數分布 ($\lambda = 1$)，如果該車行才剛接完一支電話，求以下事件發生的機率：

(a) 下一通電話在 1 分鐘內打進來。
(b) 下一通電話在 4 分鐘之後打進來。
(c) 下一通電話在 2 到 5 分鐘之間打進來。

解

令 X 為下一通電話打進來時所經過的時間，

(a) $P(X < 1) = 1 - e^{-1} = 1 - 0.3679 = 0.6321$
(b) $P(X > 4) = e^{-1 \cdot 4} = e^{-4} = 0.0183$
(c) $P(2 < X < 5) = e^{-2} - e^{-5} = 0.1286$

接著介紹的連續型機率分布叫做卡方分布 (chi-square distribution)，它的可能值的範圍是所有的正實數，有一個參數叫做自由度 (degrees of freedom, 簡寫 d.f.)。如果隨機變數 X 呈卡方分布，且自由度為 k，則我們用符號表示為 $X \sim \chi_k^2$。卡方分布在統計裡面很常用 (其應用將出現在第 12 章)，它和常態隨機變數也有密切的關係如下：假設有 k 個隨機變數 $Z_1, Z_2, \cdots, Z_k$ 均為標準常態分布，且互相獨立，則 $\sum_{i=1}^{k} Z_i^2 = Z_1^2 + Z_2^2 + \cdots + Z_k^2$ 會呈現自由度為 k 的卡方分布。

卡方分布的形狀決定於其自由度 k，它的機率密度函數形狀呈現右偏，當自由度增加時，機率密度函數的圖形會漸漸趨向於對稱。圖 5.6-5 裡所示的三條曲線分別是對應不同自由度的機率密度函數，自由度分別是 5、10 和 20。由此圖中我們可以清楚的看出當卡方分布的自由度增加時，其對應的機率密度函數之圖形會漸漸趨於對稱。

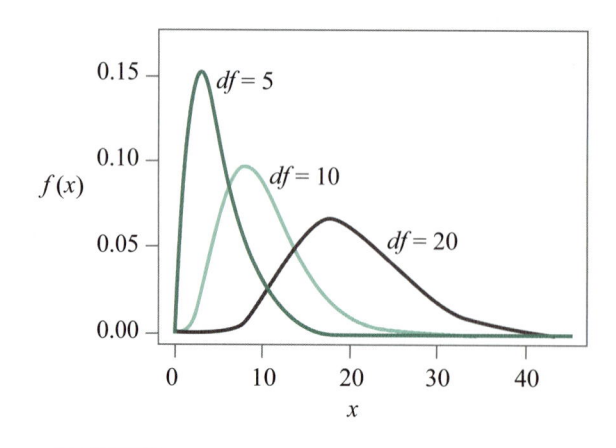

圖 5.6-5

和常態分布一樣，卡方分布的相關機率也有表可以查。若隨機變數 X 的分布為自由度 k 的卡方，本書卡方分布機率表 (表 5) 提供的是機率密度函數右尾面積等於 α 時所對應之 $\chi^2_{k,\alpha}$ 值，也就是說 $\chi^2_{k,\alpha}$ 會滿足 $P(X \geq \chi^2_{k,\alpha}) = \alpha$，如下圖所示：

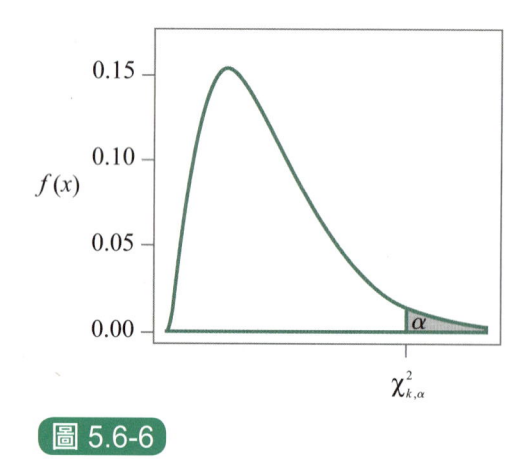

圖 5.6-6

表 5 裡的最左邊一行是卡方分布的自由度，而最上面一列是機率密度函數的右尾面積 α。假設某個隨機變數 $X \sim \chi^2_3$，而我們想要查 $\chi^2_{3,0.05}$ 之值，查表的步驟如下：

1. 先從表的最左邊一行由上往下看，找出自由度為 3 的那一列。
2. 從表的最上面一列找出標明 0.05 的那一行。

3. 找出步驟 1 裡的那一列與步驟 2 裡的那一行相交的位置，所得到的數字就是我們要查的值，所以 $\chi^2_{3,0.05} = 7.81$。

例 5.6-7

利用表 5 查出 $\chi^2_{12,0.05}$、$\chi^2_{21,0.1}$ 以及 $\chi^2_{2,0.01}$ 之值。

解

$\chi^2_{12,0.05} = 21$、$\chi^2_{21,0.1} = 29.6$、$\chi^2_{2,0.01} = 9.21$。

例 5.6-8

已知隨機變數 X 和 Y 都符合卡方分布，假設 $P(X > 30.143) = 0.05$，而 $P(Y > 12.017) = 0.1$，查表分別找出 X 和 Y 的分布之自由度。

解

由表 5 查出 $\chi^2_{19,0.05} = 30.143$、$\chi^2_{7,0.1} = 12.017$，所以 X 分布之自由度為 19，而 Y 分布之自由度為 7。

例 5.6-9

如果 $X \sim \chi^2_8$，求以下機率：

(a) $P(X < 3.49)$。

(b) $P(2.18 \leq X \leq 20.09)$。

解

(a) 由表 5 得知 $P(X > 3.49) = 0.9$，所以 $P(X < 3.49) = 1 - 0.9 = 0.1$。

(b) $P(2.18 \leq X \leq 20.09) = P(X \geq 2.18) - P(X > 20.09)$
$= 0.975 - 0.01 = 0.965$。

因為卡方分布機率表提供的是對應特定 α 值的 $\chi^2_{k,\alpha}$，所以我們想要知道的機率值未必能在表中找到，這時只能找到機率的範圍，我們用下個例子說明。

例 5.6-10

假設 $X \sim \chi^2_5$，查表求下列機率的範圍：
(a) $P(X>10)$。
(b) $P(X>18)$。

解

(a) 因為 $P(X>11.07) < P(X>10) < P(X>9.236)$，而根據表 5 我們知道 $P(X>9.236)=0.1$、$P(X>11.07)=0.05$，所以 $0.05 < P(X>10) < 0.1$。

(b) 因為 $P(X>18) < P(X>16.748)$，而 $P(X>16.748)=0.005$，所以 $P(X>18) < 0.005$。

接下來介紹的連續型機率分布叫做 F 分布 (F distribution)，它的可能值範圍是所有的正實數。符合 F 分布的隨機變數常是這樣建構出來的：假設某個隨機變數 $X \sim \chi^2_m$，而另外一個隨機變數 $Y \sim \chi^2_n$，且 X 和 Y 互相獨立，則 $F = \dfrac{X/m}{Y/n}$ 呈現 F 分布，其分子的自由度為 m、分母的自由度為 n，我們將它的自由度以 $df=(m,n)$ 表示，而將其分布用符號表示為 $F \sim F_{m,n}$；此分布的應用將出現在第 9 及第 10 章。

F 分布的形狀取決於其分子和分母的自由度，它的機率密度函數形狀呈現右偏。圖 5.6-7 裡所示的三條曲線分別是對於不同的分子和分母自由度所畫出之機率密度函數，自由度分別是 $df=(3,5)$、$df=(5,25)$ 和 $df=(20,15)$。

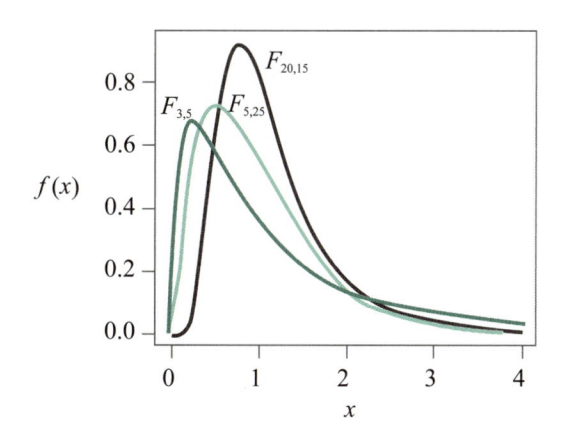

圖 5.6-7

當 $X \sim F_{m,n}$，本書的 F 機率分布表 (表 6) 提供的是其機率密度函數的右尾面積等於 α 時所對應之 $f_{m,n,\alpha}$ 值，即 $f_{m,n,\alpha}$ 會滿足 $P(X \geq f_{m,n,\alpha}) = \alpha$，如圖 5.6-8 所示：

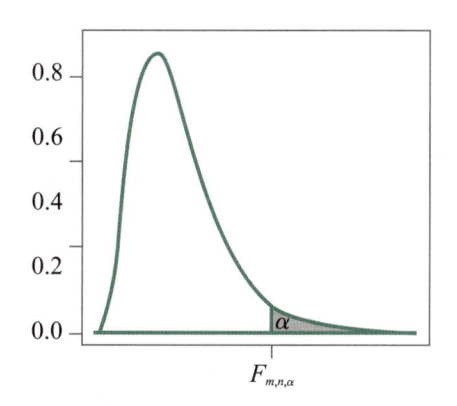

圖 5.6-8

表 6 裡的最上面一列是 F 分布的分子自由度，最左邊一行是 F 分布的分母自由度，而其機率密度函數的右尾 α 標明於表的上方。假設某個隨機變數 $X \sim F_{3,12}$，而我們想要查 $f_{3,12,0.01}$ 之值，查表的步驟如下：

1. 先找出標明 $\alpha = 0.01$ 的 F 機率表。
2. 從表的最上面一列由左向右看，找出自由度為 3 的那一行。

3. 從表的最左邊一行由上往下看，找出自由度為 12 的那一列。
4. 找出步驟 1 裡的那一行與步驟 2 裡的那一列相交的位置，所得到的數字就是我們要查的值，所以 $f_{3,12,0.01} = 5.95$。

例 5.6-11

利用表 6 查出 $f_{10,15,0.01}$、$f_{3,20,0.05}$ 以及 $f_{7,10,0.025}$ 之值。

解

$f_{10,15,0.01} = 3.8$、$f_{3,20,0.05} = 3.1$、$f_{7,10,0.025} = 3.95$。

例 5.6-12

已知隨機變數 X 呈現 F 分布，如果 $P(X > 5.19) = 0.05$，而 $P(X > 7.39) = 0.025$，求 X 分布的自由度。

解

由表 6 查出 $f_{4,5,0.05} = 5.19$、$f_{4,5,0.025} = 7.39$，所以 X 分布的自由度為 $df = (4, 5)$。

例 5.6-13

如果 $X \sim F_{6,20}$，求以下機率：

(a) $P(X < 3.13)$。
(b) $P(2.6 \leq X \leq 3.87)$。

解

(a) 由表 6 得知 $P(X > 3.13) = 0.025$，所以

$$P(X < 3.13) = 1 - 0.025 = 0.975$$

(b) $P(2.6 \leq X \leq 3.87) = P(X \leq 3.87) - P(X < 2.6)$
$= 1 - P(X > 3.87) - [1 - P(X \geq 2.6)]$
$= P(X \geq 2.6) - P(X > 3.87) = 0.05 - 0.01 = 0.04$

例 5.6-14

假設 $X \sim F_{2,17}$，查表求下列機率的範圍：

(a) $P(X > 4.28)$。

(b) $P(X > 8.73)$。

解

(a) 因為 $P(X > 4.62) < P(X > 4.28) < P(X > 3.59)$，而根據表 6 我們知道 $P(X > 4.62) = 0.025$、$P(X > 3.59) = 0.05$，所以
$$0.025 < P(X > 4.28) < 0.05$$

(b) 因為 $P(X > 8.73) < P(X > 6.11)$，而 $P(X > 6.11) = 0.01$，所以
$$P(X > 8.73) < 0.01$$

習題

1. 假設 $X \sim U(10,15)$，求

   (a) X 的期望值以及變異數。

   (b) $P(8 \leq X \leq 12)$。

   (c) $P(X < 12$ 或 $X > 14)$。

2. 李太太喜歡買某家麵包店剛出爐的麵包，但她喜歡的麵包出爐時間並不固定，假設她到店裡之後，需要等候麵包出爐所花的時間 (以分鐘為單位) 呈均勻分布 ($a = 0, b = 35$)，求下列機率：

   (a) 李太太須等候半個小時以上。

(b) 李太太等候的時間在 20 分鐘以內。

(c) 李太太等候的時間介於 15 分鐘到 30 分鐘之間。

3. 假設隨機變數 $X \sim \exp(2)$，求

   (a) X 的期望值以及標準差。

   (b) $P(X < 0.6)$。

   (c) $P(1 < X < 1.5)$。

4. 假設某個牌子的電燈泡壽命 (小時) 呈指數分布 ($\lambda = 0.001$)，若隨機選出一顆該公司的燈泡，求以下機率：

   (a) 這顆燈泡壽命超過 500 小時。

   (b) 這顆燈泡壽命不到 240 小時。

   (c) 這顆燈泡壽命在 600 小時到 1200 小時之間。

   (d) 請問這個牌子的燈泡平均壽命為何？

5. 假設小劉在某家書店的結帳櫃台打工，並知前後兩位客人到櫃台結帳的間隔時間呈指數分布 ($\lambda = 0.05$)。如果有一位客人剛剛結完帳離開，求以下機率：

   (a) 在 10 分鐘以內就有一位客人到櫃台結帳。

   (b) 在 40 分鐘以後才有一位客人到櫃台結帳。

   (c) 請問小劉平均要等多久才會有客人到櫃台結帳？

6. 利用表 5 查出 $\chi^2_{8,0.01}$、$\chi^2_{10,0.05}$ 以及 $\chi^2_{23,0.1}$ 之值。

7. 已知隨機變數 X 呈卡方分布，假設 $P(X < 32) = 0.99$，求 X 的分布之自由度。

8. 如果 $X \sim \chi^2_{15}$，查表求以下機率：

   (a) $P(X < 6.262)$。

   (b) $P(8.547 < X \leq 30.578)$。

9. 假設 $X \sim \chi^2_{11}$，求下列機率的範圍：

   (a) $P(X > 25)$。

   (b) $P(X > 18)$。

   (c) $P(X > 32)$。

10. 查表找出 $F_{2,10,0.05}$、$F_{12,19,0.01}$ 以及 $F_{8,17,0.025}$ 之值。

11. 已知隨機變數 X 呈現 F 分布，如果 $P(X > 3.46) = 0.01$，而 $P(X > 2.39) = 0.05$，求 X 的分布之自由度。

12. 如果 $X \sim F_{3,17}$，求以下機率：

    (a) $P(X < 3.2)$。

    (b) $P(4.01 < X \leq 5.18)$。

13. 假設 $X \sim F_{5,8}$，求下列機率的範圍：

    (a) $P(X > 5.79)$。

    (b) $P(X > 2.83)$。

重點摘要

1. 隨機變數 X 若符合以下描述，即稱為**二項隨機變數**，其分布稱為**二項分布**，參數為 n 及 p，用符號 $X \sim B(n, p)$ 表示：

   (a) 同一隨機試驗重複做 n 次。

   (b) 每一次試驗的結果只有兩種可能：成功 (S) 或失敗 (F)。

   (c) 每一次試驗的成功機率相同，用 p 代表。

   (d) 各次試驗之間相互獨立。

   (e) X 等於 n 次試驗的成功總次數。

2. 第一項的試驗若只做一次，則叫做伯努利試驗。此時若令 X 等於試驗的成功次數，則 X 的可能值只有 0 或 1 (結果得到「成功」則 $X=1$，否則 $X=0$)，我們稱 X 為伯努利隨機變數，參數為 $p = P(X=1)$。

3. 若 $X_1, X_2, \cdots, X_n$ 為互相獨立的伯努利隨機變數，$p = P(X_i = 1)$，則 $\sum_{i=1}^{n} X_i$ 的分布是參數為 n、p 之二項分布。

4. 若 $X \sim B(n, p)$，則 X 的機率函數為

$$p(x) = \begin{cases} \binom{n}{x} p^x (1-p)^{n-x}, & x = 0, 1, \cdots, n \\ 0, & \text{其他} \end{cases}$$

X 之期望值和變異數公式為

$$E(X) = np$$
$$V(X) = np(1-p)$$

5. 重複同一伯努利試驗 (每一次試驗的成功機率為 p，$0 < p < 1$)，各次之間互相獨立，直到出現第一次成功，令所需試驗的次數為 Y，則 Y 的分布叫做參數為 p 的幾何分布，其機率函數如下：

$$g(y) = P(Y = y) = (1-p)^{y-1} p, \quad y = 1, 2, 3, \cdots$$

期望值和變異數如下：

$$E(Y) = \frac{1}{p}$$
$$Var(Y) = \frac{1-p}{p^2}$$

6. 若 X 為參數 N、M、n 的超幾何隨機變數，則其機率函數為

$$p(x) = P(X=x) = \frac{\binom{M}{x}\binom{N-M}{n-x}}{\binom{N}{n}}, x=0,1,\cdots,n$$

x 為非負整數，此處假設當 $m > n$ 時，$\binom{n}{m} = 0$。X 之期望值和變異數公式為

$$E(X) = \frac{nM}{N} = n\left(\frac{M}{N}\right)$$

$$V(X) = n\left(\frac{M}{N}\right)\left(1 - \frac{M}{N}\right)\left(\frac{N-n}{N-1}\right)$$

7. 當 N 很大、n 卻很小時，參數 N、M、n 的超幾何隨機分布，可以用參數為 n 和 $p = \frac{M}{N}$ 的二項分布來逼近。

8. 參數為 λ 的卜瓦松隨機變數 X，其機率函數為

$$p(x) = P(X=x) = \frac{e^{-\lambda}\lambda^x}{x!}, x=0,1,2,\cdots$$

上式中的 e 為實數，$e = 2.71828\cdots$。其期望值和變異數為 $E(X) = \lambda$, $Var(X) = \lambda$。

9. 當 n 較大、p 卻很小時，可以證明二項分布的機率函數很接近參數為 $\lambda = np$ 的卜瓦松分布，即 $\binom{n}{x}p^x(1-p)^{n-x} \approx \frac{e^{-np}(np)^x}{x!}$，因此可以利用卜瓦松分布來逼近二項分布的機率。

10. 連續型隨機變數的機率密度函數 $f(x)$ 必須滿足下列條件：
 (a) $f(x) \geq 0$ 對所有 x 成立
 (b) $\int_{-\infty}^{\infty} f(x)dx = 1$

11. 設 X 為連續型隨機變數，則 $P(a < X < b)$ 指的是在 $f(x)$ 圖形之下、

x 軸之上，並且在 $x=a$ 和 $x=b$ 兩條垂直 x 軸的直線之間所圍出的區域之面積。

12. 若 X 為連續型隨機變數，a,b 為實數，則

$$P(a < X < b) = P(a \leq X < b) = P(a < X \leq b) = P(a \leq X \leq b)$$
$$= P(X \leq b) - P(X \leq a)$$

13. 若 $X \sim N(\mu, \sigma^2)$，a,b 為常數，則 $aX + b \sim N(a\mu + b, a^2\sigma^2)$，所以將 X 標準化之後所得的 $\dfrac{X-\mu}{\sigma}$，其分布是標準常態分布，即：

若 $X \sim N(\mu, \sigma^2)$，則 $\dfrac{X-\mu}{\sigma} \sim N(0,1)$

14. 設 Z 為標準常態隨機變數，符號 z_α 滿足機率式：$P(Z > z_\alpha) = \alpha$。

15. 隨機變數 X 在區間 $[a,b]$ 上有均勻分布用 $X \sim U(a,b)$ 表示，X 的機率密度函數為：

$$f(x) = \begin{cases} \dfrac{1}{b-a}, & a \leq x \leq b \\ 0, & \text{其他} \end{cases}$$

X 的期望值為 $\mu = \dfrac{a+b}{2}$，而標準差為 $\sigma = \dfrac{b-a}{\sqrt{12}}$。

16. 若 $X \sim U(a,b)$ 而 $a \leq c < d \leq b$ 時，$P(c < X < d) = \dfrac{d-c}{b-a}$。

17. 若隨機變數 X 符合指數分布、參數為 λ，我們用符號表示為 $X \sim \exp(\lambda)$，其機率密度函數如下：

$$f(x) = \lambda e^{-\lambda x}, x > 0$$

期望值和變異數分別為 $E(X) = \mu = \dfrac{1}{\lambda}$ 以及 $\sigma^2 = \dfrac{1}{\lambda^2}$

18. 若隨機變數 $X \sim \exp(\lambda)$，則 $P(X \geq a) = e^{-\lambda a}$，$P(X < a) = 1 - e^{-\lambda a}$，

$$P(a<X<b)=P(X<b)-P(X\le a)=1-e^{-\lambda b}-(1-e^{-\lambda a})=e^{-\lambda a}-e^{-\lambda b}\text{。}$$

19. 若有 k 個隨機變數 $Z_1, Z_2, \cdots, Z_k$ 均為標準常態分布、且互相獨立,則 $\sum_{i=1}^{k} Z_i^2 = Z_1^2 + Z_2^2 + \cdots + Z_k^2$ 會呈現自由度為 k 的卡方分布。卡方分布的相關機率有表可以查,本書卡方分布機率表提供的是機率密度函數右尾面積等於 α 時所對應之 $\chi_{k,\alpha}^2$ 值,也就是:$\chi_{k,\alpha}^2$ 滿足 $P(X \ge \chi_{k,\alpha}^2) = \alpha$。

20. 若隨機變數 $X \sim \chi_m^2$,而另外一個隨機變數 $Y \sim \chi_n^2$,且 X 和 Y 互相獨立,則 $F = \dfrac{X/m}{Y/n}$ 呈現 F 分布,其分子的自由度為 m、分母的自由度為 n,我們將它的自由度以 $df = (m,n)$ 表示。本書 F 機率分布表提供的是其機率密度函數的右尾面積等於 α 時所對應之 $f_{m,n,\alpha}$ 值,即 $f_{m,n,\alpha}$ 會滿足 $P(X \ge f_{m,n,\alpha}) = \alpha$。

第五章 習題

1. 一盒月餅裡面有豆沙口味的 4 個和棗泥口味的 6 個、外觀完全一樣,從其中隨意拿出 3 個,令 X 代表 3 個當中棗泥口味的個數,針對以下兩種情況,分別寫出 X 的機率函數並求其期望值:
   (a)取出不放回。
   (b)取出放回。

2. 假設台北市有 30% 的男性有抽菸的習慣,若是隨機選出 5 位台北市的男性,求以下機率:
   (a) 5 個人都不抽菸。
   (b) 5 個人中至少有一個抽菸。

3. 假設研究顯示台灣有 60% 的民眾曾經買過樂透彩。今天隨機選出 12 位台灣民眾,且令 X 為這些人中有買過樂透彩的人數,求:

(a) 有 10 個人以上 (含 10 人) 買過樂透彩的機率。

(b) 有超過 7 個人但少於 10 個人買過樂透彩的機率。

(c) X 的期望值以及變異數。

4. 假設某旅館提供從車站到旅館的接駁車服務，採預約制。根據長期經驗，預約的旅客中有 20% 不會出現，所以旅館在接受預約時會「超收」：用來接駁的箱型車可載 8 位客人、卻接受 9 位預約。假設乘客之間互相獨立，求某次箱型車去車站接乘客時，發生座位不夠坐情況的機率。

5. 假設容器中有編號 0 到 9 的 10 個號碼球、材質大小都一樣。現在從容器中用取出放回方式隨機抽出 20 球，每次抽得 0、1 或 2 都有獎品可領。令 $X = 20$ 次當中得獎的次數，$Y = 20$ 次當中未得獎的次數，求：

(a) $P(X \leq 5)$。

(b) $P(Y \geq 15)$。

(c) 說明 (a) 和 (b) 的答案之間有什麼關係以及理由。

(d) 說明 X 的變異數和 Y 的變異數之間有什麼關係。

6. 每期統一發票收執聯末三位數號碼與頭獎中獎號碼末三位相同者，可得 6 獎、獎金二百元。如果某一期統一發票除了開出三組頭獎號碼之外，還增開了兩組 6 獎的號碼。若阿邦和家人共蒐集了該期發票 200 張，則他們會中該期發票 6 獎的發票張數之期望值會是多少？

7. 同時擲兩顆平衡骰子，重複擲、直到第一次出現點數和為 7 時停止。若令 X 代表總共擲的次數，求：

(a) X 的機率函數。

(b) $P(X \leq 2)$。

(c) $P(X \geq 4)$。

(d) X 的期望值和變異數。

8. 假設某電影院的售票窗口於星期一到五的上午平均每 10 分鐘會有 5 個人來購票,用卜瓦松分布求該家電影院於某個星期三上午 11:00 到 11:20 之間,
(a) 恰有 2 個人來購票的機率。
(b) 有超過 3 個人來購票的機率。

9. 假設某出版社出版的書裡面,任一頁出現至少一處打字或排版錯誤的機率是 1%,而各頁之間可視為互相獨立。現有一本該出版社所出版的 300 頁的書,用卜瓦松分布逼近以下機率:
(a) 恰有 2 頁有錯誤。
(b) 至多 3 頁有錯誤。

10. 已知某隨機變數 X 的期望值等於 10,並知 X 的分布為對稱。若其機率密度函數 $f(x)$ 只有在 $8 \le x \le b$ 時大於 0,請問 b 的值為何?

11. 已知 $X \sim N(\mu, \sigma^2)$,且 $P(X < 5) = 0.5987$、$P(X < -1) = 0.3085$,求 μ 及 σ 之值。

12. 假設某校兩班大班微積分的期中考分數都呈現常態分布,A 班的平均數是 53 分、標準差 14 分,B 班的平均數是 54 分、標準差 10 分。哪一班的及格比率比較高?

13. 假設某科技大學資訊學院的學生每天花在上網的時間平均為 120 分鐘,而標準差為 24 分鐘。如果該院學生每天花在上網的時間呈常態分布,今隨機選出 1 名該院學生,求下列機率:
(a) 該名學生每天上網時間超過 3 個小時。
(b) 該名學生每天上網的時間在 90 分鐘到 140 分鐘之間。
(c) 若該學院某生每天花在網上的時間超過 71.9% 的該院學生,則該

生每天上網時間是多少分鐘？

14. 假設某管理學院企管系二年級學生的統計學期末考成績呈現常態分布，平均成績為 60 分。若已知有 95% 的同學考試成績介於 36 分和 84 分之間，求該系二年級學生統計學期末考成績之標準差。

15. 若 $X \sim N(\mu, \sigma^2)$，利用契比雪夫不等式，計算 $P(\mu - 3\sigma < X < \mu + 3\sigma)$ 的下限並和實際機率做比較。

16. 假設蔡小玲每天所花在講手機的時間呈均勻分布 $U(0, b)$，已知她會講半個小時到一個小時之間的機率為 3/8，求：
    (a) b 值。
    (b) 她某一天會講 20 分鐘以上的機率。
    (c) 她某一天會講不到 15 分鐘的機率。

17. 假設某西式速食的得來速窗口在某時段的前後來客間隔時間 (分鐘) 呈現指數分布 ($\lambda = 0.2$)。如果有一位顧客剛離開，求：
    (a) 在 3 分鐘以內就有一位顧客來點餐的機率。
    (b) 在 10 分鐘以後才有一位顧客來點餐的機率。
    (c) 前後顧客間隔時間的平均是幾分鐘？
    (d) 前後顧客間隔時間的標準差是幾分鐘？

第六章　抽樣分布

　　2012 年 8 月 16 日中廣新聞網報導：為使消費者安心飲用冰品冷飲，宜蘭縣政府衛生局今年執行「茶飲專案」，自 5 月份起至 7 月底，針對市售 (現調飲料連鎖店) 進行抽驗，共計 108 件，8 件不合格，不合格率約百分之七。

　　事實上 8/108 = 0.074，所以更精確的不合格率是 7.4%。這個百分比是抽驗的結果、也就是樣本比例，並不是宜蘭縣所有市售 (現調飲料連鎖店) 冰品冷飲的不合格比例 (母體比例)。我們常想知道母體比例的值，但是因為母體通常都太大了，不大可能蒐集所有的值，所以只能退而求其次、抽取樣本，用樣本比例來當作母體比例的估計；只要抽樣方式正確，這是合理的估計方式。

　　然而 7.4% 是樣本結果，怎知母體比例會不會和它差很多呢？而且樣本比例的值由樣本決定，因此會隨著所抽的樣本而改變；如果重新抽同樣大小的樣本作調查，多半會得到不同的樣本比例值，因為樣本的組成和之前不同了。想像我們一直不斷重新抽樣本，就會得到許許多多不同的樣本比例值，而我們所得到的估計值、比如上述例子的 7.4%，只是許多可能結果之一罷了。這樣看來，問題好像很複雜。用樣本比例來估計母體比例的準確程度，到底有沒有辦法可以評估呢？答案是肯定的，但需要一些背景知識，首先必須知道：樣本比例的值會有怎樣的變化，它們和母體比例又有什麼樣的關係；這些都是本章要討論的主題。

6.1	什麼是抽樣分布	6.5	中央極限定理
6.2	取出放回和取出不放回	6.6	連續型之修正
6.3	隨機樣本的性質	6.7	樣本比例之抽樣分布
6.4	樣本平均數之抽樣分布	6.8	t 分布

6.1 什麼是抽樣分布

在第一章曾經討論過，用樣本比例來估計母體比例時，結果好不好主要是看樣本取得好不好；而要取得適當的樣本，必須用正確的抽樣方式，也就是隨機抽樣。隨機抽樣可以避免人為因素，選出客觀、有代表性的樣本。常用的隨機抽樣方式有許多種，其中最基本也最容易了解的一種，叫做簡單隨機抽樣，所抽出的樣本叫做簡單隨機樣本。大樂透開獎時從 49 個號碼球當中隨機抽出的 6 個號碼 (不計入特別號)，就可以視為一個簡單隨機樣本，因為任一組 6 個號碼被抽中的機會都相同。

假設有商家考慮在某大學宿舍附近開設早餐店、專賣三明治，因此想要知道1000 位住宿學生當中、經常選擇三明治類早餐的人所佔比例，即母體比例 p。早餐店老闆從住宿男同學當中，抽出了 50 人的簡單隨機樣本，其中有 21 人表示，最常買三明治當早餐，因此樣本比例等於 $\frac{21}{50}$。因為樣本比例是拿來當作母體比例 p 的估計，所以用符號 $\hat{p}$ 表示，唸做 $p-hat$ (相當於給 p 戴了頂帽子)，而 $\hat{p} = \frac{21}{50} = 0.42$。

因為抽的是隨機樣本，所以用 $\hat{p}$ 來估計 p 基本上是合適的作法。但是深入探討一下會發現，似乎有不少問題仍然有待釐清。首先，樣本比例 $\hat{p}$ 會剛好等於母體比例 p 嗎？多半是不會，除非碰巧發生。既然多半不相等，那知不知道 $\hat{p}$ 是會高估還是低估了母體比例 p 呢？這也不知道，因為不知道 p 是多少，所以沒辦法判斷是低估還是高估。如果重新抽一次簡單隨機樣本，仍然是 50 人，所得到的樣本比例，還會不會等於 0.42 呢？這也多半不會，因為這 50 人的組成，和之前的樣本不一樣。如果再重抽一次樣本的話，樣本比例又可能不一樣。

這麼多問題都有不確定的答案，加上樣本比例又會變來變去，我們說用隨機樣本是「好」的估計方式，究竟好在哪裡呢？答案在於：從隨機樣本所得到的結果 (例如樣本比例)，雖然會變來變去，但是並非毫無章法、

亂變一通，而是會形成一定的「架構」；而這個架構會把母體比例 p 和樣本比例 $\hat{p}$ 之間的關係連結起來。我們用 $\hat{p}$ 來估計 p 時，由於有這個架構，因此可以評估誤差的大小；對照起來，若不用隨機方式抽樣，則沒有架構可以掌握，對於估計結果的好壞，完全沒有辦法評估。

所謂「架構」指的是什麼，現在用三明治例子來說明。1000 位住宿男同學當中，經常選擇三明治類早餐的人所佔比例是 p，但是正在評估開早餐店可能性的商家並不知道 p 是多少，只好抽 50 人的簡單隨機樣本，得到樣本比例 $\hat{p} = 0.42$，當作母體比例 p 的估計。如果重新抽一次 50 人的簡單隨機樣本，所得到的樣本比例值可能會改變。不斷重複抽樣本的話，可以得到許許多多的 $\hat{p}$ 值，「所有可能得到的 $\hat{p}$ 值以及這些值出現的機率」，就是我們所說的「架構」，其實就是 $\hat{p}$ 的機率分布，而這分布可以根據理論導出，我們不必實際去抽樣就可以掌握。樣本比例是一種統計量 (統計量是樣本的函數，抽樣之後就可以算出它的值)，統計量的機率分布因為是不斷抽樣的結果，另一個名稱是「抽樣分布」(sampling distribution)。

> 統計量的抽樣分布是指它的機率分布，也就是統計量的所有可能值及這些值發生的機率。

例 6.1-1

假定一個迷你班的 5 個學生，某次考試成績如下：

$$90 \quad 80 \quad 80 \quad 60 \quad 40$$

假設我們用隨機方式選出 2 位同學，取出不放回，用 $\bar{X}$ 代表 2 位同學的平均分數，求 $\bar{X}$ 的抽樣分布。

解

因為只有五個人，從裡面隨機選兩人只有 10 種可能方法：用 A、B、C、D、E 分別依序代表成績為 90、80、80、60、40 的 5 位同學的話，我們選出的可能結果就是 AB、AC、AD、AE、BC、BD、BE、CD、CE、DE 這 10 種組合，每種組合被抽中的機率相同，均為 $\frac{1}{10}$。選中 A 和 B 的話，$\bar{X}$ 的值是 85，選中 C 和 D，$\bar{X}$ 就會等於 70，依此類推，可得 $\bar{X}$ 值如下 (依照以上 10 種組合列出的順序)：

85　85　75　65　80　70　60　70　60　50

整理一下會發現，$\bar{X}$ 的可能值有 85、80、75、70、65、60、50 共 7 種，其中 85、70、60 各出現 2 次、其餘各出現 1 次，因此 $\bar{X}$ 的抽樣分布如下：

$$f_1(x) = P(\bar{X} = x) = \begin{cases} \frac{1}{5}, & x = 60, 70, 85 \\ \frac{1}{10}, & x = 50, 65, 75, 80 \\ 0, & \text{其他} \end{cases} \tag{6.1-1}$$

全班平均很容易算出是 70 分；計算 10 個 $\bar{X}$ 值的平均，會得到 $\frac{85+85+75+\cdots+50}{10} = 70$，恰巧等於全班平均分數。其實這是必然的結果：雖然隨機抽出兩位同學的平均分數當做全班平均分數的估計時，結果有很多種可能 (85、75、…、50)，但是所有這些估計值 (樣本平均數) 的平均，必定會等於全班的平均 (母體平均數)，這叫做不偏性質，將在第七章討論。

例 6.1-2

假定一個迷你班的 5 個學生，某次考試成績如下：90、80、80、60、40。假設我們用隨機方式選出 2 位同學，取出放回，用 $\bar{X}$ 代表 2 位同學的平均分數，求 $\bar{X}$ 的抽樣分布。

解

此例題和例 6.1-1 的題目內容相同，只是將抽樣方式從取出不放回改為取出放回，因此可能結果從 $\binom{5}{2}=10$ 種增加到 $5 \cdot 5 = 25$ 種。25 種若全部計算一次，需要花不少時間，但是假如先分析一下，會發現可以直接利用例 6.1-1 的結果而省掉許多計算。

取出放回和不放回最大的差別，在於現在可能出現兩次抽到同一人的結果，也就是 AA、BB、CC、DD、EE 5 種情形，如果抽出 AA，會得到 $\bar{X}=90$，BB 則 $\bar{X}=80$，CC、$\bar{X}=80$，DD、$\bar{X}=60$，EE、$\bar{X}=40$。

除了以上這 5 種結果，在例 6.1-1 出現的結果也同樣會出現，而且因為在計算出 $5 \cdot 5 = 25$ 種可能結果時，是分別討論第一次抽的結果及第二次抽的結果，也就是有將順序列入考慮，所以現在應該把 AB 和 BA 看成兩種不同的結果。然而不論抽出 AB 或是 BA，$\bar{X}$ 的值都等於 85，所以現在只要把例 6.1-1 的 10 個結果各複製一份，得到 20 個 $\bar{X}$ 的值，再加上兩次都抽到同一人的 5 個結果，就可以得到 25 個 $\bar{X}$ 值如下：

85 85 75 65 80 70 60 70 60 50 85 85 75
65 80 70 60 70 60 50 90 80 80 60 40

每一個值的發生機率相同，都是 $\dfrac{1}{25}$，經過整理，將相同值的機率合併之後，可得以下機率分布：

$$f_2(x) = P(\bar{X} = x) = \begin{cases} \dfrac{1}{25}, & x = 40, 90 \\ \dfrac{2}{25}, & x = 50, 65, 75 \\ \dfrac{1}{5}, & x = 60 \\ \dfrac{4}{25}, & x = 70, 80, 85 \\ 0, & \text{其他} \end{cases} \quad (6.1\text{-}2)$$

取出放回所得的 25 個 $\bar{X}$ 值，如果算出平均，是否會和例 6.1-1 的結果一樣，等於全班平均分數呢？現在來計算看看。計算 25 個 $\bar{X}$ 值的平均，和利用整合之後的機率分布計算期望值，兩者的結果是一樣的，因此現在用機率分布 (6.1-2) 來算：

$$E(\bar{X}) = (40+90) \cdot \frac{1}{25} + (50+65+75) \cdot \frac{2}{25} + 60 \cdot \frac{1}{5} + (70+80+85) \cdot \frac{4}{25}$$
$$= \frac{1750}{25} = 70$$

這個結果印證了一項事實：抽取簡單隨機樣本，用樣本平均數來估計母體平均數時，不論是取出放回或是取出不放回，所有可能的樣本平均數之平均，必定等於母體平均數。

習題

1. 某大學資訊系系籃球隊的先發球員身高如下 (單位：公分)：178、183、175、180、178。假設我們用隨機方式選出兩位球員，用 $\bar{X}$ 代表兩位球員的平均身高，求 $\bar{X}$ 的抽樣分布。

2. 假設一個罐子內共有四枚硬幣，分別為 1 元、5 元、10 元、50 元。若是從罐子內任意取出兩枚硬幣，用 $\bar{X}$ 代表兩枚硬幣的平均

幣值，求 $\bar{X}$ 的抽樣分布。

(a) 取出不放回。

(b) 取出放回

3. 假設某一家燒臘店只有賣 4 種便當，分別是：燒鴨飯 (70 元)、三寶飯 (80 元)、叉燒飯 (60 元)、油雞飯 (？元)。若是小李任選 2 種不同口味的便當，用 $\bar{X}$ 代表兩個便當的平均價格。若 $\bar{X}$ 的抽樣分布如下，請問油雞飯是多少錢？

$$P(\bar{X}=x)=\begin{cases} \dfrac{1}{6}, & x=60, 75 \\ \dfrac{1}{3}, & x=65, 70 \end{cases}$$

6.2 取出放回和取出不放回

抽樣時的兩種方式：取出放回和取出不放回，在本質上有非常大的差別。執行取出放回時，前後抽樣結果之間互相獨立，因為每次抽取都是從整個母體裡面抽，所以前面抽出的結果，完全不會對後面有影響；若取出不放回，情況就不同了。以例 6.1-1 來說，5 位同學考試成績為：90、80、80、60、40，如果隨機抽 2 位同學、取出不放回，當第一位抽到 90 分同學時，第二次再抽到 90 分同學的機率是 0，可是若第一次抽到的是 80 分的同學，則第二次抽到 90 分同學的機率會是 $\dfrac{1}{4}$；第二次的結果明顯會受到第一次結果的影響。

是否互相獨立，在統計裡面是非常重要的觀念，因為很多重要性質都建立在「互相獨立」的基礎上面，我們利用下面的例子說明。

例 6.2-1

計算例 6.1-1 和例 6.1-2 當中樣本平均數 $\bar{X}$ 的變異數，並和母體變異數做比較。

取出不放回 (例 6.1-1)：

利用 $\bar{X}$ 的機率分布 (6.1-1)，可得取出不放回的變異數為

$$Var1 = \sum (x-70)^2 f_1(x)$$
$$= (100+0+225) \cdot \frac{1}{5} + (400+25+25+100) \cdot \frac{1}{10} = 120$$

取出放回 (例 6.1-2)：

利用 $\bar{X}$ 的機率分布 (6.1-2)，可得取出放回的變異數為

$$Var2 = \sum (x-70)^2 f_2(x)$$
$$= (900+400) \cdot \frac{1}{25} + (400+25+25) \cdot \frac{2}{25} + 100 \cdot \frac{1}{5}$$
$$+ (0+100+225) \cdot \frac{4}{25} = 160$$

兩個結果明顯不同，且取出不放回的變異數較小。事實上這是可預期的結果，因為取出放回時，$\bar{X}$ 的值最小是 40、最大是 90，變化範圍很大；而取出不放回時，$\bar{X}$ 的值最小是 50、最大是 85，變化範圍縮小，因此變異數較小是可以預期的。

兩種取樣方式所得 $\bar{X}$ 的變異數，和母體變異數比較起來，又會如何呢？母體只有 5 個數字：90、80、80、60、40，變異數為

$$\sigma^2 = \frac{(40-70)^2 + (60-70)^2 + 2(80-70)^2 + (90-70)^2}{5} = 320$$

從計算公式可看出，母體數字的變異情況，和可能值為 90、80、80、60、40，而每個值的機率各 $\frac{1}{5}$ 的隨機變數是一樣的。當我們從其中任意抽取兩個數來平均、以取出放回為例，只有在抽到兩個 90 時，$\bar{X}$ 才會等

於 90，而抽到兩個 90 的機率是 $\frac{1}{25}$。這樣也就是說，在母體的分布情況裡，90 這個最大的值佔了 $\frac{1}{5}$ 的機率，而在 $\bar{X}$ 的分布情況裡，90 只佔了 $\frac{1}{25}$ 的機率；對於最小的值 40 也有類似的情況。$\bar{X}$ 兩頭極端值的機率變小 (和母體比較)，而總機率是 1，當然代表較靠中間的值機率就會變大，例如根據機率分布式 (6.1-2)：

$$P(60 \le X \le 80) = \frac{3}{5}，P(60 \le \bar{X} \le 80) = \frac{17}{25} > \frac{3}{5}$$
$$P(60 < X < 80) = 0，P(60 < \bar{X} < 80) = \frac{8}{25} > 0$$

從這些機率可以看出，樣本平均數的值會往中間靠攏。綜合以上討論的結論就是：只要是從母體當中抽取樣本出來平均，所得樣本平均數 $\bar{X}$ 的分布情況，必定比母體的分布要「集中」，所以 $\bar{X}$ 的變異數必定小於母體變異數。

觀察三個變異數還會發現一個現象：母體變異數 $\sigma^2 = 320$，恰好是取出放回所得到的 $\bar{X}$ 變異數 160 之兩倍。這當然不是巧合，事實上這兩個數字之間的確有一定的關係式 (將在下一節討論)。該關係式只適用於取出放回，是因為取出放回時，第一次抽樣結果 X_1 和第二次抽樣結果 X_2 之間互相獨立。

統計裡面很多性質都建立在「獨立」條件之上。有時雖然嚴格來說事件之間並不符合獨立的條件，但是差別卻很小，此時也可視為獨立狀況來考慮，最合適的例子就是民意調查。

在抽樣做民意調查時，實際執行的過程，應該相當於取出不放回，因為同一個人不會被訪問兩次，如此狀況並不符合「互相獨立」的條件。但實際上只要母體比樣本大很多，取出不放回和取出放回的差別就非常小，即使執行取出不放回，也可以把前後結果視為互相獨立，舉例說明如下：

假設有 10,000 個人，其中 60% (即 6000 人) 會用電腦，現在從母體當

中依序抽出三人，則三人都會用電腦的機率，是

$$\frac{6000}{10000} \cdot \frac{5999}{9999} \cdot \frac{5998}{9998} = 0.60000 \cdot 0.59996 \cdot 0.59992 = 0.21596$$

這和取出放回的結果，$0.6 \cdot 0.6 \cdot 0.6 = 0.216$，是非常接近的。但是如果總共只有 10 個人，其中 60% (即 6 人) 會用電腦，則依序抽出三人、該三人都會用電腦的機率，會等於

$$\frac{6}{10} \cdot \frac{5}{9} \cdot \frac{4}{8} = 0.60000 \cdot 0.55556 \cdot 0.50000 = 0.16667$$

這就和取出放回的結果，$0.6 \cdot 0.6 \cdot 0.6 = 0.216$，相差很多了。比較一下會發現，癥結在於：分子和分母的數字都很大的時候，例如 $\frac{6000}{10000}$，分子和分母各減掉 1 之後再相除，和原來的結果差別非常小，若是各減掉 2 之後再相除，差別仍然非常小，所以雖然前後結果之間並不獨立，但和獨立的情況很接近 (0.21596 非常接近 0.216)；但是像 $\frac{6}{10}$ 這樣分子和分母的數字都很小的情況，分子分母再各減 1 或各減 2 之後相除，就和原來的結果有明顯差別。

還有一個會影響結果的因素是：上述例子中相乘的項數是否較多，也就是所抽的樣本是否較大。如果從 10,000 個人當中抽出 1000 個人，而不是 3 個人，再計算 1000 個人都會用電腦的機率，則計算式中會有 1000 項相乘，而其中最後一項會等於 $\frac{6000-1000+1}{10000-1000+1} = \frac{5001}{9001} = 0.5556$，和 0.6 就有明顯差距，它的前幾項只比這項略大一點點 (前一項是 $\frac{5002}{9002}$，再前一項是 $\frac{5003}{9003}$)，也和 0.6 有明顯差距，相乘之後，整體結果就和獨立的結果相當不同了。不過「樣本大不大」其實是相對的、而不是絕對的，比如樣本大小若維持在 1000，但是把母體人數改為 1,000,000，則計算式中的最後一項會等於 $\frac{600000-1000+1}{1000000-1000+1} = \frac{599001}{999001} = 0.59960$，又和 0.6 很接近了。

綜合以上的討論可知，只要母體比樣本大很多的時候，即使樣本是用取出不放回的方式抽取，結果也和取出放回的結果差不多，因此抽取的各次結果之間可視為互相獨立。

習題

1. (a) 假設 10 位學生當中有一半男生、一半女生。現從中隨機抽出 3 人，考慮取出放回和取出不放回兩種情況，分別計算抽出 3 人均為女生的機率。

   (b) 假設 1000 位學生當中有一半男生、一半女生。現從中隨機抽出 3 人，考慮取出放回和取出不放回兩種情況，分別計算抽出 3 人均為女生的機率。

   (c) 比較 (a) 和 (b) 的結果，何者取出放回和取出不放回機率的差異比較小？

2. 求 6.1 節習題 2(a) 和 (b) 兩小題當中樣本平均數 $\bar{X}$ 的變異數，並和母體變異數做比較。

6.3 隨機樣本的性質

抽隨機樣本有不同的方式，但統計問題裡面提到的隨機樣本，基本上是指簡單隨機樣本，因此我們的討論將針對簡單隨機樣本。在第一章就介紹過，大小為 n 的簡單隨機樣本的抽樣方式，會使得母體中任一含 n 個個體的組合，被抽中的機會都相同，如果令 $X_1, X_2, \cdots, X_n$ 代表抽自某一母體的隨機樣本，本節將先探討 $X_1, X_2, \cdots, X_n$ 有些什麼性質，而這些性質在以後討論統計問題時，將會經常用到。

在統計問題裡面，母體通常都很大、很難掌握，因此才需要抽樣。樣本大小無論是幾十、幾百或幾千，和母體比較起來都偏小。所以根據上一節的討論，即便通常抽樣都是取出不放回，仍然可以假設：前後抽取的各次結果之間互相獨立，也就是說 $X_1, X_2, \cdots, X_n$ 之間互相獨立。每一個 X_i 的分布，和母體的分布又是什麼關係，我們用例子來說明。

例 6.3-1

假設某一以理工科系為主的大學當中，文、理、工、商各學院學生佔全校的比例分別為 20%、25%、40%、15%，若從全體學生當中隨意抽出一人，則他屬於每個學院的機率各是多少？

解

為了討論方便，我們用編號 1、2、3、4 分別代表文、理、工、商各學院。

若用 X 代表抽出之學生所屬學院之代號，則因為全體學生當中有 20% 屬於文學院，所以該生屬於文學院的機率是 0.2，即 $P(X=1)=0.2$，依此類推，可知 $P(X=2)=0.25, P(X=3)=0.4, P(X=4)=0.15$。也就是說，從母體 (全體學生) 當中隨機抽出的一個樣本，其機率分布和母體相同。

綜合以上討論可得隨機樣本的性質如下：

設 $X_1, X_2, \cdots, X_n$ 為抽自某一母體的隨機樣本，則 $X_1, X_2, \cdots, X_n$ 之間互相獨立，且每個 X_i 的機率分布，和母體的機率分布相同。「$X_1, X_2, \cdots, X_n$ 為抽自某一母體的隨機樣本」的說法，也可用以下描述代替：「$X_1, X_2, \cdots, X_n$ 為 i.i.d.」，其中第一個 i 代表獨立 (independent)，接下來的 i 和 d 代表分布相同 (identically distributed)。

統計推論的題目經常如此開頭：「設 $X_1, X_2, \cdots, X_n$ 為抽自某一母體的

隨機樣本」，此時就可假設 X_i 之間互相獨立，並且每個 X_i 的分布就等於母體分布。「X_i 之間互相獨立」的成立條件，嚴格來說必須是用取出放回的抽樣方式才會符合。但無論是抽驗產品做品管、或者抽取樣本做民調，實際執行的都是取出不放回；然而母體通常都比樣本大很多，因此可以將 $X_1, X_2, \cdots, X_n$ 視為互相獨立。以下章節中只要提到母體，都是指很大的母體，否則將會特別註明。

所謂很大的母體，是相對於樣本大小來看的，而比樣本大多少才算是夠大，則並沒有標準答案。曾有教科書的作者建議：「母體應該至少是樣本的 10 倍大」，這可當作參考。當我們在條件不完全符合的情況下卻視為條件符合，其實是將結論的嚴謹程度犧牲了一部份，所以作者的建議是：如果考慮的問題不是特別重要，比如有些民調結果只是當作參考，並非要根據它做出什麼重要決定，那麼「母體至少是樣本的 10 倍大」或許足夠了；但是若牽涉到重要的決定、結論必須嚴謹時，對於條件的符合程度，標準就應該要提高。

例 6.3-2

根據經濟部工廠校正暨營運調查所得資料 (用 google 搜尋「工廠負責人性別」就可找到)，台灣在民國 98 年的時候，營運中工廠總共有 77,331 家，而四大行業的家數分別是：金屬機械工業 34,456、資訊電子工業 9,934、化學工業 15,808、民生工業 17,133，換算百分比之後大約為：金屬機械工業 45%、資訊電子工業 13%、化學工業 20%、民生工業 22%。(a) 若從全體工廠當中隨意抽出一家，則該工廠屬於每個行業的機率各是多少？(b) 若從全體工廠當中隨意抽出兩家，則兩家工廠都屬於民生工業的機率是多少？

解

我們用編號 1、2、3、4 分別代表金屬機械工業、資訊電子工

業、化學工業、民生工業各行業。

(a) 若用 X 代表抽出之工廠所屬行業之代號，則因為全部工廠當中有 45% 屬於金屬機械工業，所以該工廠屬於金屬機械工業的機率是 0.45，即 $P(X = 1) = 0.45$，依此類推，可知 $P(X = 2) = 0.13$, $P(X = 3) = 0.20, P(X = 4) = 0.22$。也就是說，從母體 (全部工廠) 當中隨機抽出的一個樣本，其機率分布和母體相同。

(b) 若用 $X_i, i = 1, 2$ 分別代表抽出之第一家和第二家工廠所屬行業之代號，則我們需要計算 $P(X_1 = 4, X_2 = 4)$。因為抽出的兩家工廠不會重複 (類似民調的狀況)，相當於取出不放回；但是母體很大 (共有 77,331 家工廠)、而樣本非常小 $(n = 2)$，所以可將 X_1 和 X_2 視為互相獨立。因此

$$P(X_1 = 4, X_2 = 4) = P(X_1 = 4) \cdot P(X_2 = 4) = 0.22 \cdot 0.22 = 0.0484$$

習題

1. 假設某大學的管理學院共有 4 個科系：會計、財金、企管以及保險。若是我們用 A、B、C、D 分別代表以上 4 個科系，並知這所管院有 1/5 的學生屬於會計系、1/3 的學生屬於財金系、1/4 的學生屬於企管系。

   (a) 若從全體管理學院的學生當中任選一人，請問他會是保險系的機率為何？

   (b) 若從全體管理學院的學生當中任選二人，且令 X 為第一個學生的系別、Y 為第二個學生的系別，請問 X 與 Y 是否互相獨立？請說明。

2. 假設某大學的管理學院共有 4 個科系：會計、財金、企管以及保險。若是我們用 A、B、C、D 分別代表以上 4 個科系，並知這所

> 管院共有學生 2400 人，其中 1/5 的學生屬於會計系、1/3 的學生屬於財金系、1/4 的學生屬於企管系。
> (a) 若從全體管理學院的學生當中任選一人，請問他會是保險系的機率為何？
> (b) 若從全體管理學院的學生當中任選二人，令 X 為第一個學生的系別、Y 為第二個學生的系別，求 $P(X = A, Y = B)$。
> (c) 因為是從 2400 人當中隨機抽出兩人，母體 (2400 人) 比樣本 ($n = 2$) 大很多，可將 X 與 Y 視為互相獨立，在此條件下求 $P(X = A, Y = B)$，並和 (b) 的結果做比較。

6.4 樣本平均數之抽樣分布

在 4.3 節討論過，隨機變數 X 的線性函數 $aX + b$ (a, b 為常數) 之期望值和變異數，和 X 的期望值和變異數之間，有如下的關係式：

$$E(aX + b) = aE(X) + b$$
$$V(aX + b) = a^2 V(X)$$

在考慮樣本平均數的抽樣分布之前，必須先知道樣本平均數的期望值和變異數要怎樣計算。樣本平均數是 $X_1, X_2, \cdots, X_n$ 的線性組合，上述公式不夠用，需要用到 4.6 節的「推廣版本」：

$X_1, X_2, \cdots, X_n$ 線性組合之期望值和變異數

設 $a_1, a_2, \cdots, a_n, b$ 為常數，則

1. $E(a_1 X_1 + a_2 X_2 + \cdots + a_n X_n + b)$
   $= a_1 E(X_1) + a_2 E(X_2) + \cdots + a_n E(X_n) + b$ (4.6-6)

2. 若 $X_1, X_2, \cdots, X_n$ 之間互相獨立，則有

$$V(a_1X_1 + a_2X_2 + \cdots + a_nX_n + b)$$
$$= a_1^2V(X_1) + a_2^2V(X_2) + \cdots + a_n^2V(X_n) \tag{4.6-7}$$

要注意的是：應用上述公式 1 計算期望值時，不需要假設 $X_1, X_2, \cdots, X_n$ 之間互相獨立，但是用公式 2 計算變異數，就必須有互相獨立的條件。少了互相獨立的條件，代表 $X_1, X_2, \cdots, X_n$ 有些變數之間有關聯，所以其線性組合的變異數不僅和每個變數的變異數有關，還和有關聯的變數之間的相關性有關，所以公式會比較複雜。

例 6.4-1

假設隨機變數 X 和 Y 互相獨立，$E(X) = 3$，$V(X) = 4$，$E(Y) = 7$，$V(Y) = 2$，求 $3X - 2Y$ 之期望值和變異數。

解

$$E(3X - 2Y) = 3E(X) - 2E(Y) = -5$$
$$V(3X - 2Y) = 9V(X) + 4V(Y) = 44$$

假設 $X_1, X_2, \cdots, X_n$ 為抽自某一母體的隨機樣本，現在可以利用公式，計算樣本平均數的期望值、變異數和標準差：

$$\text{樣本平均數 } \bar{X} = \frac{X_1 + X_2 + \cdots + X_n}{n} = \frac{1}{n}X_1 + \frac{1}{n}X_2 + \cdots + \frac{1}{n}X_n$$

若令 $\mu = E(X), \sigma^2 = V(X)$ 分別代表母體期望值和變異數，則有

$$\mu_{\bar{X}} = E(\bar{X}) = \frac{1}{n}E(X_1) + \frac{1}{n}E(X_2) + \cdots + \frac{1}{n}E(X_n) = n\left(\frac{\mu}{n}\right) = \mu$$

$$\sigma_{\bar{X}}^2 = V(\bar{X}) = \frac{1}{n^2}V(X_1) + \frac{1}{n^2}V(X_2) + \cdots + \frac{1}{n^2}V(X_n) = n\left(\frac{\sigma^2}{n^2}\right) = \frac{\sigma^2}{n}$$

設 $X_1, X_2, \cdots, X_n$ 為抽自某一母體的隨機樣本，母體期望值和變異數分別為 μ 和 σ^2，則樣本平均數 $\bar{X}$ 的期望值、變異數和標準差公式如下：

$$\mu_{\bar{X}} = E(\bar{X}) = \mu$$

$$\sigma_{\bar{X}}^2 = V(\bar{X}) = \frac{\sigma^2}{n}$$

$$\sigma_{\bar{X}} = \sqrt{V(\bar{X})} = \frac{\sigma}{\sqrt{n}}$$

從公式可看出：$\bar{X}$ 的期望值必等於母體期望值，而 $\bar{X}$ 的變異數則只有母體變異數的 $\frac{1}{n}$，樣本取得愈大，則 $\bar{X}$ 的變異範圍愈小。$\bar{X}$ 的標準差常被稱作 $\bar{X}$ 的標準誤 (standard error)，我們用 $\bar{X}$ 估計 μ 時，可以用標準誤當作準確性的評估。用其他統計量估計母體參數時，也可考慮該統計量的標準誤，所以一般定義如下：

> **定義** 用一個統計量估計母體的任一參數時，統計量的標準誤即為該統計量的標準差。

食品包裝上都有標示內容物的體積或重量，比如瓶裝水可能是 600 毫升 (ml)、零嘴隨手包可能是 30 公克 (g)。但是在工廠填裝食品時，不可能那麼精準，設定 30 公克就每包都 30 公克，必定有誤差發生的空間。所以若買幾包來秤重的話，很可能有的超過 30 公克、有的卻不足；標示的 30 公克，應該可視為母體平均，也就是該品牌所有該產品的平均重量，而製程的穩定程度，則可以用變異數或標準差當指標。標準差小的話，代表即使有的產品超過 30 公克、有的不足，但是卻不會差很多。

標示 30 公克，是否代表母體平均就真的等於 30 公克呢？如果有疑問的話，可以想辦法抽一個比較有代表性的樣本，然後根據樣本的數據來作判斷，這部分內容將在第七章和第八章討論，而以下例題可視為「預備工作」。

例 6.4-2

假設某品牌某種零嘴隨手包的平均重量是 30 公克，標準差 1 公克。如果考慮從產品中隨意抽出 25 包，並計算樣本平均數 $\bar{X}$，則 $\bar{X}$ 的平均數 (期望值) 和標準差各是多少？

解

根據公式：$\bar{X}$ 的平均數 $\mu_{\bar{X}} = E(\bar{X}) = 30$ (公克)

標準差 $\sigma_{\bar{X}} = \sqrt{V(\bar{X})} = \dfrac{1}{\sqrt{25}} = 0.2$，這也是用 $\bar{X}$ 來估計母體平均時的標準誤。

通常母體平均數都不知道 (誰會把所有 30 公克零嘴全部拿來秤重再算平均啊？)，所以例 6.4-2 當中的「假設某品牌某種零嘴隨手包的平均重量是 30 公克」，是不切實際的假設；為了方便討論樣本平均數和母體平均數之間的關係，我們才姑且這樣假設。一旦找出兩者之間的關係之後，就可以根據樣本平均數 (是我們可以掌握的) 倒推回去，找到有關母體平均數的訊息了。

在 6.1 節定義過，統計量的抽樣分布是指它的機率分布，所以 $\bar{X}$ 的抽樣分布是指 $\bar{X}$ 的所有可能值及這些值發生的機率。也就是說，當我們從某一母體抽出隨機樣本 $X_1, X_2, \cdots, X_n$，並計算樣本平均數 $\bar{X}$ 的值時，只要重新抽樣本 (樣本大小 n 維持不變)，$\bar{X}$ 的值就會不斷改變，若考慮所有可能的 $\bar{X}$ 值的分布情況，就叫做 $\bar{X}$ 的抽樣分布，而這個分布和母體分布有密切的關係。

例 6.4-3

設母體 1 = {60、70、80}，母體 2 = {40、50、80}。分別從母體 1 和母體 2 抽隨機樣本 (取出放回)，$n = 2$，求樣本平均數的抽樣分布。

解

母體 1 總共 3 個點，所以它的分布可用下圖表示：

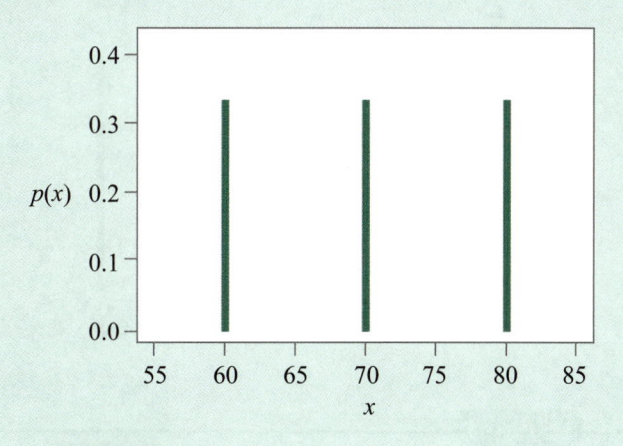

圖 6.4-1

從母體 1 用取出放回方式隨意抽出兩個，再計算樣本平均數 $\bar{X}$ 的值，經過整理之後可得

$$P(\bar{X} = 60) = P(\bar{X} = 80) = \frac{1}{9}$$

$$P(\bar{X} = 65) = P(\bar{X} = 75) = \frac{2}{9}$$

$$P(\bar{X} = 70) = \frac{1}{3}$$

可用下圖表示：

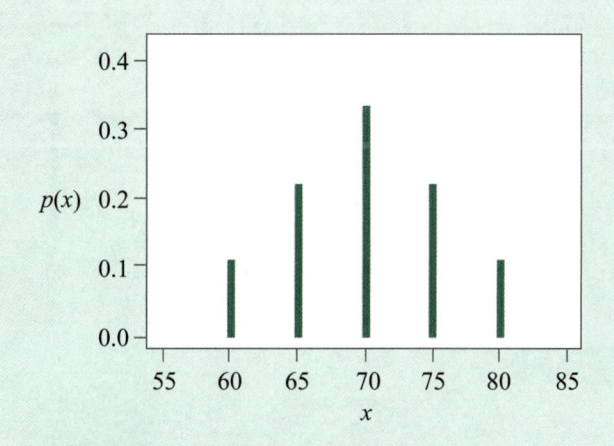

圖 6.4-2

其次考慮母體 2，它的分布可用下圖表示：

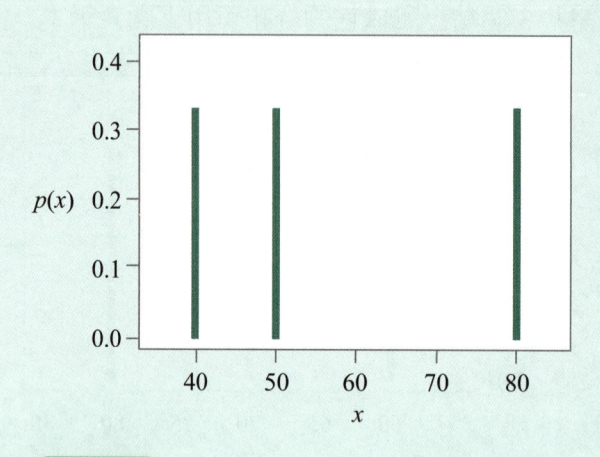

圖 6.4-3

再從母體 2 用取出放回方式隨意抽出兩個，再計算樣本平均數 $\bar{Y}$ 的值，經過整理之後可得

$$P(\bar{Y} = 40) = P(\bar{Y} = 50) = P(\bar{Y} = 80) = \frac{1}{9}$$

$$P(\bar{Y} = 45) = P(\bar{Y} = 60) = P(\bar{Y} = 65) = \frac{2}{9}$$

可用下圖表示：

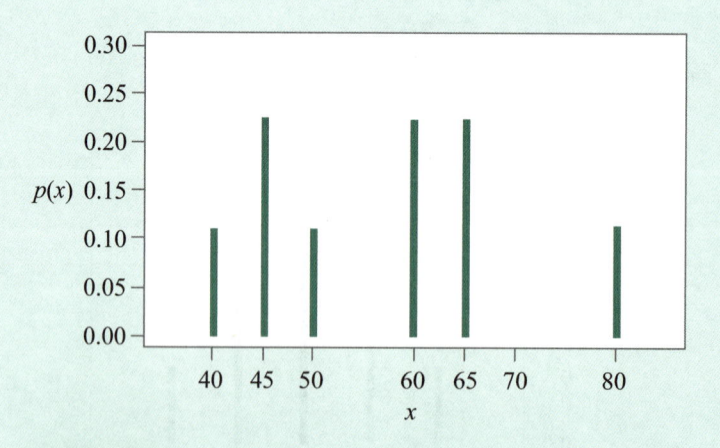

圖 6.4-4

比較圖 6.4-2 和 6.4-4 會發現，因為母體分布不一樣，所以樣本平均數的分布就不一樣。另外拿圖 6.4-1 和 6.4-2 比較，或者拿圖 6.4-3 和 6.4-4 比較都會發現：樣本平均數的分布，一定比它原來母體的分布更為靠中間集中。

既然樣本平均數的抽樣分布和母體分布有關係，抽自不同母體的樣本平均數分布都不同，因此對於樣本平均數的分布，似乎無法討論出一般的結論，這樣對處理統計問題非常不利。幸好下一節有個很棒的定理，可以大幅度解決這個問題。

習題

1. 設 X 和 Y 是互相獨立的二項分布隨機變數，$X \sim B(12, 0.5)$，$Y \sim B(25, 0.2)$，求 $X - Y$ 之期望值和變異數。

2. 假設某公司生產的罐裝汽水平均容量是 350ml，而標準差為 12ml。若是任意抽出這家公司生產的罐裝汽水 16 罐，令 $\bar{X}$ 為樣本平均，求：
   (a) $\bar{X}$ 的平均數和變異數。
   (b) 若要用樣本平均 $\bar{X}$ 來估計母體平均 μ 時，標準誤是多少？

3. 假設從第一個母體隨機抽出大小為 9 的樣本，並知其 $\mu_{\bar{X}} = 10$，$\sigma_{\bar{X}} = 5$。而從第二個母體隨機抽出大小為 25 的樣本，其 $\mu_{\bar{X}} = 13$，$\sigma_{\bar{X}} = 4$。請問這兩個母體的標準差何者比較大？

4. 設母體 = {20、30、60}。從其中抽隨機樣本 (取出放回)，$n = 2$，求樣本平均數 $\bar{X}$ 的抽樣分布。

6.5 中央極限定理

在第 5 章介紹了許多常用分布，若要在其中選出最重要、應用最廣的分布，應該有許許多多的人都會投票給常態分布。原因除了某些領域的數據適合用常態分布來描述之外，另一個主要原因就是中央極限定理。在介紹這個定理之前，先介紹一個類似結果。

定理 6.5-1

設 $X_1, X_2, \cdots, X_n$ 為抽自某一常態分布母體的隨機樣本，母體平均數和變異數分別為 μ 和 σ^2；也就是說 $X_1, X_2, \cdots, X_n$ 互相獨立，且每個 $X_i \sim N(\mu, \sigma^2)$。則樣本平均數 $\bar{X}$ 的抽樣分布必為常態分布，其平均數為 μ、變異數為 $\dfrac{\sigma^2}{n}$。

例 6.5-1

實驗人員經長期研究發現，某種類的老鼠走完某迷宮所需時間，符合平均數為 2 分鐘、標準差為 0.4 分鐘的常態分布，今隨機選出這類老鼠 5 隻，令其分別走迷宮並記錄時間。求 5 隻老鼠走迷宮總共所需時間介於 9 分鐘和 11 分鐘之間的機率。

解

令 $X_1, X_2, \cdots, X_5$ 分別代表每隻老鼠走完迷宮所需時間，且令 $T = X_1 + X_2 + \cdots + X_5$ 代表 5 隻老鼠走迷宮總共所需時間，則題目所求為 $P(9 < T < 11)$。定理 6.5-1 告訴我們：樣本平均數 $\bar{X}$ 的分布是平均數為 $\mu = 2$、變異數為 $\dfrac{\sigma^2}{n} = \dfrac{(0.4)^2}{5} = 0.032$ 的常態分布，雖然沒有直接告訴我們 T 的分布，但是因為 $\bar{X} = \dfrac{X_1 + X_2 + \cdots + X_5}{5} = \dfrac{T}{5}$，所以

可得

$$P(9 < T < 11) = P(1.8 < \bar{X} < 2.2) = P(\frac{1.8-2}{\sqrt{0.032}} < \frac{\bar{X}-2}{\sqrt{0.032}} < \frac{2.2-2}{\sqrt{0.032}})$$
$$= P(-1.12 < Z < 1.12)$$
$$= .8686 - .1314 = .7372$$

定理 6.5-1 的結論當中：$\bar{X}$ 的平均數是 μ、變異數等於 $\frac{\sigma^2}{n}$ 的這部份，根據上一節討論出的結果就可得知；只有「$\bar{X}$ 的抽樣分布必為常態分布」的部份是新的結論。但是定理當中假設了 $X_1, X_2, \cdots, X_n$ 抽自常態分布母體，而這項假設對很多樣本都不符合。我們需要一個應用範圍很廣的類似結果，而中央極限定理就符合這樣的需求。

> **中央極限定理**
>
> 假設 $X_1, X_2, \cdots, X_n$ 為抽自某一母體的隨機樣本，母體平均數和變異數分別為 μ 和 σ^2，$0 < \sigma^2 < \infty$；如果 n 夠大，則樣本平均數 $\bar{X}$ 的分布會接近平均數為 μ、變異數為 $\frac{\sigma^2}{n}$ 的常態分布；也就是說，將 $\bar{X}$ 標準化之後所得到的 $\frac{\bar{X}-\mu}{\sigma/\sqrt{n}}$，會接近標準常態分布。

對此定理有以下補充說明：

1. 結論換個方式說也對：在同樣的假設條件下，如果 n 夠大，則 $\sum_{i=1}^{n} X_i$ 的分布會接近平均數為 $n\mu$、變異數為 $n\sigma^2$ 的常態分布；也就是說，$\frac{\sum_{i=1}^{n} X_i - n\mu}{\sqrt{n}\sigma}$ 會接近標準常態分布。這是因為 $\sum_{i=1}^{n} X_i = n\bar{X}$，而

$$\frac{\bar{X}-\mu}{\sigma/\sqrt{n}} = \frac{n(\bar{X}-\mu)}{n(\sigma/\sqrt{n})} = \frac{\sum_{i=1}^{n} X_i - n\mu}{\sqrt{n}\sigma}。$$

2. 定理 6.5-1 的隨機樣本是抽自常態分布母體，此時不論 n 是多少，樣本平均數 $\bar{X}$ 的抽樣分布都是確實的常態分布；中央極限定理的隨機樣本是抽自任何分布的母體 (只要變異數存在)，而樣本平均數 $\bar{X}$ 的抽樣分布，是在 n 夠大的時候，接近常態分布。

3. 中央極限定理最特別的地方在於：對於樣本所來自的母體，幾乎沒有任何限制，唯一的條件是變異數存在；變異數存在的意思是說：它是個有限數，而絕大多數母體都符合這個條件。既然對於母體分布完全沒限制，代表它既可以是離散型、也可以是連續型分布，形狀有可能是對稱的、也可能是偏斜的，甚至長得毫無規則，既不對稱、又不偏斜也可以。因此可應用的範圍非常廣。

4. 所謂「n 夠大」並沒有一定的標準，有的教科書建議適用中央極限定理的標準是 $n \geq 25$，有的教科書卻建議 $n \geq 30$。事實上，n 需要多大，和母體分布有很大的關係。在例 6.4-2 當中我們看到，和母體分布比較起來，樣本平均的分布一定會往中間集中，n 愈大就愈集中 (所以 n 夠大時會接近常態分布)，但是集中的快慢就因母體分布的形狀而有所不同；圖 6.5-1 列出三種不同形狀的母體分布，以及不同樣本大小時樣本比例的分布變化情形，以供參考。

5. 在 5.1 節討論過，當 $X_1, X_2, \cdots, X_n$ 為互相獨立的伯努利隨機變數，參數 $p = P(X_i = 1)$ 時，$\sum_{i=1}^{n} X_i$ 的分布為二項分布 $B(n, p)$ (而任意符合二項分布 $B(n, p)$ 的隨機變數，都也可視為 n 項互相獨立的伯努利隨機變數的和)，因此根據中央極限定理，$\sum_{i=1}^{n} X_i$ 的分布在 n 夠大時會接近常態分布；這個意思是說，n 夠大時我們可以用常態分布來求二項分布的近似機率。n 需要多大才合適呢？以伯努利隨機變數來說，如果 $p = \frac{1}{2}$，則分布是對稱的 (因為 只有 0 和 1 兩個可能值，而 $P(X_i = 0) = P(X_i = 1) = \frac{1}{2}$)。像這樣的情況，$n$ 只要至少等於 10，就

第六章 抽樣分布 • 265

母體分布 1　　　　　母體分布 2　　　　　母體分布 3

$\bar{X}$ 之分布

$n = 2$

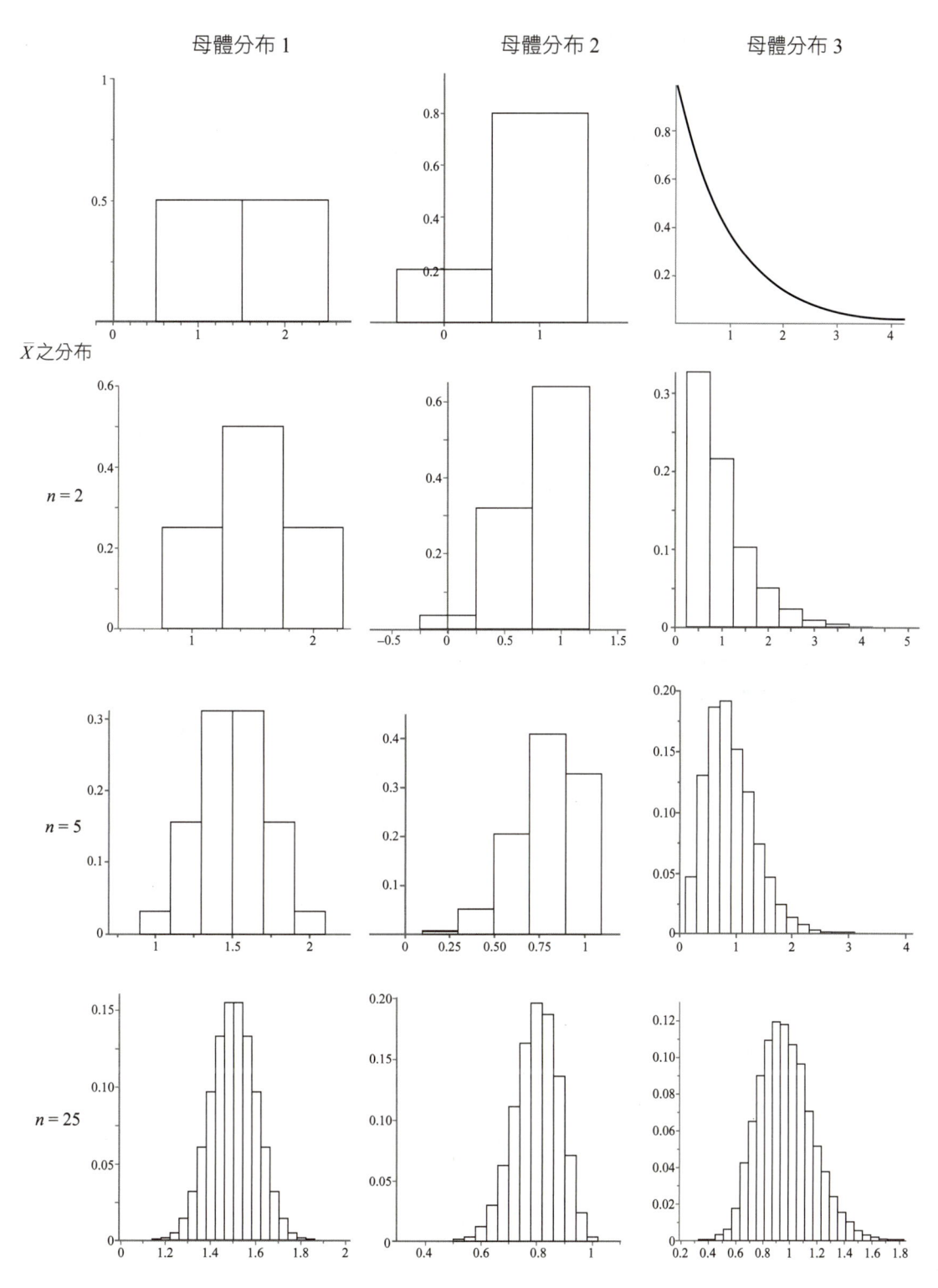

$n = 5$

$n = 25$

圖 6.5-1

可以適用中央極限定理了。而當 p 愈靠近 0 或 1 時，伯努利分布就愈不對稱，此時需要較大的 n 才能適用中央極限定理；判斷 n 是否夠大，可以利用以下準則：

> 下列條件符合時，適合用常態分布來求二項分布 $B(n,p)$ 的近似機率：
> $$np \geq 5 \text{ 且 } n(1-p) \geq 5$$

條件雖然有兩個：$np \geq 5$ 及 $n(1-p) \geq 5$，實際上只要驗證其中之一就可以了。如果 $1-p \geq p$，只要驗證 $np \geq 5$ 成立即可，因為此時 $n(1-p) \geq np \geq 5$。反之，若 $p \geq 1-p$，則只要驗證 $n(1-p) \geq 5$ 成立，則必有 $np \geq n(1-p) \geq 5$。

例 6.5-2

假設隨機變數 X 的分布是二項分布 $B(n,p)$，而我們想要用常態分布來求有關 X 的近似機率 (也就是應用中央極限定理)。當 p 分別等於以下各個不同的值時，n 應該等於多少才合適？

(a) $p = 0.2$　(b) $p = 0.5$　(c) $p = 0.9$

解

(a) $p = 0.2 < 0.8 = 1-p$，所以只要 $np = n \cdot 0.2 \geq 5$ 即可，即 $n \geq 25$。
(b) $p = 0.5 = 1-p$，所以只要 $np = n \cdot 0.5 \geq 5$ 即可，即 $n \geq 10$。
(c) $p = 0.9 > 0.1 = 1-p$，所以必須 $n(1-p) = n \cdot 0.1 \geq 5$，即 $n \geq 50$ 時，適合應用中央極限定理。

例 6.5-2 印證了前述的事實：當 $p = \dfrac{1}{2}$ 時，構成二項分布的伯努利隨機變數是對稱的，此時 n 不需要很大就足夠了。若 $p \neq \dfrac{1}{2}$，則伯努利隨機

變數就不對稱，而且 p 愈靠近 0 或 1 時，愈不對稱，所以 $p=0.2$ 時，n 至少要等於 25，而當 $p=0.9$ 時，n 更必須是 50 以上。

不過所謂適用與否，其實是在規範利用常態分布來求二項分布近似機率時的誤差。符合適用條件時，可以預期誤差會比較小，但也不是說，條件只要差一點點就一定不能用了。比如 $p=0.9$ 時，n 應該要 ≥ 50；但如果我們想要知道有關二項分布 $B(48, 0.9)$ 的機率問題，而在二項分布的表裡面又找不到 $n=48$ 的結果時，用常態分布來算近似機率也無妨。至於近似機率和確實機率的差別，我們將在下一節的例子當中做比較。

例 6.5-3

假設某品牌有一種零嘴隨手包的平均重量是 30 公克，標準差 1 公克。如果從產品中隨機抽出 25 包，利用中央極限定理，計算以下事件的近似機率：

(a) 25 包的平均重量超過 30.6 公克。
(b) 25 包的平均重量介於 29.5 公克和 30.5 公克之間。
(c) 25 包的總重量不到 740 公克。

解

令 $\bar{X}$ 代表 25 包的平均重量，$\sum_{i=1}^{25} X_i$ 代表 25 包的總重量。在例 6.4-1 已計算出 $\bar{X}$ 的期望值和標準差如下：

$$\bar{X} \text{ 的期望值 } \mu_{\bar{X}} = E(\bar{X}) = \mu = 30 \text{ (公克)}$$

$$\text{標準差 } \sigma_{\bar{X}} = \sqrt{V(\bar{X})} = \frac{\sigma}{\sqrt{n}} = \frac{1}{\sqrt{25}} = 0.2$$

同理 $\sum_{i=1}^{25} X_i$ 的期望值、變異數和標準差也很容易算出：

$$\sum_{i=1}^{25} X_i \text{ 的期望值 } = n\mu = 25 \cdot 30 = 750$$

$$變異數 = n\sigma^2 = 25 \cdot 1^2 = 25$$

$$標準差 = 5$$

根據中央極限定理，$\bar{X}$ 和 $\sum_{i=1}^{25} X_i$ 都接近常態分布，因此可得：

(a) $P(\bar{X} > 30.6) = P\left(\dfrac{\bar{X} - 30}{0.2} > \dfrac{30.6 - 30}{0.2}\right) \approx P(Z > 3) = 1 - 0.9987$
$= 0.0013$

(b) $P(29.5 < \bar{X} < 30.5) = P\left(\dfrac{29.5 - 30}{0.2} < \dfrac{\bar{X} - 30}{0.2} < \dfrac{30.5 - 30}{0.2}\right)$
$\approx P(-2.5 < Z < 2.5)$
$= 0.9938 - 0.0062 = 0.9876$

(c) $P\left(\sum_{i=1}^{25} X_i < 740\right) = P\left(\dfrac{\sum_{i=1}^{25} X_i - 750}{5} < \dfrac{740 - 750}{5}\right) \approx P(Z < -2) = 0.0228$

也有教科書建議比較嚴格的標準：當 $np \geq 10$ 且 $n(1-p) \geq 10$ 時、才用常態分布來求二項分布 $B(n, p)$ 的近似機率。標準訂得比較嚴格，誤差當然會更小些，但是可以應用的範圍也會比較小。不同的建議沒有誰對誰錯的問題，只有取捨的問題。

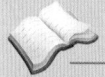

習題

1. 假設某家冰淇淋店的中杯冰淇淋重量呈常態分布，平均數為 180 克、標準差為 10 克。如果隨機抽樣該店 15 份中杯冰淇淋，求這 15 份冰淇淋的總重量介於 175 克與 188 克之間的機率。

2. 假設某個牌子的手機電池在 1 年內會壞掉的機率是 0.23，若隨機抽樣這家公司的手機若干支，並利用常態分布來求這些手機電池當中

至少有一半以上會在 1 年之內壞掉的機率，應至少抽樣幾隻手機才合適？請說明。

3. 假設某家麵包店的手工餅乾平均每包重量為 120 克、標準差為 8 克。如果隨機抽樣這家麵包店的手工餅乾 36 包，利用中央極限定理求出以下事件的近似機率：
   (a) 36 包餅乾的平均重量不到 116 克。
   (b) 36 包餅乾的平均重量超過 123 克。
   (c) 36 包餅乾的平均重量介於 118 克和 124 克之間。

4. 假設某速食店的起士漢堡重量呈常態分布，平均數為 350 克、標準差為 σ 克。隨機抽樣該店 16 個起士漢堡，令 $\bar{X}$ 為 16 個起士漢堡的平均重量，若知 $\bar{X}$ 介於 344.5 克和 355.5 克之間的機率為 0.994，則 σ 應等於多少？

6.6 連續型之修正

由於中央極限定理的存在，讓我們可以利用常態分布來處理有關離散型隨機變數的機率問題；然而離散型隨機變數和連續型隨機變數在本質上有很大的不同。離散型隨機變數的機率函數定義為 $p(x) = P[X = x]$，是對各個點定義其機率；例如在例 4.2-1 當中的隨機變數，就有以下的機率函數：

x	0	1	2	3
$p(x)$	$\frac{1}{8}$	$\frac{3}{8}$	$\frac{3}{8}$	$\frac{1}{8}$

該機率函數可以用圖形表示，表示方法是先畫出數線，把 X 的可能值 0、1、2、3 在數線上標示出來，再在 0、1、2、3 上方畫垂直線，線段的高

度代表機率值，如下圖所示：

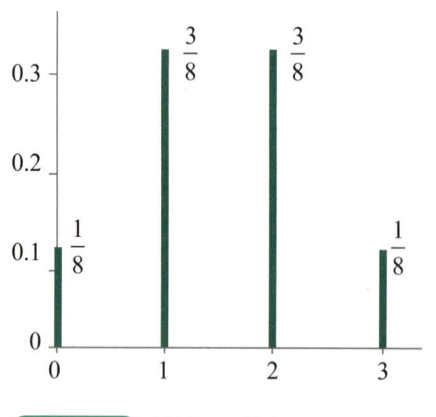

圖 6.6-1 機率函數圖 (即圖 4.2-1)

但是連續型隨機變數等於單獨一點的機率都是 0，所以只能考慮落在區間的機率，必須用機率密度函數 $f(x)$ 來描述機率的分布狀況：$P(a < X < b) = \int_a^b f(x)dx$，如下圖所示；$P(a < X < b)$ 所對應的是 $f(x)$ 函數圖形之下，x 軸之上，介於 a 和 b 之間區域的面積。

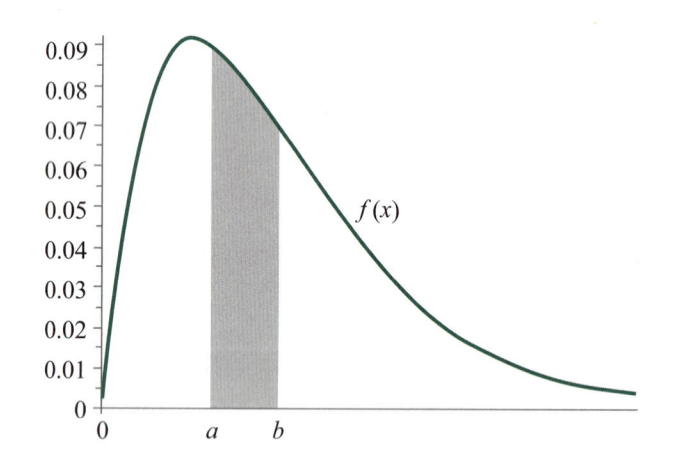

圖 6.6-2 陰影區域之面積代表 $P(a < X < b)$

中央極限定理明白告訴我們，可以用常態分布來計算離散型隨機變數的近似機率。但是若把圖 6.6-1 和圖 6.6-2 比較一下，因為圖 6.6-1 看起來和面積似乎毫無關係，明顯可見兩個圖相差很多，好像很難連結起來。但其實

只要把圖 6.6-1 的表達方式稍作調整，問題就解決了，我們用二項隨機變數 $X \sim B(10, 0.5)$ 的機率函數來說明。

在圖 6.6-3 裡面，我們用兩種方式表示了二項分布 $B(10, 0.5)$ 的機率函數。(a) 圖只在 0、1、⋯、10 各個可能值的上方，用垂直線段的長度代表各個值的發生機率，(b) 圖則除了垂直線之外，另外加上了長方形；長方形的高度和垂直線段的高度一樣，底邊則是從該可能值的左邊半個單位延伸到右邊半個單位。例如架構在 6 上方的長方形，高度就等於

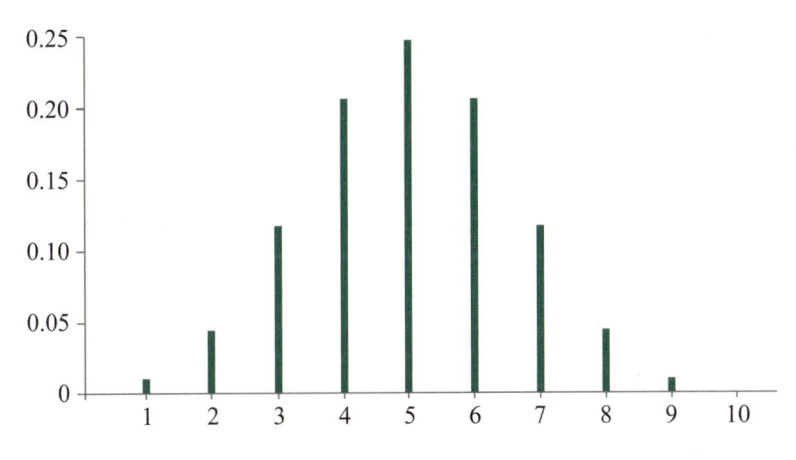

圖 6.6-3 (a) B(10,0.5) 之機率函數

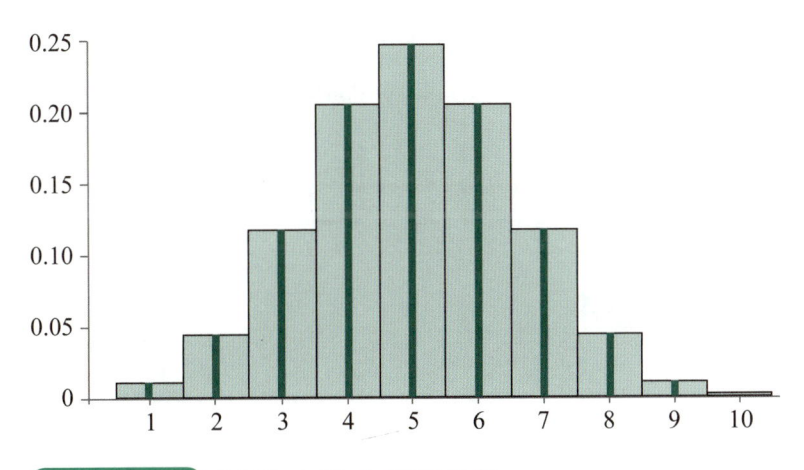

圖 6.6-3 (b) B(10, 0.5) 之機率函數

$P(X=6) = \binom{10}{6}(0.5)^{10} = 0.2051$，而底邊則介於 5.5 和 6.5 之間；如此使得底邊長度等於 1，而長方形的面積就等於它的高度，所以我們可以說：「$X=6$ 的機率，等於 6 上方的垂直線段長度，也就是 6 上方的長方形面積」；而因為機率總和等於 1，所以全部長方形面積的總和也必定等於 1。

雖然二項分布是離散型隨機變數，但經過以上的處理之後，仍然可以用面積的觀念來表達機率；在應用中央極限定理時，也可以根據這個觀念做微幅調整，使得所求出的近似機率更接近正確的機率。例如當 $X \sim B(10, 0.5)$ 時，若要用中央極限定理求 $P(6 \leq X \leq 7)$ 的近似機率時，應該根據上述長方形的觀念，先把區間兩端各延伸 0.5 個單位，成為 $P(5.5 \leq X \leq 7.5)$ 之後，再利用常態分布來計算近似機率；這種 0.5 個單位的調整，稱為**連續型之修正** (continuity correction)。$P(6 \leq X \leq 7)$ 的確實值和經過連續型修正之後所得近似機率的差別，可參考圖 6.6-4：確實機率是深色部份的長方形面積，而近似機率是用粗線所框起部份的面積。

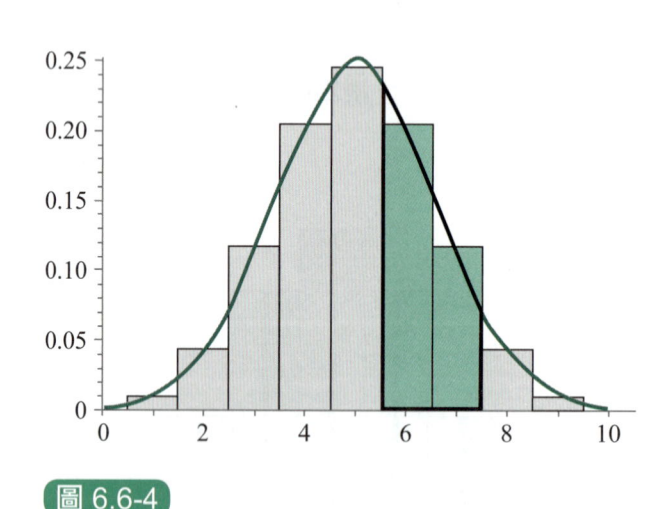

圖 6.6-4

例 6.6-1

設隨機變數 $X \sim B(10, 0.5)$，用中央極限定理求 $P(6 \leq X \leq 7)$ 的近似機率，分兩種方式計算，並且和確實機率做比較：

(a) 不用連續型之修正。

(b) 要用連續型之修正。

解

X 的期望值 $\mu = 10 \cdot 0.5 = 5$，變異數 $\sigma^2 = 10 \cdot 0.5 \cdot 0.5 = 2.5$，標準差 $\sigma = \sqrt{2.5} = 1.5811$。

(a) $P(6 \leq X \leq 7) = P\left(\dfrac{6-5}{1.5811} < \dfrac{X-5}{1.5811} < \dfrac{7-5}{1.5811}\right) \approx P(0.63 < Z < 1.26)$
$= \Phi(1.26) - \Phi(0.63) = 0.8962 - 0.7357 = 0.1605$

(b) $P(5.5 \leq X \leq 7.5) = P\left(\dfrac{5.5-5}{1.5811} < \dfrac{X-5}{1.5811} < \dfrac{7.5-5}{1.5811}\right) \approx P(0.32 < Z < 1.58)$
$= \Phi(1.58) - \Phi(0.32) = 0.9429 - 0.6255 = 0.3174$

因為 $P(6 \leq X \leq 7) = P(X \leq 7) - P(X \leq 5)$，從二項分布表可查得確實機率為 $P(6 \leq X \leq 7) = 0.945 - 0.623 = 0.322$。

比較算出的三項機率可以明顯看出：沒經過連續型修正的近似機率，和確實機率差很多；而經過連續型修正的結果，則相當接近確實機率。

連續型修正還有一個作用，就是可以處理 $P(X = x)$ 類型的機率，我們用例子說明。

例 6.6-2

假設我們擲一顆均勻的銅板 10 次，用中央極限定理求事件「恰得 5 次正面」的近似機率，並和確實機率做比較。

解

若令 X 代表 10 次當中正面出現的次數,則 $X \sim B(10, 0.5)$,和例 6.6-1 的條件相同,而現在要計算的是 $P(X = 5)$。

若要用中央極限定理求近似機率,等於是把 X 視為常態分布的隨機變數,因此不用計算就可知道 $P(X = 5) = 0$,因為常態分布屬於連續型分布、任何單獨一點的機率都等於 0。但是這個答案明顯不合理;因為擲 10 次銅板時,頗有可能出現恰好 5 個正面這種結果,機率不應該是 0。而只要運用連續型修正,就可以解決問題了。

$$P(X = 5) = P(4.5 \leq X \leq 5.5)$$
$$= P\left(\frac{4.5 - 5}{1.5811} < \frac{X - 5}{1.5811} < \frac{5.5 - 5}{1.5811}\right)$$
$$\approx \Phi(0.32) - \Phi(-0.32)$$
$$= 0.6255 - 0.3745 = 0.2510$$

直接查二項分布表可得確實機率:

$$P(X = 5) = P(X \leq 5) - P(X \leq 4) = 0.623 - 0.377 = 0.246$$

二者比較起來,可說近似機率的誤差相當小。

機率題目還可能以其他形式出現,例如在例 6.6-2 當中,我們也可能想要知道會得到超過 6 個正面的機率,「超過 6 個正面」不包含恰好得到 6 個正面的結果在內,所以我們需要計算的是 $P(X > 6)$。這樣形態的機率問題,連續型修正應該要怎樣做呢?換句話說,是改寫成 $P(X > 5.5)$、還是 $P(X > 6.5)$;而像 $P(2 < X < 8)$ 這樣的機率,又該怎樣修正?這有兩種考慮方式。

第一種方式是先把機率式子當中所有的「大於」或「小於」符號,全部改寫成有等號的表達方式之後、再「擴張」半個單位。例如「大於 6」相當於「至少是 7 以上」,所以 $P(X > 6) = P(X \geq 7)$,而「擴張半個單位」是要把區間變大,所以要再寫成 $P(X \geq 6.5)$。同理, $P(2 < X < 8) =$

$P(3 \le X \le 7) = P(2.5 \le X \le 7.5)$。許多教科書都使用類似上述處理方式。

第二種方式比較直接，應該比第一種方式好記、又不容易弄錯，建議大家採用。二項分布的可能值都是非負整數，所以若 X 代表二項分布隨機變數的話，事件「X 小於 8」和事件「X 小於或等於 7.5」是完全相同的，因為前者代表 X 的值可能是 0, 1,⋯, 7，後者也完全相同。所以第二種修正方式的要點是：「加或減 0.5 之後所得到的區間，其中所包含的非負整數，必須和原來區間所包含的完全相同」，舉例說明如下。

例 6.6-3

根據上述第二種方式，對以下機率式子做連續型之修正：
(a) $P(3 \le X \le 7)$ (b) $P(3 \le X < 7)$ (c) $P(3 < X \le 7)$
(d) $P(X > 6)$

解

(a) $P(3 \le X \le 7)$

如何決定 3 應該改成 2.5 或是 3.5，可以這樣考慮：本來 X 有可能等於 3，如果把「$3 \le X$」改成「$3.5 \le X$」，則排除了 $X = 3$ 的可能性，所以應該是寫成「$2.5 \le X$」才正確；同理「$X \le 7$」的部份應修正為「$X \le 7.5$」，所以完整的修正是：

$$P(3 \le X \le 7) = P(2.5 \le X \le 7.5)$$

現在來檢驗一下修正前後的兩個區間所包含的非負整數。

$3 \le X \le 7$ 這個區間所包含的非負整數是：3, 4, 5, 6, 7

$2.5 \le X \le 7.5$ 這個區間所包含的非負整數也是：3, 4, 5, 6, 7，二者完全相同，所以答案正確。

(b) $P(3 \le X < 7)$

「$3 \le X$」的部分和 (1) 相同，所以應修正為「$2.5 \le X$」。

「$X<7$」則不包含 7，所以應修正為「$X<6.5$」，所以

$$P(3 \leq X < 7) = P(2.5 \leq X < 6.5)$$

檢驗一下區間中所包含的非負整數：

$3 \leq X < 7$ 包含的非負整數是：3, 4, 5, 6

$2.5 \leq X < 6.5$ 包含的非負整數也是：3, 4, 5, 6，所以答案正確。

這裡如果要把 $P(2.5 \leq X < 6.5)$ 寫成 $P(2.5 \leq X \leq 6.5)$ 也是可以的，因為 X 不可能等於 6.5，所以多加了一個等號沒有任何影響。

同理可得

(c) $P(3 < X \leq 7) = P(3.5 < X \leq 7.5) = P(3.5 \leq X \leq 7.5)$

(d) $P(X > 6) = P(X > 6.5) = P(X \geq 6.5)$

連續型修正的原則

把機率式子當中的整數加或減 0.5 之後，區間中所包含的非負整數，必須和原來所包含的完全相同。

上述修正原則也可以用來處理 $P(X=5)$ 類型機率式的連續型修正。我們把 $P(X=5)$ 當中的 5 分別加和減 0.5 之後，會得到 $P(4.5 \leq X \leq 5.5)$，「$X=5$」只包含 5 這個非負整數，「$4.5 \leq X \leq 5.5$」也是一樣，所以知道 $P(X=5) = P(4.5 \leq X \leq 5.5)$ 是正確的修正。

例 6.6-4

根據經濟部工廠校正暨營運調查所得資料 (用 google 搜尋「工廠負責人性別」就可找到)，台灣在民國 98 年的時候，食品製造業的營運中工廠共有 4818 家，其中有 1209 家的負責人是女性，佔 25.09%。為方便計算，我們假設女性負責人佔 25%。現在若從所有

食品製造工廠中隨機抽出 25 家,利用中央極限定理求以下事件的近似機率 (要做連續型修正),並和確實機率 (參考例 5.1-5) 做比較:25 家當中,(a) 負責人是女性的少於 6 家,(b) 至少有 10 家的負責人是女性。

解

令 X 代表隨機抽出的 25 家工廠中、負責人是女性的工廠家數,則 X 的分布可視為二項分布、參數為 $n=25, p=0.25$。若用常態分布求近似機率,其平均數 $\mu = 25(0.25) = 6.25$、標準差 $\sigma = \sqrt{25(0.25)(0.75)} = 2.1651$。

(a) $P(X < 6) = P(X \leq 5.5) = P\left(\dfrac{X-6.25}{2.1651} \leq \dfrac{5.5-6.25}{2.1651}\right) \approx \Phi(-0.35)$
$= 0.3632$

(b) $P(X \geq 10) = 1 - P(X \leq 9) = 1 - P(X \leq 9.5)$
$= 1 - P\left(\dfrac{X-6.25}{2.1651} \leq \dfrac{9.5-6.25}{2.1651}\right) \approx 1 - \Phi(1.50)$
$= 1 - 0.9332 = 0.0668$

在例 5.1-5 所計算的確實機率為 (a) 0.3783、(b) 0.0713,(a) 的誤差為 0.0151、(b) 的誤差為 0.0045。

習題

1. 擲一顆均勻的 10 元硬幣 12 次,令 X 為反面所出現的次數,求 $P(3 \leq X \leq 5)$ 的近似機率,分兩種方式計算,並和確實機率做比較,判斷何者較接近確實機率。
   (a) 不用連續型修正。
   (b) 要用連續型修正。

2. 假設某大學的某學院裡有 18% 的學生姓「林」，若隨機抽出該學院學生 35 位，用連續型修正求 35 位當中：
   (a) 有不到 8 位姓「林」的近似機率。
   (b) 有 7 到 10 位 (含 7 及 10) 姓「林」的近似機率。

3. 假設新竹某大學的商學院有 24% 的學生有在打工，若隨機抽出該校商學院的學生 30 位，用連續型修正求：
   (a) 有超過 10 位在打工的近似機率。
   (b) 有 8 到 12 位 (含 8 及 12) 在打工的近似機率。

4. 假設 X 是二項分布隨機變數，根據連續型修正的原則，對以下機率式做連續型修正：
   (a) $P(X < 5)$ (b) $P(2 < X \leq 6)$ (c) $P(X = 3)$ (d) $P(X \geq 4)$

6.7 樣本比例之抽樣分布

「比例」是我們經常考慮的一個數字，例如大學生延畢的比例，單親家庭的比例，以及含菌數超標的冰品佔所有冰品的比例等等。但我們關心的母體往往過大，母體比例 p 很難取得，因此只能抽取隨機樣本，用樣本比例 $\hat{p}$ 來估計母體比例；而若要評估誤差大小，必須知道樣本比例 $\hat{p}$ 的抽樣分布。從表面上看起來，中央極限定理只能用在樣本平均 $\bar{X}$ 和樣本總和 $S_n = \sum_{i=1}^{n} X_i$ 這兩種形式的統計量上面；實際上則樣本比例也可以視為一種樣本平均，所以也適用中央極限定理，我們用下面例子說明。

例 6.7-1

某地方衛生局為了了解轄區內冰品店的衛生情況，會不定時抽檢，每次隨機選購 20 件冰品，拿去檢驗大腸桿菌數，並記錄不合格

的比例 $\hat{p} = \dfrac{\text{不合格冰品件數}}{20}$。定義合適的隨機變數之後，將 $\hat{p}$ 表示成樣本平均 $\bar{X}$。

解

令 $X_i = \begin{cases} 1, \text{第 } i \text{ 件冰品不合格} \\ 0, \text{第 } i \text{ 件冰品合格} \end{cases}$，則明顯可見 $\sum_{i=1}^{20} X_i$ 等於不合格冰品的件數，所以 $\hat{p} = \dfrac{\sum_{i=1}^{20} X_i}{20} = \bar{X}$

例 6.7-1 的結論當然可以推廣到一般情形：假設母體當中，符合某特質的佔比例 p，考慮從母體抽取隨機樣本，樣本大小是 n，然後記錄樣本中符合該特質的比例 $\hat{p}$，則 $\hat{p} = \dfrac{\sum_{i=1}^{n} X_i}{n} = \bar{X}$，此處

$$X_i = \begin{cases} 1, \text{樣本中第 } i \text{ 個符合特質} \\ 0, \text{樣本中第 } i \text{ 個不符合特質} \end{cases}$$

是伯努利隨機變數，參數為 p。

因為 $E(X_i) = p$，$V(X_i) = p(1-p)$，所以根據中央極限定理，可得 $\hat{p}$ 的抽樣分布如下：

樣本比例的抽樣分布

假設母體當中符合某特質的佔比例 p，從其中抽出隨機樣本，得到符合該特質的樣本比例 $\hat{p}$，當 n 夠大時，$\hat{p}$ 的抽樣分布會接近平均數為 p、變異數為 $\dfrac{p(1-p)}{n}$ 的常態分布；也就是說，將 $\hat{p}$ 標準化之後所得到的 $\dfrac{\hat{p} - p}{\sqrt{\dfrac{p(1-p)}{n}}}$，會接近標準常態分布。

例 6.7-2

擲一顆平衡骰子 180 次，求 6 點出現的比例超過五分之一的機率。

解

這裡我們關心的「特質」當然是指出現 6 點，所以 $p=\frac{1}{6}$，而 $n=180$。180 次當中 6 點出現的比例就是樣本比例 $\hat{p}$，因此所求機率為

$$P\left(\hat{p}>\frac{1}{5}\right)=P\left(\frac{\hat{p}-1/6}{\sqrt{\frac{(1/6)\cdot(5/6)}{180}}}>\frac{1/5-1/6}{\sqrt{\frac{(1/6)\cdot(5/6)}{180}}}\right)\approx P(Z>1.2)=0.1151$$

例 6.7-3

假設一大批螺絲釘當中，瑕疵品占比例 p。今從中隨機抽檢 100 枚，若其中瑕疵品比例不超過 3%，則視為整批螺絲釘通過檢驗。假如整批的瑕疵品比例 p 事實上等於 5%，求其通過檢驗的機率。

解

用 $\hat{p}$ 代表被抽中的 100 枚螺絲釘當中的瑕疵品比例，則所求機率為

$$P(\hat{p}\leq 0.03)=P\left(\frac{\hat{p}-0.05}{\sqrt{\frac{0.05\cdot 0.95}{100}}}\leq\frac{0.03-0.05}{\sqrt{\frac{0.05\cdot 0.95}{100}}}\right)\approx P(Z\leq -0.92)=0.1788$$

也就是說，用「樣本當中的瑕疵品比例不超過 3%」當作檢驗標準的話，如果整批貨的瑕疵品實際上占 5% 的時候，隨機抽檢 100 枚時，大約有 17.88% 的機率會通過檢驗。

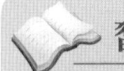

習題

1. 假設台中某科技大學的學生當中有 82% 是男性，如果隨機抽樣該校 150 位學生，求其中：
   (a) 有 80% 以上是男生的機率。
   (b) 有 12% 以上是女生的機率。

2. 假設台灣有 46% 的青少年最愛喝的飲料是珍珠奶茶，如果隨機選出 280 位台灣的青少年，求：
   (a) 有一半以上的人最愛喝珍珠奶茶的機率。
   (b) 最愛喝珍珠奶茶的比例介於 40% 和 47.5% 之間的機率。

3. 假設某大學的學生當中有 38% 的人騎機車上學，若是隨機選出該校學生 100 位，求：
   (a) 其中有 30% 以上的人是騎機車上學的機率。
   (b) 有一半以內的人是騎機車上學的機率

6.8　t 分布

定理 6.5-1 告訴我們，若 $X_1, X_2, \cdots, X_n$ 為抽自某一常態分布 $N(\mu, \sigma^2)$ 的隨機樣本，則樣本平均數 $\bar{X}$ 的抽樣分布必為常態分布，其平均數為 μ、變異數為 $\dfrac{\sigma^2}{n}$。換個方式也可以這樣說：把 $\bar{X}$ 標準化之後所得到的 $\dfrac{\bar{X} - \mu}{\sigma/\sqrt{n}}$，它的抽樣分布是標準常態分布；這是很重要的結果，在對 μ 做估計或檢定問題時，經常會用到。然而在現實情況中，如果不知道 μ、需要估計它的時候，往往也不知道 σ 是多少；如果要用到 $\dfrac{\bar{X} - \mu}{\sigma/\sqrt{n}}$ 的話，σ 必

須用估計量取代。通常我們會用樣本標準差 $S = \sqrt{\dfrac{\sum_{i=1}^{n}(X_i - \bar{X})^2}{n-1}}$ 來估計 σ，取代之後得到的 $\dfrac{\bar{X} - \mu}{S/\sqrt{n}}$，其分布不再是標準常態，而是屬於一族叫做 t 分布 (t distribution) 的分布。t 分布的形狀，和常態分布很像，有以下性質：

t 分布的性質

1. t 分布的形狀和標準常態分布相當接近，也是對稱於 0 的鐘型，但是 t 分布的分散較廣。標準常態分布的變異數是 1，t 分布的變異數卻會大於 1，例如自由度為 6 的 t 分布，變異數等於 1.5，而自由度為 4 的 t 分布，變異數則等於 2。

2. t 分布有一個參數叫做自由度 (degrees of freedom，縮寫 d.f.)，是正整數。自由度小的 t 分布分散比較廣，自由度變大、則分布會往中間靠攏。自由度愈變愈大，t 分布就會愈來愈接近標準常態分布，可參考圖 6.8-1。

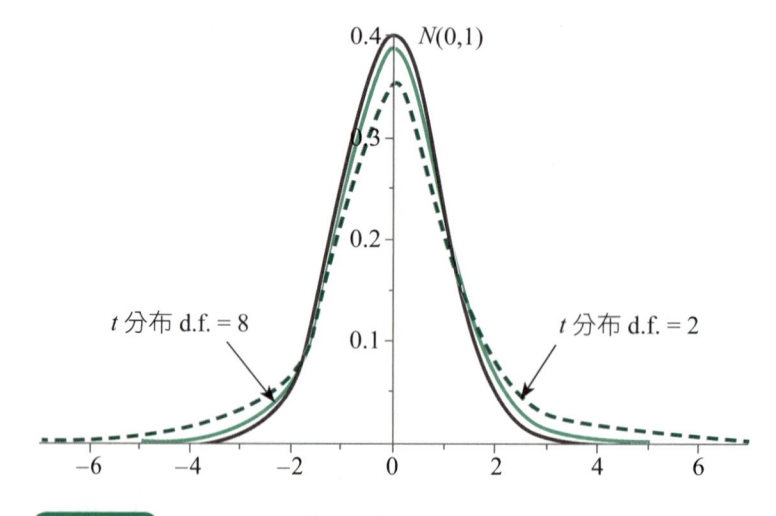

圖 6.8-1 t 分布和標準常態分布 p.d.f. 的比較

若 $X_1, X_2, \cdots, X_n$ 為抽自常態分布 $N(\mu, \sigma^2)$ 的隨機樣本，

$$\bar{X} = \frac{X_1 + X_2 + \cdots + X_n}{n} \quad \text{和} \quad S = \sqrt{\frac{\sum_{i=1}^{n}(X_i - \bar{X})^2}{n-1}}$$

分別為樣本平均數和樣本標準差，則 $\dfrac{\bar{X} - \mu}{S/\sqrt{n}}$ 的抽樣分布為自由度 $n-1$ 的 t 分布。

在第七章到第九章的區間估計和檢定問題裡面，常需要用到和 t 分布相關的一些值，可以從表 7 當中查到。不同教科書對於同一個分布的表列方式未必相同，但都會清楚說明表列的值代表什麼意義，這個說明通常出現在表的最上方。表 7 的最上方寫了「表列的值 $t_{k,\alpha}$ 滿足 $P(T_k \geq t_{k,\alpha}) = \alpha$」，這個意思是說，若 $k = 5$ 的話，令 T_5 代表自由度 5 的 t 分布隨機變數，則有 $P(T_5 \geq 2.015) = 0.05$，所以 $t_{5, 0.05} = 2.015$。

例 6.8-1

假設我們用 T_k 代表自由度 k 的 t 分布隨機變數，則
(a) 滿足 $P(T_3 \geq a) = 0.01$ 的 a 等於多少？
(b) 若 $P(-c < T_6 < c) = 0.95$，則 c 等於多少？
(c) 若 $P(T_{11} < b) = 0.1$，則 b 等於多少？

解

(a) 從第一行找到 $k = 3$ 的位置、往右延伸，第一列找到 0.01 的位置、往下延伸，二者交會處就是答案：4.541。也就是說，$t_{3, 0.01} = 4.541$。

如果題目是問「滿足 $P(T_3 > a) = 0.01$ 的 a 等於多少」，答案也一樣。t 分布是連續型分布，所以 $P(T_3 \geq a)$ 和 $P(T_3 > a)$ 沒有差別。

(b) 滿足 $P(-c < T_6 < c) = 0.95$ 的 c 不能直接查表找到，因為這個機率式子和表列的形式不同。如果知道 $P(T_6 \geq c)$ 等於多少，就可以查表找到 c 的值了。已知 $P(-c < T_6 < c) = 0.95$，所以

$$P(T_6 \geq c) + P(T_6 \leq -c) = 1 - 0.95 = 0.05$$

而因為 t 分布對稱於 0，$P(T_6 \geq c) = P(T_6 \leq -c)$，所以

$$P(T_6 \geq c) = \frac{0.05}{2} = 0.025$$

查表可得 $c = 2.447$。

(c) 如果 $P(T_{11} < b) = 0.1$，代表 b 必定小於 0，因此 $-b > 0$，且因 t 分布的對稱性可知 $P(T_{11} > -b) = 0.1$，查表可得 $-b = 1.363$，所以 $b = -1.363$。

習題

1. (a) 滿足 $P(T_{15} \geq a) = 0.05$ 的 a 等於多少？
   (b) 若 $P(-c \leq T_{10} \leq c) = 0.9$，則 c 等於多少？
   (c) 若 $P(T_7 < b) = 0.01$，則 b 等於多少？

2. 查表求以下機率：
   (a) $P(T_{18} \leq 2.552)$。
   (b) $P(T_3 > 1.638)$。
   (c) $P(-1.383 < T_9 \leq 2.821)$。

重點摘要

1. 統計量是樣本的函數，抽樣之後就可以算出它的值。

2. 統計量的抽樣分布是指它的機率分布,也就是統計量的所有可能值及這些值發生的機率。

3. 抽樣時的兩種方式:取出放回和取出不放回,有重要的差別。執行取出放回時,因為每次抽取都是從整個母體裡面抽,前後抽樣結果之間互相獨立;若取出不放回,則前後抽樣結果之間不會互相獨立。

4. 設 $X_1, X_2, \cdots, X_n$ 為抽自某一母體的隨機樣本,則 $X_1, X_2, \cdots, X_n$ 之間互相獨立,且每個 X_i 的機率分布,和母體的機率分布相同。「$X_1, X_2, \cdots, X_n$ 為抽自某一母體的隨機樣本」的說法,也可用以下描述代替:「$X_1, X_2, \cdots, X_n$ 為 i.i.d.」。本書討論的隨機樣本,都指簡單隨機樣本。

5. 「X_i 之間互相獨立」的成立條件,嚴格來說必須是用取出放回的抽樣方式才會符合。但無論是抽驗產品做品管、或者抽取樣本做民調,實際執行的都是取出不放回;然而母體通常都比樣本大很多,此時可以將 $X_1, X_2, \cdots, X_n$ 視為互相獨立。

6. 當我們在條件不完全符合的情況下卻視為條件符合,其實是將結論的嚴謹程度犧牲了一部份,所以建議:如果考慮的問題不是特別重要,比如有些民調結果只是當作參考,並非要根據它做出什麼重要決定,那麼有教科書建議的「母體至少是樣本的 10 倍大」大約足夠了;但是若牽涉到重要的決定、結論必須嚴謹時,對於條件的符合程度,標準就應該要提高。

7. 設 $X_1, X_2, \cdots, X_n$ 為抽自某一母體的隨機樣本,母體期望值和變異數分別為 μ 和 σ^2,則樣本平均數 $\bar{X}$ 的期望值、變異數和標準差公式如下:

$$\mu_{\bar{X}} = E(\bar{X}) = \mu$$

$$\sigma_{\bar{X}}^2 = V(\bar{X}) = \frac{\sigma^2}{n}$$

$$\sigma_{\bar{X}} = \sqrt{V(\bar{X})} = \frac{\sigma}{\sqrt{n}}$$

8. 用一個統計量估計母體的任一參數時，統計量的標準誤即為該統計量的標準差。

9. 設 $X_1, X_2, \cdots, X_n$ 為抽自某一常態分布母體的隨機樣本，母體平均數和變異數分別為 μ 和 σ^2，則樣本平均數 $\bar{X}$ 的抽樣分布必為常態分布，其平均數為 μ、變異數為 σ^2/n。

10. 中央極限定理內容如下：假設 $X_1, X_2, \cdots, X_n$ 為抽自某一母體的隨機樣本，母體平均數和變異數分別為 μ 和 σ^2，$0 < \sigma^2 < \infty$；如果 n 夠大，則樣本平均數 $\bar{X}$ 的分布會接近平均數為 μ、變異數為 σ^2/n 的常態分布；也就是說，將 $\bar{X}$ 標準化之後所得到的 $\dfrac{\bar{X} - \mu}{\sigma/\sqrt{n}}$，會接近標準常態分布。

11. 中央極限定理對於樣本所來自的母體，幾乎沒有任何限制，唯一的條件是變異數存在；變異數存在的意思是說：它是個有限數，而絕大多數母體都符合這個條件。因此中央極限定理可應用的範圍非常廣。

12. 下列條件符合時，可以用常態分布來求二項分布 $B(n, p)$ 的近似機率：

$$np \geq 5 \text{ 且 } n(1-p) \geq 5$$

13. 用常態分布來求二項分布的近似機率時，應先做連續型修正。修正的原則為：把機率式子當中的整數加或減 0.5 之後，區間中所包含的非負整數，必須和原來所包含的完全相同。

14. 假設母體當中符合某特質的佔比例 p，從其中抽出隨機樣本，得到符合該特質的樣本比例 $\hat{p}$，當 n 夠大時，$\hat{p}$ 的抽樣分布會接近平均數為 p、變異數為 $\dfrac{p(1-p)}{n}$ 的常態分布；也就是說，將 $\hat{p}$ 標準化之後所得到的 $\dfrac{\hat{p}-p}{\sqrt{\dfrac{p(1-p)}{n}}}$，會接近標準常態分布。

15. 若 $X_1, X_2, \cdots, X_n$ 為抽自常態分布 $N(\mu, \sigma^2)$ 的隨機樣本，

$$\bar{X} = \frac{X_1 + X_2 + \cdots + X_n}{n} \text{ 和 } S = \sqrt{\frac{\sum_{i=1}^{n}(X_i - \bar{X})^2}{n-1}}$$

分別為樣本平均數和樣本標準差，則 $\dfrac{\bar{X}-\mu}{S/\sqrt{n}}$ 的抽樣分布為自由度 $n-1$ 的 t 分布。

16. t 分布的形狀和標準常態分布相當接近，也是對稱於 0 的鐘型，但是 t 分布的分散較廣。不同自由度的 t 分布比較起來，自由度小的 t 分布分散比較廣，自由度變大、則分布會往中間靠攏；自由度愈變愈大，t 分布就會愈來愈接近標準常態分布。

17. t 分布表列的值 $t_{k,\alpha}$ 滿足 $P(T_k \geq t_{k,\alpha}) = \alpha$，此處 T_k 代表自由度為 k 的 t 分布隨機變數。

第六章 習題

1. 假設小華一家人的體重分別為 76、51、38 和 63 公斤。若從小華的家庭成員中隨機抽樣 2 人，且令 $\bar{X}$ 為這兩個人的平均重量，求 $\bar{X}$ 的抽樣分布。
   (a) 用取出不放回方式。
   (b) 用取出放回方式。

2. 求習題 1 (a) 和 (b) 兩小題當中樣本平均數 $\bar{X}$ 的變異數，並和母體變異數做比較。

3. 某連鎖商店週年慶推出現金回饋，只要購物滿 30 元就可參加，用抽籤方式決定回饋金額。假設回饋金額有三種，分別是 5 元、10 元和 20 元，抽中的機率分別是 90%、8% 和 2%。假設某顧客一天當中去消費了兩次，兩次消費都超過 30 元。若兩次抽中的回饋金額之間互相獨立，令 $\bar{X}$ 代表兩次回饋金額的平均。
   (a) 導出 $\bar{X}$ 的分布。
   (b) 求 $P(\bar{X} \leq 7.5 \text{ 元})$。

4. 假設 X 代表擲一枚平衡銅板 16 次所得正面數，Y 代表擲一顆均勻骰子 18 次、6 點出現的次數，求 $X - 2Y$ 之期望值和變異數。

5. 從某一母體取出一隨機樣本、樣本大小 $n = 100$，假設該母體之平均數為 μ，變異數為 64，則
   (a) 樣本平均數 $\bar{X}$ 的近似分布是什麼？
   (b) 用樣本平均來估計 μ 時，標準誤是多少？

6. 假設在很大批的零件當中，瑕疵品所佔比例為 0.04。如果從中隨機抽出 n 件，我們想要用常態分布來估計 n 件中至多有 4 件瑕疵品的機率。
   (a) n 至少要等於多少，才適用常態分布來估計？
   (b) 令 n 等於 (a) 的答案，求其中至多有 4 件瑕疵品的機率 (要用連續型修正)。

7. 假設某大學規定所有老師都要上網填教學計畫表，但是網頁設計很爛，平均一個科目要花費 28 分鐘填寫、標準差 6 分鐘。假設在該校隨機選出 36 個科目，再詢問老師填寫所花時間，利用中央極限定理

求 36 個科目平均填寫時間：

(a)超過 30 分鐘的機率。

(b)介於 27 和 29 分鐘之間的機率。

8. 擲一顆均勻的骰子 15 次，令 X 為「5」或「6」所出現的次數，用兩種方式分別求 $P(X>1)$ 的近似機率，並判斷何者較接近確實機率？

(a)不用連續型修正。

(b)要用連續型修正。

9. 從一副 52 張撲克牌當中，用取出放回方式，抽出 40 張牌、記錄花色。用常態分布加上連續型修正，求以下事件的近似機率。

(a)恰好有 10 張牌是黑桃。

(b)40 張牌當中的梅花少於 5 張。

(c)40 張牌當中至少有一半是紅色牌 (紅桃或方塊)。

10. 假設在某大學修習微積分的學生當中有 35% 的人必須重修，若隨機選出在該校修微積分的學生 80 位，求：

(a)其中有 1/3 以上必須重修微積分的機率。

(b)其中有 1/4 以內必須重修微積分的機率。

11. 假設某縣騎機車的人中，經常戴安全帽的佔 75%。若從該縣騎機車人士中隨機抽出 400 人，求其中

(a)有至少 70% 的人經常戴安全帽的機率。

(b)經常戴安全帽的人所佔比例介於 72% 到 80% 之間的機率。

12. 令 T_k 代表自由度 k 的 t 分布隨機變數。

(a)滿足 $P(T_{20} \leq a) = 0.9$ 的 a 等於多少？

(b)若 $P(-c \leq T_7 \leq c) = 0.95$，則 c 等於多少？

(c)若 $P(T_{25} \geq b) = 0.95$，則 b 等於多少？

第七章　點估計及區間估計

我們經常需要依賴民調結果來取得訊息。比如健保局想要了解有多少民眾知道健保財務短絀，又有多少民眾支持「月入 3、4 萬民眾每月多繳一個便當錢」；因為不可能訪問到每一位成年民眾，於是在 98 年底對台灣地區 20 歲以上民眾進行了一次電話調查。在有效樣本人數 1,109 人中，對上述問題得到下列結果 (發佈日期：99 年 1 月 28 日)：

84% 民眾知道健保財務短絀

55% 民眾支持月入 3、4 萬民眾每月多繳一個便當錢

外交部想要知道，日本民眾有多少百分比會想要來台觀光，於是委託美國蓋洛普公司日本分公司，在 98 年 4 月 10 日至 19 日、針對日本全國 20 歲以上的 1000 名男女，以電話隨機撥號方式訪問、做了一項民調，結果顯示，61% 的民眾表示，會想要來台灣觀光。

上述例子提到的數字，像多少百分比民眾支持「月入 3、4 萬民眾每月多繳一個便當錢」，以及多少百分比的日本民眾會想要來台觀光，都是母體數字，而民調得到的百分比：55% 民眾支持月入 3、4 萬民眾每月多繳一個便當錢，以及 61% 的日本成年民眾表示會想要來台灣觀光，則都是從樣本得到的數字、也就是樣本比例。兩個樣本比例都是對於母體比例的估計，而樣本比例多半不等於母體比例；估計得好不好、應該要怎樣評估呢？本章就在討論這樣的問題，而在 7.7 節當中，還會對「61% 的日本成年民眾表示、會想要來台灣觀光」這樣的民調結果，做很詳細的解讀。

7.1	不偏估計及均方誤	7.6	樣本大小如何決定
7.2	區間估計概念	7.7	信賴區間的意義及應用：民調結果解讀
7.3	常態分布母體平均數的區間估計		
7.4	母體平均數的大樣本區間估計	7.8	母體變異數的區間估計
7.5	母體比例的區間估計	*7.9	模擬抽樣調查

7.1 不偏估計及均方誤

估計時應該要考量些什麼呢，比如估計方式若不只一種的時候，我們應如何抉擇呢？「具有某種性質」可能是考慮的因素之一。例如我們可能希望所用的估計方式不要系統性的高估，也不要系統性的低估。所謂「系統性的高估」是指因為估計方式的不妥善而經常高估，所以當我們用同樣方法估計許多次以後，再計算平均時，所得的值會大於我們所要估計的參數。比較理想的估計方式是：雖然有時會高估、有時會低估，但是重複許許多多次的結果平均起來，卻恰好等於我們要估計的那個參數，這叫做不偏性質。

假設我們對母體的某個參數 θ 感興趣，想要估計它，於是從該母體抽出隨機樣本 $X_1, X_2, \cdots, X_n$，再用某個統計量 $\hat{\theta} = \hat{\theta}(X_1, X_2, \cdots, X_n)$ (這樣寫是為了強調：$\hat{\theta}$ 是 $X_1, X_2, \cdots, X_n$ 的函數) 來估計 θ，上述不偏性質可定義如下：

> **定義** 用統計量 $\hat{\theta} = \hat{\theta}(X_1, X_2, \cdots, X_n)$ 來估計母體參數 θ 時，若 $\hat{\theta}$ 的期望值等於 θ，即 $E(\hat{\theta}) = \theta$，則稱 $\hat{\theta}$ 為 θ 的不偏估計量 (unbiased estimator)。$bias(\hat{\theta}) = E(\hat{\theta}) - \theta$ 稱為 $\hat{\theta}$ 的偏誤 (bias)，當 $\hat{\theta}$ 為 θ 的不偏估計量時，其偏誤等於 0。

例 7.1-1

擲一銅板 n 次。假設銅板正面機率為 p，且各次投擲之間互相獨立，令 Y 代表 n 次當中正面出現的次數，$\hat{p} = \dfrac{Y}{n}$ 代表樣本當中的正面比例，試證 $\hat{p}$ 為 p 的不偏估計量，即 $E(\hat{p}) = p$。

解

因為隨機變數 Y 符合二項分布,所以 Y 的期望值 $E(Y) = np$,而 $E(\hat{p}) = E\left(\dfrac{Y}{n}\right) = \dfrac{1}{n}E(Y) = p$,因此得證。

下個例子需要用到 6.3 節所談到的隨機樣本的性質,也就是:若 $X_1, X_2, \cdots, X_n$ 為抽自某一母體的隨機樣本,則 $X_1, X_2, \cdots, X_n$ 之間互相獨立,且每個 X_i 的機率分布,和母體的機率分布相同。

例 7.1-2

假設 $X_1, X_2, \cdots, X_8$ 為抽自某一母體的隨機樣本,母體平均數為 μ,求以下統計量的期望值:(a) X_1 (b) $2X_2 - X_1$ (c) $\dfrac{X_3 + X_4 + X_5}{3}$ (d) $\bar{X} = \dfrac{X_1 + X_2 + \cdots + X_8}{8}$

解

(a) X_1 的分布和母體分布相同,所以 $E(X_1) = \mu$

(b) $E(2X_2 - X_1) = 2E(X_2) - E(X_1) = 2\mu - \mu = \mu$

(c) $E\left(\dfrac{X_3 + X_4 + X_5}{3}\right) = \dfrac{1}{3}(\mu + \mu + \mu) = \mu$

(d) $E(\bar{X}) = E\left(\dfrac{X_1 + X_2 + \cdots + X_8}{8}\right) = \dfrac{1}{8}(8\mu) = \mu$

從 (d) 小題的結論可以得知,樣本平均 $\bar{X} = \dfrac{X_1 + X_2 + \cdots + X_8}{8}$ 是母體平均的不偏估計量,事實上不論樣本大小如何,這都是正確的結論。

設 $X_1, X_2, \cdots, X_n$ 為抽自某一母體的隨機樣本,則樣本平均數 $\bar{X} = \dfrac{X_1 + X_2 + \cdots + X_n}{n}$ 必為母體平均數 μ 的不偏估計量。

檢視例 7.1-2 的結果會發現，4 個小題的統計量不僅定義形式相差很多，而且 (a) 和 (b) 小題的統計量只和一個或兩個 X_i 有關，(d) 的統計量卻和樣本裡全部的 X_i 都有關；然而 4 個小題裡面統計量的期望值全部都等於 μ，所以每一個都是 μ 的不偏估計量。由此可知，一個參數的不偏估計量可能有許多個。

「不偏」雖然是好的性質，但是統計量若只有這個性質，還不足以說是好的估計量，還需要有「配套」。以例 7.1-2 來說，假設母體是某科目的全班期中考分數，全班平均是 μ 分，但 μ 是多少，只有老師一個人知道；老師要求同學抽隨機樣本來估計平均，但是沒有規定要抽幾個人，也沒規定要如何估計。阿佳很懶，於是決定只隨機抽一位同學，用他的分數來估計全班平均，這就相當於用 X_1 來估計。

雖然 X_1 符合不偏的性質，也就是所有可能的估計值，平均起來會等於 μ；但是只抽一次的時候，阿佳有可能抽到 80 分的同學，也有可能抽到 30 分的同學，所以用這樣的估計方式所得到的估計值，變化範圍太大了，很不可靠。相對來說，多抽幾個分數來平均的話，估計值的變化範圍應該會小得多。變化範圍的大小，可以用估計量的變異數當作比較的標準，所以若想在例 7.1-2 的四個估計量當中做選擇的話，可以先計算它們的變異數，然後選擇變異數最小的估計量。

例 7.1-3

假設母體變異數為 σ^2，計算例 7.1-2 當中各統計量的變異數，並且以變異數的大小為標準，找出最好和最差的選擇。

解

(a) X_1 的分布和母體分布相同，所以 $V(X_1) = \sigma^2$
(b) $V(2X_2 - X_1) = 4V(X_2) + V(X_1) = 5\sigma^2$

(c) $V\left(\dfrac{X_3+X_4+X_5}{3}\right)=\dfrac{1}{9}[V(X_3)+V(X_4)+V(X_5)]=\dfrac{\sigma^2}{3}$

(d) 直接利用 6.4 節的公式，可得 $V(\bar{X})=\dfrac{\sigma^2}{8}$

4 個估計量都符合不偏性質，但是 $\bar{X}=\dfrac{X_1+X_2+\cdots+X_8}{8}$ 的變異數最小、$2X_2-X_1$ 的變異數最大，所以 $\bar{X}$ 是最好的選擇、$2X_2-X_1$ 是最差的選擇。

以上結果告訴我們，$2X_2-X_1$ 在四個不偏估計量當中是最差的選擇。從直觀角度、以全班分數為例，也可看出這個估計方式為何變異數特別大、而且又不合理。$2X_2-X_1$ 的意思，相當於在全班分數當中、用取出放回方式隨機抽出兩個之後，把第二個分數乘以 2 倍、再減去第一個分數，當作全班平均分數 μ 的估計。如果 $X_1=80$，$X_2=30$ 的話，$2X_2-X_1=-20$，如果反過來，$X_1=30$，$X_2=80$ 的話，卻又得到 $2X_2-X_1=130$，這兩個估計值既不合理、變化範圍又大；即使符合不偏性質，還是極不適合當作 μ 的估計量。而在這四個不偏估計量當中，$\bar{X}=\dfrac{X_1+X_2+\cdots+X_8}{8}$ 應該是最好的選擇，因為它的變異數最小，代表它的值最「穩定」。抽分數時用取出放回方式，是為了要符合抽出的 X_i 之間互相獨立的性質，因為「全班分數」這樣的母體太小了，若用取出不放回方式抽樣本，X_i 之間不會互相獨立 (請參考 6.2 節)。

如果一個估計量 T_1 符合不偏性質，另一個估計量 T_2 雖不符合不偏性質，然而其變異數卻比 T_1 的變異數要小，這樣要如何在二者之間做取捨呢？有一個方法可以解決這個問題，就是計算均方誤，定義如下：

> **定義** 用統計量 $\hat{\theta}=\hat{\theta}(X_1,X_2,\cdots,X_n)$ 來估計母體參數 θ 時，$\hat{\theta}$ 的均方誤 (mean squared error, 縮寫 MSE) 為 $MSE(\hat{\theta})=E[(\hat{\theta}-\theta)^2]$。

「均方誤」這個名稱，其實已忠實的描述了它的定義。「均方誤」的「誤」指誤差，就是估計量和參數的差：$\hat{\theta}-\theta$，「方」指平方，「均」指平均、即期望值，所以均方誤就是把誤差 $\hat{\theta}-\theta$ 平方之後再求期望值；它也可以寫成另外一個形式：

$$\begin{aligned}MSE(\hat{\theta}) &= E[(\hat{\theta}-\theta)^2] = E\{[\hat{\theta}-E(\hat{\theta})]+[E(\hat{\theta})-\theta]\}^2 \\ &= E\{[\hat{\theta}-E(\hat{\theta})]^2+[E(\hat{\theta})-\theta]^2+2[\hat{\theta}-E(\hat{\theta})][E(\hat{\theta})-\theta]\} \\ &= E\{[\hat{\theta}-E(\hat{\theta})]^2\}+[E(\hat{\theta})-\theta]^2 \\ &= V(\hat{\theta})+[bias(\hat{\theta})]^2\end{aligned}$$

以上化簡過程的簡單說明如下：大括弧的平方展開成三項相加之後，可分別計算該三項的期望值之後再相加 (也可說是把期望值符號「分配」給三項中的每一項)。其中的 $E\{2[\hat{\theta}-E(\hat{\theta})][E(\hat{\theta})-\theta]\}$ 可證明等於 0，而 $E\{[E(\hat{\theta})-\theta]^2\}=[E(\hat{\theta})-\theta]^2$ 是因為 $[E(\hat{\theta})-\theta]^2$ 不是隨機變數而是實數，而常數的期望值就等於它自己。

均方誤公式

$$MSE(\hat{\theta}) = E[(\hat{\theta}-\theta)^2] = V(\hat{\theta})+[bias(\hat{\theta})]^2$$

從上式可以看出，$\hat{\theta}$ 的均方誤可以分成兩項的和：$\hat{\theta}$ 的變異數以及偏誤的平方，所以如果拿均方誤來比較兩個估計量的話，等於把變異數和偏誤大小都列入考慮了；而一個不偏估計量的均方誤就等於它的變異數，因為其偏誤等於 0。

例 7.1-4

假設 $X_1, X_2, \cdots, X_n$ 為抽自某一母體的隨機樣本，我們考慮用統計量 $\hat{\theta}_1 = \hat{\theta}_1(X_1, X_2, \cdots, X_n)$ 或者 $\hat{\theta}_2 = \hat{\theta}_2(X_1, X_2, \cdots, X_n)$ 來估計母體的參數

θ。假設 $\hat{\theta}_1$ 和 $\hat{\theta}_2$ 的期望值和變異數分別為：$E(\hat{\theta}_1) = \theta$、$V(\hat{\theta}_1) = \dfrac{4\theta^2}{n^2}$，及 $E(\hat{\theta}_2) = \dfrac{n\theta}{n+1}$、$V(\hat{\theta}_2) = \dfrac{2\theta^2}{(n+1)^2}$，計算 $\hat{\theta}_1$ 和 $\hat{\theta}_2$ 的均方誤，並且比較二者的大小。

解

$$bias(\hat{\theta}_1) = E(\hat{\theta}_1) - \theta = \theta - \theta = 0$$

所以 $\hat{\theta}_1$ 的均方誤為

$$MSE(\hat{\theta}_1) = V(\hat{\theta}_1) = \dfrac{4\theta^2}{n^2}$$

$$bias(\hat{\theta}_2) = E(\hat{\theta}_2) - \theta = \dfrac{n\theta}{n+1} - \theta = -\dfrac{\theta}{n+1}$$

所以 $\hat{\theta}_2$ 的均方誤為

$$MSE(\hat{\theta}_2) = V(\hat{\theta}_2) + [bias(\hat{\theta}_2)]^2 = \dfrac{2\theta^2}{(n+1)^2} + \left(-\dfrac{\theta}{n+1}\right)^2 = \dfrac{3\theta^2}{(n+1)^2}$$

而 $\dfrac{3\theta^2}{(n+1)^2} < \dfrac{3\theta^2}{n^2} < \dfrac{4\theta^2}{n^2}$，因此 $\hat{\theta}_2$ 的均方誤小於 $\hat{\theta}_1$ 的均方誤。雖然 $\hat{\theta}_1$ 是不偏估計量而 $\hat{\theta}_2$ 並不是，但因 $\hat{\theta}_2$ 的偏誤並不大，而變異數比較小、足以「補救」偏誤的部分還有餘；所以若以均方誤當作標準的話，$\hat{\theta}_2$ 是較好的估計量。

習題

1. 假設 $X_1, \cdots, X_6$ 為抽自某一母體的隨機樣本，母體平均數為 μ，而變異數為 σ^2，求以下統計量的均方誤並作比較：
   (a) $\dfrac{X_1 + X_3 + X_5}{3}$
   (b) $\dfrac{X_2 + X_4}{2}$

(c) $\bar{X} = \dfrac{X_1 + X_2 + \cdots + X_6}{6}$

2. 擲一骰子 n 次，假設「3」出現的機率為 p，且各次投擲之間互相獨立，令 Y 代表 n 次當中「3」出現的次數。如果我們想要用 $\dfrac{Y}{n}$ 估計 p，求其均方誤。

3. 假設 $X_1, \cdots, X_n$ 為抽自某一母體的隨機樣本，我們考慮用 $\hat{\theta}_1$ 或 $\hat{\theta}_2$ 來估計母體的參數 θ。
已知 $E(\hat{\theta}_1) = \theta$，$V(\hat{\theta}_1) = \dfrac{5\theta^2}{n^2}$ 及 $E(\hat{\theta}_2) = \dfrac{(n-1)\theta}{n+1}$，$V(\hat{\theta}_2) = \dfrac{\theta^2}{(n+1)^2}$，如果以均方誤來考量，問 $\hat{\theta}_1$ 與 $\hat{\theta}_2$ 何者為較佳的估計量？請說明。

7.2 區間估計概念

假設阿芬想要知道：她家經常買來吃的某種標示為重 62 公克的洋芋片，實際上平均起來的重量會是多少；當然主要是想要了解重量標示是否很實在。於是她從不同地區、不同賣場隨意買了 25 包該產品，並計算了 25 包的平均重量 $\bar{X}$，當作全部的同類洋芋片平均重量 μ 之估計。

假設 $\bar{X}$ 等於 61.2 公克，要怎樣判斷這個估計值準不準呢？我們知道 $\bar{X}$ 是 μ 的不偏估計，這個意思是說：若一直不斷重複抽樣、每次都抽 25 包並計算平均重量 $\bar{X}$ 的話，所有的 $\bar{X}$ 值平均起來會等於 μ；但是 61.2 公克只是許許多多可能的 $\bar{X}$ 值之一，它和 μ 的差距有多大，其實沒辦法知道，因為我們不知道 μ 的值是多少。然而我們可以利用 $\bar{X}$ 的抽樣分布，造一個區間當作 μ 的可能範圍，並且計算這個區間包含 μ 的機率是多少；這樣的估計方式，叫做區間估計。

> **定義** 假設我們想要估計某一母體的未知參數 θ，而 $X_1, X_2, \cdots, X_n$ 為抽自該母體的隨機樣本，如果統計量 $L = L(X_1, X_2, \cdots, X_n)$ 及 $U = U(X_1, X_2, \cdots, X_n)$ 滿足 $P(L < \theta < U) = 1 - \alpha, (0 < \alpha < 1)$，則稱區間 (L, U) 為 θ 的 $(1-\alpha)100\%$ 信賴區間 (confidence interval)，而 $1-\alpha$ 為該信賴區間的信心水準 (confidence coefficient)，也可稱信賴係數。

大家經常需要估計的參數包括母體平均數 μ 和母體比例 p，造信賴區間通常從一個統計量開始。比如以 μ 為例，造信賴區間先從樣本比例 $\bar{X}$ 開始，然後建構一個**樞紐量** (pivot)，其中包含 $\bar{X}$ 和 μ 在內但不含其他未知參數、該樞紐量的分布已知。例如若 $X_1, X_2, \cdots, X_n$ 為抽自某一常態分布母體的隨機樣本，母體平均數 μ 未知、變異數 σ^2 已知，則 $\dfrac{\bar{X} - \mu}{\sigma / \sqrt{n}}$ 符合標準常態分布、又包含 $\bar{X}$ 和 μ 在內且不含其他未知參數，因此可當作樞紐量。從此樞紐量可得到用兩個數把該樞紐量「夾」在當中的不等式之機率，經過移項整理、把「主角」μ 放到不等式中間之後，就得到信賴區間了，細節將在下面幾節當中說明。

7.3 常態分布母體平均數的區間估計

我們先從很簡單的情況開始討論。假設 $X_1, X_2, \cdots, X_n$ 為抽自某一常態分布母體的隨機樣本，母體平均數 μ 未知、變異數 σ^2 已知。根據定理 6.5-1，樣本平均數 $\bar{X} = \dfrac{X_1 + X_2 + \cdots + X_n}{n}$ 的抽樣分布必為常態分布，其平均數為 μ、變異數為 $\dfrac{\sigma^2}{n}$，也就是說，把 $\bar{X}$ 標準化之後得到的 $\dfrac{\bar{X} - \mu}{\sigma / \sqrt{n}}$ 符合標準常態分布，因此可知

$$P\left(-z_{\alpha/2} < \frac{\bar{X} - \mu}{\sigma / \sqrt{n}} < z_{\alpha/2}\right) = 1 - \alpha \tag{7.3-1}$$

μ 的信賴區間必須是 $L < \mu < U$ 的形式，也就是要把 μ 單獨擺在不等式的中間部分，所以我們必須要把以上機率式子改寫來符合要求。我們知道不等式的兩邊若同乘上一個正數、或者同加一個數，並不會改變不等式，所以

$$P\left(-z_{\alpha/2} < \frac{\bar{X} - \mu}{\sigma/\sqrt{n}} < z_{\alpha/2}\right) = P\left(-z_{\alpha/2}\frac{\sigma}{\sqrt{n}} < \bar{X} - \mu < z_{\alpha/2}\frac{\sigma}{\sqrt{n}}\right)$$

$$= P\left(-\bar{X} - z_{\alpha/2}\frac{\sigma}{\sqrt{n}} < -\mu < -\bar{X} + z_{\alpha/2}\frac{\sigma}{\sqrt{n}}\right)$$

$$= P\left(\bar{X} - z_{\alpha/2}\frac{\sigma}{\sqrt{n}} < \mu < \bar{X} + z_{\alpha/2}\frac{\sigma}{\sqrt{n}}\right)$$

最後一個式子是把前一個式子當中每一項都先乘以 -1，再把大小順序倒過來寫，所得到的結果 (將不等式各項同乘一個負數時，大小關係會被顛倒)。

因此 $P\left(\bar{X} - z_{\alpha/2}\frac{\sigma}{\sqrt{n}} < \mu < \bar{X} + z_{\alpha/2}\frac{\sigma}{\sqrt{n}}\right) = 1 - \alpha$，可得以下結果：

常態分布母體平均數 μ 未知、變異數 σ^2 已知時，μ 的 $(1-\alpha)100\%$ 信賴區間公式為

$$\left(\bar{X} - z_{\alpha/2}\frac{\sigma}{\sqrt{n}}, \bar{X} + z_{\alpha/2}\frac{\sigma}{\sqrt{n}}\right) \tag{7.3-2}$$

也可簡寫成 $\bar{X} \pm z_{\alpha/2}\frac{\sigma}{\sqrt{n}}$ 的形式。

公式當中的 $\bar{X}$ 是 μ 的點估計量，$z_{\alpha/2}\frac{\sigma}{\sqrt{n}}$ 稱為**抽樣誤差**或**誤差界線** (margin of error)，也就是說，上述信賴區間符合「點估計量±抽樣誤差」的形式。並不是所有的信賴區間都可以這樣表示，但是最常用的有關母體平均數或母體比例的信賴區間，也就是本章討論的所有信賴區間，都符合這種形式。抽樣誤差常用符號 e 表示。

例 7.3-1

有人想要知道職棒的九局比賽平均要打多少時間，於是隨機抽了 25 場比賽，然後記錄比賽時間，得到的平均時間是 174.5 分鐘。假設比賽時間符合常態分布，標準差為 16 分鐘，求所有九局比賽平均時間 μ 的 95% 信賴區間。

解

已知母體為常態分布，其標準差 $\sigma = 16$。並且知道 $n = 25$, $\bar{X} = 174.5$，所以只需要查出 $z_{\alpha/2}$ 等於多少，就可以代入公式求信賴區間了。

因為 $95\% = (1-\alpha)100\%$，所以可得 $1-\alpha = 0.95$，$\alpha = 0.05$，$\frac{\alpha}{2} = 0.025$，從常態分布表可得 $z_{\alpha/2} = 1.96$，因此 μ 的 95% 信賴區間為

$$\left(174.5 - 1.96\frac{16}{\sqrt{25}},\ 174.5 + 1.96\frac{16}{\sqrt{25}}\right) = (174.5 - 6.27,\ 174.5 + 6.27)$$
$$= (168.23,\ 180.77)$$

這個結果大致可以這樣說：我們有 95% 信心，所有九局比賽的平均時間會介於 168.23 分鐘和 180.77 分鐘之間。

觀察一下信賴區間公式 $\left(\bar{X} - z_{\alpha/2}\frac{\sigma}{\sqrt{n}}, \bar{X} + z_{\alpha/2}\frac{\sigma}{\sqrt{n}}\right)$，很容易可以歸納出以下結論：

1. 信賴區間的中間點必定等於 $\bar{X}$。
2. 信賴區間的長度是右端點減去左端點，因此等於 $2z_{\alpha/2}\frac{\sigma}{\sqrt{n}}$，也就是抽樣誤差的兩倍。

例 7.3-2

假設某品牌咳嗽糖漿的酒精含量百分比符合常態分布,平均數 μ 未知。若隨機抽了 40 瓶該品牌咳嗽糖漿,並記錄酒精含量之後,計算出 μ 的 95% 信賴區間為 (7.27, 9.13),求

(a) 所抽的 40 瓶咳嗽糖漿的平均酒精含量。
(b) 母體標準差。
(c) μ 的 98% 信賴區間,並和 95% 信賴區間比較長度。

解

(a) 40 瓶咳嗽糖漿的平均酒精含量即為 $\bar{X}$,這是信賴區間 (7.27, 9.13) 的中間點,所以 $\bar{X} = \dfrac{7.27 + 9.13}{2} = 8.2$。

(b) 根據信賴區間公式可知其右端點為

$$\bar{X} + z_{\alpha/2} \dfrac{\sigma}{\sqrt{n}} = 8.2 + 1.96 \dfrac{\sigma}{\sqrt{40}} = 9.13$$

因此可解得 $\sigma = \sqrt{40}\left(\dfrac{9.13 - 8.2}{1.96}\right) = 3$

(c) 98% 信賴區間的 $1 - \alpha = 0.98$, $\alpha = 0.02$, $\dfrac{\alpha}{2} = 0.01$,而查表可得 $z_{0.01} = 2.33$,因此 μ 的 98% 信賴區間為

$$\left(8.2 - 2.33 \dfrac{3}{\sqrt{40}},\ 8.2 + 2.33 \dfrac{3}{\sqrt{40}}\right) = (8.2 - 1.11,\ 8.2 + 1.11)$$
$$= (7.09,\ 9.31)$$

此信賴區間長度為 $9.31 - 7.09 = 2.22$,而 95% 信賴區間長度為 $9.13 - 7.27 = 1.86$,所以 98% 信賴區間的長度較長。因為信賴區間的長度等於 $2z_{\alpha/2} \dfrac{\sigma}{\sqrt{n}}$,在其他條件不變的情況下,$z_{0.01} = 2.33 > z_{0.025} = 1.96$,所以這個結果是可以預期的。

信心水準當然愈高愈好，但是其他條件不變的情況下，較高信心水準的代價，就是信賴區間的長度會增加。信賴區間是母體參數的可能範圍，範圍太大，代表訊息比較不明確，所以我們必須在信心水準的高低和信賴區間的長短之間做取捨。如果要有高的信心水準，又要有較短的信賴區間，也是有辦法做到的，這將在 7.6 節討論。

　　以上問題是在母體平均數 μ 未知、變異數 σ^2 已知的假設下考慮的，但是這樣的假設有點不切實際，因為在現實情況裡，μ 未知、σ^2 卻已知的狀況很少見。σ^2 既然不知道等於多少，就沒辦法利用公式 (7.3-1)，所以接下來要討論的是：若 σ^2 未知的話，怎樣可以找到 μ 的信賴區間。

　　很自然的想法是，若公式中的 σ 未知，是否可以找到一個估計量取代它，最常用的當然就是樣本標準差 $S = \sqrt{\dfrac{\sum_{i=1}^{n}(X_i - \bar{X})^2}{n-1}}$ 了。接下來的問題是：導出公式 (7.3-2) 的過程當中用到了 $\dfrac{\bar{X} - \mu}{\sigma/\sqrt{n}} \sim N(0,1)$ 這件事實，現在把 σ 換成 S，分布是否會改變？而這在 6.8 節就討論過了，結論是：若 $X_1, X_2, \cdots, X_n$ 為抽自常態分布 $N(\mu, \sigma^2)$ 的隨機樣本，則 $\dfrac{\bar{X} - \mu}{S/\sqrt{n}}$ 的抽樣分布為自由度 $n-1$ 的 t 分布。利用這個結果，就可以得到

$$P\left(-t_{n-1,\alpha/2} < \frac{\bar{X} - \mu}{\dfrac{S}{\sqrt{n}}} < t_{n-1,\alpha/2} \right) = 1 - \alpha \qquad (7.3\text{-}3)$$

把此式和 (7.3-1) 比較一下就可看出：除了 σ 用 S 取代之外，因為分布改變了，原來要查 $N(0,1)$ 的表，現在改成查 t 分布的表。再經過完全相同的移項整理等程序，就可以得到

$$P\left(\bar{X} - t_{n-1,\alpha/2} \frac{S}{\sqrt{n}} < \mu < \bar{X} + t_{n-1,\alpha/2} \frac{S}{\sqrt{n}} \right) = 1 - \alpha$$

此信賴區間公式和 σ 已知時的信賴區間公式，整理之後同時列出如下：

常態分布母體平均數 μ 的區間估計

設 $X_1, X_2, \cdots, X_n$ 為抽自某一常態分布母體的隨機樣本，當

1. 變異數 σ^2 已知時，μ 的 $(1-\alpha)100\%$ 信賴區間為

$$\left(\bar{X} - z_{\alpha/2} \frac{\sigma}{\sqrt{n}}, \bar{X} + z_{\alpha/2} \frac{\sigma}{\sqrt{n}} \right) \tag{7.3-2}$$

2. 變異數 σ^2 未知時，μ 的 $(1-\alpha)100\%$ 信賴區間為

$$\left(\bar{X} - t_{n-1, \alpha/2} \frac{S}{\sqrt{n}}, \bar{X} + t_{n-1, \alpha/2} \frac{S}{\sqrt{n}} \right) \tag{7.3-4}$$

觀察可發現，(7.3-2) 及 (7.3-4) 都符合同樣形式：點估計量±抽樣誤差。

例 7.3-3

某大學數學系想要了解全系同學平均 IQ 有多少，於是隨機抽了 25 位同學，請他們做 IQ 測驗。假設 25 位同學的平均分數等於 102、標準差等於 8，而全系的 IQ 分數分布可視為常態分布，求全系同學平均 IQ 的 (a) 90% 信賴區間；(b) 98% 信賴區間。

解

根據題目，已知 $\bar{X} = 102$，$S = 8$，$n = 25$，所以只需要查表找到 $t_{n-1, \alpha/2}$ 即可。

(a) 因為 $n - 1 = 24$，$\frac{\alpha}{2} = \frac{0.1}{2} = 0.05$，從 t 分布表可得 $t_{24, 0.05} = 1.711$，因此全系同學平均 IQ 的 90% 信賴區間為

$$\left(102 - 1.711 \frac{8}{\sqrt{25}}, 102 + 1.711 \frac{8}{\sqrt{25}} \right) = (102 - 2.74, 102 + 2.74)$$
$$= (99.26, 104.74)$$

(b) 因為 $\dfrac{\alpha}{2} = \dfrac{0.02}{2} = 0.01$，從 t 分布表可得 $t_{24, 0.01} = 2.492$，因此全系同學平均 IQ 的 98% 信賴區間為

$$\left(102 - 2.492 \dfrac{8}{\sqrt{25}}, 102 + 2.492 \dfrac{8}{\sqrt{25}}\right) = (102 - 3.99, 102 + 3.99)$$
$$= (98.01, 105.99)$$

以上結果再次印證，在其他條件不變的情況下，信心水準較高的信賴區間，長度會比較長。

習題

1. 假設高雄某大學商學院的學生每月手機帳單的金額符合常態分布，標準差為 52 元。如果隨機取樣 65 位該校商學院的學生，並求得其手機帳單的平均金額為 210 元，求該校商學院學生平均每月手機帳單金額的 95% 信賴區間。

2. 假設某公司生產的洋芋片之重量呈常態分布，標準差為 16 克。如果隨機抽出該公司生產的洋芋片 24 包，並得其平均重量為 193 克，求該公司洋芋片平均重量的 90% 信賴區間。

3. 從一家公司隨機抽出的影片長度如下 (分鐘)：102 86 96 106 90。假設影片長度近似於 normal 分布，求該公司所有影片平均長度的 (a) 95% 信賴區間；(b) 99% 信賴區間。(c) 以上求得的 95% 信賴區間和 99% 信賴區間，何者長度較長？

4. 某常態分布之標準差為 σ。假設我們從此母體隨機抽樣本、樣本大小為 36，並求得該母體平均數 μ 之 95% 信賴區間為 (80.04, 83.96)。求樣本平均 $\bar{X}$ 及 σ。

7.4 母體平均數的大樣本區間估計

上一節是在母體符合常態分布的條件之下,求母體平均 μ 的信賴區間。然而分布的形式各式各樣,其中很多都和常態分布差很遠,當我們無法假設母體符合常態分布時,也就不能說樣本平均經標準化之後的抽樣分布是常態分布 (σ 已知時) 或 t 分布 (σ 未知、用 S 取代時) 了;也就是說,7.3 節的信賴區間公式不再適用。幸好中央極限定理可以幫我們解決這個問題,但先決條件是樣本要夠大;只要樣本夠大,無論母體分布長什麼樣子,樣本平均數的抽樣分布都會接近常態分布,甚至連 σ 未知、用 S 取代之後,常態分布仍然適用。我們將結果列在下面,其中第一個結果就是中央極限定理 (請參考 6.5 節),而根據這些結果,將可以很容易導出 μ 的信賴區間。

大樣本時 $\bar{X}$ 的抽樣分布

假設 $X_1, X_2, \cdots, X_n$ 為抽自某一母體的隨機樣本,母體平均數和變異數分別為 μ 和 σ^2,$0 < \sigma^2 < \infty$,$\bar{X}$ 為樣本平均數,而且 n 夠大,則

1. $\dfrac{\bar{X} - \mu}{\sigma / \sqrt{n}}$ 的抽樣分布會接近標準常態分布。
2. 若 σ 未知、用 S 取代,$\dfrac{\bar{X} - \mu}{S / \sqrt{n}}$ 的抽樣分布仍然接近標準常態分布。

一般來說,當 μ 不知道的時候,σ^2 多半也不知道,所以用到上述第 2 項結果的機會比第 1 項要多。現在可根據上述結果,導出信賴區間公式。

因為 $\dfrac{\bar{X} - \mu}{\sigma / \sqrt{n}}$ 的抽樣分布會接近標準常態分布,所以可知

$$P\left(-z_{\alpha/2} < \frac{\bar{X} - \mu}{\sigma / \sqrt{n}} < z_{\alpha/2}\right) \approx 1 - \alpha \tag{7.4-1}$$

(7.4-1) 和 (7.3-1) 的唯一差別，是把等號改成了近似符號「≈」，因此整理之後會得到和 (7.3-2) 完全相同的信賴區間：

$$\left(\bar{X} - z_{\alpha/2}\frac{\sigma}{\sqrt{n}}, \bar{X} + z_{\alpha/2}\frac{\sigma}{\sqrt{n}}\right) \tag{7.4-2}$$

只不過現在只能說是近似信賴區間。而當若 σ 未知、用 S 取代的時候，可得

$$P\left(-z_{\alpha/2} < \frac{\bar{X} - \mu}{S/\sqrt{n}} < z_{\alpha/2}\right) \approx 1 - \alpha \tag{7.4-3}$$

經過整理之後，會得到信賴區間：

$$\left(\bar{X} - z_{\alpha/2}\frac{S}{\sqrt{n}}, \bar{X} + z_{\alpha/2}\frac{S}{\sqrt{n}}\right) \tag{7.4-4}$$

以上結果可綜合如下：

大樣本時母體平均 μ 的信賴區間

假設 $X_1, X_2, \cdots, X_n$ 為抽自某一母體的隨機樣本，母體平均數和變異數分別為 μ 和 σ^2，$0 < \sigma^2 < \infty$，$\bar{X}$ 為樣本平均數，而且 n 夠大，則

1. 若 σ 已知，μ 的 $(1-\alpha)100\%$ 近似信賴區間為

$$\left(\bar{X} - z_{\alpha/2}\frac{\sigma}{\sqrt{n}}, \bar{X} + z_{\alpha/2}\frac{\sigma}{\sqrt{n}}\right) \tag{7.4-2}$$

2. 若 σ 未知，μ 的 $(1-\alpha)100\%$ 近似信賴區間為

$$\left(\bar{X} - z_{\alpha/2}\frac{S}{\sqrt{n}}, \bar{X} + z_{\alpha/2}\frac{S}{\sqrt{n}}\right) \tag{7.4-4}$$

例 7.4-1

某連鎖超市經過長期蒐集資料，發現所有顧客的平均購物時間大約是 34 分鐘，標準差 15 分鐘。為了讓消費者購物更方便、動線更順暢，超市經營者對貨物的位置安排重新規劃調整，希望能幫助消費者節省購物時間。調整之後為了評估效果，對已結帳的顧客隨機抽一些訪問，共訪問了 45 位；若 45 位的平均購物時間為 30 分鐘，而根據長期觀察，母體標準差一向很穩定，因此仍然可假設是 15 分鐘，求調整後所有顧客平均購物時間的 95% 信賴區間。

解

雖然題目並沒有提到所有顧客購物時間的分布狀況是否符合常態，但因為 $n = 45$、屬於大樣本，所以可以利用大樣本的公式；而題目假設 $\sigma = 15$，所以應該用公式 (7.4-3)：

μ 的 95% 信賴區間為

$$\left(\bar{X} - z_{\alpha/2} \frac{\sigma}{\sqrt{n}}, \bar{X} + z_{\alpha/2} \frac{\sigma}{\sqrt{n}} \right) = \left(30 - 1.96 \frac{15}{\sqrt{45}}, 30 + 1.96 \frac{15}{\sqrt{45}} \right)$$
$$= (25.62, 34.38)$$

例 7.4-2

從某大型連鎖超商隨機抽出共 n 位已消費顧客，訪問之後得知，n 位的平均消費金額為 351 元，標準差為 110 元，

(a) 如果 $n = 50$，求該超商所有顧客平均消費金額 μ 之近似 95% 信賴區間。

(b) 如果 $n = 100$，求該超商所有顧客平均消費金額 μ 之近似 95% 信賴區間。

解

(a) $n = 50$ 屬於大樣本，而題目給的標準差 110 元是樣本標準差，所以應該用公式 (7.4-4)：

μ 的近似 95% 信賴區間為

$$\left(\bar{X} - z_{\alpha/2}\frac{S}{\sqrt{n}}, \bar{X} + z_{\alpha/2}\frac{S}{\sqrt{n}}\right) = \left(351 - 1.96\frac{110}{\sqrt{50}}, 351 + 1.96\frac{110}{\sqrt{50}}\right)$$
$$= (320.51, 381.49)$$

(b) 除了 $n = 100$ 以外，其他條件都和 (a) 小題相同，因此

μ 的近似 95% 信賴區間為

$$\left(351 - 1.96\frac{110}{\sqrt{100}}, 351 + 1.96\frac{110}{\sqrt{100}}\right) = (329.44, 372.56)$$

比較以上結果會發現，在其他條件完全相同的情況下，較大樣本得到的信賴區間範圍較窄，而範圍較窄代表有關 μ 的訊息比較明確。從直觀角度看，雖然 (a) 小題和 (b) 小題的樣本平均數和樣本標準差都一樣，但是根據 100 位顧客計算出來的數值，應該比根據 50 位顧客算出的更可靠，所以相對於 $n = 50$ 的結果，$n = 100$ 可以得到較準確的區間估計，也就不令人意外了。

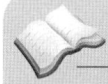

習題

1. 假設我們隨機抽樣某大學資訊系的學生 $n = 48$ 位，並求得其平均每日花在電腦上的時間為 200 分鐘，標準差為 45 分鐘。

   (a) 求該系學生平均每日花在電腦上的時間之 90% 信賴區間。

   (b) 若將 n 改成 192，假設平均仍為 200 分鐘、標準差仍為 45 分鐘，則 90% 信賴區間的長度和 (a) 小題的信賴區間長度比起來如何？試試看不要計算信賴區間，直接觀察公式來回答此問題。

2. 假設我們在某一尖峰時段、用隨機方式抽出通過高速路某收費站的 50 輛小型車，記錄其從開始排隊到通過所需花費的時間，並求得其平均為 4.2 分鐘，標準差為 1 分鐘。求該時段所有通過該收費站的小型車平均花費時間之 95% 信賴區間。

7.5 母體比例的區間估計

除了平均數之外，最受到關注的母體參數應該就是母體比例了，例如小學生有多少比例是單親家庭孩子，大學生打工的佔多少比例等等。最常用來估計母體比例 p 的估計量是樣本比例 $\hat{p}$，如果要找母體比例的信賴區間，則需要用到 $\hat{p}$ 的抽樣分布，這在 6.8 節已討論過了，有以下結果：假設母體當中符合某特質的佔比例 p，從其中抽出隨機樣本，得到符合該特質的樣本比例 $\hat{p}$，當 n 夠大時，$\hat{p}$ 的抽樣分布會接近平均數為 p、變異數為 $\dfrac{p(1-p)}{n}$ 的常態分布；也就是說，將 $\hat{p}$ 標準化之後所得到的 $\dfrac{\hat{p}-p}{\sqrt{\dfrac{p(1-p)}{n}}}$，會接近標準常態分布。

我們很容易可以用以上結果得出機率式

$$P\left(-z_{\alpha/2} < \frac{\hat{p}-p}{\sqrt{\dfrac{p(1-p)}{n}}} < z_{\alpha/2}\right) \approx 1-\alpha$$

但是移項整理之後會得到

$$P\left(\hat{p} - z_{\alpha/2}\sqrt{\dfrac{p(1-p)}{n}} < p < \hat{p} + z_{\alpha/2}\sqrt{\dfrac{p(1-p)}{n}}\right) \approx 1-\alpha$$

雖然括弧當中已出現 p 在中間的區間形式，但是這還不能當作信賴區間，因為不等式左右兩側的根號當中有未知的 p，所以沒有辦法計算。幸好

和上一節用 S 取代未知的 σ 的情況類似，如果把 $\hat{p}$ 的抽樣分布之變異數 $\dfrac{p(1-p)}{n}$ 當中的 p 用 $\hat{p}$ 取代，仍然會近似常態分布，也就是說，$\dfrac{\hat{p}-p}{\sqrt{\dfrac{\hat{p}(1-\hat{p})}{n}}}$ 仍然會接近標準常態分布，而根據這個結果馬上可得機率式

$$P\left(-z_{\alpha/2} < \frac{\hat{p}-p}{\sqrt{\dfrac{\hat{p}(1-\hat{p})}{n}}} < z_{\alpha/2}\right) \approx 1-\alpha \tag{7.5-1}$$

經過移項整理就可得信賴區間了。

母體比例 p 之大樣本信賴區間

假設母體當中符合某特質的佔比例 p，從其中抽出隨機樣本，得到符合該特質的樣本比例 $\hat{p}$，若 n 夠大，則 p 的 $(1-\alpha)100\%$ 近似信賴區間為

$$\left(\hat{p}-z_{\alpha/2}\sqrt{\dfrac{\hat{p}(1-\hat{p})}{n}},\ \hat{p}+z_{\alpha/2}\sqrt{\dfrac{\hat{p}(1-\hat{p})}{n}}\right) \tag{7.5-2}$$

怎樣的 n 才算夠大，有一點需要特別注意。6.5 節給的建議是：當 $np \geq 5$ 且 $n(1-p) \geq 5$ 時，可根據中央極限定理、用常態分布來求二項分布 $B(n,p)$ 的近似機率。信賴區間公式 (7.5-2) 也是根據中央極限定理所得到的，但是還多了一個用 $\dfrac{\hat{p}(1-\hat{p})}{n}$ 估計 $\dfrac{p(1-p)}{n}$ 的步驟，所以應該要更大的 n 才適用，否則我們所造出的 $(1-\alpha)100\%$ 信賴區間，其實際信心水準可能距離 $(1-\alpha)100\%$ 有些差距。但是要多大才算夠大很難訂出標準，只能建議說：若希望結果準確些，就盡量讓樣本大些。

例 7.5-1

在民國 97 年的時候，政府為了想要了解 20 歲以上的成年人當中，有多少百分比會用電腦以及一些相關資訊，曾在 9 月 16 及 17 日

兩天，用隨機抽電話號碼的方式，訪問到了 1083 位成年人，問了以下題目：請問您會不會使用電腦？這是一項「民眾對電子化政府相關議題的看法」民意調查問卷當中的題目之一，結果公佈在行政院研考會網站上：受訪民眾當中，有 65% 回答「會」。若被訪民眾可視為抽自全台灣成年人的隨機樣本，求全台灣成年人當中會用電腦的百分比 p 之 95% 信賴區間。

解

直接把 $\hat{p} = 0.65$，$z_{0.025} = 1.96$，$n = 1083$ 代入公式 (7.5-2) 即可，p 之近似 95% 信賴區間為

$$\left(0.65 - 1.96\sqrt{\frac{0.65(1-0.65)}{1083}}, 0.65 + 1.96\sqrt{\frac{0.65(1-0.65)}{1083}}\right)$$
$$= (0.65 - 0.028, 0.65 + 0.028)$$
$$= (0.622, 0.678)$$

政府可以說有 95% 的信心，全台灣成年人當中會用電腦的百分比，落在 62.2% 和 67.8% 之間。

例 7.5-2

正式的網球比賽，通常由裁判擲銅板，決定哪個球員可以先發球(對大多數職業網球員來說，發球是一種優勢)。有一位裁判習慣用同一顆銅板，假設經過一段時間之後，他感覺那顆銅板似乎出現正面的次數比較多些。因為想到銅板兩面的圖案設計其實並不相同，嚴格來說並非完全平衡，所以正、反面出現的機率，的確有可能不相等，於是這位裁判先生決定要測試這顆銅板，以便估計正面出現的機率。在給額外零用錢的鼓勵之下，情商他兒子幫忙擲了 2000 次，總共記錄到正面出現 1038 次，於是這位裁判估計他那顆銅板出現正面的機

率是 $\frac{1038}{2000} = 0.519$。假設這個銅板真正的正面機率是 p，求 p 的近似 90% 信賴區間。

解

p 的近似 90% 信賴區間為

$$\left(0.519 - 1.645\sqrt{\frac{0.519(1-0.519)}{2000}}, 0.519 + 1.645\sqrt{\frac{0.519(1-0.519)}{2000}}\right)$$
$$= (0.519 - 0.018, 0.519 + 0.018)$$
$$= (0.501, 0.537)$$

整個信賴區間涵蓋的範圍都是比 0.5 大的數字，如果真正的正面機率 p 落在這個區間裡面的話，這顆銅板擲出正面的機會的確比較大，網球裁判也許不該再用它來決定由哪位球員先發球了。至於信賴區間到底是什麼意思，它是否一定包含 p 等相關的問題，我們會在 7.7 節當中討論。

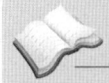

習題

1. 假設台灣某民調機構隨機抽樣了 524 位台灣的大學生，得知其中有 226 位曾交過男朋友 (或者女朋友)，求台灣大學生中曾交過男 (或女) 朋友的比例之 95% 信賴區間。

2. 假設某家生產素食產品的廠商想要了解台灣居民吃素人口的比例，於是做了一個調查，該公司隨機抽樣了 975 位台灣居民，其中有 195 位說他們吃素。求台灣居民吃素人口之比例的 90% 信賴區間。

7.6 樣本大小如何決定

信賴區間如果範圍太大，它能提供的訊息就非常有限了。比如說，如果全國成年人贊成某一個議題的比例 p 之信賴區間是 (0.3, 0.8)，就算信心水準是 99.9% 好了，我們對於 p 值的大小，了解也極為有限；因為 p 有可能是 35%，也有可能是 75%，而這兩個結果的意義相差非常多。當訊息對我們很重要時，除了信心水準要高以外，我們同時也會希望信賴區間的範圍小一些，而這個目標可以利用合適的樣本大小來達成。

本章討論過的信賴區間，全都符合「點估計量 ± 抽樣誤差」的形式。如果要在特定信心水準之下，要求信賴區間的長度不得超過某個標準，等於是要控制抽樣誤差 e 的大小，所以很容易可以導出公式，以下分幾種不同情況討論。

給定 $1-\alpha$ 及 μ 之情況下，求估計 μ 所需的樣本大小 n：

一、常態分布母體，變異數 σ^2 已知：

根據 μ 的信賴區間公式 (7.3-2)，抽樣誤差 $e = z_{\alpha/2} \dfrac{\sigma}{\sqrt{n}}$，因此

$$n = \left(\frac{z_{\alpha/2}\, \sigma}{e} \right)^2$$

二、任何分布母體，n 夠大，

變異數 σ^2 已知：

根據 μ 的信賴區間公式 (7.4-2)，抽樣誤差 $e = z_{\alpha/2} \dfrac{\sigma}{\sqrt{n}}$，因此

$$n = \left(\frac{z_{\alpha/2}\, \sigma}{e} \right)^2$$

變異數 σ^2 未知：

根據 μ 的信賴區間公式 (7.4-4)，抽樣誤差 $e = z_{\alpha/2} \dfrac{S}{\sqrt{n}}$，因此

$$n = \left(\dfrac{z_{\alpha/2} S}{e} \right)^2$$

綜合起來可得以下結論：

> 假設母體平均數 μ 的 $(1-\alpha)100\%$ 信賴區間 (或近似信賴區間) 是 $(\overline{X}-e, \overline{X}+e)$，$e$ 代表抽樣誤差，在給定 $1-\alpha$ 及 e 之情況下，樣本大小 n 滿足以下公式：
>
> **1.** σ^2 已知：$n = \left(\dfrac{z_{\alpha/2} \sigma}{e} \right)^2$ （7.6-1）
>
> **2.** σ^2 未知：$n = \left(\dfrac{z_{\alpha/2} S}{e} \right)^2$ （7.6-2）

對以上公式有兩點補充說明：

1. 樣本大小 n 必須是整數，當計算出來的答案不是整數時，應無條件進位，使之成為整數。
2. 既然要決定樣本大小是多少，當然是還沒有抽樣，但 (7.6-2) 式當中卻需要用到 S 來估計未知的 σ；此時可以先預抽一個隨機樣本來求 n 的值，代入 (7.6-2) 式當中求出 之後，再重新抽樣來求信賴區間。

例 7.6-1

某校某大班通識課程的期末考成績符合常態分布，標準差為 12 分。假設授課老師為了增進教學效果，對授課方式做了某些調整。

假設成績的標準差沒有改變，若希望用 95% 信賴區間來估計調整之後的平均成績 μ，並希望抽樣誤差不超過 2，則樣本大小 n 應等於多少？

解

因為 $1-\alpha = 0.95$，所以 $z_{\alpha/2} = z_{0.025} = 1.96$，而 $\sigma = 12$，$e = 2$，將這些代入 (7.6-1) 得到

$$n = \left(\frac{1.96 \cdot 12}{2}\right)^2 = 138.2976$$

進位之後得到 $n = 139$。這是對應 $e = 2$ 得到的答案，題目要求「抽樣誤差不超過 2」，如果 e 比 2 還小的話，n 需要比 139 還大，所以完整答案是：n 至少要等於 139，即 $n \geq 139$。

例 7.6-2（參考例 7.3-3）

某大學數學系想要了解全系同學平均智商 μ 是多少，希望用 98% 信賴區間來估計，於是隨機抽了 25 位同學，請他們做 IQ 測驗。假設全系的 IQ 分數分布可視為常態分布，而 25 位同學的平均分數等於 102、標準差等於 8，則總共需要抽多大的樣本，才能使估計的誤差不超過 3？

解

將 $z_{0.01} = 2.33$，$S = 8$，$e = 3$ 代入 (7.6-2)，可得

$$n = \left(\frac{2.33 \cdot 8}{3}\right)^2 = 38.6055$$

因此答案是：總共需要抽至少 39 位同學，估計誤差就不會超過 3。

如果是要估計母體比例 p 的話，根據大樣本信賴區間公式 (7.5-2) 可得抽樣誤差 $e = z_{\alpha/2}\sqrt{\dfrac{\hat{p}(1-\hat{p})}{n}}$，其中 $\hat{p}$ 為樣本比例，因此可得 $n = \dfrac{z_{\alpha/2}^2 \hat{p}(1-\hat{p})}{e^2}$，此結論整理如下：

假設母體比例 p 的近似 $(1-\alpha)100\%$ 信賴區間是 $(\bar{X}-e, \bar{X}+e)$，e 代表抽樣誤差，在給定 $1-\alpha$ 及 e 之情況下，樣本大小滿足以下公式：

$$n = \frac{z_{\alpha/2}^2 \hat{p}(1-\hat{p})}{e^2} \tag{7.6-3}$$

(7.6-3) 式中之 $\hat{p}$，若已有預抽樣本、應以預抽樣本所得之樣本比例代入，否則以 $\dfrac{1}{2}$ 取代 $\hat{p}$。當計算出來的答案不是整數時，應無條件進位，使之成為整數。

沒有預抽樣本時以 $\dfrac{1}{2}$ 取代 $\hat{p}$，是因為 $p(1-p)$ 的最大值是 $\dfrac{1}{4}$，而這個最大值發生在 $p = \dfrac{1}{2}$ 的時候；所以用 $\dfrac{1}{2}$ 取代 $\hat{p}$ 所得到的 n，通常比實際上需要的 n 還大。

例 7.6-3（參考例 7.5-1）

假設政府為了想要了解 20 歲以上的成年人當中，有多少百分比會用電腦，因此用隨機抽電話號碼的方式訪問成年人來造出 95% 信賴區間。假如希望抽樣誤差不要超過 2.5%，

(a) 若預抽樣本得 $\hat{p} = 0.62$，樣本應抽多大？
(b) 若沒有預抽樣本，樣本應抽多大？

解

(a) 以 $z_{0.025} = 1.96$、$e = 0.025$、$\hat{p} = 0.62$ 代入 (7.6-3) 式，可得

$$n = \frac{z_{\alpha/2}^2 \hat{p}(1-\hat{p})}{e^2} = \frac{1.96^2(0.62)(0.38)}{0.025^2} = 1448.13$$

因此答案為 1449。

(b) 以 $z_{0.025} = 1.96$、$e = 0.025$、$\hat{p} = 0.5$ 代入 (7.6-3) 式，可得

$$n = \frac{z_{\alpha/2}^2 \hat{p}(1-\hat{p})}{e^2} = \frac{1.96^2(0.5)(0.5)}{0.025^2} = 1536.64$$

因此答案為 1537，一如預期比 (a) 的答案要大。

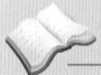

習題

1. 假設台灣 20 到 30 歲之間的男性之身高呈常態分布，並知其標準差為 5.6 公分。如果我們要用一個 95% 的信賴區間來估計台灣 20 到 30 歲之間的男性之平均身高，並希望抽樣誤差不超過 1.5 公分，則樣本大小 n 應該等於多少？

2. 假設台灣的女大學生每日所攝取之熱量呈常態分布，今天我們先隨機抽樣 30 位台灣的女大學生，並得其每日所攝取之熱量的平均為 1650 卡，標準差為 92 卡。如果我們要用一個 90% 的信賴區間來估計台灣女大學生每日所攝取的熱量之平均值，並希望抽樣誤差不超過 18，則總共需要多大的樣本？

3. 假設某家生產素食產品的廠商想要了解台灣居民常吃素人口的比例，於是準備做隨機抽樣調查，訪問台灣成年人來造出 95% 信賴區間。假如希望抽樣誤差不要超過 3%，
   (a) 若預抽樣本得 $\hat{p} = 0.21$，樣本應抽多大？
   (b) 若沒有預抽樣本，樣本應抽多大？

7.7 信賴區間的意義及應用：民調結果解讀

我們已看到許多計算信賴區間的例子，然而 95% 信賴區間的意義，到底是什麼呢？我們用母體比例的信賴區間當做例子來解釋；這種例子常出現在媒體，只是表達方式和教科書有些不同。

媒體報導說：外交部委託美國蓋洛普公司日本分公司的一項民調顯示，61% 的民眾表示，會想要來台灣觀光。這項民調是自 98 年 4 月 10 日至 19 日、針對日本全國 20 歲以上的 1000 名男女，以電話隨機撥號方式訪問得到的結果。61% 是從被訪問到的 1000 個人得到的答案，也就是樣本比例 $\hat{p}$。若把 $\hat{p} = 0.61$ 及 $n = 1000$ 代入我們的信賴區間公式 (7.5-2)，就會得到

$$\left(\hat{p} - 1.96\sqrt{\frac{\hat{p}(1-\hat{p})}{n}}, \hat{p} + 1.96\sqrt{\frac{\hat{p}(1-\hat{p})}{n}}\right) = (0.610 - 0.030, 0.610 + 0.030)$$
$$= (0.58, 0.64)$$

媒體對於上述結果，通常會這樣報導：民調顯示，61% 的日本成年民眾表示會想要來台灣觀光，在 95% 的信心水準下，此次調查的抽樣誤差在正負三個百分點之內。所以看到這樣的報導時，只要把民調得到的百分比 (61%)，分別減去及加上抽樣誤差 (3%)，就可以得到信賴區間了。雖然信心水準有很多選擇，然而媒體的民調報導，幾乎全部都是用 95%；所以如果沒有明確寫出來，直接假設它是 95% 即可。

假設日本全國 20 歲以上的民眾當中，會想來台觀光的比例是 p，這是母體比例。95% 信賴區間的意思是說：約有 95% 的機率，母體比例 p 會落在區間 $\left(\hat{p} - 1.96\sqrt{\frac{\hat{p}(1-\hat{p})}{n}}, \hat{p} + 1.96\sqrt{\frac{\hat{p}(1-\hat{p})}{n}}\right)$ 之內。樣本比例 $\hat{p}$ 是會隨著不同的樣本而變來變去的，所以信賴區間的左右端點是變數，而不是固定的數，每抽一次樣本就可能改變一次。例如當我們隨機抽了 1000

人,得到 $\hat{p} = 0.55$ 時,代入信賴區間公式,會得到 0.519 到 0.581,如果重新抽樣 1000 人,$\hat{p}$ 等於 0.64,信賴區間會是 0.610 到 0.670,而 $\hat{p}$ 若等於 0.58,則信賴區間會是 0.549 到 0.611。

想像這樣一直從母體抽隨機樣本,樣本大小維持 1000,每抽一次樣本就會得到一個樣本比例,然後可以算出一個信賴區間。在所有這些可能得到的信賴區間當中,有 95% 會把真正的母體比例 p 夾在當中,而有 5% 不會。這就是 95% 信賴區間的意義。

在抽樣之前 $\hat{p}$ 的值還沒固定時,我們可以說 p 落在兩端點之間的機率是 95%,然而一旦抽出樣本之後,$\hat{p}$ 的值固定下來,信賴區間也就固定下來了。這個信賴區間有可能包含 p,也可能不包含 p。無論包含與否都是已經確定的事,只是我們不知道答案罷了。因此根據蓋洛普公司民調結果所得到的信賴區間 (0.58, 0.64) 究竟有沒有包含 p,沒有人知道。如果包含 p,代表 p 的值是在 0.58 和 0.64 之間;如果沒有包含 p,則 p 可能在 0.64 以上、也可能在 0.58 以下。這樣說來,好像結果很不確定,信賴區間似乎沒什麼用處,但實際上不是這樣的。

如果想要知道日本全國 20 歲以上的民眾當中,會想來台灣觀光的比例是多少,要怎麼辦呢?母體很大,不可能取得正確資訊,不做民調的話,似乎只能隨便瞎猜。大家猜的數字都不一樣,還可能相差很多,就算是有很多人猜了相近的數字,也未必就代表比較正確,這樣子完全沒辦法做出有效結論。即便做了某種結論,因為是隨便猜的數字,也沒有辦法評估誤差。

然而做了民調之後,結果就有很大的不同了。在沒做抽樣調查之前,對於母體比例 p 是多少,幾乎沒有任何具體的概念。然而一旦用正確的方式 (即隨機抽樣) 抽出樣本來調查之後,就可以知道 p 的大概範圍了。因為我們的信賴區間 (0.58, 0.64) 很可能包含 p,即使沒有包含的話,通常 p 距離 (0.58, 0.64) 的兩個端點 0.58 或 0.64 也不會很遠。也就是說,原本完全不知道 p 大概是多少,但是抽樣調查之後,就知道它大約在六成附近;

相對於母體來說，樣本只抽了 1000 人其實非常少，卻可以得到有高度參考價值的訊息，所以正確執行的抽樣調查，是非常有用的工具。對於更重要的事情，當然應該要求更準確的結果，比如可以要求 99% 信心水準、加上較小的抽樣誤差；而我們已討論過，只要把樣本加到夠大，就可以達到所要求的目標。

7.8　母體變異數的區間估計

　　除了母體平均數和母體比例這兩個經常用到的參數之外，還有一個參數雖然沒有受到同等注目，其重要性卻不亞於前兩者，就是母體變異數 σ^2 (或者標準差 σ)。變異數大、代表數字的變化範圍大，很多時候這並不是我們希望看到的狀況。

　　例如產品雖然都有一定的規格，但是實際生產出來的成品會有差別。以食品來說，多買幾包同品牌同款產品拿來秤重的話，重量不見得會相同。少許出入是正常的，但如果裝袋的過程使得重量變化很大，若有人買到比標示重量低較多的產品，對廠商的誠信可能產生懷疑。食品多些少些，後果比較不嚴重，若是像螺絲釘這類的產品，直徑的大小若差太多，則很多產品根本不能用。所以品管工程師會很關心，產品相關數字的變異數或標準差是否符合設定的標準。

　　樣本變異數是母體變異數的估計，若要判斷母體變異數的可能範圍，可以利用樣本變異數來造信賴區間，首先我們需要知道樣本變異數的抽樣分布：

> 假設 $X_1, X_2, \cdots, X_n$ 為抽自某一常態分布母體 $N(\mu, \sigma^2)$ 的隨機樣本，樣本變異數 $S^2 = \dfrac{\sum_{i=1}^{n}(X_i - \bar{X})^2}{n-1}$，則 $\dfrac{(n-1)S^2}{\sigma^2} = \dfrac{\sum_{i=1}^{n}(X_i - \bar{X})^2}{\sigma^2}$ 的抽樣分布為自由度 $df = n-1$ 的卡方分布。

在 5.6 節曾介紹，若隨機變數 X 的分布為自由度 k 的卡方，卡方分布機率表 (表 5) 提供的是機率密度函數右尾面積等於 α 時所對應之 $\chi^2_{k,\alpha}$ 值，也就是說 $\chi^2_{k,\alpha}$ 會滿足 $P(X \geq \chi^2_{k,\alpha}) = \alpha$。現在我們若讓右尾和左尾面積都等於 $\frac{\alpha}{2}$，則中間面積就等於 $1-\alpha$，$P(\chi^2_{k,1-\alpha/2} < X < \chi^2_{k,\alpha/2}) = 1-\alpha$，如下圖所示：

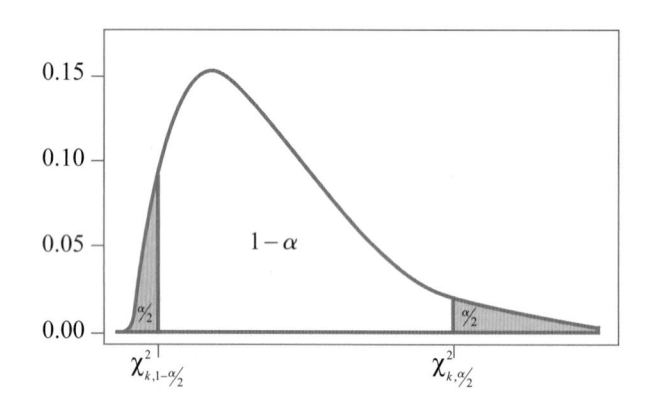

根據上述討論可得機率式如下：

$$P\left(\chi^2_{n-1,1-\alpha/2} \leq \frac{(n-1)S^2}{\sigma^2} \leq \chi^2_{n-1,\alpha/2}\right) = 1-\alpha$$

將括弧中的不等式改寫之後可得：

$$1-\alpha = P\left(\chi^2_{n-1,1-\alpha/2} < \frac{(n-1)S^2}{\sigma^2} < \chi^2_{n-1,\alpha/2}\right)$$
$$= P\left(\frac{(n-1)S^2}{\chi^2_{n-1,\alpha/2}} < \sigma^2 < \frac{(n-1)S^2}{\chi^2_{n-1,1-\alpha/2}}\right)$$

因此可得下述結果：

σ^2 的 $(1-\alpha)100\%$ 信賴區間公式

假設 $X_1, X_2, \cdots, X_n$ 為抽自某一常態分布母體 $N(\mu, \sigma^2)$ 的隨機樣

本，樣本變異數為 $S^2 = \dfrac{\sum_{i=1}^{n}(X_i - \bar{X})^2}{n-1}$，則 $\left(\dfrac{(n-1)S^2}{\chi^2_{n-1,\alpha/2}}, \dfrac{(n-1)S^2}{\chi^2_{n-1,1-\alpha/2}}\right)$ 為 σ^2 的 $(1-\alpha)100\%$ 信賴區間。

以上信賴區間和 μ 的信賴區間及 p 的信賴區間之間最大的不同在於：μ 的信賴區間符合「$\bar{X} \pm$ 抽樣誤差」的形式，p 的信賴區間符合「$\hat{p} \pm$ 抽樣誤差」的形式，所以兩個區間分別以 $\bar{X}$ 及 $\hat{p}$ 為中心，但 σ^2 的信賴區間卻並不是以 S^2 為中心點。會有這樣的差別，因為常態分布或 t 分布都是對稱分布、卡方分布卻不是。

將 σ^2 信賴區間的兩端點開根號，就可以得到 σ 的 $(1-\alpha)100\%$ 信賴區間：

$$\left(\sqrt{\dfrac{(n-1)S^2}{\chi^2_{n-1,\alpha/2}}}, \sqrt{\dfrac{(n-1)S^2}{\chi^2_{n-1,1-\alpha/2}}}\right)$$

例 7.8-1

從某大公司某部門隨機抽出 9 位員工，年齡分別為 26、28、38、23、30、23、31、26、45，假設該部門員工年齡符合常態分布，求年齡變異數 σ^2 的 95% 信賴區間。

解

先求樣本平均：

$$\bar{X} = \dfrac{26+28+38+\cdots+45}{9} = 30$$

平均年齡是 30 歲，而樣本變異數是

$$S^2 = \dfrac{(26-30)^2 + (28-30)^2 + (38-30)^2 + \cdots + (45-30)^2}{8}$$

$$= \dfrac{424}{8} = 53$$

因為 $n-1=8$，$1-\alpha=0.95$，$\frac{\alpha}{2}=0.025$ 查表得 $\chi^2_{8,0.025}=17.535$，$\chi^2_{8,0.975}=2.18$

所以年齡變異數 σ^2 的 95% 信賴區間為

$$\left(\frac{8\cdot 53}{17.535}, \frac{8\cdot 53}{2.18}\right)=(24.18, 194.50)$$

例 7.8-2

有人隨機抽了某品牌的 15 罐啤酒，並測試所含酒精之百分比，得到樣本平均 $\bar{x}=5.2$，變異數 $s^2=0.58$。假設該品牌罐裝啤酒的酒精含量符合常態分布，求：

(a) 母體變異數 σ^2 的 90% 信賴區間 (到小數第四位)。
(b) 母體標準差 σ 的 90% 信賴區間 (到小數第二位)。

解

題目都已給了樣本變異數的值了，所以只要查卡方分布表、再代入公式即可。

因為 $n-1=14$，$1-\alpha=0.9$，$\frac{\alpha}{2}=0.05$，查表得 $\chi^2_{14,0.05}=23.685$，$\chi^2_{14,0.95}=6.571$，因此

(a) 酒精含量 (百分比) 變異數 σ^2 的 90% 信賴區間為

$$\left(\frac{14\cdot 0.58}{23.685}, \frac{14\cdot 0.58}{6.571}\right)=(0.3428, 1.2357)$$

(b) 酒精含量 (百分比) 標準差 σ 的 90% 信賴區間為

$$(\sqrt{0.3428}, \sqrt{1.2357})=(0.59, 1.11)$$

答案要算到小數幾位並沒有一定標準，當然多算幾位會比較準確。題目若明確要求就依照題目規定，沒有規定的話可視情況判斷，小數兩位或

三位都是常見的選擇。例 7.8-2 的 (b) 小題還需要用 (a) 的答案開根號，所以 (a) 小題多些小數位、開根號之後答案會比較準些。

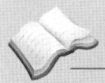

> **習題**
>
> 1. 某公司從員工健檢資料中隨機抽出 11 件，得到膽固醇數據如下：
>   164 192 232 187 242 158 172 203 246 217 220
>   (a) 計算樣本變異數。
>   (b) 假設上述樣本抽自常態分布母體，求母體變異數 σ^2 的 95% 信賴區間。
>   (c) 承 (b)，求母體標準差 σ 的 95% 信賴區間。
>
> 2. 有人研究某種蜘蛛發現，隨機抽出 26 隻同類蜘蛛身長的標準差為 0.66，若該類蜘蛛身長接近常態分布，求：
>   (a) 母體變異數 σ^2 的 98% 信賴區間。
>   (b) 母體標準差 σ 的 98% 信賴區間。

*7.9　模擬抽樣調查

在 4.7 節我們介紹了隨機號碼表，並利用它來模擬事件的發生情況，這提供了我們一個得到近似答案的方法，例如算出近似的機率值；現在也可以利用它來模擬抽樣調查的結果。模擬的第一步驟是根據正確的機率架構分配數字，然後只要從隨機號碼表抽取數字，每抽一次數字代表一次訪問，就可以模擬抽樣結果；重複抽數字、模擬 n 次 (一回合) 之後，就可以統計出模擬抽樣 n 個人的結果了。

例 7.9-1

假設日本全國 20 歲以上的民眾當中,會想來台灣觀光的比例 p 等於 0.6。利用隨機號碼表模擬抽樣調查的結果,總共抽 50 人,算出樣本當中會想來台灣觀光的比例 $\hat{p}$,並計算 p 的近似 95% 信賴區間。

解

1. 首先要分配數字,因為假設 p 等於 0.6,所以可以這樣分配:

    0、1、2、3、4、5　代表想來台灣觀光
    6、7、8、9　　　　代表沒有想來台灣觀光

2. 其次要從隨機號碼表抽出數字,假設我們決定從第 36 列的第 1 行開始,因為要抽 50 人,所以總共要 50 個數字:

    5 1 4 2 1 2 5 3 0 9　3 5 1 2 9 0 4 1 1 4　4 9 3 6 4 2 5 0 6 8
    2 8 9 3 5 5 2 0 3 8　7 2 6 5 9 9 5 6 8 9

    對照我們的數字分配,50 個號碼當中,共有 34 個對應「想來台灣觀光」,因此 $\hat{p} = \dfrac{34}{50} = 0.68$。

    而 p 的近似 95% 信賴區間為

    $$\left(0.68 - 1.96\sqrt{\dfrac{0.68(1-0.68)}{50}},\ 0.68 + 1.96\sqrt{\dfrac{0.68(1-0.68)}{50}}\right)$$
    $$= (0.68 - 0.129, 0.68 + 0.129)$$
    $$= (0.551, 0.809)$$

    我們假設 p 等於 0.6,所以從這個模擬結果得到的信賴區間,的確有把 p 包含在其中。

例 7.9-1 當中只模擬了一回合的抽樣,如果想要「驗證」95% 的信心水準,可以模擬很多回合,比如說 100 回合,然後看看所得到的 100 個信賴區間當中,有幾個包含 p。當然規模這麼大的題目不適合用人工計算,電腦能力足夠的話,應該利用電腦來模擬;如果希望結果比較準確的話,可以多模擬幾回合,比如 1000 回合,反正電腦速度非常快。

習題

1. 例 7.9-1 當中只模擬了一回合的抽樣,樣本大小是 $n=50$。同樣架構下,在隨機號碼表當中隨意選一個地方開始,樣本大小改成 $n=25$,共模擬 10 回合、並計算 p 的近似 95% 信賴區間 (到小數第三位)。10 個信賴區間當中,有幾個包含 p?

重點摘要

1. 用統計量 $\hat{\theta}=\hat{\theta}(X_1, X_2, \cdots, X_n)$ (這樣寫代表 $\hat{\theta}$ 是 $X_1, X_2, \cdots, X_n$ 的函數) 來估計母體參數 θ 時,若 $\hat{\theta}$ 的期望值等於 θ,即 $E(\hat{\theta})=\theta$,則稱 $\hat{\theta}$ 為 θ 的**不偏估計量**。$bias(\hat{\theta})=E(\hat{\theta})-\theta$ 稱為 $\hat{\theta}$ 的**偏誤**,當 $\hat{\theta}$ 為 θ 的不偏估計量時,其偏誤等於 0。

2. 設 $X_1, X_2, \cdots, X_n$ 為抽自某一母體的隨機樣本,則樣本平均數 $\bar{X}=\dfrac{X_1+X_2+\cdots+X_n}{n}$ 必為母體平均數 μ 的不偏估計量。

3. 用統計量 $\hat{\theta}=\hat{\theta}(X_1, X_2, \cdots, X_n)$ 來估計母體參數 θ 時,$\hat{\theta}$ 的**均方誤**為 $MSE(\hat{\theta})=E[(\hat{\theta}-\theta)^2]=V(\hat{\theta})+[bias(\hat{\theta})]^2$。

4. 若要估計某一母體的未知參數 θ,而 $X_1, X_2, \cdots, X_n$ 為抽自該母體的隨機樣本,如果統計量 $L=L(X_1, X_2, \cdots, X_n)$ 及 $U=U(X_1, X_2, \cdots, X_n)$

滿足 $P(L<\theta<U)=1-\alpha$ $(0<\alpha<1)$，則稱區間 (L,U) 為 θ 的 $(1-\alpha)100\%$ 信賴區間，而 $1-\alpha$ 為該信賴區間的信心水準、也可稱信賴係數。

5. 常態分布母體平均數 μ 未知、變異數 σ^2 已知時，μ 的 $(1-\alpha)100\%$ 信賴區間公式為 $\left(\bar{X}-z_{\alpha/2}\dfrac{\sigma}{\sqrt{n}}, \bar{X}+z_{\alpha/2}\dfrac{\sigma}{\sqrt{n}}\right)$，也可簡寫成 $\bar{X}\pm z_{\alpha/2}\dfrac{\sigma}{\sqrt{n}}$ 的形式，$z_{\alpha/2}\dfrac{\sigma}{\sqrt{n}}$ 常稱為**抽樣誤差**或**誤差界線** (margin of error)。變異數 σ^2 未知時，μ 的 $(1-\alpha)100\%$ 信賴區間為
$$\left(\bar{X}-t_{n-1,\alpha/2}\dfrac{S}{\sqrt{n}}, \bar{X}+t_{n-1,\alpha/2}\dfrac{S}{\sqrt{n}}\right)。$$

6. 信賴區間 $\left(\bar{X}-z_{\alpha/2}\dfrac{\sigma}{\sqrt{n}}, \bar{X}+z_{\alpha/2}\dfrac{\sigma}{\sqrt{n}}\right)$ 的長度是右端點減去左端點，因此等於 $2z_{\alpha/2}\dfrac{\sigma}{\sqrt{n}}$。

7. 假設 $X_1, X_2, \cdots, X_n$ 為抽自某一母體的隨機樣本，母體平均數和變異數分別為 μ 和 σ^2，$0<\sigma^2<\infty$，$\bar{X}$ 為樣本平均數，而且 n 夠大，則
  (a) $\dfrac{\bar{X}-\mu}{\sigma/\sqrt{n}}$ 的抽樣分布會接近標準常態分布。
  (b) 若 σ 未知、用 S 取代，$\dfrac{\bar{X}-\mu}{S/\sqrt{n}}$ 的抽樣分布仍然接近標準常態分布。

8. 假設 $X_1, X_2, \cdots, X_n$ 為抽自某一母體的隨機樣本，母體平均數和變異數分別為 μ 和 σ^2，$0<\sigma^2<\infty$，$\bar{X}$ 為樣本平均數，而且 n 夠大，則
  (a) 若 σ 已知，μ 的 $(1-\alpha)100\%$ 近似信賴區間為
  $$\left(\bar{X}-z_{\alpha/2}\dfrac{\sigma}{\sqrt{n}}, \bar{X}+z_{\alpha/2}\dfrac{\sigma}{\sqrt{n}}\right)$$
  (b) 若 σ 未知，μ 的 $(1-\alpha)100\%$ 近似信賴區間為
  $$\left(\bar{X}-z_{\alpha/2}\dfrac{S}{\sqrt{n}}, \bar{X}+z_{\alpha/2}\dfrac{S}{\sqrt{n}}\right)$$

9. 假設母體當中符合某特質的佔比例 p，從其中抽出隨機樣本，得到符合該特質的樣本比例 $\hat{p}$，若 n 夠大，則 p 的 $(1-\alpha)100\%$ 近似信賴區間為

$$\left(\hat{p} - z_{\alpha/2}\sqrt{\frac{\hat{p}(1-\hat{p})}{n}}, \hat{p} + z_{\alpha/2}\sqrt{\frac{\hat{p}(1-\hat{p})}{n}}\right)$$

10. 假設母體平均數 μ 的 $(1-\alpha)100\%$ 信賴區間 (或近似信賴區間) 是 $(\bar{X} - e, \bar{X} + e)$，$e$ 代表抽樣誤差，在給定 $1-\alpha$ 及 e 之情況下，估計 μ 所需的樣本大小 n 滿足以下公式：

(a) σ^2 已知：$n = \left(\dfrac{z_{\alpha/2}\sigma}{e}\right)^2$

(b) σ^2 未知：$n = \left(\dfrac{z_{\alpha/2}S}{e}\right)^2$

11. 假設母體 p 的近似 $(1-\alpha)100\%$ 信賴區間是 $(\bar{X} - e, \bar{X} + e)$，$e$ 代表抽樣誤差，在給定 $1-\alpha$ 及 e 之情況下，樣本大小 n 滿足以下公式：

$$n = \frac{z_{\alpha/2}^2 \hat{p}(1-\hat{p})}{e^2} \tag{7.6-3}$$

(7.6-3) 式中之 $\hat{p}$，若已有預抽樣本，應以預抽樣本所得之樣本比例代入，否則以 $\dfrac{1}{2}$ 取代 $\hat{p}$。

12. 母體比例 p 的 95% 信賴區間的意義：

信賴區間公式 $\left(\hat{p} - 1.96\sqrt{\dfrac{\hat{p}(1-\hat{p})}{n}}, \hat{p} + 1.96\sqrt{\dfrac{\hat{p}(1-\hat{p})}{n}}\right)$ 當中的樣本比例 $\hat{p}$ 是會隨著不同的樣本而變來變去的，所以信賴區間的左右端點是變數、而不是固定的數，每抽一次樣本就可能改變一次。想像一直從母體抽隨機樣本，樣本大小維持不變，每抽一次樣本就會得到一個樣

本比例，然後可以算出一個信賴區間。在所有這些可能得到的信賴區間當中，有 95% 會把真正的母體比例 p 夾在當中，而有 5% 不會。

13. 假設 $X_1, X_2, \cdots, X_n$ 為抽自某一常態分布母體 $N(\mu, \sigma^2)$ 的隨機樣本，樣本變異數為 $S^2 = \dfrac{\sum_{i=1}^{n}(X_i - \bar{X})^2}{n-1}$，則

    σ^2 的 $(1-\alpha)100\%$ 信賴區間為 $\left(\dfrac{(n-1)S^2}{\chi^2_{n-1,\alpha/2}}, \dfrac{(n-1)S^2}{\chi^2_{n-1,1-\alpha/2}} \right)$

    σ 的 $(1-\alpha)100\%$ 信賴區間為 $\left(\sqrt{\dfrac{(n-1)S^2}{\chi^2_{n-1,\alpha/2}}}, \sqrt{\dfrac{(n-1)S^2}{\chi^2_{n-1,1-\alpha/2}}} \right)$

第七章 習題

1. 假設 $X_1, X_2, \cdots, X_{10}$ 為抽自某一母體的隨機樣本，母體平均數為 μ，變異數為 σ^2，求以下統計量的均方誤並作比較：

   (a) $3X_{10} - 2X_1$

   (b) $\dfrac{X_1 + X_2 + X_3 + X_4 + X_5}{5}$

   (c) $\bar{X} = \dfrac{X_1 + X_2 + \cdots + X_{10}}{10}$

2. 假設某職業訓練班結業學員的每分鐘英文打字字數符合常態分布。若從學員中隨機抽出 16 人，他們的每分鐘英打字數平均為 72、標準差 10，求

   (a) 所有學員平均英打字數的 90% 信賴區間。

   (b) 所有學員平均英打字數的 98% 信賴區間。

3. 假設阿閔的汽車每公升可以跑的公里數符合常態分布，平均數 μ 未知。若隨機測試了 50 次，並記錄一公升汽油可跑的公里數之後，計

算出 μ 的 95% 信賴區間為 (10.2, 10.8)，求

(a) 測試 50 次所得的平均公里數。

(b) 母體標準差。

4. 小王每天搭捷運再轉公車上班。他想知道平均起來每次上班在路上要花費多少時間，於是隨機抽了一些日子，記錄上班所需時間；記錄了 50 天，算出花在上班路上的平均時間為 56 分鐘，標準差為 4 分鐘。求小王平均每日花在上班路上的時間之 95% 信賴區間。

5. 從某高中的高一學生當中隨機抽出 64 人，得到他們的數學段考平均成績為 62 分、變異數 144。令 μ 代表全校高一學生的平均數學成績，求 μ 的

(a) 近似 98% 信賴區間。

(b) 若希望抽樣誤差不超過 2，則樣本大小 n 應等於多少？

6. 假設我們隨機抽樣了某校 n 位學生並詢問該生是否有在打工，而其中有 x 位回答「是」，以此樣本數據所建構出該校學生打工比例之 95% 信賴區間為 (0.1842, 0.2958)，求 n 與 x 之值。

7. 假設某大學電機系的學生每天花在課業上的時間呈常態分布，並知其標準差為 30 分鐘。如果我們隨機抽樣該系學生 32 位，並希望用一個 98% 的信賴區間來估計該系學生平均每天花在課業上的時間，問抽樣誤差為何？

8. 從全體選民中隨機選出 200 人訪問，其中有 120 人贊成某議題。

(a) 求全體選民中支持該議題比例之 95% 信賴區間。

(b) 若我們希望有 95% 信心，抽樣誤差不超過 0.02，樣本至少應該抽多少人？

9. 美國黃石公園內有一個有名且會不定時往半空中噴發水柱的間泉,是有名的景點之一。有人隨機記錄了兩次噴發的間隔時間,以下是 10 次的結果 (單位為分鐘):

60　92　45　60　84　69　74　71　50　75

樣本平均 $\bar{x} = 68$。假設所有的間隔時間接近常態分布,求

(a) 樣本變異數。

(b) 母體變異數 σ^2 的 95% 信賴區間。

(c) 母體標準差 σ 的 95% 信賴區間。

第八章　單一母體之假設檢定

　　假設根據長期觀察，某工廠某產品的瑕疵品比例是 5%，而工廠老闆想要降低這個數字。經過工程師調整製程之後，想要了解瑕疵品比例是否降低了。如果令 p 代表製程經過調整之後的瑕疵品比例，則我們想要判斷的是：$p = 0.05$ (瑕疵品比例並未降低) 和 $p < 0.05$ (瑕疵品比例降低了) 兩種可能性當中，何者正確。這類的問題叫做假設檢定，$p = 0.05$ 和 $p < 0.05$ 就是兩種假設，而我們要判斷其中哪一個正確。本章就是在討論這類問題要如何做判斷，檢定的對象除了上述的母體比例之外，還包括母體平均數及母體變異數。

8.1 原始假設及對立假設
8.2 有關母體平均數的檢定
8.3 有關母體比例的檢定
8.4 檢定證據之評估－p 值
8.5 有關母體變異數的檢定

8.1 原始假設及對立假設

現實生活當中常常要做各種判斷，判斷兩種可能性當中，哪一個才是正確的。例如：假如把微積分課程改成線上學習，效果是否會比傳統在教室裡的教法要好？網球裁判的銅板，是否出現正面的機率較高？從肥料甲改用肥料乙之後，是否能增加某農作物的產量？這些問題裡面都出現了「是否」的字眼，而我們必須判斷：「是」和「否」當中，哪一個是正確的。

如果要用統計方法來解決問題，首先要做的，是把所考慮的問題「翻譯」成統計問題，而許多檢定問題都和母體參數有關。例如網球裁判的銅板問題裡，如果用 p 代表該銅板的正面機率，則我們想要判斷的是：究竟 $p = 0.5$，還是 $p > 0.5$？一般來說，大部分銅板的正面機率都約等於 0.5，如果想要說某個銅板不符合這種假設，總要有證據才能推翻它。在檢定問題裡，我們會把想要否定的事情 (或者說是現況) 當作**原始假設** (null hypothesis)，用 H_0 表示，而把想要證明的事情當作**對立假設**(alternative hypothesis)，用 H_1 表示 (也有許多教科書用 H_a 表示)，所以網球裁判的銅板之檢定問題就會寫成這樣：

$$H_0: p = 0.5$$
$$H_1: p > 0.5$$

原始假設也有教科書稱為「虛無假設」，這應是很早以前從原文直譯過來，而許多人沿用的結果。然而從字面上看來，「虛無假設」有點像是「不存在的假設」，而「原始假設」則應該比較接近它所要代表的意義；以銅板例子來看，$p = 0.5$ 就是原本對一般銅板的假設，叫做「原始假設」相當合理。

既然要從兩種假設當中選一個，就有可能判斷錯誤，而錯誤的方式有兩種可能性：一是原始假設正確我們卻否定它，二是原始假設錯誤我們卻

沒有否定它,這兩種錯誤分別叫做**第一型錯誤** (type I error) 及**第二型錯誤** (type II error),可以用下面的表列方式清楚表達。

表 8.1-1 第一型錯誤及第二型錯誤

		母體的真實狀況 (未知)	
		H_0 正確	H_0 錯誤
檢定結果	不否定 H_0	正確結論	第二型錯誤
	否定 H_0	第一型錯誤	正確結論

犯錯的機率當然是愈小愈好,可惜在檢定問題當中,兩型錯誤發生的背景有點「互補」:如果希望減低第一型錯誤的發生機率,對於否定 H_0 的規則就應該採取保守態度,也就是除非證據夠強,否則不應否定 H_0。然而,這等於把否定 H_0 的標準提高,會連帶使得應該要否定 H_0 時,也比較不容易否定它,於是增加了第二型錯誤的發生機率。

在無法兩全其美、同時降低兩型錯誤的發生機率之情況下,通常的處理方式是:將第一型錯誤的發生機率限制於某個範圍的條件下 (例如 ≤ 5%),再盡量降低第二型錯誤的發生機率。當我們對第一型錯誤的發生機率設定上限時,這個上限叫做**顯著水準** (significance level),通常用希臘字母 α (唸做 alpha) 代表。怎樣在上述條件之下找到好的檢定規則,已有一些定理可以應用,不過定理的內容及證明過程不包括在本書範圍內,本章只直接介紹常用的幾個檢定規則。

例 8.1-1

假設我們想要知道,從肥料乙改用肥料甲之後,是否能增加某農作物的產量。令 μ_1 代表用肥料甲的平均產量,μ_2 代表用肥料乙的平均產量,將此問題表示成統計檢定問題。

解

我們不能空口說白話，說肥料甲的產量比較多，需要證據證明 $\mu_1 > \mu_2$，所以這應該是對立假設，而本題解答為：

$$H_0 : \mu_1 = \mu_2$$
$$H_1 : \mu_1 > \mu_2$$

如果沒把握肥料甲的產量至少和肥料乙一樣，則此檢定問題也可以表示成：

$$H_0 : \mu_1 \leq \mu_2$$
$$H_1 : \mu_1 > \mu_2$$

當原始假設像上述 H_0 這樣包括較多可能性時，檢定問題變得比較複雜、比較不容易說明清楚，將不列入本書的討論範圍。

例 8.1-2

某超市經過長時間統計，顧客在尖峰時間排隊結帳所需的平均時間是 9 分鐘。因為常有顧客反應等太久，於是超市經營者對結帳櫃檯的位置做了調整，讓顧客比較容易看清楚各櫃檯隊伍的長短和結帳貨品的多寡；一段時間之後，經營者想要評估顧客花在結帳的平均時間是否降低了。

(a) 將此問題表示成統計檢定問題。

(b) 針對此例題說明，什麼是第一型錯誤和第二型錯誤 (用一般語言而非統計語言)。

解

(a) 令 μ 代表調整結帳櫃台的位置之後，顧客在尖峰時間結帳所需花費的平均時間 (單位為分鐘)，則超市經營者想要知道，μ 是否變小了，所以原始假設和對立假設應設定如下：

$$H_0 : \mu = 9$$
$$H_1 : \mu < 9$$

(b) 第一型錯誤是「H_0 正確時我們卻否定它」，用一般語言來說，就是在結帳櫃檯的位置調整之後，事實上顧客花在結帳的平均時間仍然是 9 分鐘 (H_0 正確)，我們卻做出結論：結帳的平均時間降低了。第二型錯誤是「H_0 錯誤時我們卻沒有否定它」，用一般語言來說，就是在結帳櫃檯的位置調整之後，顧客花在結帳的平均時間其實已低於 9 分鐘 (H_0 錯誤)，我們卻做出結論：顧客花在結帳的平均時間仍然是 9 分鐘。

以上檢定問題有的和母體平均數 μ 有關，有的和母體比例 p 有關，其中例 8.1-1 還牽涉到兩個母體平均數的比較；在以下的章節中，我們會依不同情況，分別討論檢定問題的判斷規則。

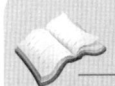

習題

1. 假設有人覺得，某家飲料店的小杯奶茶容量似乎不如該店所宣稱的 500ml 那麼多，於是想要隨機抽檢一些來判斷，該飲料店的小杯奶茶平均容量 (μ) 是否小於 500 ml：
(a) 將此問題表示成統計檢定問題；(b) 針對此題說明什麼是第一型錯誤和第二型錯誤 (用一般語言)。

2. 經過長期紀錄，阿鈞得知他在罰球線投籃的平均命中率是 7 成 2。為了改進命中率，阿鈞請教高手、調整了他的投籃姿勢。認真練習一段時間之後，他記錄投籃結果、想要判斷命中率是否高於 7 成 2 了。若把這看成檢定問題：(a) 寫出原始假設和對立假設；(b) 用一般語言，針對此問題說明，什麼是第一型錯誤和第二型錯誤。

8.2 有關母體平均數的檢定

假設某大學數學系經過長期蒐集數據,得知全系學生的 IQ 分數大致可視為常態分布,平均等於 103、標準差等於 8。為了希望能夠收到更適合讀數學的同學,該系調整了錄取標準,把指考數學分數所佔的百分比加重。一段時間之後,系上想要了解,用新的計分方式所收進來的學生,是否平均 IQ 分數會比較高,於是從這些學生當中隨機抽出了 25 人,請他們做 IQ 測驗。如果 25 人的平均 IQ 分數等於 106.4,假設標準差沒有改變,是否能做結論說:用新計分方式所收進來的學生,平均 IQ 分數會比較高呢?

如果用 μ 來代表所有用新計分方式收進來的學生之平均 IQ 分數,則上述問題就可以表示成:

$$H_0: \mu = 103$$
$$H_1: \mu > 103$$

H_0 和 H_1 都是有關母體平均數 μ 的敘述,我們必須先找到一個 μ 的估計量,然後藉由該估計量的值,評估 H_0 和 H_1 何者較正確;而樣本平均 $\bar{X}$ 當然就是 μ 的一個合理估計量。和 $\mu = 103$ 的情況比較起來,當然在 $\mu > 103$ 的時候,$\bar{X}$ 的值會偏向於較大,所以若 $\bar{X}$ 太大,我們就否定 H_0,也就是說,我們採用的檢定規則是以下形式:當 $\bar{X} \geq c$ 時,否定 H_0。剩下的問題是 c 值要如何決定,我們將先討論概念,才能了解後續的計算過程是什麼意思。

根據 $n = 25$ 人的隨機樣本,我們得到 $\bar{X} = 106.4$,106.4 當然是比 103 要大,但是否大到足夠否定 $\mu = 103$ 呢?這裡應該要問的問題是:如果 μ 事實上等於 103,樣本平均 $\bar{X}$ 有沒有可能會等於 106.4 呢?答案應該是肯定的。但如果在 $\mu = 103$ 的假設下,$\bar{X}$ 會出現 106.4 這麼大的值之機率很小,則我們就可能偏向於判斷 $\mu > 103$ 而不是 $\mu = 103$;因為 $\mu > 103$ 時,

$\bar{X}$ 的值較大很正常，而 $\mu = 103$ 時，$\bar{X}$ 的值較大卻比較稀奇。要計算上述機率，必須用到 $\bar{X}$ 的抽樣分布，然後根據該抽樣分布來找到合適的 c 值。

以上的考慮過程，也可以用在對母體比例做檢定的時候，其步驟可以綜合如下：

如何對母體參數做檢定

1. 先列出適當的原始假設 H_0 和對立假設 H_1。
2. 找一個適當的統計量當作判斷的依據。若要檢定母體平均數，可以用樣本平均數，若要檢定母體比例，則可以用樣本比例；然後根據對立假設的形式，決定檢定規則的形式 (例如 $\bar{X}$ 太大時就否定 H_0)。
3. 抽隨機樣本，算出統計量的觀測值，並利用統計量的抽樣分布，判斷是否有足夠證據否定原始假設。判斷的邏輯是：在原始假設正確的前提下，統計量會出現這樣極端 (太大或太小) 觀測值的機率是否太小了，反而在對立假設成立的情況下，出現這樣的觀測值很正常；如此則我們相信對立假設成立，我們用以下例子詳細說明判斷的邏輯和過程。

例 8.2-2

假設某大學數學系學生的 IQ 分數大致可視為常態分布，平均等於 103、標準差等於 8。該系調整錄取標準之後，從改用新標準錄取的學生當中隨機抽出了 25 人做 IQ 測驗。假設標準差沒有改變，如果 25 人的平均 IQ 分數等於 106.4，在 $\alpha = 0.05$ 標準下，判斷是否用新標準錄取的學生平均 IQ 較高。

解

令 μ 代表用新計分方式收進來的學生之平均 IQ 分數，則我們要

檢定的問題是

$$H_0: \mu = 103 \text{ 對應 } H_1: \mu > 103$$

要評估 μ 值的大小，樣本平均數 $\bar{X}$ 會是合適的指標。因為當 μ 值較大時、$\bar{X}$ 的值會偏大；而 μ 值較小時、$\bar{X}$ 的值也會偏小。當 $\bar{X}$ 的值大到一個程度，不大像是 $\mu = 103$ 情況下得到的結果時，我們就偏向於相信 $\mu > 103$ 而非 $\mu = 103$ 了。因此檢定規則為：若 $\bar{X} \geq c$，則否定 H_0，而 c 的值由 $\alpha = 0.05$ 決定。

$\alpha = 0.05$ 是我們對第一型錯誤的發生機率所設定的標準，第一型錯誤是當 H_0 正確時、卻否定 H_0 的機率，也就是 $\mu = 103$ 時，$\bar{X} \geq c$ 的機率，所以

$$0.05 = P(\bar{X} \geq c \mid \mu = 103)$$

因為在 $\mu = 103$ 條件下，$\bar{X}$ 的抽樣分布為平均數為 103、標準差為 $\frac{8}{\sqrt{25}} = 1.6$ 的常態分布。因此可得

$$\begin{aligned} 0.05 &= P(\bar{X} \geq c \mid \mu = 103) \\ &= P\left(\frac{\bar{X} - 103}{1.6} \geq \frac{c - 103}{1.6} \mid \mu = 103\right) \\ &= P\left(Z \geq \frac{c - 103}{1.6}\right) \end{aligned}$$

查常態分布表可得 $\frac{c - 103}{1.6} = 1.645$，經過計算之後得到 $c = 105.63$，由此可得檢定規則：$\bar{X} \geq 105.63$ 時、可否定 H_0。我們的樣本平均 $\bar{X} = 106.4 > 105.63$，因此可以否定 H_0，此檢定的結論是：用新計分方式收進來的學生之平均 IQ 分數提高了。

我們知道樣本平均數的值會隨著不同的樣本而變，比如在上例中重抽一次 25 人的樣本，則有可能還是得到 $\bar{X} \geq 105.63$，此時可以否定 H_0，但

也有可能 $\bar{X} < 105.63$，則我們不能否定 H_0。當樣本結果可以否定 H_0 時，我們稱樣本點落入了拒絕域 (rejection region 或 critical region，意思是拒絕 H_0 的範圍，也有人稱棄卻域)。不需要用到這個名詞照樣可以做檢定，但它經常出現在統計教科書當中，所以在此簡單介紹它的意義；嚴謹的定義看起來會有點難，因此略過。

例 8.2-3

假設某品牌某型油漆等待乾燥所需的時間符合平均數 70 分鐘、變異數 100 分鐘的常態分布。製造商想要縮短待乾時間，經過實驗室的試驗，初步發現在油漆中加入某種添加劑可以達到目的。但因添加劑會增加成本，所以製造商希望在取得能夠降低平均待乾時間的充分證據之後才決定添加。假設加入添加劑之後的待乾時間變異數仍然是 100 分鐘，而 50 項測試的平均待乾時間是 67.1 分鐘，在 $\alpha = 0.01$ 標準下，判斷是否添加劑的確能縮短乾燥所需時間。

解

令 μ 代表加入添加劑之後的平均待乾時間，則我們要檢定

$$H_0 : \mu = 70 \text{ 對應 } H_1 : \mu < 70$$

檢定規則應該是：若 $\bar{X} \leq c$，則否定 H_0，而 c 的值由 $\alpha = 0.01$ 決定。

若 H_0 正確，則 $\bar{X}$ 的抽樣分布為平均數為 70、標準差為 $\frac{10}{\sqrt{50}} = 1.414$ 的常態分布，因此

$$\begin{aligned} 0.01 &= P(\bar{X} \leq c \mid \mu = 70) \\ &= P\left(\frac{\bar{X} - 70}{1.414} \leq \frac{c - 70}{1.414} \,\middle|\, \mu = 70 \right) \\ &= P\left(Z \leq \frac{c - 70}{1.414} \right) \end{aligned}$$

查常態分布表可得 $\frac{c-70}{1.414} = -2.33$，經過計算得 $c = 66.71$，所以檢定規則是：$\bar{X} \leq 66.71$ 時，否定 H_0。但測試結果是 $\bar{X} = 67.1 > 66.71$，所以不能夠否定 H_0。也就是說，在 $\alpha = 0.01$ 的要求標準下，並沒有足夠證據能支持「添加劑能縮短平均待乾時間」的結論。

例 8.2-3 裡的 $\alpha = 0.01$ 是比較嚴格的標準，如果用比較鬆一點的標準，比如 $\alpha = 0.025$，則只有對應常態分布表的值會改變，其他都相同，因此可得 $\frac{c-70}{1.414} = -1.96$，而 $c = 67.23$，檢定規則變成 $\bar{X} \leq 67.23$ 時，否定 H_0。測試結果 $\bar{X} = 67.1 < 67.23$，所以就可以否定 H_0 而做結論：在 $\alpha = 0.025$ 的顯著水準下，有足夠證據能證明添加劑能縮短平均待乾時間。

同樣的測試結果 $\bar{X} = 67.1$，卻可以做出不同的結論，乍看之下似乎很奇怪，但是根據樣本去判斷母體，本就要冒著判斷錯誤的風險；不同的結論，是根據我們願意忍受的第一型錯誤發生機率的大小而決定。以例 8.2-3 來說，第一型錯誤是指：添加劑其實沒能縮短平均待乾時間，測試結果卻判斷它可以，這代表製造商會開始生產含該添加劑的油漆，成本一定會增加，新產品的平均待乾時間卻和之前一樣。如果覺得發生這種事的結果太嚴重，就可以規定小一點的 α，例如 $\alpha = 0.01$，減低這種情況的發生機率。

雖然教科書中似乎最常用 $\alpha = 0.05$，但 α 值應如何決定其實沒有一般的標準，視問題而定。甚至對同一個問題，不同的人對 α 值的大小也可以有不同的選擇。所以檢定問題可以換個方式處理：與其先規定 α、再判斷要不要否定 H_0，不如直接報告能夠否定 H_0 的證據有多強，讓大家根據自己能接受的 α 值去做判斷，這將在 8.4 節當中討論。

例 8.2-2 和例 8.2-3 的對立假設分別是 $H_1: \mu > 103$ 和 $H_1: \mu < 70$，這類檢定叫做單尾檢定，因為在 H_1 當中，μ 的可能值只有一個方向：大於

某個數，或者小於某個數。有時我們想要測試的是 μ 的值是否有改變，但是並不知道可能改變的方向，大或小都有可能，於是原始假設和對立假設就會表示成以下形式：

$$H_0 : \mu = \mu_0 \text{ 對應 } H_1 : \mu \neq \mu_0$$

這類檢定叫做雙尾檢定，它的檢定規則是：$\bar{X}$ 太大或者太小時，否定 H_0。

例 8.2-4

某品牌某型油漆等待乾燥所需的時間符合平均數 70 分鐘、變異數 100 分鐘的常態分布，改變配方之後，製造商希望知道新產品的待乾平均時間是否有改變。假設新配方產品的待乾時間變異數仍然是 100 分鐘，而 40 項測試的平均待乾時間是 67.8 分鐘，在 $\alpha = 0.02$ 標準下，判斷平均待乾時間是否有改變。

解

我們要檢定的是

$$H_0 : \mu = 70 \text{ 對應 } H_1 : \mu \neq 70$$

因為 $\bar{X}$ 太小或者太大時都要否定 H_0，所以檢定規則是當 $\bar{X} \leq a$ 或者 $\bar{X} \geq b$ 時否定 H_0，除了 $\alpha = 0.02$ 要分給左尾和右尾各一半 $\frac{\alpha}{2} = 0.01$ 之外，其他的計算過程都和前兩個例題一樣。

因為當 H_0 正確時，$\bar{X}$ 的抽樣分布為平均數為 70、標準差為 $\frac{10}{\sqrt{40}} = 1.581$ 的常態分布，所以

$$\begin{aligned} 0.01 &= P(\bar{X} \leq a \mid \mu = 70) \\ &= P\left(\frac{\bar{X} - 70}{1.581} \leq \frac{a - 70}{1.581} \,\Big|\, \mu = 70 \right) \\ &= P\left(Z \leq \frac{a - 70}{1.581} \right) \end{aligned}$$

查常態分布表可得 $\dfrac{a-70}{1.581} = -2.33$，經過計算得 $a = 66.32$。再計算右尾部份如下：

$$0.01 = P(\bar{X} \geq b \mid \mu = 70)$$
$$= P\left(\dfrac{\bar{X}-70}{1.581} \geq \dfrac{b-70}{1.581} \;\middle|\; \mu = 70\right)$$
$$= P\left(Z \geq \dfrac{b-70}{1.581}\right)$$

可得 $\dfrac{b-70}{1.581} = 2.33$，$b = 73.68$，因此檢定規則為：$\bar{X} \leq 66.32$ 或者 $\bar{X} \geq 73.68$ 時，否定 H_0，而 $\bar{X} = 67.8$ 介於 66.32 和 73.68 之間，所以不能否定 H_0。也就是說：在 $\alpha = 0.02$ 的標準下，並沒有足夠證據顯示新產品的平均待乾時間有改變。

上述檢定問題的檢定規則，都可以用公式表示出來。我們在例子裡面導出公式，而非先列出公式、然後在例子中直接套用，其實有特別的用意，就是希望讀者更重視做題目的過程。通常只要有公式，大家都會直接套用，不太在意公式怎麼來的。然而，套公式這種機械式的計算，對我們的邏輯思考能力沒有任何幫助。從例 8.2-2 到 8.2-4 三個例子的解題過程即可以看出，只要知道 $\bar{X}$ 的抽樣分布是什麼以及 α 值代表的意義，就可以解出題目了，即使不知道公式也沒有關係。一旦養成這樣的解題習慣，而非一味死背，才是真正學到東西，讓自己的能力不斷提升。現在把上面對特定例題的討論過程，對一般情況綜合整理如下：

考慮以下檢定問題：設 $X_1, X_2, \cdots, X_n$ 為抽自某一常態分布母體的隨機樣本，母體平均數和變異數分別為 μ 和 σ^2；σ^2 已知。μ_0 代表某固定實數，而我們想要檢定

問題一　　$H_0 : \mu = \mu_0$　　對應　　$H_1 : \mu > \mu_0$。
問題二　　$H_0 : \mu = \mu_0$　　對應　　$H_1 : \mu < \mu_0$。

問題三　$H_0 : \mu = \mu_0$　對應　$H_1 : \mu \neq \mu_0$。

根據上述架構,樣本平均數 $\bar{X}$ 的抽樣分布為常態分布,其平均數為 μ、變異數為 $\dfrac{\sigma^2}{n}$,這在計算過程會用到。

問題一:

我們已討論過,檢定規則應為:當 $\bar{X} \geq c$ 時,否定 H_0,而 c 值應滿足

$$\alpha = P(\bar{X} \geq c \mid \mu = \mu_0)$$
$$= P\left(\frac{\bar{X} - \mu_0}{\sigma/\sqrt{n}} \geq \frac{c - \mu_0}{\sigma/\sqrt{n}} \,\middle|\, \mu = \mu_0 \right)$$
$$= P\left(Z \geq \frac{c - \mu_0}{\sigma/\sqrt{n}} \right)$$

因為當 $\mu = \mu_0$ 時,$\dfrac{\bar{X} - \mu_0}{\sigma/\sqrt{n}}$ 符合標準常態分布。

因此 $\dfrac{c - \mu_0}{\sigma/\sqrt{n}} = z_\alpha$,由此可解得 $c = \mu_0 + z_\alpha \cdot \dfrac{\sigma}{\sqrt{n}}$,檢定規則為 $\bar{X} \geq c = \mu_0 + z_\alpha \cdot \dfrac{\sigma}{\sqrt{n}}$ 時,否定 H_0。

問題二:

檢定規則應為:當 $\bar{X} \leq c$ 時,否定 H_0。依照和問題一完全類似的過程,可得檢定規則為 $\bar{X} \leq c = \mu_0 - z_\alpha \cdot \dfrac{\sigma}{\sqrt{n}}$ 時,否定 H_0。

問題三:

檢定規則是:$\bar{X}$ 太小或者太大時,都要否定 H_0。但是說「$\bar{X}$ 太大」和說「$\dfrac{\bar{X} - \mu_0}{\sigma/\sqrt{n}}$ 太大」,意思是一樣的,因為若 $\bar{X}$ 的值很大,標準化之後

也是大,反之亦然。同理,說「$\bar{X}$ 太小」和說「$\dfrac{\bar{X}-\mu_0}{\sigma/\sqrt{n}}$ 太小」,意思也是一樣的。所以我們的檢定規則可以改寫為:$\dfrac{\bar{X}-\mu_0}{\sigma/\sqrt{n}}$ 太大或太小時,否定 H_0,也就是:$\dfrac{\bar{X}-\mu_0}{\sigma/\sqrt{n}} \leq a$ 或 $\dfrac{\bar{X}-\mu_0}{\sigma/\sqrt{n}} \geq b$ 時,否定 H_0。因為 α 要分給左尾和右尾各一半 $\dfrac{\alpha}{2}$,所以 a 和 b 要分別滿足以下條件:

$$\frac{\alpha}{2} = P\left(\frac{\bar{X}-\mu_0}{\sigma/\sqrt{n}} \leq a \,\bigg|\, \mu = \mu_0\right) = P(Z \leq a)$$

$$\frac{\alpha}{2} = P\left(\frac{\bar{X}-\mu_0}{\sigma/\sqrt{n}} \geq b \,\bigg|\, \mu = \mu_0\right) = P(Z \geq b)$$

因此可得 $a = -z_{\alpha/2}$,$b = z_{\alpha/2}$,檢定規則為 $\dfrac{\bar{X}-\mu_0}{\sigma/\sqrt{n}} \leq -z_{\alpha/2}$ 或 $\dfrac{\bar{X}-\mu_0}{\sigma/\sqrt{n}} \geq z_{\alpha/2}$ 時 (也可以利用絕對值符號,這樣表示:$\left|\dfrac{\bar{X}-\mu_0}{\sigma/\sqrt{n}}\right| \geq z_{\alpha/2}$ 時),否定 H_0;也就是說,$\bar{X} \geq \mu_0 + z_{\alpha/2} \cdot \dfrac{\sigma}{\sqrt{n}}$ 或 $\bar{X} \leq \mu_0 - z_{\alpha/2} \cdot \dfrac{\sigma}{\sqrt{n}}$ 時,否定 H_0。

常態分布母體變異數 σ^2 已知時,在 α 標準下,平均數 μ 的檢定規則

設 $X_1, X_2, \cdots, X_n$ 為抽自該常態分布母體的隨機樣本,不同檢定問題的檢定規則分別如下:

1. $H_0: \mu = \mu_0$ 對應 $H_1: \mu > \mu_0$

檢定規則:

$$\bar{X} \geq \mu_0 + z_\alpha \cdot \frac{\sigma}{\sqrt{n}} \text{ (也就是 } \frac{\bar{X}-\mu_0}{\sigma/\sqrt{n}} \geq z_\alpha\text{) 時,否定 } H_0 \qquad (8.2\text{-}1)$$

2. $H_0: \mu = \mu_0$ 對應 $H_1: \mu < \mu_0$

檢定規則:

$$\bar{X} \leq \mu_0 - z_\alpha \cdot \frac{\sigma}{\sqrt{n}} \text{ (也就是 } \frac{\bar{X} - \mu_0}{\sigma/\sqrt{n}} \leq -z_\alpha \text{) 時，否定 } H_0 \quad (8.2\text{-}2)$$

3. $H_0 : \mu = \mu_0$ 對應 $H_1 : \mu \neq \mu_0$

檢定規則：

$$\bar{X} \geq \mu_0 + z_{\alpha/2} \cdot \frac{\sigma}{\sqrt{n}} \text{ 或 } \bar{X} \leq \mu_0 - z_{\alpha/2} \cdot \frac{\sigma}{\sqrt{n}} \text{ 時，否定 } H_0 \quad (8.2\text{-}3)$$

(8.2-3) 式也可表示成：$\left| \frac{\bar{X} - \mu_0}{\sigma/\sqrt{n}} \right| \geq z_{\alpha/2}$ 時，否定 H_0

以上三個公式並不是沒有關係的三個獨立公式，要考試的讀者不需要太「勤勞」，一股腦給它死背下來。觀察一下會發現，(8.2-2) 和 (8.2-1) 式其實很像，只有不等號方向相反以及加號變成減號；而 (8.2-3) 式更像是 (8.2-1) 和 (8.2-2) 式的「綜合體」，只不過把 α 改成 $\frac{\alpha}{2}$ 罷了。能經常練習用腦袋，觀察、組織和綜合的話，記公式會更有效，腦袋也會愈來愈進步。

例 8.2-5

(重做例 8.2-2，直接套用公式)

解：

在例 8.2-2 當中，要檢定的問題是

$$H_0 : \mu = 103 \text{ 對應 } H_1 : \mu > 103$$

已知條件是 $\sigma = 8$ 及 $n = 25$ 人的平均 IQ 分數 $\bar{X}$ 等於 106.4。

因為 $\alpha = 0.05$，$z_\alpha = 1.645$，根據檢定規則 (8.2-1) 式，當 $\bar{X} \geq \mu_0 + z_\alpha \cdot \frac{\sigma}{\sqrt{n}} = 103 + 1.645 \cdot \frac{8}{\sqrt{25}} = 105.63$ 時，應否定 H_0；而 $\bar{X} = 106.4 > 105.63$，所以可以否定 H_0。

例 8.2-6

（重做例 8.2-4，直接套用公式）

解

例 8.2-4 是要在 $\sigma^2 = 100$ 的已知條件下，檢定

$$H_0 : \mu = 70 \text{ 對應 } H_1 : \mu \neq 70$$

顯著水準定為 $\alpha = 0.02$，而 40 項測試的平均待乾時間是 $\bar{X} = 67.8$ 分鐘。

因為 $z_{\alpha/2} = z_{0.01} = 2.33$，$\mu_0 = 70$，$\sigma = 10$，$n = 40$，全部代入檢定規則 (8.2-3) 式可得否定 H_0 的標準為：

$$\bar{X} \geq \mu_0 + z_{\alpha/2} \cdot \frac{\sigma}{\sqrt{n}} = 70 + 2.33 \cdot \frac{10}{\sqrt{40}} = 73.68$$

或

$$\bar{X} \leq \mu_0 - z_{\alpha/2} \cdot \frac{\sigma}{\sqrt{n}} = 70 - 2.33 \cdot \frac{10}{\sqrt{40}} = 66.32$$

然而，$\bar{X} = 67.8$ 並不符合以上任一不等式，所以結論是不否定 H_0。

如果不知道 σ 是多少，卻需要用到 $\dfrac{\bar{X} - \mu}{\sigma/\sqrt{n}}$ 做檢定的話，σ 必須用估計量取代。通常我們會用樣本標準差 $S = \sqrt{\dfrac{\sum_{i=1}^{n}(X_i - \bar{X})^2}{n-1}}$ 來估計 σ，而取代之後得到的 $\dfrac{\bar{X} - \mu}{S/\sqrt{n}}$ 不再符合常態分布，而是自由度 $n-1$ 的 t 分布 (請參考 6.8 節)。除了 σ 用 S 取代，以及原來用的常態分布要改成 t 分布之外，檢定的概念和過程完全和 σ 已知時的情況相同，所以只要適度調整，就可得到以下檢定規則。因為是用到 t 分布，所以這問題也稱為一樣本 t 檢定。同樣的，用到常態分布的檢定，也常被稱為 z 檢定。

一樣本 t 檢定

常態分布母體變異數 σ^2 未知時，在 α 標準下，對於平均數 μ 的檢定規則如下：

設 $X_1, X_2, \cdots, X_n$ 為抽自該常態分布母體的隨機樣本，$S = \sqrt{\dfrac{\sum_{i=1}^{n}(X_i - \bar{X})^2}{n-1}}$ 為樣本標準差，不同檢定問題的檢定規則分別如下：

1. $H_0 : \mu = \mu_0$ 對應 $H_1 : \mu > \mu_0$

   檢定規則：$\bar{X} \geq \mu_0 + t_{n-1,\alpha} \cdot \dfrac{S}{\sqrt{n}}$ 時，否定 H_0 (8.2-4)

2. $H_0 : \mu = \mu_0$ 對應 $H_1 : \mu < \mu_0$

   檢定規則：$\bar{X} \leq \mu_0 - t_{n-1,\alpha} \cdot \dfrac{S}{\sqrt{n}}$ 時，否定 H_0 (8.2-5)

3. $H_0 : \mu = \mu_0$ 對應 $H_1 : \mu \neq \mu_0$

   檢定規則：$\bar{X} \geq \mu_0 + t_{n-1,\alpha/2} \cdot \dfrac{S}{\sqrt{n}}$ 或 $\bar{X} \leq \mu_0 - t_{n-1,\alpha/2} \cdot \dfrac{S}{\sqrt{n}}$ 時，否定 H_0

   (8.2-6)

建議讀者把這些公式和 σ^2 已知時的公式對照，如果記得 σ^2 已知時的公式，則只要把 σ 改成 S，z 改成 t_{n-1} 就全搞定了，不需要再重新背一套。大家從小到大「背功」已練習太多了，再繼續練、對腦袋也沒什麼幫助。死背的東西只有應付考試一種用途，考完很容易全部忘記，花在死背的精神真的很浪費、很可惜。必須記得的定義和重要公式，盡量了解意思之後才背，有關聯的公式 (如 (8.2-1)～(8.2-3) 和 (8.2-4)～(8.2-6))，則要觀察相同和相異之處，有系統的記憶。比較厲害的讀者，甚至可以到源頭去記住原則，再靈活運用於不同狀況 (可參考例 8.2-2～8.2-4)。只要開始朝這樣的方向做，腦袋一定會愈來愈厲害。

例 8.2-7

專家建議，50 歲以上的男性每天應攝取 15 毫克的鋅。有人從 60 歲以上的男性中抽出 20 人的隨機樣本，記錄他們所吃的食物，並計算出這 20 人的一日平均鋅攝取量是 11.8 毫克，標準差 7.2 毫克。假設所有 60 歲以上男性的每日鋅攝取量符合常態分布，令 $\alpha = 0.05$，根據上述抽樣結果判斷，60 歲以上男性的每日平均鋅攝取量，是否符合專家建議的標準。

解

題目問「是否符合專家建議的標準」，並沒有指出特定方向 (超過或者不足)，所以是雙尾檢定。令 μ 代表 60 歲以上男性的每日平均鋅攝取量，則我們要檢定的問題是

$$H_0 : \mu = 15 \text{ 對應 } H_1 : \mu \neq 15$$

母體符合常態分布，σ^2 未知 (題目沒有給)，因此檢定規則為

$$\bar{X} \geq 15 + t_{n-1, \alpha/2} \cdot \frac{S}{\sqrt{n}} \text{ 或 } \bar{X} \leq 15 - t_{n-1, \alpha/2} \cdot \frac{S}{\sqrt{n}} \text{ 時，否定 } H_0。$$

因為 $n = 20$、$\alpha = 0.05$、$S = 7.2$，查 t 分布表可得 $t_{19, 0.025} = 2.093$，代入上式可得

$$t_{n-1, \alpha/2} \cdot \frac{S}{\sqrt{n}} = 2.093 \cdot \frac{7.2}{\sqrt{20}} = 3.37$$

因此檢定規則為 $\bar{X} \geq 15 + 3.37 = 18.37$ 或者 $\bar{X} \leq 15 - 3.37 = 11.63$ 時，否定 H_0，而隨機抽樣得到 $\bar{X} = 11.8$，結論是不能否定 H_0。我們可以說，根據樣本判斷，60 歲以上男性的平均每日鋅攝取量，符合專家建議的標準。

例 8.2-8

專家建議，50 歲以上的男性每天應攝取 15 毫克的鋅。有人從 60 歲以上的男性中抽出 20 人的隨機樣本，記錄他們所吃的食物，並計算出這 20 人的一日平均鋅攝取量是 11.8 毫克，標準差 7.2 毫克。假設所有 60 歲以上男性的每日鋅攝取量符合常態分布，令 $\alpha = 0.05$，根據上述抽樣結果判斷，60 歲以上男性的每日平均鋅攝取量，是否低於專家建議的標準。

解

這個例子的架構完全和例 8.2-7 的相同，唯一不同的是現在問的問題是：60 歲以上男性的每日平均鋅攝取量，「是否低於」專家建議的標準。所以變成單尾的檢定問題：

$$H_0 : \mu = 15 \text{ 對應 } H_1 : \mu < 15$$

現在 $\alpha = 0.05$ 不用分成兩半了，$t_{19, 0.05} = 1.729$，檢定規則為 $\bar{X} \leq \mu_0 - t_{n-1, \alpha} \cdot \frac{S}{\sqrt{n}} = 15 - 1.729 \cdot \frac{7.2}{\sqrt{20}} = 15 - 2.78 = 12.22$ 時可否定 H_0，而隨機抽樣得到 $\bar{X} = 11.8 < 12.22$，有足夠證據可否定 H_0，做出結論：60 歲以上男性的每日平均鋅攝取量，低於專家建議的標準。

為何例 8.2-7 和例 8.2-8 幾乎完全一樣，唯一的差別在於前者是雙尾檢定、後者是單尾檢定，在同樣的顯著水準 α 之下，結論卻不相同呢？這個問題大致可以這樣看：例 8.2-7 的 α 必須分給右尾和左尾，而例 8.2-8 的檢定問題相當於排除了 $\mu > 15$ 的可能性，全部的 α 值都用在左尾，因此會得到較寬鬆的標準：$\bar{X} \leq 12.22$ 時可否定 H_0，相對來看，例 8.2-7 的左尾標準是：$\bar{X} \leq 11.63$ 時可否定 H_0，所以例 8.2-8 可以做出否定 H_0 的結論，而例 8.2-7 卻不能。當然，檢定問題要怎樣設定，當然應該看何者較符合實際情況，而不是根據怎樣比較容易否定 H_0 而來設定。

以上討論的都是樣本抽自常態母體的情況，但是我們有興趣研究的母體那麼多，分布各式各樣都有，當我們無法假設樣本抽自常態母體時，要怎樣對母體平均數 μ 做檢定呢？當我們用 $\bar{X}$ 當作檢定統計量的時候，關鍵點在於：我們必須知道在 H_0 正確的假設下、$\bar{X}$ 的分布是什麼。$\bar{X}$ 的分布當然和母體的分布密切相關，有時母體分布並不知道，或者雖然知道、但 $\bar{X}$ 的確實分布卻非常複雜，很難表達清楚；兩種情況下，都可以依賴中央極限定理來幫我們解決問題，前提是抽樣本時要抽得夠大。

7.4 節告訴我們，大樣本時 $\bar{X}$ 的抽樣分布如下：

> 假設 $X_1, X_2, \cdots, X_n$ 為抽自某一母體的隨機樣本，母體平均數和變異數分別為 μ 和 σ^2，$0 < \sigma^2 < \infty$，$\bar{X}$ 為樣本平均數，而且 n 夠大，則
> 1. $\dfrac{\bar{X} - \mu}{\sigma/\sqrt{n}}$ 的抽樣分布會接近標準常態分布。
> 2. 若 σ 未知，用 S 取代，$\dfrac{\bar{X} - \mu}{S/\sqrt{n}}$ 的抽樣分布仍然接近標準常態分布。

根據上述結果，可得以下檢定規則：

若 $X_1, X_2, \cdots, X_n$ 為抽自某母體的隨機樣本，n 夠大，母體平均數為 μ、變異數 σ^2 已知，針對不同檢定問題的檢定規則，和 (8.2-1)、(8.2-2)、(8.2-3) 式相同。唯一的差別在於適用條件：當樣本抽自常態分布母體時，即使樣本很小仍然適用；若母體並不接近常態分布時，因為需要依賴中央極限定理，因此規則只適用於大樣本。在實際應用情況中，若 μ 未知，其實通常 σ^2 都未知，此時應該用 μ 取代 σ，上述大樣本時 μ 的檢定規則綜合如下：

> σ^2 已知，大樣本時，平均數 μ 的檢定規則
> $X_1, X_2, \cdots, X_n$ 為抽自某母體的隨機樣本，n 夠大，母體平均數為 μ、變異數 σ^2 已知，在 α 標準下檢定以下問題：

1. $H_0: \mu = \mu_0$ 對應 $H_1: \mu > \mu_0$

    檢定規則：

    $$\bar{X} \geq \mu_0 + z_\alpha \cdot \frac{\sigma}{\sqrt{n}} \text{ (也就是 } \frac{\bar{X} - \mu_0}{\sigma/\sqrt{n}} \geq z_\alpha \text{) 時，否定 } H_0 \quad (8.2\text{-}1)$$

2. $H_0: \mu = \mu_0$ 對應 $H_1: \mu < \mu_0$

    檢定規則：

    $$\bar{X} \leq \mu_0 - z_\alpha \cdot \frac{\sigma}{\sqrt{n}} \text{ (也就是 } \frac{\bar{X} - \mu_0}{\sigma/\sqrt{n}} \leq -z_\alpha \text{) 時，否定 } H_0 \quad (8.2\text{-}2)$$

3. $H_0: \mu = \mu_0$ 對應 $H_1: \mu \neq \mu_0$

    檢定規則：

    $$\bar{X} \geq \mu_0 + z_{\alpha/2} \cdot \frac{\sigma}{\sqrt{n}} \text{ 或 } \bar{X} \leq \mu_0 - z_{\alpha/2} \cdot \frac{\sigma}{\sqrt{n}} \text{ 時，否定 } H_0 \quad (8.2\text{-}3)$$

    (8.2-3) 式也可表示成：$\left| \dfrac{\bar{X} - \mu_0}{\sigma/\sqrt{n}} \right| \geq z_{\alpha/2}$ 時，否定 H_0

σ^2 未知，大樣本時，平均數 μ 的檢定規則

$X_1, X_2, \cdots, X_n$ 為抽自某母體的隨機樣本，n 夠大，母體平均數為 μ、變異數 σ^2 未知，在 α 標準下檢定以下問題：

1. $H_0: \mu = \mu_0$ 對應 $H_1: \mu > \mu_0$

    檢定規則：$\dfrac{\bar{X} - \mu_0}{S/\sqrt{n}} \geq z_\alpha$ 時，否定 H_0 \quad (8.2-7)

2. $H_0: \mu = \mu_0$ 對應 $H_1: \mu < \mu_0$

    檢定規則：$\dfrac{\bar{X} - \mu_0}{S/\sqrt{n}} \leq -z_\alpha$ 時，否定 H_0 \quad (8.2-8)

3. $H_0: \mu = \mu_0$ 對應 $H_1: \mu \neq \mu_0$

    檢定規則：$\left| \dfrac{\bar{X} - \mu_0}{S/\sqrt{n}} \right| \geq z_{\alpha/2}$ 時，否定 H_0 \quad (8.2-9)

例 8.2-9

國外有心理學家設計了一項測驗，用來度量學生的讀書習慣和態度，分數從 0 到 200，高分代表學習態度好，歐洲某國大學生的平均分數大約是 113。有學者認為年紀較大學生的學習態度會比較好，平均測驗分數應該比較高，於是隨機抽了 40 位 30 歲以上的學生做了該項測驗，得到平均分數 116.8、標準差 5.6。若 $\alpha = 0.025$，上述樣本數據是否支持該學者的想法？

解

若令 μ 代表所有 30 歲以上學生的平均成績，則我們要檢定

$$H_0 : \mu = 113 \text{ 對應 } H_1 : \mu > 113$$

$z_{0.025} = 1.96$，而 $\dfrac{\bar{X} - \mu_0}{S/\sqrt{n}} = \dfrac{116.8 - 113}{5.6/\sqrt{40}} = 4.29 > 1.96$，所以根據 (8.2-7) 式，樣本數據可以支持該學者的想法，年紀較大學生的平均學習態度的確比較好。

例 8.2-10

某大型連鎖超商的經理經過長期觀察，認為來店顧客的平均消費金額約為 380 元。為了驗證這個認知是否正確，從剛結完帳的顧客中隨機抽出共 50 位，訪問之後得知，50 位的平均消費金額為 351 元，標準差為 110 元。在 $\alpha = 0.05$ 標準下判斷，所有顧客的平均消費金額是否 380 元。

解

令該超商所有顧客平均消費金額為 μ，則我們要檢定

$$H_0 : \mu = 380 \text{ 對應 } H_1 : \mu \neq 380$$

$z_{0.025} = 1.96$，而 $\left|\dfrac{\bar{X} - \mu_0}{S/\sqrt{n}}\right| = \left|\dfrac{351 - 380}{110/\sqrt{50}}\right| = 1.864 < 1.96$，所以不能否定 H_0。看來經理的認知是正確的。

這題和例 7.4-2 關係密切，我們可對照參考看看。例 7.4-2 在相同數據之下，用公式 (7.4-4) 求得 μ 的近似 95% 信賴區間為

$$\left(\bar{X} - z_{\alpha/2}\dfrac{S}{\sqrt{n}},\ \bar{X} + z_{\alpha/2}\dfrac{S}{\sqrt{n}}\right) = (320.51, 381.49)$$

既然這個區間包含了 380，所以在 $\alpha = 1 - 0.95 = 0.05$ 標準下，雙尾檢定的結論必定不會否定 $H_0 : \mu = 380$。

上述結果並非巧合，雙尾檢定和信賴區間之間的確存在這樣密切的關連：如果 μ_0 落在 μ 的 $(1-\alpha)100\%$ 信賴區間內，則在 α 標準下檢定雙尾問題 $H_0 : \mu = \mu_0$ 對應 $H_1 : \mu \neq \mu_0$ 時，結論一定是不否定 H_0。反過來說也正確：如果在 α 標準下檢定雙尾問題 $H_0 : \mu = \mu_0$ 對應 $H_1 : \mu \neq \mu_0$ 時，結論是不否定 H_0，則 μ_0 必定落在 μ 的 $(1-\alpha)100\%$ 信賴區間內。

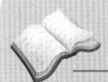

習題

1. 假設台灣成年女性的身高分布為常態，並知標準差為 3.4 公分。如果我們想檢定台灣成年女性的平均身高是否高於 158.5 公分，於是隨機抽出了 30 位台灣成年女性，並得其平均身高為 159.6 公分，問是否有足夠的證據說台灣成年女性的平均身高超過 158.5 公分？（用 $\alpha = 0.05$）

2. 假設商業電影的片長呈常態分布，並知標準差為 12 分鐘。如果某雜誌宣稱商業電影的平均長度為 110 分鐘，於是我們隨機抽樣了 25 部商業電影，得其平均片長為 98 分鐘，問是否有足夠的證據說

該雜誌所言不實？(用 $\alpha = 0.05$)

3. 假設阿瑋每天騎機車到學校所花的時間呈常態分布。如果隨機抽樣 16 天、記錄他騎機車到學校所花的時間，發現平均時間為 58 分鐘、標準差為 6 分鐘。令 $\alpha = 0.025$，根據以上數據判斷，阿瑋騎機車到學校的平均時間，是 55 分鐘或者大於 55 分鐘？

4. 百貨公司經理猜測，週年慶時自行開車來店的顧客，在公司停車場內的平均停留時間，大約是兩小時 20 分鐘。隨機抽樣 64 份停車資料，得到平均停車時間為 150 分鐘、標準差為 28 分鐘。在 $\alpha = 0.05$ 標準下，判斷經理的猜測是否正確。

5. 假設某大學的學生在校內外打工的時薪標準差為 52 元。如果隨機抽樣 74 位該校有打工的學生，得平均時薪為 181 元，問是否有足夠的證據說該校有打工的學生之平均時薪低於 190 元 ($\alpha = 0.05$)？

6. 假設某平面媒體隨機抽樣了 56 位某公立大學的學生，得知他們每天花在休閒上的平均時間為 158 分鐘，標準差為 42 分鐘。問是否有足夠的證據可以說，該校學生每天花在休閒上的平均時間超過 2.5 個小時 ($\alpha = 0.1$)？

8.3 有關母體比例的檢定

假設有人號稱有超能力，我們就稱他阿傑好了。他說如果你從一副撲克牌當中抽出一張，不給他看，他可以說出抽出的牌是什麼花色。通常不認識的人隨口說的話，我們當然會有懷疑，會要求他證明給我們看，也就是要做實際測試。如果測試了很多次，每次我們都從整副牌當中隨意抽一張，要他猜花色；怎麼樣的測試結果，才會讓我們覺得他可能真的有某種

超能力呢？很直觀的答案是：如果他說中的次數相當多，多到不像是靠瞎猜猜中的，我們才會偏向相信他的話。到底多少次才算夠多呢？現在已學了檢定的概念，我們就用檢定問題來處理。

檢定問題首先要有檢定的對象，也就是未知的母體參數。針對這個問題，我們關心的母體參數應該是阿傑能夠說出正確花色的比例，用 p 來代表。如果他並沒有超能力，每次其實都在瞎猜，那麼他說出正確花色的機率應該是四分之一；反過來說，如果他有某種程度的超能力，則說出正確花色的比例應該超過四分之一。我們知道必須證明的事情要放在對立假設，所以這個問題的原始假設和對立假設分別設定如下：

$$H_0 : p = \frac{1}{4} \quad 對應 \quad H_1 : p > \frac{1}{4}$$

要判斷兩種假設當中哪一個正確，就得要做實際測試了。假設測試了很多次，每次我們都從整副牌當中隨意抽一張，要他猜花色；怎麼樣的測試結果，才會讓我們覺得他可能真的有某種超能力呢？當然他說中的次數必須夠多。什麼叫做夠多，標準在哪裡呢？即便阿傑是瞎猜（事實上 $p = \frac{1}{4}$），也有可能碰巧矇對很多次，讓我們誤以為他有超能力（因為他說對的比例夠高)，所以我們必須有具體的判斷依據。在檢定問題裡面，這就是第一型錯誤，處理的方式是：我們藉著設定顯著水準 α 的值，限制這種第一型錯誤的發生機率；而在符合 α 值的標準下，測試結果的正確比例（即樣本比例 $\hat{p}$）值夠高的話，就是否定 H_0 而相信阿傑有超能力的證據了。是否夠高的界限，要由樣本比例 $\hat{p}$ 的抽樣分布決定。把這個檢定問題的判別依據用白話來說明就是：如果阿傑說中花色的比例夠高，高到不像是靠瞎猜猜中的，則我們就偏向於相信他的確有某種程度的超能力了。

雖然我們還沒有導出檢定規則的具體公式，但是檢定的概念及過程和上一節的並沒什麼不同，只不過主角從母體平均數 μ 換成由母體比例 p 來當罷了。需要用到的背景知識包括 $\hat{p}$ 的抽樣分布以及顯著水準 α 的意

義，也都已討論過，所以現在可以先用例子直接處理這個檢定問題 (讀者可對照上一節的例 8.2-2 的過程當作參考)，稍後才列出公式。

例 8.3-1

(本例並非要暗示超能力之存在，內容純屬虛構)

假設我們對阿傑測試了 60 次，每次我們都從整副牌當中隨意抽出一張，要他猜花色；而在 60 次當中，他說對了 24 次。分別在 (a) $\alpha = 0.025$ 及 (b) $\alpha = 0.01$ 標準之下，判斷阿傑是否有超能力。

解

令 p 代表阿傑能夠說出正確花色的比例，則我們要檢定

$$H_0 : p = \frac{1}{4} \quad \text{對應} \quad H_1 : p > \frac{1}{4}$$

當 p 值較大時，猜對的比例 (即樣本比例) 應比較高，所以很直觀的檢定規則就是：樣本比例 $\hat{p} \geq c$ 時，否定 H_0，而 c 值應滿足

$$P\left(\hat{p} \geq c \,\middle|\, p = \frac{1}{4}\right) = \alpha$$

接下來需要決定 c 值，這需要用到 $\hat{p}$ 的抽樣分布；因為 $n = 60$ 相當大，因此根據 6.7 節的內容，得知這個分布會接近平均數為 p、變異數為 $\dfrac{p(1-p)}{n}$ 的常態分布；也就是說，將 $\hat{p}$ 標準化之後所得到的 $\dfrac{\hat{p} - p}{\sqrt{\dfrac{p(1-p)}{n}}}$，會接近標準常態分布，所以

(a) $0.025 = P\left(\hat{p} \geq c \,\middle|\, p = \dfrac{1}{4}\right)$

$= P\left(\dfrac{\hat{p} - \dfrac{1}{4}}{\sqrt{\dfrac{(1/4) \cdot (3/4)}{60}}} \geq \dfrac{c - \dfrac{1}{4}}{\sqrt{\dfrac{(1/4) \cdot (3/4)}{60}}} \,\middle|\, p = \dfrac{1}{4}\right)$

$\approx P\left(Z \geq \dfrac{c - 0.25}{0.056}\right)$

因此 $\dfrac{c-0.25}{0.056}=1.96$，$c=0.36$；而測試結果得到樣本比例 $\hat{p}=0.4>0.36$，所以可以否定 H_0、做出結論：在 $\alpha=0.025$ 標準下，有足夠證據顯示，阿傑似乎有某種程度的超能力。我們在上一節討論過，標準較鬆 (α 值較大) 時，會比較容易否定 H_0。現在把標準提高到 $\alpha=0.01$，看看還能不能說阿傑有超能力。

(b) 除了 α 值改變，其他都和 (a) 小題一樣，但 c 值會不一樣，所以要改用符號 d 表示，參考 (a) 小題，可以直接寫

$$0.01 \approx P\left(Z \geq \dfrac{d-0.25}{0.056}\right)$$

因此 $\dfrac{d-0.25}{0.056}=2.33$，$d=0.38$；樣本比例 $\hat{p}=0.4>0.38$，還是可以做結論說：有足夠證據顯示阿傑有超能力，而且現在可以說得更大聲，因為標準更嚴格了。如果有人質疑，阿傑會不會是在瞎猜，而碰巧猜對這麼高的比例呢？我們就可以回答說，這件事發生的機率還不到 0.01 (在下一節當中，我們會實際計算這個機率)。

現在列出檢定規則：

---

n 夠大時，母體比例 p 的檢定規則

假設母體當中符合某特質的佔比例 p，從其中抽出隨機樣本，得到符合該特質的樣本比例 $\hat{p}$，若 n 夠大，則有關 p 的檢定規則如下：

1. $H_0: p=p_0$ 對應 $H_1: p>p_0$

檢定規則：$\dfrac{\hat{p}-p_0}{\sqrt{\dfrac{p_0(1-p_0)}{n}}} > z_\alpha$ 時，否定 H_0 \hfill (8.3-1)

2. $H_0: p = p_0$ 對應 $H_1: p < p_0$

檢定規則：$\dfrac{\hat{p} - p_0}{\sqrt{\dfrac{p_0(1-p_0)}{n}}} < -z_\alpha$ 時，否定 H_0 \hfill (8.3-2)

3. $H_0: p = p_0$ 對應 $H_1: p \neq p_0$

檢定規則：$\left| \dfrac{\hat{p} - p_0}{\sqrt{\dfrac{p_0(1-p_0)}{n}}} \right| \geq z_{\alpha/2}$ 時，否定 H_0 \hfill (8.3-3)

例 8.3-2

網球裁判在開始比賽之前，會用擲銅板方式，決定哪個球員可以先發球。對於大部份職業網球選手來說，先發球佔有優勢，所以為了慎重起見，某裁判想在事先判斷，他所要用的銅板是否平衡 (即：正面機率是否二分之一)。假設把該銅板擲了 200 次之後，記錄到正面總共出現 106 次，在 $\alpha = 0.05$ 標準下，判斷該銅板的正面機率是否二分之一。

解

令 p 代表銅板的正面機率，則我們要檢定的是

$$H_0: p = \frac{1}{2} \text{ 對應 } H_1: p \neq \frac{1}{2}$$

因為 $\hat{p} = \dfrac{106}{200} = 0.53$、$z_{0.025} = 1.96$

$$\left| \frac{0.53 - 0.5}{\sqrt{\dfrac{0.5(1-0.5)}{200}}} \right| = 0.849 < 1.96$$

所以不能否定 H_0。

結論是：在 $\alpha = 0.05$ 標準下，擲銅板的結果並沒有顯示出銅板不平衡的證據。

習題

1. 如果隨機訪問 50 位台灣居民，其中有 30 位曾經出過國，問：(a) 是否有足夠的證據說台灣有一半以上的人曾經出過國 ($\alpha = 0.05$)？(b) 如果將 α 改成 0.1 的話，結論是否會改變？

2. 台北市的有車階級當中，有些人擁有自己的停車位、有些沒有。如果隨機抽樣 58 位台北市的有車階級，而其中有 26 位擁有自己的停車位，問是否可以說台北市的有車階級中，擁有停車位的比例不到 48%？(用 $\alpha = 0.1$)

3. 某民調中心隨機訪問了 72 位台灣的成年人，其中有 46 位曾經在網路上購物。在 $\alpha = 0.05$ 標準下，我們是否可以下結論：台灣有網路購物經驗的成年人超過 60%？

4. 假設有人聲稱，台灣居民有 1/4 的人使用智慧型手機，如果隨機抽樣 90 位台灣居民，而其中有 15 位使用智慧型手機，是否有足夠的證據可作結論：台灣居民使用智慧型手機的比例不是 1/4？(用 $\alpha = 0.1$)

8.4 檢定證據之評估－p 值

在 8.2 和 8.3 節當中的檢定問題之處理方式，都是先規定一個 α 值，然後根據 α 值找出怎樣的樣本結果會導致「否定 H_0」的結論 (也可說是在找拒絕域)，這是傳統做法，但是有它的缺點。除了對於不同的 α 值每次都要重算一遍之外，最大的缺點在於它的二分法：不是否定 H_0 就是接受 H_0，而當我們做出否定 H_0 的結論時，只知道在某個 α 值的標準下可以否定 H_0，卻不能明確說出證據有多強。

以例 8.3-1 為例,當 $\alpha = 0.025$ 時,檢定規則是:$\hat{p} > 0.36$ 時,否定 H_0。所以 $\hat{p} = 0.4$ 可以否定 H_0,若 $\hat{p} = 0.367$,也同樣可以否定 H_0;兩種情況的結論都是:在顯著水準 $\alpha = 0.025$ 的標準之下,可以否定 H_0,然而 $\hat{p} = 0.4$ 和 $\hat{p} = 0.367$ 的證據強度,當然是不一樣的。要顯示證據強度,可以用 p 值,它的定義如下:

> **定義** 一個單尾檢定問題的 p 值 (p-value),是指在 H_0 正確的假設下,會得到像我們所得到的觀測值這樣極端或更極端的值之機率。極端是指「大」或「小」,依照檢定規則的方向 (太大否定 H_0 或是太小否定 H_0) 而決定。p 值愈小,代表可以否定 H_0 的證據愈強。(雙尾檢定的 p 值較複雜些,本書略過。)

一旦算出 p 值,我們可以針對各種不同的 α 值,做出否定或不否定 H_0 的決定,判斷標準如下:

> p 值與 α 值的關係
> 1. 若一項檢定的 p 值 $\leq \alpha$,則可以在該 α 值的標準下否定 H_0。
> 2. 若 p 值 $> \alpha$,則不能在該 α 值的標準下否定 H_0。

例 8.4-1

(參考例 8.2-9)

國外有心理學家設計了一項測驗,用來度量學生的讀書習慣和態度,分數從 0 到 200,高分代表學習態度好,歐洲某國大學生的平均分數大約是 113。有學者認為年紀較大學生的學習態度會比較好,平均測驗分數應該比較高,於是隨機抽了 40 位 30 歲以上的學生做了該項測驗,得到平均分數 116.8、標準差 5.6。(a) 計算 p 值;(b) 若

$\alpha = 0.025$，上述樣本數據是否支持該學者的想法？

解

(a) 若令 μ 代表所有 30 歲以上學生的平均成績，則我們要檢定

$$H_0 : \mu = 113 \text{ 對應 } H_1 : \mu > 113$$

檢定統計量為 $\dfrac{\bar{X} - \mu_0}{S/\sqrt{n}}$，值太大時要否定 H_0，而

$$\frac{\bar{X} - \mu_0}{S/\sqrt{n}} = \frac{116.8 - 113}{5.6/\sqrt{40}} = 4.29$$

因此 p 值 $= P\left(\dfrac{\bar{X} - \mu_0}{S/\sqrt{n}} \geq 4.29 \Big| H_0\right) = P(Z \geq 4.29)$

在常態分布表上可查到的最大值是 3.49，而 $P(Z \leq 3.49) = 0.9998$，所以可知

$$p \text{ 值} = P(Z \geq 4.29) \leq P(Z \geq 3.49)$$
$$= 1 - P(Z \leq 3.49)$$
$$= 1 - 0.9998$$
$$= 0.0002$$

p 值 < 0.0002，代表的意思是：如果實際上 $H_0 : \mu = 113$ 成立的話，會得到 116.8 這麼高或者更高的樣本平均分數之機率，連一萬分之二都不到。反之，如果 $\mu > 113$ 的話，得到 116.8 的樣本平均分數卻很正常；所以我們相信 $H_1 : \mu > 113$ 正確，而不是一個機率不到萬分之二的事件碰巧發生了。

(b) 因為 p 值 $< 0.0002 < \alpha = 0.025$，所以可以否定 H_0，而且因為 p 值比 α 小非常多，所以否定 H_0 的證據非常強。樣本數據可以充分支持該學者的想法：年紀較大學生的平均學習態度的確比較好。

例 8.4-2

(重做例 8.3-1)

假設阿傑在 60 次測試當中，(a) 說對了 24 次；(b) 說對了 22 次，分別計算檢定的 p 值，並在 $\alpha = 0.01$ 標準之下，判斷阿傑是否有超能力。

解

令 p 代表阿傑能夠說出正確花色的比例，則我們要檢定

$$H_0 : p = \frac{1}{4} \quad 對應 \quad H_1 : p > \frac{1}{4}$$

(a) $\hat{p}$ 的觀測值等於 $\frac{24}{60} = 0.4$。

檢定規則是 $\hat{p}$ 太大時，否定 H_0，因此 p 值的定義是在 H_0 正確、即 $p = \frac{1}{4}$ 時，$\hat{p}$ 會大到像 0.4 這樣或者更大的機率；也就是說，p 值等於

$$P\left(\hat{p} \geq 0.4 \,\bigg|\, p = \frac{1}{4}\right) = P\left(\frac{\hat{p} - \frac{1}{4}}{\sqrt{\frac{(1/4) \cdot (3/4)}{60}}} \geq \frac{0.4 - \frac{1}{4}}{\sqrt{\frac{(1/4) \cdot (3/4)}{60}}} \,\bigg|\, p = \frac{1}{4}\right)$$

$$\approx P\left(Z \geq \frac{0.15}{0.056}\right) = P(Z \geq 2.68) = 0.0037$$

因為 $0.0037 < 0.01$，所以檢定結論是：在 $\alpha = 0.01$ 標準下，阿傑有超能力。

(b) $\hat{p}$ 的觀測值等於 $\frac{22}{60} = 0.367$，因此 p 值等於

$$P\left(\hat{p} \geq 0.367 \,\bigg|\, p = \frac{1}{4}\right) = P\left(\frac{\hat{p} - \frac{1}{4}}{\sqrt{\frac{(1/4) \cdot (3/4)}{60}}} \geq \frac{0.367 - \frac{1}{4}}{\sqrt{\frac{(1/4) \cdot (3/4)}{60}}} \,\bigg|\, p = \frac{1}{4}\right)$$

$$\approx P(Z \geq 2.09) = 0.0183$$

> 因為 0.0183 > 0.01，所以結論是：在 $\alpha = 0.01$ 標準下，阿傑沒有超能力。
>
> 如果把標準放寬到 $\alpha = 0.02$，則因為 0.0183 < 0.02，結論變成：在 $\alpha = 0.02$ 標準下，阿傑有超能力。當我們可以接受稍高的第一型錯誤機率時，就會比較容易可以做出否定原始假設的結論。

我們用上個例子的 (a) 小題來說明 p 值的意義。當我們根據阿傑的測試結果，判斷他有超能力時，實際情況有兩種可能：

1. 阿傑的確有超能力，$p > \frac{1}{4}$，所以他能夠在 60 次測試當中說對 24 次。
2. 阿傑沒有超能力，事實上 $p = \frac{1}{4}$，但是他瞎猜碰巧猜對了 24 次。

p 值計算的是：如果阿傑實際上沒有超能力，卻能說對 24 次或更多次的機率，這相當於第二項情況發生的機率，但是值還稍大些，因為它把超過 24 次的情況都包括在內了。(a) 小題的 p 值等於 0.0037，這意思是說，要靠瞎猜猜出這麼多正確的答案，機率是很小的，還不到千分之四；既然第二項情況很難發生，所以我們有信心，第一項情況才是正確的。

計算 p 值其實不難，只要依照以下步驟，應該很容易上手 (以下說明適用於單尾檢定)。

計算 p 值的步驟

1. 根據對立假設的「方向」，決定檢定規則，比如若用 T 代表檢定統計量，則檢定規則可能是：$T \geq c$ 時，否定原始假設。
2. 計算原始假設為真時、$T \geq t$ 的發生機率，此處 t 為 T 的觀測值；也就是說，p 值 $= P(T \geq t | H_0)$。

例 8.4-3

阿宏和朋友阿俊都喜歡打籃球，常一起練投籃。經過長期觀察和統計，阿俊認為阿宏罰球的進球機率大約是 0.7 (原始假設)，可是阿宏不服氣，自認進球機率必定超過七成。阿宏為了證明自己所說的正確，某一天下午約阿俊到球場上看他投球，共投 20 球，再根據結果作判斷。假設阿宏投的各球之間互相獨立，而 20 球當中投中了 15 球，計算此檢定問題的 p 值。

解

令 p 代表阿宏罰球的進球比例，則此檢定問題的假設是

$$H_0 : p = 0.7 \quad 對應 \quad H_1 : p > 0.7$$

檢定統計量是投 20 次的進球比例 $\hat{p}$，而檢定規則是 $\hat{p} \geq c$ 時，否定原始假設。

因為 $\hat{p}$ 的觀測值是 $\frac{15}{20} = 0.75$，因此根據上述計算 p 值的步驟可知：

$$\begin{aligned}
p \text{ 值} &= P(\hat{p} \geq 0.75 \mid p = 0.7) \\
&= P\left(\frac{\hat{p} - 0.7}{\sqrt{(0.7 \cdot 0.3)/20}} \geq \frac{0.75 - 0.7}{\sqrt{(0.7 \cdot 0.3)/20}} \,\middle|\, p = 0.7 \right) \\
&\approx P(Z \geq 0.49) \\
&= 0.3121
\end{aligned}$$

p 值太大了，沒有足夠證據可以否定原始假設而支持對立假設。換個方式說，結論就是：這次投球的結果並不能支持阿宏自認進球機率超過七成的說法。

例 8.4-4

(參考例 8.2-3) 假設某品牌某型油漆等待乾燥所需的時間符合平均數 70 分鐘、變異數 100 分鐘的常態分布。製造商為了縮短待乾時間，在油漆中加入了某種添加劑。假設加入添加劑之後的待乾時間變異數仍然是100 分鐘，而 50 項測試的平均待乾時間是 67.1 分鐘，計算此檢定的 p 值，並且判斷在 $\alpha = 0.01$ 標準下，是否添加劑的確能縮短乾燥所需時間？

解

令 μ 代表加入添加劑之後的平均待乾時間，則我們要檢定

$$H_0 : \mu = 70 \text{ 對應 } H_1 : \mu < 70$$

檢定規則應該是：若 $\bar{X} \leq c$，則否定 H_0，而檢定統計量 $\bar{X}$ 的觀測值是 $\bar{x} = 67.1$ 分鐘。根據上述計算 p 值的步驟，

$$\begin{aligned}
p \text{ 值} &= P(\bar{X} \leq 67.1 \mid H_0) \\
&= P(\bar{X} \leq 67.1 \mid \mu = 70) \\
&= P\left(\frac{\bar{X} - 70}{10/\sqrt{50}} \leq \frac{67.1 - 70}{10/\sqrt{50}} \,\Big|\, \mu = 70\right) \\
&= P(Z \leq -2.05) \\
&= 0.0202
\end{aligned}$$

因為 $0.0202 > 0.01$，所以不能否定原始假設；也就是說，在 $\alpha = 0.01$ 的要求標準下，並沒有足夠證據能支持「添加劑能縮短平均待乾時間」的結論。但是我們同時也知道，只要放寬 α 的標準，比如 $\alpha = 0.021$ (或任何 ≥ 0.0202 的 α)，就可以在此新的標準之下做出結論：添加劑能縮短平均待乾時間了。

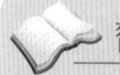

習題

1. 假設小偉擲一顆骰子 66 次，而其中 5 點總共出現了 15 次。計算 p 值並在 $\alpha = 0.05$ 標準下判斷，此骰子出現 5 點的機率是否大於六分之一？

2. 如果隨機抽樣 52 位台灣的大學生，其中 16 位有打工的經驗，是否有足夠的證據可說，台灣的大學生中有打工經驗的比例不到 40%？計算 p 值並下結論。(用 $\alpha = 0.1$)

3. 假設有人想要判斷台灣市面上的菠蘿麵包之平均重量是否不到 210 克，於是隨機抽檢台灣市面上的菠蘿麵包 48 個，得到平均重量為 205 克，標準差為 16 克。(a) 求此檢定對應的 p 值；(b) 若 $\alpha = 0.05$，是否有足夠的證據可說，市面上的菠蘿麵包之平均重量不到 210 克？

8.5 有關母體變異數的檢定

我們在 7.8 節討論了母體變異數 σ^2 的區間估計，有關 σ^2 的問題也可能以檢定的方式出現。舉例來說，食物或飲品包裝上都會標示重量，但是包裝機器實際包裝出來的食品重量，多半會和標示的重量有出入。通常廠商會希望差異不要太大，因為如果比標示低太多，會有誠信問題，高太多又增加成本。像螺絲釘這種零件，和規格差太多則根本不能用。假設某食品廠想要減低 130 公克裝小餅乾的變異數，於是購入了製造商聲稱可以降低變異數的新機器，原本這種小餅乾重量的變異數是 2.1，現在食品廠會想要測試，新機器產品的重量變異數是否小於 2.1，這就是對於母體變異數的檢定。樣本變異數 S^2 是母體變異數 σ^2 的估計，我們可以利用它來做檢定，討論如下。

假設我們要檢定 $H_0: \sigma^2 = \sigma_0^2$ 對應 $H_1: \sigma^2 > \sigma_0^2$，$\sigma_0^2 > 0$ 是實數，因為 S^2 是 σ^2 的估計，S^2 的值若偏大，反映出 σ^2 的值也可能偏大，所以「S^2 太大時、否定 H_0」是合理的檢定規則。怎樣才叫做太大，則需要用到 S^2 的抽樣分布，這在 7.8 節已出現過，如下：

假設 $X_1, X_2, \cdots, X_n$ 為抽自某一常態分布母體 $N(\mu, \sigma^2)$ 的隨機樣本，樣本變異數 $S^2 = \dfrac{\sum_{i=1}^{n}(X_i - \bar{X})^2}{n-1}$，則 $\dfrac{(n-1)S^2}{\sigma^2}$ 的抽樣分布為自由度 $df = n-1$ 的卡方分布。

當 H_0 成立時，$\sigma^2 = \sigma_0^2$，因此我們可以說，在 H_0 之下，$\dfrac{(n-1)S^2}{\sigma_0^2}$ 的抽樣分布為自由度 $df = n-1$ 的卡方分布，而這就是我們的檢定統計量。「S^2 太大」和「$\dfrac{(n-1)S^2}{\sigma_0^2}$ 太大」是同樣的意義，而在 H_0 之下，$P\left(\dfrac{(n-1)S^2}{\sigma_0^2} \geq \chi^2_{n-1,\alpha}\right) = \alpha$，所以在 α 標準下，檢定規則應為：

$\dfrac{(n-1)S^2}{\sigma_0^2} \geq \chi^2_{n-1,\alpha}$ 時，否定 H_0。

用類似的討論方式，可以得到 $H_0: \sigma^2 = \sigma_0^2$ 對應 $H_1: \sigma^2 < \sigma_0^2$ 和 $H_0: \sigma^2 = \sigma_0^2$ 對應 $H_1: \sigma^2 \neq \sigma_0^2$ 的檢定規則，綜合整理如下：

常態分布假設下，變異數 σ^2 之檢定

假設 $X_1, X_2, \cdots, X_n$ 為抽自某一常態分布母體 $N(\mu, \sigma^2)$ 的隨機樣本，樣本變異數 $S^2 = \dfrac{\sum_{i=1}^{n}(X_i - \bar{X})^2}{n-1}$，有關 σ^2 的檢定規則如下，$\sigma_0^2 > 0$ 是實數：

1. $H_0: \sigma^2 = \sigma_0^2$ 對應 $H_1: \sigma^2 > \sigma_0^2$

檢定規則：$\dfrac{(n-1)S^2}{\sigma_0^2} \geq \chi^2_{n-1,\alpha}$ 時，否定 H_0 (8.5-1)

2. $H_0: \sigma^2 = \sigma_0^2$ 對應 $H_1: \sigma^2 < \sigma_0^2$

檢定規則：$\dfrac{(n-1)S^2}{\sigma_0^2} \leq \chi^2_{n-1,1-\alpha}$ 時，否定 H_0 (8.5-2)

3. $H_0: \sigma^2 = \sigma_0^2$ 對應 $H_1: \sigma^2 \neq \sigma_0^2$

檢定規則：$\dfrac{(n-1)S^2}{\sigma_0^2} \geq \chi^2_{n-1,\alpha/2}$ 或 $\dfrac{(n-1)S^2}{\sigma_0^2} \leq \chi^2_{n-1,1-\alpha/2}$ 時，否定 H_0 (8.5-3)

例 8.5-1

有學者長期研究某種昆蟲，認為同類昆蟲身長 (以公分計) 的變異數大約為 0.45，但是有其他學者不同意。假設該類昆蟲的身長接近常態分布，若隨機抽的 25 隻昆蟲身長變異數為 0.52，令 $\alpha = 0.05$，判斷第一位學者所說是否正確。

解

我們要檢定的問題是

$$H_0: \sigma^2 = 0.45 \quad 對應 \quad H_1: \sigma^2 \neq 0.45$$

已知 $n = 25$ 及 $S^2 = 0.52$，查表可得 $\chi^2_{24,0.025} = 39.364$，$\chi^2_{24,0.975} = 12.401$，因為 $\dfrac{(n-1)S^2}{\sigma_0^2} = \dfrac{24 \cdot 0.52}{0.45} = 27.73$，而 $12.401 < 27.73 < 39.364$，所以不能否定 H_0。結論：樣本數據並未提供證據，否定第一位學者的說法。

例 8.5-2

某食品廠想要減低 130 公克裝小餅乾的變異數，於是購入了製造商聲稱可以降低變異數的新機器，原本這種小餅乾重量的變異數是 2.1，現在食品廠想要測試，新機器產品的重量變異數是否小於 2.1。

假設小餅乾重量接近常態分布，隨機抽檢了 33 包餅乾，得到重量變異數 1.26，在 (a) $\alpha = 0.025$ ；(b) $\alpha = 0.05$ 標準下分別判斷，新機器是否可以降低變異數。

解

我們要檢定的問題是

$$H_0 : \sigma^2 = 2.1 \quad 對應 \quad H_1 : \sigma^2 < 2.1$$

已知 $n = 33$ 及 $S^2 = 1.26$，所以

$$\frac{(n-1)S^2}{\sigma_0^2} = \frac{32 \cdot 1.26}{2.1} = 19.2$$

(a) 查表可得 $\chi^2_{32, 0.975} = 18.291$，$19.2 > 18.291$，所以不能否定 H_0。

(b) 查表可得 $\chi^2_{32, 0.95} = 20.072$，$19.2 < 20.072$，所以可以否定 H_0。

從以上兩個小題的答案可看出，在 $\alpha = 0.05$ 的標準下，可以做結論說：新機器可以降低變異數。但是在比較嚴的 $\alpha = 0.025$ 標準之下，就不能做出同樣的結論了。標準要怎麼訂，當然視情況決定。比如換用新機器的成本若很高的話，就可以把標準訂得嚴格些。

習題

1. 某工廠由工人組裝某產品所需要的時間大致符合常態分布。如果隨機抽出 6 位工人，記錄他們的組裝時間，得到以下數據 (分鐘)：

   6.2 7.5 8.4 7.2 7.4 7.1

   (a) 計算樣本變異數。

   (b) 根據樣本數據，令 $\alpha = 0.05$，判斷所有工人組裝時間之變異數是否等於 1。

2. 有人隨機抽了某品牌的 15 罐啤酒，並測試所含酒精之百分比，得到樣本平均 $\bar{x} = 5.2$，變異數 $s^2 = 0.58$。假設該品牌罐裝啤酒的酒精含量符合常態分布，令 $\alpha = 0.05$，判斷所有該品牌罐裝啤酒酒精含量百分比之變異數是否小於 0.65。

重點摘要

1. 在檢定問題裡，我們通常把想要否定的事情 (或者說是現況) 當作**原始假設**，用 H_0 表示，而把想要證明的事情當作**對立假設**，用 H_1 表示。

2. 檢定問題有兩種錯誤：**第一型錯誤**是指原始假設正確，我們卻否定它；**第二型錯誤**是指原始假設錯誤，我們卻沒有否定它。

3. 檢定問題的判斷邏輯：在原始假設正確的前提下，統計量會出現這樣極端 (太大或太小) 觀測值的機率是否太小了，反而在對立假設成立的情況下，出現這樣的觀測值很正常；如此則我們相信對立假設成立。

4. 設 $X_1, X_2, \cdots, X_n$ 為抽自常態分布母體的隨機樣本，母體變異數 σ^2 已知。在 α 標準下，有關母體平均數 μ 的檢定問題之檢定規則分別如下：

(1) $H_0 : \mu = \mu_0$ 對應 $H_1 : \mu > \mu_0$

   檢定規則：$\bar{X} \geq \mu_0 + z_\alpha \cdot \dfrac{\sigma}{\sqrt{n}}$ (也就是 $\dfrac{\bar{X} - \mu_0}{\sigma/\sqrt{n}} \geq z_\alpha$) 時，否定 H_0

(2) $H_0 : \mu = \mu_0$ 對應 $H_1 : \mu < \mu_0$

   檢定規則：$\bar{X} \leq \mu_0 - z_\alpha \cdot \dfrac{\sigma}{\sqrt{n}}$ (也就是 $\dfrac{\bar{X} - \mu_0}{\sigma/\sqrt{n}} \leq -z_\alpha$) 時，否定 H_0

(3) $H_0 : \mu = \mu_0$ 對應 $H_1 : \mu \neq \mu_0$

檢定規則：$\bar{X} \geq \mu_0 + z_{\alpha/2} \cdot \dfrac{\sigma}{\sqrt{n}}$ 或 $\bar{X} \leq \mu_0 - z_{\alpha/2} \cdot \dfrac{\sigma}{\sqrt{n}}$ 時，否定 H_0

也可表示成：$\left| \dfrac{\bar{X} - \mu_0}{\sigma/\sqrt{n}} \right| \geq z_{\alpha/2}$ 時，否定 H_0

5. 設 $X_1, X_2, \cdots, X_n$ 為抽自常態分布母體的隨機樣本，母體變異數 σ^2 未知，$S = \sqrt{\dfrac{\sum_{i=1}^{n}(X_i - \bar{X})^2}{n-1}}$ 為樣本標準差。在 α 標準下，有關母體平均數 μ 的檢定問題之檢定規則分別如下 (叫做一樣本 t 檢定)：

(1) $H_0 : \mu = \mu_0$ 對應 $H_1 : \mu > \mu_0$

檢定規則：$\bar{X} \geq \mu_0 + t_{n-1,\alpha} \cdot \dfrac{S}{\sqrt{n}}$ 時，否定 H_0

(2) $H_0 : \mu = \mu_0$ 對應 $H_1 : \mu < \mu_0$

檢定規則：$\bar{X} \leq \mu_0 - t_{n-1,\alpha} \cdot \dfrac{S}{\sqrt{n}}$ 時，否定 H_0

(3) $H_0 : \mu = \mu_0$ 對應 $H_1 : \mu \neq \mu_0$

檢定規則：$\bar{X} \geq \mu_0 + t_{n-1,\alpha/2} \cdot \dfrac{S}{\sqrt{n}}$ 或 $\bar{X} \leq \mu_0 - t_{n-1,\alpha/2} \cdot \dfrac{S}{\sqrt{n}}$ 時，否定 H_0

6. $X_1, X_2, \cdots, X_n$ 為抽自某母體的隨機樣本，n 夠大，母體平均數為 μ、變異數 σ^2 已知，在 α 標準下檢定以下問題：

(1) $H_0 : \mu = \mu_0$ 對應 $H_1 : \mu > \mu_0$

檢定規則：$\bar{X} \geq \mu_0 + z_\alpha \cdot \dfrac{\sigma}{\sqrt{n}}$ (也就是 $\dfrac{\bar{X} - \mu_0}{\sigma/\sqrt{n}} \geq z_\alpha$) 時，否定 H_0

(2) $H_0 : \mu = \mu_0$ 對應 $H_1 : \mu < \mu_0$

檢定規則：$\bar{X} \leq \mu_0 - z_\alpha \cdot \dfrac{\sigma}{\sqrt{n}}$ (也就是 $\dfrac{\bar{X} - \mu_0}{\sigma/\sqrt{n}} \leq -z_\alpha$) 時，否定 H_0

(3) $H_0: \mu = \mu_0$ 對應 $H_1: \mu \neq \mu_0$

檢定規則：$\bar{X} \geq \mu_0 + z_{\alpha/2} \cdot \dfrac{\sigma}{\sqrt{n}}$ 或 $\bar{X} \leq \mu_0 - z_{\alpha/2} \cdot \dfrac{\sigma}{\sqrt{n}}$ 時，否定 H_0

也可表示成：$\left| \dfrac{\bar{X} - \mu_0}{\sigma/\sqrt{n}} \right| \geq z_{\alpha/2}$ 時，否定 H_0

7. $X_1, X_2, \cdots, X_n$ 為抽自某母體的隨機樣本，n 夠大，母體平均數為 μ、變異數 σ^2 未知，S^2 為樣本變異數，在 α 標準下檢定以下問題：

(1) $H_0: \mu = \mu_0$ 對應 $H_1: \mu > \mu_0$

檢定規則：$\dfrac{\bar{X} - \mu_0}{S/\sqrt{n}} \geq z_\alpha$ 時，否定 H_0

(2) $H_0: \mu = \mu_0$ 對應 $H_1: \mu < \mu_0$

檢定規則：$\dfrac{\bar{X} - \mu_0}{S/\sqrt{n}} \leq -z_\alpha$ 時，否定 H_0

(3) $H_0: \mu = \mu_0$ 對應 $H_1: \mu \neq \mu_0$

檢定規則：$\left| \dfrac{\bar{X} - \mu_0}{S/\sqrt{n}} \right| \geq z_{\alpha/2}$ 時，否定 H_0

8. 假設母體當中符合某特質的佔比例 p，從其中抽出隨機樣本，得到符合該特質的樣本比例 $\hat{p}$，若 n 夠大，則在 α 標準下，有關 p 的檢定規則如下：

(1) $H_0: p = p_0$ 對應 $H_1: p > p_0$

檢定規則：$\dfrac{\hat{p} - p_0}{\sqrt{\dfrac{p_0(1-p_0)}{n}}} > z_\alpha$ 時，否定 H_0

(2) $H_0: p = p_0$ 對應 $H_1: p < p_0$

檢定規則：$\dfrac{\hat{p} - p_0}{\sqrt{\dfrac{p_0(1-p_0)}{n}}} < -z_\alpha$ 時，否定 H_0

(3) $H_0: p = p_0$ 對應 $H_1: p \neq p_0$

檢定規則：$\left| \dfrac{\hat{p} - p_0}{\sqrt{\dfrac{p_0(1-p_0)}{n}}} \right| \geq z_{\alpha/2}$ 時，否定 H_0

9. 一個單尾檢定問題的 p 值 (p-value)，是指在 H_0 正確的假設下，會得到像我們所得到的觀測值這樣極端或更極端的值之機率。極端是指「大」或「小」，依照檢定規則的方向 (太大否定 H_0 或是太小否定 H_0) 而決定。p 值愈小，代表可以否定 H_0 的證據愈強。

10. p 值與 α 值的關係：若一項檢定的 p 值 $\leq \alpha$，則可以在該 α 值的標準下否定 H_0；若 p 值 $> \alpha$，則不能在該 α 值的標準下否定 H_0。

11. 計算 p 值的步驟：

(1) 根據對立假設的「方向」，決定檢定規則，比如若用 T 代表檢定統計量，則檢定規則可能是：$T \geq c$ 時、否定原始假設。

(2) 計算原始假設為真時、$T \geq t$ 的發生機率，此處 t 為 T 的觀測值。也就是說，p 值 $= P(T \geq t | H_0)$ (若檢定規則是：$T \leq c$ 時，否定原始假設，則 p 值 $= P(T \leq t | H_0)$)。

12. 假設 $X_1, X_2, \cdots, X_n$ 為抽自某一常態分布母體 $N(\mu, \sigma^2)$ 的隨機樣本，樣本變異數 $S^2 = \dfrac{\sum_{i=1}^{n}(X_i - \bar{X})^2}{n-1}$，有關 σ^2 的檢定規則如下，$\sigma_0^2 > 0$ 是實數：

(1) $H_0: \sigma^2 = \sigma_0^2$ 對應 $H_1: \sigma^2 > \sigma_0^2$

檢定規則：$\dfrac{(n-1)S^2}{\sigma_0^2} \geq \chi^2_{n-1,\alpha}$ 時，否定 H_0

(2) $H_0: \sigma^2 = \sigma_0^2$ 對應 $H_1: \sigma^2 < \sigma_0^2$

檢定規則：$\dfrac{(n-1)S^2}{\sigma_0^2} \leq \chi^2_{n-1,1-\alpha}$ 時，否定 H_0

(3) $H_0: \sigma^2 = \sigma_0^2$ 對應 $H_1: \sigma^2 \neq \sigma_0^2$

檢定規則：$\dfrac{(n-1)S^2}{\sigma_0^2} \geq \chi^2_{n-1, \alpha/2}$ 或 $\dfrac{(n-1)S^2}{\sigma_0^2} \leq \chi^2_{n-1, 1-\alpha/2}$ 時，否定 H_0

第八章 習題

1. 一家乾洗店宣稱某種新的去污劑可以去除至少 70% 的各式污跡。為了測試這說法，我們將該去污劑用在隨機選擇的 12 件污跡上面。若被消除的污跡少於 11 件，我們認為不足以推翻 $H_0: p = 0.7$，若被消除的污跡至少有 11 件，則相信 $H_1: p > 0.7$。求
   (a) 第一型錯誤的機率。
   (b) $p = 0.9$ 時，第二型錯誤的機率。

2. 某診所聲稱看診病人的平均等候時間是 20 分鐘，但是有人不太相信。以下數字代表隨機抽出的病人在該診所等候看診所花的時間 (分鐘)：17　25　20　32　26，若假設等候時間符合常態分布、變異數為 25，令 $\alpha = 0.05$，判斷平均等候時間是 20 分鐘，還是多於 20 分鐘？

3. 某環保團體從一條河隨機選取了 15 個定點，在每個定點收集了 1 公升河水，並度量了其中的含氧量 (假設這些含氧量大致符合常態分布)，所得到的平均數是 4.62 毫克，標準差 0.92 毫克。根據這些數據判斷，整條河的平均含氧量是每公升 5 毫克或者低於 5 毫克？
   (a) 寫出此檢定之原始假設及對立假設 (符號的定義要寫清楚)。
   (b) 算出 p 值。

4. 假設某雜誌隨機抽樣了亞洲某城市的 60 位上班族，得知他們花在通勤的平均時間為 76 分鐘，標準差為 22 分鐘。
   (a) 問是否有足夠的證據可以說，該城市的上班族每天花在通勤的平均時間少於 80 分鐘、而非 80 分鐘？(用 $\alpha = 0.1$)

(b) 計算 p 值。

5. 為了確認新的流感疫苗是否有效，一家知名藥廠觀察了許多已得流感的嬰兒；在 120 名曾接種疫苗的嬰兒 (可視為隨機樣本) 中，有 33 人在兩天內痊癒。假設長期觀察得知，未接種疫苗的嬰兒通常有 20% 在兩天內痊癒。根據以上結果，是否可判斷說疫苗有作用？令 $\alpha = 0.05$，

   (a) 寫出此檢定之原始假設及對立假設 (符號定義要寫清楚)。

   (b) 根據以上數據做檢定，寫出對疫苗的判斷。

6. 已知某種類的昆蟲當中，有 30% 具有某種特質。有研究人員在一特定地區隨機抽了 18 隻這類昆蟲，其中有 10 隻有這種特質。令 $\alpha = 0.05$，可否作結論說，此地區的這類昆蟲有該特質之比例並非 30%？

7. 有人根據調查結果，聲稱一般大眾贊成某個議題的比例大約是 50%，我們卻覺得贊成的人超過半數。為了判斷我們的想法是否正確，我們訪問了隨機抽取的 100 個人，而其中有 64 人贊成該議題。

   (a) 令 p 代表一般大眾當中贊成該議題的比例，寫出原始假設及對立假設。

   (b) 根據抽樣結果做檢定，則此檢定之 p 值是多少？

8. 假設某雜誌宣稱台灣的大學生有一半以上的人有社團經驗，如果隨機抽樣 80 位台灣的大學生，其中有 43 位有社團經驗，問是否有足夠的證據可說此雜誌所言屬實？計算 p 值並下結論。(用 $\alpha = 0.05$)。

9. 有學者研究某種蜘蛛發現，該類蜘蛛身長接近常態分布，變異數應為 0.5。若隨機抽的 24 隻同類蜘蛛身長的變異數為 0.45，令 $\alpha = 0.05$，樣本數據是否支持學者所聲稱的「變異數應為 0.5」。

第九章 兩個母體之假設檢定

如果犯了罪,是老老實實承認比較好、還是應該先賴了再說呢?為了研究這個問題,西方法律學者蒐集了被控搶劫的嫌疑犯資料,比較了坦承犯罪者被判入獄的比例和不承認犯罪但最終被認定有罪者被判入獄的比例。

有業者請學者研究一種添加劑,加入到汽油裡面後,能夠增加車子所跑的里程數。為了初步測試效果,必須比較用了添加劑和沒用添加劑的車子所跑里程數。

上述兩個問題的共同點是:都牽涉到兩個母體的比較。第一個問題的兩個母體,分別是被控有罪後老實承認的嫌犯,以及不承認有罪卻被判定有罪的嫌犯;學者想要知道的是:兩個母體被判入獄的比例是否相同。第二個問題的兩個母體,分別是汽油中加了添加劑的車子和沒加添加劑的車子,業者想要比較的是兩種車子所能跑的平均里程數。

像以上兩個母體比例的比較或者平均數的比較,都屬於兩個母體之假設檢定問題,是本章的內容。而第二個問題還討論到怎樣比較才能得出有效的結論,簡單介紹了實驗設計的最基本概念。

- 9.1 兩樣本 z 檢定及信賴區間
- 9.2 兩樣本 t 檢定及信賴區間
- 9.3 成對樣本之檢定
- 9.4 如何選擇正確之公式
- 9.5 有關兩母體比例之檢定及信賴區間
- 9.6 有關兩母體變異數的檢定及信賴區間

9.1 兩樣本 z 檢定及信賴區間

本節討論的焦點是 $\mu_1 - \mu_2$，μ_1 和 μ_2 分別代表兩個母體的平均數，而我們對 $\mu_1 - \mu_2$ 的值感興趣。如果想要判斷 $\mu_1 = \mu_2$ (即 $\mu_1 - \mu_2 = 0$) 是否正確，可以利用檢定問題處理；若想要估計 $\mu_1 - \mu_2$ 的值，則可以建構一個信賴區間。

要判斷 $\mu_1 = \mu_2$ 是否正確，當然首先要抽樣本。假設 $X_1, X_2, \cdots, X_m$ 為抽自第一個母體的隨機樣本，$Y_1, Y_2, \cdots, Y_n$ 為抽自第二個母體的隨機樣本，要尋找適合用來估計 $\mu_1 - \mu_2$ 的統計量，很自然且直觀的選擇就是 $\bar{X} - \bar{Y}$ 了。如果用 $\bar{X} - \bar{Y}$ 來作為檢定統計量的話，必須知道它的抽樣分布，以下就是在兩個母體都符合常態分布的假設下，$\bar{X} - \bar{Y}$ 的抽樣分布。

樣本抽自兩個常態分布母體時，$\bar{X} - \bar{Y}$ 的抽樣分布

假設 $X_1, X_2, \cdots, X_m$ 為抽自某一常態分布母體的隨機樣本，母體平均數和變異數分別為 μ_1 和 σ_1^2，$Y_1, Y_2, \cdots, Y_n$ 為抽自另一常態分布母體的隨機樣本，母體平均數和變異數分別為 μ_2 和 σ_2^2，且 $X_1, X_2, \cdots, X_m$ 和 $Y_1, Y_2, \cdots, Y_n$ 互相獨立；則 $\bar{X} - \bar{Y}$ 的抽樣分布為常態分布，其平均數為 $\mu_1 - \mu_2$、變異數為 $\dfrac{\sigma_1^2}{m} + \dfrac{\sigma_2^2}{n}$，也可換個方式說：

$$\frac{\bar{X} - \bar{Y} - (\mu_1 - \mu_2)}{\sqrt{\dfrac{\sigma_1^2}{m} + \dfrac{\sigma_2^2}{n}}} \text{ 的分布是 } N(0,1) \quad (9.1\text{-}1)$$

一旦知道 $\bar{X} - \bar{Y}$ 的抽樣分布之後，檢定的步驟其實和第八章的單一母體問題很類似，建議讀者對照看看。以下我們就利用例子來說明檢定過程。

假設有位大專院校的老師一向鼓勵學生思考，因此在出考題且題目選自習題或例題時，常會將題目做些微的變動，希望改變許多學生一味死背的長期不良習慣。經過一段時間的觀察下來，發現自己做習題的學生，成

績似乎總是比死背的學生要好。為了證實這點，老師決定做個統計檢定。首先在所教的大班微積分課程請學生填寫問卷，其中有一題是問學生：習題是自己做、還是借同學的看或演習課抄下助教講的然後背下來 (當然要說明這項訊息是為了做檢定用的，絕不會影響成績，請同學誠實作答)。然後這位老師從自己做習題的學生當中，和死背習題的學生當中，分別隨機抽出十人，在學期結束後比較兩組的平均微積分成績。

例 9.1-1

在上述情境之下，假設兩組學生的成績都符合常態分布，自己做習題的一組 (第一組) 平均成績是 μ_1、變異數是 $\sigma_1^2 = 80$；死背習題的的一組 (第二組) 平均成績是 μ_2、變異數是 $\sigma_2^2 = 100$。隨機抽樣的結果是：抽自第一組的樣本平均是 $\bar{X} = 65.1$、抽自第二組的樣本平均是 $\bar{Y} = 54.1$，在 $\alpha = 0.02$ 標準之下，判斷以下假設何者正確。

$$H_0 : \mu_1 = \mu_2$$
$$H_1 : \mu_1 > \mu_2$$

解

從對立假設的形式可知，檢定規則應是當 $\bar{X} - \bar{Y}$ 太大時，否定 H_0；此時可做出結論：的確有證據支持，自己做習題的學生平均成績比較好。多大才是太大，則是由 H_0 正確時 $\bar{X} - \bar{Y}$ 的抽樣分布決定。假設我們決定 $\bar{X} - \bar{Y} \geq c$ 時否定 H_0，則

$$0.02 = P(\bar{X} - \bar{Y} \geq c | H_0) = P(\bar{X} - \bar{Y} \geq c | \mu_1 - \mu_2 = 0)$$
$$= P\left(\frac{\bar{X} - \bar{Y} - 0}{\sqrt{\frac{80}{10} + \frac{100}{10}}} \geq \frac{c - 0}{\sqrt{\frac{80}{10} + \frac{100}{10}}} \middle| \mu_1 - \mu_2 = 0 \right)$$
$$= P\left(Z \geq \frac{c}{4.24} \right)$$

因此
$$P\left(Z \le \frac{c}{4.24}\right) = 0.98$$

從常態分布表找不到 0.98 的機率值，此時可以找最接近的值 (也可以找最接近的兩個值，然後用內插法)，即 0.9798，其對應的 z 值是 2.05 (若用內插法會得到 2.054，差距其實不大)，因此

$$\frac{c}{4.24} = 2.05，可得\ c = 8.692$$

檢定規則是：$\bar{X} - \bar{Y} \ge 8.692$ 時，可否定 H_0，而抽樣結果得 $\bar{X} - \bar{Y} = 65.1 - 54.1 = 11$，足以否定 H_0。

上個例題的檢定規則「$\bar{X} - \bar{Y}$ 太大時，否定 H_0」，如果改成「$\frac{\bar{X} - \bar{Y} - a}{b}$ 太大時，否定 H_0，其中 $b > 0$」，也是正確的。因為「太大」只是指出方向，而把 $\bar{X} - \bar{Y}$ 減掉一個數、再除以一個正數，並不會改變它的方向。所以例 9.1-1 也可以這樣處理：

(例 9.1-1 重做)

從對立假設的形式可知，檢定規則應是當 $\bar{X} - \bar{Y}$ 太大時，否定 H_0；也可以說是 $\dfrac{\bar{X} - \bar{Y} - 0}{\sqrt{(80/10) + (100/10)}}$ 太大時，否定 H_0。但是在原始假設 $\mu_1 = \mu_2$ 成立時，$\mu_1 - \mu_2 = 0$，所以 $\dfrac{\bar{X} - \bar{Y} - 0}{\sqrt{(80/10) + (100/10)}}$ 在原始假設下的抽樣分布就是標準常態分布，如果要求

$$0.02 = P\left(\frac{\bar{X} - \bar{Y} - 0}{\sqrt{(80/10) + (100/10)}} \ge d \,\Big|\, \mu_1 - \mu_2 = 0\right)$$

則根據常態分布表，必有 $d = 2.05$。

$\dfrac{\bar{X} - \bar{Y} - 0}{\sqrt{(80/10) + (100/10)}} \ge 2.05$ 時否定 H_0，也就是

$\bar{X} - \bar{Y} \ge \sqrt{18} \cdot 2.05 = 4.24 \cdot 2.05 = 8.692$ 時否定 H_0，和之前的結果一樣。

從上述討論，可以綜合出以下結論：

變異數已知時，有關二常態分布母體平均數差 $\mu_1 - \mu_2$ 的檢定規則

假設 $X_1, X_2, \cdots, X_m$ 為抽自某一常態分布母體的隨機樣本，母體平均數和變異數分別為 μ_1 和 σ_1^2，$Y_1, Y_2, \cdots, Y_n$ 為抽自另一常態分布母體的隨機樣本，母體平均數和變異數分別為 μ_2 和 σ_2^2，且 $X_1, X_2, \cdots, X_m$ 和 $Y_1, Y_2, \cdots, Y_n$ 互相獨立。

當 σ_1^2 和 σ_2^2 均已知時，在 α 標準下，有關平均數差 $\mu_1 - \mu_2$ 的檢定規則如下，μ_0 代表某固定實數：

1. $H_0: \mu_1 - \mu_2 = \mu_0$ 對應 $H_1: \mu_1 - \mu_2 > \mu_0$

   檢定規則：$\dfrac{\bar{X} - \bar{Y} - \mu_0}{\sqrt{(\sigma_1^2/m) + (\sigma_2^2/n)}} \geq z_\alpha$ 時，否定 H_0 （9.1-2）

2. $H_0: \mu_1 - \mu_2 = \mu_0$ 對應 $H_1: \mu_1 - \mu_2 < \mu_0$

   檢定規則：$\dfrac{\bar{X} - \bar{Y} - \mu_0}{\sqrt{(\sigma_1^2/m) + (\sigma_2^2/n)}} \leq -z_\alpha$ 時，否定 H_0 （9.1-3）

3. $H_0: \mu_1 - \mu_2 = \mu_0$ 對應 $H_1: \mu_1 - \mu_2 \neq \mu_0$

   檢定規則：$\left|\dfrac{\bar{X} - \bar{Y} - \mu_0}{\sqrt{(\sigma_1^2/m) + (\sigma_2^2/n)}}\right| \geq z_{\alpha/2}$ 時，否定 H_0 （9.1-4）

以上檢定規則和式 (8.2-1)(8.2-2)(8.2-3) 很類似，建議讀者可對照比較，歸納出相同和相異之處。這樣的練習不僅能夠訓練思考能力，也會讓記憶公式變得容易許多。

例 9.1-2

某超市共有兩家分店，其中甲分店常有顧客反應尖峰時段排隊結帳等太久，乙分店卻很少接到類似抱怨。甲分店經理聲稱，該店結帳

效率不會比乙分店差,只不過顧客比較愛抱怨罷了,於是超市經營者決定做個比較。假設兩分店尖峰時段的結帳時間 (從開始排隊到結完帳) 都大致符合標準差為 2 分鐘的常態分布,從兩個分店隨機調查得到結果如下:甲分店 10 位顧客的平均等候結帳時間是 $\bar{X}_1 = 11.2$、乙分店 10 位顧客的平均等候結帳時間是 $\bar{X}_2 = 9.3$,在 $\alpha = 0.05$ 標準下,判斷甲分店和乙分店尖峰時段平均結帳時間是否相等。

解

令 μ_1 和 μ_2 分別代表甲分店和乙分店顧客在尖峰時間結帳所需花費的平均時間 (單位為分鐘),則超市經營者想要判斷 μ_1 和 μ_2 是否相等,所以原始假設和對立假設應設定如下:

$$H_0 : \mu_1 = \mu_2$$
$$H_1 : \mu_1 \neq \mu_2$$

也可表示為

$$H_0 : \mu_1 - \mu_2 = 0$$
$$H_1 : \mu_1 - \mu_2 \neq 0$$

已知 $\sigma_1^2 = \sigma_2^2 = 2^2 = 4$,$m = n = 10$,可得

$$\left| \frac{\bar{X} - \bar{Y} - \mu_0}{\sqrt{(\sigma_1^2/m) + (\sigma_2^2/n)}} \right| = \left| \frac{11.2 - 9.3 - 0}{\sqrt{(4/10) + (4/10)}} \right| = 2.12$$

查表得 $z_{0.025} = 1.96$,而 $2.12 > 1.96$,所以可否定 H_0。結論:在 $\alpha = 0.05$ 標準下,有證據顯示甲分店和乙分店尖峰時段平均結帳時間並不相等。

如果想要估計 $\mu_1 - \mu_2$,可以利用信賴區間;信賴區間公式很容易就可以從 $\bar{X} - \bar{Y}$ 的抽樣分布導出來:

根據式 (9.1-1),$\dfrac{\bar{X} - \bar{Y} - (\mu_1 - \mu_2)}{\sqrt{(\sigma_1^2/m) + (\sigma_2^2/n)}}$ 的分布是 $N(0,1)$,因此可得

$$1-\alpha = P\left(-z_{\alpha/2} < \frac{\overline{X}-\overline{Y}-(\mu_1-\mu_2)}{\sqrt{(\sigma_1^2/m)+(\sigma_2^2/n)}} < z_{\alpha/2}\right)$$

$$= P\left(\overline{X}-\overline{Y}-z_{\alpha/2}\sqrt{(\sigma_1^2/m)+(\sigma_2^2/n)} < \mu_1-\mu_2 < \overline{X}-\overline{Y}\right.$$

$$\left.+z_{\alpha/2}\sqrt{(\sigma_1^2/m)+(\sigma_2^2/n)}\right)$$

信賴區間公式如下：

二個常態分布母體的變異數 σ_1^2 和 σ_2^2 均已知時，有關該二母體平均數差 $\mu_1 - \mu_2$ 的 $(1-\alpha)100\%$ 信賴區間為

$$\left(\overline{X}-\overline{Y}-z_{\alpha/2}\sqrt{(\sigma_1^2/m)+(\sigma_2^2/n)}\;,\;\overline{X}-\overline{Y}+z_{\alpha/2}\sqrt{(\sigma_1^2/m)+(\sigma_2^2/n)}\right) \quad (9.1\text{-}5)$$

例 9.1-3

用例 9.1-2 的數據，計算 $\mu_1 - \mu_2$ 的 95% 信賴區間。

解

$1-\alpha = 0.95$，所以 $z_{\alpha/2} = z_{0.025} = 1.96$，$\mu_1 - \mu_2$ 的 95% 信賴區間為

$$\overline{X}-\overline{Y} \pm z_{\alpha/2}\sqrt{(\sigma_1^2/m)+(\sigma_2^2/n)} = 11.2 - 9.3 \pm 1.96\sqrt{(4/10)+(4/10)}$$

$$= 1.9 \pm 1.753$$

即 (0.147, 3.653)。

信賴區間和雙尾檢定之間，其實有很密切的關係。當我們計算出 $\mu_1 - \mu_2$ 的 95% 信賴區間之後，如果 0 這一點不在信賴區間範圍內，就如同例 9.1-3 的結果，則在 $\alpha = 0.05$ 標準下，如果執行

$$H_0: \mu_1 - \mu_2 = 0 \quad 對應 \quad H_1: \mu_1 - \mu_2 \neq 0$$

的雙尾檢定，其結論必定是會否定 H_0。證明在此省略，但可以從比較直觀 (但不夠嚴謹) 的角度說明這個觀念：$\mu_1 - \mu_2$ 的信賴區間很可能包含 $\mu_1 - \mu_2$ 的真正值，既然 0 不在信賴區間當中，當然我們也就相信 $\mu_1 - \mu_2$ 不等於 0 了。

若兩個常態分布母體的變異數 σ_1^2 和 σ_2^2 未知、樣本又不大時，有關平均數差 $\mu_1 - \mu_2$ 的檢定，屬於比較困難的問題，除非 σ_1^2 和 σ_2^2 相等。σ_1^2 和 σ_2^2 相等的檢定問題，將在下一節考慮；而對於 σ_1^2 和 σ_2^2 不相等的小樣本問題，不同的學者有不同的建議，本書將會簡短討論，但不會列入細節部分。當樣本夠大的時候，則不論 σ_1^2 和 σ_2^2 是否相等，都有簡單的處理方式，這是本節接下來要討論的主題。

我們要檢定的問題仍然是 $H_0 : \mu_1 - \mu_2 = \mu_0$ 對應 $H_1 : \mu_1 - \mu_2 > \mu_0$ (或 $\mu_1 - \mu_2 < \mu_0$、或 $\mu_1 - \mu_2 \neq \mu_0$)，現在來探討 σ_1^2 和 σ_2^2 未知時，狀況和之前有什麼不同。觀察式 (9.1-2)～(9.1-4) 就知道，我們用的檢定統計量是 $\dfrac{\bar{X} - \bar{Y} - \mu_0}{\sqrt{(\sigma_1^2/m) + (\sigma_2^2/n)}}$，在 $H_0 : \mu_1 - \mu_2 = \mu_0$ 正確的假設下，因為

$$\frac{\bar{X} - \bar{Y} - \mu_0}{\sqrt{(\sigma_1^2/m) + (\sigma_2^2/n)}} = \frac{\bar{X} - \bar{Y} - (\mu_1 - \mu_2)}{\sqrt{(\sigma_1^2/m) + (\sigma_2^2/n)}}$$，所以它的分布是 $N(0, 1)$。如果 σ_1^2 和 σ_2^2 未知，在 H_0 正確的假定下，$\dfrac{\bar{X} - \bar{Y} - \mu_0}{\sqrt{(\sigma_1^2/m) + (\sigma_2^2/n)}}$ 仍然有著標準常態分布，然而它不再能用來作為檢定統計量，因為 σ_1^2 和 σ_2^2 的值不知道，它的值無法計算，也就無法用來作為判斷 H_0 是否正確的依據了。

要解決問題，最明顯的答案就是把 σ_1^2 和 σ_2^2 用合理且可以計算的式子取代，比如用 $S_1^2 = \dfrac{\sum_{i=1}^{m}(X_i - \bar{X})^2}{m-1}$ 取代 σ_1^2，而用 $S_2^2 = \dfrac{\sum_{i=1}^{n}(Y_i - \bar{Y})^2}{n-1}$ 取代 σ_2^2，因為樣本變異數本來就適合用來作為母體變異數的估計；接下來需要知道，取代之後得到的統計量，在 H_0 正確時的抽樣分布是什麼。也就是說，我們必須知道當 $H_0 : \mu_1 - \mu_2 = \mu_0$ 正確時，$\dfrac{\bar{X} - \bar{Y} - \mu_0}{\sqrt{(S_1^2/m) + (S_2^2/n)}}$ 的抽樣

分布是什麼。

在一樣本的問題當中，當 σ^2 未知、用 S^2 取代之後，得到統計量 $\dfrac{\bar{X}-\mu}{S/\sqrt{n}}$ 的抽樣分布為自由度 $n-1$ 的 t 分布；所以現在很自然會猜想，$\dfrac{\bar{X}-\bar{Y}-\mu_0}{\sqrt{(S_1^2/m)+(S_2^2/n)}}$ 是否也會符合 t 分布呢？事實是：在 H_0 之下，它的確實分布相當複雜，並不是 t 分布。有不同的學者討論了它的分布，其中較多人採用的結果，就是該統計量近似 t 分布，其自由度有公式可算出其估計值，但公式非常複雜，本書不予列入。

樣本如果夠大，問題就好解決了，因為不論兩個樣本是否抽自常態母體，利用中央極限定理可得：$\dfrac{\bar{X}-\bar{Y}-(\mu_1-\mu_2)}{\sqrt{(\sigma_1^2/m)+(\sigma_2^2/n)}}$ 會近似標準常態分布，當其中的 σ_1^2 和 σ_2^2 分別用 S_1^2 和 S_2^2 取代之後仍然如此；即 $\dfrac{\bar{X}-\bar{Y}-(\mu_1-\mu_2)}{\sqrt{(S_1^2/m)+(S_2^2/n)}}$ 有近似標準常態分布。因此在 $H_0:\mu_1-\mu_2=\mu_0$ 的假設之下，$\dfrac{\bar{X}-\bar{Y}-\mu_0}{\sqrt{(S_1^2/m)+(S_2^2/n)}}$ 有近似標準常態分布，根據這項事實，可得以下結果。

變異數未知且 m, n 夠大時，有關 $\mu_1 - \mu_2$ 之檢定規則

二母體變異數 σ_1^2 和 σ_2^2 均未知且 m, n 夠大時，若 μ_0 代表某固定實數，在 α 標準下，有關平均數差 $\mu_1-\mu_2$ 的檢定規則為

1. $H_0:\mu_1-\mu_2=\mu_0$ 對應 $H_1:\mu_1-\mu_2>\mu_0$

   檢定規則：$\dfrac{\bar{X}-\bar{Y}-\mu_0}{\sqrt{(S_1^2/m)+(S_2^2/n)}} \geq z_\alpha$ 時，否定 H_0 \hfill (9.1-6)

2. $H_0:\mu_1-\mu_2=\mu_0$ 對應 $H_1:\mu_1-\mu_2<\mu_0$

   檢定規則：$\dfrac{\bar{X}-\bar{Y}-\mu_0}{\sqrt{(S_1^2/m)+(S_2^2/n)}} \leq -z_\alpha$ 時，否定 H_0 \hfill (9.1-7)

3. $H_0: \mu_1 - \mu_2 = \mu_0$ 對應 $H_1: \mu_1 - \mu_2 \neq \mu_0$

檢定規則：$\left|\dfrac{\bar{X} - \bar{Y} - \mu_0}{\sqrt{(S_1^2/m) + (S_2^2/n)}}\right| \geq z_{\alpha/2}$ 時，否定 H_0 (9.1-8)

什麼叫做「m, n 夠大」，並沒有一定的標準。有教科書建議 $m > 40$, $n > 40$，但也有很多教科書並沒有提到多大的樣本才算夠大，這當然是因為並沒有標準答案存在的緣故。基本上來說，「檢定統計量在 H_0 之下有近似標準常態分布」這件事的基礎是中央極限定理，而中央極限定理是 m 和 n 都趨近無限大時的結果，所以大致來說，m 和 n 愈大時，檢定統計量應會愈接近常態分布。至於要大到什麼程度才適用這個近似結果，又要看母體本身的分布形狀而定。相對來說，和偏斜分布比較起來，兩個母體的分布都大致對稱時，較小的 m 和 n 就夠了。讀者可參考 6.5 節對於中央極限定理的說明。

例 9.1-4

某校大班微積分課程除了由教授授課以外，還會分成兩班討論課、由助教主持，協助學生對課程的了解。某位教授經過初步實驗發現，若增加助教和學生的互動，似乎可以提升討論課的效果。為了證明這個想法，他將學生隨機分成兩班，A 班是互動班、助教和學生之間有較多互動，B 班是傳統班、基本上由助教解題給學生看，學生把解答抄下來。學期結束之後，兩班成績資料如下：

班別	樣本大小	樣本平均	樣本標準差
A	75	63.5	8.8
B	80	60.1	11.2

令 μ_A 和 μ_B 分別代表互動討論課和傳統討論課的平均成績，根據上列結果，在 $\alpha = 0.02$ 標準下，檢定

$$H_0: \mu_A = \mu_B \text{ 對應 } H_1: \mu_A > \mu_B$$

解

在 H_0 之下，$\mu_A - \mu_B = 0$，所以檢定規則是：

$$\frac{\bar{X} - \bar{Y}}{\sqrt{(S_A^2/m) + (S_B^2/n)}} \geq z_{0.02} \text{ 時，否定 } H_0$$

$z_{0.02} = 2.05$，而

$$\frac{\bar{X} - \bar{Y}}{\sqrt{(S_A^2/m) + (S_B^2/n)}} = \frac{63.5 - 60.1}{\sqrt{(8.8^2/75) + (11.2^2/80)}} = 2.108 \geq 2.05$$

所以可否定 H_0、做出結論：有證據顯示，多互動的討論課效果較好。

例 9.1-5

計算例 9.1-4 中檢定的 p 值。

解

根據 8.4 節所列出的計算 p 值之步驟，因為檢定規則的形式是：$T \geq c$ 時、否定原始假設，因此 p 值 $= P(T \geq t | H_0)$，此處 t 為 T 的觀測值。在例 9.1-4 當中的檢定統計量是 $\dfrac{\bar{X} - \bar{Y}}{\sqrt{(S_A^2/75) + (S_B^2/80)}}$，其在 H_0 之下的分布是近似標準常態分布，而其觀測值是

$$\frac{63.5 - 60.1}{\sqrt{(8.8^2/75) + (11.2^2/80)}} = 2.108$$

所以　　　p 值 $= P(Z \geq 2.108) \approx P(Z \geq 2.11) = 0.0174$

p 值小於 0.02 是預期中的結果，否則例 9.1-4 的結論就不會是否定 H_0 了。

例 9.1-6

某大學教授經過觀察，發覺系上女同學平均來說比男同學用功。假設經過長期蒐集資料，該教授得知女同學平均每週花在課業上的時間，比男同學多 3 小時，用符號來表示，就是 $\mu_1 - \mu_2 = 3$。過了若干年後，感覺男同學好像更不認真了，教授想要知道平均唸書時間的差距是否更大了，於是從系上學生當中隨機抽出男女各 50 人，得到女生和男生的每週平均讀書時間和標準差分別如下：

女生：$m = 50, \bar{X} = 10.6, S_1 = 2.1$

男生：$n = 50, \bar{X} = 6.1, S_1 = 2.05$

根據以上數據，檢定

$$H_0 : \mu_1 - \mu_2 = 3 \text{ 對應 } H_1 : \mu_1 - \mu_2 > 3$$

計算 p 值。

解

從 H_1 的形式可知檢定規則應為 $\bar{X} - \bar{Y}$ 太大時否定 H_0，也可說是 $Z = \dfrac{\bar{X} - \bar{Y} - 3}{\sqrt{(S_1^2/m) + (S_2^2/n)}}$ 太大時否定 H_0。因為 m, n 夠大，在 H_0 假設下，$Z = \dfrac{\bar{X} - \bar{Y} - 3}{\sqrt{(S_1^2/m) + (S_2^2/n)}}$ 的分布近似標準常態 (所以才用 Z 這個符號)，而其觀測值是

$$\frac{\bar{X} - \bar{Y} - 3}{\sqrt{(S_1^2/m) + (S_2^2/n)}} = \frac{10.6 - 6.1 - 3}{\sqrt{(2.1^2/50) + (2.05^2/50)}} = \frac{1.5}{0.415} = 3.61$$

所以

$$p \text{ 值} = P\left(\frac{\bar{X} - \bar{Y} - 3}{\sqrt{(S_1^2/m) + (S_2^2/n)}} > 3.61 \bigg| H_0\right) = (Z > 3.61) < 1 - 0.9998$$

$$= 0.0002$$

上述計算的說明如下：標準常態分布表當中所列出最大的值是 3.49，
$$P(Z \leq 3.49) = 0.9998，而 3.61 > 3.49$$
所以 $P(Z \leq 3.61) > 0.9998$

0.0002 是非常小的 p 值，所以我們說：有很充分的證據，支持「女生每週平均讀書時間超過男生不只三小時」這樣的結論。

因為 $\dfrac{\bar{X} - \bar{Y} - (\mu_1 - \mu_2)}{\sqrt{(S_1^2/m) + (S_2^2/n)}}$ 在 m, n 夠大時，其分布近似標準常態，所以可知 $P\left(-z_{\alpha/2} < \dfrac{\bar{X} - \bar{Y} - (\mu_1 - \mu_2)}{\sqrt{(S_1^2/m) + (S_2^2/n)}} < z_{\alpha/2}\right) \approx 1 - \alpha$，由此可得以下信賴區間公式：

二個母體的變異數 σ_1^2 和 σ_2^2 均未知且 m, n 夠大時，該二母體平均數差 $\mu_1 - \mu_2$ 的近似 $(1-\alpha)100\%$ 信賴區間為

$$\left(\bar{X} - \bar{Y} - z_{\alpha/2}\sqrt{(S_1^2/m) + (S_2^2/n)}\ ,\ \bar{X} - \bar{Y} + z_{\alpha/2}\sqrt{(S_1^2/m) + (S_2^2/n)}\right) \quad (9.1\text{-}9)$$

例 9.1-7

(續例 9.1-6) 計算 $\mu_1 - \mu_2$ 的近似 98% 信賴區間。

解

因為 $1 - \alpha = 0.98$，所以 $\dfrac{\alpha}{2} = 0.01$，$z_{0.01} = 2.33$，$\mu_1 - \mu_2$ 的近似 98% 信賴區間為

$$\left(\bar{X} - \bar{Y} - z_{\alpha/2}\sqrt{(S_1^2/m) + (S_2^2/n)}, \bar{X} - \bar{Y} + z_{\alpha/2}\sqrt{(S_1^2/m) + (S_2^2/n)}\right)$$
$$= \left(10.6 - 6.1 - 2.33\sqrt{(2.1^2/50) + (2.05^2/50)},\right.$$
$$\left. 10.6 - 6.1 + 2.33\sqrt{(2.1^2/50) + (2.05^2/50)}\right)$$
$$= (3.533,\ 5.467)$$

這個區間沒有包含 3 在裡面，所以我們知道，如果在 $\alpha = 0.02$ 標準下執行

$$H_0 : \mu_1 - \mu_2 = 3 \quad 對應 \quad H_1 : \mu_1 - \mu_2 \neq 3$$

的雙尾檢定的話，結論一定會是否定 H_0；讀者不妨自己檢定看看。

習題

1. 假設兩種常見減重方法的使用者在一個月內所減去的體重均呈常態分布，並知其母體變異數分別為 $\sigma_A^2 = 5.8$，$\sigma_B^2 = 6.4$。隨機從兩個母體各抽大小為 12 的樣本，得方法 A 平均減重 1.8 公斤，方法 B 平均減重 2.4 公斤。在 $\alpha = 0.05$ 的標準之下，判斷方法 B 的減重成效是否優於方法 A。

2. 張先生共經營兩家餐廳，一家賣牛排，另一家賣小火鍋。張先生想要知道兩家餐廳客人的平均用餐時間是否相等。於是他隨機抽樣牛排店的客人 16 位，得其平均用餐 78 分鐘，並隨機抽樣火鍋店的客人 18 位，得其平均用餐 70 分鐘。假設兩家店客人用餐時間的分布均為常態，並知牛排店的用餐時間變異數為 69 分鐘，火鍋店的變異數為 82 分鐘，在 $\alpha = 0.01$ 標準之下，判斷兩家餐廳客人的平均用餐時間是否相等。

3. 用第 2 題的數據，計算 $\mu_1 - \mu_2$ 的 99% 信賴區間。

4. 小王覺得甲公司所生產的燈泡壽命似乎較乙公司所生產的燈泡壽命長，於是隨機抽樣甲公司和乙公司的電燈泡作測試。假設甲公司的 85 顆電燈泡之樣本平均為 772 小時，標準差為 28 小時，而乙公司的 81 顆電燈泡之樣本平均為 760 小時，標準差為 22 小時。

(a) 在 $\alpha=0.1$ 標準之下，檢定甲公司的燈泡是否較乙公司的燈泡耐用。

(b) 計算此檢定的 p 值。

5. 某雜誌社編輯認為家庭主婦平均每天花在家事上的時間比已婚職業婦女多 3.5 小時，於是他隨機抽樣 68 位家庭主婦，得知其平均每天花 5.9 小時做家事，標準差為 2 小時，另隨機抽樣 71 位已婚職業婦女，得知其平均每天花 2.1 小時做家事，標準差為 1.1 小時。

(a) 在 $\alpha=0.05$ 之下，是否有證據說這個編輯的認知有誤？(求 p 值)。

(b) 計算 $\mu_1-\mu_2$ 的 95% 信賴區間。

9.2 兩樣本 t 檢定及信賴區間

兩個常態分布母體的變異數 σ_1^2 和 σ_2^2 未知、樣本又不大時，如果 σ_1^2 和 σ_2^2 相等，令 $\sigma^2=\sigma_1^2=\sigma_2^2$，則

$$\frac{\bar{X}-\bar{Y}-(\mu_1-\mu_2)}{\sqrt{(\sigma_1^2/m)+(\sigma_2^2/n)}}=\frac{\bar{X}-\bar{Y}-(\mu_1-\mu_2)}{\sqrt{\sigma^2((1/m)+(1/n))}}=\frac{\bar{X}-\bar{Y}-(\mu_1-\mu_2)}{\sigma\sqrt{(1/m)+(1/n)}}$$

式子當中未知的 σ 若用一個合適的估計式取代之後，可以證明所得到的結果符合 t 分布，這個事實列在下面，將會是我們檢定的基礎。

假設 $X_1,X_2,\cdots,X_m$ 為抽自某一常態分布母體的隨機樣本，母體平均數和變異數分別為 μ_1 和 σ_1^2，$Y_1,Y_2,\cdots,Y_n$ 為抽自另一常態分布母體的隨機樣本，母體平均數和變異數分別為 μ_2 和 σ_2^2，$\sigma_1^2=\sigma_2^2=\sigma^2$ 未知，且 $X_1,X_2,\cdots,X_m$ 和 $Y_1,Y_2,\cdots,Y_n$ 互相獨立；則

$$\frac{\overline{X}-\overline{Y}-(\mu_1-\mu_2)}{S_p\sqrt{(1/m)+(1/n)}} \text{ 的分布為自由度 } m+n-2 \text{ 的 } t \text{ 分布} \qquad (9.2\text{-}1)$$

其中 $S_p = \sqrt{S_p^2}$，而 $S_p^2 = \dfrac{(m-1)S_1^2 + (n-1)S_2^2}{m+n-2}$。

S_p^2 下標的 p，代表 S_p^2 是 pooled estimator (合併估計式，也可稱為混合估計式)，意思是指 S_p^2 是由 X 樣本和 Y 樣本共同構成的估計式。我們換個方式，可以把 S_p^2 寫成

$$S_p^2 = \frac{\sum_{i=1}^{m}(X_i-\overline{X})^2 + \sum_{i=1}^{n}(Y_i-\overline{Y})^2}{m+n-2}$$

既然 $S_1^2 = \dfrac{\sum_{i=1}^{m}(X_i-\overline{X})^2}{m-1}$ 適合用來估計 σ_1^2，而 $S_2^2 = \dfrac{\sum_{i=1}^{n}(Y_i-\overline{Y})^2}{n-1}$ 適合用來估計 σ_2^2，當 $\sigma_1^2 = \sigma_2^2 = \sigma^2$ 時，$\sum_{i=1}^{m}(X_i-\overline{X})^2$ 和 $\sum_{i=1}^{n}(Y_i-\overline{Y})^2$ 都包含關於 σ^2 的有用訊息，所以把它們合併起來造 σ^2 的估計式，直觀上應相當合理。至於分母用 $m+n-2$，則是和自由度有關，在此不做詳細說明。

有了式 (9.2-1) 這項結果，很容易就可得到以下檢定規則：

兩樣本 t 檢定

二常態分布母體變異數 σ_1^2 和 σ_2^2 均未知但相等，$\sigma_1^2 = \sigma_2^2 = \sigma^2$ 時，若 μ_0 代表某固定實數，在 α 標準下，有關平均數差 $\mu_1 - \mu_2$ 的兩樣本 t 檢定之檢定規則為

1. $H_0: \mu_1 - \mu_2 = \mu_0$ 對應 $H_1: \mu_1 - \mu_2 > \mu_0$

檢定規則：$\dfrac{\overline{X}-\overline{Y}-\mu_0}{S_p\sqrt{(1/m)+(1/n)}} > t_{m+n-2,\alpha}$ 時，否定 H_0 \qquad (9.2-2)

2. $H_0: \mu_1 - \mu_2 = \mu_0$ 對應 $H_1: \mu_1 - \mu_2 < \mu_0$

檢定規則：$\dfrac{\overline{X}-\overline{Y}-\mu_0}{S_p\sqrt{(1/m)+(1/n)}} < -t_{m+n-2,\alpha}$ 時，否定 H_0 \qquad (9.2-3)

3. $H_0: \mu_1 - \mu_2 = \mu_0$ 對應 $H_1: \mu_1 - \mu_2 \neq \mu_0$

檢定規則：$\left|\dfrac{\bar{X} - \bar{Y} - \mu_0}{S_p\sqrt{(1/m) + (1/n)}}\right| \geq t_{m+n-2, \alpha/2}$ 時，否定 H_0 (9.2-4)

式中之 $S_p = \sqrt{S_p^2}$，而 $S_p^2 = \dfrac{(m-1)S_1^2 + (n-1)S_2^2}{m+n-2}$。

例 9.2-1

有學者想要了解，不同性別的人對酒精成癮的狀況是否不同，於是設計了某種評量方式，得到以下樣本數據：

性別	樣本大小	樣本平均數	樣本標準差
男	22	19.93	7.34
女	20	16.26	7.28

假設兩個母體都接近常態分布，且變異數相等，利用兩樣本 t 檢定，$\alpha = 0.05$，判斷以下二種假設何者正確：

$$H_0: \mu_1 - \mu_2 = 0 \text{ 對應 } H_1: \mu_1 - \mu_2 \neq 0$$

解

這是雙尾檢定，且 $m + n - 2 = 40$，查表可得 $t_{40, 0.025} = 2.021$，而

$$S_p^2 = \frac{21 \cdot 7.34^2 + 19 \cdot 7.28^2}{40} = 53.459，S_p = 7.312$$

$$\left|\frac{\bar{X} - \bar{Y} - \mu_0}{S_p\sqrt{(1/m) + (1/n)}}\right| = \left|\frac{19.93 - 16.26}{7.312\sqrt{(1/22) + (1/20)}}\right| = 1.625 < 2.201$$

所以沒有足夠證據能夠說，不同性別的人對酒精成癮的狀況有差別。

例 9.2-2

為了研究某種全素餐的減肥效應，主持實驗者把 32 位參與實驗的超重女性隨機分成兩組，每組各 16 人。一段時間之後，全素餐這組平均減重 5.8 公斤、標準差 3.1 公斤；一般減肥餐組平均減重 3.8 公斤、標準差 2.8 公斤。假設兩個母體都接近常態分布，且變異數相等 (兩組標準差接近，也支持這項假設)。利用兩樣本 t 檢定，$\alpha = 0.05$，判斷是否可以做出結論：全素減肥餐平均減重比一般減肥餐的平均減重，超過不只 1 公斤？

解

令 μ_1 代表全素減肥餐的平均減重，μ_2 代表一般減肥餐的平均減重，則題意所要求我們判斷的是 $\mu_1 - \mu_2 > 1$ 是否正確；這是我們想證明的事，應放在對立假設，而對應之原始假設則為 $\mu_1 - \mu_2 = 1$。所以現在要在 $\alpha = 0.05$ 標準下，檢定

$$H_0 : \mu_1 - \mu_2 = 1 \text{ 對應 } H_1 : \mu_1 - \mu_2 > 1$$

$$t_{m+n-2, \alpha} = t_{16+16-2, 0.05} = t_{30, 0.05} = 1.697$$

$$S_p^2 = \frac{15 \cdot 3.1^2 + 15 \cdot 3.8^2}{30} = 12.025$$

$$S_p = \sqrt{12.025} = 3.468$$

而 $\dfrac{\bar{X} - \bar{Y} - \mu_0}{S_p \sqrt{(1/m) + (1/n)}} = \dfrac{5.8 - 3.8 - 1}{3.468\sqrt{(1/16) + (1/16)}} = 0$，根據規則 (9.2-2)，沒有足夠證據否定 H_0。也就是說，以這次的實驗數據來判斷的話，不能夠說：全素減肥餐平均的減重，比起一般減肥餐的平均減重超過不只 1 公斤。

根據式 (9.2-1)：$\dfrac{\bar{X} - \bar{Y} - (\mu_1 - \mu_2)}{S_p \sqrt{(1/m) + (1/n)}}$ 的分布為自由度 $m + n - 2$ 的 t 分布，很容易可以得到以下信賴區間公式，讀者可以試著自己導導看。

二常態分布母體變異數 σ_1^2 和 σ_2^2 均未知但相等，$\sigma_1^2 = \sigma_2^2 = \sigma^2$ 時，平均數差 $\mu_1 - \mu_2$ 的 $(1-\alpha)100\%$ 信賴區間為

$$\left(\overline{X} - \overline{Y} - t_{m+n-2, \alpha/2} \cdot S_p \sqrt{\frac{1}{m} + \frac{1}{n}},\ \overline{X} - \overline{Y} + t_{m+n-2, \alpha/2} \cdot S_p \sqrt{\frac{1}{m} + \frac{1}{n}}\right) \tag{9.2-5}$$

例 9.2-3

根據例 9.2-1 的數據，求 $\mu_1 - \mu_2$ 的 95% 信賴區間；並參考例 9.2-1 的結論，在計算信賴區間之前，事先判斷該信賴區間是否會包含 0。

解

因為例 9.2-1 是在 $\alpha = 0.05$ 標準下，做

$H_0 : \mu_1 - \mu_2 = 0$ 對應 $H_1 : \mu_1 - \mu_2 \neq 0$ 的雙尾檢定

而結論是無法否定 H_0，因此 0 一定會落在 $\mu_1 - \mu_2$ 的 95% 信賴區間內。

將例 9.2-1 所得到的 $m + n - 2 = 40$、$t_{40, 0.025} = 2.021$、$S_p = 7.312$ 及 $\overline{X} = 19.93$、$\overline{Y} = 16.26$ 代入信賴區間公式，可得

$$\left(\overline{X} - \overline{Y} - t_{m+n-2, \alpha/2} \cdot S_p \sqrt{\frac{1}{m} + \frac{1}{n}},\ \overline{X} - \overline{Y} + t_{m+n-2, \alpha/2} \cdot S_p \sqrt{\frac{1}{m} + \frac{1}{n}}\right)$$

$$= \left(19.93 - 16.26 - 2.021 \cdot 7.312 \sqrt{\frac{1}{22} + \frac{1}{20}},\right.$$

$$\left. 19.93 - 16.26 + 2.021 \cdot 7.312 \sqrt{\frac{1}{22} + \frac{1}{20}}\right)$$

$$= (-0.896, 8.236)$$

此信賴區間的確如我們所預期，有將 0 包含在內。

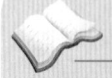

> **習題**
>
> 1. 某大學隨機抽樣該校工學院 16 名學生，得其平均每日上網 153 分鐘，標準差 28 分鐘。另隨機抽樣管理學院 16 名學生，得其平均每日上網 130 分鐘，標準差 25 分鐘。假設兩個學院學生上網時間的分布都為常態、且變異數相等。在 $\alpha = 0.1$ 標準之下，是否可以說該校工學院學生的平均上網時間較管理學院學生多不只 15 分鐘？
>
> 2. 某汽車雜誌想要比較兩種不同車型的平均里程 (每公升公里數)，於是隨機抽樣這兩種車型各 15 輛。所得結果為車型 A 平均每公升可跑 11.4 公里，標準差 1.5 公里；而車型 B 平均每公升可跑 10.2 公里，標準差 1.2 公里。假設兩型車的每公升公里數均呈現常態分布、且變異數相等。在 $\alpha = 0.05$ 標準之下，是否可以說這兩種車型的平均里程不相等？
>
> 3. 用第 2 題的數據計算 $\mu_1 - \mu_2$ 的 95% 信賴區間，並和該題的結論作對照。

9.3 成對樣本之檢定

在前兩節當中比較兩個母體平均數 μ_1 和 μ_2 的時候，過程大致符合以下兩種型態：不是在兩母體 (比如例 9.2-1 的男性和女性) 分別抽出隨機樣本 $X_1, X_2, \cdots, X_m$ 和 $Y_1, Y_2, \cdots, Y_n$ 做比較，就是把一群實驗對象隨機分兩組、給予不同的「待遇」之後再做比較 (比如例 9.1-4 和例 9.2-2)。兩種狀況之下，X 樣本和 Y 樣本之間都是互相獨立的。

有的實驗狀況卻和上述兩種情況不同。比如有人在研究某條河所含微量金屬的量，想要知道河底的平均金屬含量是否比河面的要高，於是選擇了 10 個不同的位置，在河底和河面分別測量鋅的含量。如果位置分別

用 1 到 10 表示，X_i 代表第 i 個位置的河面鋅含量，Y_i 代表第 i 個位置的河底鋅含量，則 $X_1, X_2, \cdots, X_{10}$ 和 $Y_1, Y_2, \cdots, Y_{10}$ 之間是否互相獨立呢？我們知道兩個隨機變數之間互相獨立的意思是說：即便知道其中一個的值是多少，也不會提供我們有關另一個變數的任何訊息。對於同樣下標的 X 和 Y 來說，比如 X_2 和 Y_2，二者都是在河流的同一個位置所測出的數據，很難說它們的值會完全沒關係，所以依常理判斷，$X_1, X_2, \cdots, X_{10}$ 和 $Y_1, Y_2, \cdots, Y_{10}$ 之間應不符合互相獨立的條件。

上述的數據叫做**配對數據** (paired data)，因為對於 $i = 1, 2, \cdots, 10$，X_i 和 Y_i 是在河流同一個位置所取得的數據，很自然就可以配成一對。但因為不符合 X 樣本和 Y 樣本之間互相獨立的條件，所以 9.1 節和 9.2 節的方法都不適用。配對數據最常用的處理方法，是先算出每一對的差，比如令 $D_i = X_i - Y_i$；因為不同位置只要隔得夠遠，結果比較不會互相影響，所以可假設 $D_1, D_2, \cdots, D_{10}$ 為一獨立樣本，再來做分析。比如若每一項 D_i 都小於 0，代表在每個測量的位置都是河底的鋅含量較高，這樣當然會讓我們有信心做出結論：以整條河來說，應是河底的平均鋅含量較高。

因為 $X_1, X_2, \cdots, X_{10}$ 和 $Y_1, Y_2, \cdots, Y_{10}$ 之間有配對的關係，通常我們會用配好對的方式表達這個樣本，即 $(X_1, Y_1), (X_2, Y_2), \cdots, (X_{10}, Y_{10})$，這就叫做成對樣本。我們將在下述假設條件之下分析這類數據：

> 假設：$(X_1, Y_1), (X_2, Y_2), \cdots, (X_n, Y_n)$ 是互相獨立的成對樣本，$E(X_i) = \mu_1, E(Y_i) = \mu_2$。令 $D_i = X_i - Y_i, i = 1, 2, \cdots, n$，則原來的兩樣本問題變成一樣本問題。假設 $D_1, D_2, \cdots, D_n$ 符合常態分布，平均數為 μ_D、變異數為 σ_D^2。

上述假設當中有兩點需要補充說明，第一、以上假設當中所說的「$(X_1, Y_1), (X_2, Y_2), \cdots, (X_n, Y_n)$ 是互相獨立的成對樣本」，當然是指不同下標的各對之間互相獨立，而同一對之內的 X_i 和 Y_i 之間並不獨立。第二、

因為 $D_i = X_i - Y_i$，所以 $\mu_D = E(D_i) = E(X_i) - E(Y_i) = \mu_1 - \mu_2$。

在上述假設下，成對樣本既然已「變身」成為一樣本問題，而且樣本符合常態分布，自然可以應用第八章的檢定規則。根據式 (8.2-4)、(8.2-5)、(8.2-6)，可得以下規則，叫做**成對 t 檢定** (paired t test)。

成對 t 檢定

$(X_1, Y_1), (X_2, Y_2), \cdots, (X_n, Y_n)$ 是互相獨立的成對樣本，$E(X_i) = \mu_1$，$E(Y_i) = \mu_2$。令 $D_i = X_i - Y_i$，$i = 1, 2, \cdots, n$，$D_1, D_2, \cdots, D_n$ 符合常態分布，平均數為 $\mu_D = \mu_1 - \mu_2$、變異數 σ_D^2 未知。在 α 標準下，平均數 μ_D 的檢定規則如下：

1. $H_0 : \mu_D = \mu_0$ 對應 $H_1 : \mu_D > \mu_0$

   檢定規則：$\bar{D} \geq \mu_0 + t_{n-1, \alpha} \cdot \dfrac{S_D}{\sqrt{n}}$ 時，否定 H_0 （9.3-1）

2. $H_0 : \mu_D = \mu_0$ 對應 $H_1 : \mu_D < \mu_0$

   檢定規則：$\bar{D} \leq \mu_0 - t_{n-1, \alpha} \cdot \dfrac{S_D}{\sqrt{n}}$ 時，否定 H_0 （9.3-2）

3. $H_0 : \mu_D = \mu_0$ 對應 $H_1 : \mu_D \neq \mu_0$

   檢定規則：$\bar{D} \geq \mu_0 + t_{n-1, \alpha/2} \cdot \dfrac{S_D}{\sqrt{n}}$ 或 $\bar{D} \leq \mu_0 - t_{n-1, \alpha/2} \cdot \dfrac{S_D}{\sqrt{n}}$ 時，否定 H_0

   （9.3-3）

   式中之 $\bar{D} = \dfrac{D_1 + D_2 + \cdots + D_n}{n}$，而 $S_D = \sqrt{\dfrac{\sum_{i=1}^{n}(D_i - \bar{D})^2}{n-1}}$。

以下是本章開頭提到的問題之一：

例 9.3-1

有業者請學者研究一種添加劑，加入到汽油裡面後，能夠增加車子所跑的里程數。為了初步測試效果，需要用一些車子做實驗。因為

不同車子的性能不同，可跑的里程數差異可能太大、會影響結果的解讀，因此學者決定用同樣的車子，分別作有添加劑和沒有添加劑的測試。這屬於實驗設計裡面的基礎概念，叫做配對設計。因為是同樣的車 (駕駛也應該找同一個人)，其他條件都相同、只有加了添加劑和沒有添加劑的不同，因此測試結果里程數如果有差別，才可以歸因為添加劑造成的。他找了 8 輛車，各加一公升汽油之後，記錄在特定路線所跑的里程。之後再給這些車子加一公升同樣的汽油、但是有添加劑，在同樣路線再跑一次、記錄里程數，得到以下數據：

車子編號	無添加劑 每公升公里數	有添加劑 每公升公里數
1	5.15	5.85
2	7.25	7.85
3	7.90	9.45
4	5.45	6.20
5	8.25	9.10
6	8.55	9.90
7	8.90	10.35
8	7.30	8.25

在 (a) $\alpha = 0.05$，(b) $\alpha = 0.005$ 標準下，分別判斷添加劑是否能增加里程數。(c) 解題時對數據做了何種假設？

解

因為數據明顯有配對 (同一輛車的兩個數字配成一對)，所以用成對 t 檢定來處理。

把無添加劑的數據叫做 X、有添加劑的叫做 Y，令 $D_i = Y_i - X_i$，則可得 D_i 的值如下表所列：

車子編號	無添加劑 每公升公里數 (X_i)	有添加劑 每公升公里數 (Y_i)	$D_i = Y_i - X_i$
1	5.15	5.85	0.70
2	7.25	7.85	0.60
3	7.90	9.45	1.55
4	5.45	6.20	0.75
5	8.25	9.10	0.85
6	8.55	9.90	1.35
7	8.90	10.35	1.45
8	7.30	8.25	0.95

我們要檢定

$$H_0: \mu_D = 0 \quad 對應 \quad H_1: \mu_D > 0$$

(a) 計算可得 $\bar{D} = 1.025$、$S_D^2 = 0.137$、$S_D = 0.370$，而查表可得

$$t_{7, 0.05} = 1.895$$

$$\mu_0 + t_{n-1, \alpha} \cdot \frac{S_D}{\sqrt{n}} = 0 + 1.895 \cdot \frac{0.370}{\sqrt{8}} = 0.248$$

而 $\bar{D} = 1.025 > 0.248$，所以可以否定 H_0、做出結論：證據顯示添加劑能增加里程數。

(b) 如果 (a) 小題的結論是不能否定 H_0 的話，則 (b) 小題不必做也會知道答案：不能否定 H_0，因為 α 值愈小代表標準更嚴格、更不容易否定 H_0。但現在 (a) 小題的結論是可以否定 H_0，則 (b) 小題的結論就不一定了，必須重新計算才知道。其實題目要求在兩個不同的 α 值之下做判斷的話，換個方式可以一次解決兩個小題。$\bar{D} \geq \mu_0 + t_{n-1, \alpha} \cdot \frac{S_D}{\sqrt{n}}$ 時否定 H_0 [即式 (9.3-1)] 的檢定規則，相當於 $\frac{\bar{D} - \mu_0}{S_D / \sqrt{n}} > t_{n-1, \alpha}$ 時否定 H_0 [(9.3-1)*]，把此不等式的左式計算出來之後，對於不同的 α 值，只要查表就可以做結論了。

$$\frac{1.025-0}{0.370/\sqrt{8}} = 7.836 > t_{7,0.05} = 1.895$$

所以在 $\alpha = 0.05$ 標準下，可以否定 H_0。現在查表可得 $t_{7,0.005} = 3.499$，所以在 $\alpha = 0.005$ 標準下，仍然可以否定 H_0，因為 $7.836 > 3.499$；看來有很強的證據顯示，添加劑的確能增加里程數。

(c) 必須假設 $D_1, D_2, \cdots, D_8$ 大致符合常態分布，才適用成對 t 檢定。

觀察一下會發現，其實式 (9.3-1) 和 (9.3-1)* 只是同一個不等式的兩種表示方法。前者和我們的直觀考慮比較容易連結，因為 $\bar{D}$ 是 μ_D 的合理估計式，如果 $\bar{D}$ 夠大的話，我們就傾向於相信 $\mu_D > 0$ 而不是 $\mu_D = 0$，式 (9.3-1) 直接告訴我們 $\bar{D}$ 要多大才算是夠大；式 (9.3-1)* 則可以直接和查表所得的值做比較。

學習的過程當中若能培養思考的習慣，盡量融會貫通而非一味死背，對個人能力的提升會有很大的幫助。網路時代訊息量超大，如果不會篩選判斷，這些訊息不僅無益還可能有害；但是只要能養成經常思考的習慣，邏輯判斷能力就一定會不斷的增強了。

如果我們並沒有關於 μ_D 的檢定問題要做判斷，只是想估計 μ_D 的值的話，就可以考慮用信賴區間。用心讀書、肯思考的讀者，有些可能已猜到信賴區間公式要怎樣推導了吧，因為每次的推導過程其實都大同小異。首先寫出一個包含 μ_D 以及它的合理估計式 (例如 $\bar{D}$) 的已知分布的式子，再來把這個已知分布的式子夾在兩個查表得到的數字之間、寫出一個機率式，機率等於信賴係數，然後改寫機率式當中的不等式，把「主角」μ_D 移到中間，這樣就大功告成了。實際過程如下，可以對照說明看看：

$\dfrac{\bar{D} - \mu_D}{S_D/\sqrt{n}}$ 的分布是自由度 $n-1$ 的 t 分布，所以可得

$$P\left(-t_{n-1,\alpha/2} < \frac{\bar{D} - \mu_D}{S_D/\sqrt{n}} < t_{n-1,\alpha/2}\right) = 1 - \alpha$$

把機率式子裡面不等式的三項各乘上 $\frac{S_D}{\sqrt{n}}$，再做適當的移項處理、把 μ_D 放到中間，就得到以下信賴區間公式：

> $(X_1, Y_1), (X_2, Y_2), \cdots, (X_n, Y_n)$ 是互相獨立的成對樣本，$E(X_i) = \mu_1$，$E(Y_i) = \mu_2$。令 $D_i = X_i - Y_i$，$i = 1, 2, \cdots, n$，$D_1, D_2, \cdots, D_n$ 符合常態分布，平均數為 $\mu_D = \mu_1 - \mu_2$、變異數 σ_D^2 未知，則 μ_D 的 $(1-\alpha)100\%$ 信賴區間為
>
> $$\left(\bar{D} - t_{n-1,\alpha} \cdot \frac{S_D}{\sqrt{n}}, \bar{D} + t_{n-1,\alpha} \cdot \frac{S_D}{\sqrt{n}}\right) \qquad (9.3\text{-}4)$$
>
> 式中之 $\bar{D} = \frac{D_1 + D_2 + \cdots + D_n}{n}$，而 $S_D = \sqrt{\frac{\sum_{i=1}^{n}(D_i - \bar{D})^2}{n-1}}$。

例 9.3-2

專家告訴大家，餵新生嬰兒母乳對嬰兒健康有幫助。可是直接餵乳的母親有個困擾，就是不確定小貝比到底喝了多少。這個問題有人研究，並提出了不同的測量方法。為了了解其中兩種方法測出結果的差異狀況，研究人員隨機選了 12 個嬰兒，測得以下數據

嬰兒編號	方法 A 測出的量 (X_i)	方法 B 測出的量 (Y_i)	$D_i = X_i - Y_i$
1	1513	1498	15
2	1416	1254	162
3	1551	1346	205
4	1556	1565	−9
5	2169	2000	169
6	1670	1238	432
7	1198	1128	70
8	1479	1341	138
9	1280	1124	156
10	1415	1469	−54
11	1953	1605	348
12	1098	1410	−312

假設 $D_1, D_2, \cdots, D_{12}$ 符合常態分布，(a) 求母體平均數 $\mu_D = \mu_1 - \mu_2$ 的 95% 信賴區間，(b) 根據 (a) 小題的結果，在 $\alpha = 0.05$ 標準下判斷，$H_0 : \mu_D = 0$ 和 $H_1 : \mu_D \neq 0$ 何者正確。

解

(a) 計算可得 $\bar{D} = 110$、$S_D = 192.638$、查表可得 $t_{11, 0.025} = 2.201$，因此 $\mu_D = \mu_1 - \mu_2$ 的 95% 信賴區間為

$$\left(\bar{D} - t_{n-1, \alpha} \cdot \frac{S_D}{\sqrt{n}}, \ \bar{D} + t_{n-1, \alpha} \cdot \frac{S_D}{\sqrt{n}} \right)$$
$$= \left(110 - 2.201 \cdot \frac{192.638}{\sqrt{12}}, \ 110 + 2.201 \cdot \frac{192.638}{\sqrt{12}} \right)$$
$$= (-12.397, \ 232.397)$$

(b) 因為 95% 信賴區間內包含 0，所以在 $\alpha = 0.05$ 標準下，沒有足夠證據去否定 $\mu_D = 0$ 而支持 $\mu_D \neq 0$。

習題

1. 滿分補習班號稱可以讓其學員的英文檢定成績在一個月內增加超過 30 分。假設我們隨機抽樣 5 位學員，並分別記錄下他們補習前和補習一個月後的英文檢定成績。得數據如下：

	學員1	學員2	學員3	學員4	學員5
補習前	51	30	62	43	64
補習後	86	70	87	72	88

(a) 根據此數據，我們是否有理由相信滿分補習班所言屬實？(用 $\alpha = 0.1$ 做假設檢定)

(b) 在什麼樣的前提之下做以上的假設檢定，才是適當的？

2. 某位醫師想要探討吃麥片是否會影響膽固醇水準，於是他隨機抽樣 6 位平日沒有吃麥片習慣的人，並記錄下他們當時的膽固醇水準。然後讓他們連續十天每天吃一碗麥片，再記錄他們的膽固醇水準 (數據如下)。假設吃麥片之前和之後的膽固醇差呈現常態分布，(a) 是否有證據顯示吃麥片對膽固醇水準有影響？(用 $\alpha = 0.05$ 做假設檢定) (b) 求 $\mu_D = \mu_1 - \mu_2$ 的 95% 賴區間。

受試者	A	B	C	D	E	F
吃麥片前	182	165	218	250	173	154
吃麥片後	175	163	200	229	168	151

9.4 如何選擇正確之公式

前面三節都是在討論有關母體平均數差 $\mu_1 - \mu_2$ 的問題，在不同的情形下、要用不同的公式。遇到這類問題時，要怎樣判斷適用哪個公式呢？

我們在此節做個綜合整理。

一、首先要判斷是否為成對樣本：

樣本有沒有配對，通常題目裡面就會有明確的訊息，而且所謂的「一對」，常是同一個人或物接受了不同的條件所造成。例如在例 9.3-1 裡面，是把同一輛車先後加入了無添加劑和有添加劑的汽油，而在例 9.3-2 裡面，是把同一個小嬰兒所喝母乳的量，分別用兩種不同的方式測量。其他常見的配對例子，包括找雙胞胎或者將條件相近的人配成「一對」來進行試驗。

成對樣本應該表示成 $(X_1,Y_1),(X_2,Y_2),\cdots,(X_n,Y_n)$ 的形式，不同下標的各對之間互相獨立，而同樣下標的 X 和 Y 之間則有關聯、彼此並不獨立。把每一對的差計算出來之後 (用 X_i-Y_i 或 Y_i-X_i 都可以，只要從頭到尾一致)，就變成一樣本問題，適用第七章和第八章當中的一樣本方法，也就是 (9.3-1) ~ (9.3-4)。

二、非成對樣本的處理

沒有配成對的兩個樣本，應該表示成 $X_1,X_2,\cdots,X_m$ 及 $Y_1,Y_2,\cdots,Y_n$；其中除了 $X_1,X_2,\cdots,X_m$ 和 $Y_1,Y_2,\cdots,Y_n$ 分別都是隨機樣本之外，X 樣本和 Y 樣本之間也互相獨立。

1. 二常態分布母體變異數 σ_1^2 和 σ_2^2 均已知時，用 z 檢定 (9.1-2) ~ (9.1-4)。

2. 母體不一定是常態分布，σ_1^2 和 σ_2^2 不論已知或未知，只要 m, n 都夠大，仍可用 z 檢定。σ_1^2 和 σ_2^2 已知時、用規則 (9.1-2) ~ (9.1-4)，σ_1^2 和 σ_2^2 未知時、用規則 (9.1-6) ~ (9.1-8)。其實只要觀察比較就會發現，規則 (9.1-6) ~ (9.1-8) 相當於把 (9.1-2) ~ (9.1-4) 中的 σ 部份用 S 取代。這部份根本不用特別去記，σ_1^2 和 σ_2^2 已知時，才可能用包含

σ_1^2、σ_2^2 在內的規則，不知道 σ_1^2 和 σ_2^2 時，必須用合適的估計式取代，也就是用 S_i^2 取代 σ_i^2, $i = 1, 2$。

要注意的是：只要用到中央極限定理，就是近似結果；一般來說，樣本愈大、近似結果會愈接近確實結果。

3. 二常態分布母體變異數 σ_1^2 和 σ_2^2 均未知但相等時，用 t 檢定 (9.2-2) ~ (9.2-4)。

4. 二常態分布母體變異數 σ_1^2 和 σ_2^2 均未知也不相等，m, n 不見得夠大時，可以用 t 檢定，但本書未討論其自由度要如何決定，請參考其他教科書。

本節重點是正確公式之選擇，因此在以下例子當中，我們只針對應該用哪一組檢定規則做出判斷，實際的計算過程就略過了。

例 9.4-1

有位心理學方面的學者想要了解，大學男生是否比大學女生更容易感覺無聊，於是設計了某種評量方式，請 97 位男生和 148 位女生做答，分數愈高代表愈容易覺得無聊；調查結果列在下方。所列數據是否支持該學者的猜測：平均來說，男生比較容易感覺無聊？

性別	樣本大小	樣本平均	樣本標準差
男	98	10.41	4.82
女	136	9.23	4.68

解

首先要寫出原始和對立假設。因為學者想要證明他的猜測：平均來說男生比女生容易感覺無聊，如果令 μ_1 和 μ_2 分別代表所有男生的平均分數和所有女生的平均分數，則學者想要證明的是：$\mu_1 > \mu_2$，所以原始和對立假設如下：

$$H_0: \mu_1 - \mu_2 = 0 \text{ 對應 } H_1: \mu_1 - \mu_2 > 0$$

再來要決定檢定規則。題目給了樣本標準差,而且樣本相當大、適用中央極限定理,所以明顯可知,應該用的檢定規則是式 (9.1-6) 的 z 檢定。

以下例子看起來和例 9.4-1 很像,讀者請仔細看、注意不同處。

例 9.4-2

有位心理學方面的學者想要了解,大學男生是否比大學女生更容易感覺無聊,於是設計了某種評量方式,請 18 位男生和 24 位女生做答,分數愈高代表愈容易覺得無聊;調查結果列在下方。假設男生分數分布和女生分數分布都接近常態,以下所列數據是否支持學者的猜測:平均來說,男生比較容易感覺無聊?

性別	樣本大小	樣本平均	樣本標準差
男	18	10.41	4.82
女	24	9.23	4.68

解

此例的檢定問題和例 9.4-1 的相同,也是

$$H_0: \mu_1 - \mu_2 = 0 \text{ 對應 } H_1: \mu_1 - \mu_2 > 0$$

μ_1 和 μ_2 代表的意義也和例 9.4-1 的相同。主要不同之處在於本例題假設男生分數和女生分數兩個母體都接近常態分布,母體變異數未知,所以應該是要用 t 檢定。而從兩個樣本標準差接近的程度看來,兩母體變異數相等應是合理的假設,所以可以用檢定規則 (9.2-2)。

例 9.4-3

有人研究不同照明對工作效率的影響，找了 9 個人參加試驗。參加者被要求在兩種不同照明條件之下，將一個頭部尖細的針狀物、連續穿過類似針眼的細孔 10 次，研究者記錄每個人完成工作所需時間(秒)，數據如下：

照明	參加者編號								
	1	2	3	4	5	6	7	8	9
較低照明	25.78	28.81	31.96	25.87	21.68	39.84	25.02	23.69	28.36
較高照明	18.43	20.78	22.98	20.14	19.42	23.92	16.86	16.02	24.15

以上數據是否顯示，較高程度的照明可以將完成工作的時間平均減低至少五秒？

解

因為同一個人要在兩種不同條件下完成同一項工作，所以明顯可見是配對設計。若把較低照明的數據叫做 X_i、較高照明的數據叫做 Y_i，$D_i = X_i - Y_i$，μ_D 代表母體平均，則我們要檢定的問題是

$$H_0 : \mu_D = 5 \quad 對應 \quad H_1 : \mu_D > 5$$

因為樣本很小，題目也沒給母體變異數，所以在母體符合常態分布的假設下，應該用成對 t 檢定的檢定規則 (9.3-1)。

讀者在演練本章章末的全章習題時，就必須自己判斷每一題適用哪個檢定規則了，所以本小節不另外出習題。

9.5 有關兩母體比例之檢定及信賴區間

在 8.3 節討論了單一母體比例的檢定問題，現在要考慮兩個母體比例是否相等的問題，例如本章開頭提到的問題：坦承犯罪者被判入獄的比例，是否和不承認犯罪但最終被認定有罪者被判入獄的比例差不多呢？如果令 p_1 代表坦承犯罪者被判入獄的比例，p_2 代表不承認犯罪但最終被認定有罪者被判入獄的比例，則我們想要研究的問題，可以表示成 $H_0: p_1 = p_2$ (即 $p_1 - p_2 = 0$) 對應 $H_1: p_1 \neq p_2$ (即 $p_1 - p_2 \neq 0$) 的檢定問題。p_1 和 p_2 分別可以用抽自第一母體的樣本比例 $\hat{p}_1$ 和抽自第二母體的樣本比例 $\hat{p}_2$ 估計，所以接下來需要知道的是：H_0 正確時，$\hat{p}_1 - \hat{p}_2$ 的抽樣分布是什麼。

根據 6.7 節的內容，在 n 夠大的時候，中央極限定理告訴我們，樣本比例 $\hat{p}$ 的抽樣分布會接近平均數為 p、變異數為 $\dfrac{p(1-p)}{n}$ 的常態分布；也就是說，將 $\hat{p}$ 標準化之後所得到的 $\dfrac{\hat{p} - p}{\sqrt{p(1-p)/n}}$，會接近標準常態分布。在兩個樣本都夠大時，因為 $\hat{p}_1$ 和 $\hat{p}_2$ 互相獨立，$\hat{p}_1 - \hat{p}_2$ 的分布仍然接近常態分布，其平均數和變異數可推導如下。

假設從第一個母體所抽出隨機樣本之樣本大小是 m、其中「成功」次數為 X、$\hat{p}_1 = \dfrac{X}{m}$，從第二個母體所抽出隨機樣本之樣本大小是 n、「成功」次數為 Y、$\hat{p}_2 = \dfrac{Y}{n}$，已知

$$E(\hat{p}_1) = p_1 \text{、} V(\hat{p}_1) = \frac{p_1(1-p_1)}{m}$$

$$E(\hat{p}_2) = p_2 \text{、} V(\hat{p}_2) = \frac{p_2(1-p_2)}{n}$$

因此可得

$$E(\hat{p}_1 - \hat{p}_2) = p_1 - p_2 \text{、} V(\hat{p}_1 - \hat{p}_2) = \frac{p_1(1-p_1)}{m} + \frac{p_2(1-p_2)}{n}$$

我們可將 $\hat{p}_1 - \hat{p}_2$ 標準化，得到以下結論：

在大樣本條件下，

$$\frac{(\hat{p}_1 - \hat{p}_2) - (p_1 - p_2)}{\sqrt{\dfrac{p_1(1-p_1)}{m} + \dfrac{p_2(1-p_2)}{n}}} \tag{9.5-1}$$

之分布近似標準常態分布。

式 (9.5-1) 還不能當作檢定統計量，因為分母有未知參數 p_1 和 p_2 在內，必須用合適的估計式取代；比如 p_1 用 $\hat{p}_1 = \dfrac{X}{m}$ 取代，p_2 用 $\hat{p}_2 = \dfrac{Y}{n}$ 取代，如此可得

$$\frac{(\hat{p}_1 - \hat{p}_2) - (p_1 - p_2)}{\sqrt{\dfrac{\hat{p}_1(1-\hat{p}_1)}{m} + \dfrac{\hat{p}_2(1-\hat{p}_2)}{n}}} \tag{9.5-2}$$

有定理告訴我們，此式在 m 和 n 夠大時，分布仍然近似於標準常態。

如果 H_0 是 $p_1 - p_2 = 0$，則我們的檢定統計量是

$$\frac{\hat{p}_1 - \hat{p}_2}{\sqrt{\dfrac{\hat{p}_1(1-\hat{p}_1)}{m} + \dfrac{\hat{p}_2(1-\hat{p}_2)}{n}}} \tag{9.5-3}$$

而此統計量在 H_0 之下的分布近似於標準常態。

另有一種處理方式和檢定統計量 (9.5-3) 稍有不同，是許多教科書採用的。因為在 H_0 之下，$p_1 = p_2$ (即 $p_1 - p_2 = 0$)，令 $p_1 = p_2 = p$，代入式 (9.5-1) 之後，可得

$$\text{在 } H_0 \text{ 之下，} \frac{\hat{p}_1 - \hat{p}_2}{\sqrt{\dfrac{p(1-p)}{m} + \dfrac{p(1-p)}{n}}} = \frac{\hat{p}_1 - \hat{p}_2}{\sqrt{p(1-p)\left(\dfrac{1}{m} + \dfrac{1}{n}\right)}} \tag{9.5-4}$$

有近似標準常態分布，而有定理告訴我們，式 (9.5-4) 分母當中的 p，如果用合適的估計式取代之後，所得到的結果仍然會接近標準常態分布。

在 $p_1 = p_2 = p$ 的假設下，要怎樣估計 p 才合理呢？假設我訂做了二個並不平衡的銅板，正面機率未知、需要估計。非常直觀的估計方式就是將銅板擲若干次，然後將正面出現的比例當作正面機率的估計。比如第一個銅板擲了 m 次，正面出現 X 次，第二個銅板擲了 n 次，正面出現 Y 次；則我們會分別用 $\hat{p}_1 = \dfrac{X}{m}$ 和 $\hat{p}_2 = \dfrac{Y}{n}$ 來估計第一顆銅板的正面機率和第二顆銅板的正面機率。這樣的估計不僅直觀，事實上也有理論的支持。

現在假設兩顆銅板的正面機率相同、用 p 來代表，應該如何估計呢？一個想法是用 $\dfrac{X}{m}$ 和 $\dfrac{Y}{n}$ 的平均當作估計，直觀看來好像合理，但是有缺點。如果 m 和 n 差距較大，比如說 m 比 n 大很多好了，則 $\dfrac{X}{m}$ 這個估計式要比 $\dfrac{Y}{n}$ 可靠 ($\dfrac{X}{m}$ 的變異數比較小)；用白話來說，就是 $\dfrac{X}{m}$ 會比較準。把兩個估計平均，等於給它們一樣的權重，不是很恰當的作法。換個角度考量：既然是同樣的 p，總共擲了 $m+n$ 次，得到了 $X+Y$ 次正面，則 $\hat{p} = \dfrac{X+Y}{m+n}$ 應是合理的估計。剛才說到 m 和 n 若有差距時，不適合把 $\hat{p}_1 = \dfrac{X}{m}$ 和 $\hat{p}_2 = \dfrac{Y}{n}$ 拿來平均當作估計；那麼當 $m = n$ 時，應該沒理由不能用 $\dfrac{\hat{p}_1 + \hat{p}_2}{2}$ 來估計 p。不知這樣是否會引起讀者的好奇，在 $m = n$ 的條件下，$\hat{p}$ 這個估計式和 $\dfrac{\hat{p}_1 + \hat{p}_2}{2}$ 比較起來會如何？我們來探討看看：

$$\hat{p} = \frac{X+Y}{m+n} = \frac{X+Y}{2n} = \frac{\dfrac{X}{n}+\dfrac{Y}{n}}{2} = \frac{\hat{p}_1 + \hat{p}_2}{2}$$

當 $m = n$ 的時候，$\hat{p}$ 其實相當於把 $\hat{p}_1 = \dfrac{X}{m}$ 和 $\hat{p}_2 = \dfrac{Y}{n}$ 平均，所以從直觀角度來看，$\hat{p}$ 應是 $p_1 = p_2 = p$ 的合理估計；其實從理論的角度來看，$\hat{p}$ 也是好的估計，但是理論部份比較難，我們避開它的討論，只強調直觀角度。

綜合以上討論，可得二母體比例的檢定規則如下：

符合大樣本條件、且在 α 標準下，二母體比例之檢定規則

令 p_1 和 p_2 分別代表二母體中符合某特質的比例，從該二母體分別抽出隨機樣本，得到 $\hat{p}_1 = \dfrac{X}{m}$ 和 $\hat{p}_2 = \dfrac{Y}{n}$ 的樣本比例，當 m 和 n 符合大樣本條件時，有關 p_1 和 p_2 的檢定規則如下：

1. $H_0 : p_1 - p_2 = 0$ 對應 $H_1 : p_1 - p_2 > 0$

$$\frac{\hat{p}_1 - \hat{p}_2}{\sqrt{\hat{p}(1-\hat{p})\left(\dfrac{1}{m} + \dfrac{1}{n}\right)}} > z_\alpha \text{ 時，否定 } H_0 \qquad (9.5\text{-}5)$$

2. $H_0 : p_1 - p_2 = 0$ 對應 $H_1 : p_1 - p_2 < 0$

$$\frac{\hat{p}_1 - \hat{p}_2}{\sqrt{\hat{p}(1-\hat{p})\left(\dfrac{1}{m} + \dfrac{1}{n}\right)}} < -z_\alpha \text{ 時，否定 } H_0 \qquad (9.5\text{-}6)$$

3. $H_0 : p_1 - p_2 = 0$ 對應 $H_1 : p_1 - p_2 \neq 0$

$$\left| \frac{\hat{p}_1 - \hat{p}_2}{\sqrt{\hat{p}(1-\hat{p})\left(\dfrac{1}{m} + \dfrac{1}{n}\right)}} \right| > z_{\alpha/2} \text{ 時，否定 } H_0 \qquad (9.5\text{-}7)$$

以上式子裡面的 $\hat{p} = \dfrac{X+Y}{m+n}$。

如果要檢定的問題是

$$H_0 : p_1 - p_2 = p_0 \quad 對應 \quad H_1 : p_1 - p_2 > p_0$$

p_0 代表某固定實數，因為 p_1 和 p_2 並不相等，因此檢定規則 (9.5-5) 不適用，必須修訂為 $\dfrac{(\hat{p}_1 - \hat{p}_2) - p_0}{\sqrt{\dfrac{\hat{p}_1(1-\hat{p}_1)}{m} + \dfrac{\hat{p}_2(1-\hat{p}_2)}{n}}} > z_\alpha$ 時，否定 H_0；不過這類問題本書不列入討論，可參考其他教科書。

例 9.5-1

許多業者會藉著郵寄問卷來了解潛在客層的喜好，但是回收率有時不理想。研究者提出理論，認為如果在問卷封面印上和問卷主題有關的好看圖片，應該可以吸引注意力、提高回收率。為了測試這個想法是否正確，研究者寄出了一般封面的問卷和印上圖片的問卷各若干份，得到以下結果：

封面	寄出份數	回收份數
一般	210	101
加印圖片	217	110

令 $\alpha = 0.1$，檢驗研究者的猜測是否正確。

解

如果令 p_1 和 p_2 分別代表一般封面問卷的回收率和加印圖片問卷的回收率，則研究者的推測是 $p_1 < p_2$，也就是 $p_1 - p_2 < 0$，這是我們想要印證的事，應該放在對立假設，所以我們的檢定問題是

$$H_0 : p_1 - p_2 = 0 \text{ 對應 } H_1 : p_1 - p_2 < 0$$

$\alpha = 0.1$ 時，$z_\alpha = 1.28$，$\hat{p} = \dfrac{X+Y}{m+n} = \dfrac{101+110}{210+217} = \dfrac{211}{427} = 0.494$

$$\frac{\hat{p}_1 - \hat{p}_2}{\sqrt{\hat{p}(1-\hat{p})\left(\dfrac{1}{m} + \dfrac{1}{n}\right)}} = \frac{\dfrac{101}{210} - \dfrac{110}{217}}{\sqrt{0.494(1-0.494)\left(\dfrac{1}{210} + \dfrac{1}{217}\right)}}$$

$$= -0.536 > -1.28$$

根據規則 (9.5-6)，沒有足夠證據否定 H_0。也就是說：從數據看來，封面加印圖片對增加問卷回收率並無幫助。

例 9.5-2

坦承犯罪者被判入獄的比例，是否和不承認犯罪但最終被認定有罪者被判入獄的比例差不多呢？假設西方國家研究這個問題的學者蒐集到以下有關被控搶劫者的數據資料：

	坦承犯罪	不承認犯罪
被判有罪人數	180	64
被判入獄人數	121	55

如果令 p_1 代表坦承犯罪者被判入獄的比例，p_2 代表不承認犯罪但最終被認定有罪者被判入獄的比例，則我們想要研究的問題，可以表示成

$H_0 : p_1 = p_2$ (即 $p_1 - p_2 = 0$) 對應 $H_1 : p_1 \neq p_2$ (即 $p_1 - p_2 \neq 0$) 的檢定問題。在 $\alpha = 0.01$ 標準下，判斷是否有足夠證據否定 H_0。

解

將 $\hat{p}_1 = \dfrac{121}{180} = 0.672$、$\hat{p}_2 = \dfrac{55}{64} = 0.859$、$\hat{p} = \dfrac{121+55}{180+64} = \dfrac{176}{244} = 0.721$ 代入式 (9.5-7) 中不等式的左邊，可得

$$\left| \frac{0.672 - 0.859}{\sqrt{0.721(1-0.721)\left(\dfrac{1}{180} + \dfrac{1}{64}\right)}} \right| = |-2.865| = 2.865 > z_{0.005} = 2.575$$

有足夠證據否定 H_0 而做出結論：看來入獄比例在坦承犯罪者和不承認犯罪者之間是有差別的。

例 9.5-2 的結論是入獄比例「有差別」，但是觀察數據會發現，$\hat{p}_1$ 明顯比 $\hat{p}_2$ 要小，現在如果把例 9.5-2 的問題改為「坦承犯罪者被判入獄的比例，是否低於不承認犯罪但最終被認定有罪者被判入獄的比例」，在同樣的 $\alpha = 0.01$ 標準下，是否一定會做出和之前同樣的結論、也就是否

定 H_0 呢？也就是說，若現在把例 9.5-2 的檢定問題改為

$$H_0: p_1 - p_2 = 0 \text{ 對應 } H_1: p_1 - p_2 < 0$$

我們是否可能不做任何計算而直接判斷 H_1 正確呢？即做出結論：證據顯示，坦承犯罪者被判入獄的比例，的確低於不承認犯罪但最終被認定有罪者被判入獄的比例。

之前我們曾談過這個問題，當我們做雙尾檢定時，必須把 α 分給兩邊的尾巴，「火力」分散；而做單尾檢定時，只需考慮一邊尾巴，所以「火力」比較集中，更容易否定 H_0。所以上述問題的答案是：不用算就知道，可以判斷 $H_1: p_1 - p_2 < 0$ 正確。有疑問的讀者不妨自己檢視看看，如果利用式 (9.5-6) 作判斷，結果會如何。

有時我們會想要知道，兩個母體比例的差大致落在什麼範圍。比如像例 9.5-2 的問題，我們可能會想知道，坦承犯罪者被判入獄的比例、和不承認犯罪但最終被認定有罪者被判入獄的比例，二者之間會相差多少，也就是說 $p_1 - p_2$ 的值大概會是多少；這時可以造一個信賴區間來回答問題。

例 9.5-2 裡的檢定方法，所依據的事實是：

在 $H_0: p_1 - p_2 = 0$ 之下，

$$\frac{\hat{p}_1 - \hat{p}_2}{\sqrt{\dfrac{p(1-p)}{m} + \dfrac{p(1-p)}{n}}} = \frac{\hat{p}_1 - \hat{p}_2}{\sqrt{p(1-p)\left(\dfrac{1}{m} + \dfrac{1}{n}\right)}}$$

有近似標準常態分布，然後我們再把式子分母當中的 p 用合適的估計式 $\hat{p}$ 取代。但這項事實在 $p_1 = p_2 = p$ 的假設下才適用，現在會想要找 $p_1 - p_2$ 的信賴區間，當然就是因為不知道 $p_1 - p_2$ 的值是多少，所以沒理由去假設 $p_1 = p_2$，這時應利用式 (9.5-2)，也就是 $\dfrac{(\hat{p}_1 - \hat{p}_2) - (p_1 - p_2)}{\sqrt{\dfrac{\hat{p}_1(1-\hat{p}_1)}{m} + \dfrac{\hat{p}_2(1-\hat{p}_2)}{n}}}$

在 m 和 n 夠大時，分布近似於標準常態這項事實；用心的讀者可能已經

想到了，只要寫出合適的機率式子：

$$P\left(-z_{\alpha/2} < \frac{(\hat{p}_1 - \hat{p}_2) - (p_1 - p_2)}{\sqrt{\frac{\hat{p}_1(1-\hat{p}_1)}{m} + \frac{\hat{p}_2(1-\hat{p}_2)}{n}}} < z_{\alpha/2}\right) \approx 1 - \alpha \qquad (9.5\text{-}8)$$

再將不等式整理、移項，把「主角」 $p_1 - p_2$ 放到中間，就可以得到信賴區間如下：

---

m 和 n 夠大時， $p_1 - p_2$ 的近似 $100(1-\alpha)\%$ 信賴區間公式為

$$\left(\hat{p}_1 - \hat{p}_2 - z_{\alpha/2}\sqrt{\frac{\hat{p}_1(1-\hat{p}_1)}{m} + \frac{\hat{p}_2(1-\hat{p}_2)}{n}},\ \hat{p}_1 - \hat{p}_2 + z_{\alpha/2}\sqrt{\frac{\hat{p}_1(1-\hat{p}_1)}{m} + \frac{\hat{p}_2(1-\hat{p}_2)}{n}}\right)$$
$$(9.5\text{-}9)$$

例 9.5-3

(續例 9.5-2)

求 $p_1 - p_2$ 的近似 95% 信賴區間。

解

將 $\hat{p}_1 = \frac{121}{180} = 0.672$ 、 $\hat{p}_2 = \frac{55}{64} = 0.859$ 和 $m = 180$ 、 $n = 64$ 代入根號可得

$$\sqrt{\frac{0.672 \cdot 0.328}{180} + \frac{0.859 \cdot 0.141}{64}} = 0.056$$

而 $z_{0.05/2} = 1.96$，因此根據式 (9.5-9)，可得

$$(0.672 - 0.859 - 1.96 \cdot 0.056,\ 0.672 - 0.859 + 1.96 \cdot 0.056)$$
$$= (-0.296, -0.078)$$

習題

1. 小胖擲一顆正面機率為 p 的特製銅板 100 次，得到 31 次正面；大胖擲同一顆銅板 80 次，得到 14 次正面。

    (a) 若令 X 代表擲該銅板 100 次時，正面出現的次數，則 X 的分布是什麼？

    (b) 用此情況下最合適的方式估計 p。

2. 某大學的學務處想要了解下學年度男女生申請助學貸款的比例是否不同，於是他們隨機抽樣了 386 位學生，並得到以下數據。

    (a) 在 $\alpha = 0.05$ 下，是否有足夠證據說該校男女生下學年度將申請助學貸款的比例有所不同？

    (b) 求 $p_1 - p_2$ 的近似 95% 信賴區間。

	將申請助學貸款	不申請助學貸款
男生	34	151
女生	41	160

3. 某位研究員想要探討某一種藥是否對於睡眠有幫助，於是他隨機抽樣 420 個人，讓一半的人吃藥，另一半的人吃安慰劑，並記錄他們的睡眠品質是否獲得改善。數據如下表：

	睡眠品質獲得改善	睡眠品質沒有改善
吃藥	64	146
吃安慰劑	30	180

    在 $\alpha = 0.01$ 標準下，檢驗此藥是否有效。

9.6 有關兩母體變異數的檢定及信賴區間

我們在 7.8 節討論了母體變異數 σ^2 的區間估計，8.5 節討論了有關 σ^2 的檢定，現在要同時比較兩個母體的變異數。比較的方式有兩種：可以利用檢定問題處理，也可以找出兩變異數比值的信賴區間。兩種處理方式都需要用到我們在 5.6 節介紹過的 F 分布，簡單複習如下。

假設某個隨機變數 $X \sim \chi_m^2$，而另外一個隨機變數 $Y \sim \chi_n^2$，且 X 和 Y 互相獨立，則 $F = \dfrac{X/m}{Y/n}$ 呈現 F 分布，其分子的自由度為 m、分母的自由度為 n，我們將它的自由度以 $df = (m,n)$ 表示，而將其分布用符號表示為 $F \sim F_{m,n}$。

現在假設 $X_1, X_2, \cdots, X_m$ 為抽自某一常態分布母體的隨機樣本，母體平均數和變異數分別為 μ_1 和 σ_1^2，$Y_1, Y_2, \cdots, Y_n$ 為抽自另一常態分布母體的隨機樣本，母體平均數和變異數分別為 μ_2 和 σ_2^2，且 $X_1, X_2, \cdots, X_m$ 和 $Y_1, Y_2, \cdots, Y_n$ 互相獨立。設 $S_1^2 = \dfrac{\sum_{i=1}^{m}(X_i - \bar{X})^2}{m-1}$ 和 $S_2^2 = \dfrac{\sum_{i=1}^{n}(Y_i - \bar{Y})^2}{n-1}$ 分別是兩個樣本的變異數；因為 $\chi_1^2 = \dfrac{(m-1)S_1^2}{\sigma_1^2}$ 的抽樣分布是自由度 $df = m-1$ 的卡方分布，$\chi_2^2 = \dfrac{(n-1)S_2^2}{\sigma_2^2}$ 的抽樣分布是自由度 $df = n-1$ 的卡方分布，所以可得 $\dfrac{S_1^2/\sigma_1^2}{S_2^2/\sigma_2^2} = \dfrac{\chi_1^2/(m-1)}{\chi_2^2/(n-1)}$ 的分布是自由度 $df = (m-1, n-1)$ 的 F 分布，這是我們在本節建構信賴區間或者做檢定的理論基礎。

在 5.6 節曾介紹過，當 $X \sim F_{m,n}$，本書的 F 機率分布表 (表 6) 提供的是其機率密度函數的右尾面積等於 α 時所對應之 $f_{m,n,\alpha}$ 值，即 $f_{m,n,\alpha}$ 會滿足 $P(X \geq f_{m,n,\alpha}) = \alpha$，如下圖所示：

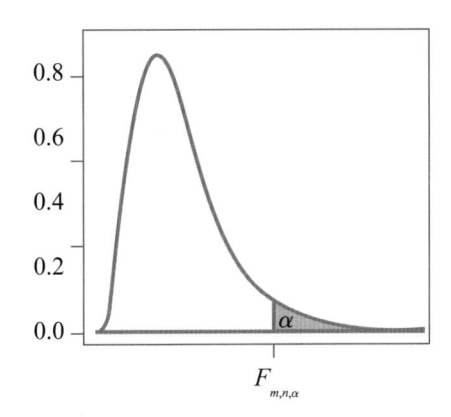

現在要建構信賴區間的話，我們需要用到對應右尾面積 $\dfrac{\alpha}{2}$ 和左尾面積 $\dfrac{\alpha}{2}$ 的值，也就是 $f_{m,n,\alpha/2}$ 和 $f_{m,n,1-\alpha/2}$，但是表 6 只提供對應右尾的值，對應左尾的值可以用關係式導出：

假設 $F = \dfrac{X/m}{Y/n}$ 的分布是 $F_{m,n}$，則 $\dfrac{1}{F} = \dfrac{Y/n}{X/m}$ 的分布是 $F_{n,m}$，而因為

$$\frac{\alpha}{2} = P\left(\frac{Y/n}{X/m} > f_{n,m,\alpha/2}\right) = P\left(\frac{X/m}{Y/n} < \frac{1}{f_{n,m,\alpha/2}}\right) = 1 - P\left(\frac{X/m}{Y/n} > \frac{1}{f_{n,m,\alpha/2}}\right)$$

經過移項之後可得

$$P\left(\frac{X/m}{Y/n} > \frac{1}{f_{n,m,\alpha/2}}\right) = 1 - \frac{\alpha}{2} = P\left(\frac{X/m}{Y/n} > f_{m,n,1-\alpha/2}\right)$$

因此可得

$$f_{m,n,1-\alpha/2} = \frac{1}{f_{n,m,\alpha/2}} \tag{9.6-1}$$

例 9.6-1

查表求 (a) $f_{5,8,0.99}$，(b) $f_{12,10,0.975}$。

解

根據式 (9.6-1) 可得

(a) $f_{5,8,0.99} = \dfrac{1}{f_{8,5,0.01}} = \dfrac{1}{10.29} = 0.097$

(b) $f_{12,10,0.975} = \dfrac{1}{f_{10,12,0.025}} = \dfrac{1}{3.37} = 0.297$

因為 $\dfrac{S_1^2/\sigma_1^2}{S_2^2/\sigma_2^2} = \dfrac{\chi_1^2/(m-1)}{\chi_2^2/(n-1)}$ 的分布是自由度 $df = (m-1, n-1)$ 的 F 分布，所以可得

$$1-\alpha = P\left(f_{m-1,n-1,1-\alpha/2} < \dfrac{S_1^2/\sigma_1^2}{S_2^2/\sigma_2^2} < f_{m-1,n-1,\alpha/2}\right)$$

$$= P\left(f_{m-1,n-1,1-\alpha/2} < \dfrac{S_1^2}{S_2^2} \cdot \dfrac{\sigma_2^2}{\sigma_1^2} < f_{m-1,n-1,\alpha/2}\right)$$

$$= P\left(\dfrac{S_1^2}{S_2^2} \cdot \dfrac{1}{f_{m-1,n-1,\alpha/2}} < \dfrac{\sigma_1^2}{\sigma_2^2} < \dfrac{S_1^2}{S_2^2} \cdot \dfrac{1}{f_{m-1,n-1,1-\alpha/2}}\right)$$

由此可得信賴區間公式如下。

假設 $X_1, X_2, \cdots, X_m$ 為抽自某一常態分布母體的隨機樣本，母體平均數和變異數分別為 μ_1 和 σ_1^2，$Y_1, Y_2, \cdots, Y_n$ 為抽自另一常態分布母體的隨機樣本，母體平均數和變異數分別為 μ_2 和 σ_2^2，且 $X_1, X_2, \cdots, X_m$ 和 $Y_1, Y_2, \cdots, Y_n$ 互相獨立。設 $S_1^2 = \dfrac{\sum_{i=1}^{m}(X_i - \bar{X})^2}{m-1}$ 和 $S_2^2 = \dfrac{\sum_{i=1}^{n}(Y_i - \bar{Y})^2}{n-1}$ 分別是兩個樣本的變異數，則

母體變異數比值 σ_1^2/σ_2^2 之 $(1-\alpha)100\%$ 信賴區間為

$$\left(\dfrac{S_1^2}{S_2^2} \cdot \dfrac{1}{f_{m-1,n-1,\alpha/2}},\ \dfrac{S_1^2}{S_2^2} \cdot \dfrac{1}{f_{m-1,n-1,1-\alpha/2}}\right)$$

也可寫成 $\left(\dfrac{S_1^2}{S_2^2} \cdot \dfrac{1}{f_{m-1,n-1,\alpha/2}},\ \dfrac{S_1^2}{S_2^2} \cdot f_{n-1,m-1,\frac{\alpha}{2}}\right)$ (9.6-2)

例 9.6-2

某工廠由工人組裝某產品所需要的時間大致符合常態分布。原本不同工人需要時間的差異較大，工廠想要知道，是否能經由重新訓練、縮短工人完成工作的時間差異。隨機抽出兩組工人後，第一組的 11 位依照原來方式組裝產品，第二組的 13 位則先加以短時間的訓練後才組裝產品。假設記錄兩組的組裝時間 (分鐘)，得到第一組的變異數 $S_1^2 = 1.7$、第二組的變異數 $S_2^2 = 0.9$，求母體變異數比值 $\dfrac{\sigma_1^2}{\sigma_2^2}$ 之 95% 信賴區間。

解

$1 - \alpha = 0.95$，所以 $\dfrac{\alpha}{2} = 0.025$。根據公式 (9.6-2)，查表得 $f_{10,12,0.025} = 3.37$，$f_{12,10,0.025} = 3.62$，所以 $\dfrac{\sigma_1^2}{\sigma_2^2}$ 之 95% 信賴區間為

$$\left(\frac{S_1^2}{S_2^2} \cdot \frac{1}{f_{m-1,n-1,\alpha/2}}, \frac{S_1^2}{S_2^2} \cdot f_{n-1,m-1,\alpha/2} \right) = \left(\frac{1.7}{0.9} \cdot \frac{1}{3.37}, \frac{1.7}{0.9} \cdot 3.62 \right) = (0.56, 6.84)$$

如果例 9.6-2 是想要判斷經過訓練後變異數是否縮小，也就是判斷 $\sigma_1^2 = \sigma_2^2$ 和 $\sigma_1^2 > \sigma_2^2$ 何者正確，則可以當作檢定問題來處理。因為 $\sigma_1^2 = \sigma_2^2$ 和 $\sigma_1^2 > \sigma_2^2$ 可以分別表示成 $\dfrac{\sigma_1^2}{\sigma_2^2} = 1$ 和 $\dfrac{\sigma_1^2}{\sigma_2^2} > 1$，我們可以利用 $\dfrac{S_1^2}{S_2^2}$ 來做檢定；$\dfrac{S_1^2}{S_2^2}$ 值大就反映 $\dfrac{\sigma_1^2}{\sigma_2^2}$ 的值較大。已知 $\dfrac{S_1^2/\sigma_1^2}{S_2^2/\sigma_2^2}$ 的分布是自由度 $df = (m-1, n-1)$ 的 F 分布，而當 $H_0 : \sigma_1^2 = \sigma_2^2$ 正確時，$\dfrac{S_1^2}{S_2^2} = \dfrac{S_1^2/\sigma_1^2}{S_2^2/\sigma_2^2}$，所以在 H_0 之下，$\dfrac{S_1^2}{S_2^2}$ 的分布就是自由度 $df = (m-1, n-1)$ 的 F 分布，因此可得 α 標準下的檢定規則：

二常態分布母體變異數之檢定規則

1. $H_0: \sigma_1^2 = \sigma_2^2$ 對應 $H_1: \sigma_1^2 > \sigma_2^2$

    檢定規則：$\dfrac{S_1^2}{S_2^2} > f_{m-1, n-1, \alpha}$ 時，否定 H_0 (9.6-3)

2. $H_0: \sigma_1^2 = \sigma_2^2$ 對應 $H_1: \sigma_1^2 < \sigma_2^2$

    檢定規則：$\dfrac{S_1^2}{S_2^2} < f_{m-1, n-1, 1-\alpha}$ 時，否定 H_0 (9.6-4)

3. $H_0: \sigma_1^2 = \sigma_2^2$ 對應 $H_1: \sigma_1^2 \neq \sigma_2^2$

    檢定規則：$\dfrac{S_1^2}{S_2^2} > f_{m-1, n-1, \alpha/2}$ 或 $\dfrac{S_1^2}{S_2^2} < f_{m-1, n-1, 1-\alpha/2}$ 時，否定 H_0 (9.6-5)

例 9.6-3

某工廠由工人組裝某產品所需要的時間大致符合常態分布。工廠想要知道，是否能經由重新訓練、縮短工人完成工作的時間差異。隨機抽出兩組工人後，第一組的 11 位依照原來方式組裝產品，第二組的 13 位則先加以短時間的訓練後才組裝產品。記錄兩組的組裝時間 (分鐘)，得到第一組的變異數 $S_1^2 = 1.7$、第二組的變異數 $S_2^2 = 0.9$，令 $\alpha = 0.05$，判斷經過訓練之後、工人組裝產品所需時間之變異數是否縮小。

解

若令 σ_1^2 代表工人依照原來方式組裝產品所需時間之變異數，σ_2^2 代表加以短時間訓練之後、工人組裝產品所需時間之變異數，則我們想要檢定

$$H_0: \sigma_1^2 = \sigma_2^2 \text{ 對應 } H_1: \sigma_1^2 > \sigma_2^2$$

查表得 $f_{10,12,0.05} = 2.75$，$\dfrac{S_1^2}{S_2^2} = \dfrac{1.7}{0.9} = 1.89 < 2.75$，所以不能否定 H_0。結論是：沒有足夠證據可以說，訓練之後工人組裝產品所需時間之變異數會縮小。

例 9.6-4

標示含 4.5% 酒精的啤酒,實際上百分比還是會有出入。有人隨機抽了 A 品牌的 16 罐啤酒,並測試所含酒精之百分比,得到樣本變異數 $S_1^2 = 0.48$;再隨機抽了 B 品牌的 16 罐啤酒測試,得到樣本變異數 $S_2^2 = 0.76$。假設該二品牌罐裝啤酒的酒精含量符合常態分布,令 $\alpha = 0.1$,判斷該二品牌罐裝啤酒酒精含量之變異數是否相等。

解

我們要檢定

$$H_0 : \sigma_1^2 = \sigma_2^2 \text{ 對應 } H_1 : \sigma_1^2 \neq \sigma_2^2$$

這是雙尾檢定,要用檢定規則 (9.6-5)。

查表得 $f_{15,15,0.05} = 2.4$,而 $f_{15,15,0.95} = \dfrac{1}{f_{15,15,0.05}} = \dfrac{1}{2.4} = 0.42$,所以

$$\frac{S_1^2}{S_2^2} > 2.4 \text{ 或 } \frac{S_1^2}{S_2^2} < 0.42 \text{ 時,否定 } H_0。$$

因為 $\dfrac{S_1^2}{S_2^2} = \dfrac{0.48}{0.76} = 0.63$,所以不能否定 H_0。

習題

1. 一家麵包店的兩家分店都賣同樣的貝果,一個大約 90 克左右。但是 A 店的貝果看來大小差不多、B 店的看來差很多,老闆想要知道兩家貝果重量差異的比值大約多少。從 A 店隨機抽 8 個貝果、得重量變異數 4.4,B 店的 9 個貝果重量變異數則是 14.2。若貝果重量大致符合常態分布,令 σ_A^2 和 σ_B^2 分別代表 A、B 兩店貝果之重量變異數,求 $\dfrac{\sigma_B^2}{\sigma_A^2}$ 之 (a) 95% 信賴區間,(b) 98% 信賴區間。

2. (續上題) 根據第 1 題的數據，(a) 在 $\alpha = 0.05$ 標準下判斷，σ_A^2 和 σ_B^2 是否相等。(b) 在 $\alpha = 0.01$ 標準下判斷，B 店的貝果重量變異數是否大於 A 店。

3. 假設我們從某一常態分布的母體抽出 $m = 9$ 的隨機樣本，其母體變異數為 σ_1^2，再從另一個常態分布的母體抽出 $n = 16$ 的隨機樣本，其母體變異數為 σ_2^2。若 $\dfrac{\sigma_1^2}{\sigma_2^2}$ 之 95% 信賴區間為 $(0.175, b)$，求 b 之值。

重點摘要

1. 假設 $X_1, X_2, \cdots, X_m$ 為抽自某一常態分布母體的隨機樣本，母體平均數和變異數分別為 μ_1 和 σ_1^2，$Y_1, Y_2, \cdots, Y_n$ 為抽自另一常態分布母體的隨機樣本，母體平均數和變異數分別為 μ_2 和 σ_2^2，且 $X_1, X_2, \cdots, X_m$ 和 $Y_1, Y_2, \cdots, Y_n$ 互相獨立；則 $\bar{X} - \bar{Y}$ 的抽樣分布為常態分布，其平均數為 $\mu_1 - \mu_2$、變異數為 $\dfrac{\sigma_1^2}{m} + \dfrac{\sigma_2^2}{n}$，也可換個方式說：

$$\frac{\bar{X} - \bar{Y} - (\mu_1 - \mu_2)}{\sqrt{(\sigma_1^2/m) + (\sigma_2^2/n)}} \text{ 的分布是 } N(0,1)$$

2. 假設 $X_1, X_2, \cdots, X_m$ 為抽自某一常態分布母體的隨機樣本，母體平均數和變異數分別為 μ_1 和 σ_1^2，$Y_1, Y_2, \cdots, Y_n$ 為抽自另一常態分布母體的隨機樣本，母體平均數和變異數分別為 μ_2 和 σ_2^2，且 $X_1, X_2, \cdots, X_m$ 和 $Y_1, Y_2, \cdots, Y_n$ 互相獨立。當 σ_1^2 和 σ_2^2 均已知時，在 α 標準下，有關平均數差 $\mu_1 - \mu_2$ 的檢定規則如下，μ_0 代表某固定實數：

(1) $H_0: \mu_1 - \mu_2 = \mu_0$ 對應 $H_1: \mu_1 - \mu_2 > \mu_0$

檢定規則：$\dfrac{\bar{X} - \bar{Y} - \mu_0}{\sqrt{(\sigma_1^2/m) + (\sigma_2^2/n)}} \geq z_\alpha$ 時，否定 H_0

(2) $H_0: \mu_1 - \mu_2 = \mu_0$ 對應 $H_1: \mu_1 - \mu_2 < \mu_0$

　　檢定規則：$\dfrac{\bar{X} - \bar{Y} - \mu_0}{\sqrt{(\sigma_1^2/m) + (\sigma_2^2/n)}} \leq -z_\alpha$ 時，否定 H_0

(3) $H_0: \mu_1 - \mu_2 = \mu_0$ 對應 $H_1: \mu_1 - \mu_2 \neq \mu_0$

　　檢定規則：$\left| \dfrac{\bar{X} - \bar{Y} - \mu_0}{\sqrt{(\sigma_1^2/m) + (\sigma_2^2/n)}} \right| \geq z_{\alpha/2}$ 時，否定 H_0

3. 假設 $X_1, X_2, \cdots, X_m$ 為抽自某一常態分布母體的隨機樣本，母體平均數和變異數分別為 μ_1 和 σ_1^2，$Y_1, Y_2, \cdots, Y_n$ 為抽自另一常態分布母體的隨機樣本，母體平均數和變異數分別為 μ_2 和 σ_2^2，且 $X_1, X_2, \cdots, X_m$ 和 $Y_1, Y_2, \cdots, Y_n$ 互相獨立。當變異數 σ_1^2 和 σ_2^2 均已知時，有關該二母體平均數差 $\mu_1 - \mu_2$ 的 $(1-\alpha)100\%$ 信賴區間為

$$\left(\bar{X} - \bar{Y} - z_{\alpha/2} \sqrt{(\sigma_1^2/m) + (\sigma_2^2/n)},\ \bar{X} - \bar{Y} + z_{\alpha/2} \sqrt{(\sigma_1^2/m) + (\sigma_2^2/n)} \right)$$

4. 假設 $X_1, X_2, \cdots, X_m$ 為抽自某一母體的隨機樣本，母體平均數和變異數分別為 μ_1 和 σ_1^2，$Y_1, Y_2, \cdots, Y_n$ 為抽自另一母體的隨機樣本，母體平均數和變異數分別為 μ_2 和 σ_2^2，且 $X_1, X_2, \cdots, X_m$ 和 $Y_1, Y_2, \cdots, Y_n$ 互相獨立。二母體變異數 σ_1^2 和 σ_2^2 均未知且 m, n 夠大時，若 μ_0 代表某固定實數，在 α 標準下，有關平均數差 $\mu_1 - \mu_2$ 的檢定規則為

(1) $H_0: \mu_1 - \mu_2 = \mu_0$ 對應 $H_1: \mu_1 - \mu_2 > \mu_0$

　　檢定規則：$\dfrac{\bar{X} - \bar{Y} - \mu_0}{\sqrt{(S_1^2/m) + (S_2^2/n)}} \geq z_\alpha$ 時，否定 H_0

(2) $H_0: \mu_1 - \mu_2 = \mu_0$ 對應 $H_1: \mu_1 - \mu_2 < \mu_0$

　　檢定規則：$\dfrac{\bar{X} - \bar{Y} - \mu_0}{\sqrt{(S_1^2/m) + (S_2^2/n)}} \leq -z_\alpha$ 時，否定 H_0

(3) $H_0: \mu_1 - \mu_2 = \mu_0$ 對應 $H_1: \mu_1 - \mu_2 \neq \mu_0$

檢定規則：$\left| \dfrac{\bar{X} - \bar{Y} - \mu_0}{\sqrt{(S_1^2/m) + (S_2^2/n)}} \right| \geq z_{\alpha/2}$ 時，否定 H_0

5. 假設 $X_1, X_2, \cdots, X_m$ 為抽自某一母體的隨機樣本，母體平均數和變異數分別為 μ_1 和 σ_1^2，$Y_1, Y_2, \cdots, Y_n$ 為抽自另一母體的隨機樣本，母體平均數和變異數分別為 μ_2 和 σ_2^2，且 $X_1, X_2, \cdots, X_m$ 和 $Y_1, Y_2, \cdots, Y_n$ 互相獨立。二個母體的變異數 σ_1^2 和 σ_2^2 均未知且 m, n 夠大時，該二母體平均數差 $\mu_1 - \mu_2$ 的近似 $(1-\alpha)100\%$ 信賴區間為

$$\left(\bar{X} - \bar{Y} - z_{\alpha/2}\sqrt{(S_1^2/m) + (S_2^2/n)},\ \bar{X} - \bar{Y} + z_{\alpha/2}\sqrt{(S_1^2/m) + (S_2^2/n)} \right)$$

6. 假設 $X_1, X_2, \cdots, X_m$ 為抽自某一常態分布母體的隨機樣本，母體平均數和變異數分別為 μ_1 和 σ_1^2，$Y_1, Y_2, \cdots, Y_n$ 為抽自另一常態分布母體的隨機樣本，母體平均數和變異數分別為 μ_2 和 σ_2^2，$\sigma_1^2 = \sigma_2^2 = \sigma^2$ 未知，且 $X_1, X_2, \cdots, X_m$ 和 $Y_1, Y_2, \cdots, Y_n$ 互相獨立；則 $\dfrac{\bar{X} - \bar{Y} - (\mu_1 - \mu_2)}{S_p\sqrt{(1/m) + (1/n)}}$ 的分布為自由度 $m + n - 2$ 的 t 分布，其中，$S_p = \sqrt{S_p^2}$，而 $S_p^2 = \dfrac{(m-1)S_1^2 + (n-1)S_2^2}{m+n-2}$。

7. 二常態分布母體變異數 σ_1^2 和 σ_2^2 均未知但相等，$\sigma_1^2 = \sigma_2^2 = \sigma^2$ 時，若 μ_0 代表某固定實數，在 α 標準下，有關平均數差 $\mu_1 - \mu_2$ 的兩樣本 t 檢定之檢定規則為

(1) $H_0: \mu_1 - \mu_2 = \mu_0$ 對應 $H_1: \mu_1 - \mu_2 > \mu_0$

檢定規則：$\dfrac{\bar{X} - \bar{Y} - \mu_0}{S_p\sqrt{(1/m) + (1/n)}} > t_{m+n-2, \alpha}$ 時，否定 H_0

(2) $H_0: \mu_1 - \mu_2 = \mu_0$ 對應 $H_1: \mu_1 - \mu_2 < \mu_0$

檢定規則：$\dfrac{\bar{X} - \bar{Y} - \mu_0}{S_p\sqrt{(1/m) + (1/n)}} < -t_{m+n-2,\alpha}$ 時，否定 H_0

(3) $H_0: \mu_1 - \mu_2 = \mu_0$ 對應 $H_1: \mu_1 - \mu_2 \neq \mu_0$

檢定規則：$\left| \dfrac{\bar{X} - \bar{Y} - \mu_0}{S_p\sqrt{(1/m) + (1/n)}} \right| \geq t_{m+n-2,\alpha/2}$ 時，否定 H_0

式中之 $S_p = \sqrt{S_p^2}$，而 $S_p^2 = \dfrac{(m-1)S_1^2 + (n-1)S_2^2}{m+n-2}$。

8. 二常態分布母體變異數 σ_1^2 和 σ_2^2 均未知但相等，$\sigma_1^2 = \sigma_2^2 = \sigma^2$ 時，平均數差 $\mu_1 - \mu_2$ 的 $(1-\alpha)100\%$ 信賴區間為

$$\left(\bar{X} - \bar{Y} - t_{m+n-2,\alpha/2} \cdot S_p\sqrt{(1/m) + (1/n)},\ \bar{X} - \bar{Y} + t_{m+n-2,\alpha/2} \cdot S_p\sqrt{(1/m) + (1/n)} \right)$$

9. $(X_1, Y_1), (X_2, Y_2), \cdots, (X_n, Y_n)$ 是互相獨立的成對樣本，$E(X_i) = \mu_1$，$E(Y_i) = \mu_2$。令 $D_i = X_i - Y_i$，$i = 1, 2, \cdots, n$，$D_1, D_2, \cdots, D_n$ 符合常態分布，平均數為 $\mu_D = \mu_1 - \mu_2$、變異數 σ_D^2 未知。在 α 標準下，平均數 μ_D 的檢定規則如下 (叫做成對 t 檢定)：

(1) $H_0: \mu_D = \mu_0$ 對應 $H_1: \mu_D > \mu_0$

檢定規則：$\bar{D} \geq \mu_0 + t_{n-1,\alpha} \cdot \dfrac{S_D}{\sqrt{n}}$ 時，否定 H_0

(2) $H_0: \mu_D = \mu_0$ 對應 $H_1: \mu_D < \mu_0$

檢定規則：$\bar{D} \leq \mu_0 - t_{n-1,\alpha} \cdot \dfrac{S_D}{\sqrt{n}}$ 時，否定 H_0

(3) $H_0: \mu_D = \mu_0$ 對應 $H_1: \mu_D \neq \mu_0$

檢定規則：$\bar{D} \geq \mu_0 + t_{n-1,\alpha/2} \cdot \dfrac{S_D}{\sqrt{n}}$ 或 $\bar{D} \leq \mu_0 - t_{n-1,\alpha/2} \cdot \dfrac{S_D}{\sqrt{n}}$ 時，否定 H_0

式中之 $\bar{D} = \dfrac{D_1 + D_2 + \cdots + D_n}{n}$，而 $S_D = \sqrt{\dfrac{\sum_{i=1}^{n}(D_i - \bar{D})^2}{n-1}}$。

10. $(X_1, Y_1), (X_2, Y_2), \cdots, (X_n, Y_n)$ 是互相獨立的成對樣本，$E(X_i) = \mu_1$，$E(Y_i) = \mu_2$。令 $D_i = X_i - Y_i, i = 1, 2, \cdots, n$，$D_1, D_2, \cdots, D_n$ 符合常態分布，平均數為 $\mu_D = \mu_1 - \mu_2$、變異數 σ_D^2 未知，則 μ_D 的 $(1-\alpha)100\%$ 信賴區間為

$$\left(\bar{D} - t_{n-1,\alpha} \cdot \frac{S_D}{\sqrt{n}}, \bar{D} + t_{n-1,\alpha} \cdot \frac{S_D}{\sqrt{n}} \right)$$

式中之 $\bar{D} = \dfrac{D_1 + D_2 + \cdots + D_n}{n}$，而 $S_D = \sqrt{\dfrac{\sum_{i=1}^{n}(D_i - \bar{D})^2}{n-1}}$。

11. 令 p_1 和 p_2 分別代表二母體中符合某特質的比例，從該二母體分別抽出隨機樣本，得到 $\hat{p}_1 = \dfrac{X}{m}$ 和 $\hat{p}_2 = \dfrac{Y}{n}$ 的樣本比例，當 m 和 n 符合大樣本條件時，在 α 標準下、有關 p_1 和 p_2 的檢定規則如下：

(1) $H_0: p_1 - p_2 = 0$ 對應 $H_1: p_1 - p_2 > 0$

$$\frac{\hat{p}_1 - \hat{p}_2}{\sqrt{\hat{p}(1-\hat{p})\left(\dfrac{1}{m} + \dfrac{1}{n}\right)}} > z_\alpha \text{ 時，否定 } H_0$$

(2) $H_0: p_1 - p_2 = 0$ 對應 $H_1: p_1 - p_2 < 0$

$$\frac{\hat{p}_1 - \hat{p}_2}{\sqrt{\hat{p}(1-\hat{p})\left(\dfrac{1}{m} + \dfrac{1}{n}\right)}} < -z_\alpha \text{ 時，否定 } H_0$$

(3) $H_0: p_1 - p_2 = 0$ 對應 $H_1: p_1 - p_2 \neq 0$

$$\left| \frac{\hat{p}_1 - \hat{p}_2}{\sqrt{\hat{p}(1-\hat{p})\left(\dfrac{1}{m} + \dfrac{1}{n}\right)}} \right| > z_{\alpha/2} \text{ 時，否定 } H_0$$

以上式子裡的 $\hat{p} = \dfrac{X+Y}{m+n}$。

12. 令 p_1 和 p_2 分別代表二母體中符合某特質的比例，從該二母體分別抽出隨機樣本，得到 $\hat{p}_1 = \dfrac{X}{m}$ 和 $\hat{p}_2 = \dfrac{Y}{n}$ 的樣本比例，m 和 n 夠大時，$p_1 - p_2$ 的近似 $100(1-\alpha)\%$ 信賴區間公式為

$$\left(\hat{p}_1 - \hat{p}_2 - z_{\alpha/2}\sqrt{\dfrac{\hat{p}_1(1-\hat{p}_1)}{m} + \dfrac{\hat{p}_2(1-\hat{p}_2)}{n}},\ \hat{p}_1 - \hat{p}_2 + z_{\alpha/2}\sqrt{\dfrac{\hat{p}_1(1-\hat{p}_1)}{m} + \dfrac{\hat{p}_2(1-\hat{p}_2)}{n}} \right)$$

13. 假設 $X_1, X_2, \cdots, X_m$ 為抽自某一常態分布母體的隨機樣本，母體平均數和變異數分別為 μ_1 和 σ_1^2，$Y_1, Y_2, \cdots, Y_n$ 為抽自另一常態分布母體的隨機樣本，母體平均數和變異數分別為 μ_2 和 σ_2^2，且 $X_1, X_2, \cdots, X_m$ 和 $Y_1, Y_2, \cdots, Y_n$ 互相獨立。設 $S_1^2 = \dfrac{\sum_{i=1}^{m}(X_i - \bar{X})^2}{m-1}$ 和 $S_2^2 = \dfrac{\sum_{i=1}^{n}(Y_i - \bar{Y})^2}{n-1}$ 分別是兩個樣本的變異數，則母體變異數比值 $\dfrac{\sigma_1^2}{\sigma_2^2}$ 之 $(1-\alpha)100\%$ 信賴區間為

$$\left(\dfrac{S_1^2}{S_2^2} \cdot \dfrac{1}{f_{m-1, n-1, \alpha/2}},\ \dfrac{S_1^2}{S_2^2} \cdot \dfrac{1}{f_{m-1, n-1, 1-\alpha/2}} \right)$$

也可寫成

$$\left(\dfrac{S_1^2}{S_2^2} \cdot \dfrac{1}{f_{m-1, n-1, \alpha/2}},\ \dfrac{S_1^2}{S_2^2} \cdot f_{n-1, m-1, \frac{\alpha}{2}} \right)$$

14. α 標準下、關於二母體變異數的檢定規則：

(1) $H_0 : \sigma_1^2 = \sigma_2^2$ 對應 $H_1 : \sigma_1^2 > \sigma_2^2$

檢定規則：$\dfrac{S_1^2}{S_2^2} > f_{m-1, n-1, \alpha}$ 時，否定 H_0

(2) $H_0 : \sigma_1^2 = \sigma_2^2$ 對應 $H_1 : \sigma_1^2 < \sigma_2^2$

檢定規則：$\dfrac{S_1^2}{S_2^2} < f_{m-1, n-1, 1-\alpha}$ 時，否定 H_0

(3) $H_0: \sigma_1^2 = \sigma_2^2$ 對應 $H_1: \sigma_1^2 \neq \sigma_2^2$

檢定規則：$\dfrac{S_1^2}{S_2^2} > f_{m-1, n-1, \alpha/2}$ 或 $\dfrac{S_1^2}{S_2^2} < f_{m-1, n-1, 1-\alpha/2}$ 時，否定 H_0

第九章 習題

1. 在 $\alpha = 0.05$ 標準下，根據以下數據：$m = 50, \bar{x} = 62, s_1^2 = 360, n = 60, \bar{y} = 47, s_2^2 = 240$，檢定 $H_0: \mu_1 - \mu_2 = 10$ 對應 $H_1: \mu_1 - \mu_2 > 10$。

2. 某大學的學務處想要了解，該校學生每天花在講手機的時間是否男女有別，於是隨機抽樣 23 位男學生，得其平均每日講手機的時間為 27 分鐘，標準差為 4.9 分鐘，另隨機抽樣 19 位女學生，得其平均每日講手機的時間為 40 分鐘，標準差為 6 分鐘。假設兩母體均呈常態分布，且變異數相等，在 $\alpha = 0.01$ 標準之下，是否可以說該校女生平均每天花在講手機的時間較男生多不只 10 分鐘？

3. 隨機抽取 15 位工學院學生，得到 SAT 測驗語文平均成績為 446 分、標準差 42，而 15 位文學院學生之平均成績為 534 分、標準差 45。假設工學院學生成績和文學院學生成績都符合常態分布，且變異數相等；令 μ_1 代表所有工學院學生平均成績、μ_2 代表所有文學院學生平均成績，檢定 $H_0: \mu_1 = \mu_2$ 對應 $H_1: \mu_1 \neq \mu_2$。
   (a) 若 $\alpha = 0.05$，能不能否定 H_0？
   (b) 求 $\mu_1 - \mu_2$ 的 95% 信賴區間。

4. 某減肥茶生產商聲稱，只要每天喝兩杯他們生產的減肥茶，即可在一個月內減輕超過 2.5 公斤。我們從其客戶中隨機抽樣 7 個人，並記錄下他們開始喝減肥茶之前以及喝了一個月後的體重。其數據如下：

	甲	乙	丙	丁	戊	己	庚
喝之前	72	58	61	65	68	54	62
喝之後	69	57	55	66	63	51	60

假設喝減肥茶之前和之後體重的差呈常態分布，問此數據是否可以證明此減肥茶生產商所言屬實？(用 $\alpha = 0.01$ 做假設檢定)

5. 在某地區隨機抽取 7 個住家，分別測量室內和室外空氣中某種可能致癌物的量，得到以下數據：

	\multicolumn{7}{c}{住家}
	1	2	3	4	5	6	7
室內	.07	.08	.09	.12	.12	.12	.14
室外	.29	.68	.47	.54	.97	.35	.45

考慮室外和室內的差距 (室外－室內)，可假設為常態分布，求室外和室內平均差距的 95% 信賴區間。

6. 隨機選出 100 位男士和 100 位女士試用一種新的牙膏。其中有 68 位男士和 74 位女士表示喜歡新牙膏的味道。這是否代表男士喜好新牙膏味道的比例低於女士？列出 H_0 和 H_1，算出 p 值並做結論 ($\alpha = 0.05$)。

7. 母體 1 有某特質的比例為 p_1，母體 2 有該特質的比例為 p_2，今從母體 1 抽出隨機樣本，100 人中 70 人有該特質，再從母體 2 抽出隨機樣本，100 人中 58 人有該特質。

   (a) 若令 X 代表從母體 1 抽出隨機樣本 100 人中，有該特質的人數，則 X 的分布是什麼？

   (b) 在 $p_1 = p_2 = p$ 假設下，應如何估計 p？

   (c) 在 $\alpha = 0.025$ 標準下，檢定 $H_0 : p_1 = p_2$ 對應 $H_1 : p_1 > p_2$。

8. 台灣某汽車廠商想要了解台灣擁有小客車駕照的男性比例是否較女性為高,於是他們隨機抽樣了 375 位已成年的台灣居民,得到以下結果:

	有小客車駕照	沒有小客車駕照
男性	135	57
女性	52	131

在 $\alpha = 0.05$ 標準下,是否有足夠證據說:台灣擁有小客車駕照的男性比例較女性為高?

9. 有學者研究蜘蛛發現,有兩種蜘蛛的身長都接近常態分布,但是兩種的變異數似不同。若隨機抽出的 16 隻 A 蜘蛛身長的變異數為 0.65、21 隻 B 蜘蛛身長的變異數為 0.45。

(a) 求母體變異數比值 $\dfrac{\sigma_A^2}{\sigma_B^2}$ 之 95% 信賴區間。

(b) 令 $\alpha = 0.05$,判斷兩種蜘蛛身長變異數是否相等。

10. 某食品廠想要減低 130 公克裝小餅乾的變異數,於是購入了製造商聲稱可以降低變異數的新機器。假設小餅乾重量接近常態分布,隨機抽檢了舊機器包裝的 25 包餅乾,得到重量變異數 2.08,而新機器包裝的 25 包餅乾之重量變異數則是 1.26,在 $\alpha = 0.05$ 標準下判斷,新機器是否可以降低變異數。

第十章 變異數分析

　　我們常常需要做比較：如果有四種減肥餐可以選擇，我們會想知道四種的效果是不是差不多？如果差不多，就可以選最愛吃的一種。降血壓如果有三種方式，醫師也會想知道三種的效果是否差不多，才能對病人做合適的推薦。某超市共有五家分店，經營者很注重對顧客的服務，在規定隊伍長度超過某個數字就要新開一個結帳櫃檯之後，經營者可能會想要知道，各分店在尖峰時段的平均結帳時間 (從開始排隊到結完帳) 是否相同。

　　以上問題都可以歸類為母體平均數的比較，第九章的前兩節也是在處理類似問題，但是只比較兩個母體而已，現在我們卻想要同時比較至少三個母體。當然選項之一是應用第九章的檢定方法、兩兩做比較，不過這樣的話，如果同時比較四個母體，總共就需要做 $C_2^4 = 6$ 個檢定。能不能只做一個檢定，就判斷出各個母體平均數是否都相同呢？可以的，這個方法叫做變異數分析，就是本章的內容。當然變異數分析還可以處理許多其他更複雜類型的問題，但不在本書討論範圍內。

- **10.1** 平方和的計算
- **10.2** ANOVA 表及 F 檢定
- ***10.3** 用 Excel 做變異數分析

10.1　平方和的計算

在處理變異數分析問題時，需要做不少計算，主要是必須算幾種不同的平方和。當然我們可以用 Excel 等軟體來幫我們算，但是必須經過徒手計算的練習，才能夠對這個方法有比較清楚的了解，我們會用一個相當好算的例子來練習。

如果把計算公式寫出來會有點嚇人，因為看起來很複雜，所以我們先說明怎樣計算，到第 2 節才列出公式。做這樣的安排也是為了強調：看起來很難的公式，只要了解它的意義，未必很難計算；如果公式很難記，想辦法記住步驟也可以。需要計算的平方和有三種：**組內平方和** (sum of squares within groups, SSW)、**組間平方和** (sum of squares between groups, SSB) 及**總平方和** (total sum of squares, SST)，我們先用例子說明計算方式。

例 10.1-1

假設我們從四個母體分別抽出隨機樣本，並計算樣本平均，得到以下結果：

第一組樣本： 6　10　9　7　樣本平均 $\bar{X}_1 = 8$
第二組樣本： 8　5　10　5　樣本平均 $\bar{X}_2 = 7$
第三組樣本： 5　7　11　9　樣本平均 $\bar{X}_3 = 8$
第四組樣本：13　7　6　10　樣本平均 $\bar{X}_4 = 9$

計算組內平方和、組間平方和及總平方和。

解

組內平方和是把樣本裡的數字減掉該組平均、然後平方再加總：

$$SSW = (6-8)^2 + (10-8)^2 + (9-8)^2 + (7-8)^2 + (8-7)^2 + (5-7)^2$$
$$+ \cdots + (10-9)^2 = 78$$

檢視 SSW 的前 4 項：

$$(6-8)^2 + (10-8)^2 + (9-8)^2 + (7-8)^2$$

這幾項的和如果再除以 3，就是第一組樣本的變異數了；組內平方和的大小，其實提供了組內變異大小的資訊。

組間平方和的計算方式是把每組平均減去總平均之後平方、乘以該組樣本大小之後再加總：

首先需要算出總平均 (grand mean)：

$$總平均\ \bar{X}_{gm} = \frac{6+10+9+7+8+5+\cdots+10}{16} = 8$$

因為每一組的樣本大小相同 (都是 4)，在這種情況下，總平均有一個更方便的計算法，就是全部樣本平均的平均：

$$總平均\ \bar{X}_{gm} = \frac{8+7+8+9}{4} = 8$$

請注意分母的 4 是組數、不是樣本大小。

有了總平均，組間平方和的計算方式如下：

$$SSB = 4(8-8)^2 + 4(7-8)^2 + 4(8-8)^2 + 4(9-8)^2 = 8$$

總平方和等於每個數字減去總平均之後平方、然後再加總：

$$SST = (6-8)^2 + (10-8)^2 + (9-8)^2 + (7-8)^2 + (8-8)^2 + (5-8)^2$$
$$+ \cdots + (10-8)^2$$
$$= 86$$

三個平方和之間其實有一個關係式，就是

$$SST = SSW + SSB \tag{10.1-1}$$

檢視例 10.1-1 的結果可以印證：$SST = 86 = 78 + 8 = SSW + SSB$。這個等式非常好用，因為只要算出其中兩項平方和，就可以利用式 (10.1-1) 得到第三項了。

例 10.1-2

從四個母體分別抽出隨機樣本，得到以下結果：

第一組樣本：12　18　15
第二組樣本：19　21　25　23
第三組樣本：19　16　16
第四組樣本：14　18

計算組內平方和、組間平方和及總平方和。

解

先計算四個樣本平均得到：$\bar{X}_1 = 15$、$\bar{X}_2 = 22$、$\bar{X}_3 = 17$、$\bar{X}_4 = 16$

$$\text{總平均 } \bar{X}_{gm} = \frac{12 + 18 + 15 + 19 + \cdots + 18}{12} = 18$$

因此可得
組間平方和
$$SSB = 3(15-18)^2 + 4(22-18)^2 + 3(17-18)^2 + 2(16-18)^2 = 102$$
總平方和
$$SST = (12-18)^2 + (18-18)^2 + (15-18)^2 + (19-18)^2 + (21-18)^2$$
$$+ \cdots + (18-18)^2 = 154$$
組內平方和 $SSW = SST - SSB = 154 - 102 = 52$

如果直接計算的話，組內平方和
$$SSW = (12-15)^2 + (18-15)^2 + (15-15)^2 + (19-22)^2$$
$$+ \cdots + (18-16)^2 = 52$$

> **習題**
>
> 1. 從三個母體分別抽出隨機樣本，得到以下結果：
>
>   第一組樣本：22　10　25　15
>
>   第二組樣本：20　32　21　24　23
>
>   第三組樣本：29　36　31
>
>   (a) 計算組內平方和及組間平方和。
>
>   (b) 計算總平方和、並驗證它的值是否等於組內平方和加上組間平方和。

10.2　ANOVA 表及 F 檢定

假設我們要比較 k 個母體的平均數是否相等，這 k 個母體都至少接近常態分布，而且變異數都相等。要檢定的原始假設和對立假設可以表示如下：

$$H_0: \mu_1 = \mu_2 = \cdots = \mu_k \quad \text{對應}$$

$$H_1: \mu_1, \mu_2, \cdots, \mu_k \text{ 當中，至少有兩個不相等}$$

從 k 個母體分別抽出隨機樣本，而且 k 個樣本之間也互相獨立，令 X_{ij} 代表第 i 個樣本的第 j 個觀測值，則 k 個樣本可分別表示如下：

$$X_{11}, X_{12}, \cdots, X_{1n_1} \quad X_{21}, X_{22}, \cdots, X_{2n_2} \quad \cdots \quad X_{k1}, X_{k2}, \cdots, X_{kn_k}$$

以上 k 個樣本的樣本大小不一定相同，分別是 $n_1, n_2, \cdots, n_k$，我們令

$$N = n_1 + n_2 + \cdots + n_k$$

上一節介紹的三種平方和，寫成公式是像這樣：

> **平方和公式**
>
> 組內平方和 $SSW = \sum_{i=1}^{k}\sum_{j=1}^{n_i}(X_{ij}-\bar{X}_i)^2$ (10.2-1)
>
> 組間平方和 $SSB = \sum_{i=1}^{k} n_i(\bar{X}_i-\bar{X}_{gm})^2$ (10.2-2)
>
> 總平方和 $SST = \sum_{i=1}^{k}\sum_{j=1}^{n_i}(X_{ij}-\bar{X}_{gm})^2$ (10.2-3)
>
> 其中之 $\bar{X}_i = \dfrac{X_{i1}+X_{i2}+\cdots+X_{in_i}}{n_i}$ 為第 i 個樣本的平均、$\bar{X}_{gm}$ 為所有 X_{ij} 的總平均。

每一項平方和都對應一個叫做**自由度** (degrees of freedom, d.f.) 的數字，組間平方和的自由度是 $k-1$，組內平方和的自由度是 $N-k$，而總平方和的自由度則是 $N-1$。平方和除以對應的自由度之後就得到均方和，定義如下：

組間均方和 $MSB = \dfrac{SSB}{k-1}$

組內均方和 $MSW = \dfrac{SSW}{N-k}$

有了以上兩項均方和，就很容易定義 F 檢定統計量了，通常我們會把以上相關資訊整理在一個表裡面，叫做 ANOVA 表：

表 10.2-1 ANOVA 表

變異來源	平方和	自由度	均方和	檢定統計量
組間	SSB	$k-1$	MSB	$F = \dfrac{MSB}{MSW}$
組內	SSW	$N-k$	MSW	
總和	SST	$N-1$		

檢定規則是：F 太大時，否定 H_0。這背後的意思大約是這樣的：如果 k

個母體的平均都一樣 (H_0 正確)，則每組樣本平均都差不多、也會和總平均差不多，此時組間平方和 SSB 的值會比較小；反之，若 H_0 不正確，則 SSB 的值會偏大，所以 F 太大時讓我們傾向於相信 H_0 不正確。

至於 F 多大才算太大，當然是由 α 值決定，而在 H_0 正確時，F 的分布是分子自由度為 $k-1$、分母自由度為 $N-k$ 之 F 分布。假設檢定規則是：$F > f$ 時，否定 H_0，則 $f = f_{k-1, N-k, \alpha}$，它的值可以在 F 分布的表裡面查到。

例 10.2-1

假設某減肥中心設計了 4 種減肥餐並同時搭配運動，幫助參加的會員減肥。為了比較 4 種減肥餐的效果是否有差異，從會員中選出身高及體重接近的 16 人，再隨機分到四組、每組 4 人。一段時間之後，測量每人所減體重，得到以下結果 (單位：公斤)：

第一組樣本： 6　10　9　7
第二組樣本： 8　5　10　5
第三組樣本： 5　7　11　9
第四組樣本： 13　7　6　10

(a) 建立 ANOVA 表。
(b) 在 $\alpha = 0.05$ 標準下判斷，4 種減肥餐的效果是否有差異。

解

這題的樣本數據和例 10.1-1 的一模一樣，根據例 10.1-1 的計算結果，各平方和如下：

$$SSW = 78, SSB = 8, SST = 86$$

而 $k - 1 = 4 - 1 = 3$、$N - k = 16 - 4 = 12$，可得 ANOVA 表如下：

變異來源	平方和	自由度	均方和	檢定統計量
組間	8	3	$\frac{8}{3}=2.6667$	$F=\frac{MSB}{MSW}$
組內	78	12	$\frac{78}{12}=6.5$	$=\frac{2.6667}{6.5}=0.4103$
總和	86	15		

查 F 分布表可得 $f=f_{k-1,N-k,\alpha}=f_{3,12,0.05}=3.49$，因為檢定統計量的值 $0.4103<3.49$，所以不能否定 H_0，結論是：沒有證據顯示 4 種減肥餐的效果有差別。

例 10.2-2

成年人許多有高血壓的問題，醫師建議的降血壓方法通常包括藥物、飲食和運動等。一位醫師想要了解只用藥物治療、只用運動治療、以及藥物搭配運動這三種方式的降血壓效果是否差不多，於是將參加實驗的高血壓病人隨機分成三組，A 組只用藥物治療、B 組只用運動治療、C 組則是用藥物搭配運動治療，一段時間之後，記錄每個人血壓降低多少，數據如下：

A 組：11　14　11　12
B 組：8　3　7
C 組：21　13　18　22　16

(a) 建立 ANOVA 表。

(b) 在 $\alpha=0.01$ 標準下，判斷三種降血壓方法的效果是否有差異。

解

先算出三組各自的平均以及總平均：

A 組樣本平均 $\bar{X}_1=12$，B 組樣本平均 $\bar{X}_2=6$，C 組樣本平均

$\bar{X}_3 = 18$

$$總平均 \quad \bar{X}_{gm} = \frac{12 \cdot 4 + 6 \cdot 3 + 18 \cdot 5}{12} = 13$$

再來計算平方和：

組間平方和

$SSB = 4(12-13)^2 + 3(6-13)^2 + 5(18-13)^2 = 276$

組內平方和

$SSW = (11-12)^2 + (14-12)^2 + (11-12)^2 + (12-12)^2 + \cdots + (16-18)^2$
$\quad\quad = 74$

總平方和

$SST = (11-13)^2 + (14-13)^2 + (11-13)^2 + (12-13)^2 + (8-13)^2$
$\quad\quad\quad + \cdots + (16-13)^2$
$\quad\quad = 350$

驗證一下：$276 + 74 = 350$，符合 $SST = SSW + SSB$ 的關係式。

因為 $k = 3, N = 12$，可得 ANOVA 表：

變異來源	平方和	自由度	均方和	檢定統計量
組間	276	2	$\frac{276}{2} = 138$	$F = \frac{MSB}{MSW}$
組內	74	9	$\frac{74}{9} = 8.2222$	$= \frac{138}{8.2222} = 16.7838$
總和	350	11		

查 F 分布表可得 $f = f_{k-1, N-k, \alpha} = f_{2, 9, 0.001} = 8.02$，因為檢定統計量的值 $16.7838 > 8.02$，所以可以否定 H_0。因為 16.7838 比 8.02 大很多，所以知道即使用更嚴格的 α 標準，應該都還可以否定 H_0，查表看到 $f_{2, 9, 0.005} = 10.11$，而 $16.7838 > 10.11$，這代表在 $\alpha = 0.005$ 標準下，仍然可以否定 H_0。所以結論是 (可以很大聲地說)：三種降血壓方法的效果不一樣！

通常當我們比較好幾個方法，得出「效果不一樣」結論時，會想知道是其中哪個方法和哪個方法的效果不同，這部份也有後續的檢定可以回答我們的問題，讀者可參考其他統計教科書。

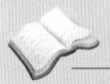

習題

1. 某上班族每天從淡水到台北北區上班，有三種方式：他可以騎機車到捷運站搭捷運，公司離捷運站很近、走路幾分鐘可到；也可以自己開車、有兩種路線可選擇。他想知道三種方式花費的平均時間是否相等，於是隨機抽了一些日子，記錄了三種方式從離開家到進入公司所需花費時間 (分鐘) 如下：

    方式一 (捷運)：55　51　52　50　52

    方式二 (開車、路線一)：55　58　51　60

    方式三 (開車、路線二)：59　66　59　60

    在 $\alpha = 0.05$ 標準下、用 ANOVA 檢定，判斷三種方式花費的平均時間是否相等。

2. 某工廠有三台機器包裝同品牌同一種 30 公克裝零食，但產品不可能都剛好 30 公克，會有少許的變化。若從三台機器分別隨機抽出產品秤重，得到以下數據 (公克)：

    第一台機器：30.5　29.9　30.0　30.1　29.5

    第二台機器：31.10　29.9　30.50

    第三台機器：29.5　30.10　28.9

    用 ANOVA 檢定、$\alpha = 0.05$，判斷三台機器的產品平均重量是否相同。

*10.3 使用 Excel 做變異數分析

變異數分析的計算很麻煩，前兩節的例題和習題都盡量把數字設計得比較好算，免得讀者看到一大堆複雜的數字頭先發昏。但把此方法應用在實際數據上時，不僅各組平均和總平均多半不是整數，而且數據可能很多，人工計算不切實際；幸好只要學會借助 Excel 的幫忙，在輸入數據之後，滑鼠按幾下答案就出來了，非常方便。

我們首先以例 10.2-1 的數據為例、來介紹執行步驟 (Excel 2007 版)。

例 10.3-1

假設我們從四個母體分別抽出隨機樣本，得到以下結果：

第一組樣本： 6　10　9　7
第二組樣本： 8　5　10　5
第三組樣本： 5　7　11　9
第四組樣本：13　7　6　10

利用 Excel 的「單因子變異數分析」，建立 ANOVA 表並判斷四個母體平均數是否相同，$\alpha = 0.05$。

解

步驟一：先把數據輸入、同一組的數據要放在同一行 (叫做「欄」)，如下所示：

A	B	C	D
6	8	5	13
10	5	7	7
9	10	11	6
7	5	9	10

步驟二：選取「資料」、「資料分析」、「單因子變異數分析」，按確定，如圖：

輸入範圍是指數據所在位置，A1 代表 A1 位置、也就是 A 欄的第一個位置，所以輸入範圍是從 A1 到 D4，這部份也可以用滑鼠選取我們要的數據範圍來代替輸入。0.05 是預設的 α 值，可以視題目需要而改變。輸出範圍則決定了下面結果所出現的位置。

結果如下：

摘要						
組	個數	總和	平均	變異數		
欄1	4	32	8	3.333333		
欄2	4	28	7	6		
欄3	4	32	8	6.666667		
欄4	4	36	9	10		
ANOVA						
變源	SS	自由度	MS	F	P-值	臨界值
組間	8	3	2.666667	0.410256	0.748581	3.490295
組內	78	12	6.5			
總和	86	15				

把這個結果和例 10.2-1 對照看看，就知道臨界值是指我們從 F 分布表所查出、用來決定統計量的值是否夠大到可以否定 H_0 的這個值。0.748581 的 p 值，則是我們在 8.4 節介紹過的 p 值，但是因為 F 分布表只列出對應特定 α 值的臨界值，所以從我們的 F 分布表沒辦法查出這個 p 值。檢定統計量 F 的值比臨界值小，所以不能否定 H_0。

原來很麻煩的計算，現在用 Excel 輕易就可以得到結果了。我們在下個例題中再練習一次，這次的題目如果用徒手算可就累死人了。

例 10.3-2

假設我們從四個母體分別抽出隨機樣本，得到以下結果：

第一組樣本： 6　10　 9　 8　 5　 9　14　 6　 5
第二組樣本： 8　 5　10　11　 7　 5　 6　 4
第三組樣本：16　14　 9　15　13　 8　14　15　12　14
第四組樣本：13　 7　11　 8　 6　 5　 8　 9　 5

利用 Excel 的「單因子變異數分析」，建立 ANOVA 表並判斷四個母體平均數是否相同，$\alpha = 0.05$。

解

步驟一：先把數據輸入、同一組的數據要放在同一行 (叫做「欄」)，如下所示：

A	B	C	D
6	8	16	13
10	5	14	7
9	10	9	11
8	11	15	8
5	7	13	6
9	5	8	5
14	6	14	8
6	4	15	9
5		12	5
		14	

步驟二：選取「資料」、「資料分析」、「單因子變異數分析」，按確定，如圖：

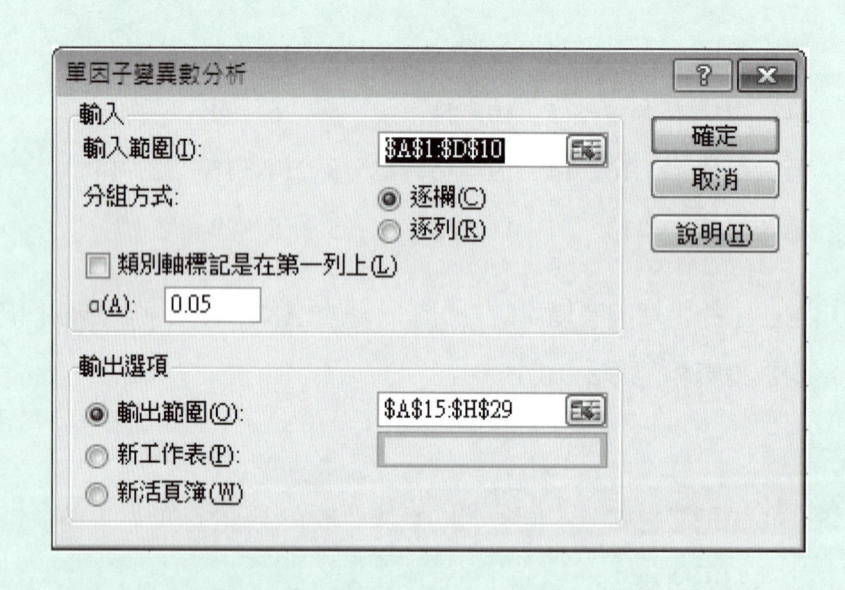

結果如下：

摘要						
組	個數	總和	平均	變異數		
欄1	9	72	8	8.5		
欄2	8	56	7	6.285714		
欄3	10	130	13	6.888889		
欄4	9	72	8	7.25		

ANOVA						
變源	SS	自由度	MS	F	P-值	臨界值
組間	209	3	69.66667	9.609195	0.000113	2.90112
組內	232	32	7.25			
總和	441	35				

檢定統計量 F 的值比臨界值大很多，所以有充分證據顯示，四個母體平均數並不相同。

重點摘要

1. 變異數分析可以用來比較多個母體的平均數是否相同。

2. 從 k 個母體分別抽出隨機樣本，令 X_{ij} 代表第 i 個樣本的第 j 個觀測值，則 k 個樣本可分別表示如下：

$$X_{11}, X_{12}, \cdots, X_{1n_1} \quad X_{21}, X_{22}, \cdots, X_{2n_2} \quad \cdots \quad X_{k1}, X_{k2}, \cdots, X_{kn_k}$$

平方和計算公式如下：

$$\text{組內平方和 } SSW = \sum_{i=1}^{k}\sum_{j=1}^{n_i}(X_{ij} - \bar{X}_i)^2$$

$$\text{組間平方和 } SSB = \sum_{i=1}^{k} n_i(\bar{X}_i - \bar{X}_{gm})^2$$

$$\text{總平方和 } SST = \sum_{i=1}^{k}\sum_{j=1}^{n_i}(X_{ij} - \bar{X}_{gm})^2$$

其中之 $\bar{X}_i = \dfrac{X_{i1} + X_{i2} + \cdots + X_{in_i}}{n_i}$ 為第 i 個樣本的平均、$\bar{X}_{gm}$ 為所有 X_{ij} 的總平均。

3. ANOVA 表如下：

變異來源	平方和	自由度	均方和	檢定統計量
組間	SSB	$k-1$	MSB	$F = \dfrac{MSB}{MSW}$
組內	SSW	$N-k$	MSW	
總和	SST	$N-1$		

4. 從 k 個母體分別抽出隨機樣本，分別表示如下：

$$X_{11}, X_{12}, \cdots, X_{1n_1} \quad X_{21}, X_{22}, \cdots, X_{2n_2} \quad \cdots \quad X_{k1}, X_{k2}, \cdots, X_{kn_k}$$

母體都至少接近常態分布，而且變異數都相等。若要檢定

$H_0: \mu_1 = \mu_2 = \cdots = \mu_k$ 對應

$H_1: \mu_1, \mu_2, \cdots, \mu_k$ 當中，至少有兩個不相等

ANOVA 檢定規則為：

$F > f_{k-1, N-k, \alpha}$ 時，否定 H_0。$f_{k-1, N-k, \alpha}$ 可以從 F 分布的表中查到。

第十章　習題

1. 某醫師從 4 個不同年齡層 (不到 30、30 到 39、40 到 49、50 歲以上) 病人當中隨機抽出共 30 人，得到他們的膽固醇數據，整理之後得到以下數據。判斷 4 個年齡層的平均膽固醇是否相同，$\alpha = 0.05$。

$SSB = 508.4 \qquad k - 1 = 3$
$SSW = 3113.067 \qquad N - k = 26$

2. 從四個變異數相等的常態母體各取出一個隨機樣本，得到以下資料：
母體 1：12　18

母體 2：12 14 13

母體 3：19 17 21

母體 4：24 30

(a) 算出各平方和 SSB、SSW、SST。

(b) 建立 ANOVA 表。

(c) 利用 ANOVA 方法，判斷此四母體的平均是否相等，$\alpha = 0.05$。先寫出原始假設和對立假設。

3. 有人想要判斷一條海岸的三個地點平均浪高是否相同，同時段在該三個地點分幾次測量了浪高，得到以下數據 (公分)：

甲地：91 78 82 85

乙地：74 82 78

丙地：95 109 96

利用 ANOVA 方法、$\alpha = 0.05$，判斷三地平均浪高有無差別？

4. 假設某公司的主管想要比較五種不同廠牌電池的平均壽命 (單位：週數)，於是他隨機從這五個廠牌各抽樣 6 個電池並記錄其壽命，得以下之 ANOVA 表。將以下空格填入適合的數字，並在 $\alpha = 0.05$ 標準下，判斷五種不同廠牌電池的平均壽命是否相同。

變異來源	平方和	自由度	均方和	檢定統計量
組間	212.8			
組內				
總和	612.8			

第十一章　簡單線性迴歸分析

　　某大學教授所開的一門課有 20 位同學選修，上課時間排在早上頭兩堂，8:10 開始上課。經過一段時間的觀察，老師發現冬天氣溫低的時候，準時出席上課的同學就很少，大部分要較晚才陸陸續續出現。究竟準時出席的學生人數和冬天的溫度高低之間，是不是有某種關聯呢？教授對這個問題很有興趣。屬於這種類型的問題有很多，比如一個人的體重和血壓之間是否有關係，一天的冰品銷售量和當天的溫度是否有關聯等等。如果冰品銷售量和當天的溫度有關聯的話，賣冰品的商家應該會想要知道這個關聯的形式，然後利用它來根據溫度、預測銷售量，如此可以提供資訊、方便事先決定材料需要準備多少。這一章要討論的就是這一類的問題。

- 11.1 散佈圖與相關係數
- 11.2 最小平方迴歸直線
- 11.3 相關係數和迴歸直線的關係
- 11.4 迴歸直線應用須知
- 11.5 複迴歸線性模型簡介
- 11.6 用 Excel 畫散佈圖和迴歸直線

11.1 散佈圖與相關係數

在我們生活週遭，有許多變數之間是相互有關聯的，例如：個人的身高和體重，學生在大學指考的數學成績和入學後的數學成績，汽油價格和汽油銷售量，夏天氣溫和用電量等等。如果要考量像上述這些兩個變數之間的關聯，需要蒐集成對的變數資料，叫做二維數據；而要呈現二維數據所含的訊息，最常用的圖就是**散佈圖** (scatter plot)。通常我們用英文大寫字母表示變數，但是若已觀測到變數的值，則以小寫字母來代表這些值。

散佈圖

假設我們蒐集了兩個變數 X、Y 的 n 筆資料，用 $(x_1, y_1), (x_2, y_2), \cdots, (x_n, y_n)$ 表示，將這 n 個有序對 (有順序的一對數字) 標示在 xy 座標平面上，就構成 X、Y 二變數的散佈圖。

例 11.1-1

某高中數學資優班 10 位同學參加指定科目考試之物理和化學成績如下，把物理成績當作 x，化學成績當作 y，畫出散佈圖。

物理	25	21	30	46	22	67	27	41	45	29
化學	58	38	57	82	56	70	48	53	79	41

如果直接看這些數字，不容易看出物理和化學成績之間有沒有關聯。現在把物理成績當作 x，化學成績當作 y，並且在座標平面上，把十位同學的成績標示出來，就會得到如圖 11.1-1 的散佈圖。

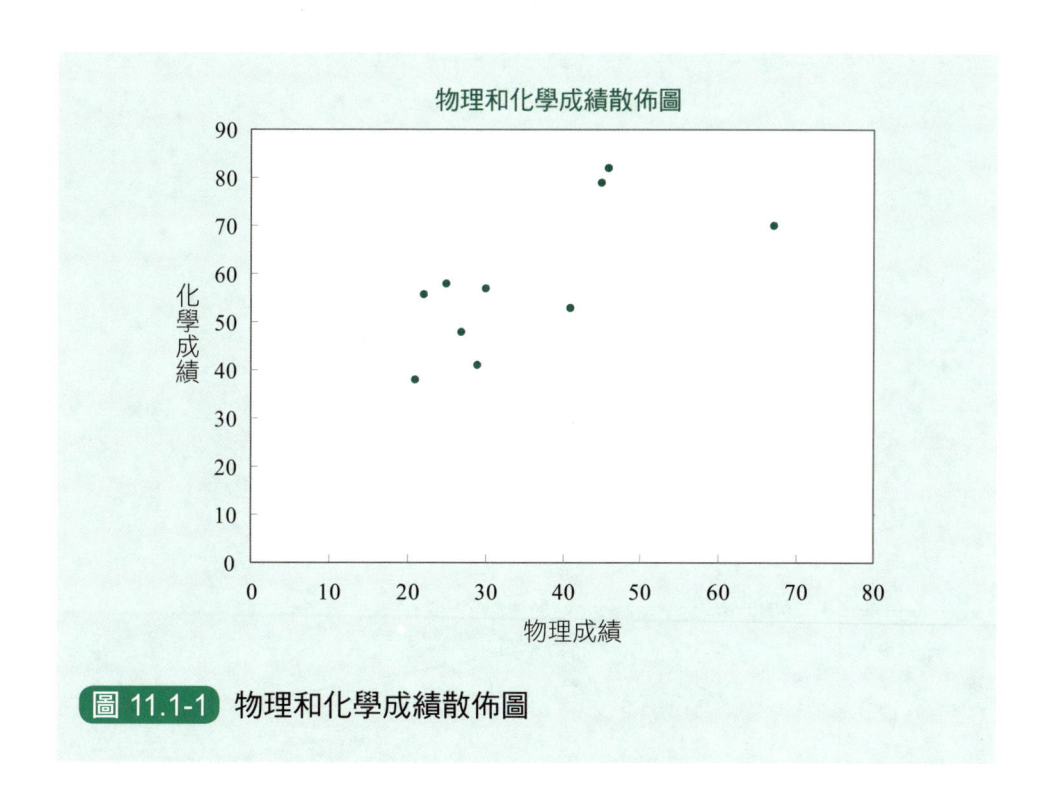

圖 11.1-1 物理和化學成績散佈圖

　　從散佈圖中可以看出：物理分數 (x 座標) 較低的同學、化學分數 (y 座標) 多半偏低，而物理分數較高的同學、化學分數也較高。也就是說，圖中的點若 x 座標比較小、其 y 座標多半也較小；x 座標若較大、則其 y 座標多半也較大。在這種情況下，散佈圖中的點會大致呈現從左下方到右上方的帶狀。

　　當散佈圖中的點，大致在一條直線的附近時，我們稱變數 X 和 Y 為直線相關；若直線的斜率為正時、稱變數 X 和 Y 為正相關，直線的斜率為負時、稱變數 X 和 Y 為負相關 (圖 11.1-2)。如果我們在圖 11.1-1 當中穿一條直線過去的話，大致會像圖 11.1-3 這樣，直線斜率為正，因此我們可以說：同學的物理和化學成績之間有正相關。

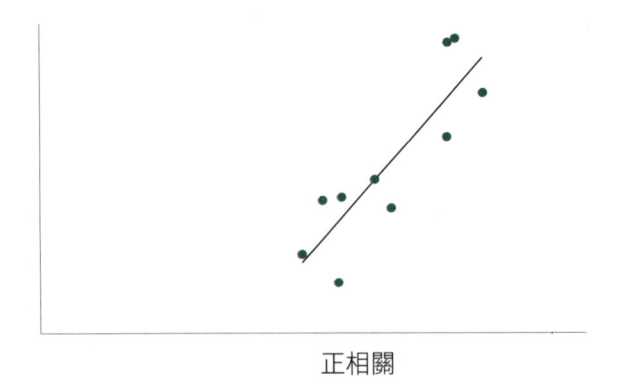

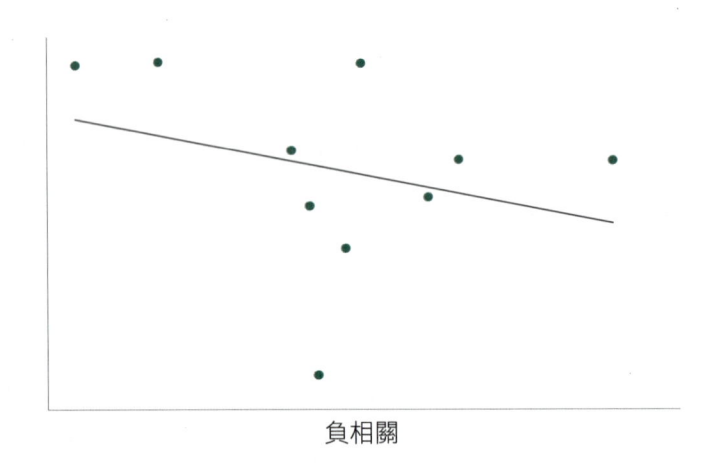

圖 11.1-2 正相關和負相關

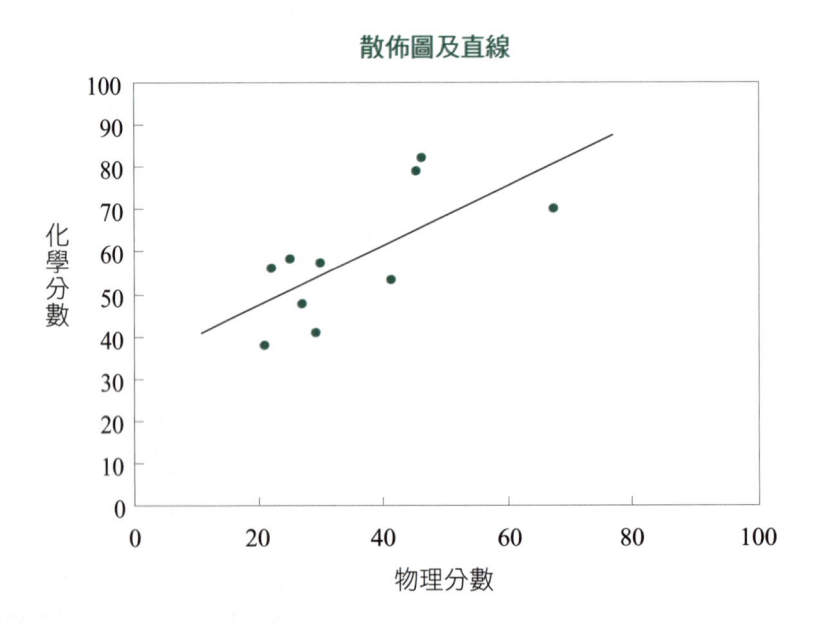

圖 11.1-3 物理和化學分數之正相關

直線相關有強有弱：點的散佈距離直線很近時、相關性較強；點的散佈距離直線較遠時、相關性較弱。不過強或弱是相對性的，並無絕對的標準，圖 11.1-4 可供參考。如果點的散佈沒有出現任何帶狀的形式，如圖 11.1-5 所示，則代表變數 X 和 Y 沒有直線關聯。

根據散佈圖、若想要用目測方法來估計變數 X 和 Y 直線相關的強弱程度，很難估計準確，因此需要有一個較客觀的評估方式；最常用的代表數字，就是樣本相關係數，可簡稱相關係數。

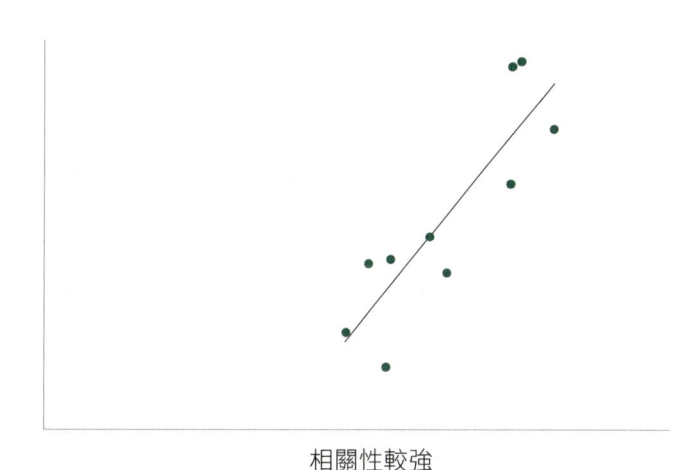

相關性較強

相關性較弱

圖 11.1-4 相關性之強弱

圖 11.1-5 點的散佈看不出直線關聯

相關係數

假設 $(x_1, y_1), (x_2, y_2), \cdots, (x_n, y_n)$ 代表變數 X, Y 的值，$\bar{x} = \dfrac{x_1 + x_2 + \cdots + x_n}{n}$，$\bar{y} = \dfrac{y_1 + y_2 + \cdots + y_n}{n}$，$x_1, x_2, \cdots, x_n$ 不全相等、$y_1, y_2, \cdots, y_n$ 也不全相等，則 X, Y 的相關係數為

$$r = \frac{\sum_{i=1}^{n}(x_i - \bar{x})(y_i - \bar{y})}{\sqrt{\sum_{i=1}^{n}(x_i - \bar{x})^2}\sqrt{\sum_{i=1}^{n}(y_i - \bar{y})^2}} \tag{11.1-1}$$

當 $x_1 = x_2 = \cdots = x_n$ 時，$\sum_{i=1}^{n}(x_i - \bar{x})^2 = 0$，此時 r 無定義；同理，若 y_i 全部相同時也無法定義，所以在定義當中要排除這二種情形。從相關係數的公式可以看出，由於分母必定大於 0，所以該係數的值是正或負，由分子決定。分子是 n 項的總和，其中每個單項都是乘積，當單項大部分為正時，總和較容易大於 0；而單項為正、代表乘積中的兩項為同符號。也就是說，當 $x_i > \bar{x}$ 時，和 x_i 配對的 y_i 亦滿足 $y_i > \bar{y}$；當 $x_i < \bar{x}$ 時，和 x_i 配對的 y_i 亦滿足 $y_i < \bar{y}$。因此大致來說，當大的 x_i 多半和大的 y_i 配對，而小的 x_i 多半和小的 y_i 配對時，如圖 11.1-6 所示，就會符合以上所說的狀

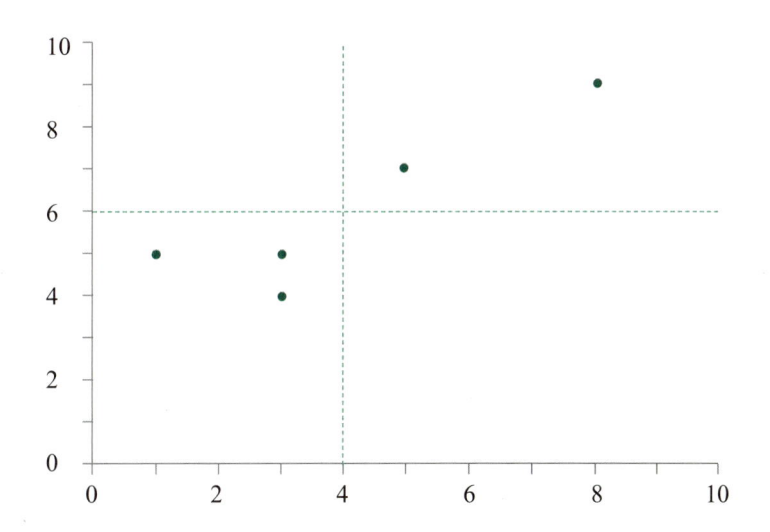

圖 11.1-6 相關係數為正

況，此時相關係數為正；若大的 x_i 多半和小的 y_i 配對，而小的 x_i 多半和大的 y_i 配對，如圖 11.1-7 所示，則相關係數為負。

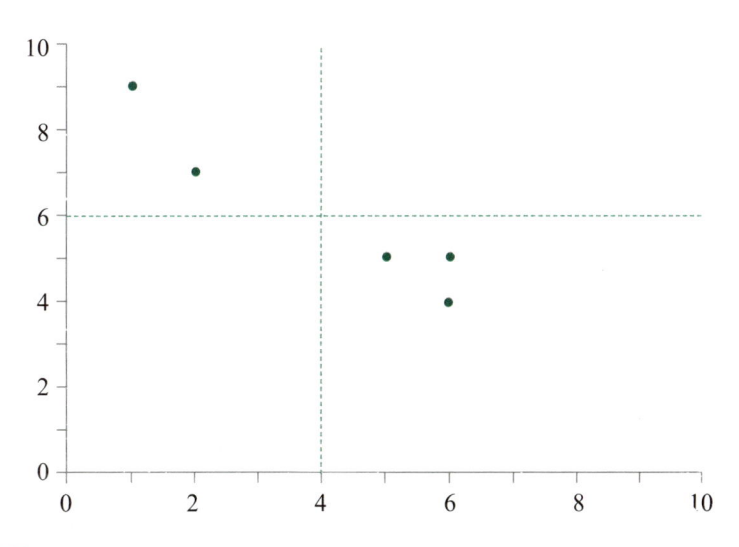

圖 11.1-7 相關係數為負

由於 X 和 Y 代表不同的變數，二者的值，大小可能差很多。即使是同一個變數，如果用不同單位表示，它的值也會改變。相關係數的分子之符號雖然可以提供正相關或負相關的訊息，然而由於上述原因，它的數值

大小代表什麼意義，卻沒有明確的解釋。除以分母之後，相當於把它標準化，使得相關係數的值必定落在 −1 和 +1 之間，這樣它的值就會有相當明確的解釋了。

例 11.1-2

若隨機抽樣得二變數 (X, Y) 的樣本數據如下：

$$(1, 6) \quad (2, 3) \quad (4, 4) \quad (5, 1) \quad (8, 1)$$

求 X 和 Y 的相關係數。

解

$$\bar{x} = \frac{20}{5} = 4, \quad \bar{y} = \frac{15}{5} = 3$$

$$\begin{aligned}
\sum_{i=1}^{5}(x_i - \bar{x})(y_i - \bar{y}) &= (1-4)(6-3) + (2-4)(3-3) + (4-4)(4-3) \\
&\quad + (5-4)(1-3) + (8-4)(1-3) \\
&= -19
\end{aligned}$$

$$\sum_{i=1}^{5}(x_i - \bar{x})^2 = (1-4)^2 + (2-4)^2 + (4-4)^2 + (5-4)^2 + (8-4)^2 = 30$$

$$\sum_{i=1}^{5}(y_i - \bar{y})^2 = (6-3)^2 + (3-3)^2 + (4-3)^2 + (1-3)^2 + (1-3)^2 = 18$$

將以上數字代入公式 (11.1-1) 可得

$$r = \frac{-19}{\sqrt{30}\sqrt{18}} = -0.8176$$

仔細觀察數據會發現，小的 x_i 多半和大的 y_i 配對、而大的 x_i 多半和小的 y_i 配對，所以相關係數得到負值是可以預料的。建議讀者不妨養成上述這樣檢視結果的習慣，一方面觀念會愈來愈清楚，另一方面在算出很不合理的答案時 (比如計算這題的 r 時、卻得到正的值)，能夠及時發現並設法更正過來。

例 11.1-3

某大學教授所開的一門課有 20 位同學選修,上課時間排在早上第一堂和第二堂,8:10 開始上課。老師發現冬天氣溫低時,上課準時出席的同學就很少;為了了解情況,老師在低溫的日子,把早上七點的溫度 (攝氏) 和開始上課時的學生人數記錄下來,得到以下數據:

溫度	13	8	14	11	14
人數	5	2	8	3	7

求溫度和人數的相關係數。

解

先求出 5 天溫度的平均 $\bar{x}=12$,5 天人數的平均 $\bar{y}=5$,接下來的計算過程,列在下表當中:

	$x_i - \bar{x}$	$y_i - \bar{y}$	$(x_i-\bar{x})(y_i-\bar{y})$	$(x_i-\bar{x})^2$	$(y_i-\bar{y})^2$
	1	0	0	1	0
	−4	−3	12	16	9
	2	3	6	4	9
	−1	−2	2	1	4
	2	2	4	4	4
總和	0	0	24	26	26

將以上數字代入公式,可得相關係數為

$$r = \frac{24}{\sqrt{26}\sqrt{26}} = \frac{12}{13} = 0.923$$

觀察一下會發現,每一項 $x_i - \bar{x}$ 都和其對應的 $y_i - \bar{y}$ 同符號,所以 r 的分子會大於 0、使得 r 值為正 (分母必定大於 0)。冬天溫度高低和準時出席的學生人數之間,有相當強的正相關;溫度高時人數多、溫度低時人數少。

相關係數的分子決定了它的符號,而它的分母規範了它的範圍,並使得相關係數變成沒有單位的一個數字,數字的大小有相當清楚的意義:

1. r 的值必介於 -1 和 1 之間,$-1 \leq r \leq 1$,當 $r = \pm 1$ 時,代表散佈圖中的點全都在同一條直線上;若 $r = 1$,直線斜率為正,若 $r = -1$,直線斜率為負。
2. $r > 0$ 代表正相關,$r < 0$ 代表負相關。
3. r 的值愈接近 1 或 -1,代表直線相關性愈強;r 的值若接近 0,則代表直線相關性很弱。
4. r 的值所代表的是直線相關的強度,所以 $r = 0$ 只代表沒有「直線相關」,並不代表 X 變數和 Y 變數沒有任何關聯。

> r 的範圍:$-1 \leq r \leq 1$

$r = \pm 1$ 代表散佈圖中的點全都落在同一條直線上,然而這種情況在統計所討論的二維數據中不太可能發生。因為這代表 X 變數和 Y 變數有完美的直線關係,只要知道 X 的值、就能知道 Y 的值了 (請參考本節習題 2),而現實生活中的數據幾乎都不會是這樣的。

習題

1. 有一組二維數據如下:

x	−1	0	2	3	6
y	2	4	4	5	10

(a) 畫出散佈圖。
(b) 根據散佈圖判斷,X 和 Y 之間是否有直線關聯;若有的話,是正向亦或負向?

(c) 算出 X 和 Y 的線性相關係數,是否印證 (b) 小題的答案?

2. 考慮以下二維數據,X 變數代表攝氏溫度、Y 變數代表華氏溫度:

x	5	10	15	30	40
y	41	50	59	86	104

(a) 畫出散佈圖。

(b) 算出 X 和 Y 的線性相關係數。

11.2 最小平方迴歸直線

當兩個變數 X 和 Y 的樣本數據顯示出相當程度的關聯時,如果能夠找出這個關聯的公式,則我們就可以利用這個公式,從 X 的值來預測 Y 的值。以賣冰品的商家為例,每天材料到底要準備多少呢?準備少了不夠賣、臨時要補充也麻煩,準備太多則佔空間、隔天賣又有新鮮度的問題;若能大致預測銷售量,對於事先決定材料的準備量就很有幫助了。關聯的形式可以有很多種,本書只討論最基本的直線關聯。

假設商家感覺到冰品銷售量似乎和當天的溫度有直線關聯:天氣熱時銷售量較大,天氣較涼快則銷售量較低;也就是說,銷售量似乎會跟著溫度的變化而變化。此時我們把溫度叫做**自變數** (independent variable),用 X 表示,銷售量叫做**應變數** (dependent variable),用 Y 表示。任何變數都應該有明確的定義,光是說「溫度」不夠明確,如果令 X 代表一天的最高溫、則意義很清楚,「銷售量」Y 也可定義為當天的銷售金額。

要預測必須先要有模型,然後根據模型來預測。模型的形式決定之後,通常還有未知的參數需要估計;比如說模型如果是直線的形式,我們就需要根據蒐集到的數據,決定直線的斜率和截距,以後就可以根據氣象

局預測的最高溫，來預測當天的銷售量了。預測的方式是把最高溫 X 的值代入直線式，求出對應的 Y 值。以上的討論，帶我們進入了「簡單線性迴歸模型」的領域，此模型定義如下：

簡單線性迴歸模型

假設 X 為自變數、Y 為應變數，$(x_1, y_1), (x_2, y_2), \cdots, (x_n, y_n)$ 為觀測值，簡單線性迴歸模型指下列關係式

$$y_i = \beta_0 + \beta_1 x_i + \varepsilon_i, \, i = 1, 2, \cdots, n \tag{11.2-1}$$

其中之 β_0 和 β_1 是未知的參數，ε_i 叫做誤差，通常我們假設 $\varepsilon_1, \varepsilon_2, \cdots, \varepsilon_n$ 是互相獨立的常態分布隨機變數、平均數為 0、變異數為 σ^2。

簡單線性迴歸模型中的「線性」指的是：不論是參數 β_0、β_1 或是 x_i，在式子當中都是以一次方的形式出現。「簡單」則是指自變數只有一個，比如我們只考慮冰品銷售和最高溫的關係時，自變數就只有「最高溫」一個。當我們想要討論一個變數和其他很多變數的關係時，例如產品的銷售量應和它的價格、廣告及通路多寡都有關，這時考慮的應變數 Y 是銷售量，自變數則有三項：價格 (X_1)、廣告 (X_2) 及通路多寡 (X_3)，這叫做複迴歸 (multiple regression) 模型或者多變數迴歸。若應變數和自變數之間有線性關係的話，必須用類似以下的複迴歸線性模型來描述：

$$y_i = \beta_0 + \beta_1 x_{1i} + \beta_2 x_{2i} + \beta_3 x_{3i} + \varepsilon_i, \, i = 1, 2, \cdots, n$$

複迴歸的問題當然比較複雜，看模型就可以知道。如果要用有效方式表達它的相關公式的話，還需要用到向量和矩陣，也就是需要有線性代數的基本知識；而相關計算非常繁瑣複雜，必須依賴電腦和合適的軟體幫忙才行。所以我們只會在本章第 5 節簡單介紹這個主題。其實不同的模型背後的很多道理是相通的，把簡單線性迴歸模型的概念弄清楚的話，更複雜的

模型也就沒那麼難懂了。

(11.2-1) 式當中包括兩部份訊息：

1. x 和 y 之間有某種線性關聯，即 $y = \beta_0 + \beta_1 x$，但是 β_0 和 β_1 不知道，需要估計。

2. 即便 x 和 y 之間有線性關聯，但這並不是一種絕對的函數關係。絕對的函數關係的例子如同華氏溫度 y 和攝氏溫度 x 之間的關係：$y = \frac{9}{5}x + 32$，如果攝氏溫度是 35 度、華氏溫度就必然是 $\frac{9}{5} \cdot 35 + 32 =$ 95 度。然而冰品銷售量雖然會隨著高溫變化而改變，但並不是說只要高溫是 35 度、銷售量就必定是某個數，它會有一個上下變動的範圍。$y_i = \beta_0 + \beta_1 x_i + \varepsilon_i$ 式子當中的 $\beta_0 + \beta_1 x_i$ 部份，事實上是當自變數的值為 x_i 時、應變數 Y 的期望值 $E(Y)$ (也就是平均數)。比如高溫 35 度時，平均冰品銷售量是 $\beta_0 + 35\beta_1$，但每次 35 度時、銷售量有時高於平均、有時低於平均，ε_i 就代表了銷售量和平均數之間的差距，它是一個隨機變數，因為它的值會變動、而且事先無法知道。

接下來要討論的是：怎樣可以求得我們需要的直線公式，也就是 β_0 和 β_1 應該要怎樣估計呢？這個問題當然可以根據理論來討論，但我們只從較直觀的角度說明。大家都知道兩個點可以決定一條直線，但是現在狀況不一樣；現在是有許多個點、大致呈現帶狀，而我們想要將一條直線穿過這些點、來代表這些點之間的關係，這樣的直線要如何決定呢？

首先，這條直線和散佈圖當中的點，距離當然應該愈近愈好。接著要考慮的是：「近」要如何定義。通常計算點到直線的距離，都是從點到直線做垂線，再計算點到垂足的距離；但是因為我們要找的這條直線常被用來從 x 值預測 y 值，所以我們所考慮的是各點在垂直 x 軸的方向和直線的「距離」，如圖 11.2-1 所示，我們可稱它為「鉛直距離」。

图 11.2-1 (鉛直距離示意圖)

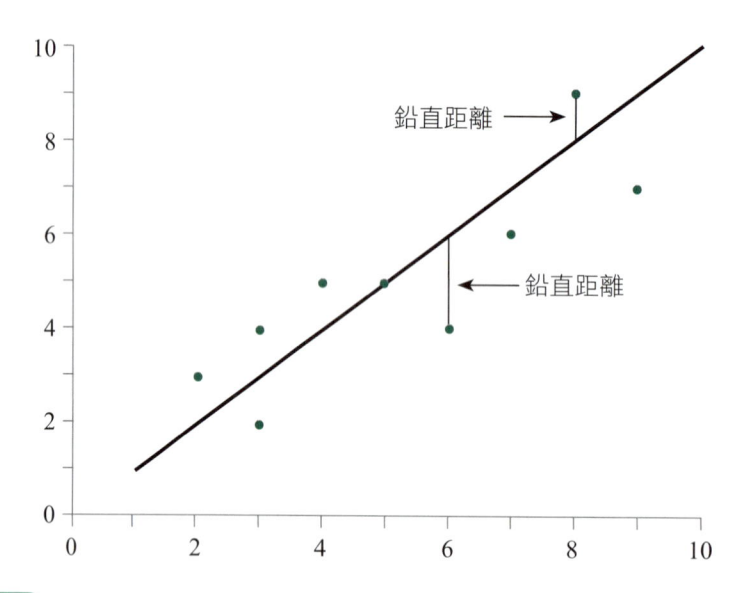

考慮直線式：$y = a + cx$，則圖 11.2-1 中的線段長度可表示為：

$$|y_1 - (a + cx_1)|, |y_2 - (a + cx_2)|, \cdots, |y_n - (a + cx_n)|$$

我們可以考慮找一條直線，使得以上的「距離」和，即 $\sum_{i=1}^{n}|y_i - (a + cx_i)|$ 為最小。但是平方函數在求極值時，比絕對值函數好處理，因此最常用的直線，是使得上述「距離」的平方和，即 $\sum_{i=1}^{n}[y_i - (a + cx_i)]^2$ 為最小的直線，稱為「最小平方迴歸直線」，常簡稱迴歸直線，我們用 $y = b_0 + b_1 x$ 表示。也就是說，對於任何實數 a 和 c，$\sum_{i=1}^{n}[y_i - (b_0 + b_1 x_i)]^2 \leq \sum_{i=1}^{n}[y_i - (a + cx_i)]^2$。

最小平方迴歸直線

在所有直線 $y = a + cx$ 當中，使得 $\sum_{i=1}^{n}[y_i - (a + cx_i)]^2$ 有最小值的直線 $y = b_0 + b_1 x$，叫做 $(x_1, y_1), (x_2, y_2), \cdots, (x_n, y_n)$ 的最小平方迴歸直線，或簡稱迴歸直線。

看來雖然複雜，其實用簡單的微積分技巧就可求解，得到以下迴歸直線公式：

最小平方迴歸直線公式

在所有直線 $y = a + cx$ 當中，使得 $\sum_{i=1}^{n}[y_i - (a + cx_i)]^2$ 有最小值的直線 $y = b_0 + b_1 x$，稱為 $(x_1, y_1), (x_2, y_2), \cdots, (x_n, y_n)$ 的「最小平方迴歸直線」，其截距 b_0 和斜率 b_1 分別滿足

$$b_1 = \frac{\sum_{i=1}^{n}(x_i - \bar{x})(y_i - \bar{y})}{\sum_{i=1}^{n}(x_i - \bar{x})^2}$$

$$b_0 = \bar{y} - b_1 \bar{x} = \bar{y} - \frac{\sum_{i=1}^{n}(x_i - \bar{x})(y_i - \bar{y})}{\sum_{i=1}^{n}(x_i - \bar{x})^2} \cdot \bar{x} \tag{11.2-2}$$

例 11.2-1

某大學教授所開的一門課有 20 位同學選修，上課時間排在頭兩堂，8:10 開始上課。老師發現冬天氣溫低時，上課準時出席的同學就很少；為了了解情況，老師在低溫的日子，把早上七點的溫度 (攝氏) 和開始上課時的學生人數記錄下來，得到以下數據：

溫度	13	8	14	11	14
人數	5	2	8	3	7

(a) 計算此組數據之迴歸直線。

(b) 某日早上七點的溫度是 10°C，利用迴歸直線來估計 8:10 開始上課時，教室裡的學生人數。

解

(a) 先求出 5 天溫度的平均 $\bar{x}=12$，5 天人數的平均 $\bar{y}=5$，接下來的計算過程，列在下表當中：

	$x_i-\bar{x}$	$y_i-\bar{y}$	$(x_i-\bar{x})(y_i-\bar{y})$	$(x_i-\bar{x})^2$	$(y_i-\bar{y})^2$
	1	0	0	1	0
	−4	−3	12	16	9
	2	3	6	4	9
	−1	−2	2	1	4
	2	2	4	4	4
總和	0	0	24	26	26

將以上數字代入公式，可得

$$b_1 = \frac{\sum_{i=1}^{5}(x_i-\bar{x})(y_i-\bar{y})}{\sum_{i=1}^{5}(x_i-\bar{x})^2} = \frac{24}{26} = \frac{12}{13}$$

$$b_0 = \bar{y} - b_1\bar{x} = 5 - \frac{12}{13} \cdot 12 = -\frac{79}{13}$$

因此迴歸直線公式為

$$y = -\frac{79}{13} + \frac{12}{13}x = 0.923x - 6.077$$

(b) 將 $x=10$ 代入迴歸直線公式，得到 $y = 0.923 \cdot 10 - 6.077 = 3.153$，四捨五入之後得到 3，估計約有 3 位同學準時到教室上課。

例 11.2-2

假設某冰品店老闆注意到每天的冰品銷售量似乎和當天的最高溫有關聯，於是隨機選了共六天、記錄了該日最高溫 (攝氏溫度) 和冰

品銷售金額(千元)如下：

資料編號	1	2	3	4	5	6	平均
最高溫 x	30	34	32	36	33	33	33
冰品銷售金額 y	18	24	25	32	28	23	25

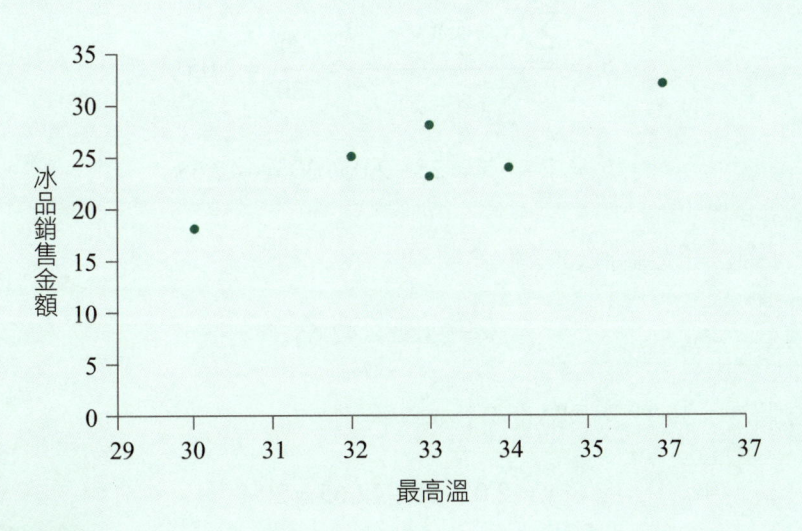

觀察數據之後，老闆認為冰品銷售量和最高溫之間，似乎有某種關聯。他希望能找到這項關聯、並加以利用，但是他沒學過統計，我們來幫忙他做這件事。

(a) 畫出散佈圖、判斷關聯的形式。

(b) 求迴歸直線。

(c) 用迴歸直線估計高溫 35 度時的冰品銷售量。

(d) 當溫度剛好等於 6 天的平均溫 33 度時，估計冰品銷售金額是多少？是否能夠不要代入迴歸直線公式就知道結果？

解

(a)

圖 11.2-2

散佈圖中的點相當接近一條直線，冰品銷售量和最高溫之間，似有直線關聯。

(b) $\bar{x} = \dfrac{30+34+32+36+33+33}{6} = 33$

$\bar{y} = \dfrac{18+24+25+32+28+23}{6} = 25$

	$x_i - \bar{x}$	$y_i - \bar{y}$	$(x_i - \bar{x})(y_i - \bar{y})$	$(x_i - \bar{x})^2$	$(y_i - \bar{y})^2$
	−3	−7	21	9	49
	1	−1	−1	1	1
	−1	0	0	1	0
	3	7	21	9	49
	0	3	0	0	9
	0	−2	0	0	4
總和	0	0	41	20	112

將以上數字代入公式，可得

$$b_1 = \dfrac{\sum_{i=1}^{6}(x_i - \bar{x})(y_i - \bar{y})}{\sum_{i=1}^{6}(x_i - \bar{x})^2} = \dfrac{41}{20} = 2.05$$

$$b_0 = \bar{y} - b_1\bar{x} = 25 - 2.05 \cdot 33 = -42.65$$

因此迴歸直線公式為

$$y = 2.05x - 42.65$$

(c) 將 $x = 35$ 代入迴歸直線公式，得到

$$y = 2.05 \cdot 35 - 42.65 = 29.1$$

最高溫攝氏 35 度時，預估銷售金額為 29,100 元。

(d) 將 $x=33$ 代入迴歸直線公式，得到

$$y = 2.05 \cdot 33 - 42.65 = 25$$

正好就是 6 天銷售金額的平均，我們來討論這是否為巧合。

根據 (11.2-2) 式，迴歸直線 $y = b_0 + b_1 x$ 當中的 $b_0 = \bar{y} - b_1 \bar{x}$，將此 b_0 代入直線式 $y = b_0 + b_1 x$ 當中，可得

$$y = b_0 + b_1 x = (\bar{y} - b_1 \bar{x}) + b_1 x = \bar{y} + b_1 (x - \bar{x})$$

如此可清楚看見，若將 $x = \bar{x}$ 代入時、必會得到 $y = \bar{y}$，也就是迴歸直線必會通過點 $(\bar{x}, \bar{y})$。所以若將 6 天的平均溫度 33 度代入直線公式時，一定會得到 6 天的平均銷售金額。

迴歸直線的另一種表示方法

$$y = \bar{y} + b_1(x - \bar{x}) \quad \text{其中} \quad b_1 = \frac{\sum_{i=1}^{n}(x_i - \bar{x})(y_i - \bar{y})}{\sum_{i=1}^{n}(x_i - \bar{x})^2} \tag{11.2-3}$$

最小平方迴歸直線的截距和斜率，提供了簡單線性迴歸模型 (11.2-1) 式當中未知參數 β_0 和 β_1 的一種估計方式。

模型參數 β_0 和 β_1 之估計

在簡單線性迴歸模型 $y_i = \beta_0 + \beta_1 x_i + \varepsilon_i, i = 1, 2, \cdots, n$ 之下，其最小平方迴歸直線 $y = b_0 + b_1 x$ 的截距 b_0 和斜率 b_1，分別是未知參數 β_0 和 β_1 的最小平方估計值，b_0 和 b_1 的公式如 (11.2-2) 式所列。

從最小平方迴歸直線的定義看起來，只要有 n 個點 $(x_1, y_1), (x_2, y_2), \cdots, (x_n, y_n)$，就可以找到一條最小平方迴歸直線穿過這些點，也就可以用來做預測了，似乎和我們的簡單線性迴歸模型沒什麼關係；模型中所假設的

$\varepsilon_1, \varepsilon_2, \cdots, \varepsilon_n$ 為互相獨立的常態分布 $N(0, \sigma^2)$ 隨機變數，似乎根本沒用到。如果我們的目的只是找到這條直線，的確不需要用到模型中的假設。但是找到直線 $y = b_0 + b_1 x$ 之後，b_0 和 b_1 分別只是未知參數 β_0 和 β_1 的點估計，而我們在第七章討論過，點估計很難評估好壞，區間估計則可以；如果要找 β_0 和 β_1 的信賴區間的話，就必須用到模型中的假設了。另外我們有時也要判斷 β_1 是否等於 0 (在簡單線性迴歸模型下，若 $\beta_1 = 0$，則代表 Y 根本不會隨著 X 改變了)，這是檢定問題，必須用到 b_1 的抽樣分布，因此也需要用到模型中的假設。

習題

1. 考慮以下二維數據，X 變數代表攝氏溫度、Y 變數代表華氏溫度：

x	5	10	15	30	40
y	41	50	59	86	104

(a) 用迴歸直線公式求迴歸直線。

(b) 在 (a) 小題得到的直線公式，是否和從攝氏溫度轉換成華氏溫度的公式相同？

2. 分析一組 8 個二維數據得到

$$\bar{x} = 5, \bar{y} = 6, \bar{y} = 6, s_x^2 = 9, \sum_{i=1}^{8}(x_i - \bar{x})(y_i - \bar{y}) = 147$$

則 Y 對 X 的迴歸直線為何？

3. 某國中數學資優班十位同學的 IQ 分數和數學科平均成績如下：

IQ 分數	121	113	109	124	107	107	126	105	107	121
數學平均成績	96.9	92.0	76.4	92.8	69.9	91.9	87.3	73.9	56.4	92.5

(a) 求迴歸直線。
(b) 若十位同學的數據可視為隨機樣本，用所得到的迴歸直線預測 IQ 分數為 115 的同學之數學平均成績。

11.3 相關係數和迴歸直線的關係

第 1 節介紹的相關係數 r，可以用來評估變數 X 和 Y 直線相關的強弱程度；第 2 節介紹了最小平方迴歸直線，它是穿過樣本點的一條直線，可以用來從變數 X 的值預測變數 Y 的值。這兩個觀念之間是否有密切的關係呢？答案是肯定的。

相關係數 r 的公式為

$$r = \frac{\sum_{i=1}^{n}(x_i - \bar{x})(y_i - \bar{y})}{\sqrt{\sum_{i=1}^{n}(x_i - \bar{x})^2} \sqrt{\sum_{i=1}^{n}(y_i - \bar{y})^2}}$$

最小平方迴歸直線的斜率則是

$$b_1 = \frac{\sum_{i=1}^{n}(x_i - \bar{x})(y_i - \bar{y})}{\sum_{i=1}^{n}(x_i - \bar{x})^2}$$

很容易可以看出兩個公式之間有關聯：兩個式子的分子相同、而分母都是正的，所以斜率 b_1 和相關係數 r 同符號，相關觀念其實在第 1 節就談到過。也就是說，當散佈圖中的點，大致在一條直線的附近、而直線的斜率為正時、變數 X 和 Y 為正相關，此時 r 會大於 0；直線的斜率為負時、變數 X 和 Y 為負相關，此時 r 則會小於 0。

我們令 $s_x^2 = \dfrac{\sum_{i=1}^{n}(x_i-\overline{x})^2}{n-1}$ 和 $s_y^2 = \dfrac{\sum_{i=1}^{n}(y_i-\overline{y})^2}{n-1}$ 分別代表 X 和 Y 的樣本變異數，令 $s_x = \sqrt{s_x^2}$、$s_y = \sqrt{s_y^2}$，再把 b_1 的公式稍微改寫一下，就很容易可以得到 b_1 和 r 的關係式如下：

$$b_1 = \frac{\sum_{i=1}^{n}(x_i-\overline{x})(y_i-\overline{y})}{\sum_{i=1}^{n}(x_i-\overline{x})^2} = \frac{\sum_{i=1}^{n}(x_i-\overline{x})(y_i-\overline{y})}{\sqrt{\sum_{i=1}^{n}(x_i-\overline{x})^2}\sqrt{\sum_{i=1}^{n}(y_i-\overline{y})^2}} \cdot \frac{\sqrt{\sum_{i=1}^{n}(y_i-\overline{y})^2}}{\sqrt{\sum_{i=1}^{n}(x_i-\overline{x})^2}}$$

$$= r \cdot \frac{\sqrt{\sum_{i=1}^{n}(y_i-\overline{y})^2 \big/ (n-1)}}{\sqrt{\sum_{i=1}^{n}(x_i-\overline{x})^2 \big/ (n-1)}} = r \cdot \frac{s_y}{s_x}$$

因此迴歸直線斜率 b_1 和相關係數 r 滿足下列關係式：

$$b_1 = r \cdot \frac{s_y}{s_x} \tag{11.3-1}$$

例 11.3-1

若隨機抽樣得二變數 (X, Y) 的樣本數據 $(x_1, y_1), (x_2, y_2), \cdots, (x_{15}, y_{15})$，其 $\overline{x}=4$，$\overline{y}=3$，相關係數 $r=-0.82, s_x^2=7.5, s_y^2=3.6$，求最小平方迴歸直線。

解

根據 (11.2-2) 式，若最小平方迴歸直線為 $y = b_0 + b_1 x$，其截距 b_0 和斜率 b_1 分別滿足

$$b_1 = \frac{\sum_{i=1}^{n}(x_i-\overline{x})(y_i-\overline{y})}{\sum_{i=1}^{n}(x_i-\overline{x})^2}, \quad b_0 = \overline{y} - b_1 \overline{x}$$

現利用 (11.3-1) 式可得

$$b_1 = r \cdot \frac{s_y}{s_x} = -0.82 \cdot \frac{\sqrt{3.6}}{\sqrt{7.5}} = -0.57$$

而

$$b_0 = \bar{y} - b_1\bar{x} = 3 - (-0.57)4 = 5.28$$

最小平方迴歸直線為 $y = 5.28 - 0.57x$。

習題

1. 隨機抽樣得二變數 (X, Y) 的樣本數據，$n = 8$，其 $\bar{x} = 6.1$，$\bar{y} = 2.8$，$\sum_{i=1}^{8} x_i^2 = 319$，$\sum_{i=1}^{8} y_i^2 = 78.9$，相關係數 $r = 0.93$，求最小平方迴歸直線。

11.4 迴歸直線應用須知

一、估計的意義

當我們用 x 值來估計 y 值時，根據的是變數 X 和 Y 之間的關係，但因為不是函數關係，所以同樣的 x 值可能對應許多不同的 y 值。例如最高溫同樣是 35 度的日子、冰品銷售金額仍然不盡相同。當我們代入 $x = 35$ 去估計 y 時，所得到的結果，其實是高溫為 35 度時的平均冰品銷售金額。

二、估計的準確程度

用平均數來估計準不準呢？這和數據的散佈情況有密切關係，簡單線性迴歸模型裡面的 σ^2 (ε_i 的變異數) 就包含了這個訊息。σ^2 值較大代表數據散佈比較廣，用平均數當作估計就可能不太準，反之則比較準。用冰品

例子來說明就是：以同樣的高溫 35 度來說，如果銷售金額的變化範圍很大 (σ^2 值較大)、則有的銷售金額和平均數的差距會比較大，所以用平均數估計時會不太準。反過來看，如果只要高溫 35 度時的銷售金額都差不多，則這些金額都會和平均數接近，因此迴歸直線估計出來的結果當然就比較準了。

三、估計的適用範圍

假設我們找到了最小平方迴歸直線，也發現數據多半距離直線不遠，這樣是否可以放心代入 x 去估計 y 了呢？還有一件事要注意，就是所代入的 x 應該不要超出決定迴歸直線的數據點之 x 值範圍太多，否則有可能得到離譜的結論。

以冰品銷售為例，例 11.2-2 的 (x, y) 數據為：(30,18)、(34,24)、(32,25)、(36,32)、(33,28)、(33,23)，x 值的範圍從 30 到 36；如果我們要估計高溫 24 度時的冰品銷售金額，將 $x = 24$ 代入迴歸直線可得 $y = 2.05 \cdot 24 - 42.65 = 6.55$，也就是說，一天最高溫 24 度時，估計可賣出 6550 元的冰品。最高溫才 24 度時，天氣相當涼快，吃冰的人應該不多，6550 元很可能是高估了。

這背後的道理是這樣的，求迴歸直線時所用的數據當中，x 值的範圍是從 30 到 36，我們將 $x = 24$ 代入直線的時候，等於是把直線延伸來使用，但是我們並不知道當 x 值超出 30 到 36 的範圍時，x 和 y 是否還符合同樣的直線關係。若我們考慮兒童的生長資料，就會更清楚了解這層道理了。

假設我們蒐集了 3 歲到 12 歲男童的身高資料，用年齡當作 x、身高當作 y 找出了迴歸直線，我們可以用這條直線來估計男童大學畢業 (假設 22 歲) 時的身高嗎？應該有讀者很快就想到答案了，如此的估計一定會高估。因為 3 歲到 12 歲的男生長很快，到高中以後很多人已不太長高了，也就是說，3 歲到 12 歲時的生長模型、根本就不適用於 22 歲的時候，一

定要用的話，就會得出可笑的答案了。

四、決定 X 和 Y

計算相關係數時，如果把 X 和 Y 交換、答案不會變；但是求最小平方迴歸直線時，交換 X 和 Y 會得到不同的直線。兩個變數當中，應該要令哪一個當作 X、哪一個當作 Y 呢？這點很容易決定，把我們想要預測的變數當作 Y、另一個當作 X 就行了。比如在冰品銷售例子裡，我們是想用最高溫來預測銷售量、而不是用銷售量來預測最高溫，所以要令最高溫為 X、冰品銷售量為 Y。

五、選擇合適的模型

直線是在考慮兩個變數間關聯時最常用的模型，它很簡單好用，但不能因為好用就隨便用，在想用 X 估計 Y 時、不管是否合適都給它配適直線模型。當 X 和 Y 之間並沒有直線關聯時，這樣做的結果可能極糟，如果利用軟體做計算時，更必須加倍小心。電腦很「聽話」，如果我們輸入數據、叫它算出迴歸直線，它就會乖乖的算、不會計較 X 和 Y 之間是否有直線關聯。模型合適與否是我們自己要判斷的，這個問題有統計方法可以處理；在我們還沒有學到這些方法之前，最起碼應該先畫散佈圖，看看圖形是否呈現帶狀。如果點的散佈並不接近一條直線、反而出現曲線形狀，我們就應該找合適的曲線去描述模型、而不是找迴歸直線；除了直線形式外，存在各式各樣的模型可以用在其他形式的關聯。

六、利用套裝軟體之前、應先了解基本概念

Excel 是很方便使用的軟體，所以本書將它介紹給大家，但是我不鼓勵讀者把學習重點放到 Excel 的使用上面。因為若是基本概念不清楚就去使用套裝軟體分析數據，很可能做出錯誤的結論卻不自知，這是很危險的事。所以我選擇把 Excel 的相關內容放在本書少數幾章的最後一節，以強

調它只是一項應用工具的事實。統計題目的計算常很繁複，所以需要有像 Excel 之類的軟體輔助，但我們不應讓它完全取代徒手計算的練習；經過手算、才會對公式有認識，比較瞭解自己在做什麼。如果只會直接把數據輸入電腦、等待套裝軟體給結果的話，很容易會讓自己落入知其然而不知其所以然的「境界」，這樣不可能學好統計、也不可能有效的應用統計方法。

11.5 複迴歸線性模型簡介

很多時候我們考慮的變數可能和好幾個變數都有關係，比如房子的價格會決定於它座落的位置、房子的大小以及建材的等級等等。當一個變數和兩個以上的變數有關係、而我們想描述這個關係時，就需要用到複迴歸 (multiple regression)、也稱多變數迴歸。若應變數和自變數之間有線性關係的話，以三個自變數為例、我們可以用以下的複迴歸線性模型來描述：

$$y_i = \beta_0 + \beta_1 x_{1i} + \beta_2 x_{2i} + \beta_3 x_{3i} + \varepsilon_i, i=1,2,\cdots,n$$

其中 x_{1i}, x_{2i}, x_{3i} 分別代表三個自變數的第 i 組值 (視為常數)，y_i 代表應變數的第 i 個觀測值 (是隨機變數)，ε_i 叫做誤差，一般假設 $\varepsilon_1, \varepsilon_2, \cdots, \varepsilon_n$ 是互相獨立的常態分布隨機變數，平均數為 0、變異數 σ^2。此模型當中的未知參數包括 β_0、β_1、β_2、β_3 及 σ^2。如果可以找到 β_0、β_1、β_2、β_3 的合適估計 b_0、b_1、b_2、b_3，則每代入一組自變數的值 x_{1i}, x_{2i}, x_{3i}、就可得到 y 的一個估計值 $\hat{y}_i = b_0 + b_1 x_{1i} + b_2 x_{2i} + b_3 x_{3i}$。

估計 β_0、β_1、β_2、β_3 的方法之一，是如同我們在簡單線性迴歸模型中所用的最小平方法：

考慮 $\sum_{i=1}^{n}[y_i-(a+c_1 x_{1i}+c_2 x_{2i}+c_3 x_{3i})]^2$，我們需要找出怎樣的 a、c_1、c_2、c_3 能夠讓這項平方和有最小值，所求出的解用 b_0、b_1、b_2、b_3 表示，

就是 β_0、β_1、β_2、β_3 的最小平方估計。也就是說，對於任何實數 a、c_1、c_2、c_3，

$$\sum_{i=1}^{n}[y_i-(b_0+b_1x_{1i}+b_2x_{2i}+b_3x_{3i})]^2 \leq \sum_{i=1}^{n}[y_i-(a+c_1x_{1i}+c_2x_{2i}+c_3x_{3i})]^2$$

和簡單線性迴歸模型比起來，雖然現在要解的變數變多了，仍然可以用微積分處理。解的過程有點複雜，但只要藉助電腦軟體的輔助，就可以得到 b_0、b_1、b_2、b_3 的解答，然後就可以利用 $\hat{y}_i = b_0+b_1x_{1i}+b_2x_{2i}+b_3x_{3i}$ 來做預測了。比如假設 Y 代表某商品的銷售量，而 X_1、X_2、X_3 分別代表商品的價格、廣告金額及通路多寡時，只要將一組三個 x 的值代入式子，就可以得到對應的銷售量估計值了。

迴歸分析的相關題材非常豐富，本身的內容就需要一整年的課程才能講完。它的應用相當普遍；然而要能正確應用任何方法，都必須對背後的基本概念有所了解。本書只用一章來介紹迴歸、許多內容都必須割捨，介紹重點就放在迴歸分析的基本概念，幫讀者打好基礎。需要用到迴歸的讀者，請參考迴歸教科書。

11.6 用 Excel 畫散佈圖和迴歸直線

第一次執行之前可能需要先安裝資料分析工具：在 Excel 2007 裡視窗最小化旁邊有一個「？」選項，是 Excel 的說明，點進去後到最下面按「顯示全部」，之後點「增益集」，「載入分析工具」，依照步驟安裝完成才可使用。

一、畫散佈圖

假設物理分數在 A 欄、化學分數在 B 欄，畫散佈圖的步驟如下：

1. 將自變數物理輸入 A2~A11，依變數 (即應變數) 化學輸入 B2~B11。A1 與 B1 為類別標記物理與化學：

| 物理 | 25 | 21 | 30 | 46 | 22 | 67 | 27 | 41 | 45 | 29 |
| 化學 | 58 | 38 | 57 | 82 | 56 | 70 | 48 | 53 | 79 | 41 |

2. 選取「插入」、「散佈圖」(選第一個形式)、「設計」、「圖表版面配置」(選第一個配置)，如圖：

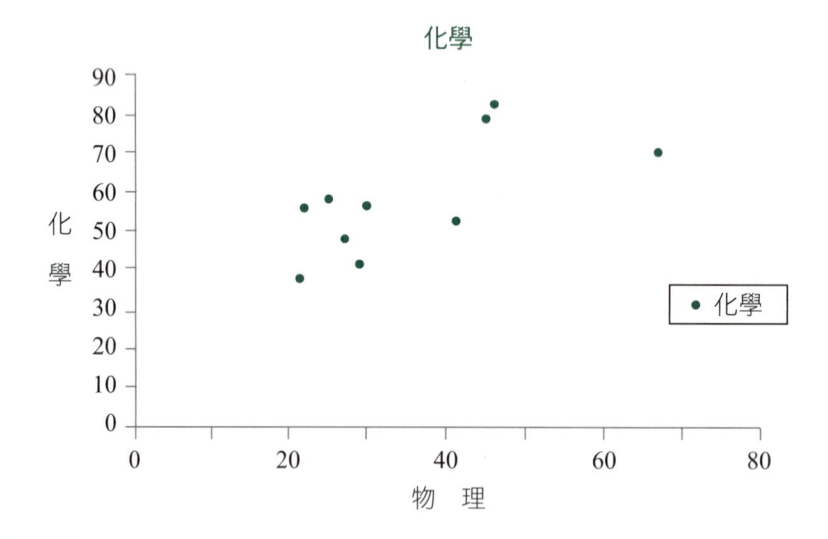

圖 11.6-1

附註：要修改縱軸字的方向，點選「座標軸標題」，按右鍵選「對齊」、「文字方向」進行修改。

其實圖上方和右方的「化學」字眼都屬多餘、可以去掉，一般散佈圖會像下面這樣：

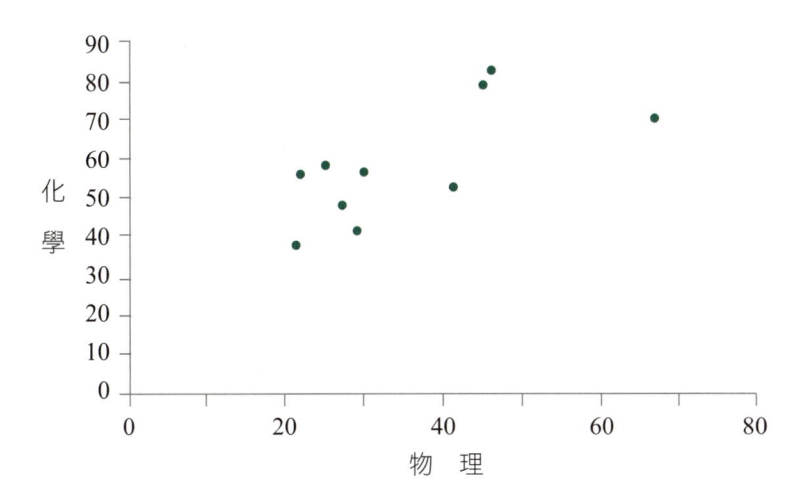

[图表：散佈圖，X軸為物理(0-80)，Y軸為化學(0-90)]

圖 11.6-2

二、畫迴歸直線

1. 將自變數物理輸入 A2~A11，依變數化學輸入 B2~B11。A1 與 B1 為類別標記物理與化學：

物理	25	21	30	46	22	67	27	41	45	29
化學	58	38	57	82	56	70	48	53	79	41

2. 選取「插入」、「散佈圖」(選第一個形式)、「設計」、「圖表版面配置」(選第九個配置)，如圖：

物理及化學的迴歸估計式

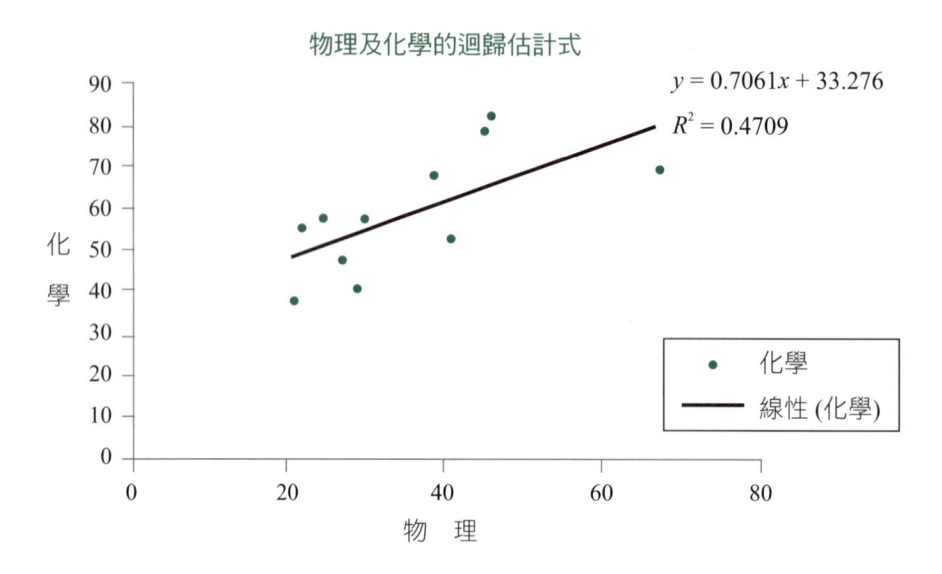

$y = 0.7061x + 33.276$

$R^2 = 0.4709$

圖 11.6-3

要修改圖裡面的資訊，選取「格式」、「目前的選取範圍」中，選擇所要修改的地方進行修改。

重點摘要

1. 假設我們蒐集了兩個變數 X, Y 的 n 筆資料，用 $(x_1, y_1), (x_2, y_2), \cdots, (x_n, y_n)$ 表示，將這 n 個有序對標示在 xy 座標平面上，就構成 X, Y 二變數的散佈圖。

2. 當散佈圖中的點，大致在一條直線的附近時，我們稱變數 X 和 Y 為直線相關；當直線的斜率為正時、稱變數 X 和 Y 為正相關，當直線的斜率為負時、稱變數 X 和 Y 為負相關。點的散佈距離直線很近時、相關性較強；點的散佈距離直線較遠時、相關性較弱。

3. 假設 $(x_1, y_1), (x_2, y_2), \cdots, (x_n, y_n)$ 代表變數 X, Y 的值，$\bar{x} = \dfrac{x_1 + x_2 + \cdots + x_n}{n}$，$\bar{y} = \dfrac{y_1 + y_2 + \cdots + y_n}{n}$，$x_1, x_2, \cdots, x_n$ 不全相等、$y_1, y_2, \cdots, y_n$ 也不全相等，則 X、Y 的相關係數為

$$r = \frac{\sum_{i=1}^{n}(x_i - \bar{x})(y_i - \bar{y})}{\sqrt{\sum_{i=1}^{n}(x_i - \bar{x})^2}\sqrt{\sum_{i=1}^{n}(y_i - \bar{y})^2}}$$

4. 相關係數的意義：

(1) r 的值必介於 –1 和 1 之間，$-1 \leq r \leq 1$，當 $r = \pm 1$ 時，代表散佈圖中的點全都在一條直線上；若 $r = 1$，直線斜率為正，若 $r = -1$，直線斜率為負。

(2) $r > 0$ 代表正相關，$r < 0$ 代表負相關。

(3) r 的值愈接近 1 或 –1，代表直線相關性愈強；r 的值若接近 0，則代表直線相關性很弱。

(4) r 的值所代表的是直線相關的強度，所以 $r = 0$ 只代表沒有「直線相關」，並不代表 X 變數和 Y 變數沒有任何關聯。

5. 假設 X 為自變數、Y 為應變數，$(x_1, y_1), (x_2, y_2), \cdots, (x_n, y_n)$ 為觀測值，簡單線性迴歸模型指下列關係式

$$y_i = \beta_0 + \beta_1 x_i + \varepsilon_i，i = 1, 2, \cdots, n$$

其中之 β_0 和 β_1 是未知的參數，ε_i 叫做誤差，通常我們假設 $\varepsilon_1, \varepsilon_2, \cdots, \varepsilon_n$ 是互相獨立的常態分布隨機變數、平均數為 0、變異數為 σ^2。

6. 在所有直線 $y = a + cx$ 當中，使得 $\sum_{i=1}^{n}[y_i - (a + cx_i)]^2$ 有最小值的直線 $y = b_0 + b_1 x$，叫做 $(x_1, y_1), (x_2, y_2), \cdots, (x_n, y_n)$ 的最小平方迴歸直線，或簡稱迴歸直線。其截距 b_0 和斜率 b_1 分別滿足

$$b_1 = \frac{\sum_{i=1}^{n}(x_i - \bar{x})(y_i - \bar{y})}{\sum_{i=1}^{n}(x_i - \bar{x})^2}，b_0 = \bar{y} - b_1 \bar{x} = \bar{y} - \frac{\sum_{i=1}^{n}(x_i - \bar{x})(y_i - \bar{y})}{\sum_{i=1}^{n}(x_i - \bar{x})^2} \cdot \bar{x}$$

7. 迴歸直線的另一表示方法為

$$y = \bar{y} + b_1(x - \bar{x}) \quad \text{其中 } b_1 = \frac{\sum_{i=1}^{n}(x_i - \bar{x})(y_i - \bar{y})}{\sum_{i=1}^{n}(x_i - \bar{x})^2}$$

8. 利用迴歸直線用 x 估計 y 時，應該盡量不要超出決定迴歸直線的數據點 x 值之範圍。

9. 迴歸直線斜率 b_1 和相關係數 r 滿足下列關係式：

$$b_1 = r \cdot \frac{s_y}{s_x}$$

10. 以三個自變數為例、複迴歸線性模型如下：

$$y_i = \beta_0 + \beta_1 x_{1i} + \beta_2 x_{2i} + \beta_3 x_{3i} + \varepsilon_i,\ i = 1, 2, \cdots, n$$

其中 x_{1i}，x_{2i}，x_{3i} 分別代表三個自變數的第 i 組值 (視為常數)，y_i 代表應變數的第 i 個觀測值 (是隨機變數)，ε_i 叫做誤差，一般假設 $\varepsilon_1, \varepsilon_2, \cdots, \varepsilon_n$ 是互相獨立的常態分布隨機變數，平均數為 0、變異數為 σ^2。此模型當中的未知參數包括 β_0、β_1、β_2、β_3 及 σ^2。

11. 上述模型中 β_0、β_1、β_2、β_3 的最小平方估計 b_0、b_1、b_2、b_3 滿足下式：對於任何實數 a、c_1、c_2、c_3，

$$\sum_{i=1}^{n}[y_i - (b_0 + b_1 x_{1i} + b_2 x_{2i} + b_3 x_{3i})]^2 \leq \sum_{i=1}^{n}[y_i - (a + c_1 x_{1i} + c_2 x_{2i} + c_3 x_{3i})]^2$$

第十一章 習題

1. 某校高三共有 600 位學生，數學科成績用 0 至 100 評分。假設每位學生的第一次段考、第二次段考成績分別以 X、Y 表示，且這兩次段考數學成績的相關係數為 0.01，試討論下列選項哪些是正確的？
   (a) X 與 Y 的相關情形可以用散佈圖表示

(b)兩次段考的數學成績 X 與 Y 沒有關聯性

(c) $X+2$ 與 $Y+3$ 的相關係數仍是 0.01

(d) $2X$ 與 $3Y$ 的相關係數仍是 0.01

2. 假設從某醫院病人中隨機抽出 5 位成年病人的資料，得其年齡 X 及血液中膽固醇 Y 關係的資料如下：

年齡 (歲)	38	42	50	57	63
膽固醇 (mg/ml)	168	189	186	240	217

(a) 求 X 和 Y 的線性相關係數。

(b) 求膽固醇 Y 對年齡 X 之迴歸直線。

(c) 利用所得迴歸直線預測 40 歲病人的膽固醇。

(d) 用所得迴歸直線預測 20 歲病人的膽固醇是否合適？理由為何？

3. 設 X 代表某校高三同學複習考數學成績，Y 代表物理成績；隨機抽出 51 位同學的數學成績平均為 60 分、標準差 4 分，物理成績平均為 64 分、標準差 6 分，X 和 Y 的相關係數 $r = \dfrac{3}{4}$。

(a) 求 Y 對 X 的迴歸直線方程式。

(b) 若某位同學的數學成績為 64 分，用迴歸直線猜測他的物理分數。

4. 假設我們隨機抽樣得到二變數 (X, Y) 的樣本數據，$n = 16$，其 $\bar{x} = 1.04$，$\bar{y} = 10.6$，$\sum_{i=1}^{16} x_i^2 = 19.7$，$\sum_{i=1}^{16} y_i^2 = 2230.96$，相關係數 $r = 0.72$。

(a) 求最小平方迴歸直線。

(b) 若 $x = 1.3$，用最小平方迴歸直線估計 Y 的值。

第十二章 卡方檢定

不同行業負責人的性別、和行業有沒有關係呢？這個問題也可以換個方式這樣問：女性負責人所佔比例，是否在不同行業中有所不同？在第十一章我們也考慮過兩個變數之間的關係，但是那一章裡的 X 變數和 Y 變數都是用數字表示的，現在所考慮的變數有點不一樣。

有些變數我們只考慮它是屬於哪一類，因此它的「值」並不是用數字表示的，這種變數叫做**類別變數** (categorical variable)，例如一個人的宗教信仰 (可分類成：不信教、道教、佛教、基督教、……)。在第一章的 1.3 節討論資料的蒐集方式時，我們也提到過這一類的資料叫做類別資料。「性別」和「行業」當然也都屬於類別變數，所以「不同行業負責人的性別和行業有沒有關係」這個問題，屬於兩個類別變數是否相關的問題。本章討論的內容之一，就是如何判斷兩個類別變數之間是否有關係。

我們在做統計推論時，有些方法只能適用於特定分布的母體。比如說在 7.3 節樣本不大的情況下想要找母體平均 μ 的信賴區間時，必須假設樣本 $X_1, X_2, \cdots, X_n$ 為抽自常態分布 $N(\mu, \sigma^2)$ 的隨機樣本，才能夠說 $\dfrac{\bar{X} - \mu}{S/\sqrt{n}}$ 的抽樣分布為自由度 $n-1$ 的 t 分布。然而母體是否符合常態分布，並不是我們說了算、必須有根據。怎樣才能夠判斷母體的分布是否接近常態分布呢？本章將會介紹一個方法、叫做適合度檢定，它可以用來判斷母體是否符合任何的特定分布、包括常態分布在內。

12.1 列聯表
12.2 卡方檢定
12.3 適合度檢定

12.1 列聯表

當兩個變數 X 和 Y 都是類別變數時，相關數據可以用**列聯表** (contingency table) 來呈現，兩個變數當中一個當作列變數、另一個當作行變數，列數和行數由變數的分類數決定，然後在表中填入適當的數字，我們用例子來說明。

例 12.1-1

假設某大學某班一年級新生的導師想要了解，該班學生對於入大學方式的選擇 (推甄、申請或指考分發)，和性別有沒有關係，於是從學校取得了班上同學的資料，發現推甄生有 9 名、其中 7 男 2 女，申請生有 8 名、其中 6 男 2 女，指考入學有 40 名、包括男生 31 人、女生 9 人；將這組數據用列聯表呈現出來。

解

這裡的兩個變數，一個是入學方式、另一個是性別，我們可以選擇入學方式當作列變數、性別當作行變數 (顛倒過來也可以)。入學方式有 3 類、性別有 2 類，所以列聯表有 3 列及 2 行；我們在每一列和每一行的開頭寫上類別，然後把每一個格子裡填進適合的數字。比如推甄入學的男生有 7 位，就在推甄那一列和男生那一行的交叉位置填進 7 這個數字，把所有格子填滿，就完成列聯表了：

	男生	女生
推甄	7	2
申請	6	2
指考	31	9

在分析數據時會用到列總和和行總和，通常我們會把它們計算出來，

也列入列聯表裡面，像下面這樣：

	男生	女生	總和
推甄	7	2	9
申請	6	2	8
指考	31	9	40
總和	44	13	57

觀察列聯表中的數字會發現，不管是男生還是女生，推甄和申請的人數都差不多，而參加指考分發的學生，都是推甄加上申請人數的兩倍多；可以說初步看來，入大學方式的選擇似乎和性別沒什麼關係。但這樣的觀察通常只能看個大概，若想要做出較嚴謹的結論的話，可利用下一節介紹的檢定方法。

因為只考慮兩個變數，例 12.1-1 裡的列聯表也叫做**雙向列聯表** (two-way contingency table)，可簡稱**雙向表** (two-way table)。

例 12.1-2

假設某研究人員想要了解消費者對於有條件進口美國牛肉的態度，因此隨機抽取了 200 位消費者做訪問，其中包括 50 位男性和 150 位女性。假設對於此問題，男性中有 20 人贊成、25 人反對、其他無意見，而女性中有 40 人贊成、75 人反對、其他無意見。畫出雙向表，表中列出所有相關數字。

解

性別有兩類，對於有條件進口美牛的態度分成贊成、反對和無意見三類，無意見的人數雖然題目裡面沒有給，但可以從總數扣除贊成和反對的人數而得到；若令性別為列變數、態度為行變數，則雙向表

如下：

	贊成	反對	無意見	總和
男性	20	25	5	50
女性	40	75	35	150
總和	60	100	40	200

從例 12.1-2 的雙向表當中能不能看出，不同的性別對於進口美牛的態度是否不一樣呢？我們先從直觀的角度討論一下可能的判斷方式。如果兩種性別的態度差異不大的話，那麼男性當中贊成、反對和無意見的比例，應該接近女性當中贊成、反對和無意見的比例才對，現在來計算這些比例、並比較看看：

男性 50 人當中，贊成、反對和無意見的比例分別為 40%、50%、10%

女性 150 人當中，贊成、反對和無意見的比例分別為 26.7%、50%、23.3%

兩種性別的反對比例是相同的，贊成和無意見的比例就有差別了。這樣的差別是否足夠我們做出結論：不同性別對於進口美牛的態度不一樣？還是說男性、女性的態度其實差不多，數據顯示的差別只是因為隨機抽樣碰巧造成的結果？這種判斷就需要依賴統計檢定來幫忙了。

這樣的問題可稱為列聯表的「齊一性」問題，意思是說男性的贊成、反對和無意見的比例和女性的相同。從另一個角度看，兩種性別的比例都相同的話，也代表對於進口美牛的態度似乎和性別無關，也就是列變數和行變數之間互相獨立，這樣又可把它歸類為列聯表的「獨立性」問題了。其實列聯表的問題應該叫做「齊一性」問題、還是「獨立性」問題，不見得有明顯的區分界線，幸好不論歸類為哪一個，檢定的過程完全一樣。

> **習題**
>
> 1. 某家大型銀行想要了解他們的員工當中有多少比例的人過重，於是隨機抽樣了 118 位男性員工，其中有 38 位過重；同時也隨機抽樣了 112 位女性員工，其中有 22 位過重。把性別當作列變數、過重與否當作行變數，畫出雙向表。
>
> 2. 某眼鏡公司主管想要了解台灣中學生近視的情況，於是派員工去做調查。假設該員工隨機抽樣了 104 位國中生，其中 73 位有近視；另隨機抽樣了 108 位高中生，其中 87 位有近視。把就讀國中或高中當作列變數、近視與否當作行變數，畫出雙向表。

12.2 卡方檢定

列聯表中的列變數和行變數之間是否有關聯，可以利用一種叫做「卡方檢定」的方法來判斷。名稱叫做**卡方檢定**，是因為統計量在原始假設下的分布是卡方分布、或者近似卡方分布，所以根據這個檢定作判斷時都需要查卡方分布的表，查表方式在 5.6 節曾經介紹過。雖然卡方檢定可以用來處理不同類型的問題，但是它的檢定統計量基本上都符合下列形式

$$\chi^2 = \sum_i \frac{(O_i - E_i)^2}{E_i} \tag{12.2-1}$$

其中的 O_i 代表第 i 格觀察到的**次數** (observed count)、E_i 代表第 i 格的**預期次數** (expected count)。一般都把 expected 翻譯成「期望」，但是「期望」和「希望」的意思比較接近，在這裡用「期望次數」會有點誤導，不如「預期次數」貼切。但其它教科書都用「期望值」，所以我們兩種表示法都會使用。

實際應用卡方檢定時，O_i 的值都會出現在題目裡面、E_i 則需要計

算。計算 E_i 的過程會隨著問題的形式 (「齊一性」或是「獨立性」) 而有所不同，但它的意義都是原始假設下第 i 格數字的期望值，而且經過整理之後，不論是在考慮「齊一性」或是「獨立性」問題，E_i 的計算公式都一樣，如下面所列：

$$E_i = \frac{列總和 \cdot 行總和}{表總和}$$

其中的列總和是指我們正在考慮的格子所在那一列的數字總和、行總和是指格子所在那一行的數字總和，表總和則是所有格子的數字總和，也等於所有列總和的和、或者所有行總和的和，我們用例子來說明計算方式：

例 12.2-1

計算例 12.1-2 當中列聯表的所有 E_i 值。

	贊成	反對	無意見	總和
男性	20	25	5	50
女性	40	75	35	150
總和	60	100	40	200

列變數的兩種分類搭配行變數的三種分類，總共構成 6 個格子，所以有 6 項 E_i 需要計算。首先我們給格子編號如下：

	贊成	反對	無意見
男性	1	2	3
女性	4	5	6

若如此編號的話，則第 1 格的觀察次數是 20、所以 $O_1 = 20$，而 $O_2 = 25$，依此類推。因為第 1 格的位置在第一列、第一行，而第一列的列總和是 50、第一行的行總和是 60，表總和是 200，所以第 1 格的預期次數是

$$E_1 = \frac{50 \cdot 60}{200} = 15$$

而其他格子的預期次數分別為

$$E_2 = \frac{50 \cdot 100}{200} = 25 \text{ 、} E_3 = \frac{50 \cdot 40}{200} = 10 \text{ 、} E_4 = \frac{150 \cdot 60}{200} = 45$$

$$E_5 = \frac{150 \cdot 100}{200} = 75 \text{ 、} E_6 = \frac{150 \cdot 40}{200} = 30$$

這些數字也可以放到列聯表裡面，但是要加括弧，以便和觀察到的數字做區分：

	贊成	反對	無意見	總和
男性	20(15)	25(25)	5(10)	50
女性	40(45)	75(75)	35(30)	150
總和	60	100	40	200

在給格子編號時，有一個更理想的方式是利用兩個號碼、分別代表格子在第幾列和第幾行，以例 12.2-1 來說，就像下面這樣：

	贊成	反對	無意見
男性	1、1	1、2	1、3
女性	2、1	2、2	2、3

第一個數字代表列、第二個數字代表行，所以 $O_{11} = 20$、$O_{12} = 25$、$O_{21} = 40$，依此類推。如此表達方式之下，每格預期次數可寫成：

$$E_{ij} = \frac{\text{第 } i \text{ 列總和} \cdot \text{第 } j \text{ 行總和}}{\text{表總和}}$$

而對應之卡方檢定統計量則可表示為

$$\chi^2 = \sum_{i=1}^{r} \sum_{j=1}^{c} \frac{(O_{ij} - E_{ij})^2}{E_{ij}} \tag{12.2-2}$$

式中的 r 代表列數、c 代表行數，因為「列」的英文是 row、「行」的英文是 column。這樣表達位置的方式表面看來較複雜，但它其實不難、只是需要花一點時間熟悉罷了。它的一大優點是簡單明瞭，直接從 O_{ij} (或 E_{ij}) 下標的兩個數字，就知道所對應格子的位置了。如果覺得式 (12.2-2) 看起來很難，那就記住 (12.2-1) 的式子就可以了，甚至再簡化成

$$\chi^2 = \sum \frac{(O-E)^2}{E}$$

記公式不應該全都靠死背、硬塞進腦袋裡，可能的話要先想想公式的意義。卡方檢定公式的重點在於：必須計算每一格觀察次數和預期次數差的平方、再除以預期次數，然後把所有格子的結果相加就好了。

例 12.2-2

計算例 12.1-2 當中列聯表的卡方檢定統計量的值。

解

我們在例 12.2-1 已計算出所有 E_i 的值，現在直接代入公式 (12.2-1) 即可：

$$\chi^2 = \sum_i \frac{(O_i - E_i)^2}{E_i}$$
$$= \frac{(20-15)^2}{15} + \frac{(25-25)^2}{25} + \frac{(5-10)^2}{10} + \frac{(40-45)^2}{45} + \frac{(75-75)^2}{75} + \frac{(35-30)^2}{30}$$
$$= 5.556$$

現在來討論怎樣的 χ^2 值會導致我們否定原始假設而相信對立假設。我們以獨立性問題來考慮，也就是原始假設和對立假設可分別設定如下：

H_0：列變數和行變數沒有關聯

H_1：列變數和行變數有關聯

因為「列變數和行變數沒有關聯」代表列變數和行變數之間互相獨立。E_i 的意義是原始假設下第 i 格數字的期望值、也就是當 H_0 正確時我們預期看到的數字。O_i 是實際看到的數字，如果 H_0 正確，則實際看到的數字 O_i 和預期看到的 E_i 差距應該不大，導致 χ^2 的值較小。反過來說，如果 H_0 不正確，則 O_i 就不見得會接近 E_i，此時 χ^2 的值會較大。所以當 χ^2 的值大到某個標準時，就可以否定原始假設，而這個「標準」，由 χ^2 在原始假設下的抽樣分布決定：

在原始假設下，$\chi^2 = \sum_{i=1}^{r} \sum_{j=1}^{c} \frac{(O_{ij} - E_{ij})^2}{E_{ij}}$ 的抽樣分布接近自由度為 $(r-1)(c-1)$ 的卡方分布。因此可得卡方檢定的判斷標準如下：

在 α 標準下、檢定列聯表之獨立性，考慮原始假設和對立假設如下：

H_0：列變數和行變數沒有關聯

H_1：列變數和行變數有關聯

當 $\chi^2 = \sum_{i=1}^{r} \sum_{j=1}^{c} \frac{(O_{ij} - E_{ij})^2}{E_{ij}} > \chi^2_{(r-1)(c-1),\alpha}$ 時，否定 H_0 （12.2-3）

符號 $\chi^2_{k,\alpha}$ 的意義是：若隨機變數 X 的分布為卡方、自由度為 k，則符號 $\chi^2_{k,\alpha}$ 會滿足 $P(X \geq \chi^2_{k,\alpha}) = \alpha$，這個數字可以從卡方分布表查到。

以上檢定也可用來處理列聯表的齊一性問題，除了 H_0 和 H_1 表達的不一樣，檢定過程完全相同。

例 12.2-3

根據例 12.2-1 列聯表裡的數字，令 $\alpha = 0.05$、用卡方檢定判斷性別和對進口美牛的態度是否有關。

解

我們要檢定

H_0：性別和對進口美牛的態度無關　　對應

H_1：性別和對進口美牛的態度有關

在例 12.2-2 我們已算出

$$\chi^2 = \sum_{i=1}^{2}\sum_{j=1}^{3}\frac{(O_{ij}-E_{ij})^2}{E_{ij}} = 5.556$$

現在只需要查表、找出 $\chi^2_{(r-1)(c-1),\alpha} = \chi^2_{(2-1)(3-1),0.05} = \chi^2_{2,0.05}$ 等於多少即可。在卡方分布表裡面找到 $k=2$ 那一列及 $\alpha=0.05$ 那一行，二者交叉處的 5.992 就是 $\chi^2_{2,0.05}$，因為 $\chi^2 = 5.556 < 5.992$，所以不能否定原始假設。其實 5.556 和 5.992 差距不大，所以結論可以這樣看：性別和對進口美牛的態度似乎有些關聯，但是以 $\alpha=0.05$ 當作標準的話，還沒有足夠證據可以否定原始假設。讀者可檢驗看看，如果放鬆標準、令 $\alpha=0.1$ 的話，結果會如何。

例 12.2-4

某公司分三大部門，分別用甲、乙、丙表示。為了籌辦尾牙節目，負責單位提出了四種方案：A、B、C、D，然後從甲、乙、丙三部門分別隨機抽出 200、150、150 人，請他們選出最喜歡的方案，結果用列聯表表示如下：

	方案 A	方案 B	方案 C	方案 D	總數
甲部門	80	60	50	10	200
乙部門	50	70	20	10	150
丙部門	70	30	30	20	150
總數	200	160	100	40	500

在 $\alpha = 0.01$ 標準下，判斷不同部門選擇各方案的比例是否相同。

解

我們要檢定

H_0：不同部門選擇各方案的比例相同　　對應

H_1：不同部門選擇各方案的比例不同

這是齊一性問題，可直接用檢定規則 (12.2-3) 處理。首先計算每個格子的預期次數：

$$\text{第一列第一行 } E_{11} = \frac{200 \cdot 200}{500} = 80$$

$$\text{第一列第二行 } E_{12} = \frac{200 \cdot 160}{500} = 64$$

依此類推可得所有格子的預期次數，如下表括弧裡所列：

	方案A	方案B	方案C	方案D	總數
甲部門	80(80)	60(64)	50(40)	10(16)	200
乙部門	50(60)	70(48)	20(30)	10(12)	150
丙部門	70(60)	30(48)	30(30)	20(12)	150
總數	200	160	100	40	500

有沒有注意到第二列括弧裡的數字和第三列括弧裡的一模一樣？這是因為第二列的列總和與第三列的列總和相同的緣故。做題目時都應該先觀察一下，如果先注意到第二列和第三列的列總和相同，就可以省下不少計算時間。

因為列聯表總共有 3 列和 4 行，查表可得

$$\chi^2_{(r-1)(c-1),\alpha} = \chi^2_{(3-1)(4-1),0.01} = \chi^2_{6,0.01} = 16.812$$

而

$$\chi^2 = \sum_{i=1}^{3}\sum_{j=1}^{4}\frac{(O_{ij}-E_{ij})^2}{E_{ij}} = 0 + \frac{(60-64)^2}{64} + \frac{(50-40)^2}{40} + \frac{(10-16)^2}{16} + \frac{(50-60)^2}{60}$$

$$+ \frac{(70-48)^2}{48} + \frac{(20-30)^2}{30} + \frac{(10-12)^2}{12} + \frac{(70-60)^2}{60}$$

$$+ \frac{(30-48)^2}{48} + 0 + \frac{(20-12)^2}{12}$$

$$= 34.167 > 16.812$$

不僅可以否定原始假設,而且在 $\alpha = 0.01$ 標準下,卡方檢定統計量的值比檢定標準的 16.812 還大很多,這代表 p 值還比 $\alpha = 0.01$ 小很多,所以可以做結論:有很強的證據顯示,不同部門選擇各方案的比例並不相同。

例 12.2-5

在經濟部「99 年營運中工廠負責人性別統計分析」中有以下資料 (原始數據以「家」為單位,為了簡化數字,我們將數字四捨五入到百位數,單位改為「百家」):

負責人性別

	男性	女性	總數
民生工業	132	41	173
資訊電子工業	83	17	100
總數	215	58	273

在 $\alpha = 0.05$ 標準下,判斷負責人性別和行業是否有關。

解

我們要檢定

H_0:負責人性別和行業無關　　對應

H_1:負責人性別和行業有關

首先計算每個格子的預期次數：

第一列第一行 $E_{11} = \dfrac{173 \cdot 215}{273} = 136.2$

第一列第二行 $E_{12} = \dfrac{173 \cdot 58}{273} = 36.8$

依此類推可得所有格子的預期次數，如下表括弧裡所列：

負責人性別

	男性	女性	總數
民生工業	132(136.2)	41(36.8)	173
資訊電子工業	83(78.8)	17(21.2)	100
總數	215	58	273

$$\chi^2 = \sum_{i=1}^{2}\sum_{j=1}^{2} \frac{(O_{ij}-E_{ij})^2}{E_{ij}}$$

$$= \frac{(132-136.2)^2}{136.2} + \frac{(41-36.8)^2}{36.8} + \frac{(83-78.8)^2}{78.8} + \frac{(17-21.2)^2}{21.2}$$

$$= 1.66$$

$$\chi^2_{(r-1)(c-1),\alpha} = \chi^2_{(2-1)(2-1),0.05} = \chi^2_{1,0.05} = 3.841$$

1.66 < 3.841，所以不能否定原始假設，結論：沒有足夠證據可以說，負責人性別和行業有關。

習題

1. 根據 12.1 習題 1 的數據，令 $\alpha = 0.05$、用卡方檢定判斷，性別和是否過重有沒有關聯 (也可以這樣問：不同性別的過重比例是否相同)？

2. 根據 12.1 習題 2 的數據，令 $\alpha = 0.1$、用卡方檢定判斷，「就讀國中或是高中」和「是否近視」二者之間是否相關？

12.3　適合度檢定

卡方檢定還可以用在模型適合度的檢定，不論連續型還是離散型模型都可以適用。因為檢定過程非常類似上一節的內容，所以我們先用一個簡單的離散型例子說明之後，再列出檢定方法。

假設我們要玩擲骰子遊戲，通常我們都假設骰子很均勻、平衡，所以擲出 6 個點數中的任一點的機率都相同、都是 $\frac{1}{6}$。事實上是否所有骰子都符合這個機率模型呢？嚴格說來未必如此。比如有的骰子上的「點」是用挖掉一部分材質的方式製造出來的，而每個點數挖掉的體積又不相同，從物理角度來看，這樣的骰子並非完全平衡、所以 6 個點數出現的機率未必相同；嚴謹製造的骰子是會把每個表面填平的。現在假設我們想判斷某一顆骰子是否完全平衡、也就是 6 個點數的出現機率是否都相同，於是把它擲了很多次，下面的例子說明了如何用卡方檢定作判斷。

例 12.3-1

擲一顆骰子 600 次，得到以下結果，用卡方檢定判斷骰子是否均勻，$\alpha = 0.05$。

點數	1	2	3	4	5	6	總數
次數	88	96	108	89	121	98	600

解

若令 p_i 代表 i 點出現的機率，$i = 1, 2, \cdots, 6$，則我們的原始假設為

$$H_0 : p_i = \frac{1}{6}, \; i = 1, 2, \cdots, 6$$

對立假設就是「原始假設不成立」，也可以這樣表示：

$$H_1: p_1, p_2, \cdots, p_6 \text{ 不全相等}$$

卡方檢定的公式是和之前一樣的，也就是

$$\chi^2 = \sum \frac{(O-E)^2}{E}$$

現在有 $k=6$ 個格子，所以總共有 6 項相加，而像這樣只有一列的自由度是 $k-1=6-1=5$，預期次數要怎樣算呢？其實從直觀角度就可猜到。所謂「預期次數」是指原始假設正確時、我們預期看到出現的次數，而當原始假設正確時、每一個點數出現的機率相同，所以總共擲 600 次時，預期每個點數出現多少次呢？當然是 100 次了。用公式表示的話，第 i 格的預期次數 $E_i = np_i$，$i=1,2,\cdots,6$，n 是總次數。

因為 $n=600$、而在 H_0 之下，$p_i = \frac{1}{6}$，$i=1,2,\cdots,6$，所以

$$E_i = np_i = 600 \cdot \frac{1}{6} = 100, \quad i=1,2,\cdots,6$$

$$\begin{aligned}\chi^2 &= \sum_i \frac{(O_i - E_i)^2}{E_i} \\ &= \frac{(88-100)^2}{100} + \frac{(96-100)^2}{100} + \frac{(108-100)^2}{100} + \frac{(89-100)^2}{100} \\ &\quad + \frac{(121-100)^2}{100} + \frac{(98-100)^2}{100} \\ &= \frac{144+16+64+121+441+4}{100} = 7.9\end{aligned}$$

查表得 $\chi^2_{5,0.05} = 11.070$，而 $7.9 < 11.070$，所以不能否定 H_0，結論為：在 $\alpha = 0.05$ 標準下，沒有足夠證據顯示骰子是不均勻的。

適合度檢定

要判斷樣本是否抽自某特定分布時，可將該分布可能值的範圍分割成 k 組，然後計算 $\chi^2 = \sum_{i=1}^{k} \frac{(O_i - E_i)^2}{E_i}$，其中 O_i 是落在第 i 組的觀測值個

數、E_i 是在原始假設下、落在第 i 組的預期個數 (即期望值)。當 $\chi^2 > \chi^2_{k-1,\alpha}$ 時，可在 $\alpha = 0.05$ 標準下否定原始假設。

應用本章所介紹的卡方檢定時，有一件事需要注意。我們說檢定統計量 $\chi^2 = \sum \dfrac{(O-E)^2}{E}$ 在原始假設下有卡方分布，事實上這是一個近似結果而不是確實結果，適用條件是樣本要夠大，而通常的判斷依據是：每一項 E_i 都不能太小。有學者建議每一項 E_i 都應該要大於或等於 1，而且所有 E_i 當中、$E_i < 5$ 的不能超過 20%。以例 12.3-1 的題目類型來說，如果我們擲骰子總共只擲了 24 次，那麼 $E_i = np_i = 24 \cdot \dfrac{1}{6} = 4$，$i = 1, 2, \cdots, 6$，則所有的 E_i 都小於 5，就不符合上述條件的要求了。可是這個問題其實並不嚴重，從直觀角度來看，要判斷骰子是否平衡，本來就應該要多擲幾次、結果才比較可靠，所以理當多擲幾次才對。其實以這一題來說，擲 30 次就符合要求了。有些學者還建議上述條件可以放鬆些，所以其實並沒有所謂的「標準答案」。在這個階段要記得的重點是：如果需要用到樣本夠大時才成立的近似結果時，在可能的情況下，應該讓樣本盡量大些，做出的結果才比較可靠。

假設我們把分布可能值的範圍分割成若干組，但經過檢視之後，發現有些組的 E_i 太小時，也可以藉著把相鄰的組合併來做調整、將 E_i 加大，以便符合卡方分布的適用條件。

例 12.3-2

隨機抽出 60 片某品牌葡萄乾餅乾，檢視每一片當中的葡萄乾數目，經過整理之後、得到以下數據：

葡萄乾數	0	1	2	3	4	5	6	7	8	9	10
餅乾片數	0	0	1	9	6	11	12	10	4	5	2

在 $\alpha = 0.05$ 標準下，用卡方檢定判斷，餅乾中葡萄乾數的分布情況是否符合 $\lambda = 5$ 的卜瓦松分布。

解

令 X 代表隨機抽出一片餅乾的葡萄乾數，則我們要檢定的是

$H_0 : X$ 的分布符合 $\lambda = 5$ 的卜瓦松分布　　對應

$H_1 : X$ 的分布不符合 $\lambda = 5$ 的卜瓦松分布

因為數據自然構成 0～10 的 11 格 (11 種可能)，我們可以考慮用同樣方式把卜瓦松分布的可能值分組。但因為卜瓦松分布的可能值是所有非負整數，所以必須把大於 10 的值也列入考慮，將最後一組從只包括 10 改成「≥ 10」。為了確認各組的 E_i 不會太小，我們要先檢驗一下。令 E_i 代表 60 片餅乾當中、有 i 顆葡萄乾的餅乾片數之期望值 (預期次數)，則 $E_i = 60 \cdot P(X = i)$，$i = 0, 1, \cdots, 10$，我們將檢查距離 5 比較遠的各組期望值，因為 $\lambda = 5$ 是卜瓦松分布的平均數，靠近 5 的值出現機率較高、期望值也較高，距離 5 比較遠的值則出現機率較低、期望值也較低。查卜瓦松分布的表 ($\lambda = 5$)，可得在原始假設之下

$$E_0 = 60 \cdot P(X = 0) = 60 \cdot 0.007 = 0.42$$
$$E_1 = 60 \cdot P(X = 1) = 60 \cdot (0.040 - 0.007) = 1.98$$
$$E_9 = 60 \cdot P(X = 9) = 60 \cdot (0.968 - 0.932) = 2.16$$
$$E_{10} = 60 \cdot P(X = 10) = 60 \cdot (0.986 - 0.968) = 1.08$$

如果希望每一格的 E_i 都大於或等於 1，應該將頭兩格和最後兩格分別合併；另外因為卜瓦松分布的可能值是所有非負整數，所以最後一格應調整為「≥ 9」、才能涵蓋所有可能值。調整之後，可得到以下結果：

葡萄乾數	0~1	2	3	4	5	6	7	8	≥9
餅乾片數	0	1	9	6	11	12	10	4	7

現在依序重新編號為第 1 至第 9 格，令 E_i 代表在原始假設下、第 i 格的期望值，從卜瓦松分布的表 ($\lambda = 5$) 可得

$$E_1 = 60 \cdot P(X = 0 \text{ 或 } 1) = 60 \cdot 0.040 = 2.4$$
$$E_2 = 60 \cdot P(X = 2) = 60 \cdot (0.125 - 0.040) = 5.1$$

依照此方法算出所有期望值，可得

$E_3 = 8.4$，$E_4 = 10.5$，$E_5 = 10.56$，$E_6 = 8.76$，
$E_7 = 6.3$，$E_8 = 3.9$，$E_9 = 4.08$

$$\chi^2 = \sum_i \frac{(O_i - E_i)^2}{E_i}$$
$$= \frac{(0-2.4)^2}{2.4} + \frac{(1-5.1)^2}{5.1} + \frac{(9-8.4)^2}{8.4} + \cdots + \frac{(7-4.08)^2}{4.08} = 13.149$$

$\chi^2_{k-1,\alpha} = \chi^2_{8,0.05} = 15.507$，而 $13.149 < 15.507$，不能否定原始假設。

有時我們可能想要判斷某組樣本數據是否抽自卜瓦松分布、然而卻並不知道參數是多少，這時可以利用樣本來估計未知參數，但是卡方分布的自由度必須調整。

必須估計未知參數時，卡方分布自由度之調整方式：

在執行適合度檢定時，如果要判斷樣本是否抽自某特定分布、而該分布包含未知參數時，參數可用合適的估計值取代，但 $\chi^2 = \sum_{i=1}^{k} \frac{(O_i - E_i)^2}{E_i}$ 的卡方分布自由度必須從 $k-1$ 調整成 $k-s-1$，其中 s 代表必須估計的參數個數。

我們用類似例 12.3-2 的題目說明，但是數字稍作修改、以簡化計算。

例 12.3-3

隨機抽出 60 片某品牌葡萄乾餅乾，檢視每一片當中的葡萄乾數目，經過整理之後、得到以下數據：

葡萄乾數	0	1	2	3	4	5	6	7	8	9	10
餅乾片數	0	0	0	10	6	11	12	10	4	5	2

在 $\alpha = 0.05$ 標準下，用卡方檢定判斷，葡萄乾數的分布是否符合卜瓦松分布。

解

令 X 代表隨機抽出一片餅乾的葡萄乾數，則我們要檢定的是

H_0：X 的分布符合卜瓦松分布　　對應

H_1：X 的分布不符合卜瓦松分布

但是現在不知道 λ 是多少。因為 λ 是卜瓦松分布的平均數，所以我們用樣本平均數來估計它：

$$\hat{\lambda} = \bar{x} = \frac{3 \cdot 10 + 4 \cdot 6 + \cdots + 10 \cdot 2}{60} = 5.8$$

如果 0~10 每個數字一組、共分成 11 組，有些組的 E_i 可能太小。假設我們決定將最前面三格和最後面三格分別合併，並且將最後一格調整為 ≥ 8、以便涵蓋卜瓦松分布的所有可能值，則可得

葡萄乾數	0~2	3	4	5	6	7	≥ 8
餅乾片數	0	10	6	11	12	10	11

依序重新編號為第 1 至第 7 格，令 E_i 代表在原始假設下、葡萄乾數會落在第 i 格範圍內的餅乾數期望值，查卜瓦松分布的表 ($\lambda = 5.8$)，可得

$$E_1 = 60 \cdot P(X = 0 \text{ 或 } 1 \text{ 或 } 2) = 60 \cdot 0.072 = 4.32$$
$$E_2 = 60 \cdot P(X = 3) = 60 \cdot (0.170 - 0.072) = 5.88$$
$$E_3 = 8.58, E_4 = 9.9, E_5 = 9.6, E_6 = 7.98, E_7 = 13.74$$
$$\chi^2 = \sum_i \frac{(O_i - E_i)^2}{E_i}$$
$$= \frac{(0-4.32)^2}{4.32} + \frac{(10-5.88)^2}{5.88} + \cdots + \frac{(11-13.74)^2}{13.74} = 9.763$$
$$\chi^2_{k-s-1,\alpha} = \chi^2_{5,0.05} = 11.07$$

$9.763 < 11.07$，不能否定原始假設。

連續型分布的判斷，觀念和離散型差不多，只是在分組時，要把可能值的範圍分割成若干區間、一個區間構成一組。以常態分布為例，它的可能值包含所有實數，所以我們要把實數分割成若干區間。總共分成幾個區間並沒有標準答案；如果分太多個、可能有些區間的期望值會偏小，分太少個、則判斷不出分布的形狀，因此區間數目適中即可。分完之後若發現某個區間的期望值太小，則可以重新調整、或者合併鄰近的區間。

例 12.3-4

在 $\alpha = 0.025$ 標準下，用適合度檢定判斷，以下數據是否像是抽自常態分布 $N(45, 16^2)$ 母體：

22　1　9　6　51　65　80　71　30　64　81　20　43　60
48　3　55　9　70　90　50　19　89　3　81　4　27　44
66　78　17　59　33　58　8　37　48　50　32　70

解

首先要分組。假設我們決定分 6 個區間如下，則可得各區間之觀測值如表列：

區間編號	1	2	3	4	5	6
區間範圍	<19.5	19.5~32.5	32.5~45.5	45.5~58.5	58.5~71.5	>71.5
O_i	10	5	4	7	8	6

因為數據都是整數，區間的邊界不用整數而用有小數點的數字，可以避免數據剛好落在邊界上。接下來要計算在原始假設下、落在各區間觀測值的預期個數、也就是期望值。首先必須算出在原始假設下、落在各區間的機率。令 X 代表 $N(45, 16^2)$ 隨機變數，

$$P(X < 19.5) = P\left(Z < \frac{19.5 - 45}{16}\right) = P(Z < -1.59) = 0.0559$$

$$\begin{aligned}P(19.5 < X < 32.5) &= P\left(\frac{19.5-45}{16} < Z < \frac{32.5-45}{16}\right) \\ &= P(Z < -0.78) - P(Z \leq -1.59) \\ &= 0.2177 - 0.0559 \\ &= 0.1618\end{aligned}$$

同理可得

$$P(32.5 < X < 45.5) = 0.2943$$
$$P(45.5 < X < 58.5) = 0.2875$$
$$P(58.5 < X < 71.5) = 0.1520$$
$$P(X > 71.5) = 0.0485$$

因為 $n = 40$，可得

$$E_1 = 40 \cdot 0.0559 = 2.2, E_2 = 6.5, E_3 = 11.8,$$
$$E_4 = 11.5, E_5 = 6.1, E_6 = 1.9$$

將期望值填進表中，可得

區間編號	1	2	3	4	5	6
區間範圍	< 19.5	19.5~32.5	32.5~45.5	45.5~58.5	58.5~71.5	> 71.5
$O_i(E_i)$	10(2.2)	5(6.5)	4(11.8)	7(11.5)	8(6.1)	6(1.9)

$$\chi^2 = \sum_{i=1}^{6} \frac{(O_i - E_i)^2}{E_i}$$

$$= \frac{(10-2.2)^2}{2.2} + \frac{(5-6.5)^2}{6.5} + \frac{(4-11.8)^2}{11.8} + \frac{(7-11.5)^2}{11.5}$$

$$+ \frac{(8-6.1)^2}{6.1} + \frac{(6-1.9)^2}{1.9}$$

$$= 44.36$$

$$\chi^2_{k-1,\alpha} = \chi^2_{5,0.025}$$

$$= 12.833, 44.36 > 12.833$$

卡方值非常大,可以很大聲作結論:數據完全不像是抽自常態分布 $N(45, 16^2)$ 母體。

雖然例 12.3-4 當中的每一組期望值都大於 1,但是期望值小於 5 的包括第一組和第六組,佔了三分之一,超過某學者所建議的「所有 E_i 當中、$E_i < 5$ 的不能超過 20%」。如果想要符合該建議的話,也可以試著重新分組來做調整,這將放在習題當中讓讀者自行練習。

如果想要判斷數據是否抽自常態分布母體,然而並不知道常態分布的平均數和變異數各是多少,則可以比照例 12.3-3 的處理方式,用樣本平均數和變異數分別當作母體平均數和變異數的估計之後,再來做計算。因為估計了兩個未知參數,所以算出來的卡方分布統計量、自由度必須調整為 $k-1-2$,以例 12.3-4 來說,自由度會變成 $6-1-2=3$。除此之外,計算過程完全類似例 12.3-4,在此略過。

習題

1. 某車商認為北美地區車主對於汽車顏色的偏好如下：有 15% 偏好銀色、18% 偏好白色、17% 偏好黑色、另 50% 偏好其他顏色。該車商委託一家市調公司隨機抽樣了北美地區 620 位車主並詢問他們對汽車顏色的偏好，得到以下數據：

	偏好銀色	偏好白色	偏好黑色	其他
人數	104	117	99	300

在 $\alpha = 0.05$ 標準下，用卡方檢定判斷這位車商的認知是否有誤。

2. 在 $\alpha = 0.05$ 標準下，用適合度檢定判斷，以下數據是否像是抽自卜瓦松分布：

```
2 1 2 6 5 0 5 3 2 3 2 3 3 5
3 3 5 4 3 5 4 0 5 0 3 7 1 2
4 2 2 5 2 2 2 4 3 3 0 4
```

3. 在 $\alpha = 0.05$ 標準下，用適合度檢定判斷，以下數據是否像是抽自常態分布 $N(45, 16^2)$ 母體：

```
22  1  9  6 51 65 80 71 30 64 81 20 43 60
48  3 55  9 70 90 50 19 89  3 81  4 27 44
66 78 17 59 33 58  8 37 48 50 32 70
```

依照下列範圍分成 5 組做檢定

< 20.5　20.5 ~ 33.5　33.5 ~ 46.5　46.5 ~ 59.5　> 59.5

重點摘要

1. 列聯表可以用來呈現兩個類別變數的相關數據。

2. 列聯表中的列變數和行變數之間是否有關聯,可以利用卡方檢定來判斷。

3. 卡方檢定統計量可表示為

$$\chi^2 = \sum_{i=1}^{r}\sum_{j=1}^{c}\frac{(O_{ij}-E_{ij})^2}{E_{ij}}$$

其中 O_{ij} 代表第 i 列、第 j 行的觀察次數,E_{ij} 代表第 i 列、第 j 行的預期次數,計算公式為

$$E_{ij} = \frac{\text{第 } i \text{ 列總和} \cdot \text{第 } j \text{ 行總和}}{\text{表總和}}$$

4. 考慮原始假設和對立假設如下:

H_0:列變數和行變數沒有關聯

H_1:列變數和行變數有關聯

在 α 標準下、卡方檢定之檢定規則為

當 $\chi^2 = \sum_{i=1}^{r}\sum_{j=1}^{c}\frac{(O_{ij}-E_{ij})^2}{E_{ij}} > \chi^2_{(r-1)(c-1),\alpha}$ 時,否定 H_0

符號 $\chi^2_{k,\alpha}$ 的意義是:若隨機變數 X 的分布為卡方、自由度為 k,則符號 $\chi^2_{k,\alpha}$ 會滿足 $P(X \geq \chi^2_{k,\alpha}) = \alpha$,這個數字可以從卡方分布表查到。

5. 適合度檢定:要判斷樣本是否抽自某特定分布時,可將該分布可能值的範圍分割成 k 組,然後計算 $\chi^2 = \sum_{i=1}^{k}\frac{(O_i-E_i)^2}{E_i}$,其中 O_i 是落在第 i 組的觀測值個數、E_i 是在原始假設下、落在第 i 組的預期個數 (即期望值)。當 $\chi^2 > \chi^2_{k-1,\alpha}$ 時,可在 $\alpha = 0.05$ 標準下否定原始假設。若必須估計未知參數時,參數可用估計值取代,但 $\chi^2 = \sum_{i=1}^{k}\frac{(O_i-E_i)^2}{E_i}$ 的卡方

分布自由度必須從 $k-1$ 調整成 $k-s-1$，其中 s 代表必須估計的參數個數。

第十二章 習題

1. 美國某市調公司隨機抽樣了 186 位成年人並詢問他們是否抽菸，受訪者有 96 位是男性、其中有 20 位有抽菸的習慣，而受訪的女性當中有 15 位有抽菸的習慣。以性別為列變數、抽菸與否為行變數，畫出雙向表。

2. 某位教育部官員想要了解學歷與上班使用電腦頻率之間是否有關，於是他隨機抽樣了 305 位有全職工作的成年人，並得到以下數據：

	高中職以下	大專院校	碩士以上
不需要	47	18	5
偶爾需要	19	20	15
經常需要	29	72	80

在 $\alpha = 0.01$ 標準下，判斷學歷與上班使用電腦的頻率是否相關。

3. 為了解人民對政府某新政策的態度，某研究人員隨機抽取了 200 位消費者做訪問，其中包括 50 位男性和 150 位女性。假設對於此政策男性中有 15 人贊成、30 人反對、其他無意見，而女性中有 45 人贊成、75 人反對、其他無意見，我們想判斷性別和對該政策的態度是否有關。

    (a) 寫出此問題的原始假設和對立假設。
    (b) 畫出列聯表，表中列出所有相關數字。
    (c) 用卡方檢定來判斷、$\alpha = 0.05$，性別和對該政策的態度是否有關。

4. 假設 A 公司聲稱他們尾牙抽獎的中獎比例分布如下：

獎項	頭獎	貳獎	叄獎	肆獎	伍獎	其他
比例	0.001	0.05	0.1	0.2	0.4	0.249

如果我們隨機抽樣 100 位該公司員工並記錄每個人的中獎情形，得到以下數據：

獎項	頭獎	貳獎	叄獎	肆獎	伍獎	其他
人數	0	2	17	22	33	26

在 $\alpha = 0.01$ 標準下，我們是否可以說 A 公司所聲稱的尾牙中獎比例分布不正確？(因頭獎比例太低，應先將頭獎及貳獎合併之後再做檢定。)

5. 擲一平衡銅板三次時，若令 Y 等於正面次數，我們知道 Y 的分布應如下：

$$P(Y=0) = P(Y=3) = \frac{1}{8} \cdot P(Y=1) = P(Y=2) = \frac{3}{8}$$

現有一銅板不知是否平衡，我們執行「擲該銅板三次」共 32 回合 (每擲 3 次叫做一回合)，得到正面數的出現頻率如下：

正面數	0	1	2	3
出現頻率	3	13	9	7

令 $\alpha = 0.05$、用卡方檢定來驗證，以上數據是否支持該銅板符合上述關於 Y 的機率模型 (即該銅板為平衡)？

6. 假設我們隨機記錄 30 位乘客在某個公車站牌等候某一路公車分別所花的時間 x，所得數據歸納如下：

等候時間 (分鐘)	$0 \leq x < 3$	$3 \leq x < 6$	$6 \leq x < 9$	$9 \leq x < 12$	$12 \leq x \leq 15$
人數	2	7	12	6	3

在 $\alpha = 0.05$ 標準下，用卡方檢定判斷，乘客等候該路公車所花的時間分布是否符合 $U(0,15)$ 的分布。

7. 從一母體抽出隨機樣本，$n = 50$，其樣本平均數 $\bar{x} = 10$、變異數 $s^2 = 25$。如果把實數分成 5 個區間，並將數據歸類到各區間之後，得到以下結果：

範圍	< 4.5	4.5 ~ 8.5	8.5 ~ 11.5	11.5 ~ 15.5	> 15.5
數據個數	8	13	10	9	10

令 $\alpha = 0.05$、用適合度檢定來判斷，數據所抽自的母體是否符合常態分布。

第十三章　　無母數統計

　　九位體重相近的女生相約一起參加減重計畫，其中四位吃 A 減重餐、五位吃 B 減重餐，一段時間之後檢驗，九人所減的磅數如下：

減重餐	所減重量 (磅)
A	5　1　–1　4
B	7　6　2　9　3

如果把以上數字從小到大排序，並註明是哪種減重餐，會得到以下結果：

　–1(A)　　1(A)　　2(B)　　3(B)　　4(A)　　5(A)　　6(B)　　7(B)　　9(B)

大致看來，似乎 B 減重餐的效果較好，因為若只看 A 餐和 B 餐的排序位置的話，B 比較偏右邊、而 A 比較偏左邊。有沒有統計方法是從這樣直觀易懂的角度處理問題的呢？有的，**無母數統計** (nonparametric statistics) 領域裡面就有。這個領域當然也包括很複雜的方法和理論，但是我們只討論兩種最基本的方法。這兩種方法不僅直觀、好應用，背後的理論也比較容易懂；雖然好像不屬於「主流」統計，但統計課本若不包含這部份的話，會很可惜。本章內容就在介紹兩種基本的無母數方法。

13.1　符號檢定
13.2　威爾考克森秩和檢定

13.1　符號檢定

「無母數統計」這個名稱其實很容易產生誤導，因為「母數」其實就是**參數** (parameter) 的另一種翻譯，所以表面看來，「無母數統計」好像是不牽涉到任何參數的統計方法，實際上的意思和這有出入。但是這名稱已沿用了很久很久，要改很困難。也有人認為這類方法應叫做**「分布不拘」方法** (distribution-free methods)。

所有的統計方法都建立在某些假設上面，比如說要應用 t 檢定的話，樣本一定要抽自常態分布的母體。但是很多母體並不符合常態分布，只要統計方法需要用到這項假設的時候，就不適用該方法了。如果存在某些統計方法不需要假設樣本抽自常態分布或任何特定分布，可以應用的範圍豈不是會大很多？事實的確如此，而無母數統計方法就符合這樣的描述。我們大致可以這樣說：不需要假設樣本抽自特定分布母體、且不限定大樣本才可使用的統計方法，就屬於無母數統計的範圍。

最古老又最簡單的無母數方法就是**符號檢定** (sign test) 了，叫這個名稱是因為它只利用「＋」或「－」的符號作判斷。聽起來雖然簡單，但是它可以應用在幾種看起來完全不同型態的問題上面。

適用情境

隨機樣本裡的每一點可以根據某個標準、用「＋」、「－」或 0 表示。

檢定統計量

把 0 丟棄之後，調整樣本大小，新的樣本大小等於「＋」的個數和「－」的個數之和。檢定統計量 S 的值就是「＋」的總個數。而在 H_0 之下檢定統計量的抽樣分布是二項分布 $B(n, 1/2)$，n 為調整後的樣本大小。

原始假設和對立假設可分三類：

A. 雙尾檢定

$$H_0 : P(+) = P(-)$$
$$H_1 : P(+) \neq P(-)$$

B. 單尾檢定

$$H_0 : P(+) = P(-)$$
$$H_1 : P(+) > P(-)$$

C. 單尾檢定

$$H_0 : P(+) = P(-)$$
$$H_1 : P(+) < P(-)$$

符號檢定之檢定規則

令 Y 代表 $B(n, 1/2)$ 隨機變數

1. 對應檢定問題 A

   當 $S \geq a$ 或 $S \leq n-a$ 時否定 H_0，a 滿足 $P(Y \geq a) + P(Y \leq n-a) \leq \alpha$ 且 $P(Y \geq a) + P(Y \leq n-a)$ 應盡量接近 α。 (13.1-1)

2. 對應檢定問題 B

   當 $S \geq a$ 時否定 H_0，a 滿足 $P(Y \geq a) \leq \alpha$ 且 $P(Y \geq a)$ 應盡量接近 α。 (13.1-2)

3. 對應檢定問題 C

   當 $S \leq b$ 時否定 H_0，b 滿足 $P(Y \leq b) \leq \alpha$ 且 $P(Y \leq b)$ 應盡量接近 α。 (13.1-3)

例 13.1-1

某醫師經過初步觀察認為，一種新上市的止痛藥甲之效果似乎比目前常用的止痛藥乙更好，於是想要測試他的想法是否正確。該醫師隨機抽了 12 位病人，把兩種藥都給他們試用，一段時間之後再請他們回報結果。12 位病人當中，9 位說甲藥較有效、3 位說乙藥較有效，如果是要利用符號檢定、根據上述數據來檢定

H_0：兩種藥效果差不多　對應　H_1：甲藥的效果比乙藥好

(a) 若 $\alpha = 0.05$，可否作結論：甲藥較有效？

(b) α 至少應該要等於多少，才能否定 H_0？

解

若令「＋」代表「甲藥較有效」、「－」代表「乙藥較有效」，則原始假設和對立假設可表示如下

$$H_0 : P(+) = P(-)$$
$$H_1 : P(+) > P(-)$$

因為藥效若差不多，則病人選擇「甲藥較有效」或「乙藥較有效」的機率應大約相同，而若甲藥較有效時，則病人選擇「甲藥較有效」的機率應該大於病人選擇「乙藥較有效」的機率，因此 $P(+) > P(-)$。此檢定問題符合單尾檢定 B，所以應該用檢定規則 (13.1-2)：當 $S \geq a$ 時否定 H_0，a 滿足 $P(Y \geq a) \leq 0.05$，而 S 等於「＋」的總個數，也就是 9。

(a) 要找到適當的 a 值，必須查二項分布 $B(n, 1/2)$ 的表，此處 $n = 12$。表裡面給的值是累積機率 $P(Y \leq r)$，但是我們要找的是滿足 $P(Y \geq a) \leq 0.05$ 的 a，所以 a 不能直接從表裡面查到，需要做一點簡單算術。

從表裡面 $n = 12$、$p = 0.50$ 的部份可得

$$P(Y \leq 8) = 0.927 \text{, } P(Y \leq 9) = 0.981$$

所以 $P(Y \geq 9) = 1 - P(Y \leq 8) = 0.073$

$P(Y \geq 10) = 1 - P(Y \leq 9) = 0.019$

因為 $0.019 < 0.05 < 0.073$，a 必須等於 10 才能滿足 $P(Y \geq a) \leq 0.05$，所以檢定規則為 $S \geq 10$ 時否定 H_0；而 $S = 9$，所以不能否定 H_0。結論：在 $\alpha = 0.05$ 標準下，沒有足夠證據支持「甲藥較有效」的結論。

(b) α 值愈大會愈容易否定 H_0。現在要找的是可以否定 H_0 的最小 α 值，也就是在 $S = 9$ 情況下，恰恰好可以否定 H_0 的 α 值，這其實就是在 8.4 節介紹過的 p 值。從 (a) 的解題過程看到 $P(Y \geq 9) = 1 - P(Y \leq 8) = 0.073$，如果令 $\alpha = 0.073$，則檢定規則中的 a 就等於 9，而我們的檢定統計量 $S = 9$ 恰恰好滿足 $S \geq a$，所以 $\alpha = 0.073$ 就是我們要的答案。

補充事項

1. 當檢定統計量的分布像上例這樣是離散型的時候，通常不能剛好達到預先設定的 α 值，因為離散型分布的機率是分布在各個點上面，差一個點、機率就可能差很多。比如 $P(Y \geq 10) = 0.019$ 還不到 0.05，所以可以擴大否定的範圍，但是若把 $Y = 9$ 加入的話，則 $P(Y \geq 9) = 0.073$ 又超過 0.05 了。有一種方法可以處理這種情況，把 α 調整到我們需要的數字、比如說等於 0.05，背後的概念是這樣的：當 $Y \geq 10$ 時、確定否定 H_0，然而當 $Y = 9$ 時、只有部份時候否定 H_0，否定的機率則以「湊」出我們要的 α 值為目標。但是這樣做其實並沒有必要，$\alpha = 0.05$ 只是大家習慣用的數字罷了，沒有理由非要用它不可，所以遇到離散型分布時，通常就找最接近 α 但不要超過 α 的解答即可。

2. 以檢定問題 B 為例，我們的檢定規則表示為：

當 $S \geq a$ 時否定 H_0，a 滿足 $P(Y \geq a) \leq \alpha$，

Y 代表 $B(n, 1/2)$ 隨機變數   (13.1-2)

另一種表示方法是：

當 $S \geq a$ 時否定 H_0，a 滿足 $P(S \geq a | H_0) \leq \alpha$

第二種方式就是根據第一型錯誤的定義寫出來的 (請參考 8.1 節)，但是因為當 H_0 成立時、S 的分布就是 $B(n, 1/2)$，所以如果令 Y 代表 $B(n, 1/2)$ 隨機變數，檢定規則就可以寫成像式 (13.1-2) 這種樣子。兩種表達方式都有教科書採用，所以想把兩種方式都介紹給讀者；重點在於希望讀者了解二者的意義其實相同，讀其他教科書時才不會產生困擾。

3. 我們把檢定統計量定義成「＋」的總個數，其實定義成「－」的總個數也未嘗不可，甚至還有教科書把它定義成「＋」個數和「－」個數二者當中較小的那個。如果真的知道符號檢定背後意義的話，應該可以了解以上三種定義方式其實沒什麼實質上的差別，只要在決定檢定規則時做適度調整即可；我們重新做一次例 13.1-1 的 (a) 小題來說明。

例 13.1-2

(重做例 13.1-1(a) 小題)

解

12 位病人當中，9 位說甲藥較有效、3 位說乙藥較有效。我們仍然是要利用符號檢定來判斷

H_0：兩種藥效果差不多　　對應
H_1：甲藥的效果比乙藥好

我們仍然令「＋」代表「甲藥較有效」、「－」代表「乙藥較有效」，原始假設和對立假設可表示如下

$$H_0 : P(+) = P(-)$$
$$H_1 : P(+) > P(-)$$

現在如果令 T 代表「－」的個數，則因為當 H_1 正確時、「－」個數會偏少，所以檢定規則應該是當 T 值太小時，我們否定 H_0 而相信 H_1 正確。明確來說，即 $T \leq b$ 時否定 H_0，而 b 應滿足 $P(Y \leq b) \leq 0.05$，Y 代表 $B(12, 1/2)$ 隨機變數；因為當 H_0 正確時，T 的分布就是 $B(12, 1/2)$。從對應 $n=12$、$p=0.50$ 的二項分布表可查到 $P(Y \leq 2) = 0.019$、$P(Y \leq 3) = 0.073$，所以 b 值應該等於 2，即 $T \leq 2$ 時否定 H_0，但是 $T = 3$，所以不能否定 H_0。

有沒有注意到 0.019 和 0.073 這兩個數字好像很熟悉？這是因為它們在例 13.1-1 裡面出現過：$P(Y \geq 10) = 0.019$ 而 $P(Y \geq 9) = 0.073$，這當然不是巧合、背後有簡單的道理。因為當 $p = 0.50$ 時、二項分布是對稱的分布，以 $n = 12$ 的情況來說，$P(Y = 0) = P(Y = 12)$、$P(Y = 1) = P(Y = 11)$、$P(Y = 2) = P(Y = 10)$、依此類推，所以 $P(Y \geq 10) = 0.019 = P(Y \leq 2)$ 而 $P(Y \geq 9) = 0.073 = P(Y \leq 3)$。

另外還有一件事值得探討一下。例 13.1-2 的檢定規則是 $T \leq 2$ 時否定 H_0，例 13.1-1 的檢定規則是 $S \geq 10$ 時否定 H_0，這兩個規則之間是否有關係呢？S 代表「＋」的個數而 T 代表「－」的個數，所以 $S+T$ 必定等於 n、即 12，所以 $T = 12 - S$。如此則 $T \leq 2$ 可表示成 $12 - S \leq 2$，也就是 $S \geq 10$ 了。換句話說，例 13.1-1 和例 13.1-2 的檢定統計量雖然不同，檢定規則看起來不一樣，實際上只不過是同樣的檢定用不同方式表達出來罷了。

下個例題看起來和例 13.1-1 很像，但是內容稍稍改變之後，就從單尾檢定問題變成雙尾檢定問題了。

例 13.1-3

某醫師想要知道一種新上市的止痛藥甲的效果和目前常用的止痛藥乙之間是否有差別，於是隨機抽了 12 位病人，把兩種藥給他們測試，一段時間之後再請他們回報結果。12 位病人當中，3 位說甲藥較有效、9 位說乙藥較有效，在 $\alpha = 0.05$ 標準下，利用符號檢定判斷甲、乙兩種藥的效果是否差不多。

解

因為只是要判斷兩種藥的效果是否差不多，但是並沒有提哪一種藥似乎效果較好，所以原始假設和對立假設如下：

H_0：兩種藥的效果差不多　對應　H_1：兩種藥的效果不同

令「＋」代表「甲藥較有效」、「－」代表「乙藥較有效」，則原始假設和對立假設可表示為：

$$H_0 : P(+) = P(-)$$
$$H_1 : P(+) \neq P(-)$$

這個問題適用檢定規則 (13.1-1)。其實只要了解例 13.1-1 單尾檢定的作法，處理雙尾檢定只需要小幅度的調整，應該不需要看檢定規則就可以做出來，我們就來試試看；做出結果之後，再來和檢定規則對照比較。

當 H_0 正確時，「＋」的個數應該和「－」的個數差不多，所以若令 S 代表「＋」的個數，則無論 S 的值太大或太小，都讓我們偏向相信 H_1 才是正確的、因此會否定 H_0。也就是說，檢定規則的形式應該是：當 $S \geq a$ 或 $S \leq b$ 時，否定 H_0；接下來就要決定 a 和 b 應該等於多少。

a 和 b 必須滿足的條件是當 H_0 正確時、$P(S \geq a) + P(S \leq b) \leq \alpha = 0.05$，但是當 H_0 正確時，S 的分布是 $B(12, 1/2)$，若令 Y 代表 $B(12, 1/2)$ 隨機變數的話，也可以說 a 和 b 必須滿足：$P(Y \geq a) + P(Y \leq b) \leq 0.05$ 而且 $P(Y \geq a) + P(Y \leq b)$ 應盡量接近 0.05，剩下的就是查表的工作了。符合條件的 a 和 b 可能不只一組，但我們通常取「對稱位置」：以 $n = 12$ 為例，0 和 12 的位置對稱、1 和 11 也是，依此類推。而我們知道因為 $p = 0.5$，所以 Y 的分布是左右對稱的，$P(Y = 0) = P(Y = 12)$、$P(Y = 1) = P(Y = 11)$、依此類推，如果 $a = 11$ 的話，b 就等於 1，而且 $P(Y \geq 11) = P(Y \leq 1)$，所以 $P(Y \geq 11) + P(Y \leq 1) = 2P(Y \geq 11) = 2P(Y \leq 1)$。

經過以上討論得知：要找符合 $P(Y \geq a) + P(Y \leq b) \leq 0.05$ 的 a 和 b，可以先找出符合 $P(Y \leq b) \leq 0.05/2 = 0.025$ 的 b，而 b 的對稱位置就是 a 了。查表可得 $P(Y \leq 2) = 0.019$、$P(Y \leq 3) = 0.073$，機率不能超過 0.025，所以 $b = 2$，而和 2 位置對稱的數字是 10，所以檢定規則為當 $S \geq 10$ 或 $S \leq 2$ 時，否定 H_0。因為 $S = 3$，所以不否定 H_0。檢定規則 (13.1-1) 是說當 $S \geq a$ 或 $S \leq n - a$ 時否定 H_0，現在 $a = 10$、則 $n - a = 12 - 10 = 2$，所以我們的結論和檢定規則 (13.1-1) 沒有差別。

例 13.1-4

某公司對 22 位隨機抽出的員工作了檢測，其中有 15 位午餐後的反應比午餐前慢，2 位午餐前後反應差不多，5 位午餐後的反應比午餐前快。此結果是否提供證據，午餐後的反應比午餐前慢？用符號檢定來判斷，$\alpha = 0.03$。

解

用「＋」代表午餐後反應較慢或者較快都可以，假設我們這樣決定：

「＋」代表午餐後反應較快

「－」代表午餐後反應較慢

「0」代表午餐前後反應差不多

則被檢測員工中有兩位是「0」，在做符號檢定之前這兩個 0 要去掉，樣本大小調整為 $n = 22 - 2 = 20$。而我們要檢定

$$H_0 : P(+) = P(-) \quad 對應 \quad H_1 : P(+) < P(-)$$

如果 H_1 正確，則「＋」應較少，若令 S 代表「＋」的個數，則根據檢定規則 (13.1-3)，$S \leq b$ 時應否定 H_0，b 滿足 $P(Y \leq b) \leq 0.03$ 且 $P(Y \leq b)$ 應盡量接近 0.03，Y 是 $B(20, 1/2)$ 隨機變數。查表可得 $P(Y \leq 5) = 0.021$，$P(Y \leq 6) = 0.058$，所以 $b = 5$，$S \leq 5$ 時應否定 H_0。因為 $S = 5$、所以可以否定 H_0 而相信 H_1 正確，做出結論：證據顯示，員工午餐後的反應比午餐前慢。

如果把例 13.1-4 當中的「＋」和「－」定義反過來，仍然令 S 代表「＋」個數的話，檢定規則會變成 $S \geq a$ 時否定 H_0。當然檢定結果還是相同，但是查表時處理 $P(Y \geq a)$ 形式的機率會比 $P(Y \leq b)$ 形式的稍稍麻煩一些，因為需要多做一次減法。所以做題目的時候若像上述這樣可以有選擇，不妨先想一下，怎樣選擇可以比較省事。

符號檢定也可能用在二維數據資料上面。比如若 $(X_1, Y_1), (X_2, Y_2), \cdots, (X_{n'}, Y_{n'})$ 代表互相獨立的成對樣本，則我們可以令「＋」代表 $X_i < Y_i$、「－」代表 $X_i > Y_i$、「0」代表 $X_i = Y_i$，在把「0」都去掉之後，樣本大小從 n' 調整到 n，然後就可以應用符號檢定了。

例 13.1-5

以下是一個女子籃球隊 12 位隊員罰球 25 次的進球紀錄，X_i 是短暫暖身後的結果、Y_i 是在辛苦操練之後的結果。數據是否顯示，隊員

在較疲勞時命中率會下降？用符號檢定、$\alpha = 0.05$ 來作判斷。

球員	1	2	3	4	5	6	7	8	9	10	11	12
X_i	18	12	7	21	19	14	8	11	19	16	8	11
Y_i	16	10	8	23	13	10	8	13	9	8	8	5

解

對固定的 i 來說，X_i 和 Y_i 都是同一個球員的罰球成績，所以很自然 X_i 和 Y_i 之間有關係；但是不同球員的罰球成績之間通常沒關係，所以 $(X_1,Y_1),(X_2,Y_2),\cdots,(X_{12},Y_{12})$ 可視為互相獨立的成對樣本。

令「＋」代表 $X_i < Y_i$、「－」代表 $X_i > Y_i$、「0」代表 $X_i = Y_i$，則對應 12 位球員的符號如下：

球員	1	2	3	4	5	6	7	8	9	10	11	12
符號	－	－	＋	＋	－	－	0	＋	－	－	0	－

如果隊員在較疲勞時命中率會下降的話，大部份的 Y_i 會比 X_i 小，也就是「－」出現的機率較高，所以我們要檢定的問題可以表示成：

$$H_0 : P(+) = P(-) \quad 對應 \quad H_1 : P(+) < P(-)$$

因為有 2 個 0，所以樣本大小從 $n'=12$ 調整到 $n=10$，若令 S 代表「＋」的個數，則 S 太小時應否定 H_0。現在 $S=3$，夠不夠小必須查表才知道。令 W 代表 $B(10,0.5)$ 隨機變數 (因為題目裡已經出現 Y，所以換用 W 來代表二項分布隨機變數)，須找到 b 滿足 $P(W \le b) \le 0.05$。查表結果：$P(W \le 1) = 0.011$、$P(W \le 2) = 0.055$，所以 $b=1$；根據這個結果 $S=3$ 不夠小，所以不能否定 H_0。

其實看到 $P(W \le 2) = 0.055$ 之後，發現和 $\alpha = 0.05$ 的差距很小，如果原來的 $\alpha = 0.055$ 的話，則 $S \le 2$ 就剛好可以否定 H_0 了。不希望因為 α 的些微差距而改變結論的話，可以不要事先規定 α 的值，

而用計算 p 值來取代。當然這一題的結論不受影響，因為 $S = 3$。如果要在 $S = 3$ 結果下剛剛好可以否定 H_0 的話，因為 p 值等於 $P(W \leq 3) = 0.172$，這樣的第一型錯誤機率就嫌太大了，所以結論仍然是不能否定 H_0。

符號檢定還可以用來判斷母體中位數是否等於某特定值，以下例子做了說明：

例 13.1-6

某便利商店決定開始賣盒裝切片水果，店長猜測每天賣出盒數的中位數是 25。隨機抽了 18 天檢視銷售紀錄、得到以下的售出盒數：

15 24 21 20 19 25 13 32 8 25 22 29 25 23 16 11 28 19

令 $\alpha = 0.05$、用符號檢定來判斷，店長對於中位數的猜測是否正確。

解

中位數是否為 25，和符號檢定有什麼關係呢？我們在介紹符號檢定的適用情境時曾這樣說：

隨機樣本裡的每一點，可以根據某個標準、用「＋」、「－」或 0 表示。現在要判斷中位數是否為 25，很自然想到可以把樣本裡的數字和 25 比較，大於 25 用「＋」表示、小於 25 用「－」表示、等於 25 則用 0 表示，然後把 0 去掉、調整樣本大小。如果 25 的確是中位數，則大於 25 的機率和小於 25 的機率相同，即 $P(+) = P(-)$，這是原始假設 H_0，對立假設 H_1 則為 $P(+) \neq P(-)$；所以我們的問題可以用雙尾的符號檢定解決。

首先把 18 天的售出盒數轉換成「＋」、「－」或 0，得到以下結果：

－ － － － 0 － ＋ － 0 － ＋ 0 － － － ＋ －

去掉 3 個 0 之後，樣本大小修正為 15。令 S 代表「＋」的個數，則 S 太大或太小都要否定 H_0。我們可以先找 a 滿足 $P(Y \leq a) \leq \alpha/2 = 0.025$，$Y$ 是 $B(15, 0.5)$ 隨機變數，查表可得 a 應等於 3，它的「對稱位置」是 $15 - 3 = 12$，所以檢定規則是 $S \leq 3$ 或 $S \geq 12$ 時、否定 H_0。現在 $S = 3$，剛好可以否定 H_0。店長的猜測看來不太準。否定 H_0 的原因是 S 太小而非太大，所以可合理猜想，中位數大概小於 25。其實直接看銷售紀錄就會注意到，大於 25 的數字很少，而小於 25 的數字多很多；這樣就足以讓人懷疑店長的猜測不太對了，因為大於中位數的數字和小於中位數的數字通常不會差太多。檢定結果證實這樣的看法有證據支持。

符號檢定的優點是簡單好用，但是當然有缺點。它主要的缺點是並沒有充分利用到所有的訊息，在把數字轉換成「＋」、「－」或 0 的過程當中，原來數字的訊息損失了不少。以例 13.1-6 的數據為例，23 變成「－」、8 也變成「－」，因為這兩個數都小於 25；雖然 8 和 23 差很多，一旦用「－」取代之後，只剩下「小於 25」的訊息，而「實際上比 25 小多少」的訊息就不見了。一般來說，我們做決定時都希望能充分利用所有的資訊，符號檢定「浪費」了資訊的結果，就是比較「不夠力」：在 H_1 正確、應該要否定 H_0 時，有些利用較多資訊的檢定，能夠做出「否定 H_0」的正確結論之機率會比符號檢定要高。

習題

1. 某乳液生產商稍微改變了配方，希望了解新產品是否會更受消費者歡迎，因此隨機抽了 12 位顧客，給他們 A 產品 (原配方) 和 B 產品 (新配方) 各一件；在請他們試用一段時間之後，詢問他們較喜歡哪個產品。12 位顧客當中，2 位較喜歡 A 產品、8 位較喜歡 B 產品，

2 位說差不多。令 $\alpha = 0.1$、用符號檢定判斷，是否新配方產品較受歡迎？

2. 混凝土製造商希望測試一種新研發出來的添加劑是否能增加混凝土的硬度，在攪拌時抽出 20 團混凝土、每團分成兩塊，其中一塊加入添加劑、另一塊不加。等混凝土硬了之後，把同一團的兩塊互相敲擊、判斷哪一塊較硬。假設 20 團混凝土當中，13 團是有添加劑的較硬、7 團是沒添加劑的較硬。令 $\alpha = 0.05$、用符號檢定判斷，該添加劑是否能使混凝土比較硬？

3. 因為上課時常有同學在睡覺，某大學導師想要了解，班上同學每晚需要睡多少小時才足夠。隨機抽了 11 位同學詢問之後，得到以下數據 (單位為小時)：

$$9 \quad 8.5 \quad 12 \quad 8 \quad 10 \quad 8 \quad 7 \quad 9 \quad 7.5 \quad 8.5 \quad 6.5$$

令 $\alpha = 0.05$、用符號檢定判斷，該班同學需要睡眠時數的中位數是否為 8 小時。

13.2 威爾考克森秩和檢定

另一個簡單易懂又常用的無母數方法叫做**威爾考克森秩和檢定** (Wilcoxon rank-sum test)，我們就簡稱**秩和檢定**好了。威爾考克森是人名，就是他首先提出這個方法的；而他竟然是化學家而非統計學家。差不多同時候有兩位學者曼恩 (Mann) 和惠特尼 (Whitney) 也研究出一個檢定統計量，雖然表面上看起來和秩和檢定的統計量不一樣，實際上兩者只相差一個常數；所以兩種檢定的結果一定相同，可視為同一種檢定。因為這個緣故，也有教科書把這個檢定叫做**曼恩-惠特尼-威爾考克森檢定** (Mann-Whitney-Wilcoxon test)。對這類故事有興趣的讀者，我推薦《統計，改變

了世界》這本書。

先介紹什麼叫做「秩」。當我們把一組數據從小到大排序之後，依序給這些數據 1、2、3、4、…等的號碼，每個數據的對應號碼，就叫做它的**秩** (rank)，也有人稱為等級。其實一個數的秩就是從小到大排序之後，這個數在整組數據中的位置；最小的數對應的秩就是 1。比如一家四口的體重以公斤為單位如果是：75 (爸爸)、53 (媽媽)、80 (哥哥)、48 (弟弟)，排序之後是 48、53、75、80，所以媽媽體重的秩是 2、哥哥的則是 4。

假設我們想比較兩個母體，二者分布的形狀相同、但位置可能不同。比如有一位教授所教的兩班微積分，考試分數都符合常態分布、而且變異數一樣，則這兩班分數的分布形狀就相同；如果位置不同、代表兩班的平均分數不同，如果連位置都相同，則兩班分數的分布完全相同。我們考慮的原始假設和對立假設可分三類：

A. 雙尾檢定

   H_0：母體 1 和母體 2 有相同的連續型分布

   H_1：母體 1 和母體 2 有相同形狀的連續型分布、但位置不同

B. 單尾檢定

   H_0：母體 1 和母體 2 有相同的連續型分布

   H_1：母體 1 和母體 2 有相同形狀的連續型分布、但母體 1 的位置在母體 2 的左邊

C. 單尾檢定

   H_0：母體 1 和母體 2 有相同的連續型分布

   H_1：母體 1 和母體 2 有相同形狀的連續型分布、但母體 1 的位置在母體 2 的右邊

其實單尾檢定 C 沒有必要自成一類，如果遇到的情境符合 C 的情況，只要把母體 1 和母體 2 的編號顛倒，就符合單尾檢定 B 的情況了。把哪一個母體叫做母體 1 本來就由我們自己決定，所以三種檢定可合併

成 A 和 B 二種。當母體 1 和母體 2 的分布形狀相同、但母體 1 的位置在母體 2 的左邊時 (單尾檢定 B 的 H_1 情況)，這代表母體 1 的值偏小 (或者說：母體 2 的值偏大)，所以大致來說，若我們面對的問題是想要判斷：兩個母體的數字大小差不多，還是其中一個母體的數字較大時，只要兩個母體大致是同樣形狀的連續分布，就可以應用我們的秩和檢定了。

叫做秩和檢定是因為我們所用的統計量是「秩」的「和」。先從兩個母體分別抽出隨機樣本，$X_1, X_2, \cdots, X_m$ 和 $Y_1, Y_2, \cdots, Y_n$，兩個樣本之間也互相獨立，把兩個樣本混合起來排序，然後把對應其中一個樣本、比如說 $X_1, X_2, \cdots, X_m$ 的秩全部加起來，就是檢定統計量。我們先用一個簡單的例子來說明如何計算。

例 13.2-1

九位體重相近的女生相約一起參加減重計畫，其中四位吃 A 減重餐、五位吃 B 減重餐，一段時間之後檢驗，九人所減的磅數如下：

減重餐	所減重量 (公斤)
A	5　1　−1　4
B	7　6　2　9　3

計算 A 減重餐的秩和。

解

把 A 組和 B 組的數字混合，從小到大排序，可得以下結果：

數字	−1	1	2	3	4	5	6	7	9
秩	1	2	3	4	5	6	7	8	9
A 或 B	A	A	B	B	A	A	B	B	B

A 減重餐的秩和 $= 1+2+5+6 = 14$。

在排序的時候如果有的數字相同要怎麼辦呢？可以用**平均秩** (average rank) 的方法處理：

例 13.2-2

把例 13.2-1 的數據稍作修改如下，

減重餐	所減重量 (公斤)
A	5　1　−1　4
B	7　5　2　9　3

計算 A 減重餐的秩和。

解

混合排序後得到以下結果：

數字	−1	1	2	3	4	5	5	7	9
秩	1	2	3	4	5	6	7	8	9
A 或 B	A	A	B	B	A	A 或 B	A 或 B	B	B

兩個 5 在全部數字裡面所排的位置是 6 和 7，而兩個 5 分別屬於 A 和 B。「平均秩」的觀念是把對應 5 的兩個秩 6 和 7 平均，得到 6.5；因此 A 減重餐的秩和 $= 1+2+5+6.5 = 14.5$。

如果有三個數一樣，就把對應的三個秩平均，依此類推。但是有用到平均秩的時候，檢定問題處理起來會比較麻煩。理論上來說，當我們假設兩個母體的分布都屬於連續型時，隨機樣本裡面不應該出現相同的數，所以不會需要用到平均秩。實際上出現相同的數，常常是因為度量得太粗略的關係。例如在例 13.2-2 裡面的減重數據，如果可以量到小數點之後一位甚至二位，則看起來同樣減重 5 公斤的二位，實際上的減重多半不一樣。

秩和檢定適用情境

兩個母體都屬於連續分布，分布形狀大致相同、但位置可能不同。

檢定統計量

從母體 1 抽出隨機樣本 $X_1, X_2, \cdots, X_m$、母體 2 抽出隨機樣本 $Y_1, Y_2, \cdots, Y_n$，兩樣本之間也互相獨立，把 $X_1, X_2, \cdots, X_m$ 和 $Y_1, Y_2, \cdots, Y_n$ 混合起來排序，然後把對應 $X_1, X_2, \cdots, X_m$ 的秩全部加起來，就是檢定統計量 W。

威爾考克森秩和檢定規則

1. 對應檢定問題 A

$W \geq a$ 或 $W \leq b$ 時，否定 H_0；$a + b = m(m + n + 1)$；且 b 滿足

$$P(W \leq b \mid H_0) \leq \frac{\alpha}{2} \tag{13.2-1}$$

2. 對應檢定問題 B

$W \leq b$ 時，否定 H_0；b 滿足 $P(W \leq b \mid H_0) \leq \alpha$ \hfill (13.2-2)

要找 a 和 b 時，可以查表。這樣的表很佔篇幅，因為對於不同的 m、n 組合，都要重新列一個表，所以本書末的表只包括了一部份的結果。如果 m 和 n 較大時，W 在 H_0 正確時會接近常態分布，因此對於較大的 m、n，可以利用常態分布表，不過這部份本書並不討論。

當樣本很小時，相關機率其實用很基本的排列組合觀念就可以計算出來，因為檢定背後的理論基礎非常簡單，我們將用下面的例子說明如何計算。首先介紹這個理論基礎：

若 $X_1, X_2, \cdots, X_n$ 是抽自某一連續型分布母體的隨機樣本，則 $X_1, X_2, \cdots, X_n$ 的任一排列順序機率都相等；這個意思是說，以 $n = 3$ 為例，$P(X_1 < X_2 < X_3) = P(X_1 < X_3 < X_2) = \cdots = P(X_3 < X_2 < X_1)$。

要了解為什麼是這樣，可以考慮這樣的情境：假如我們從某校某系新生當中隨機抽出三人，記錄他們的身高 X_1, X_2, X_3 (假設可以記錄到公分的小數二位、沒有任何兩人同身高)。因為是隨機抽的，所以第一位同學的身高 X_1 在三人當中可能最矮、第二高或最高，機會都一樣，同理對第二位同學或第三位同學來說，情況也是如此。所以三人身高的每一種排列順序機率都相等、也就是 $1/3! = 1/6$。

例 13.2-3

假設隨機樣本 X_1, X_2 抽自母體 1、隨機樣本 Y_1, Y_2, Y_3 抽自母體 2，且兩樣本之間互相獨立。兩樣本混合排序之後，令 W 等於 X_1, X_2 的秩和，在 H_0：母體 1 和母體 2 有相同的連續型分布假設下，算出 W 的分布。

解

當母體 1 和母體 2 的分布完全相同、且 X 樣本和 Y 樣本互相獨立時，可以把 X_1, X_2, Y_1, Y_2, Y_3 看成是抽自同一分布的隨機樣本、而且都不相等 (因為母體分布是連續型)；這時可假設 X_1, X_2, Y_1, Y_2, Y_3 的任一排列順序機率都相等。本來 5 個相異物的排列數是 $P_5^5 = 5! = 120$，但是我們現在想要考慮的是 X_1, X_2 的秩和，所以只需要知道兩個 X 排在 5 個位置當中的哪 2 個位置就行了。比如只要 X_1, X_2, Y_1, Y_2, Y_3 從小到大排出來的結果是 $XYYXY$，則 X_1, X_2 的秩和就是 $1+4=5$，不論實際結果是 $X_1 Y_1 Y_2 X_2 Y_3$ 還是 $X_2 Y_1 Y_3 X_1 Y_2$ 都是一樣；也就是說，我們可以把 X_1, X_2 視為相同、Y_1, Y_2, Y_3 也視為相同，只要考慮 $XXYYY$ 的排列就行了，這樣總共就只有 $5!/(2!3!) = 10$ 種了，現在將全部排列和對應的秩和 W 的值列出如下：

排列	XXYYY	XYXYY	XYYXY	XYYYX	YXXYY	YXYXY	YXYYX	YYXXY	YYXYX	YYYXX
W 的值	3	4	5	6	5	6	7	7	8	9

因為 10 種排列的機率都相同、都是 $1/10 = 0.1$，所以

$$P(W = 3) = P(W = 4) = P(W = 8) = P(W = 9) = 0.1$$
$$P(W = 5) = P(W = 6) = P(W = 7) = 0.2$$

這就是 W 在 H_0 正確時的分布，也可以這樣表達：

w	3	4	5	6	7	8	9
$P(W = w)$	0.1	0.1	0.2	0.2	0.2	0.1	0.1

通常我們在做檢定時，不是檢定統計量太大時否定 H_0、就是太小時否定 H_0 (也可能太大或太小時否定 H_0)，所以需要用到的機率都是兩端而非中間的，比如 $P(W \leq w)$、w 是較小的數，或者 $P(W \geq w)$、w 是較大的數。需要用到這類機率時，其實並沒有必要把全部排列都列出來才能計算，有比較省時的方法可以處理，下個例子做了說明。

例 13.2-4

假設隨機樣本 X_1, X_2, X_3 抽自母體 1、隨機樣本 Y_1, Y_2, Y_3, Y_4, Y_5 抽自母體 2，且兩樣本之間互相獨立。兩樣本混合排序之後，令 W 等於 X_1, X_2, X_3 的秩和，在 H_0：母體 1 和母體 2 有相同的連續型分布假設下，算出 (a) $P(W \leq 8)$ 及 (b) $P(W \geq 19)$。

解

3 個 X 和 5 個 Y 混合起來排序，總共有 $8!/(3!5!) = 56$ 種方法，其中每一種的發生機率都是 $1/56$。

(a) W 的最小可能值發生在 3 個 X 都排在最前面的時候，也就是

$X X X Y Y Y Y Y$ 的情況，此時對應 X 的秩是 1、2、3，所以 $W = 1+2+3 = 6$；因為這是唯一能使得 $W = 6$ 的排列結果，所以

$$P(W = 6) = \frac{1}{56}$$

題目要求計算的 $P(W \leq 8)$ 可寫為 $P(W \leq 8) = P(W = 6) + P(W = 7) + P(W = 8)$，所以我們只要再算出 $P(W = 7)$ 和 $P(W = 8)$ 即可，而這兩項的值，不須列出任何排列結果就可以算出來，討論方式如下：

混合排序之後 3 個 X 的秩，必定是 1、2、3、4、5、6、7、8 當中的 3 個數。要計算 $P(W = 7)$ 的話，因為總共有 56 種排列方法、每種機率都相同，所以分母一定是 56、而分子則是能夠使得 $W = 7$ 的排列數；也就是說：從 1、2、3、4、5、6、7、8 當中抽出 3 個數，加起來等於 7，總共有多少種方法，例如 1、2、4 就符合條件。同樣的考慮也可以用在計算 $P(W = 8)$，現在列出所有符合條件的結果：

$$W = 7：1、2、4$$
$$W = 8：1、2、5，1、3、4$$

所以

$$P(W \leq 8) = P(W = 6) + P(W = 7) + P(W = 8)$$
$$= \frac{1}{56} + \frac{1}{56} + \frac{2}{56} = \frac{4}{56} = \frac{1}{14} = 0.0714$$

(b) W 的最大可能值發生在 3 個 X 都排在最後面的時候，也就是 $Y Y Y Y Y X X X$ 的情況，此時 $W = 6 + 7 + 8 = 21$，所以

$$P(W = 21) = \frac{1}{56}$$

而 $P(W \geq 19) = P(W = 21) + P(W = 20) + P(W = 19)$

$W = 20$ 代表 3 個 X 的秩是：8、7、5

$W = 19$ 代表 3 個 X 的秩是：8、7、4 或者 8、6、5

所以可得

$$P(W \geq 19) = P(W = 21) + P(W = 20) + P(W = 19)$$
$$= \frac{1}{56} + \frac{1}{56} + \frac{2}{56}$$
$$= \frac{4}{56} = \frac{1}{14} = 0.0714$$

和 (a) 小題比較一下，是否發現兩個小題的解題過程非常類似？事實上如果把 (a) 小題考慮的排列情況完全顛倒過來的話 (排第一位的變成第八位、第二位的變成第七位、…)，則對應 $W = 6$ 的排列結果 $XXXYYYYY$ 就會變成 $YYYYYXXX$，秩和變成 $W = 21$，依此類推可知 W 在 H_0 之下的分布其實有對稱性，$P(W = 6) = P(W = 21)$、$P(W = 7) = P(W = 20)$、…，此性質對於一般的 m 和 n 可表示如下：

> 在 H_0 之下，威爾考克森秩和檢定統計量 W 的分布有以下對稱性質
>
> $$P(W = w) = P(W = m(m + n + 1) - w)$$
>
> W 為對應 $X_1, X_2, \cdots, X_m$ 的秩和。

檢視雙尾檢定的檢定規則 (13.2-1)：$W \geq a$ 或 $W \leq b$ 時應否定 H_0，而 a 和 b 要滿足 $a + b = m(m + n + 1)$；a 和 b 所需要滿足的關係式，就是從以上的對稱性質得到的。

例 13.2-5

為了比較兩種減重餐的效果是否差不多，營養師把參加減重計畫的女生隨機分成兩組，一段時間之後從吃 A 減重餐的女生當中隨機

抽出 3 人、吃 B 減重餐的女生當中隨機抽出 5 人，檢驗每個人所減的體重如下：

減重餐	所減重量 (公斤)
A	1.2　−1　4.6
B	7.3　6.1　2.8　8.5　3.3

在 $\alpha = 0.05$ 標準下、用威爾考克森秩和檢定判斷，兩種減重餐的效果是否相同。

解

因為原始假設和對立假設分別是

H_0：減重餐 A 和減重餐 B 的效果相同

H_1：減重餐 A 和減重餐 B 的效果不同

所以這是雙尾檢定 (檢定問題 A)。

根據檢定規則 (13.2-1)，$W \geq a$ 或 $W \leq b$ 時應否定 H_0，$a + b = m(m+n+1) = 3(3+5+1) = 27$ 且 b 滿足 $P(W \leq b | H_0) \leq \alpha/2 = 0.025$。查表可得 H_0 正確時，$P(W \leq 6) = 0.018$、$P(W \leq 7) = 0.036$，所以 $b = 6$，檢定規則為 $W \leq 6$ 或者 $W \geq 27 - 6 = 21$ 時否定 H_0。

現在令 X_1, X_2, X_3 和 Y_1, Y_2, Y_3, Y_4, Y_5 分別代表 A 減重餐和 B 減重餐的樣本，把數據混合排列之後得到

−1	1.2	2.8	3.3	4.6	6.1	7.3	8.5
X	X	Y	Y	X	Y	Y	Y

$W = 1 + 2 + 5 = 8$，所以不能否定 H_0。

依照例 13.2-4 的計算方式，即使沒有表可以查，只要樣本不太大，還是可以執行威爾考克森秩和檢定。

例 13.2-6

某英文補習班在小型會話班實驗兩種不同上課方式，先把程度差不多的 9 位學生隨機分成兩組，4 位在 A 組、5 位在 B 組，實驗結束時測試成果，將成績從小到大排序之後得到以下結果：

$$A\ A\ A\ B\ A\ B\ B\ B\ B$$

如果用威爾考克森秩和檢定、$\alpha = 0.05$，能不能做出結論：B 組的教學效果較好？試用不查表的方式解出答案。

解

原始假設和對立假設分別是

$$H_0：A 組和 B 組的教學效果相同$$
$$H_1：B 組的教學效果比 A 組好$$

若令 W 等於 A 組的秩和，在 H_1 正確時 B 組成績會偏高，所以檢定規則應該是：W 太小時否定 H_0。接下來就要判斷，W 的值夠不夠小。

如果用一般查表方式來做的話，先要找出 b 滿足 $P(W \leq b) \leq 0.05$，再來看 W 的觀測值是否 $\leq b$。現在題目要求不查表，則我們可以換個方式處理：先算出 W 的觀測值 w，並計算 H_0 正確時 $P(W \leq w)$ 的值 (也就是 8.4 節所介紹的 p 值)，再把 p 值和 α 比較，p 值 $\leq \alpha$ 則可以否定 H_0。

A 組的秩分別是 1、2、3、5，所以 $W = 1+2+3+5 = 11$。當 H_0 正確時，所有 A 和 B 的排序機率相等、都是 1/126，因為 $9!/(4!5!) = 126$，而

$$P(W \leq 11) = P(W = 10) + P(W = 11) = \frac{1}{126} + \frac{1}{126} = 0.0159$$

因為只有 A 排在 1、2、3、4 位時，W 才會等於 10，$W = 11$ 也只有一種可能性，就是 A 排在 1、2、3、5 位。

因為 0.0159 < 0.05，所以可以否定 H_0、做出結論：B 組的教學效果較好。

即便不記得「p 值 ≤ α 時可以否定 H_0」這件事實，稍微用一點邏輯還是可以做出正確結論。用查表方式做時，我們是要找出滿足 $P(W \leq b) \leq 0.05$ 且盡量大的 b。比如查表可得 $P(W \leq 11) = 0.0159 < 0.05$、$P(W \leq 12) = 0.0317 < 0.05$、$P(W \leq 13) = 0.0556 > 0.05$，所以查表的話會得到 $b = 12$。現在不查表的話，可以換個方式考慮。因為 W 的觀測值 w 等於 11、而 $P(W \leq w) = P(W \leq 11) = 0.0159 < 0.05$。既然 b 是滿足 $P(W \leq b) \leq 0.05$ 的最大的 b，而 W 的觀測值 11 也符合 $P(W \leq 11) \leq 0.05$，所以即便不知道 b 是多少，也知道 $11 \leq b$ 必然成立，也就是說 W 的值夠小，足夠否定 H_0。

習題

1. 網球教練想要試用新的訓練方式，來改進球員的發球速度。先把 8 位球員隨機分成兩組，3 位用新方法、5 位用舊方法，試驗結束時測試成果，將進步幅度從小到大排序之後得到以下結果，X 對應新方法、Y 對應舊方法：

    Y Y X Y Y X Y X

    用威爾考克森秩和檢定、$\alpha = 0.05$，判斷新方法和舊方法的成果是否有差別。

2. 某工廠有兩台機器，包裝同品牌同一種 30 公克裝零食，但發現似乎第二台機器的產品份量較多些。從二台機器分別隨機抽出產品秤重，得以下數據 (公克)：

第一台機器：30.20　29.95　30.00　30.10

第二台機器：31.10　29.90　30.50　30.80　30.75

用威爾考克森秩和檢定、$\alpha = 0.1$，判斷第二台機器的產品份量是否比第一台機器多？

3. 某廠商正在開發某種添加劑，加入汽油後應可增加里程數。為了了解效果先做初步測試，把 9 輛同型車隨機分成兩組，6 輛在 A 組 (沒有添加劑)、3 輛在 B 組 (有添加劑)，實驗結束時記錄同樣汽油量可跑的公里數，從小到大排序之後得到以下結果：

　　　　A　A　A　B　A　B　A　B

如果用威爾考克森秩和檢定、$\alpha = 0.1$，能不能做出結論：有添加劑的里程數較高？試用不查表的方式解出答案。

4. 假設隨機樣本 X_1, X_2, X_3 抽自母體 1、隨機樣本 Y_1, Y_2, Y_3 抽自母體 2，且兩樣本之間互相獨立。兩樣本混合排序之後，令 W 等於 X_1, X_2, X_3 的秩和。

   (a) 在 H_0 母體 1 和母體 2 有相同的連續型分布假設下，算出 W 的分布。

   (b) 根據 (a) 小題的答案判斷，W 的分布是否對稱？

重點摘要

1. 「無母數統計方法」的非正式定義：不需要假設樣本抽自特定分布母體、且不限定大樣本才可使用的統計方法。

2. 若隨機樣本裡的每一點可以根據某個標準用「＋」、「－」或 0 表示，把 0 丟棄之後，調整樣本大小，新的樣本大小等於「＋」的個數和「－」的個數之和。則符號檢定統計量 S 的值就是「＋」的總個數

(也可定義成「−」的總個數)。在 H_0 之下，檢定統計量 S 的抽樣分布是二項分布 $B(n,1/2)$，n 為調整後的樣本大小。

3. 符號檢定之檢定規則如下：

令 Y 代表 $B(n,1/2)$ 隨機變數

(1)對檢定問題 A：

$$H_0 : P(+) = P(-) \quad 對應 \quad H_1 : P(+) \neq P(-)$$

當 $S \geq a$ 或 $S \leq n-a$ 時否定 H_0，a 滿足 $P(Y \geq a) + P(Y \leq n-a) \leq \alpha$ 且 $P(Y \geq a) + P(Y \leq n-a)$ 應盡量接近 α

(2)對檢定問題 B：

$$H_0 : P(+) = P(-) \quad 對應 \quad H_1 : P(+) > P(-)$$

當 $S \geq a$ 時否定 H_0，a 滿足 $P(Y \geq a) \leq \alpha$ 且 $P(Y \geq a)$ 應盡量接近 α

(3)對檢定問題 C：

$$H_0 : P(+) = P(-) \quad 對應 \quad H_1 : P(+) < P(-)$$

當 $S \leq b$ 時否定 H_0，b 滿足 $P(Y \leq b) \leq \alpha$ 且 $P(Y \leq b)$ 應盡量接近 α

4. 當我們把一組數據從小到大排序之後，依序給這些數據 1、2、3、4、…等的號碼，每個數字的對應號碼，就叫做它的**秩** (rank)，也有人稱為等級；一個數的秩也就是從小到大排序之後，這個數在整組數據中的位置。在排序的時候如果有的數字相同，可以用「平均秩」的方法處理。

5. 若我們面對的問題是想要判斷：兩個母體的數字大小差不多，還是其中一個母體的數字較大時，只要兩個母體大致是同樣形狀的連續分布，就可以應用秩和檢定。

6. 從兩個母體分別抽出隨機樣本，$X_1, X_2, \cdots, X_m$ 和 $Y_1, Y_2, \cdots, Y_n$，兩個樣本之間也互相獨立，把兩個樣本混合起來排序，然後把對應其中一個樣本、比如說 $X_1, X_2, \cdots, X_m$ 的秩全部加起來，就是 (威爾考克森) 秩和檢定統計量 W。

7. 秩和檢定規則

    (1) 對應檢定問題 A

    H_0：母體 1 和母體 2 有相同的連續型分布

    H_1：母體 1 和母體 2 有相同形狀的連續型分布、但位置不同

    $W \geq a$ 或 $W \leq b$ 時，否定 H_0；$a + b = m(m+n+1)$ 且 b 滿足

    $$P(W \leq b | H_0) \leq \frac{\alpha}{2}$$

    (2) 對應檢定問題 B

    H_0：母體 1 和母體 2 有相同的連續型分布

    H_1：母體 1 和母體 2 有相同形狀的連續型分布、但母體 1 的位置在母體 2 的左邊

    $W \leq b$ 時，否定 H_0；b 滿足 $P(W \leq b | H_0) \leq \alpha$

8. 在 H_0 之下，威爾考克森秩和檢定統計量 W 的分布有以下對稱性質

    $$P(W = w) = P(W = m(m+n+1) - w)$$

第十三章 習題

1. 有研究者提出一項計劃，讓病人經由運動和飲食，達到降低血液中膽固醇含量的目的。以下是隨機抽出的一些病人在參加計劃之前和之後的膽固醇數值，令 $\alpha = 0.025$，用符號檢定並計算 p 值來判斷、此計畫是否有效降低病人的膽固醇。

病人編號	1	2	3	4	5	6	7	8	9	10	11	12
參加計劃前膽固醇	260	262	251	268	275	248	263	242	261	253	260	262
參加計劃後膽固醇	251	259	236	262	283	230	273	219	254	242	255	257

2. 某大賣場經理聲稱，尖峰時段顧客排隊等候結帳所需時間的中位數是 5 分鐘。總公司為了解經理所言是否屬實，隨機抽出顧客、請他們記錄等候時間，得到以下數據 (分鐘)：

    6　5　7　4　5.5　5　8　5　6.5　3.5　6　6　10　7　8

    令 $\alpha = 0.05$、用符號檢定判斷，中位等候時間是否為 5 分鐘。

3. 有人在一條海岸的某地點觀察浪高，想要判斷某時段浪高中位數是否為 80 公分，經過測量得以下數據：

    85　81　71　90　78　87　82　84　86　91

    令 $\alpha = 0.05$、用符號檢定判斷，浪高中位數是否為 80 公分。

4. 有人在一條海岸的兩個地點測量浪高，想要判斷兩地的浪高大小有無差別。以下是數據：

甲地	90	87	82	86	
乙地	85	81	88	79	84

    用秩和檢定判斷、$\alpha = 0.05$，兩地浪高大小有無差別？

5. 五位病人接受了某種治療，四位沒有，以下是存活時間 (年)：

治療組	2.1	5.3	1.4	4.6	0.9
未治療	1.9	0.5	2.8	3.1	

用秩和檢定判斷、$\alpha = 0.05$，治療是否能延長存活時間？

6. 假設隨機樣本 X_1, X_2, X_3 抽自母體1、隨機樣本 Y_1, Y_2, Y_3, Y_4 抽自母體 2，且兩樣本之間互相獨立。兩樣本混合排序之後，令 W 等於 X_1, X_2, X_3 的秩和，在 H_0：母體 1 和母體 2 有相同的連續型分布假設下，考慮所有 X_1, X_2, X_3 和 Y_1, Y_2, Y_3, Y_4 排列的可能性，計算：

(a) $P(W \leq 7)$。

(b) $P(W \geq 16)$。

參考書目

1. 統計學導論 方世榮著 華泰文化事業公司
2. 統計學 陳順宇著 華泰文化事業公司
3. 統計，改變了世界 David Salsburg 著 葉偉文譯 天下遠見出版公司
4. 統計學的世界 David S. Moore 著 鄭惟厚譯 天下遠見出版公司
5. 你不能不懂的統計常識 鄭惟厚著 天下遠見出版公司
6. Bluman, A. Elementary statistics- A step by step approach McGraw Hill
7. Devore, J. Probability and statistics for engineering and the sciences Thomson
8. Devore, J., Berk,K. Modern mathematical statistics with applications Thomson
9. Mendenhall, W., Sincich, T. Statistics for engineering and the sciences Prentice Hall
10. Walpole,R., Myers,R., Myers,S. Probability and statistics Prentice Hall
11. Woodbury,G. Introduction to statistics Duxbury

表 1　隨機號碼表

	01 02 03 04 05	06 07 08 09 10	11 12 13 14 15	16 17 18 19 20	21 22 23 24 25	26 27 28 29 30	31 32 33 34 35	36 37 38 39 40	41 42 43 44 45	46 47 48 49 50
00	1 2 3 3 0	0 4 5 2 9	1 7 8 1 1	4 7 4 6 0	1 2 8 0 5	4 8 1 3 2	7 4 8 0 5	4 2 1 9 3	5 4 9 0 3	7 0 8 4 5
01	3 6 9 7 8	1 1 2 2 7	9 3 6 4 1	7 8 7 5 1	7 2 1 3 1	2 4 8 5 4	2 7 1 1 7	2 1 6 7 9	1 7 8 7 7	9 8 9 2 2
02	4 3 1 6 0	5 1 9 7 3	5 8 1 4 1	8 2 8 1 0	6 7 6 0 6	9 7 2 0 8	8 3 0 1 7	4 7 3 5 0	7 3 8 6 8	9 3 1 7 1
03	5 6 8 5 9	9 4 6 2 6	5 6 4 5 8	2 0 1 2 7	5 3 9 8 6	6 4 6 9 5	1 4 6 8 2	2 6 4 0 1	6 0 6 8 5	8 6 3 6 2
04	8 0 7 8 2	1 6 8 3 1	8 6 7 1 9	0 1 2 5 3	8 1 1 1 4	4 1 8 7 7	6 3 2 1 6	0 3 0 8 0	0 9 8 1 1	5 4 3 9 0
05	3 0 3 1 4	9 3 1 9 9	7 3 8 6 9	9 9 8 6 2	0 0 7 8 7	4 3 7 2 2	5 7 9 7 0	0 5 4 7 7	9 2 3 6 2	5 6 2 9 3
06	6 7 0 9 0	2 0 3 9 1	1 6 2 9 4	3 8 0 5 0	3 3 0 2 1	1 4 6 5 6	3 8 2 5 7	3 5 0 2 9	9 2 7 4 0	8 3 1 5 8
07	2 5 5 8 8	7 3 8 9 7	1 5 9 0 4	6 2 1 5 8	8 9 5 4 9	9 9 4 5 0	2 2 8 2 3	6 5 8 1 4	5 7 0 3 2	8 4 1 1 8 2
08	4 2 0 4 4	6 5 1 4 2	2 3 1 9 8	0 2 4 9 6	9 1 3 8 6	6 9 6 3 7	8 2 6 2 0	0 1 1 8 1	2 0 0 1 0	2 0 6 9 8
09	6 9 0 4 9	5 4 9 6 3	5 9 3 1 2	0 5 8 6 2	3 8 2 0 5	4 3 4 5 6	8 9 1 9 9	2 8 3 3 0	2 6 7 3 5	1 9 7 4 1
10	5 8 4 0 2	4 8 6 1 4	8 7 5 0 7	6 6 6 3 9	2 0 1 7 7	7 7 3 1 7	0 7 3 3 4	8 3 5 8 5	4 3 1 2 4	5 9 8 1 6
11	0 6 6 7 3	4 9 3 5 2	8 1 4 4 8	5 6 2 6 5	6 5 3 8 6	6 4 8 4 2	6 4 3 2 8	6 3 5 1 4	9 3 5 4 1	7 3 9 8 6
12	3 0 8 4 0	4 3 9 5 7	7 6 2 7 9	2 6 2 2 6	4 0 2 9 5	0 7 7 0 5	9 4 5 6 8	8 8 4 3 1	2 9 3 3 7	5 4 8 4 5
13	0 7 8 7 3	4 9 3 0 3	3 0 4 0 7	7 4 7 2 4	8 8 9 3 6	4 5 0 1 5	9 6 6 9 3	8 4 3 5 8	9 9 8 7 4	0 9 4 5 6
14	8 0 3 1 5	5 0 9 7 7	5 6 4 2 0	6 8 8 8 1	9 9 8 3 3	3 5 0 1 8	9 2 8 5 2	8 0 0 6 0	3 6 4 5 4	0 4 9 4
15	4 9 6 8 7	0 7 2 1 4	7 9 7 6 7	9 6 8 0 4	3 0 7 7 1	5 4 1 6 9	3 4 1 6 0	2 7 5 3 0	0 6 9 3 6	7 9 0 9 3
16	8 2 5 9 2	8 3 8 4 8	5 0 2 0 9	4 6 5 7 1	8 4 8 2 0	7 7 4 1 2	3 6 7 2 2	6 6 7 9 1	9 0 8 6 5	3 8 9 1 0
17	2 3 3 2 5	3 7 6 8 5	2 6 4 0 3	9 2 5 2 2	6 5 4 1 2	6 8 5 0 8	4 7 5 2 7	3 3 8 3 5	3 0 3 1 3	5 5 8 2 9
18	8 8 9 3 5	1 1 5 7 4	7 2 0 1 4	9 9 4 1 1	3 8 0 8 8	2 3 1 5 3	4 3 7 6 2	8 4 0 6 3	4 4 4 2 4	3 5 7 3 6
19	5 3 6 6 9	4 5 9 4 0	8 4 2 2 7	1 3 7 1 4	0 5 0 8 1	3 2 2 4 3	0 5 9 5 8	1 2 0 1 1	2 9 0 0 5	0 3 5 3 7
20	1 4 3 5 4	9 8 6 6 4	2 8 2 6 1	0 9 2 6 7	5 7 2 8 0	2 7 5 9 6	7 3 1 4 4	7 6 9 6 6	2 7 7 6 3	6 7 6 3 2
21	7 5 6 9 9	3 9 4 7 9	3 2 3 9 7	5 5 3 7 8	6 7 6 5 1	7 8 7 3 6	7 2 0 8 3	1 8 3 1 2	1 6 7 7 7	6 8 5 7 1
22	7 3 1 5 2	1 1 3 2 9	8 3 6 2 8	1 4 0 0 7	9 6 4 9 9	4 9 6 3 0	6 6 0 0 3	6 9 3 4 8	5 3 5 9 7	5 1 2 0 8
23	1 3 8 8 6	0 2 0 8 5	1 8 3 2 5	7 1 3 6 5	4 3 2 1 2	9 1 9 0 1	1 5 6 8 0	9 0 9 2 2	7 1 8 0 9	3 3 8 6 0
24	7 4 5 4 6	6 8 6 6 0	7 1 2 0 3	4 2 4 7 3	7 6 2 1 5	4 2 6 7 7	9 9 0 3 7	1 0 1 6 7	6 6 6 0 6	4 7 0 3 7
25	1 3 6 8 0	5 1 0 4 3	2 4 3 9 0	0 3 6 7 3	8 4 5 8 8	9 6 6 2 1	8 5 4 0 8	6 3 8 0 4	2 1 4 0 8	7 5 0 0 4
26	3 7 4 3 1	3 7 6 1 4	6 5 2 9 9	8 1 4 3 7	8 1 2 9 8	7 5 0 1 5	4 5 9 1 3	8 1 0 4 2	4 5 5 4 7	6 5 1 7 9
27	3 9 7 5 9	4 9 5 0 4	3 0 3 0 1	6 1 9 4 2	2 4 4 2 4	2 6 0 6 3	3 0 4 4 4	7 5 4 1 9	2 4 1 1 0	2 6 7 5 7
28	3 8 8 0 2	3 3 1 8 2	2 0 5 3 1	6 4 2 2 9	5 7 3 6 0	4 9 3 6 1	2 2 7 2 4	8 9 6 3 8	5 2 7 0 2	3 2 8 0 3

表 1(續)　隨機號碼表

	01 02 03 04 05 06 07 08 09 10 11 12 13 14 15 16 17 18 19 20 21 22 23 24 25 26 27 28 29 30 31 32 33 34 35 36 37 38 39 40 41 42 43 44 45 46 47 48 49 50
29	1 8 1 1 4 7 8 7 3 5 6 4 2 6 7 5 1 2 5 5 3 6 1 2 5 3 4 0 6 2 3 7 1 4 0 5 4 0 7 2 2 0 1 6 1 4 4 4 2 1
30	2 2 4 8 1 6 9 5 7 2 9 5 4 1 7 2 2 9 7 3 9 6 8 6 8 0 2 9 3 4 9 7 1 4 2 8 7 0 4 4 9 4 2 8 2 2 0 8 6 8
31	5 4 4 8 3 9 3 7 3 0 4 1 1 7 1 8 4 3 1 9 5 4 1 5 9 2 1 1 6 7 6 2 7 6 9 6 7 4 4 5 9 4 1 4 2 5 4 9 4 8
32	9 0 4 6 4 2 8 9 1 2 2 1 3 5 6 9 9 6 8 6 7 5 5 1 9 2 1 3 0 9 5 0 2 6 7 4 9 7 4 0 7 0 4 5 5 0 7 6 9 8
33	1 2 9 6 0 1 9 7 0 0 7 5 8 5 8 6 3 4 4 9 0 5 7 8 6 1 5 4 0 2 8 2 8 8 0 7 3 8 6 1 4 7 7 6 6 4 0 7 9 7
34	5 0 9 7 4 3 7 2 1 3 3 8 8 1 3 8 8 2 2 4 5 9 9 0 7 5 0 2 5 3 7 2 1 8 8 0 3 7 4 6 7 3 8 6 9 4 4 3 7 9
35	3 2 3 8 6 5 4 4 8 9 5 3 1 7 7 0 3 7 4 2 9 2 5 1 7 4 7 1 4 6 4 3 5 5 1 2 3 1 3 0 5 4 1 7 5 6 1 9 6 6
36	5 1 4 2 1 2 5 3 0 9 3 5 1 2 9 0 4 1 1 4 4 9 3 6 4 2 5 0 6 8 2 8 9 3 5 5 2 0 3 8 7 2 6 5 9 9 5 6 8 9
37	3 2 5 2 2 9 9 8 9 0 9 6 1 0 0 8 0 8 4 6 9 1 9 1 6 8 7 5 4 5 9 0 3 5 7 8 7 7 8 7 5 5 0 2 9 4 1 2 3 8
38	2 4 1 7 6 7 8 3 5 0 5 9 5 1 3 9 2 0 8 4 7 7 6 6 0 2 4 7 4 9 3 7 4 3 3 8 1 0 8 5 8 6 5 9 9 8 3 9 7 2
39	0 0 5 7 6 9 0 4 4 0 1 5 3 1 1 4 0 8 5 6 4 8 1 9 8 6 8 1 4 4 3 9 3 7 4 8 1 4 5 4 6 2 0 6 3 7 3 7 7 9
40	9 1 4 9 8 8 2 6 6 9 3 7 2 5 8 1 2 4 5 2 2 1 5 0 6 5 0 7 4 0 2 1 4 2 8 0 8 4 5 7 4 7 2 8 0 2 3 6 7 3
41	8 2 0 3 2 6 7 4 2 8 0 7 4 0 0 1 5 2 5 1 7 0 5 6 5 5 2 5 9 0 2 8 7 1 2 9 5 7 0 0 4 1 9 8 6 7 6 4 8 6
42	6 1 4 2 6 0 1 6 2 6 1 8 2 7 0 4 2 0 3 6 7 0 7 4 3 3 7 4 9 4 5 6 7 4 7 7 0 4 3 3 8 3 6 2 6 8 3 3 2 2
43	9 0 3 7 5 3 2 6 7 3 1 2 8 0 3 1 7 4 5 6 4 4 2 8 1 4 0 1 1 5 4 2 8 5 0 8 2 3 9 2 1 8 2 9 3 5 8 0 9 5
44	8 9 2 7 9 0 4 6 7 1 3 2 0 3 9 1 1 2 0 8 3 4 8 5 4 3 5 1 6 4 3 6 4 5 6 2 5 3 7 8 3 3 2 3 6 9 7 4 8 5
45	8 6 6 8 3 7 6 9 7 0 3 7 2 1 5 9 5 4 3 4 7 0 1 8 1 0 4 8 8 3 5 0 5 0 8 8 5 5 2 5 5 8 2 7 3 9 7 7 0 3
46	9 3 2 4 8 1 1 7 8 8 5 5 6 7 5 8 5 8 0 2 1 0 2 3 4 2 4 1 0 6 2 5 6 8 4 4 3 8 8 8 5 2 6 4 5 2 4 0 4
47	7 5 1 0 7 3 9 4 8 6 8 1 8 5 2 5 4 7 8 8 3 0 2 1 5 5 8 6 3 1 0 9 5 8 1 4 1 7 8 1 7 4 7 2 9 9 1 4 8 6
48	1 2 8 8 7 6 6 9 1 8 9 6 0 5 4 7 0 5 0 2 3 8 6 3 4 5 6 1 0 0 5 4 3 0 4 5 9 7 5 6 6 1 3 7 3 6 4 4 4 4
49	7 8 8 9 6 7 7 0 1 4 2 2 1 6 8 5 4 2 6 0 0 4 9 2 1 4 3 1 7 8 5 7 7 0 9 4 2 3 0 0 4 6 2 3 7 4 0 4 1 6
50	0 7 2 2 2 6 0 6 5 9 6 4 8 8 8 8 0 8 4 2 8 6 4 6 1 8 5 4 9 9 6 0 7 9 3 3 4 0 9 6 2 8 0 9 0 3 1 0 1
51	9 6 3 2 4 9 8 2 7 7 0 0 5 4 6 9 5 3 9 4 1 8 0 8 0 4 0 9 4 1 2 4 6 8 0 5 4 5 1 5 6 1 6 7 5 6 5 3 1 6
52	1 8 1 2 9 2 7 3 7 7 4 7 1 9 6 9 6 3 4 9 2 1 4 9 9 9 4 9 5 4 5 9 2 0 7 7 3 5 6 3 3 8 8 9 8 3 4 4 2 8 8
53	0 5 1 9 5 2 0 5 3 4 1 7 4 2 3 8 9 7 9 1 0 4 6 4 2 8 9 5 7 6 7 2 3 1 2 1 7 7 3 6 3 9 1 7 7 0 6 6 6 4
54	6 7 0 4 1 1 0 2 6 5 2 5 6 1 2 3 4 8 0 3 1 2 9 5 7 4 2 5 1 5 5 2 9 3 5 0 5 4 1 1 0 1 3 2 5 5 5 4 5 9

表 2　二項分布累積機率 $p[X \leq x], X \sim B(n, p)$

n	x	0.1	0.2	0.25	0.3	0.4	0.5	0.6	0.7	0.8	0.9
5	0	.5905	.3277	.2373	.1681	.0778	.0312	.0102	.0024	.0003	.0000
	1	.9185	.7373	.6328	.5282	.3370	.1875	.0870	.0308	.0067	.0005
	2	.9914	.9421	.8965	.8369	.6826	.5000	.3174	.1631	.0579	.0086
	3	.9995	.9933	.9844	.9692	.9130	.8125	.6630	.4718	.2627	.0815
	4	1.0000	.9997	.9990	.9976	.9898	.9687	.9222	.8319	.6723	.4095
	5	1.0000	1.0000	1.0000	1.0000	1.0000	1.0000	1.0000	1.0000	1.0000	1.0000
6	0	.5314	.2621	.1780	.1176	.0467	.0156	.0041	.0007	.0001	.0000
	1	.8857	.6554	.5339	.4202	.2333	.1093	.0410	.0109	.0016	.0001
	2	.9841	.9011	.8306	.7443	.5443	.3437	.1792	.0705	.0170	.0013
	3	.9987	.9830	.9624	.9295	.8208	.6563	.4557	.2557	.0989	.0159
	4	.9999	.9984	.9954	.9891	.9590	.8907	.7667	.5798	.3446	.1143
	5	1.0000	.9999	.9998	.9993	.9959	.9844	.9533	.8824	.7379	.4686
	6	1.0000	1.0000	1.0000	1.0000	1.0000	1.0000	1.0000	1.0000	1.0000	1.0000
7	0	.4783	.2097	.1335	.0824	.0280	.0078	.0016	.0002	.0000	.0000
	1	.8503	.5767	.4449	.3294	.1586	.0625	.0188	.0038	.0004	.0000
	2	.9743	.8520	.7564	.6471	.4199	.2266	.0963	.0288	.0047	.0002
	3	.9973	.9667	.9294	.8740	.7102	.5000	.2898	.1260	.0333	.0027
	4	.9998	.9953	.9871	.9712	.9037	.7734	.5801	.3529	.1480	.0257
	5	1.0000	.9996	.9987	.9962	.9812	.9375	.8414	.6706	.4233	.1497
	6	1.0000	1.0000	.9999	.9998	.9984	.9922	.9720	.9176	.7903	.5217
	7	1.0000	1.0000	1.0000	1.0000	1.0000	1.0000	1.0000	1.0000	1.0000	1.0000
8	0	.4305	.1678	.1001	.0576	.0168	.0039	.0007	.0001	.0000	.0000
	1	.8131	.5033	.3671	.2553	.1064	.0352	.0085	.0013	.0001	.0000
	2.	.9619	.7969	.6785	.5518	.3154	.1445	.0498	.0113	.0012	.0000
	3	.9950	.9437	.8862	.8059	.5941	.3633	.1737	.0580	.0104	.0004
	4	.9996	.9896	.9727	.9420	.8263	.6367	.4059	.1941	.0563	.0050
	5	1.0000	.9988	.9958	.9887	.9502	.8555	.6846	.4482	.2031	.0381
	6	1.0000	.9999	.9996	.9987	.9915	.9648	.8936	.7447	.4967	.1869
	7	1.0000	1.0000	1.0000	.9999	.9993	.9961	.9832	.9424	.8322	.5695
	8	1.0000	1.0000	1.0000	1.0000	1.0000	1.0000	1.0000	1.0000	1.0000	1.0000
9	0	.3874	.1342	.0751	.0404	.0101	.0020	.0003	.0000	.0000	.0000
	1	.7748	.4362	.3003	.1960	.0705	.0195	.0038	.0004	.0000	.0000
	2	.9470	.7382	.6007	.4628	.2318	.0898	.0250	.0043	.0003	.0000
	3	.9917	.9144	.8343	.7297	.4826	.2539	.0994	.0253	.0031	.0001
	4	.9991	.9804	.9511	.9012	.7334	.5000	.2666	.0988	.0196	.0009
	5	.9999	.9969	.9900	.9747	.9006	.7461	.5174	.2703	.0856	.0083

表 2 (續) 二項分布累積機率 $p[X \leq x]$, $X \sim B(n, p)$

n	x	0.1	0.2	0.25	0.3	0.4	0.5	0.6	0.7	0.8	0.9
	6	1.0000	.9997	.9987	.9957	.9750	.9102	.7682	.5372	.2618	.0530
	7	1.0000	1.0000	.9999	.9996	.9962	.9805	.9295	.8040	.5638	.2252
	8	1.0000	1.0000	1.0000	1.0000	.9997	.9980	.9899	.9596	.8658	.6126
	9	1.0000	1.0000	1.0000	1.0000	1.0000	1.0000	1.0000	1.0000	1.0000	1.0000
10	0	.3487	.1074	.0563	.0282	.0060	.0010	.0001	.0000	.0000	.0000
	1	.7361	.3758	.2440	.1493	.0464	.0107	.0017	.0001	.0000	.0000
	2	.9298	.6778	.5256	.3828	.1673	.0547	.0123	.0016	.0001	.0000
	3	.9872	.8791	.7759	.6496	.3823	.1719	.0548	.0106	.0009	.0000
	4	.9984	.9672	.9219	.8497	.6331	.3770	.1662	.0473	.0064	.0001
	5	.9999	.9936	.9803	.9527	.8338	.6230	.3669	.1503	.0328	.0016
	6	1.0000	.9991	.9965	.9894	.9452	.8281	.6177	.3504	.1209	.0128
	7	1.0000	.9999	.9996	.9984	.9877	.9453	.8327	.6172	.3222	.0702
	8	1.0000	1.0000	1.0000	.9999	.9983	.9893	.9536	.8507	.6242	.2639
	9	1.0000	1.0000	1.0000	1.0000	.9999	.9990	.9940	.9718	.8926	.6513
	10	1.0000	1.0000	1.0000	1.0000	1.0000	1.0000	1.0000	1.0000	1.0000	1.0000
12	0	.2824	.0687	.0317	.0138	.0022	.0002	.0000	.0000	.0000	.0000
	1	.6590	.2749	.1584	.0850	.0196	.0032	.0003	.0000	.0000	.0000
	2	.8891	.5583	.3907	.2528	.0834	.0193	.0028	.0002	.0000	.0000
	3	.9744	.7946	.6488	.4925	.2253	.0730	.0153	.0017	.0001	.0000
	4	.9957	.9274	.8424	.7237	.4382	.1938	.0573	.0095	.0006	.0000
	5	.9995	.9806	.9456	.8822	.6652	.3872	.1582	.0386	.0039	.0001
	6	.9999	.9961	.9857	.9614	.8418	.6128	.3348	.1178	.0194	.0005
	7	1.0000	.9994	.9972	.9905	.9427	.8062	.5618	.2763	.0726	.0043
	8	1.0000	.9999	.9996	.9983	.9847	.9270	.7747	.5075	.2054	.0256
	9	1.0000	1.0000	1.0000	.9998	.9972	.9807	.9166	.7472	.4417	.1109
	10	1.0000	1.0000	1.0000	1.0000	.9997	.9968	.9804	.9150	.7251	.3410
	11	1.0000	1.0000	1.0000	1.0000	1.0000	.9998	.9978	.9862	.9313	.7176
	12	1.0000	1.0000	1.0000	1.0000	1.0000	1.0000	1.0000	1.0000	1.0000	1.0000
15	0	.2059	.0352	.0134	.0047	.0005	.0000	.0000	.0000	.0000	.0000
	1	.5490	.1671	.0802	.0353	.0052	.0005	.0000	.0000	.0000	.0000
	2	.8159	.3980	.2361	.1268	.0271	.0037	.0003	.0000	.0000	.0000
	3	.9444	.6482	.4613	.2969	.0905	.0176	.0019	.0001	.0000	.0000
	4	.9873	.8358	.6865	.5155	.2173	.0592	.0093	.0007	.0000	.0000
	5	.9978	.9389	.8516	.7216	.4032	.1509	.0338	.0037	.0001	.0000
	6	.9997	.9819	.9434	.8689	.6098	.3036	.0950	.0152	.0008	.0000
	7	1.0000	.9958	.9827	.9500	.7869	.5000	.2131	.0500	.0042	.0000
	8	1.0000	.9992	.9958	.9848	.9050	.6964	.3902	.1311	.0181	.0003

表 2 (續) 二項分布累積機率 $p[X \leq x]$, $X \sim B(n, p)$

n	x	p=0.1	0.2	0.25	0.3	0.4	0.5	0.6	0.7	0.8	0.9
	9	1.0000	.9999	.9992	.9963	.9662	.8491	.5968	.2784	.0611	.0022
	10	1.0000	1.0000	.9999	.9993	.9907	.9408	.7827	.4845	.1642	.0127
	11	1.0000	1.0000	1.0000	.9999	.9981	.9824	.9095	.7031	.3518	.0556
	12	1.0000	1.0000	1.0000	1.0000	.9997	.9963	.9729	.8732	.6020	.1841
	13	1.0000	1.0000	1.0000	1.0000	1.0000	.9995	.9948	.9647	.8329	.4510
	14	1.0000	1.0000	1.0000	1.0000	1.0000	1.0000	.9995	.9953	.9648	.7941
	15	1.0000	1.0000	1.0000	1.0000	1.0000	1.0000	1.0000	1.0000	1.0000	1.0000
20	0	.1216	.0115	.0032	.0008	.0000	.0000	.0000	.0000	.0000	.0000
	1	.3917	.0692	.0243	.0076	.0005	.0000	.0000	.0000	.0000	.0000
	2	.6769	.2061	.0913	.0355	.0036	.0002	.0000	.0000	.0000	.0000
	3	.8670	.4114	.2252	.1071	.0160	.0013	.0000	.0000	.0000	.0000
	4	.9568	.6296	.4148	.2375	.0510	.0059	.0003	.0000	.0000	.0000
	5	.9887	.8042	.6172	.4164	.1256	.0207	.0016	.0000	.0000	.0000
	6	.9976	.9133	.7858	.8080	.2500	.0577	.0065	.0003	.0000	.0000
	7	.9996	.9679	.8982	.7723	.4159	.1316	.0210	.0013	.0000	.0000
	8	.9999	.9900	.9591	.8867	.5956	.2517	.0565	.0051	.0001	.0000
	9	1.0000	.9974	.9861	.9520	.7553	.4119	.1275	.0171	.0006	.0000
	10	1.0000	.9994	.9961	.9829	.8725	.5881	.2447	.0480	.0026	.0000
	11	1.0000	.9999	.9991	.9949	.9435	.7483	.4044	.1133	.0100	.0001
	12	1.0000	1.0000	.9998	.9987	.9790	.8684	.5841	.2277	.0321	.0004
	13	1.0000	1.0000	1.0000	.9997	.9935	.9423	.7500	.3920	.0867	.0024
	14	1.0000	1.0000	1.0000	1.0000	.9984	.9793	.8744	.5836	.1958	.0113
	15	1.0000	1.0000	1.0000	1.0000	.9997	.9941	.9490	.7625	.3704	.0432
	16	1.0000	1.0000	1.0000	1.0000	1.0000	.9987	.9840	.8929	.5886	.1330
	17	1.0000	1.0000	1.0000	1.0000	1.0000	.9998	.9964	.9645	.7939	.3231
	18	1.0000	1.0000	1.0000	1.0000	1.0000	1.0000	.9995	.9924	.9308	.6082
	19	1.0000	1.0000	1.0000	1.0000	1.0000	1.0000	1.0000	.9992	.9885	.8784
	20	1.0000	1.0000	1.0000	1.0000	1.0000	1.0000	1.0000	1.0000	1.0000	1.0000
25	0	.0718	.0038	.0008	.0001	.0000	.0000	.0000	.0000	.0000	.0000
	1	.2712	.0274	.0070	.0016	.0001	.0000	.0000	.0000	.0000	.0000
	2	.5371	.0982	.0321	.0090	.0004	.0000	.0000	.0000	.0000	.0000
	3	.7636	.2340	.0962	.0332	.0024	.0001	.0000	.0000	.0000	.0000
	4	.9020	.4207	.2137	.0905	.0095	.0005	.0000	.0000	.0000	.0000
	5	.9666	.6167	.3783	.1935	.0294	.0020	.0001	.0000	.0000	.0000
	6	.9905	.7800	.5611	.3407	.0736	.0073	.0003	.0000	.0000	.0000
	7	.9977	.8909	.7265	.5118	.1536	.0216	.0012	.0000	.0000	.0000
	8	.9995	.9532	.8506	.6769	.2735	.0539	.0043	.0001	.0000	.0000

表 2 (續)　二項分布累積機率 $p[X \leq x]$, $X \sim B(n, p)$

		\multicolumn{10}{c}{p}
n	x	0.1	0.2	0.25	0.3	0.4	0.5	0.6	0.7	0.8	0.9
	9	.9999	.9827	.9287	.8106	.4246	.1148	.0132	.0005	.0000	.0000
	10	1.0000	.9944	.9703	.9022	.5858	.2122	.0344	.0018	.0000	.0000
	11	1.0000	.9985	.9893	.9558	.7323	.3450	.0778	.0060	.0001	.0000
	12	1.0000	.9996	.9966	.9825	.8462	.5000	.1538	.0175	.0004	.0000
	13	1.0000	.9999	.9991	.9940	.9222	.6550	.2677	.0442	.0015	.0000
	14	1.0000	1.0000	.9998	.9982	.9656	.7878	.4142	.0978	.0056	.0000
	15	1.0000	1.0000	1.0000	.9995	.9868	.8852	.5754	.1894	.0173	.0001
	16	1.0000	1.0000	1.0000	.9999	.9957	.9461	.7265	.3231	.0468	.0005
	17	1.0000	1.0000	1.0000	1.0000	.9988	.9784	.8464	.4882	.1091	.0023
	18	1.0000	1.0000	1.0000	1.0000	.9997	.9927	.9264	.6593	.2200	.0095
	19	1.0000	1.0000	1.0000	1.0000	.9999	.9980	.9706	.8065	.3833	.0334
	20	1.0000	1.0000	1.0000	1.0000	1.0000	.9995	.9905	.9095	.5793	.0980
	21	1.0000	1.0000	1.0000	1.0000	1.0000	.9999	.9976	.9668	.7660	.2364
	22	1.0000	1.0000	1.0000	1.0000	1.0000	1.0000	.9996	.9910	.9018	.4629
	23	1.0000	1.0000	1.0000	1.0000	1.0000	1.0000	.9999	.9984	.9726	.7288
	24	1.0000	1.0000	1.0000	1.0000	1.0000	1.0000	1.0000	.9999	.9962	.9282
	25	1.0000	1.0000	1.0000	1.0000	1.0000	1.0000	1.0000	1.0000	1.0000	1.0000

表 3　卜瓦松分布累積機率 $p(X \leq x)$

x	\multicolumn{10}{c}{λ}
	0.1	0.2	0.3	0.4	0.5	0.6	0.7	0.8	0.9	1.0
0	0.905	0.819	0.741	0.670	0.607	0.549	0.497	0.449	0.407	0.368
1	0.995	0.982	0.963	0.938	0.910	0.878	0.844	0.809	0.772	0.736
2	1.000	0.999	0.996	0.992	0.986	0.977	0.966	0.953	0.937	0.920
3	1.000	1.000	1.000	0.999	0.998	0.997	0.994	0.991	0.987	0.981
4	1.000	1.000	1.000	1.000	1.000	1.000	0.999	0.999	0.998	0.996
5	1.000	1.000	1.000	1.000	1.000	1.000	1.000	1.000	1.000	0.999
6	1.000	1.000	1.000	1.000	1.000	1.000	1.000	1.000	1.000	1.000

x	1.1	1.2	1.3	1.4	1.5	1.6	1.7	1.8	1.9	2.0
0	0.333	0.301	0.273	0.247	0.223	0.202	0.183	0.165	0.150	0.135
1	0.699	0.663	0.627	0.592	0.558	0.525	0.493	0.463	0.434	0.406
2	0.900	0.879	0.857	0.833	0.809	0.783	0.757	0.731	0.704	0.677
3	0.974	0.966	0.957	0.946	0.934	0.921	0.907	0.891	0.875	0.857
4	0.995	0.992	0.989	0.986	0.981	0.976	0.970	0.964	0.956	0.947
5	0.999	0.998	0.998	0.997	0.996	0.994	0.992	0.990	0.987	0.983
6	1.000	1.000	1.000	0.999	0.999	0.999	0.998	0.997	0.997	0.995
7	1.000	1.000	1.000	1.000	1.000	1.000	1.000	0.999	0.999	0.999
8	1.000	1.000	1.000	1.000	1.000	1.000	1.000	1.000	1.000	1.000

x	2.2	2.4	2.6	2.8	3.0	3.2	3.4	3.6	3.8	4.0
0	0.111	0.091	0.074	0.061	0.050	0.041	0.033	0.027	0.022	0.018
1	0.355	0.308	0.267	0.231	0.199	0.171	0.147	0.126	0.107	0.092
2	0.623	0.570	0.518	0.469	0.423	0.380	0.340	0.303	0.269	0.238
3	0.819	0.779	0.736	0.692	0.647	0.603	0.558	0.515	0.473	0.433
4	0.928	0.904	0.877	0.848	0.815	0.781	0.744	0.706	0.668	0.629
5	0.975	0.964	0.951	0.935	0.916	0.895	0.871	0.844	0.816	0.785
6	0.993	0.988	0.983	0.976	0.966	0.955	0.942	0.927	0.909	0.889
7	0.998	0.997	0.995	0.992	0.988	0.983	0.977	0.969	0.960	0.949
8	1.000	0.999	0.999	0.998	0.996	0.994	0.992	0.988	0.984	0.979
9	1.000	1.000	1.000	0.999	0.999	0.998	0.997	0.996	0.994	0.992
10	1.000	1.000	1.000	1.000	1.000	1.000	0.999	0.999	0.998	0.997
11	1.000	1.000	1.000	1.000	1.000	1.000	1.000	1.000	0.999	0.999
12	1.000	1.000	1.000	1.000	1.000	1.000	1.000	1.000	1.000	1.000

x	4.2	4.4	4.6	4.8	5.0	5.2	5.4	5.6	5.8	6.0
0	0.015	0.012	0.010	0.008	0.007	0.006	0.005	0.004	0.003	0.002
1	0.078	0.066	0.056	0.048	0.040	0.034	0.029	0.024	0.021	0.017
2	0.210	0.185	0.163	0.143	0.125	0.109	0.095	0.082	0.072	0.062
3	0.395	0.359	0.326	0.294	0.265	0.238	0.213	0.191	0.170	0.151
4	0.590	0.551	0.513	0.476	0.440	0.406	0.373	0.342	0.313	0.285
5	0.753	0.720	0.686	0.651	0.616	0.581	0.546	0.512	0.478	0.446
6	0.867	0.844	0.818	0.791	0.762	0.732	0.702	0.670	0.638	0.606
7	0.936	0.921	0.905	0.887	0.867	0.845	0.822	0.797	0.771	0.744

表 3 (續) 卜瓦松分布累積機率 $p(X \leq x)$

	λ									
x	4.2	4.4	4.6	4.8	5.0	5.2	5.4	5.6	5.8	6.0
8	0.972	0.964	0.955	0.944	0.932	0.918	0.903	0.886	0.867	0.847
9	0.989	0.985	0.980	0.975	0.968	0.960	0.951	0.941	0.929	0.916
10	0.996	0.994	0.992	0.990	0.986	0.982	0.977	0.972	0.965	0.957
11	0.999	0.998	0.997	0.996	0.995	0.993	0.990	0.988	0.984	0.980
12	1.000	0.999	0.999	0.999	0.998	0.997	0.996	0.995	0.993	0.991
13	1.000	1.000	1.000	1.000	0.999	0.999	0.999	0.998	0.997	0.996
14	1.000	1.000	1.000	1.000	1.000	1.000	0.999	0.999	0.999	0.999
15	1.000	1.000	1.000	1.000	1.000	1.000	1.000	1.000	1.000	0.999
16	1.000	1.000	1.000	1.000	1.000	1.000	1.000	1.000	1.000	1.000
x	6.5	7.0	7.5	8.0	8.5	9.0	9.5	10.0	10.5	11.0
0	0.002	0.001	0.001	0.000	0.000	0.000	0.000	0.000	0.000	0.000
1	0.011	0.007	0.005	0.003	0.002	0.001	0.001	0.000	0.000	0.000
2	0.043	0.030	0.020	0.014	0.009	0.006	0.004	0.003	0.002	0.001
3	0.112	0.082	0.059	0.042	0.030	0.021	0.015	0.010	0.007	0.005
4	0.224	0.173	0.132	0.100	0.074	0.055	0.040	0.029	0.021	0.015
5	0.369	0.301	0.241	0.191	0.150	0.116	0.089	0.067	0.050	0.038
6	0.527	0.450	0.378	0.313	0.256	0.207	0.165	0.130	0.102	0.079
7	0.673	0.599	0.525	0.453	0.386	0.324	0.269	0.220	0.179	0.143
8	0.792	0.729	0.662	0.593	0.523	0.456	0.392	0.333	0.279	0.232
9	0.877	0.830	0.776	0.717	0.653	0.587	0.522	0.458	0.397	0.341
10	0.933	0.901	0.862	0.816	0.763	0.706	0.645	0.583	0.521	0.460
11	0.966	0.947	0.921	0.888	0.849	0.803	0.752	0.697	0.639	0.579
12	0.984	0.973	0.957	0.936	0.909	0.876	0.836	0.792	0.742	0.689
13	0.993	0.987	0.978	0.966	0.949	0.926	0.898	0.864	0.825	0.781
14	0.997	0.994	0.990	0.983	0.973	0.959	0.940	0.917	0.888	0.854
15	0.999	0.998	0.995	0.992	0.986	0.978	0.967	0.951	0.932	0.907
16	1.000	0.999	0.998	0.996	0.993	0.989	0.982	0.973	0.960	0.944
17	1.000	1.000	0.999	0.998	0.997	0.995	0.991	0.986	0.978	0.968
18	1.000	1.000	1.000	0.999	0.999	0.998	0.996	0.993	0.988	0.982
19	1.000	1.000	1.000	1.000	0.999	0.999	0.998	0.997	0.994	0.991
20	1.000	1.000	1.000	1.000	1.000	1.000	0.999	0.998	0.997	0.995
21	1.000	1.000	1.000	1.000	1.000	1.000	1.000	0.999	0.999	0.998
22	1.000	1.000	1.000	1.000	1.000	1.000	1.000	1.000	0.999	0.999
23	1.000	1.000	1.000	1.000	1.000	1.000	1.000	1.000	1.000	1.000

表 4　常態分布機率 $P(Z \leq z) = \Phi(z)$

z	.00	.01	.02	.03	.04	.05	.06	.07	.08	.09
−3.4	.0003	.0003	.0003	.0003	.0003	.0003	.0003	.0003	.0003	.0002
−3.3	.0005	.0005	.0005	.0004	.0004	.0004	.0004	.0004	.0004	.0003
−3.2	.0007	.0007	.0006	.0006	.0006	.0006	.0006	.0005	.0005	.0005
−3.1	.0010	.0009	.0009	.0009	.0008	.0008	.0008	.0008	.0007	.0007
−3.0	.0013	.0013	.0013	.0012	.0012	.0011	.0011	.0011	.0010	.0010
−2.9	.0019	.0018	.0018	.0017	.0016	.0016	.0015	.0015	.0014	.0014
−2.8	.0026	.0025	.0024	.0023	.0023	.0022	.0021	.0021	.0020	.0019
−2.7	.0035	.0034	.0033	.0032	.0031	.0030	.0029	.0028	.0027	.0026
−2.6	.0047	.0045	.0044	.0043	.0041	.0040	.0039	.0038	.0037	.0036
−2.5	.0062	.0060	.0059	.0057	.0055	.0054	.0052	.0051	.0049	.0048
−2.4	.0082	.0080	.0078	.0075	.0073	.0071	.0069	.0068	.0066	.0064
−2.3	.0107	.0104	.0102	.0099	.0096	.0094	.0091	.0089	.0087	.0084
−2.2	.0139	.0136	.0132	.0129	.0125	.0122	.0119	.0116	.0113	.0110
−2.1	.0179	.0174	.0170	.0166	.0162	.0158	.0154	.0150	.0146	.0143
−2.0	.0228	.0222	.0217	.0212	.0207	.0202	.0197	.0192	.0188	.0183
−1.9	.0287	.0281	.0274	.0268	.0262	.0256	.0250	.0244	.0239	.0233
−1.8	.0359	.0351	.0344	.0336	.0329	.0322	.0314	.0307	.0301	.0294
−1.7	.0446	.0436	.0427	.0418	.0409	.0401	.0392	.0384	.0375	.0367
−1.6	.0548	.0537	.0526	.0516	.0505	.0495	.0485	.0475	.0465	.0455
−1.5	.0668	.0655	.0643	.0630	.0618	.0606	.0594	.0582	.0571	.0559
−1.4	.0808	.0793	.0778	.0764	.0749	.0735	.0721	.0708	.0694	.0681
−1.3	.0968	.0951	.0934	.0918	.0901	.0885	.0869	.0853	.0838	.0823
−1.2	.1151	.1131	.1112	.1093	.1075	.1056	.1038	.1020	.1003	.0985
−1.1	.1357	.1335	.1314	.1292	.1271	.1251	.1230	.1210	.1190	.1170
−1.0	.1587	.1562	.1539	.1515	.1492	.1469	.1446	.1423	.1401	.1379
−0.9	.1841	.1814	.1788	.1762	.1736	.1711	.1685	.1660	.1635	.1611
−0.8	.2119	.2090	.2061	.2033	.2005	.1977	.1949	.1922	.1894	.1867
−0.7	.2420	.2389	.2358	.2327	.2296	.2266	.2236	.2206	.2177	.2148
−0.6	.2743	.2709	.2676	.2643	.2611	.2578	.2546	.2514	.2483	.2451
−0.5	.3085	.3050	.3015	.2981	.2946	.2912	.2877	.2843	.2810	.2776
−0.4	.3446	.3409	.3372	.3336	.3300	.3264	.3228	.3192	.3156	.3121
−0.3	.3821	.3783	.3745	.3707	.3669	.3632	.3594	.3557	.3520	.3483
−0.2	.4207	.4168	.4129	.4090	.4052	.4013	.3974	.3936	.3897	.3859
−0.1	.4602	.4562	.4522	.4483	.4443	.4404	.4364	.4325	.4286	.4247
−0.0	.5000	.4960	.4920	.4880	.4840	.4801	.4761	.4721	.4681	.4641

表 4 (續) 常態分布機率 $P(Z \leq z) = \Phi(z)$

z	.00	.01	.02	.03	.04	.05	.06	.07	.08	.09
0.0	.5000	.5040	.5080	.5120	.5160	.5199	.5239	.5279	.5319	.5359
0.1	.5398	.5438	.5478	.5517	.5557	.5596	.5636	.5675	.5714	.5753
0.2	.5793	.5832	.5871	.5910	.5948	.5987	.6026	.6064	.6103	.6141
0.3	.6179	.6217	.6255	.6293	.6331	.6368	.6406	.6443	.6480	.6517
0.4	.6554	.6591	.6628	.6664	.6700	.6736	.6772	.6808	.6844	.6879
0.5	.6915	.6950	.6985	.7019	.7054	.7088	.7123	.7157	.7190	.7224
0.6	.7257	.7291	.7324	.7357	.7389	.7422	.7454	.7486	.7517	.7549
0.7	.7580	.7611	.7642	.7673	.7704	.7734	.7764	.7794	.7823	.7852
0.8	.7881	.7910	.7939	.7967	.7995	.8023	.8051	.8078	.8106	.8133
0.9	.8159	.8186	.8212	.8238	.8264	.8289	.8315	.8340	.8365	.8389
1.0	.8413	.8438	.8461	.8485	.8508	.8531	.8554	.8577	.8599	.8621
1.1	.8643	.8665	.8686	.8708	.8729	.8749	.8770	.8790	.8810	.8830
1.2	.8849	.8869	.8888	.8907	.8925	.8944	.8962	.8980	.8997	.9015
1.3	.9032	.9049	.9066	.9082	.9099	.9115	.9131	.9147	.9162	.9177
1.4	.9192	.9207	.9222	.9236	.9251	.9265	.9279	.9292	.9306	.9319
1.5	.9332	.9345	.9357	.9370	.9382	.9394	.9406	.9418	.9429	.9441
1.6	.9452	.9463	.9474	.9484	.9495	.9505	.9515	.9525	.9535	.9545
1.7	.9554	.9564	.9573	.9582	.9591	.9599	.9608	.9616	.9625	.9633
1.8	.9641	.9649	.9656	.9664	.9671	.9678	.9686	.9693	.9699	.9706
1.9	.9713	.9719	.9726	.9732	.9738	.9744	.9750	.9756	.9761	.9767
2.0	.9772	.9778	.9783	.9788	.9793	.9798	.9803	.9808	.9812	.9817
2.1	.9821	.9826	.9830	.9834	.9838	.9842	.9846	.9850	.9854	.9857
2.2	.9861	.9864	.9868	.9871	.9875	.9878	.9881	.9884	.9887	.9890
2.3	.9893	.9896	.9898	.9901	.9904	.9906	.9909	.9911	.9913	.9916
2.4	.9918	.9920	.9922	.9925	.9927	.9929	.9931	.9932	.9934	.9936
2.5	.9938	.9940	.9941	.9943	.9945	.9946	.9948	.9949	.9951	.9952
2.6	.9953	.9955	.9956	.9957	.9959	.9960	.9961	.9962	.9963	.9964
2.7	.9965	.9966	.9967	.9968	.9969	.9970	.9971	.9972	.9973	.9974
2.8	.9974	.9975	.9976	.9977	.9977	.9978	.9979	.9979	.9980	.9981
2.9	.9981	.9982	.9982	.9983	.9984	.9984	.9985	.9985	.9986	.9986
3.0	.9987	.9987	.9987	.9988	.9988	.9989	.9989	.9989	.9990	.9990
3.1	.9990	.9991	.9991	.9991	.9992	.9992	.9992	.9992	.9993	.9993
3.2	.9993	.9993	.9994	.9994	.9994	.9994	.9994	.9995	.9995	.9995
3.3	.9995	.9995	.9995	.9996	.9996	.9996	.9996	.9996	.9996	.9997
3.4	.9997	.9997	.9997	.9997	.9997	.9997	.9997	.9997	.9997	.9998

表 5　卡方分布的臨界值

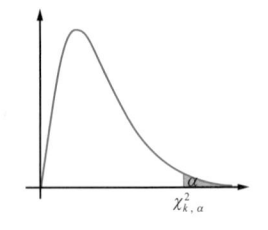

k \ α	0.995	0.99	0.975	0.95	0.9	0.1	0.05	0.025	0.01	0.005
1	0.000	0.000	0.001	0.004	0.016	2.706	3.841	5.024	6.635	7.879
2	0.010	0.020	0.051	0.103	0.211	4.605	5.991	7.378	9.210	10.597
3	0.072	0.115	0.216	0.352	0.584	6.251	7.815	9.348	11.345	12.838
4	0.207	0.297	0.484	0.711	1.064	7.779	9.488	11.143	13.277	14.860
5	0.412	0.554	0.831	1.145	1.610	9.236	11.070	12.833	15.086	16.750
6	0.676	0.872	1.237	1.635	2.204	10.645	12.592	14.449	16.812	18.548
7	0.989	1.239	1.690	2.167	2.833	12.017	14.067	16.013	18.475	20.278
8	1.344	1.646	2.180	2.733	3.490	13.362	15.507	17.535	20.090	21.955
9	1.735	2.088	2.700	3.325	4.168	14.684	16.919	19.023	21.666	23.589
10	2.156	2.558	3.247	3.940	4.865	15.987	18.307	20.483	23.209	25.188
11	2.603	3.053	3.816	4.575	5.578	17.275	19.675	21.920	24.725	26.757
12	3.074	3.571	4.404	5.226	6.304	18.549	21.026	23.337	26.217	28.300
13	3.565	4.107	5.009	5.892	7.042	19.812	22.362	24.736	27.688	29.819
14	4.075	4.660	5.629	6.571	7.790	21.064	23.685	26.119	29.141	31.319
15	4.601	5.229	6.262	7.261	8.547	22.307	24.996	27.488	30.578	32.801
16	5.142	5.812	6.908	7.962	9.312	23.542	26.296	28.845	32.000	34.267
17	5.697	6.408	7.564	8.672	10.085	24.769	27.587	30.191	33.409	35.718
18	6.265	7.015	8.231	9.390	10.865	25.989	28.869	31.526	34.805	37.156
19	6.844	7.633	8.907	10.117	11.651	27.204	30.144	32.852	36.191	38.582
20	7.434	8.260	9.591	10.851	12.443	28.412	31.410	34.170	37.566	39.997
21	8.034	8.897	10.283	11.591	13.240	29.615	32.671	35.479	38.932	41.401
22	8.643	9.542	10.982	12.338	14.041	30.813	33.924	36.781	40.289	42.796
23	9.260	10.196	11.689	13.091	14.848	32.007	35.172	38.076	41.638	44.181
24	9.886	10.856	12.401	13.848	15.659	33.196	36.415	39.364	42.980	45.559
25	10.520	11.524	13.120	14.611	16.473	34.382	37.652	40.646	44.314	46.928
26	11.160	12.198	13.844	15.379	17.292	35.563	38.885	41.923	45.642	48.290
27	11.808	12.879	14.573	16.151	18.114	36.741	40.113	43.195	46.963	49.645
28	12.461	13.565	15.308	16.928	18.939	37.916	41.337	44.461	48.278	50.993
29	13.121	14.256	16.047	17.708	19.768	39.087	42.557	45.722	49.588	52.336
30	13.787	14.953	16.791	18.493	20.599	40.256	43.773	46.979	50.892	53.672
31	14.458	15.655	17.539	19.281	21.434	41.422	44.985	48.232	52.191	55.003
32	15.134	16.362	18.291	20.072	22.271	42.585	46.194	49.480	53.486	56.328
33	15.815	17.074	19.047	20.867	23.110	43.745	47.400	50.725	54.776	57.648
34	16.501	17.789	19.806	21.664	23.952	44.903	48.602	51.966	56.061	58.964
35	17.192	18.509	20.569	22.465	24.797	46.059	49.802	53.203	57.342	60.275
36	17.887	19.233	21.336	23.269	25.643	47.212	50.998	54.437	58.619	61.581
37	18.586	19.960	22.106	24.075	26.492	48.363	52.192	55.668	59.893	62.883
38	19.289	20.691	22.878	24.884	27.343	49.513	53.384	56.896	61.162	64.181
39	19.996	21.426	23.654	25.695	28.196	50.660	54.572	58.120	62.428	65.476
40	20.707	22.164	24.433	26.509	29.051	51.805	55.758	59.342	63.691	66.766

表 6　$F_{m,n}$ 分布臨界值，$\alpha = 0.01$

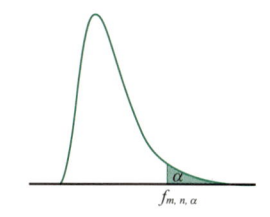

n \ m	1	2	3	4	5	6	7	8	9	10
1	4052	4999.5	5403	5625	5764	5859	5928	5982	6022	6056
2	98.50	99.00	99.17	99.25	99.30	99.33	99.36	99.37	99.39	99.40
3	34.12	30.82	29.46	28.71	28.24	27.91	27.67	27.49	27.35	27.23
4	21.20	18.00	16.69	15.98	15.52	15.21	14.98	14.80	14.66	14.55
5	16.26	13.27	12.06	11.39	10.97	10.67	10.46	10.29	10.16	10.05
6	13.75	10.92	9.78	9.15	8.75	8.47	8.26	8.10	7.98	7.87
7	12.25	9.55	8.45	7.85	7.46	7.19	6.99	6.84	6.72	6.62
8	11.26	8.65	7.59	7.01	6.63	6.37	6.18	6.03	5.91	5.81
9	10.56	8.02	6.99	6.42	6.06	5.80	5.61	5.47	5.35	5.26
10	10.04	7.56	6.55	5.99	5.64	5.39	5.20	5.06	4.94	4.85
11	9.65	7.21	6.22	5.67	5.32	5.07	4.89	4.74	4.63	4.54
12	9.33	6.93	5.95	5.41	5.06	4.82	4.64	4.50	4.39	4.30
13	9.07	6.70	5.74	5.21	4.86	4.62	4.44	4.30	4.19	4.10
14	8.86	6.51	5.56	5.04	4.69	4.46	4.28	4.14	4.03	3.94
15	8.68	6.36	5.42	4.89	4.56	4.32	4.14	4.00	3.89	3.80
16	8.53	6.23	5.29	4.77	4.44	4.20	4.03	3.89	3.78	3.69
17	8.40	6.11	5.18	4.67	4.34	4.10	3.93	3.79	3.68	3.59
18	8.29	6.01	5.09	4.58	4.25	4.01	3.84	3.71	3.60	3.51
19	8.18	5.93	5.01	4.50	4.17	3.94	3.77	3.63	3.52	3.43
20	8.10	5.85	4.94	4.43	4.10	3.87	3.70	3.56	3.46	3.37
21	8.02	5.78	4.87	4.37	4.04	3.81	3.64	3.51	3.40	3.31
22	7.95	5.72	4.82	4.31	3.99	3.76	3.59	3.45	3.35	3.26
23	7.88	5.66	4.76	4.26	3.94	3.71	3.54	3.41	3.30	3.21
24	7.82	5.61	4.72	4.22	3.90	3.67	3.50	3.36	3.26	3.17
25	7.77	5.57	4.68	4.18	3.85	3.63	3.46	3.32	3.22	3.13
26	7.72	5.53	4.64	4.14	3.82	3.59	3.42	3.29	3.18	3.09
27	7.68	5.49	4.60	4.11	3.78	3.56	3.39	3.26	3.15	3.06
28	7.64	5.45	4.57	4.07	3.75	3.53	3.36	3.23	3.12	3.03
29	7.60	5.42	4.54	4.04	3.73	3.50	3.33	3.20	3.09	3.00
30	7.56	5.39	4.51	4.02	3.70	3.47	3.30	3.17	3.07	2.98
40	7.31	5.18	4.31	3.83	3.51	3.29	3.12	2.99	2.89	2.80
60	7.08	4.98	4.13	3.65	3.34	3.12	2.95	2.82	2.72	2.63
120	6.85	4.79	3.95	3.48	3.17	2.96	2.79	2.66	2.56	2.47
∞	6.63	4.61	3.78	3.32	3.02	2.80	2.64	2.51	2.41	2.32

表 6 (續) $F_{m,n}$ 分布臨界值，$\alpha = 0.01$

n \ m	12	15	20	24	30	40	60	120	∞
1	6106	6157	6209	6235	6261	6287	6313	6339	6366
2	99.42	99.43	99.45	99.46	99.47	99.47	99.48	99.49	99.50
3	27.05	26.87	26.69	26.60	26.50	26.41	26.32	26.22	26.13
4	4.37	14.20	14.02	13.93	13.84	13.75	13.65	13.56	13.46
5	9.89	9.72	9.55	9.47	9.38	9.29	9.20	9.11	9.02
6	7.72	7.56	7.40	7.31	7.23	7.14	7.06	6.97	6.88
7	6.47	6.31	6.16	6.07	5.99	5.91	5.82	5.74	5.65
8	5.67	5.52	5.36	5.28	5.20	5.12	5.03	4.95	4.86
9	5.11	4.96	4.81	4.73	4.65	4.57	4.48	4.40	4.31
10	4.71	4.56	4.41	4.33	4.25	4.17	4.08	4.00	3.91
11	4.40	4.25	4.10	4.02	3.94	3.86	3.78	3.69	3.60
12	4.16	4.01	3.86	3.78	3.70	3.62	3.54	3.45	3.36
13	3.96	3.82	3.66	3.59	3.51	3.43	3.34	3.25	3.17
14	3.80	3.66	3.51	3.43	3.35	3.27	3.18	3.09	3.00
15	3.67	3.52	3.37	3.29	3.21	3.13	3.05	2.96	2.87
16	3.55	3.41	3.26	3.18	3.10	3.02	2.93	2.84	2.75
17	3.46	3.31	3.16	3.08	3.00	2.92	2.83	2.75	2.65
18	3.37	3.23	3.08	3.00	2.92	2.84	2.75	2.66	2.57
19	3.30	3.15	3.00	2.92	2.84	2.76	2.67	2.58	2.49
20	3.23	3.09	2.94	2.86	2.78	2.69	2.61	2.52	2.42
21	3.17	3.03	2.88	2.80	2.72	2.64	2.55	2.46	2.36
22	3.12	2.98	2.83	2.75	2.67	2.58	2.50	2.40	2.31
23	3.07	2.93	2.78	2.70	2.62	2.54	2.45	2.35	2.26
24	3.03	2.89	2.74	2.66	2.58	2.49	2.40	2.31	2.21
25	2.99	2.85	2.70	2.62	2.54	2.45	2.36	2.27	2.17
26	2.96	2.81	2.66	2.58	2.50	2.42	2.33	2.23	2.13
27	2.93	2.78	2.63	2.55	2.47	2.38	2.29	2.20	2.10
28	2.90	2.75	2.60	2.52	2.44	2.35	2.26	2.17	2.06
29	2.87	2.73	2.57	2.49	2.41	2.33	2.23	2.14	2.03
30	2.84	2.70	2.55	2.47	2.39	2.30	2.21	2.11	2.01
40	2.66	2.52	2.37	2.29	2.20	2.11	2.02	1.92	1.80
60	2.50	2.35	2.20	2.12	2.03	1.94	1.84	1.73	1.60
120	2.34	2.19	2.03	1.95	1.86	1.76	1.66	1.53	1.38
∞	2.18	2.04	1.88	1.79	1.70	1.59	1.47	1.32	1.00

表 6 (續) $F_{m,n}$ 分布臨界值，$\alpha = 0.025$

n	\multicolumn{10}{c}{m}
	1	2	3	4	5	6	7	8	9	10
1	647.5	799.5	864.2	899.6	921.8	937.1	948.2	956.7	963.3	968.6
2	38.51	39.00	39.17	39.25	39.30	39.33	39.36	39.37	39.39	39.40
3	17.44	16.04	15.44	15.10	14.88	14.73	14.62	14.54	14.47	14.42
4	12.22	10.65	9.98	9.60	9.36	9.20	9.07	8.98	8.90	8.84
5	10.01	8.43	7.76	7.39	7.15	6.98	6.85	6.76	6.68	6.62
6	8.81	7.26	6.60	6.23	5.99	5.82	5.70	5.60	5.52	5.46
7	8.07	6.54	5.89	5.52	5.29	5.12	4.99	4.90	4.82	4.76
8	7.57	6.06	5.42	5.05	4.82	4.65	4.53	4.43	4.36	4.30
9	7.21	5.71	5.08	4.72	4.48	4.32	4.20	4.10	4.03	3.96
10	6.94	5.46	4.83	4.47	4.24	4.07	3.95	3.85	3.78	3.72
11	6.72	5.26	4.63	4.28	4.04	3.88	3.76	3.66	3.59	3.53
12	6.55	5.10	4.47	4.12	3.89	3.73	3.61	3.51	3.44	3.37
13	6.41	4.97	4.35	4.00	3.77	3.60	3.48	3.39	3.31	3.25
14	6.30	4.86	4.24	3.89	3.66	3.50	3.38	3.29	3.21	3.15
15	6.20	4.77	4.15	3.80	3.58	3.41	3.29	3.20	3.12	3.06
16	6.12	4.69	4.08	3.73	3.50	3.34	3.22	3.12	3.05	2.99
17	6.04	4.62	4.01	3.66	3.44	3.28	3.16	3.06	2.98	2.92
18	5.98	4.56	3.95	3.61	3.38	3.22	3.10	3.01	2.93	2.87
19	5.92	4.51	3.90	3.56	3.33	3.17	3.05	2.96	2.88	2.82
20	5.87	4.46	3.86	3.51	3.29	3.13	3.01	2.91	2.84	2.77
21	5.83	4.42	3.82	3.48	3.25	3.09	2.97	2.87	2.80	2.73
22	5.79	4.38	3.78	3.44	3.22	3.05	2.93	2.84	2.76	2.70
23	5.75	4.35	3.75	3.41	3.18	3.02	2.90	2.81	2.73	2.67
24	5.72	4.32	3.72	3.38	3.15	2.99	2.87	2.78	2.70	2.64
25	5.69	4.29	3.69	3.35	3.13	2.97	2.85	2.75	2.68	2.61
26	5.66	4.27	3.67	3.33	3.10	2.94	2.82	2.73	2.65	2.59
27	5.63	4.24	3.65	3.31	3.08	2.92	2.80	2.71	2.63	2.57
28	5.61	4.22	3.63	3.29	3.06	2.90	2.78	2.69	2.61	2.55
29	5.59	4.20	3.61	3.27	3.04	2.88	2.76	2.67	2.59	2.53
30	5.57	4.18	3.59	3.25	3.03	2.87	2.75	2.65	2.57	2.51
40	5.42	4.05	3.46	3.13	2.90	2.74	2.62	2.53	2.45	2.39
60	5.29	3.93	3.34	3.01	2.79	2.63	2.51	2.41	2.33	2.27
120	5.15	3.80	3.23	2.89	2.67	2.52	2.39	2.30	2.22	2.16
∞	5.02	3.69	3.12	2.79	2.57	2.41	2.29	2.19	2.11	2.05

表 6 (續) $F_{m,n}$ 分布臨界值，$\alpha = 0.025$

n	\multicolumn{9}{c}{m}
	12	15	20	24	30	40	60	120	∞
1	976.7	984.9	993.1	997.2	1001.0	1006.0	1010.0	1014.0	1018.0
2	39.41	39.43	39.45	39.46	39.46	39.47	39.48	39.49	39.50
3	14.34	14.25	14.17	14.12	14.08	14.04	13.99	13.95	13.90
4	8.75	8.66	8.56	8.51	8.46	8.41	8.36	8.31	8.26
5	6.52	6.3	6.33	6.28	6.23	6.18	6.12	6.07	6.02
6	5.37	5.27	5.17	5.12	5.07	5.01	4.96	4.90	4.85
7	4.67	4.57	4.47	4.42	4.36	4.31	4.25	4.20	4.14
8	4.20	4.10	4.00	3.95	3.89	3.84	3.78	3.73	3.67
9	3.87	3.77	3.67	3.61	3.56	3.51	3.45	3.39	3.33
10	3.62	3.52	3.42	3.37	3.31	3.26	3.20	3.14	3.08
11	3.43	3.33	3.23	3.17	3.12	3.06	3.00	2.94	2.88
12	3.28	3.18	3.07	3.02	2.96	2.91	2.85	2.79	2.72
13	3.15	3.05	2.95	2.89	2.84	2.78	2.72	2.66	2.60
14	3.05	2.95	2.84	2.79	2.73	2.67	2.61	2.55	2.49
15	2.98	2.86	2.76	2.70	2.64	2.59	2.52	2.46	2.40
16	2.89	2.79	2.68	2.63	2.57	2.51	2.45	2.38	2.32
17	2.82	2.72	2.62	2.56	2.50	2.44	2.38	2.32	2.25
18	2.77	2.67	2.56	2.50	2.44	2.38	2.32	2.26	2.19
19	2.72	2.62	2.51	2.45	2.39	2.33	2.27	2.20	2.13
20	2.68	2.57	2.46	2.41	2.35	2.29	2.22	2.16	2.09
21	2.64	2.53	2.42	2.37	2.31	2.25	2.18	2.11	2.04
22	2.60	2.50	2.39	2.33	2.27	2.21	2.14	2.08	2.00
23	2.57	2.47	2.36	2.30	2.24	2.18	2.11	2.04	1.97
24	2.54	2.44	2.33	2.27	2.21	2.15	2.08	2.01	1.94
25	2.51	2.41	2.30	2.24	2.18	2.12	2.05	1.98	1.91
26	2.49	2.39	2.25	2.22	2.16	2.09	2.03	1.95	1.88
27	2.47	2.36	2.25	2.19	2.13	2.07	2.00	1.93	1.85
28	2.45	2.34	2.23	2.17	2.11	2.05	1.98	1.91	1.83
29	2.43	2.32	2.21	2.15	2.09	2.03	1.96	1.89	1.81
30	2.41	2.31	2.20	2.14	2.07	2.01	1.94	1.87	1.79
40	2.29	2.18	2.07	2.01	1.94	1.88	1.80	1.72	1.64
60	2.17	2.06	1.94	1.88	1.82	1.74	1.67	1.58	1.48
120	2.05	1.94	1.82	1.76	1.69	1.61	1.53	1.43	1.31
∞	1.94	1.83	1.71	1.64	1.57	1.48	1.39	1.27	1.00

表 6 (續) $F_{m,n}$ 分布臨界值，$\alpha = 0.05$

n \ m	1	2	3	4	5	6	7	8	9	10
1	161.40	199.50	215.70	224.60	230.20	234.00	236.80	238.90	240.50	241.90
2	18.51	19.00	19.16	19.25	19.30	19.33	19.35	19.37	19.38	19.40
3	10.13	9.55	9.28	9.12	9.01	8.94	8.89	8.85	8.81	8.79
4	7.71	6.94	6.59	6.39	6.26	6.16	6.09	6.04	6.00	5.96
5	6.61	5.79	5.41	5.19	5.05	4.95	4.88	4.82	4.77	4.74
6	5.99	5.14	4.76	4.53	4.39	4.28	4.21	4.15	4.10	4.06
7	5.59	4.74	4.35	4.12	3.97	3.87	3.79	3.73	3.68	3.64
8	5.32	4.46	4.07	3.84	3.69	3.58	3.50	3.44	3.39	3.35
9	5.12	4.26	3.86	3.63	3.48	3.37	3.29	3.23	3.18	3.14
10	4.96	4.10	3.71	3.48	3.33	3.22	3.14	3.07	3.02	2.98
11	4.84	3.98	3.59	3.36	3.20	3.09	3.01	2.95	2.90	2.85
12	4.75	3.89	3.49	3.26	3.11	3.00	2.91	2.85	2.80	2.75
13	4.67	3.81	3.41	3.18	3.03	2.92	2.83	2.77	2.71	2.67
14	4.60	3.74	3.34	3.11	2.96	2.85	2.76	2.70	2.65	2.60
15	4.54	3.68	3.29	3.06	2.90	2.79	2.71	2.64	2.59	2.54
16	4.49	3.63	3.24	3.01	2.85	2.74	2.66	2.59	2.54	2.49
17	4.45	3.59	3.20	2.96	2.81	2.70	2.61	2.55	2.49	2.45
18	4.41	3.55	3.16	2.93	2.77	2.66	2.58	2.51	2.46	2.41
19	4.38	3.52	3.13	2.90	2.74	2.63	2.54	2.48	2.42	2.38
20	4.35	3.49	3.10	2.87	2.71	2.60	2.51	2.45	2.39	2.35
21	4.32	3.47	3.07	2.84	2.68	2.57	2.49	2.42	2.37	2.32
22	4.30	3.44	3.05	2.82	2.66	2.55	2.46	2.40	2.34	2.30
23	4.28	3.42	3.03	2.80	2.64	2.53	2.44	2.37	2.32	2.27
24	4.26	3.40	3.01	2.78	2.62	2.51	2.42	2.36	2.30	2.25
25	4.24	3.39	2.99	2.76	2.60	2.49	2.40	2.34	2.28	2.24
26	4.23	3.37	2.98	2.74	2.59	2.47	2.39	2.32	2.27	2.22
27	4.21	3.35	2.96	2.73	2.57	2.46	2.37	2.31	2.25	2.20
28	4.20	3.34	2.95	2.71	2.56	2.45	2.36	2.29	2.24	2.19
29	4.18	3.33	2.93	2.70	2.55	2.43	2.35	2.28	2.22	2.18
30	4.17	3.32	2.92	2.69	2.53	2.42	2.33	2.27	2.21	2.16
40	4.08	3.23	2.84	2.61	2.45	2.34	2.25	2.18	2.12	2.08
60	4.00	3.15	2.76	2.53	2.37	2.25	2.17	2.10	2.04	1.99
120	3.92	3.07	2.68	2.45	2.29	2.17	2.09	2.02	1.96	1.91
∞	3.84	3.00	2.60	2.37	2.21	2.10	2.01	1.94	1.88	1.83

表 6 (續) $F_{m,n}$ 分布臨界值，$\alpha = 0.05$

n \ m	12	15	20	24	30	40	60	120	∞
1	243.90	245.90	248.00	249.10	250.10	251.10	252.20	253.30	254.30
2	19.41	19.43	19.45	19.45	19.46	19.47	19.48	19.49	19.50
3	8.74	8.70	8.66	8.64	8.62	8.59	8.57	8.55	8.53
4	5.91	5.86	5.80	5.77	5.75	5.72	5.69	5.66	5.63
5	4.68	4.62	4.56	4.53	4.50	4.46	4.43	4.40	4.36
6	4.00	3.94	3.87	3.84	3.81	3.77	3.74	3.70	3.67
7	3.57	3.51	3.44	3.41	3.38	3.34	3.30	3.27	3.23
8	3.28	3.22	3.15	3.12	3.08	3.04	3.01	2.97	2.93
9	3.07	3.01	2.94	2.90	2.86	2.83	2.79	2.75	2.71
10	2.91	2.85	2.77	2.74	2.70	2.66	2.62	2.58	2.54
11	2.79	2.72	2.65	2.61	2.57	2.53	2.49	2.45	2.40
12	2.69	2.62	2.54	2.51	2.47	2.43	2.38	2.34	2.30
13	2.60	2.53	2.46	2.42	2.38	2.34	2.30	2.25	2.21
14	2.53	2.46	2.39	2.35	2.31	2.27	2.22	2.18	2.13
15	2.48	2.40	2.33	2.29	2.25	2.20	2.16	2.11	2.07
16	2.42	2.35	2.28	2.24	2.19	2.15	2.11	2.06	2.01
17	2.18	2.31	2.23	2.19	2.15	2.10	2.06	2.01	1.96
18	2.34	2.27	2.19	2.15	2.11	2.06	2.02	1.97	1.92
19	2.31	2.23	2.16	2.11	2.07	2.03	1.98	1.93	1.88
20	2.28	2.20	2.12	2.12	2.08	2.04	1.99	1.90	1.84
21	2.25	2.18	2.10	2.05	2.01	1.96	1.92	1.87	1.81
22	2.23	2.15	2.07	2.03	1.98	1.94	1.89	1.84	1.78
23	2.20	2.13	2.05	2.01	1.96	1.91	1.86	1.81	1.76
24	2.18	2.11	2.03	1.98	1.94	1.89	1.84	1.79	1.73
25	2.16	2.09	2.01	1.96	1.92	1.87	1.82	1.77	1.71
26	2.15	2.07	1.99	1.95	1.90	1.85	1.80	1.75	1.69
27	2.13	2.06	1.97	1.93	1.88	1.84	1.79	1.73	1.67
28	2.12	2.04	1.96	1.91	1.87	1.82	1.77	1.71	1.65
29	2.10	2.0	1.94	1.90	1.85	1.81	1.75	1.70	1.64
30	2.09	2.0	1.93	1.89	1.84	1.79	1.74	1.68	1.62
40	2.00	1.9	1.84	1.79	1.74	1.69	1.64	1.58	1.51
60	1.92	1.8	1.75	1.70	1.65	1.59	1.53	1.47	1.39
120	1.83	1.7	1.66	1.61	1.55	1.50	1.43	1.35	1.25
∞	1.75	1.6	1.57	1.52	1.46	1.39	1.32	1.32	1.00

表 7 t 分布表   表列的值 $t_{k,\alpha}$ 滿足 $(T_k \geq t_{k,\alpha}) = \alpha$

k \ α	.100	.050	.025	.010	.005	.001	.0005
1	3.078	6.314	12.706	31.821	63.657	318.310	636.620
2	1.886	2.920	4.303	6.965	9.925	22.326	31.598
3	1.638	2.353	3.182	4.541	5.841	10.213	12.924
4	1.533	2.132	2.776	3.747	4.604	7.173	8.610
5	1.476	2.015	2.571	3.365	4.032	5.893	6.869
6	1.440	1.943	2.447	3.143	3.707	5.208	5.959
7	1.415	1.895	2.365	2.998	3.499	4.785	5.408
8	1.397	1.860	2.306	2.896	3.355	4.501	5.041
9	1.383	1.833	2.262	2.821	3.250	4.297	4.781
10	1.372	1.812	2.228	2.764	3.169	4.144	4.587
11	1.363	1.796	2.201	2.718	3.106	4.025	4.437
12	1.356	1.782	2.179	2.681	3.055	3.930	4.318
13	1.350	1.771	2.160	2.650	3.012	3.852	4.221
14	1.345	1.761	2.145	2.624	2.977	3.787	4.140
15	1.341	1.753	2.131	2.602	2.947	3.733	4.073
16	1.337	1.746	2.120	2.583	2.921	3.686	4.015
17	1.333	1.740	2.110	2.567	2.898	3.646	3.965
18	1.330	1.734	2.101	2.552	2.878	3.610	3.922
19	1.328	1.729	2.093	2.539	2.861	3.579	3.883
20	1.325	1.725	2.086	2.528	2.845	3.552	3.850
21	1.323	1.721	2.080	2.518	2.831	3.527	3.819
22	1.321	1.717	2.074	2.508	2.819	3.505	3.792
23	1.319	1.714	2.069	2.500	2.807	3.485	3.767
24	1.318	1.711	2.064	2.492	2.797	3.467	3.745
25	1.316	1.708	2.060	2.485	2.787	3.450	3.725
26	1.315	1.706	2.056	2.479	2.779	2.435	3.707
27	1.314	1.703	2.052	2.473	2.771	3.421	3.690
28	1.313	1.701	2.048	2.467	2.763	3.408	3.674
29	1.311	1.699	2.045	2.462	2.756	3.396	3.659
30	1.310	1.697	2.042	2.457	2.750	3.385	3.646
40	1.303	1.684	2.021	2.423	2.704	3.307	3.551
60	1.296	1.671	2.000	2.390	2.660	3.232	3.460
120	1.289	1.658	1.980	2.358	2.617	3.160	3.373
∞	1.282	.645	1.960	2.326	2.576	3.090	3.291

表 8 秩和檢定 $P(W \leq x)$

$m = 3$

x	n = 3	n = 4	n = 5
6	.050	.029	.018
7	.100	.057	.036
8	.200	.114	.071
9	.350	.200	.125
10	.500	.314	.196
11		.429	.286
12		.571	.393
13			.500

$m = 4$

x	n = 4	n = 5
10	.014	.008
11	.029	.016
12	.057	.032
13	.100	.056
14	.171	.095
15	.243	.143
16	.343	.206
17	.443	.278
18	.557	.365
19		.452
20		.548

索引

F 分布 (F distribution) 228

p 值 (p-value) 362, 375

2 劃

二項分布 (binomial distribution) 176, 233

二項隨機試驗 (binomial random experiment) 177

二項隨機變數 (binomial random variable) 176, 233

4 劃

卜瓦松分布 (Poisson distribution) 195

不偏估計量 (unbiased estimator) 292, 327

不獨立 (not independent) 146

中位數 (median) 29

互相獨立 (independent) 146

五數綜合 48

「分布不拘」方法 (distribution-free methods) 515

分布相同 (identically distributed) 252

反面 (tail) 81

5 劃

卡方分布 (chi-square distribution) 225

卡方檢定 491

古典機率 (也稱傳統機率) 112

四分位距 (interquartile range) 38

平均數 (mean) 28

正面 (head) 81

母體 (population) 4

6 劃

全距 (range) 36

列聯表 (contingency table) 488

成對 t 檢定 (paired t test) 400

成對樣本 399

次數 (observed count) 491

自由度 (degrees of freedom, d.f.) 225, 40

自變數 (independent variable) 463

7 劃

伯努利試驗 (Bernoulli trial) 177, 234

伯努利隨機變數 (Bernoulli random variable) 177

均勻分布 (uniform distribution) 219

均方誤 (mean squared error, 縮寫 MSE) 295, 327

貝氏定理 (Bayes' Theorem) 109, 114

8 劃

事件 (event) 83

抽樣誤差 300, 328

拒絕域 (rejection region 或 critical region，意思是拒絕 H_0 的範圍，也有人稱棄卻域) 341

直線排列 (permutation) 94

長條圖 (bar-graph) 19

9 劃

信心水準 (confidence coefficient) 299, 328

信賴區間 (confidence interval) 299, 328

契比雪夫不等式 (Chebyshev's Inequality) 135

威爾考克森秩和檢定 (Wilcoxon rank-sum test) 528

指數分布 (exponential distribution) 222

背對背的莖葉圖 (back-to-back stemplot) 65

10 劃

乘法原理 (multiplication principal) 94, 113

乘法規則 (multiplication rule) 106

原始假設 (null hypothesis) 334, 372

秩 (rank) 529

秩和檢定 528

11 劃

退化的隨機變數 (degenerate random variable) 134

配對數據 (paired data) 399

高斯分布 (Gaussian distribution) 206

偏誤 (bias) 292, 327

參數 (parameter) 6, 516

常態分布 (normal distribution) 206

推論統計 (inferential statistics) 3

敘述統計 (descriptive statistics) 3

曼恩-惠特尼-威爾考克森檢定 (Mann-Whitney-Wilcoxon test) 528

盒圖 (boxplot) 49

盒鬚圖 (box-and-whisker plot) 49

符號檢定 (sign test) 516
第 $100p$ 百分位數 ($100p$ th percentile) 37
第一四分位數 (first quartile) 38
第一型錯誤 (type I error) 372, 335
第二型錯誤 (type II error) 372, 335
第三四分位數 (third quartile) 38
累積分布函數 (cumulative distribution function, 簡寫 c.d.f.) 208
組內平方和 (sum of squares within groups, SSW) 436
組合 (combination) 94
組間平方和 (sum of squares between groups, SSB) 436
統計量 (statistic) 7
莖葉圖 (stemplot) 59
連續型之修正 (continuity correction) 272
連續型隨機變數 (continuous random variable) 119, 168

12 劃

散佈圖 (scatter plot) 454
期望值 (expected value, expectation 或 mean) 125
無母數統計 (nonparametric statistics) 515

13 劃

裁剪平均數 (trimmed mean) 33
圓餅圖 (pie chart，也可稱圓形圖或圓瓣圖) 17
預期次數 (expected count) 491

14 劃

對立假設 (alternative hypothesis) 334, 372

15 劃

誤差界線 (margin of error) 300, 328
數據標準化 47
標準差 (standard deviation) 41, 130, 169
標準誤 (standard error) 257
樞紐量 (pivot) 299
樣本 (sample) 4
樣本空間 (sample space) 81
複迴歸 (multiple regression) 464, 478
機率函數 168
機率密度函數 (probability density function, 簡寫 p.d.f.) 121
獨立 (independent) 252
獨立事件 104

16 劃

隨機號碼表 (table of random digits) 159

隨機變數 (random variable) 118, 168

17 劃

應變數 (dependent variable) 463

「擬」隨機號碼 (pseudorandom digits) 161

總平方和 (total sum of squares, SST) 436

總數 (number) 87, 113

聯合機率分布 (joint probability distribution) 139

聯合機率函數 (joint probability function) 139

18 劃

雙向列聯表 (two-way contingency table) 489

雙向表 (two-way table) 489

離散型均勻分布 (discrete uniform distribution) 161

離散型隨機變數 (discrete random variable) 119, 168

離群值 (outlier) 64

邊際 (margin) 144

邊際機率分布 (marginal probability distribution) 142

邊際機率函數 (marginal probability function) 142

19 劃

類別資料 (categorical data，也稱分類資料或名目資料) 7

類別變數 (categorical variable) 487

20 劃

鐘形 (bell-shaped) 207

23 劃

變異數 41, 169

單數題簡答

第一章習題

1. (a) 所有此生產商生產的 30 公克小包裝零嘴 (b) 隨機抽出的 100 包小包裝零嘴 (c) 所有此生產商生產的 30 公克小包裝零嘴中，重量達到 30 克的所佔百分比。(d) 隨機抽出的 100 包小包裝零嘴中，重量達到 30 克的所佔百分比。

3. (c)。

2.2 習題

1. 平均數 = 6.4、中位數 = 7.5、0.2 – 裁減平均數 = 6.125。

3. 平均數 = 4.136、中位數 = 2.6。中位數較適合。

2.3 習題

1. (a) 950　(b) 275　(c) 285.91　(d) 500。

3. 體重之變異數 = 152.917、身高之變異數 = 108.667。

2.4 習題

1. (a) 最小數 = 50、第一四分位數 = 175、中位數 = 275、第三四分位數 = 450、最大數 = 1000。
(b) 中位數。

3. (a) 100 年的五數綜合：最小數 = 18.03、第一四分位數 = 18.1、中位數 = 18.17、第三四分位數 = 18.275、最大數 = 18.38。

101 年的五數綜合：最小數 = 16.41、第一四分位數 = 16.73、中位數 = 16.985、第三四分位數 = 17.745、最大數 = 18.58。

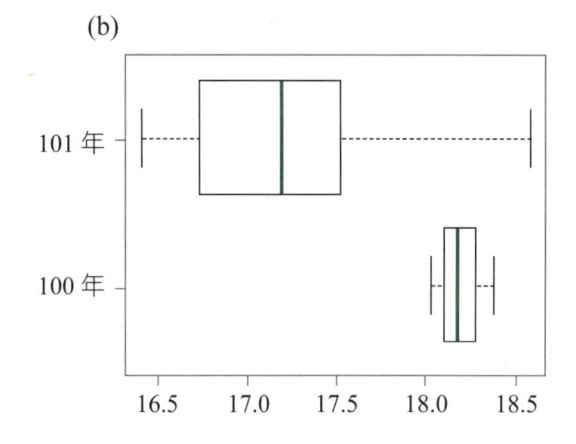

(b)

2.5 習題

1. 這個網頁點擊人次增加了 12%。

3. 小琳減少的百分比較高。

第二章習題

1. (a) 科技公司甲：平均數 = 524700 元、中位數 = 522000 元、0.3 – 裁減平均數 = 522125 元。
科技公司乙：平均數 = 523555.56 元、中位數 = 524000 元、0.3 – 裁減平均數 = 523571.43 元。

(b) 應該去科技公司乙，因為他們的 9 位員工裡有 5 位月薪是在 24000 元以上，而科技公司甲的 10 位員工裡只有 3 位月薪是在 24000 元以上。

3. (a) 公司甲：平均數 = 5249.4、全距 = 532、四分位距 = 14、標準差 = 59.49。
公司乙：平均數 = 244.7、全距 = 34、四分位距 = 16、標準差 = 11.42。
公司甲的品管做得較好。
(b) 251。
(c) x = 241.5。
(d) 公司甲五數綜合：234　243　247　257　266
公司乙五數綜合：225　240　242.5　256　259

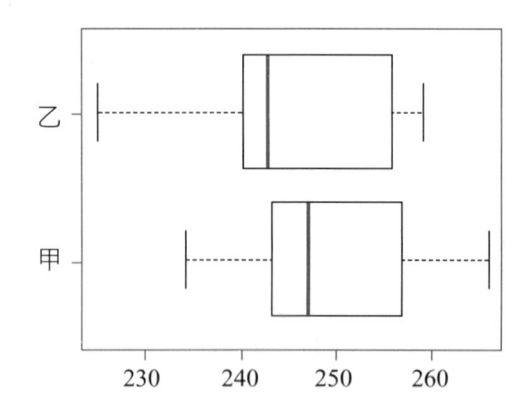

5. (a) 全距 = 110、四分位距 = 40、標準差 = 35.05。
(b) 小美點的是雞胸肉三明治。
7. A、C 一樣，B 最大。
9. 乘客的候車時間減少了 42.86%。
11. 我國的增長百分比較高。

3.2 習題

1. 假設第一個位置代表阿群選的課，第二個位置代表阿銘選的課，則樣本空間如下：
S = {(羽球, 羽球), (羽球, 桌球), (羽球, 排球), (網球, 羽球), (網球, 桌球), (網球, 排球), (籃球, 羽球), (籃球, 桌球), (籃球, 排球)}

3. S = {MMM, MMF, MFM, MFF, FMM, FMF, FFM, FFF}

5. (a) {(1, 1), (2, 2)}
(b) {(1, 1), (2, 2), (3, 3), (4, 4), (5, 5), (6, 6), (1, 2), (1, 3), (2, 1), (3, 1)}

3.3 習題

1. (a) 1/2　(b) 3/13
3. (a) 1/3　(b) 11/36　(c) 17/36
5. 否。

3.4 習題

1. 1440
3. (a) 1　(b) 215　(c) 9246
5. (a) 5/9　(b) 1/2

3.5 習題

1. (a) 1/3　(b) 5/11
3. (a) 0.214　(b) 0.9895
5. 0.88

第三章習題

1. S = {(H, 1), (H, 2), (H, 3), (H, 4), (H, 5), (H, 6), (T, 1), (T, 2), (T, 3), (T, 4), (T, 5), (T, 6)}
3. 2/3
5. 7/15

7. (1) 0.0211　(2) 0.0475

9. (a) 二事件並非互斥。
   (b) 二事件為獨立。

11. (a) 0.0211　(b) 0.0475

4.2 習題

1. $P(X=0)=\dfrac{1}{16}, P(X=1)=\dfrac{1}{4},$
   $P(X=2)=\dfrac{3}{8}, P(X=3)=\dfrac{1}{4},$
   $P(X=4)=\dfrac{1}{16}$

3.

x	0	10	20	50
$p(x)$	5/18	11/36	1/4	1/6

4.3 習題

1. (a) $E(X)=0.4$、$V(X)=1.44$
   (b) $E(5X+3)=5$、$V(X)=36$

3. $E(X)=560$、$\sigma^2=58400$

4.4 習題

1. (a) $\mu=0.1$
      $\sigma^2=1.69$
   (b) $P(|X-\mu|\geq 1.2\sigma)=0.3$

4.5 習題

1. (a) $P(X=x,Y=y)=\dfrac{\binom{4}{x}\binom{2}{y}\binom{5}{4-x-y}}{\binom{11}{4}},$
   $0\leq x+y\leq 4$
   (b) $P(X+Y\leq 2)=0.6515$
   (c) $P(X\geq 1)=0.8939$

3. (a) $P(X+Y\geq 4)=\dfrac{1}{8}$
   (b) $E(XY)=-\dfrac{1}{8}$
   (c) $E(Y)=\dfrac{3}{2}$

5. (a) 驗證符合。
   (b) X 和 Y 是互相獨立。

4.6 習題

1. (a) 5.75　(b) –0.75　(c) 7.95　(d) 不成立

3. (a) –17　(b) 30　(c) –3　(d) 39

4.7 習題

1. 可以用 0、1、2 代表該生沒有及格，3、4、5、6、7、8、9 代表該生有及格。

3. 模擬結果會因起始位置而不同。

第四章習題

1. (a) $p(x)=P(X=x)=\dfrac{\binom{3}{x}\binom{6}{4-x}}{\binom{9}{4}},$
   $x=0,1,2,3$
   (b) 驗證符合
   (c) $\dfrac{4}{3}$

3. (a) $E(X)=0.4$
      $\sigma^2=2.44$
   (b) $E(3X-1)=0.2$

5. $\mu=3.2$
   $\sigma=2.5$

7. (a) 驗證符合。

(b) $p_1(x) = \dfrac{3x+6}{27}$, $p_2(y) = \dfrac{6y+3}{27}$

(c) 不是。

9. (a) $\dfrac{2}{9}$ (b) $\dfrac{8}{3}$ (c) 是

11. $\dfrac{3}{20}$

13. (a)

$p(x,y)$	y=0	y=1	y=2
x=0	1/16	1/16	0
x=1	1/8	3/16	1/16
x=2	1/16	3/16	1/8
x=3	0	1/16	1/16

(b) 否

15. $V(x) = 6.5, V(Y) = 2.5, E(Y) = 3$

17. (a) 6 (b) 32 (c) –1 (d) 50

19. 模擬結果會因起始位置而不同。

5.1 習題

1. (a) $P(X=8) = \dbinom{15}{8} \cdot 0.4^8 \cdot 0.6^7 = 0.1181$

   (b) $P(2 \le X \le 5) = \sum_{x=2}^{5} \dbinom{15}{x} \cdot 0.4^x \cdot 0.6^{15-x} = 0.398$

   (c) $P(X > 13) = \sum_{x=14}^{15} \dbinom{15}{x} \cdot 0.4^x \cdot 0.6^{15-x} = 0.0000$

3. (a) 0.302 (b) 0.3222

   (c) $E(X) = 2$、$V(X) = 1.6$

5. (a) 0.2461

   (b) 0.377 如果可以排除兩個答案，小翰及格的機率就增加很多。

5.2 習題

1. $p(x) = P(X=x) = \dfrac{\dbinom{4}{x}\dbinom{3}{3-x}}{\dbinom{7}{3}}$,

   $x = 0, 1, 2, 3$

3. (a) $p(x) = P(X=x) = \dfrac{\dbinom{3}{x}\dbinom{5}{4-x}}{\dbinom{8}{4}}$,

   $x = 0, 1, 2, 3$

   (b) $E(X) = 1.5$、$V(X) = \dfrac{15}{28}$

   (c) 0.5

5.3 習題

1. (a) 9 (b) 0.061

3. 0.1

5.4 習題

1. (a) 1/12 (b) 0.25 (c) 5/12

3. (a) $\dfrac{5}{6}$ (b) $\dfrac{1}{2}$

5.5 習題

1. (a) 0.1855 (b) 0.9693 (c) 0.8554

3. (a) 1.96 (b) 2.33

5. 171.74 公分

5.6 習題

1. (a) $E(X) = 12.5$、$\sigma^2 = \dfrac{25}{12}$ (b) 0.4

   (c) 0.6

3. (a) $E(X) = \sigma = 0.5$ (b) 0.6988

   (c) 0.0855

5. (a) 0.3935 (b) 0.1353 (c) 20 分鐘
7. 16
9. (a) $0.005 < P(X > 25) < 0.01$
   (b) $0.05 < P(X > 18) < 0.1$
   (c) $P(X > 32) < 0.005$
11. (20, 9)
13. (a) $0.01 < P(X > 5.79) < 0.025$
    (b) $P(X > 2.83) > 0.05$

第五章習題

1. (a) $p(x) = P(X = x) = \dfrac{\binom{6}{x}\binom{4}{3-x}}{\binom{10}{3}}$,
   $x = 0, 1, 2, 3$
   $E(X) = 1.8$
   (b) $P(X = x) = \binom{3}{x} \cdot 0.6^x \cdot 0.4^{3-x}$,
   $x = 0, 1, 2, 3x]$
   $E(X) = 1.8$
3. (a) 0.0834 (b) 0.3547
   (c) $E(X) = 7.2$
   $V(X) = 2.88$
5. (a) 0.4164 (b) 0.4164
   (c) $P(X \leq 5) = P(Y \geq 15)$ (d) 兩者相等。
7. (a) $P(X = x) = \dfrac{1}{6}\left(\dfrac{5}{6}\right)^{x-1}$ (b) $\dfrac{11}{36}$
   (c) $\dfrac{89}{216}$
9. (a) 0.224 (b) 0.647
11. $\mu = 3, \sigma = 8$
13. (a) 0.0062 (b) 0.6911 (c) 134 分鐘
15. 實際機率 = 0.9974

契比雪夫下限為 $= \dfrac{8}{9}$
17. (a) 0.4512 (b) 0.1353 (c) $\mu = 5$ 分鐘
    (d) $\sigma = 5$ 分鐘

6.1 習題

1. $P(\bar{X} = x) = \begin{cases} \dfrac{1}{5}, & x = 176.5, 180.5 \\ \dfrac{3}{10}, & x = 179 \\ \dfrac{1}{10}, & x = 177.5, 178, 181.5 \end{cases}$

3. 60 元

6.2 習題

1. (a) 0.125, 0.0833 (b) 0.125, 0.1246
   (c) (b)的差異較小

6.3 習題

1. (a) $\dfrac{13}{60}$ (b) 否

6.4 習題

1. $E(X - Y) = 1, V(X - Y) = 7$
3. 第二個較大

6.5 習題

1. 0.9728
3. (a) 0.0013 (b) 0.0122 (c) 0.9319

6.6 習題

1. (a) 0.2392 (b) 0.3642 用連續性修正較接近確實機率。
3. (a) 0.0793 (b) 0.4367

6.7 習題

1. (a) 0.7389　(b) 0.9719
3. (a) 0.9505　(b) 0.9932

6.8 習題

1. (a) 1.753　(b) 1.812　(c) −2.998

第六章習題

1. (a)
$$P(\bar{X}=x) = \begin{cases} \dfrac{1}{6}, & x=44.5, 50.5, 63.5, 69.5 \\ \dfrac{1}{3}, & x=57 \end{cases}$$

  (b)
$$P(\bar{X}=x) = \begin{cases} \dfrac{1}{16}, & x=38, 51, 63, 76 \\ \dfrac{1}{8}, & x=44.5, 50.5, 63.5, 69.5 \\ \dfrac{1}{4}, & x=57 \end{cases}$$

3. (a) $P(\bar{X}=x) = \begin{cases} \dfrac{1}{9}, & x=5, 10, 20 \\ \dfrac{2}{9}, & x=7.5, 12.5, 15 \end{cases}$

  (b) $\dfrac{1}{3}$

5. (a) 近似 $N(\mu, 0.64)$　(b) 0.8
7. (a) 0.0228　(b) 0.6826
9. (a) 0.1428　(b) 0.0222　(c) 0.5636
11. (a) 0.9896　(b) 0.9073

7.1 習題

1. (a) $\dfrac{\sigma^2}{3}$　(b) $\dfrac{\sigma^2}{2}$　(c) $\dfrac{\sigma^2}{6}$
3. $\hat{\theta}_2$ 為較佳的估計量。

7.3 習題

1. (197.36, 222.64)
3. (a) (85.76, 106.24)　(b) (79.02, 112.98)
   (c) 99% 信賴區間較長

7.4 習題

1. (a) (189.32, 210.68)
   (b) $n = 192$ 時的信賴區間長度較短。

7.5 習題

1. (0.389, 0.473)

7.6 習題

1. $n = 54$
3. (a) 709　(b) 1068

7.8 習題

1. (a) 958　(b) (467.70, 2950.42)
   (c) (21.63, 54.32)

7.9 習題

1. 模擬結果會因起始位置而不同。

第七章習題

1. (a) $13\sigma^2$　(b) $\dfrac{\sigma^2}{5}$　(c) $\dfrac{\sigma^2}{10}$
3. (a) 10.5　(b) 1.082
5. (a) (58.51, 65.50)　(b) 196
7. 12.36
9. (a) 212　(b) (100.30, 706.67)
   (c) (10.01, 26.58)

8.1 習題

1. (a) $H_0: \mu = 500$
   $H_1: \mu < 500$

   (b) 第一型錯誤：實際上小杯奶茶的平均容量為 500ml，我們卻做出結論說平均容量小於 500ml。

   第二型錯誤：實際上小杯奶茶的平均容量小於 500ml，我們卻做出結論說平均容量為 500ml。

8.2 習題

1. $H_0: \mu = 158.5, H_1: \mu > 158.5$
   $z = 1.77 > 1.645$，所以可以否定 H_0。

3. $H_0: \mu = 55, H_1: \mu > 55$
   $t = 2 < 2.131$，所以無法否定 H_0。

5. $H_0: \mu = 190, H_1: \mu < 190$
   $z = -1.49 > -1.645$，所以無法否定 H_0。

8.3 習題

1. (a) $H_0: p = 0.5$
   $H_1: p > 0.5$
   $1.41 < 1.645$，所以無法否定 H_0。

   (b) $1.41 > 1.28$，所以結論會改變。

3. $H_0: p = 0.6, H_1: p > 0.6$
   $0.67 < 1.645$，所以無法否定 H_0。

8.4 習題

1. p 值 $= 0.0934 > 0.05$，答案：否。

3. (a) p 值 $= 0.015$ (b) 是。

8.5 習題

1. (a) $s^2 = 0.504$

   (b) $H_0: \sigma^2 = 1, H_1: \sigma^2 \neq 1$
   $0.831 < 2.52 < 12.833$ 所以不能否定 H_0。

第八章習題

1. (a) 0.085   (b) 0.341

3. μ：整條河的平均含氧量
   (a) $H_0: \mu = 5, H_1: \mu < 5$
   (b) 0.0548

5. 令 p 為曾接種疫苗的嬰兒中兩天內痊癒的比例，
   (a) $H_0: p = 0.2, H_1: p > 0.2$
   (b) $2.05 > 1.645$，所以可以否定 H_0。

7. (a) $H_0: p = 0.5, H_1: p > 0.5$ (b) 0.0026

9. $H_0: \sigma^2 = 0.5, H_1: \sigma^2 \neq 0.5$

11. $11.689 < 20.7 < 38.076$ 所以不能否定 H_0。

9.1 習題

1. $H_0: \mu_A = \mu_B$，$H_1: \mu_A < \mu_B$
   $-0.6 > -1.645$，不能否定 H_0。

3. (0.332, 15.668)

5. μ_1：家庭主婦平均每天花在家事上的時間
   μ_2：已婚職業婦女平均每天花在家事上的時間
   (a) $H_0: \mu_1 - \mu_2 = 3.5$，$H_1: \mu_1 - \mu_2 \neq 3.5$
   $z = 1.09$，p 值 $= 0.2758 > 0.05$，不能否定 H_0。

(b) $H_0: \mu_1 - \mu_2 = 15$，$H_1: \mu_1 - \mu_2 > 15$

9.2 習題

1. μ_1：工學院學生的平均上網時間

   μ_2：管理學院學生的平均上網時間

   $S_p = 26.542$，$0.853 < 1.31$，無法否定 H_0。

3. $(0.184, 2.216)$，結論不變。

9.3 習題

1. (a) 令 $D = $ 補習後 $-$ 補習前，

   $H_0: \mu_D = 30$，$H_1: \mu_D > 30$

   $0.197 < 1.533$，無法否定 H_0。

   (b) 前提是 D_1、D_2、$\cdots$、D_5 符合常態分布。

9.5 習題

1. (a) $B(100, p)$ (b) 0.25

3. p_1：吃藥的人當中睡眠品質獲得改善的比例

   p_2：吃安慰劑的人當中睡眠品質獲得改善的比例

   $H_0: p_1 = p_2$，$H_1: p_1 > p_2$

   $3.98 > 2.33$，可以否定。

9.6 習題

1. (a) $(0.66, 14.62)$ (b) $(0.47, 19.94)$

3. $b = 2.296$

第九章習題

1. $1.49 < 1.645$，無法否定 H_0。

3. (a) $5.54 > 2.048$，可以否定 H_0。

   (b) $(-120.55, -55.45)$

5. $(0.221, 0.639)$

7. (a) $B(100, p_1)$ (b) 0.64

   (c) $1.77 < 1.96$，無法否定 H_0。

9. (a) $(0.56, 3.99)$

   (b) 沒有足夠證據說兩者不相等

10.1 習題

1. (a) $SSW = 254$

   $SSB = 336$

   (b) $SST = 590$

10.2 習題

1. $F = 9.574 > f_{2,10,0.05} = 4.10$，可以否定 H_0。

第十章習題

1. $F = 1.415 < f_{3,26,0.05} = 2.98$，所以不能否定 H_0。

3. $F = 11.275 > f_{2,7,0.05} = 4.74$，可以否定 H_0。

11.1 習題

1. (a)

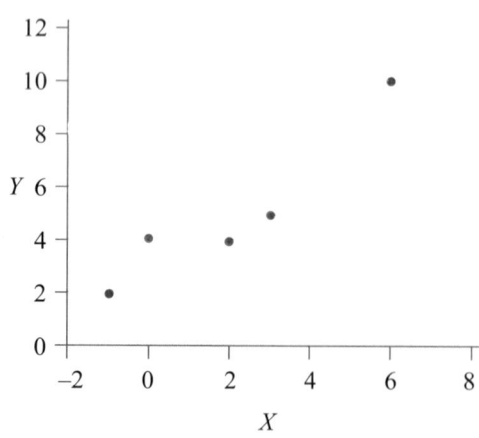

(b) X 和 Y 之間有正的直線相關。

(c) $r = 0.943$

11.2 習題

1. (a) 廻歸直線方程式為 $y = 32 + 1.8x$

(c) 是。

3. (a) 廻歸直線方程式為

$y = -38.41 + 1.065x$

(b) 預估平均成績為 84.1 分。

11.3 習題

1. 廻歸直線方程式為 $y = -2.14 + 0.81x$

第十一章習題

1. (a) (c) (d) 是正確的。

3. (a) 廻歸直線方程式為 $y = -3.5 + 1.125x$

(b) 69 分。

12.1 習題

1.

	過重	未過重	總和
男性	38	80	118
女性	22	90	112
總和	60	170	230

12.2 習題

1. $\chi^2 = 4.68 > \chi^2_{1,0.05} = 3.841$，所以可以否定 H_0。

12.3 習題

1. $\chi^2 = 2.274 < \chi^2_{3,0.05} = 7.815$，無法否定 H_0。

3. $\chi^2 = 41.32 > \chi^2_{4,0.05} = 9.488$，所以可以否定 H_0。

第十二章習題

1.

	有抽煙	未抽煙	總和
男性	20	76	96
女性	15	75	90
總和	35	151	186

3. (a) H_0：性別和對新政策的態度沒有關聯

H_1：性別和對新政策的態度有關聯

(b)

	贊成	反對	無意見	總和
男性	15	30	5	50
女性	45	75	30	150
總和	60	105	35	200

(c) $\chi^2 = 2.865 < \chi^2_{2,0.05} = 5.991$，無法否定 H_0。

5. $\chi^2 = 3.333 < \chi^2_{3,0.05} = 7.815$，無法否定 H_0。

7. $\chi^2 = 6.17 > \chi^2_{2,0.05} = 5.991$，所以可以否定 H_0。

13.1 習題

1. 結論：在 $\alpha = 0.1$ 標準下，可以說新配方產品較受歡迎。

3. 結論：該班同學需要睡眠時數的中位數並非 8 小時。

13.2 習題

1. 結論：在 $\alpha = 0.05$ 標準下，沒有足夠證據可以說新方法和舊方法的成果有差別。

3. 因為 p-value $= 0.083 < \alpha = 0.1$，所以可做出結論：有添加劑的里程數較高。

第十三章習題

1. p 值 $= 0.0193 < 0.025$，所以可否定 H_0。
   結論：數據顯示此計畫可有效降低病人的膽固醇。

3. 結論：沒有證據否定浪高中位數是 80 公分。

5. 結論：沒證據顯示該治療能延長存活時間。